東成西就

七個華人基督教家族與
中西交流百年

East and West:

Chinese Christian Families and
Their Roles in Two Centuries of East-West Relations

by York Lo

羅元旭　著

東吳大學校園（蘇州大學前身）

由美南監理會牧師曹子實創辦的存養書院進化而成，李子義牧師後代多人從該校畢業及參與校政，倪牧外孫婿孔祥熙曾任該校董事長。該校培養大批司法及文化名人如楊鐵樑、金庸及趙樸初等，是近代中國知名教會大學。

上海聖約翰大學校園

由美國聖公會牧師顏永京參與創辦，黃牧女婿卜舫濟任校長多年，黃、顏兩家多人參與校政，
其餘五家族亦有多人從該校畢業、在校任教或當校董，是近代中國影響最深的基督教高等學府。
圖為主樓懷施堂，現稱韜奮樓以紀念聖約翰畢業的生活書店（三聯書店前身）創辦人鄒韜奮。

上海商務印書館廠房

由長老會牧師鮑哲才的子婿創立及後人經營，黃牧公子佐庭及顏牧公子惠慶曾任編輯。
倪牧女婿宋耀如為股東，李牧長孫駿惠曾為化學顧問，許牧女婿晏陽初的平民教育教材亦由其出版，
是中國最早的現代化企業之一，透過出版在當代中國教育普及化亦扮演著重要的角色。

目錄

序 一

在今日的網絡時代，或然率（概率）的計算方式徹底改變了。以前成功機率幾乎是「無限小」的事，現在通過網絡的虛擬世界竟然能不費吹灰之力地穿越現實世界的時空而遽然實現了。我和本書作者羅元旭的萍水相逢正是這個「新或然率」運行的結果！

2010 年本人懷著無奈的心情在台灣出版了《李叔青醫生：中國教會復興的先聲》（李叔青是本書七個基督教家族中李子義牧師的三子）。那時之所以感到無奈是因為在從事李叔青（1875-1908）後裔追蹤的漫長過程中，作為一個歷史研究者，我竟然走進了一個死胡同裡。最後，我只好把這個難題交給掌管或然率的上帝去解決了。

萬萬沒想到，我的小書出版後不到三個星期就收到羅元旭君的電郵。我們交換了有關李叔青家族的資料後，發現羅君所研究的七個基督教家族竟然一半以上和李叔青有姻親關係。通過羅君我也聯絡到李叔青在上海的嫡曾孫李鴻捷（Roger Lee），並且從李君獲得關於李氏家族的全部資料和照片。這樣我終於能夠在 2012 年 5 月簡體版《李叔青醫生》（北京：九州出版社）中把李叔青以及和他有關的基督徒家族間的「姻親網絡」清楚地拼繪出來。目前李君也正在從事他的家族史和清末「留美幼童」史的研究。李叔青的岳公溫秉忠也是「留美幼童」之一。溫秉忠和宋慶齡父宋耀如是連襟；宋娶了倪蘊山牧師二女桂珍；溫娶了倪牧師女秀珍。宋慶齡和宋美齡成年後在近代中國的政治和外交上所扮演的關鍵角色是眾所周知的。

就纂述歷史的性質來看，《東成西就》與目前眾多國內外學者對中國基督教史的研究相比，具有下列幾個特點：

第一，《東成西就》是把上海地區七個基督教家族，以巧妙的架構和流暢的筆法，編織成的一部基督教「家族複合史」（composite history of families），是一部以嶄新的視角對這些家族之間縱錯交叉的「姻親互聯網」的研究。在漢文的世界裡，無論是從英文翻譯過來的西教士的傳記（如戴德生）或是華人教會領袖的傳記（如陳崇桂和倪柝聲）都是局限於對主角生平研究的「個案史」。能夠完成一部基督教「家族複合史」實在是一個難度極大的工作。

第二，《東成西就》是一位業餘史家以專業史家的治學態度，和「竭澤而漁」的史學方法去窮追史料，而創造出來的一部歷史著作。無論是對文字檔案的利用（如蔣介石日記）、或對電郵訪問的匯集（如黃光彩牧師曾孫郭穎頤）、以及對主角的家譜（如鮑哲才）和手稿（如王正廷未公開的自傳）等資料的利用，都展示了羅君卓越的「史才」（引史學大師錢穆語）。

第三，《東成西就》具有西方史學界特別重視的「修正性」（revisionism）。這也正是目前大陸和港台新一代的中國史學研究者一致的取向。例如，二十世紀以來中外主流史學界對宋耀如家族和他的女婿蔣介石的評價，除了宋慶齡是唯一例外，一般都傾向於負面的詆毀，而其史料的根據卻常來自謠傳，羅君根據孔祥熙和宋子文的個人信函等一手史料破解了半個多世紀以來國人對他們貪污致富的指控。同樣，目前隨著「蔣介石日記」和國民黨檔案的開放，中外學者們終於能夠以冷靜客觀的態度「重寫抗戰史」（參考 2012 年 8 月 26 日《世界日報》美洲版）。作為一個歷史見證人，我永遠不會忘記「盧溝橋事變」後（1937 年 7 月 7 日），年僅八歲的我聆聽到「蔣委員長」慷慨激昂地呼籲全國軍民一致團結抗日的講話後，立刻就號召我村石家莊鎮頭二街的小孩子們組成「秘密抗日」的彈弓隊。對於一個深夜我隊利用泥土作成的彈丸「襲擊」一幢日本兵正在其中幹壞事的房門的壯舉，在將近八十年後的今日，我仍然記憶猶新！

最後，本人願意從西方在華傳教史的角度對羅君的巨著加以評論。同時希望也能從「屬靈」的維度上對《東成西就》的內容稍做補充。

美國神學思想家拉爾夫‧愛默生（Ralph W. Emerson，1803-1882；羅君定居的美國歷史名城康科特 Concord 是他的故居）曾有一句名言說：「一切的歷史著作都是傳記（All history is biography）」誠然，「人」是歷史的主人和中心。沒有人哪裡來的政治史（人治理人）、社會史（人際群體的關係）、外交史（國人和外人的交往），和傳教史（西教士對中國人傳福音）。但是「人」又有「內心和外體」之分；而二者又是一個不可分割的「有機體」(organism)。另外「人」的社會和經濟的地位也有「上下」之分。把這兩個類比應用到西方在華「傳教史」的範疇裡，我

們就很容易理解他們當初在中國傳教的兩種「策略」。

因為西教士是根據清廷和帝國主義所簽訂的「不平等條約」而進入中國的，因此在中國「人」眼裡，他們就好像是帶著醫藥和救濟物資的紅十字會成員乘著一艘海盜船登陸的外國人一樣，一般中國人自然會對他們持有懷疑和敵視；而上流社會的士大夫們自然更對他們不屑一顧。一切的「教案」和「慘案」都因此發生。

當美國聖公會（American Episcopal Church）和美南監理會（Methodist Episcopal Church, South）的傳教士於十九世紀進入中國後，他們起初只能採取「先外後內」和「先下後上」的宣教策略。因此最初接受福音的信徒都是社會最下層衣食無著的貧民和那些為傳教士服務的門房、工友一類的「人」。他們大多數都是因著「外面」物質生活的需要才去「入教」。

但是到了十九世紀的七十年代後，上海地區隨著外貿的發展逐漸改變了當地「人」的經濟實力和社會地位。蘇州原本就是這一個地區的經濟中心；而上海原來只是一個小小的漁村，但 1842 年後成為「五口通商」口岸之一後，隨著外貿的急劇發展，到了世紀末竟然取代了蘇州經濟霸主的地位。這個期間，地區經濟實力的提升促成了由「下」而「上」的社會移動（upward social mobility）。同時西教士也就把他們的福音對象轉向這個新興的華「人」的「上」層。羅君的《東成西就》詳細描述了七個基督教家族如何從「下」層的微寒群體而「上」游到這個新的社會階層，並且還成為影響近現代中國命運至深的兩個「貴族教會學校」的共同創建者！

第一個學校是美國聖公會在上海建立的聖約翰大學（St. John's University），簡稱「約大」；另一個是美國南方監理會在蘇州建立的東吳大學（Soochow Univeristy）。此外，同是監理會在上海創建的中西女塾（McTyeire Home and School for Girls）是宋慶齡姊妹和眾多二十世紀中國婦女名人的母校。

聖約翰大學和東吳大學在中國教育界的地位好些方面和美國的哈佛和耶魯相似。從《東成西就》中我們清楚看到大約在上世紀前半，在「屬世」方面，對中國的教育、政治、外交、

文化、經濟、醫療各領域的貢獻既大又廣。東吳大學在同時期雖然在「屬世」方面的貢獻比不上約大，但是也相當可觀。不但如此，東吳大學在「屬靈」方面，為了中國教會的「靈命復興」和信徒人數的急速增長而產生了世界級的教會領袖，乃是東吳大學的女子醫學院產生了中國第一個女奮興佈道家余慈度（1873-1931；她的姐姐是東吳大學第一任華人校長楊永清的母親），也是從東吳大學創建人之一李子義牧師家族中產生了中國教會的「施洗約翰」——李叔青醫生。李叔青啟動了中國教會復興的浪潮，此後，更多「屬靈」的後裔從中國把普世福音傳揚的方向盤逆轉過來。

從上世紀新中國成立後，西教士退回西方；但是李叔青和余慈度的「屬靈」後裔們把基督的福音從中國反饋到全球每一個角落。在本人訪問過的世界重要城市，包括日本、東南亞、東西歐、中南和北美以及南非等地，我都看到了華人傳教士們的「佳美腳蹤」。

在巴西，站在萬人的禮拜堂裡佈道的人不是說葡萄牙話的本地人，而是一個初中畢業做五金生意的寧波人；在馬尼拉訓練菲律賓人如何佈道的傳教士是一個帶著山西口音、從國防醫學院畢業的中國醫生；在美國、俄國、烏克蘭和波蘭，以及英國、非洲甚至巴勒斯坦的耶路撒冷都有受過一個煙台人培訓出來的華人和白人傳教士站在講台上佈道的盛大場面。即使在加勒比海中的千里達這樣一個彈丸小國，人們也會發現以客家人為主的華人傳教士的蹤跡。至於從「中國基督教特區」（溫州）出去的「商人教士」，他們所展示的宣教熱忱和他們製造的高檔鞋子都是遍佈全球眾多城市的「中國現象」（China phenomenon）！

這一股從中國大陸湧流到世界各地的宣教浪潮和華人宣教士為著宣揚普世福音所展示的的努力和熱情，正如今日的中國在政治和經濟領域的強勢崛起，同樣贏得國際間的讚賞和尊重。當我們目睹國人在政經和宣教領域裡所贏得的「雙料金牌」時，我們豈能忘記《東成西就》中七個基督教家族和他們那些「屬世」的和「屬靈」的雙重後裔們為他們所熱愛的祖國和人民所做的重大貢獻？

吳秀良 (Silas Wu)

波士頓學院歷史系教授

哈佛大學費正清中國研究中心研究員

2012 年 8 月 28 日

序 二

過去一個半世紀的中國近代史可說是一部中西文化相遇史。這相遇（encounter）的歷程中有相衝（collision）、亦有相融的成份和時期。而一般論著卻偏重相沖之說，甚至於看整個過程為中西文化的衝擊。「近代西方」、「傳統中國」變成兩個不同價值觀的對峙。張之洞十九世紀末的「中學為體、西學為用」雖然道出了這看法在心理上很令人滿意（兩得其全），但是在邏輯上是難以說得通的。同一機體不可僅有「用」而另一機體僅是「體」。當時，嚴復已以「牛體、馬用」喻之謂不邏輯。總之，持之以久，「文化兩端化」之說難免留下文化交接「沒有美滿結果」、「不消化」的感覺。

本書七家族史稱意取題為《東成西就》。作者羅元旭君，擁有業餘史家的興致，配上專業史家的見識而去其拘謹，以流暢的文筆寫了一部近代中西文化相遇史。在這七個家族的敘述中可以看出中西文化交接下可有高度的相融調和，並且在近代史上，無論是宗教、教育、政界、經融、商業、外交、美學、建築、體育、出版業、醫務、社會服務以及其他方面，貢獻多姿多彩的建設。這七家史並非一般光宗耀祖之作，其涉及面之廣，以及搜尋工作之精密，充分陳佈了七家族的個人和集體的經歷及建樹，尤其是在近代極度動盪的年代中的建樹。因此它亦應當提供給歷史的閱讀者抑或細研者相當寶貴的材料和啟示。最值得我們考慮深思的，是如何看待和繩量近代化中的「中——西」、「內——外」、「體——用」、「本——末」、「東——西」種種問題。文化相遇過程中能獲好果的是相沖？是相融？

郭穎頤

檀香山

2012 年 8 月中旬

（郭穎頤為黃光彩牧師外曾孫，曾任夏威夷大學歷史系主任及教授多年。）

東成西就
15

序 三（中譯）

　　可能是因為生長於老上海的基督教家庭，有很多事情我都習以為常。由父母兩邊的祖上算起，我是第四代基督教徒，所以我自小以為所有人星期天都到教堂做禮拜，或許是不同支派的教堂。另一個共識就是因為基督教家庭之間相互通婚，很多人都是我的親戚，我表親的表親的表親亦成為我自己的表親。

　　年青史學家羅元旭有尋根究柢的精神，加上記憶力好，我亦很樂意為他提供各家族關係的來龍去脈及資料，作為本書的基礎。我個人亦深覺如現在不把這些家族的故事紀錄下，恐怕有失傳的可能。無論如何，這些基督教家族對上海社會的發展有深厚的影響，亦因而對全中國從十九世紀中到二十世紀中的文化發展關係密切。正如羅君在著作中記述，部分家族後人推動中國以至美國的發展，直至今天。

史濟良 (Julian Suez)
（商務印書館創辦人夏瑞芳外孫）

Having been born into and raised in a Christian family in Shanghai, I took many things for granted. Being a 4th generation Christian, on both my father's and my mother's side, I assumed everybody went to church on Sundays, possibly to churches of different denominations. Another matter of fact was that everybody was, somehow, related to everybody else. The relationship was mostly by marriages. So, a first cousin of a first cousin of a first cousin of mine, would be a cousin of mine, as long as I know who married whom, was a sibling to whom, or was an in-law of whom, etc.

Enters York Lo, the young historian. He has an inquisitive mind and remembers many facts. I was pleased to provide York with many of the family relationships to provide some base of his book. I happen to realize that if these family backgrounds are not documented now, they would be lost forever. Like it or not, some of these Christian families had significant influence to the way the Shanghai society evolved, which in turn had much to do with the cultural development of China, from the mid-late 19th Century to the mid 20th Century. Some of the descendants of these Christian families brought on developments in China and even rippled, to this day, to US, as York clearly has documented in his book.

Julian Suez（史濟良）

A grandson of Zoen Fong How（夏瑞芳）, Founder of The Commercial Press（商務印書館）

序 四

應該是五年前了，本人幸運地在加路連山墳場找到近代中國啓蒙思想家胡禮垣的墳墓，羅元旭先生給我傳來電郵查詢詳情，我們就是這樣結識的。通過網絡我們不時就找到的名人墳墓交換意見和資料，羅先生對香港的世家大族及彼此間的關係，瞭如指掌，令我暗暗吃驚。

但令我更為吃驚的是數月後首次會晤，在我的想像中，羅先生能對這方面如此熟悉，年紀應有相當，也大概是從事學術文化工作的，但出乎意料之外，羅先生原來是從事投資金融的青年才俊，他只是利用工餘時間到圖書館、檔案館翻查資料，是一個業餘的歷史愛好者。以他這樣的年紀及職業，而能對香港歷史有如此深入的認識，委實難能可貴，吃驚之餘，還著實感到幾分慚愧。

數月後，我們相約往薄扶林墳場考察，我滿以為近年已多次到此勘察，更曾權充嚮導，雖未敢說瞭若指掌，但總算有相當認識。誰知羅先生在墳場裡走來走去，時而東，時而西，忽上忽下，不到半個小時，我已無法跟上。指的不是步伐，而是腦袋已一片空白，無法裝載，因為他提到的人，有泰半是從未聽過的。尤為難得的，是他可以對這些人及他們家族間的關係，掌握得一清二楚。這次考察使我對香港基督徒所形成的網絡有了更深一層的認識，從而對辛亥革命與基督教的密切關係有更深的體會。

從羅先生口中得知，他搜集了大量的家譜及報章上刊登的訃聞，這是他藉以研究家族史的材料，不禁由衷佩服。我想，羅先生倘若能抽空把他所識的寫下來，讓更多的人分享，那該多好。後來，通過同窗好友冼玉儀博士的穿針引線，他參與了香港大學的《香港歷史人物誌》的寫作，負責撰寫了數十篇人物的傳記，成為該書的主要撰稿人之一。大概是前年吧，他告訴我正準備寫一本有關上海七個基督教家族的書，透過這個龐大的家族網絡去探索中國的現代化及近代的中西文化交流，我想，這是一個很有意義的題目，一直翹首以待，今知悉是書終於付梓出版，不勝欣喜！

這本書以上海美國聖公會在華首位教徒及華人牧師黃光彩為開端，通過縷述黃牧師及與

他通姻的六名華人牧師顏永京、鮑哲才、倪蘊山、王有光、李子義及許芹，如何藉著宗教和教育主宰命運，建功立業，並彼此通過相交、合作，締建了近代中國影響深遠的聖約翰大學、商務印書館、中華基督教青年會等機構。他們的後人及門生在教育、文化、政治、外交、醫療、建築、商業各方面各有建樹，而影響力不單超越上海，更遠及海外，共同譜寫了中國現代化的篇章。

是書旁徵博引，資料翔實，所用材料來自海內外，更有不少是私人珍藏和獨家訪問，對於中國基督教史、家族史、教育史、政治史、中國出版印刷史、上海史有興趣的讀者，這是不容錯過的新作。

記得有一次和羅先生聊天時他對我説：從李鴻章到曾蔭權以至李光耀等人都有親屬關係，當下半信半疑，相信看過這本書的讀者，一定會對這個説法深信不疑。

丁新豹

壬辰夏於銅鑼灣寓所

（丁新豹擔任香港歷史博物館總館長多年。

現任香港中文大學歷史系客席教授及榮譽高級研究員）

前　言

廈門少年黃光彩隨美傳教士文惠廉（William Boone）赴美時為道光二十三年（1843 年），比容閎留美還早五年。及後黃光彩回國，在上海成為美國聖公會在華首位教徒及華人牧師。黃牧及與其姻親、另外六位上海地區華人基督教牧師，顏永京、鮑哲才、倪蘊山、王有光、李子義及許芹，皆出身寒微：黃光彩當家僮；顏永京家裡窮得妹妹都被送人撫養；曹子實是孤兒；王有光的父親債台高築；李子義賣紐扣維生；倪蘊山的祖先得罪了清廷使後人永不錄用；鮑哲才要半工讀完成學業。這批人在舊社會根本沒有向上發展的支撐力量，但教會給予他們教育機會，他們掌握了英文及西方科學知識，這些新知識在新社會中，在清末亂世引發的中、西交流中大派用場，這七家人通過宗教及出國留學而時勢造英雄，改寫自己家族的命運，亦同時改寫整個中國的命運。

這七個百年家族五代世交、緊密合作，締建上海聖約翰大學、商務印書館、中華基督教青年會等機構（見後表），後人及學生在教育、文化、外交、政治、醫療、建築、商業多方面各展所長，影響力由上海擴展到全國，以至香港、菲律賓、美國甚至更遠。而故事並沒在1949 年完結：他們有些在文革賠上了性命、有些全情建設新中國、有些在海外揚名，改革開放後很多又再次成為促進中外關係的重要橋樑，直到今天。書中所談及部分人物或機構曾被個別立傳，但並未有以家族整體角度作分析。亦有史家如羅香林、施其樂（Carl Smith）、李志剛等寫過關於香港早期粵籍基督教家族（這些家族與本書所述六家亦有姻誼）的文章，但粵籍家族的影響力又未及這七個江浙地區基督教家族之廣。

從太平天國到改革開放、由上海工部局到香港九七前的立法局，本書以人物世家帶出清末至今不平凡的中國歷史，透過後人獨家訪問，歐美珍藏史料及圖片，用另一個角度看中國近百年現代化歷程。有別於一般「重男輕女」的家族傳記，此書盡量均衡關於家族男女成員的篇幅，以求更全面反映史實，作者亦希望透過各家族的關連，解釋百年政商人事變遷。筆者對家族關係一直以來都非常感興趣，收藏了大批近代兩岸三地以至東南亞、北美的家譜資料，發現由李鴻章到曾蔭權，以至李光耀等名人都有親屬關係，打算寫一本像陳柔縉所著的《總統是我家親戚》，何彼德（Peter Hall，冼德芬孫兒）所著關於香港歐亞族裔的 *In the Web* 的書。

筆者同時對基督教教育在中國的發展史非常感興趣，但寫一本校史或教育史又覺得有點沉悶，於是一直想找一個能以家族人物故事帶出這段歷史的題材。

筆者對基督教在華教育史的興趣源自自己的經驗，因為筆者祖父為香港道教領袖，但他並沒有計較宗教信仰，安排我的父親進基督教學校。到筆者六歲那年，父母又安排受浸，他們並非虔誠教徒，安排我受浸的主要目的就是希望我能入讀師資最好的基督教小學，接受他們自己畢生受惠的基督教教育。結果筆者亦不負所望，受了聖公會的九年教育，在英語等各科打下了良好的基礎，影響了我的一生，雖然沒有成為虔誠的教徒，但對教會的恩典我是非常感激的。正如哈佛東亞研究泰斗費正清（John King Fairbank）曾在他的著作中講到，中國人很現實，單純向他們傳教是沒有效用的，所以在華教會早就發現要提供教育及醫療等服務才能吸納教徒，而經過百多年的苦心經營，基督教在中國的教育方面有很大的影響，生活書店的創辦人鄒韜奮亦是本書多次述及的聖約翰大學的畢業生。

為什麼最後選了這七個基督教家族呢？背後有個故事。由於筆者是香港歷史迷，在香港居住時於史家雲集的皇家亞洲研究協會（Royal Asiatic Society）認識了香港大學的冼玉儀教授（後來才發現原來她的次子是上述這家基督教小學的舊同學，而她又是筆者母親在基督教女中的同學）。冼教授介紹我給香港大學出版社《香港歷史人物誌》（Dictionary of HK Biography）的編輯潘鬘（May Holdsworth），在過去兩年，作者為他們寫了數十篇傳記，有一天 May 突然叫我嘗試寫關於一位郭德華的小傳。筆者自問熟讀中國香港近代史，僅知郭德華在戰後曾任國民政府駐港專員，但除他當專員五年期間一些剪報以外，此君的資料有限，連生卒年齡都找不到，筆者好不容易從一美國名人錄中發現，他有一位在夏威夷大學當教授的兒子郭穎頤，於是毛遂自薦寫電郵給郭教授。數天後，筆者竟得到意外的回覆，此後跟郭教授不斷有電郵往來，發現他的家族跟上海知名聖約翰大學的洋校長卜舫濟有親戚關係，他又把筆者介紹給居住於加州聖地牙哥的表妹黃安琪，黃氏又不辭勞苦給她的各堂表親逐個打電話、傳電郵，並郵寄不少珍重資料及照片給筆者。筆者原本只打算寫黃氏一門的故事，但發現黃安琪的母親是商務印書館創辦人夏瑞芳的幼女，她又把筆者介紹給她商務那邊的表兄史濟良，濟良是舊上海

世家關係的活字典，他跟本書七家族的後人都很熟，筆者獲益良多。

史君又把筆者介紹給顏惠慶的後人及解釋他家跟多個家族千絲萬縷的關係，他的商務親戚徐芝韻又介紹了自己王正廷家的親戚（徐氏對家譜的熱情不遜於筆者，她提供了不少書籍和資料，包括王正廷未公開的英文自傳手稿，在此筆者向徐氏特別致謝）。經過所謂六度相隔（Six Degrees of Separation），一個家族變成七個，每一個家族中又包含幾個不同姓氏的家庭，總計變成了一本「百家姓」，顏惠慶的女婿秦寶雄向筆者打趣說，比水滸傳一百零八條好漢還多（秦氏不幸未及看到本書出版在本年初去世，可幸臨終前受筆者鼓勵將自己所知寫下數篇文章在國內發表）。這七個家族的姻親及共事關係簡圖，詳見每章後的族譜。

英文諺語有云「一幅圖勝於千隻字」（A picture speaks a thousand words），令筆者想起一幀1940 年已發黃的照片。右圖這張照片是聖約翰香港校友會於 1940 年 5 月 26 日在香港中環 Wiseman 餐廳祝賀朱友漁榮升聖公會主教的聚會。主家席由左至右按相片由舒麗安所註分別為顏惠慶、朱友漁主教、港區何明華主教（Bishop Hall）、顏惠慶的妹妹顏昭、王正廷以及顏昭的丈夫舒厚仁醫生，貫穿本書提及的四個家族。這班西裝筆挺的校友，都是當時中、港兩地精英中的精英，因為戰事留在香港，大部分既是校友也是教友，有些更發展成親友而走在一起。時至今日，約大校友會至今在各地依然活躍，他們的後人仍互有交往，繼續擔當推動中西交流、中國現代化的重任。在香港，聖約翰大學這所六十年前結束遠在上海的學府的校友們影響力到今日仍是隨處可見的。[01]

經過數年的研究訪問，筆者在吸收資料之餘亦為這七大家族後人提供一些新發掘的資料，如黃家祖先光彩牧師的真像等，同時亦把一些隔了幾代沒有聯絡的後人連上。由於很多這些後人在外國長大，部分已不諳中文，所以筆者在書中亦盡量將名詞作中英對照，希望將來有機會為本書出英譯版。

羅元旭

2012 年 8 月

波士頓到康鎮火車上

---

01 聖約翰大學在港影響深遠的校友包括前大法官楊鐵樑（亦為東吳校友），電影大亨鄒文懷，西餅皇后李曾超群，殿堂級會計師容永道，匯豐總部的承建商陸孝佩，設計中銀總部的貝聿銘，公仔麵創辦人王漢熙，瑞興百貨的古勝祥，船王曹文錦及何兆豐，代理東芝電梯的其士集團主席周亦卿，太平地氈創辦人葉元章，信報前老總沈鑒治，小說家劉以鬯，首位華人天主教主教徐誠斌，名教授饒餘慶等，國內名人則數中信創辦人榮毅仁及外交官魯平和國民黨駐港專員郭德華。

May 26, 1940 at Cafe Wiseman H.K.

... new Bishop Y.Y. Tsu by H.K. St. John's Alumni & Mandarin-speaking Congregation

東成西就

	黃	顏	鮑
聖約翰大學 **聖瑪利亞女校**	卜舫濟（創辦人） 卜其吉（代校長、教育主任） 卜威廉（哲學教授） 卜華德（醫科教授） 楊寬麟（校長、土木工程院長） 黃宣平（校董） 郭德華（校友會會長） 林鳳歧一家	顏永京（創辦人） 顏惠慶（教師、校董會主席） 劉鴻生（校董） 顏福慶（醫科） 顏明慶 顏連慶 曹氏兄弟	謝洪賚（首批畢業生、教習） 謝少文 謝覃文（會計主任） 史久榮（講師） 鮑慶林 郭誠錫 馬月苞 丁恩沐 湯銘恩
東吳大學	卜舫濟（抗戰時與約大合併為 華東基督教聯合大學） 林鳳歧	曹子實（創辦人） 舒子寬	謝洪賚（首批畢業生，教習） 謝少文 謝覃文
燕京大學	楊斐（夫為周學章子乃文）	顏惠慶（校董） 顏棣生	
青年會	黃佐庭（男青會長） 黃薛莊（女青會長） 林黃倩英（女青會長） 余林倩儀（女青董事）	曹雪賡（總幹事） 顏惠慶 顏福慶 曹麗雲	謝洪賚 湯仁熙（總幹事） 鈕立卿（總幹事） 鮑咸亨（理事） 湯寶琳（女青董事） 謝文秋（女青副主席）
商務印書館	黃佐庭（編輯） 黃漢樑（董事）	顏惠慶（編輯） 顏福慶	鮑咸恩（創辦人） 鮑咸昌（創辦人） 夏瑞芳（創辦人） 郭秉文（董事） 鮑慶林 鮑慶甲 夏鵬 （其餘不能盡錄）
協和醫院		顏福慶 陳國鳳	謝少文（教授）
宏仁醫院 **同仁醫院** **博習醫院**	黃瓊仙 卜華德 楊虞文	吳虹玉 顏福慶	夏瑞芳

王	倪	李	許
王正廷（校董）	倪錫純及其所有子女	李以敬（醫科教授）	朱友漁（神學主任）
王恭守	及媳婦林寬饒	李明道（政治）	許靈毓（女子主任）
王恭瑋	宋子文（校董）	楊麟（中學畢業）	王逸慧（醫科教授）
楊永清	宋子良（校董）	蔡至勇（中學畢業）	魏志芳
	牛氏兄弟（教授）	李叔青	陸蘭貞（聖瑪利亞校長）
	宋子安		桂質廷
	孔令侃		
	陳繼恩		
	過惠生（1942屆）		
	牛恩安		
王安芳（夫家為李家）	倪吉文	李子義（創辦人）	楊德恩（法學畢業）
	夏晉麟（教授）	李伯連（校務長）	
	孔祥熙（董事長）	史拜言	
		李駿惠、李駿耀	
		李駿保、李駿德	
		李叔青	
		楊管北、楊豹靈	
周詒春（校長）	孔祥熙（董事長）		周學章（文學院長）
王正輔（工學院長）	倪冰		許淑文（體育）
廖奉獻（女子主任）			
王恭斌、王恭立			
王正廷	宋耀如（董事）	蕭元恩（總幹事）	顧子仁
王正輔	孔祥熙	張汝舟	晏陽初
廖奉獻	徐亦蓁	林幼誠	桂質廷
王正序			朱友漁
王仙華	宋耀如（股東）	李駿惠（化學顧問）	晏陽初
	孔祥熙	王培元（王雲五老師）	
王錫熾（院長）	牛惠生		許德蘭
			王逸慧
			朱友漁
	牛惠生	王以敬	許德蘭
	牛惠霖	李駿德	王逸慧

真理追尋者
黃光彩牧師及其後人

　　道光二十三年（1843 年，早於容閎留美五年），廈門少年黃光彩隨美國傳教士文惠廉赴美，及後回國在上海成為美國聖公會在華首位教徒及華人牧師。黃光彩的家族與聖公會的創辦，以及對近代中國影響深遠的上海聖約翰大學（St. John's University，簡稱「約大」）有著千絲萬縷的聯繫。他的長婿卜舫濟從踏進聖約翰書院起到 1941 年辭任校長，在約大七十三年的校史中，有五十二年是由他掌校的，長女黃素娥助夫建校並主持約大的姊妹校聖瑪利亞女校（St. Mary's Hall），任留美學生監督的獨子黃佐庭為約大校友會的創辦人；外孫中卜其吉任副校長及教育系主任、卜威廉曾為哲學教授、卜華德為醫科教授、而楊寬麟則主持土木工程學院並擔任末任校長；孫兒黃宣平則為校董，而幼婿顏明慶的堂兄外交家顏惠慶更曾為校董會主席多年。黃牧的內外孫及他們的配偶合計有近廿人曾在約大或約中或聖瑪利亞畢業或肄業，跟其他約園子弟一樣成為各行各業的傑出人物，為當代中國現代化作出很多貢獻。

　　本書所提及的不少人物都為約園子弟，該校六千五百名畢業生及四千名肄業生中，在政治外交界出了多位總理、院長及部長，包括宋子文三兄弟、顧維鈞、施肇基、俞鴻鈞、嚴家淦、榮毅仁、經叔平等；文化界有林語堂及三聯創辦人鄒韜奮；企業界有民國企業大王劉鴻生、台灣汽車女皇吳舜文、會計之父潘序倫；醫學界有顏福慶、牛惠霖兄弟；教育界出了清華及多家教會大學的校長，仍在世的名人包括建築師貝聿銘、前國務院港澳辦公室主任魯平、電影大亨鄒文懷、國際法庭大法官史久鏞、首位駐美大使朱啟楨等，影響力遍及全世界。

左：1939 年黃家在國際飯店合照。
　　後排左至右：林鳳歧、盧壽聯、黃開平、黃宣平、郭德華、余英傑
　　二排左至右：盧偉、盧俊、余鵬生、林方孫、林甲孫、林德孫、盧懿、
　　林辰孫、余龍生
　　前排左至右：郭穎頤、朱心珊與女黃佩沁、郭黃倩鴻、林黃倩英與郭夢岩、
　　黃佐庭夫人抱著黃安琪、余黃倩儀與余鼎生、盧黃倩君與黃翊民、夏璐敏、
　　林福孫。

Wong Family

第一代

創世紀：
黃光彩及聖公會在華的開端

　　黃光彩（Rev. Wong Kong Chai, 1827-1886），原名黃近霞，1827 年生於福建廈門一個貧苦家庭（據其孫女倩君回憶，光彩的祖父為清朝海軍元帥，但可能到父輩家道中落），早年讀過私塾。1842 年，清政府在第一次鴉片戰爭中戰敗被迫開放五個沿岸城市作為通商口岸，廈門是其中之一。當時美國聖公會派遣來自美國南卡羅納州、有律師資格的傳教士文惠廉（William Jones Boone, Sr.，1811-1864）往廈門開展宣教工作，黃父把十五歲的光彩送到文家做幫工。不久文夫人 Sarah Amelia DeSaussure 去世，黃幫忙照顧文家的兩個孩子文恆理（Henry William Boone，1839-1925）和文瑪麗（Mary Eliza Boone，1841-1894）。[01] 1843 年，文惠廉首次回美國時也帶上黃光彩及一位叫 Sin Say 的華人語文教師作陪。由於長時間與文家一起生活，黃光彩很快便說得一口流利英語，[02] 在當時絕少華人居住的美國南部，會講英語的黃光彩吸引了不少人的注意。可惜的是未有記錄黃氏曾在美國入學，否則黃氏極有可能成為中國首位留美學生，因為他抵美的年份足足比留美學生容閎早五年。文惠廉回美後走遍美國各地講述他在華傳教經驗（沒有記載黃有否隨行，但推斷應該有），各地教會對他的工作十分支持。1844 年 10 月，文惠廉在費城受冊封為聖公會在華首任主教，黃光彩亦在場見證，隨即於 12 月帶隊返中國大展拳腳，翌年 4 月抵達香港，輾轉到最後目的地上海。

　　雖然黃光彩跟隨文主教一段日子，但始終可能因為封建思想根深蒂固，沒有即時信教。1845 年他隨文氏返回中國，便離開了教會返廈門家鄉與家人團聚。但好景不常，他的親屬在短時間內接二連三因疫症離世，這一連串的不幸令他決志信主，跑到上海再次投靠文惠廉，並於 1846 年 4 月 12 日復活節，接受文惠廉施洗，成為美國聖公會首位華人基督教徒。[03] 當時很多西洋傳教士仍將中國信徒視為愚民，但曾在廈門幫馬禮遜（Robert Morrison）辦學的文惠廉反而察覺有六成中國男性上過學堂，只要翻譯聖經及教他們英文便可吸納不少信眾，所以他亦大力推動教會在華辦學。黃光彩受浸的同年，文惠廉在

The Rev. K. C. Wong, first Christian baptized, and first priest of the China mission

MOTHER OF T.T. WONG
(Grace's grandmother)

上：筆者從早年基督教文獻中發現，連黃家都沒有，在救主堂黃氏紀念堂內的黃光彩像。[04]

下：黃光彩夫人像。

虹口王家碼頭創辦招收男生的大美聖公會學堂，黃光彩從旁協助。作為文主教得力助手的黃光彩，在 1851 年 9 月成為聖公會在華首位華人執事（deacon）。1848 年文惠廉已向上海道台申請在虹口建立美租界，並於 1853 年在該地段建成聖公會在滬第二間教堂——救主堂（Church of Our Savior）。教堂原址位於目前的塘沽路，解放前一直叫文監師路（Boone Road），便是紀念文惠廉而定名，而黃光彩主持這家教堂的中文禮拜達三十五年之久。

1851 年，聖公會創辦了上海第一所寄宿女校——文紀女校（Emma Jones's Girls' School）。三年後黃光彩結婚，新娘即為文紀女校第一位受洗的基督教徒。據教會的紀錄，當時有人問新娘為什麼結婚時不如傳統中國新娘般哭泣，她的回應是，自己嫁給一位廣受擁戴的青年牧師，必定會有幸福的婚姻，沒有什麼要哭的。

但他們蜜月期並不長久，1854 年往後是動盪不安的十年，上海因太平天國、小刀會及第二次鴉片戰爭等連番戰禍歷盡滄桑。這段時間黃光彩除主持教堂外，也在上海和臨近地區如蘇州等地傳道。1859 年他與 John Liggins 到常熟傳教時，當地民眾竟把他們打傷，Liggins 牧師更要到日本療傷。第二次鴉片戰爭期間，上海市面群情洶湧，基督教堂大多被徹底破壞，黃牧全力協助重修，太平天國撤出上海之後，他又協助難民重建家園。1861 年美國爆發南北內戰，美國聖公會完全斷絕對華匯款，不少洋教士返國或因病告退甚至有的不幸遇害，全賴黃光彩及顏永京（見第二章顏家）的支撐下延續事業。基於這些對教會的貢獻，1863 年 11 月 8 日中國聖公會在文惠廉的推薦下決定按立黃光彩為第一位與洋人傳教士平起平坐的中國牧師（會吏，priest）。翌年文惠廉在上海病逝，黃光彩繼續協助留下來的洋教士湯藹禮（Rev. Elliot Heber Thomson）和孫羅伯（Rev. Robert Nelson）處理基督堂（Christ Church）和虹口救主堂的教務工作。

據黃牧孫女倩君的回憶，黃牧有以德報怨的天性。有一次家中僕人捉了一個小偷，黃師母吩咐僕人打他一頓以作懲罰，但她走進廚房時竟發現黃牧跟小偷講道，談道德的重要，可見黃牧為人宅心仁厚。1884 年 10 月，文惠廉的兒子小文惠廉（William Jones Boone Jr. 1846-1891）繼任第四任主教，黃光彩與湯藹禮在場見證，距黃牧見證老文主教當年在美按立剛好四十年。四任主教在黃牧的協助下，聖公會四十年在上海以至全中國已打造起龐大的王國，有多家教堂、學府以及醫院。

黃牧於 1886 年 11 月 12 日在上海逝世，享年尚不滿六十，未及看到

01　文恆理後來於 1880 年在同仁醫院創立約大醫科並任主任及同仁院長多年。

02　"Reports by Bishop WJ Boone to the Board of Missions，Feb 13，1847" *Spirits of Missions XII*

03　L.C. Sturgis，"The Overcoming of the Dragon"，*Episcopal Mission*. p.102-103.

04　P.N. Tsu（朱葆元），"Evolution of a Parish in Heathen Land"，*Spirits of the Mission*, Vol 78（1913）p.306.

子女的傑出成就。[05] 黃牧生有十子女，其中四位早夭，餘下五女一子衍生一個傳奇的家族。至於他主持逾三十五年的虹口救主堂牧師一職，則由同事兼姻親顏永京繼任，顏主持十二年後過身由朱葆元接掌逾三十年，任內朱氏主倡財務及行政自立（詳見第七章許家「傳道世家」一節），於 1911 年 6 月在救主堂旁建成首幢不經母會資助而成的宿舍，為紀念黃牧的功績，宿舍定名為黃氏紀念堂（Wong Memorial Hall），並在大堂擺放黃牧相片及銅製紀念碑。

Wong Family
第二代

聖約翰與聖瑪利亞：
黃素娥與卜舫濟的傳奇婚姻

黃牧的長女黃素娥（Soo-Ngoo Wong，?-1918），1872 年被指派為文紀女校之校長助理。1881 年 6 月文紀女校和禅文女校（Bridgman School）合併為聖瑪利亞女校（上海許多名媛淑女和明星畢業於此），黃素娥被聘為首任校長。她不僅將校務打理得井井有條，業餘時間還在周圍鄉村傳教。聰明能幹、富有愛心的黃素娥深得美國聖公會有關人士的嘉許，小文惠廉教士便曾稱讚她為「所見所聞最出色的中國女子」。當時聖瑪利亞女校與 1879 年成立的聖約翰書院兩校連在一起，[06] 中間以牆隔開，做禮拜則在同一禮堂裡進行。[07] 黃素娥很快就吸引了一位初到中國、對中國的一切都感興趣的美國小夥子——1887 年到聖約翰書院任教的卜舫濟（Francis Lister Hawks Pott，1864-1947），當年他指揮包括顏惠慶（即同事顏永京之子，日後的外交名家，詳見第二章顏家）的一班學生唱聖詩，邀請黃素娥作鋼琴伴奏，兩人漸漸墮入愛河。

卜舫濟是美國紐約州人，生於 1864 年。跟他同名的外祖父霍克斯（Francis Lister Hawks）為美國聖公會著名牧師和官方史學家，曾獲美國總統指派編纂佩里將軍（Commodore Perry）1853 年打開日本大門的官方紀錄，為卜家接觸東方的第一人。父親卜雅各（James Pott）是紐

卜舫濟年輕時攝。

約著名聖經出版商和書商，長期擔任聖公會紐約教區司庫。卜舫濟在美國哥倫比亞大學讀神學，1883年得到神學士學位。他1886年11月來上海，先在中國傳教團當牧師，一年後獲文主教派到聖約翰書院當英文教師，最初是教授英文，後來及至初級物理、化學以及天文、地質學等。從他於1888年初給母親的信中可見，他最初是無意在校內久留的，但很快他便改變想法。

1888年6月，只有二十四歲的卜舫濟繼湯藹禮成為聖約翰書院負責人，同年8月23日，他與黃素娥在聖約翰的禮拜堂舉行了一場中西合璧的婚禮，這並非中國首宗華洋通婚，但在當時幾乎所有教會仍規定來華傳教士不得與華人結婚，他們的結合是一段突出的異國戀。從卜黃的結婚照可見，金髮藍眼的新郎一身中國新郎裝扮表明了他對中國文化的傾慕；而新娘黃素娥雖然身穿傳統中國服飾，但她手持的一束鮮花則表露她對西方文化的嚮往。婚後的卜舫濟決心獻身教會教學事業，展開他半世紀的校長生涯。黃素娥婚後於1891年辭任聖瑪利亞女校校長，專心相夫教子，但她並不只做家庭主婦，而是積極協助卜舫濟將聖約翰書院辦成了近代中國一流大學。

在卜舫濟寫的〈在聖約翰大學五十年〉一文中說，他初到聖約翰書院時，書院中除了一些學神學的學生外，其他學生的程度只有初中水準，所以他作為書院的負責人，只被稱為主任（Headmaster），亦即等於中學校長。1892年開始，聖約翰書院設置大學課程，學制三年。卜氏倡導英語教學，在任的次年，就寫了一份報告給美國聖公會，他列舉了幾個理由，竭力主張學校應加強英語教學。這個建議得到聖公會的重視和採納，1894年起科學課程全部用英文教授。當時學生的英文程度很低，不能一下子全部以英語教學，許多科目仍用華語傳授，所以外籍教師還要先學習華語才能上課。以後，除國文課外，其他學科逐步全用英語教學，使學生的英語水準普遍得到提高，造就了不少人才。1895年第一屆本科生畢業，但人數僅三人。1896年學校改組，成立醫學科，該年起，神學、醫學兩科也都改用英文教授，大學規模逐漸形成，卜舫濟出任校長兼文理科主任和預科主任。是年全部學生統計，文理科八人，醫學科四人，神學科五人，預科一百四十二人，總共一百五十九人。

1905年聖約翰駐美董事會同意學校改組，按照《美國哥倫比亞特區大學條例》組成完全大學，設置文、理、醫、神四個學院，並於1906年在華盛頓註冊，名稱正式由聖約翰書院改名為聖約翰大學，從此，各院

05　Annette Richmond, *The American Episcopal Church in China*, p.155.

06　聖約翰書院成立於1879年，1905年改組為聖約翰大學，並在美國華盛頓註冊。關於聖約翰的創立經過，詳見第二章顏永京一節。

07　1923年女校遷至白利南路即今長寧路，原校址併入聖約翰大學。

畢業生均授予學位，學制為四年。這是約大重要的里程碑，從此成為美國在華認可的大學，畢業生可直接留美進修碩士。1909 年起，約大將學年由冬季結束改為夏季結束，以便畢業生出國求學可以跟國外學校的學年銜接。同年，卜舫濟將校址擴展到蘇州河對岸。1911 年又在校址南面購入大片土地，從此蘇州河三角洲的整片土地統統併進約大校園。

1913 年 2 月 1 日，學校舉行冬季休業式時，邀請孫中山來校演講，他首先講了科學教育的重要意義，最後講到學校應負的責任。他說：「民主國家，教育為本。先覺覺後，責無旁貸。以若所得，教若國人，幸勿自秘其光。」1914 年，約大設立工程系，並首創 5 月為「出遊會校友日」（May outing），此後成為每年上海灘的盛事。次年起，揚州美漢中學、安慶聖保羅中學、寧波斐迪中學、泉州培元中學、上海民立中學、上海聖約翰青年會中學等程度較好的高中畢業生，可以免考試直接升入約大一年級，成為約大新生的基本來源。隨著約大的擴展，1918 年成立中學部，卜舫濟卸下兼任的中學職務，交由諾爾敦（John Randall Norton）任主任。

作為約大校長夫人，黃素娥熱心校務，為聖約翰大學的發展作出了重大貢獻。為了籌建校舍，身體虛弱的黃素娥多次赴美，協同丈夫籌募經費。為了加強校內師生關係，卜氏夫婦每個周六都會邀請低年級學生輪流到卜家作客。身為校長夫人的黃素娥絲毫沒有嫌棄之意，總是熱情招待來訪的學生。除此之外，黃素娥還積極參與學校的其他活動，據首屆畢業生——任漢陽鋼鐵廠主任的吳任之（Z. T. K. Woo）在 1918 年 6 月校刊 St John's Echo 作文紀念回憶：「卜夫人對年輕的學生視如親子，不但關注他們的志向與抱負，也有興趣於他們的各項活動。她將生病的學生列單，逐一地探訪他們，樂此不疲，視為己任。卜夫人也是一位學識廣博，極具同情心的老師，學生們對她的話言聽計從。她積極籌備開學儀式和其他社交活動，在她的帶動下，學生們爭先恐後地參加義務勞動。」其他聖約翰早期畢業生林語堂等在回憶他們早年在聖約翰的學生生涯時，亦時常提到這位校長夫人，可見黃素娥對聖約翰的影響和貢獻。

約大以外，黃素娥亦參與不少傳道及救濟工作，籌建了聖瑪麗亞孤兒院，又為鄉童和工人開辦了主日學。1893 年，美國婦女傳道組織婦女輔助會（Woman's Auxiliary）總幹事 Twing 夫人（Mary Abbot Emery Twing，1843-1901）訪華倡建分會，黃素娥協助創會並擔任婦女輔助會江蘇分會主席多年。

1918 年 5 月 11 日，黃素娥因腎臟炎去

穿西服的黃素娥與子卜華特及女卜安麗。

世。翌年 11 月 15 日，聖約翰大學舉行建校四十周年紀念會時，校友為紀念黃素娥，發起募捐活動，修建了一個新交誼室，如今這幢建築依然聳立在華東政法大學 4 號樓旁邊。雖然卜舫濟於 1919 年 6 月娶科學系主任顧斐德（Francis C. Cooper，1864-1915）的遺孀 Emily Georgiana Browne（歌唱教師，簡稱 EG Cooper）為繼室，並把她的女兒顧懷琳（Gwendolyn Cooper）視如己出，[08] 但他對黃素娥仍是念念不忘，對黃家的子侄他仍一直關懷照顧。

校友呼風雨、校園風雲變：
卜舫濟的下半生

1919 年轟轟烈烈的「五四運動」傳到約大，學生奮起響應，遭到校方阻撓，不准學生罷課，但學生拒絕，決定不參加期終考試，學校不得不提前放假，取消畢業禮。學運雖然影響了畢業禮，但未影響學校的發展，同年 11 月，為紀念顧斐德而建成的體育館啟用，為全國首座現代化大學體育館，洛克菲勒（Rockerfeller）在華基金會贊助的科學館亦於同年建成，這時約大已有全國最完善的校園。1920 年約大又開設商科經濟系，次年卜舫濟卸下文理學院院長職務專注行政，1923 年由校友駐英公使施肇基捐建以其弟命名的施肇曾土木工程學院（Sze School of Civil Engineering）成立。

1925 年發生「五卅慘案」，[09] 約大學生參加遊行示威，卜舫濟橫加干涉，並於 6 月 3 日學生在大禮堂集合開會之際，把旗杆上的中國國旗扯下，引起學潮，全校七百五十名學生有五百五十三名學生及國文教員如錢基博（即錢鍾書父）等相率離校，於 8 月中另行組成光華大學。這年下半年開學時，學生人數銳減，學校幾有不可終日之勢。

1927 年 3 月發生「南京事件」，[10] 輿論紛紛攻擊教會學校，約大成為眾矢之的。北伐軍抵滬，約大除神、醫兩院僅十四人繼續上課外，其他院系及高中部宣告停辦，大部分美籍教師先後返國，華籍教師及少數留在上海的外籍教師為維持學生學業，臨時開辦「丁卯補習學社」，推沈嗣良（William Z.L. Sung，沈載琛主教之子）為主任，遷地上課，一年中上課地點遷了三次。兩個學期後，在原址復校，對丁卯補習學社學員的學習成績全部予以承認。學校停辦期間，美國聖公會總部派調查團來華，調查上海、漢口、安慶等地情況，並與各主教協商應付局勢的辦法，提議改組約大，設立駐華董事會，以華人為副校長及教務主任，把一部分

08 顧懷琳 1941 年任聖瑪利亞女校校長，詳見第七章朱氏一節。
09 1925 年青島、上海等地工人遊行抗議日本棉紗廠非法開除及毆打工人所引發的流血鎮壓事件。
10 1927 年北伐軍隊攻佔南京後發生的暴力排外事件，六位外僑被殺，包括金陵副校長文懷恩（J.E. Williams）

1 卜舫濟與其子。

2 1899年的卜舫濟（左一）與詩歌班中的約園子弟。

3 晚年的卜舫濟（左一）與詩歌班中的約園子弟。

行政權交予華人。

第一屆駐華董事會成立於 1928 年 6 月 14 日，由駐美董事會、上海教區大會、校務會、同學會代表組成，校長及學校會計為當然委員。其中陳宗良、王正廷、鍾可托代表上海教區，沈嗣良、羅道納（Donald Roberts）代表校務會，劉鴻生、宋子文、余日章代表同學會，卜舫濟、學校會計華克（M.P. Walker）為當然委員，劉鴻生被推為董事長，沈嗣良被推為教務主任兼文理學院院長，當時卜舫濟曾徵求顏惠慶意見，請顏出任副校長，顏氏沒有答應，1929 年初任命沈嗣良為首任代理副校長。

1925 年「五卅慘案」後，所有教會學校均被中國政府勒令辦理立案。立案的主要條件是：（1）校長必須為中國人；（2）校董會大部分成員應是華籍；（3）不准以宣傳宗教為主要辦學方針，宗教不能列作必修課。同時規定，凡是已經註冊的大學不能招收未註冊學校的中學畢業生。對於這些條件，美國聖公會一直沒有接受而拒絕向中國政府立案，據教會學校史家徐以驊的研究，當年約大的領導人中以郭斐蔚主教（F.L. Graves）的反對立場至為強硬，較開通的卜舫濟初時是反對，後期為顧及學校生死存亡他亦只得接納，但立案一事始終因教會內部鬥爭延至卜舫濟辭世後才成事。1933 年以後，美國經濟不景氣的影響波及約大，約大財政拮据。卜舫濟曾數次發起「校友維持會運動」，後由同學會建立維持基金以茲撐持。在 1933 至 1935 年的三年中，同學會每年捐款補助一萬一千元。1935 年，美豐銀行破產（由與教會有關的美商雷文所辦，詳見第六章李家），學校在該行中的活期存款僅收回 30%，以致只得靠借款維持，乃再呼籲同學會補助三年。後來由於學生人數增加，學費收入增多，才得償還債務。所以若說學校經費大部分來自美國，在後期已不是事實。

1936 年由於政府嚴厲執行規定，已註冊的大學不得招收未註冊的中學畢業生，這一屆聖瑪利亞女中有十二名女生畢業，[11] 卻無法升讀已註冊的大學，因此約大破例招收她們。儘管女生只能走讀，不能住校，但在約大校史上卻開創了男女同校的新紀元。1937 年淞滬抗戰軍興，約大由於地處滬西，因戰事無法正常辦學，乃與之江、東吳、滬江等校合辦華東基督教聯合大學，亦稱基督教大學上海協會（約大醫學院及神學院不包括在內），並與金陵大學及金陵女子文理學院取得協作，校址選在南京路大陸商場（後稱慈淑大樓）樓上，大學部在上午上課，下午讓給高中部及聖瑪利亞女中上課，這種情況持續了一年半。此時學生人數大

11　1923 年聖瑪利亞女校遷入白利南路的新校舍（今長寧路 1187 號），並改名聖瑪利亞女子中學。

減，加上需付昂貴的租金，因此除賴校友幫助商減房租以及撥款補助外，華籍教職員還減薪 15%，才勉強渡過。1938 年 6 月 25 日，約大、金陵女子文理學院、金陵大學、之江文理學院、東吳大學、滬江大學、上海女子醫學院，也包括這些學院的附屬中學，在大光明戲院舉行基督教華東各大學聯合畢業典禮，由卜舫濟致詞，顏惠慶發表演說。這年約大的第一位女畢業生只有岑德美一人。[12]

1939 年 9 月約大遷回原址上課。1941 年 1 月，七十七歲的卜舫濟辭去校長職務改任名譽校長，並於 6 月離華返國，由沈嗣良擔任校長，結束了他對約大逾半世紀的管治。他在 1941 年去美後對中國還是眷戀不忘，不辭勞苦地到各地演講及傳道，講述他在華半世紀的經驗以助援華抗日的宣傳，在紐約不時與舊生如宋子文兄弟等聯誼，並開始撰寫自傳，剖析自己對中國的看法。抗戰勝利後，1946 年 10 月他又和老伴再來中國，其時已八十二歲。當採訪記者問他為什麼還要來中國時，他說：「這兒是我的家，我要永遠在這兒，直到老死。」[13] 不久卜舫濟因病入院，1947 年 3 月 7 日，他在上海宏恩醫院病逝，3 月 9 日約大為他舉辦隆重的葬禮，參加者有宋子文、孔祥熙等七百餘人，教育部長朱家驊唁電褒揚卜氏「春風廣被，貢獻良多」，到 3 月底紐約第四街聖公會堂亦舉行了悼念大會，有二百人包括施肇基及紐約聖公會主教。卜舫濟一生獲三一學院、愛丁堡大學和母校哥倫比亞大學贈予名譽神學博士學位。

以往國內的書籍對卜舫濟都是貶多於褒，因為他一直深覺學生應該專心讀書而不要搞政治，在「政教分離」的口號下，多次干擾約大的學生運動。但可以肯定的是，沒有他約大不會成為東方的哈佛，他的貢獻是多方面的，他亦成為約大的代名詞。對於約大校園的建設，卜舫濟出力甚多，第一座教學宿舍懷施堂是他經手籌募建立的，以後他每隔幾年回美休假一次，每次都順道在美國進行勸捐，這是他為學校募款的其一管道。另一條管道則是約大的學生和校友會，他深知約大大部分學生家境富裕，校友中有財有勢者多的是，他一直著力培植師生間的感情，校友們亦大多慷慨解囊。第三條管道是他與社會知名士紳籠絡交結，遇到學校需要經濟助力時，這些人士都樂於捐助。

約大創辦的動機是為了在中國大地傳播基督教義，可是從它五十周年時的統計資料看，在 1887 至 1891 年間，神學院曾經停辦過，其他年份最多一屆的神學系學生，也只有十四人，有七屆竟然一個也沒有，五十周年以後神學院學生比以前更少，所以從它培養傳教士的初衷也是中心

黃佐庭全家福（左至右）：薛葩手抱倩儀、倩英站立、佐庭手抱後早殤的 Laura。估計時為 1902 年。

目標來說，真是太偏離了。相反，來自約大其他院系以及中學部的數以
萬計學生，對社會的影響卻是相當大的，他們在不同的崗位上，過去和
現在，都發揮了各自的作用，而績效在卜舫濟在生之年已能看到：有學
者曾為 1933 年《密勒氏評論報》出版的《中國名人錄》作出統計，其中
九百六十位名人中以約大畢業的為最多，共六十一人，遠遠超逾清華大
學及北京大學等院校，可見到當年約大的地位。

除了辦學以外，卜舫濟亦勤於寫作，於二十世紀初先後撰寫《庚子
之亂的起源》（*The Outbreak in China: its causes*，1900）、《上海話入門》（*Lessons
in Shanghai Dialect*，1907），《中國史綱要》（*A Sketch of Chinese History*，
1913）、《中國的緊急關頭》（*The Emergency in China*，1913）、《上海簡史》（*A
Short History of Shanghai*，1928）等著作，為促進中美雙方的文化交流做出了
巨大貢獻，直到今天，卜舫濟的著作仍然是美國人瞭解和研究中國歷史
的參考資料。

鼎天立地、婦界奇葩：
黃佐庭及薛葩夫婦

黃光彩雖然育有十名子女，但只得一子黃佐庭（Theodore Tso-ting
Wong，1876-1919），又名鼎，排第九，生於 1876 年。黃佐庭先在姐夫卜
舫濟主理的上海聖約翰書院就讀，後被教會送到維珍尼亞州的聖公會中
學，入讀維珍尼亞州大學（簡稱「維大」），這條修學路線他的親戚顏
惠慶及外甥卜氏兄弟都有跟隨。1897 年黃佐庭自維大畢業，[14] 次年返國娶
比他大兩歲、教會名女校中西女塾首屆七名畢業生之一的無錫名媛薛葩
（Julia Ai Fang Sih 1874-1960）為妻，進入母校聖約翰教書。他曾任官辦上海
學校教師，並充任前台灣巡撫的家庭教師。[15] 1902 年，他撰寫了一本英文
《中國歷史朝代排行表》，1905 年他又為商務編輯《華英字典》，三十
年後他的幼子與商務創辦人夏瑞芳的幼女成親，後章再談。

在上世紀初，黃佐庭除了教書及出版之外還參與創辦兩個影響深遠
的組織——約大校友會及上海青年會。約大校友會於 1900 年 1 月 20 日成
立，第一次的開會地點在上海聚豐園，最初與會者僅五十人，選出吳任
之（即前述黃佐庭姐黃素娥的學生，後其外孫娶佐庭的孫女為妻）、黃
佐庭及朱葆元三人分任會長、書記和會計。以後畢業人數累增，北京、
杭州、寧波等地設立了支會，美國東西部也有約大同學會支會。同學會

12　岑德美是清末兩廣總督岑春煊七女，後移居香港，為京劇演員鄧宛霞之母。

13　1946 年 10 月 27 日《申報》第 5 版。

14　此據維珍尼亞州大學紀錄及 1919 年 *Missionary Review of the World*。

15　*The Alumni Bulletin*, University of Virginia, 1901, p.116.

成立後，每年聚會一次，聽取校務報告並協助學校當局籌募款項。該會對學校的發展關係密切，隨著約園子弟在民國政商冒出頭來，亦成為政商聯誼的重要組織。

1898 年，上海七名傳教士，聯名上書北美協會請求在上海成立青年會，隨後派出路義思（R. E. Lewis）到上海籌辦青年會。路義思抵上海之後，首先請得在監理會中西書院任教的曹雪賡（見第二章顏家「各領風騷的曹家表親」一節）為助手；並邀請黃佐庭，他的世交顏惠慶及宋嘉樹（見第三章顏家宋氏）等十多位社會名人參與青年會創辦工作。於 1900 年 1 月 6 日，假博物院路的皇家亞洲文會成立董事會，定名為上海基督教中國青年會，選出黃佐庭為會正，顏惠慶為會副等職務，曹雪賡任總幹事。按當年基督教青年會還沒有入會章程的規條，只訂出「約法三章」，即不吸煙、不打牌、不酗酒作為入會的條件。青年會董事多為留學日本或美國，回國從事文教工作的飽學之士。在黃佐庭當會長的五年內，會員日漸增加，青年會會員被視為上流社會的身份象徵。

黃佐庭辦男青年會的同時，其妻子薛葩亦參與女青年會在上海的事務，可謂夫唱婦隨，合作無間。1903 年世界女青年會派貝林格（Martha Berninger）在上海設女青年會辦事處，1906 年又派出顧恩慈（Grace Coppock）擔任籌組上海女青年會的幹事，1908 年正式成立上海基督教女青年會，董事會選薛葩為首任會長，幹事是丁明玉。她的幾位女兒亦有參與女青的經營，此為後話。

像其他約園子弟一樣，讀政治出身的黃佐庭目標是當官，1909 年他終於覓得第一份官職，管理剛通行的寧滬鐵路。同年美國向中國發還庚子賠款，每年資助一百名男生到美國留學，由清華學堂舉辦考試。1911 年，有留學生背景的黃佐庭獲委任為留美學生監督，派駐美國華盛頓任期四年，留下妻子及五女二子在上海。1916 年，留美計劃開始接收女生，由薛葩負責帶首批十名女生出國，她同時帶了自己兩個兒子，在華府跟黃佐庭住了一年的時間後返國。同年因工作成績優異，黃佐廷與清華大學副校長趙國材及唐孟倫同獲北洋政府頒發「嘉禾勳章」。

1919 年農曆新年，與黃佐庭秘書吳炳新（Bing Sen Wu）在喬治華盛頓大學為同班同學的李岡（Kong Li）發覺吳數天沒有上課覺得不對勁，[16] 於是跑到位於華府西北高尚住宅區的駐美留學生辦事處按鈴沒有人應門，他從打開的窗口進內，在屋內發現黃佐庭左胸中槍伏屍書房地

薛葩與倩儀及倩鴻在黃氏女學。

上，而吳及另一助手謝昌熙（C.H. Hsie）則伏屍地庫。[17] 謀殺三人的手槍仍在黃佐庭屍首旁的椅子上，而全屋都有掙扎過的跡象。[18] 這宗三人命案即時轟動全美，《華盛頓郵報》、《紐約時報》（New York Times）等都連日作頭條報道，遠在上海的家人幾天後才獲得消息。華府警方跨州調查，幾日內便將身在紐約的華府留美學生處常客 Ziang Sung Wan（報紙一作溫章新，黃氏後人說上海話拼法應該姓萬，可能是萬祥仁）拘捕，他很快供出自己為兇手，說是為了謀財而害命。據盧黃倩君稱，萬氏是一名花花公子，他的母親曾被他多次要脅討錢，於是她於 1918 年苦苦哀求返國休假的黃佐庭把這個不肖子帶到美國留學，希望他可以重新做人，有「聖人」之稱的黃佐庭一片好心答應了，結果卻被恩將仇報。[19] 1920 年初，萬氏被法院判縲首死刑，但美國一些法律界人士包括有意問鼎總統的頂級狀師 John W. Davis 更無償為他上訴，案件鬧上全美最高法院。1926 年最高法院裁定因為調查時萬氏是被迫供，無罪釋放。萬氏從此銷聲匿跡，但他的名字因案子而流傳於美國法律史冊，慘被奪去性命的黃佐庭名字則因英年早逝而多年被埋沒未能伸冤，實為近代史上一悲劇矣！

　　黃佐庭慘遭殺害，遺孀薛葩化悲痛為力量，帶大他們的二子四女之餘還熱心教會，青年會及教育事業，興辦黃氏女學（Wong's Academy for Girls）小學。三女倩儀、四女倩鴻及長子開平畢業返國後都曾到該校任教協助母親。知名小說作家張愛玲是該校最出名的校友，張愛玲生長於傳統的官宦家庭，原名張瑛，愛玲或 Eileen 這個名是進黃氏女校之後才改的。在那裡她學會彈鋼琴，亦跟很多黃氏的畢業生一樣進入聖瑪利亞女中。據其五女倩君回憶，薛氏從不談人是非，對子女、僕人非常和藹，對兒女循循善誘，衣食教育都給予最好的。據她的幼子宣平所講，由於父親黃佐庭為人清廉，身後僅留下一屋，家庭經濟失去支柱，母親含辛茹苦，將原居所賣出套現，購入靜安區赫德路 675 號（現常德路）後再將該屋按給銀行舉債，才能將六名子女全部送外留學，這就算在今天的社會都為難事，在民初動盪的年代更是難以想像。而外孫林辰孫記憶中的外祖母非常虔誠，是滬西虹口救主堂（黃光彩曾主持的教堂）忠實信徒，有時會帶孫輩聽趙世光牧師等播道家的傳道，閒時在赫德路家做腐乳並養有大批蠶蟲生絲，並與孫兒彈琴唱歌。每晚入睡前必定仔細梳頭，有一頭柔順的髮絲。到三十年代，她的子女都成家立室並有自己的事業，她亦苦盡甘來弄孫為樂，解放後她跟幼子宣平到香港居住，1960 年在港以八十六歲高齡過身。[20]

16　李岡後為上海耳鼻喉科名醫及清華醫院院長，清華校長周詒春女婿，抗戰時因不堪日軍割腕自殺。

17　謝昌熙為胡適在澄衷學堂的英文老師，曾協助顏惠慶編《英華大辭典》。

18　'Three Chinese Officials Slain At Washington' *New York Times*, Feb 1, 1919.

19　Transcribed by Wilfred Ling, *Memoir of Tante Ethel*（Unfinished）, March 19, 1997.

20　Wilfred Ling, *Dr & Mrs Theodore T Wong – A Biographical Sketch*, November, 2005.

黃門女將：
當西醫辦銀行的黃瓊仙

若果談到黃門女將，一定不能不提黃光彩牧師排行第七的女兒黃瓊仙（Ah Mei Wong，又名 Amy，1868-1933）。黃瓊仙生於 1868 年 6 月 27 日，年少時在聖瑪利亞女校讀書，後入虹口同仁醫院（見第二章吳虹玉一節）參加該院 1882 年由文恆理啟辦的護士訓練班，畢業後在武昌當護士，但她的志願是要當醫生，決心留學讀西醫。1902 年，她籌得足夠的資金實現理想，以三十四歲之齡赴加拿大多倫多大學，成為該校第一位女華人學生。[21] 經過四年的艱苦學習，黃瓊仙於 1906 年畢業學成歸國，在北京政治家端方所辦之女醫院任醫師。1910 年回滬開業應診，並任中國公立醫院醫師。1915 年參與籌組成立中華醫學會，1919 年任中華醫學會上海支會第二屆會長。1921 年，為中國紅十字會總醫院醫務團成員，是國內較早的女名醫之一。據她的侄女盧黃倩君稱，黃瓊仙從醫三十年，差不多所有上海富戶人家的子女皆由其接生，是城中最出名的婦產科醫生。

1924 年，黃瓊仙的好友，上海商業儲蓄銀行女子部主任嚴叔和以「提倡女子職業，號召女子儲蓄、經濟獨立」，「提高婦女經濟地位」為宗旨，向她提議開辦一家女子商業銀行。黃瓊仙對此非常贊成，為籌組銀行一事出錢出力。1924 年 5 月 14 日女子銀行召開創立大會暨第一屆股東大會後，推選黃瓊仙及郁均侯（慎昌洋行買辦）、鮑咸昌（商務創辦人之一，見第五章鮑家）、樂振葆（寧波籍木器大王）、樓恂如（中華勸工銀行創辦人）、歐譚惠然（先施公司創辦人歐彬的夫人）、蔡伯良、黃家楠、嚴叔和等九人為董事，由歐夫人任主席，張默君（邵元沖夫人，曾任立委及監察委員）、丁仲英（名中醫）、李芸蓀等三人為監察人。5 月 27 日，女子銀行舉行盛大開幕儀式，二千餘人前往參觀。據《申報》記載，女子銀行的初始資本為二十五萬元，中西女塾認股兩萬餘元，聖瑪利亞女校也認股不少，其他女校如清心、愛國、晏摩氏、務本、民立、裨文、愛群等校，亦分頭接洽籌款，資本額不足使得女子銀行在日後申請註冊的過程中遭遇一定困難，直到開業近三年後的 1927 年 1 月，女子銀行才拿到註冊執照，一直到 1955 年才結束營業。女子銀行內部分為儲蓄部與商業部兩個部門，在爭取存款方面，女子銀行眼光獨到，格外注重在各女校內設立儲蓄分處，以便學生儲蓄，同時期代學校收學費。1924 年冬，該行首先在中西女塾開辦分處一所，卓有成效；1928 年又應

黃瓊仙像。

南市務本女校要求在該校開設辦事處，並推廣到其他各校。到 1949 年時，委託女子銀行代收學費的學校已達十所之多，成為該行重要的存款來源之一。

不過黃瓊仙因工作過度終積勞成疾，於 1933 年 5 月 7 日病逝。她的離開亦不忘繼續為社會作出貢獻，將遺產全數廿多萬捐給宏仁醫院（St. Elizabeth Hospital），建成婦產科專翼。她雖然在事業上成就超然，但據其姨甥孫郭穎頤說，她在家務上一竅不通，全靠同住的妹妹黃素莉照料。有一次黃瓊仙竟將雞全隻連內臟煮，結果臭氣薰天，成為家族內的笑話。黃素莉這位阿姨終身未婚，照顧她的姐姐及關懷她的子侄，是子侄輩最喜歡的長輩。黃牧另一女兒嫁楊姓生下寬麟，排行第十的女兒則嫁給黃牧同事顏永京的侄兒明慶，在往後一節及第二章顏家再講。

Wong Family
第三代

繼父前輝的卜家三公子

黃牧的第三代以卜舫濟與黃素娥的三位公子排行最先，由於他們教導有方，三位公子都成為教授並一度參與約大建設。雖然三位公子都在中國出生並講流利華語，但他們受父親的影響都以美國人自居，第一次世界大戰美國參加歐戰，他們三位都自願參軍，老大卜其吉為飛行員；老二卜威廉參加步兵團，在法國參與 Limay 保衛戰、St. Mihiel 及 Argonne 森林兩場攻略戰役，由中尉升至上校；老三卜華德則為歐戰醫療援助隊的中尉。[22]

三子中的老大卜其吉（James Hawks Pott，1891-1980）英文名字跟其祖父一樣，生於 1891 年，正是父親草創約大之年。卜其吉年輕時隨舅父黃佐庭到維珍尼亞州的聖公會中學寄宿，畢業後到父親的母校哥倫比亞大學攻讀教育，取得學士後返中國先出任聖公會北方主教韓仁敦（D. Trumbull Huntington）的秘書，其後又出任聖公會在安徽安慶辦的聖保羅中學（現安慶市第二中學）的校長。卜舫濟希望卜其吉能繼承他在約大的事業，1924 年卜其吉進約大教育系任教，在校內被稱為小卜。其後他又赴美進修，1933 年自密芝根大學取得文學碩士再返約大任教，1936 年升任教育

21　*University of Toronto Monthly*, v.35-36, 1934, p.60.

22　Arthur Barksdale Kinsolving, *Story of a Southern School: Episcopal High School of Virginia*, 1922, p.318,

系主任，後來撰寫約大英文校史的賽梅麗（Mary Lamberton）便是其系內下屬（後升任副外文系主任）；1937 年他的月薪是 502 元，比當時大部分的教師為高。除掌管約大教育系以外，小卜亦教授心理學課程，並協辦校內的英文話劇，還兼任聖公會上海教區小學校監。歐戰引來大批猶太難民，他亦趁機吸納不少猶太學者進約大，其中包括來自維也納的醫學院神經科主任韓芬（Fanny Gisela Halpern）。1941 年初老卜退休，沈嗣良繼任校長，小卜則以上海教區代表身份任教務長及文理學院院長，由於所有支票都要由他簽名，所以當時他有點垂簾聽政的影子。這時上海孤島已戰雲密佈，12 月日軍正式向美國開戰，揮兵進入上海租界，卜其吉奉父命留了下來。此時上海各處戒嚴，他顧及在約大讀書的黃家親友，叫他們留在校園內他的居所「白宮」，黃佐庭的外孫林辰孫回憶在「白宮」居住的幾個月，外婆薛葩因為要幫手照顧幼妹林廉亦搬來了，期間有一日本皇軍士兵進屋搜查，後看見三歲熟睡的林廉而作罷。數月後日軍將約大所有外籍教員包括卜其吉及其弟卜華德，繼妹顧懷琳關進集中營，有一半中國血統的卜其吉在自己土生土長的中國成為了「外國」戰俘。他的文理學院院長一職由物理系的趙修鴻接任，在校友顏惠慶及校長沈嗣良的努力支撐下，約大雖然名義上被日偽「敵產管理委員會」接管，但原班華人教會職員仍保持實權繼續運作。

1943 年，日方與美方協議歸還戰俘，卜其吉與卜華德坐 S.S. Grispholm 號返美，同船的還有另外兩對與約大關係密切的外籍兄弟戰俘，安慶的醫生 Dr. Harry Taylor 及在約大執教三十餘年的化學系主任戴世振（Dr. Walter H Taylor）；江蘇主教羅培德（W.P. Roberts）及其自 1915 年便擔任約大史學教授的弟弟羅道納（Donald Roberts）。[23] 小卜回美國與老父及家人團聚後沒有留下來，次年他又返亞洲協助美國政府做事，計劃在大後方建立另一家約大，但未及落實，日本已宣佈投降。

抗戰勝利後，小卜跟羅主教返回上海重建約大。戰時校長沈嗣良因有附逆之嫌去職，由涂羽卿補上，決定將文理學院分拆，由小卜出任文學院代院長，趙修鴻（S.H. Chao，物理）任理學院長。1947 年校董會決定向政府申請立案，同年 10 月 17 日得到批准。董事會主席仍為顏惠慶，卜其吉亦首次進入校董會。踏入 1948 年，國共內戰爆發，約大的學潮迭起，6 月，校長涂羽卿辭職，校董會委任卜其吉暫代副校長代理校務，遭其拒絕。當時國民黨政權在大陸已江河日下，政府部署遷台，

卜其吉像。

卜其吉曾向聖公會建議研究在台南建立約大分校。8月校董會指派他及校友吳清泰，[24] 三名教授趙修鴻、倪葆春（P.C. Nyi，醫科）及德愛濂（Ellis N. Tucker，數學）組成校政委員會管理校務，10月卜其吉出任副校長主持校政，1949年1月辭職赴美，校務由趙修鴻及卜的表弟楊寬麟等管理，三年後約大被併入他校，在上海七十多年的光輝歷史正式完結。

卜其吉赴美後繼續從事教育工作，不久又回到遠東，出任聖公會辦的東京立教大學（St. Paul's University）教授及美方代表，1954年到香港在聖公會辦的崇基書院（即中大前身）出任副校長，輔助校長李應林及凌道揚及至1957年，替早年的崇基奠下了基礎。此後他移居檀香山，出任當地知名男校 Iolani Shool 的教師。這所國父孫中山曾入讀五年的 Iolani 男校與約大淵源甚深，1900至1907年間已有二十四位男生到約大進修。[25] 小卜在 Iolani 貢獻良多，該校至今仍有一體育獎項以他命名。1978年卜氏表妹黃倩儀及其隨夫到夏威夷訪學的女兒余屬生曾往檀香山拜訪小卜，大家談起上海的往事掀起無限回憶，兩年後他以九十二歲高齡在檀島過身。一班熱心的約園子弟掛念上海的約大，於1965年在台灣建立新埔工業專科學校（現稱聖約翰科技大學），1997年又在多倫多英屬哥倫比亞大學（University of British Columbia）建立聖約翰學院（St. John's College），延續卜家的辦學精神。

小卜的首任妻子楊志桂（Nancy Yang，?-1946）是湖北新堤縣人，1920年與小卜成親，聖瑪利亞女學畢業，曾在約大任教，其妹楊志翠是上海第一人民醫院護士長，侄兒楊虞文、楊虞武及侄孫楊唐鎮都是約園子弟，其中楊虞文是醫學博士，曾任同仁醫院駐院醫師並返約大教授外科臨診；楊虞武則為浙江大學教授；楊唐鎮後來在德國駐香港使館任職。1946年楊氏過身後卜其吉再娶 Agnes Strasberg 終老。卜楊兩人育有三子，長子 William L. Pott 在戰時為陳納德將軍飛虎隊的駕駛員，在戰爭中失蹤，[26] 次子 James Thomas Pott 於1927年生於上海，史丹福工程系畢業，是矽谷 Santa Clara 郡工務局長及運輸工程處長；三子 Robert Pott 所載資料則較少。

卜家老二卜威廉（一作惠廉，William Sumner Appleton Pott，1892-1967）生於1892年，隨兄長入讀維珍尼亞州聖公會中學，再考入維珍尼亞州大學。在維大進修時，他成為一系列秘密組織的成員，這些組織的成員日後都成為美國政商要員，亦與他終生保持聯繫。卜威廉於1912年自維大取得哲學學士，次年得碩士後返國加入約大出任哲學系教授，據鄒韜奮在其文集中回憶約大校園內「濫竽充數的飯桶教授」大有人在，但就

23　羅道納夫人孟佳蓮（Francis Markley Roberts）亦為約大歷史系講師。

24　吳清泰為約大1902年畢業生，劉鴻生親信，曾任約大新聞系教授的香港名報人吳嘉棠為其子。

25　*Biennial Report*, Hawaii Department of Public Instruction, 1904, p.166.

26　鄭大衛重寫楊唐鎮來信「卜其吉的妻子楊志桂」《約大天津校友會訊》2003年3月。

點名稱讚卜威廉為比較出眾的教授，從他的課中得益良多。卜威廉另一貢獻是在 1920 年向教務會提議成立新聞系，聘《密勒氏評論報》（*The China Weekly Review*）主筆為教授。但卜威廉在約大只留了數年，便從此離開中國，其一原因可能是他不想活在父親的影子下，其次是他想繼續進修，在歐戰服役完畢之後返母校維大出任副教授同時兼讀博士學位。1922 年取得博士後留校任教至 1927 年，其間於 1925 年出版《中國政治哲學》（*Chinese Political Philosophy*）及與同事 Albert Balz 合著《社會理論》（*The basis of social theory*）一書。1927 年他獲加州大學延聘出任東方語言副教授及文化系主任。

翌年他在維大的一位學生 Edward Stettinius Jr.，[27] 年僅三十已在通用汽車出任副總裁，正需要一位中國通處理公司的遠東業務，第一時間想起這位在上海長大的老師，重金禮聘他加盟通用汽車。通用汽車當年是全球管理最佳的企業，卜威廉從中所學到的行政管理策略對他日後當校長助益良多，而他的哲學家思想對通用汽車的公關政策亦有正面影響。1935 年 10 月，聖公會邀請他出任位於紐約州的大學 Elmira College 校長，成為美國首位有華裔血統的大學校長，亦是該校首位非神職人士出任校長，他的就任儀式有過百位教育界名流參加。在任內卜威廉冀圖籌款興建馬克吐溫堂，[28] 但因戰爭關係未能成事。他又被選為紐約州大學協會會長。他的作風與其父不同，老卜掌控約大逾半個世紀不願放手，卜威廉則在 1947 年在任第十二年時向校方提出退休，但在校董會堅決挽留下又做多一年，到 1949 年 6 月才正式離職。其後他又出任美國外交部駐韓國及泰國情報員，又在華盛頓與傑佛遜大學（Washington & Jefferson College）任教。退休後他搬到加州柏克萊，1967 年病逝，享年七十四歲。威廉的妻子 Eleanor Welsh 是賓州州立大學（Pennsylvania State College）副校長 Judson P. Welsh 的女兒，是 Smith College 1913 年畢業生，前夫是「美國現代稅務法之父」名律師 Randolph E. Paul，與 Paul 育有一子一女。由於卜威廉沒有子女，身為繼父的他把他們都視如己出。

老三卜華德（Walter Hawks Pott）1917 年自維大醫科畢業，之後他曾任美國軍醫，返國後先到無錫普仁醫院，再到上海同仁醫院及廣仁醫院當醫生。1922 年他曾代表約大參與代表哲學、工程學、物理學的斐陶斐榮譽學會（Phi Tau Phi Society）。1934 年 9 月他回歸約大出任醫學院外科及婦科副教授。1936 年 12 月 17 日，中華醫學會選出黃子方為會長、福開生為副會長、錢建初為秘書兼會計，而倪葆春、吳旭丹、卜華德、王逸慧（見

第七章許家）、樂文照、泰利為委員。二戰時他跟哥哥及繼姐被日軍關進集中營，獲釋後到美國北卡羅萊納州做 Pitt 紀念醫院的駐院醫生。

卜華德的妻子是美國國父華盛頓同父異母弟弟 Augustine Washington 的直系後人，育有兩女，卜瑪麗（Mary Ashton Pott）及卜伊麗（Elizabeth Hawks Pott）。卜瑪麗於 1920 年生於無錫，小時在上海見過「華人與狗不得進入」的告示牌感到非常反感，長大後畢生致力爭取平等。1936 年她自上海美國學校畢業後到伯父掌管的 Elmira College 進修，1941 年以最高榮譽畢業。戰時她在維州列治文當圖書館員並在紅十字會當義工，後她在紐約哥倫比亞大學醫學院工作並嫁給一名叫 Robert Hiatt 的醫生，婚姻僅維持了十年，但離異後她仍留丈夫的姓氏。她在兩家私立中學教書之後於六十年代開始在新澤西州立大學（Rutgers University）教書，同時於 1971 年在哥倫比亞大學完成博士，加入紐約市 Baruch College 英文系當副教授。她為人親切，上課亦是穿牛仔褲。1975 年她跟校內社會系主任 Norman Storer 結婚。卜瑪麗專注研究男女英文作家寫作風格的分別，首創用電腦科技作文學分析，在這方面她完成了三本著作，發現十九世紀的男女作家風格相同，但二十世紀開始有分異。1982 年她獲同僚投票推選為系主任，管轄一百位教職員。1988 年她以六十八歲之齡從大學退休，搬到當微生物學家的獨子 Andrew Hiatt 所居住的加州聖地牙哥。但她退而不休，每周仍到墮胎診所當義工，又到民主黨州議員 Denise Ducheny 的辦事處做文職。卜瑪麗 2005 年病逝，享壽八十四歲。[29] 其子 Andrew Hiatt 從曾祖父的母校哥倫比亞大學取得生化學博士，到加州 Scripps 研究院研發植物抗體技術，1996 年與同僚開設 Epicyte 製藥公司，可惜因種種因素在 2004 年結業。

至於卜舫濟的獨女卜安莉（Olivia Hawks Pott，1896-1969）終身未婚，曾任哥倫比亞大學醫療長的助理多年，1969 年在美東康州過身，享壽七十二歲。

建築泰斗、末任校長：
楊寬麟及他的後人[30]

前文談及卜其吉離開中國，約大的掌舵人一職交給表弟楊寬麟（Qua Ling Young，1891-1971）。楊寬麟的母親是黃牧的三女，嫁給一位祖籍上海市郊青浦的牧師楊少亭，育有三子一女，她的名字連子孫亦不清楚，但據她的侄女盧黃倩君回憶，她是姐妹中最漂亮的一位，但紅顏卻是苦命。

---

27 此君後來成為國務卿（1944-1945），1946 任美駐聯合國大使，1949 年，年僅四十九歲心臟病發亡。

28 該校由帶容閎出國留學的 Samuel Robbins Brown 及大文豪馬克吐溫（Mark Twain）的妻子的 Langdon 家族創辦，他的多本巨著都在 Elmira 寫成，而 Langdon 後人亦將大量文獻捐予該校，使該校成為全球研究馬克吐溫的兩大中心之一。

29 'Mary Hiatt, College Linguistics Teacher, Volunteer Counselor' *San Diego Union Tribune*, November 30, 2005.

30 本節關於楊寬麟部分參考由其子嗣楊偉成先生提供〈我的父親楊寬麟〉及〈父親的人生哲學〉兩文。

楊少亭 1894 年正當盛年過身，當時幼子只有三歲，遺孀楊黃氏帶著四子女投靠薄有家財的家姑，但這位楊老太憎恨基督教，對出身基督教世家的媳婦及孫兒諸多刻薄。六年後楊黃氏亦去世，老大楊順麟出外謀生，楊老太把老二楊吉麟及只有九歲大的老三楊寬麟送入他們姨丈卜舫濟的學校寄宿。[31] 惡毒的祖母在楊寬麟的成長期間不為他買合身的衣服，腳趾更因穿過小的鞋子而變形，以後終身都不敢露出腳趾。卜校長夫婦同情這位姨甥的遭遇，在約大悉心栽培他成材，這亦是日後他不認楊姓祖宗，全力回饋約大的因由。

1909 年楊寬麟以全年級第一名的優秀成績從約大英文系畢業。在教會學校和親屬的影響下，寬麟渴望出國留學，為籌措路費，到約大高中部當了兩年教師，又得親戚及教友（特別是七姨黃瓊仙）的資助，終於勉強湊夠了船票錢和部分學費及生活費，啟程去美國密歇根大學，攻讀土木工程。他除用功學習專業外，也積極參與社會活動，如曾擔任該校中國留學生會主席和校園內美國學生社團的活動。後取得工程學士和碩士兩項學位，以優異成績畢業。

1917 年楊寬麟回到祖國，應密大同學林桂生的邀約到天津創業，開辦華記（後改名華啟）工程顧問事務所，林負責做買賣建築材料的生意，楊則負責工程結構設計。為了廣交朋友及回報社會，他特意在天津開辦了一家招待所，配備餐廳、廚房和若干客房，凡是外地朋友或親戚來到天津需要住宿者，均可免費享受吃、住的招待，因此交上一些朋友，從而結識了留學回國、出身香港基督教世家、約大及麻省理工畢業的建築師關頌聲（Sung Sing Kwan，1892-1960）。[32] 關氏當時正準備在天津開辦基泰工程事務所，邀請楊寬麟以及另一位留美歸來的建築師楊廷寶，二人為合夥人技術骨幹。關頌聲還請來同樣留美歸來的建築師朱彬為合夥人（朱後來成為關的妹夫和公司事實上的第二號老闆）。自 1916 年到 1931 年間，基泰和華啟二家事務所單獨負責或合作設計了華北多項標誌性建築，如天津的中原百貨公司（解放前北方最高建築）、北京前門郵局、

北京真光電影院（今兒童劇院）、北京西交民巷的多幢銀行大樓、瀋陽東北大學校舍、瀋陽火車站、塘沽永利化工廠等。基泰工程事務所不僅獲得很好的經濟效益，經過十多年的努力，更打破了洋人建築設計事務所在北方地區的壟斷地位。

1931 年，日軍強佔了東三省，天津及北京的建房投資

楊寬麟像。

急劇減少，基泰大老闆決定將設計大本營南遷到南京和上海兩地，關頌
聲和楊廷寶二位坐鎮南京，朱彬和楊寬麟則坐鎮上海。南京的設計工程
以政府的「官活」為主，上海的設計工程則以工商界的建築為主。1932
年到 1940 年間，上海基泰經手設計了上海以至江浙一帶的很多辦公樓、
廠房、碼頭、機場等，其中標誌性建築有上海的上海銀行大樓、大陸銀
行大樓、美琪大戲院、大新百貨公司（即現在的中百一店）、申新紗廠、
龍華水泥廠、南洋兄弟煙草公司、南京永利化工廠、江南水泥廠等。與
此同時，楊寬麟結束了天津華啟，在上海與張杏亭合設了上海華啟顧問
工程事務所，招聘了一批土木工程師如蔡顯裕、江元仁（為寬麟表弟黃
宣平的連襟，夏瑞芳婿，見第五章鮑家）等人。1941 年 12 月日軍攻入租
界，江浙沿海地區的建築業完全陷入停頓狀態，楊寬麟的兩家設計事務
所瀕臨關門，員工自謀出路。

　　1932 年楊寬麟由天津回到上海之後，就與母校約大恢復聯繫，看望
卜校長一家並拜訪土木工程學院首任院長伊理（John Andrews Ely，之前任
文理學院院長）。伊理聘請他教授一些課程，但那時每個年級的學生甚
少，他認為必須加快培育的速度，從每屆畢業生中聘任優秀的學生作為
助教，擴大師資；同時推薦家庭經濟較好的學生出國深造，蔡顯裕和張
問清兩位在美國修畢碩士課程後回國都被聘為約大工學院教授。[33] 楊寬
麟十分重視理論與實際，所以他利用當時在社會上的業務關係，讓高年
級學生得到實習機會。他和工學院人數不多的教師隊伍為社會培育出數
百名工程師，從當年的起步基礎來看的確是不易的成就。1940 年夏伊理
返美，楊寬麟繼任院長。在 1944 年，工學院由原來的土木系擴充為兩個
系，增添了建築系，由在哈佛跟現代建築大師 Gropius 取經的黃作燊擔任
系主任，另聘一位外籍教員鮑力克（Richard Paulick）。教學課程有城市規
劃、室內設計等。不少有藝術細胞的土木系學生便同時兼學建築系，成
為雙學位畢業生。多年之後，很多建築系及土木工程系的畢業生在兩岸
三地的建築設計界及教育界闖出名堂，包括國內的白德懋、李德華、羅
小未，香港的陸孝佩（John Lok，其公和建築承建國際知名的香港匯豐銀
行總行）及郭敦禮（Stanley Kwok，長實非執行董事，設計 AIA 大廈等），
台灣的張肇康（設計東海大學，嘉新大樓等）及沈祖海（Haigo Shen，設
計世貿中心，凱撒飯店等）及美國的阮郇光（沈嗣良外甥，聯合國大樓
設計者）等。太平洋戰爭爆發後，約大工學院的幾名印尼華僑留學生失
去經濟來源，楊寬麟知道他們的困境後積極為他們奔走，要求校方免收

31　據楊寬麟長子偉成稱，順麟曾從事礦業及協助鴉片吸食者戒煙，吉麟則開西藥房，而
　　女則早殤。

32　關頌聲姑媽關月屏為宋氏姐妹姨姨丈溫秉忠的首任妻子，關頌聲妻李鳳麟為宋美齡在威
　　斯理的同學；父為太醫關景賢，弟頌韜為北京協和醫院外科主任，頌聲在台除建築外
　　亦為田徑委員會主委，是奧運金牌得主楊傳廣及紀政的伯樂。

33　解放後，蔡擔任上海華東建築設計院結構總工程師，張則被聘任同濟大學教授。

學費，以免他們輟學。

全國解放後，儘管基泰大老闆關頌聲及二老闆朱彬都明確提出希望楊寬麟和楊廷寶同去香港新成立的辦事處繼續合作，但二位同聲拒絕。他們看透了國民黨及國民政府的貪污腐敗，情願把精神寄託在中國共產黨及新中國的建設，國家也十分重視這樣的黨外人士，請他擔任多屆北京市政協委員，更出任政協副主席。在教育部的方針指導下，約大通過民主選舉，成立了新的行政領導班子——校務委員會，楊寬麟任主任委員，醫學院院長倪葆春和政治系教授潘世茲任副主任。三人上任後很快發函給美國聖公會，通知他們約大將不再接受聖公會的經濟資助，意味著同時也將不聽命於他們。學校開始按教育部的政策指示來辦，但由於教育經費不足，楊寬麟就找來有經濟實力的老校友榮毅仁（董事長）和劉鴻生（董事）等出資維持。1952 年秋新學年起於上海教育系統院系調整中，約大醫學院併入上海第二醫學院、工學院土木建築系併入同濟大學、理化系併入華東師大、經濟系併入上海財經學院，其他如外語、歷史等系大都併入復旦大學；中學部與大同大學附屬中學兩校合併，命名為五四中學；神學院則早在抗日戰爭勝利後併入南京中央神學院。約大存在到此的年數為 73 年。1952 年秋以後，原校址曾同時為數家學校所用，經過一段時期後，全部歸華東政法學院所用。

全國解放後，北京作為首都需要進行大規模的城市建設，也迫切需要各方面的人才。北京當時成立了一個公私合營興業投資公司，董事長聘請有名的老字號同仁堂總經理樂松生擔任，經理由工商聯的湯紹遠擔任，副經理由共產黨委派的鄭懷之擔任。興業公司當時決定建一幢「青年會」式的西式經濟旅館，以彌補北京市在旅館業方面的嚴重不足。1950 年委派林桂生和馬增新工程師赴上海力邀楊寬麟來京主持工程設計，在楊寬麟的推薦下，又赴南京邀請基泰老搭檔楊廷寶負責建築設計，由二楊組建一個設計班子，定名為興業投資公司設計部，二楊分別擔任結構總工程師和建築總工程師（不長駐京）。設計部成員有楊寬麟從約大工學院畢業生中挑選的孫有明、喬柏人、田春茂、孫天德、自己的長子楊偉成，另有從南京基泰過來的巫敬桓、張琦雲、王鐘仁、郭錦文、尹溯程等。這個團隊在二楊的指導下所做的第一個設計專案就是和平賓館（當時取名聯合飯店）。在當時的北京，除皇家建築、宗教建築以及長安街上的老北京飯店外，幾乎沒有超過四層的民用建築，因此要建一幢七層的旅館這一消息傳出，在北京的建築界引起轟動，建築工程

曾因故停工，後來中央領導決定要在首都召開《亞洲暨太平洋地區和平會議》，急需和平賓館早日竣工。在周恩來總理親自過問下，工程在停頓數月後得以復工，而且按照楊寬麟的建議增加了一層客房，達到總高八層，趕在 1952 年底舉行會議前順利完工。此時，位於北河沿大街的工商聯辦公樓以及一座興業公司設計部與北京市設計院合作、由原北京基泰的張鎛主持的新僑飯店也順利竣工。

接著，北京市商業局委託興業公司設計部在王府井大街上設計王府井百貨商店，作為新中國成立之後建在首都、由國家投資、面積最大的百貨商場，能肩負其設計確是很高的榮譽，也有莫大的責任。楊寬麟和楊廷寶作為設計部的總負責人，當 1955 年商場竣工開業時，再次在北京引起轟動，毛澤東、周恩來等都曾抽空前去參觀。[34] 在解放初期的 1950 至 1955 年間，國內各行各業的人才都十分短缺，土木建築工程行業亦不例外。1954 年下半年，原北京市政府副秘書長兼北京市設計院院長李公俠及副院長沈勃積極爭取楊寬麟和興業公司設計部的設計班子加入設計院這個集體中。經過幾次商談，大部分技術人員表示同意，小部分人員選擇自謀出路，於是在是年年底，興業公司設計部正式併入北京市設計院，作為其第五設計室的基礎力量，楊寬麟任正主任，不久，院領導派留英歸國的陳占祥建築師任副主任。

楊寬麟進入北京市建築設計院（原名北京市設計院）時已經六十四歲，超過了法定的退休年齡。他雖然身體健康，但歲月不饒人，他已經邁入老年人行列。進院不久後的 1958 年，設計院便接到一項重要任務——為迎接國慶十周年，首都將建的十大工程中有八項分配給該院設計。時間緊迫，但品質不可有失。楊寬麟作為設計院兩位總結構工程師中的一位，被國慶工程辦公室委派為科技委員會主體結構專門委員會委員。除此以外，他更要直接領導設計北京軍事博物館和北京工人體育場，在其餘幾項工程中則擔任審核人並參加重要會議。北京軍事博物館工程的建築面積為 60,557 平米，北京工人體育場工程的建築面積為 87,080 平米，容納觀眾十二萬人，在當年均為國內數一數二的工程。自國慶工程之後，楊寬麟已近七十歲高齡，體力漸衰，且患高血壓等老年疾病。1964 年楊寬麟和設計院其他幾位元首總工程師、總建築師隨沈勃院長調往北京市城市規劃管理局，時年七十三歲。1966 年文化大革命開始，凡從舊社會過來的老知識分子，鮮有不受運動所衝擊。楊寬麟也不例外，但值得慶幸的是他被安排的勞動比較輕，而且一次都沒有體驗過「噴氣式」的批

---

34 2005 年，王府井百貨大樓慶祝建成五十周年之際，將二楊譽為「感動王府井十大影響力人物」，並正式頒發了水晶製的紀念飾品。

鬥。在這種長達三年的精神壓抑下，再聽不到他的笑聲和口哨聲。後來，他發現痰中出現血絲，經醫院診斷，患上了肺癌。到 1971 年 7 月去世時，他仍背著一個「歷史問題未查清」的思想包袱，也是他終身的遺憾。到 1973 年，形勢漸趨紓緩，他的遺孀唐賽雲從設計院獲悉：楊寬麟的所謂「歷史問題」是關於他在解放後擔任約大校務委員會主任時，是否繼續為學校接受過美國聖公會的經費資助的問題。於是她想起楊寬麟曾說過，他代表校務委員會給美國聖公會寫過一封信，聲明從今往後，約大不再接受教會的辦學經費，可惜此信的草稿在 1952 年的院系合併時被有關人員拿走。十分幸運，她找到當年出資贊助約大的榮毅仁，而且他對此事的記憶很清楚，馬上寫了親筆信證明事情的原委，而且聲明從他所管轄的工廠財務帳目中是有據可查的。根據榮老提供的可靠依據，楊寬麟的「歷史問題」終於在 1975 年得到平反，設計院為他主持了移靈儀式，將他的骨灰由普通公墓移至革命公墓，並由設計院黨委書記馬里克親自主持了追悼會，鄭重地為他恢復名譽。

聖瑪利亞畢業的唐賽雲（Sai Yun Tang，1904-2008）為楊寬麟生了三子兩女，活到一百零四歲。兩女都早於母親過身，長女楊華（Mimi Young）1947 年約大教育系畢業，[35] 解放後隨夫到香港，任職行政秘書，曾任香港約大校友會會長，於 1993 年病故。次女楊斐（Fifi Young）也是聖瑪利亞畢業生，嫁給燕京大學文學院長周學章的長子周乃文，在美國當圖書館長。長子偉成（Hardie Yang）及幼子斌成（Buddie Yang）繼承父親的衣缽當土木工程師，皆已退休。偉成 1945 年於約大畢業後到美國哥倫比亞大學取得碩士。之後跟隨父親工作，退休前任北京市建築設計院副總工程師，是全國知名的建築設備專家，曾發明了多分區中央空調和多分區新風機組。作為長子，楊偉成近年協助編輯其父的文集。他與首任妻子育有一子一女，於 1974 年娶第二任妻子錢瑗。錢是北京師範大學教授，精通英、俄語，來自書香世家，父親是大儒錢鍾書，母親楊絳是作家兼翻譯；祖父錢基博便是當年帶領師生另立光華大學的約大國文教授；姨丈是約大校董何德奎（楊閏康的丈夫）。[36] 1997 年，年僅六十歲的錢瑗因病過身，近年她的名字因為母親楊絳寫的那本暢銷書《我們仨》而為人熟知。楊偉成的兒子楊宏建，北京體育學院畢業，美國紐約州立大學體育系碩士，現為北京國際體育交流中心業務經理，近年撰文回憶繼母錢瑗，感激她當年幫他惡補英文有助他今日的工作，亦讚揚她為人友善與他跟妹妹打成一片，從無隔膜。

楊寬麟的次子楊志成是美國最知名的華人插畫家，曾三度獲得美國
童書界最高榮譽「凱迪克獎」（Caldecott Medal）。他說兒時父親在他屋頂
給他講了不少故事，啟發了他的幻想力。1951 年他赴美學習建築，本想
繼承父業，但後來轉入洛杉磯藝術學院，畢業後到紐約從事廣告設計。
在廣告公司工作時，他午飯常到動物園作動物素描，當時父親給他寫了
一封信，叫他不要急功近利，應做自己喜歡而又能幫助他人的事，於是
他決定畫動物插畫，出一本兒童書。楊志成最初未有打算以兒童書為業，
但他於 1962 年出版的首作 *The Mean Mouse and Other Mean Stories* 非常成功，並
得設計獎，他便當起全職兒童插畫師，至今已完成逾八十本作品，包括
《狼婆婆》（*Lon Po Po*，1990 年得凱迪克獎）、《七隻瞎老鼠》及《但願
我是蝴蝶》與《快樂王子》等。他曾說兒童圖書跟中國國畫一樣是文字
及圖畫的結合，目的是將觀看者帶入畫中的世界。

楊志成結過三次婚，第二任妻子 Natasha Gorky 為知名現代畫家 Arshile
Gorky 的女兒，第三任妻子杜美娜（Filomena Tuosto）為意大利人，亦從事
兒童圖書的畫像創作，他們到中國領養了兩位女童，為此作了《我的妹
妹》（*My Mei Mei*）一書。杜氏不幸在數年前因癌症逝世，年近八十的志
成目前除照顧兩名年幼的女兒外，仍每年不斷創作新書，工作量沒有減
少。他亦是北美的太極高手，1961 年因太極宗師及名書畫家鄭曼青醫好
了他多年的腿傷，便師從鄭曼青學習太極拳與儒道經典。他與鄭氏的交
誼幫助他重新追求自己母國文化、語言的根源，更開拓了他生命的視界。
他領悟到：「欲成為一流的藝術家不僅在乎天才人力，更須全心鑽研生
命萬物背後的法則，即中國人所謂的生氣。」

遠東第一高樓上海國際飯店：
盧壽聯、黃倩君夫婦與其後人

楊寬麟參與上海近代大都會的建設，黃佐庭的幼女倩君（Ethel
Wong，1905-1996）的夫君盧壽聯（Z.L. Loo，1900-1985）亦以倡建及經營有「遠
東第一高樓」之稱的上海國際飯店而聞名。盧壽聯原籍江西，生於揚州
一戶富貴人家。早年他曾留學美國東岸名校 Northfield Mount Herman 中學，
返國之後，年紀輕輕便創立了幾盤生意，都是當年的創新工業。1919 年，
年僅十九歲的他獲得當時中國最出名的企業家張季直、朱慶瀾、程齡蓀
等社會名流的支持，於南通創立中國影片製造股份有限公司，於上海仁

35　楊華後代遷往外國居住的採用姓氏譯音「Young」，而留在中國的則用拼音譯姓
　　「Yang」。
36　何德奎曾任工部局華總辦，上海副市長及秘書長，後去港任蘇浙公學校長，比他年幼
　　的堂叔為名史學家何炳棣。

記路百代公司內設辦事處，由自己擔任經理兼導演，是上海第三家由國人創辦的電影公司，早於羅明佑、黎民偉等，所以盧亦稱得上是中國電影事業的先驅之一。1921 年，他在上海開設滬江影戲院，又聘請哈佛歸來的碩士、日後成為戲劇大師的洪深擔任公司的編劇顧問，在《申報》上公開刊登「徵求影戲劇本」啟事：「本公司以普及教育表示國風為宗旨，凡『誨淫』、『誨盜』、『暴國風之短』、『表情迂腐』的劇本均不錄用。」初期拍攝的紀錄片、風景片有《張季直先生的風采》、《南京風景》、《南京的警政》等，戲曲片《四傑村》以及故事短片《飯桶》。但畢竟電影是一盤生意，這條非商業化的路線絕對不易走，在完成紀錄上海各界五萬人於 1923 年 3 月 25 日為反對日本拒絕廢除與袁世凱政府簽訂的廿一條密約所舉行的示威遊行的新聞片《國民外交的遊行大會》後，公司便因資金告罄而歇業。[37] 創業家本色的盧壽聯並未因此放棄，很快又當上美商信通汽車公司（Reliance Motors）遠東推銷部的上海經理，代理美國汽車，進而在 1928 年與友人開辦銀色汽車公司（Silver Taxi Service），這家公司車隊發展到逾百輛，為當年與祥生（Johnson）、雲飛（Ford Hire）及泰來（Taylor Garage）齊名的上海四大出租車公司之一。喜歡飲食的盧壽聯亦熱衷於飲食事業，辦過雪糕製造廠，又在南京路口辦了一家福祿壽中菜館，不過真正令他聲名大噪的，是保持「遠東第一高樓」的紀錄近三十年，上海最高建築紀錄五十年，2006 年 5 月被國務院列為全國重點文物保護單位的二十二層高國際飯店（Park Hotel）。

話說 1923 年中南銀行、大陸銀行、鹽業銀行和金城銀行合創四行儲蓄會（Joint Savings Society），到 1931 年已有存款四千萬元。四行儲蓄會主任兼鹽業銀行總經理吳鼎昌為吸引更多的存戶，決定投資五百萬元在黃金地段靜安寺路建造「遠東第一高樓」作為四行總部，借大廈樹立四行實力雄厚、信譽可靠的形象。盧壽聯得知消息後，向吳鼎昌建議「開一家豪華飯店要比辦公樓更賺錢。」吳接受了盧的建議，決定興建國際飯店，特聘盧為副經理，參加籌建工作。1932 年，四行請了幾家著名的建築設計事務所提供設計方案，經過比較後，決定委託鄔達克洋行（Hudec）設計。鄔達克在設計國際飯店時，仿造美國摩天大樓造型，外部立面採用直線條手法，底層至三層鑲貼黑色花崗石，四層以

黃家四千金及其夫婿，1939 年攝於國際飯店。
前排左至右：倩鴻、倩英、倩儀、倩君；後排
左至右：郭德華、林鳳歧、余英杰、盧壽聯。

上鑲貼棕色泰山面磚，在第二、三層和四層以巨型圓角玻璃鑲貼，顯示強烈的立體感。為了管理國際飯店，成立了國際飯店股份有限公司，邀請名流杜月笙、顏惠慶、顧維鈞、王正廷等擔任董事，董事長吳鼎昌、副董事長錢新之，並聘請禮查飯店前任經理瑞士人舒勃拉（Max Schibler）任經理，大華飯店前經理美國人 John Rieger 任副經理。國際飯店開張後，中外軍政要員、社會名流常常在這裡設宴，成為上層社會活動場地之一，亦為當時全國最頂尖的華資旅館。

國際飯店之所以能夠聲名大噪，除了建築及排場之外，盧壽聯在酒店服務上的要求及對員工的培訓亦扮演了重要的角色。據說為了提高餐廳服務員的地位，「侍應生」這一個名詞便是由他發明，借以取替以往「堂倌」或「小二」等貶義稱呼。1933 年他在各大報章刊登招聘侍應生的廣告，再由名教育家黃炎培辦的中華職業教育社從報考者中挑選了七十二位侍應生。為了培育出優良的團隊，盧壽聯不惜工本租下現今常德路新閘路一棟大洋房作為國際飯店侍應生培訓所，供這七十二名侍應生住宿，要他們體驗上流社會的生活起居，明白客人的需要而提供適當的服務。盧壽聯自己充任培訓所所長，教導主任則請了軍官出身的張藩，對學員實行軍事式訓練；又請了美國老師教員工英語，還設中文課，由中華職業教育社的老師任教；並請專家教授各種服務禮儀及客房餐廳佈置。為培訓酒店侍應生，盧親自與張丹子合編教材《飯店實用侍應學》，這本書應該是近代中國第一本酒店專業教材。由 1933 至 1937 年抗戰爆發，國際飯店共招收了四屆侍應生，他們中不少日後都升到管理層，成為中國西式餐旅服務業的元老級人馬。

太平洋戰爭爆發前夕的 1941 年 1 月，盧壽聯舉家移居美國，在三藩市經營出入口生意。戰爭爆發之後，生意頭腦靈活的盧氏見美國唐餐館因戰事關係未能從中國入口豉油，便在當地成立生產線做豉油，戰後他又看中家庭冰箱普及化，成立 Charm Foods 發展急凍中式食品，並開設同名的餐館 Charm Garden。盧壽聯的幾個子女都受其影響投身飲食業，長子盧俊（Fred Loo）於六十年代曾開班教烹飪，次子盧偉（Wade Loo）則與妻子在六、七十年代經營過五家餐館，獨女盧懿（Wendy Loo）生前則與丈夫供應廚具給各大餐廳旅館及賭場。盧偉來自香港的麥姓妻子及妻舅更於 1988 年到大連開設首家中外合資的旅館，有三百八十間房的大連賓館（Dalian International Hotel），但不到四年後因各種困難轉手。退休後的盧偉活躍於美華協會，1994-1995 年擔任 San Mateo 分會長，1995-1996 年任全

37　《上海電影志》第一編〈機構〉第一章〈製片機構〉第二節〈民營機構〉。

國總會理事，2007 年退出理事會但仍協助每年籌款晚會。他的兒子 Wade Jr. 自 1980 年起在畢馬威會計師樓（KPMG）任職，現任該行北加州合夥人，負責三藩市、州首府、矽谷及檀香山辦事處。

末代使節的外交生涯：
郭德華、黃倩鴻夫婦及其後人

黃佐庭的四女倩鴻（Grace Wong, 1903-1992），在 1919 年五四運動期間，與同學陳紀彝、陶月琴、俞素青代表中西女塾出席上海學生聯合會。彈得一手好鋼琴的黃倩鴻，中西畢業後到波士頓新英格蘭音樂學院（New England Conservatory of Music）及歐柏林大學深造，返上海在黃氏女校教音樂，邂逅當時在上海海歸派中嶄露頭角的郭德華（T. W. Kwok, 1901-1971）。郭是天生外交家，很會交際及說故事，不但英文流利，還能講正宗的廣東話及上海話，又懂湖南、四川、貴州、廣西、台山、中山多種方言。他祖籍廣東番禺，在兄弟姊妹中排行第八，父親行船，一家為避北方「義和團」之亂逃往香港，他在 1901 年生於香港，這一點對日後他獲委任駐港專員不無關係。「團亂」之後，郭德華在上海長大，於約大畢業後留美，1921 年在華盛頓大學獲學士學位，1923 年獲哈佛大學碩士，繼赴英國劍橋大學研究院，精研外交史及國際公法。回國後，他先在胡適執掌的中國公學大學部任教授兼政務長，1927 年起開始當官，旋任江蘇交涉公署科長，進入外交財政部擔任秘書，在宋子文手下做事。1929 年蔣宋聯婚，由於郭德華任禮賓司長，大華飯店的婚禮由他主理，招待各國來賓，而黃倩鴻則作鋼琴演奏，堪稱當年上海社交界的金童玉女。郭德華的兒子說宋子文欣賞他父親的背景及才幹，多年來合作無間，但稱不上是親信。

抗戰爆發後，郭德華兼任淞滬警備司令少將參謀，出席停戰會議，又出任全國經濟委員會秘書，與國聯特派來華之顧問團密切聯絡。除此之外，郭德華對公路建設、蠶桑改良、衛生興革等貢獻很多，國府西遷重慶，即任經濟部參事。由於當時中國受列強瓜分，國府外交部有五個國內的對外交涉部門，分別為西北（俄國）、東北（日、俄）、上海（多國）、兩廣包括香港（英、法）及澳門（葡），受命為分駐粵桂之間。

何東介紹其婿羅文錦（左）給郭德華。

1939 年，郭德華舉家由炮火連天的重慶搬到香港。1941 年 12 月日本攻陷香港之時，國府已委他繼任刁作謙（Philip Tyau，亦為約大畢業生）為兩廣外交特派員，只是沒有公報。據兒子郭穎頤回憶，他們當時一家住在干德道 8 號 4 樓，1942 年 4 月，鄰居李福和突然拍門說日軍已發現郭德華的身份準備將他逮捕。[38] 他們一家連夜坐船到澳門再到廣州灣，輾轉步行至國家大後方。到廣西桂柳正式履職，但不久桂柳淪陷，辦事處全體員工隨軍帶同文件步行經南寧撤退到貴陽，途中亦遭日軍空襲兼辦黔省外交。最後郭德華千辛萬苦抵達重慶向外長王世杰述職時，王氏不知廣西已失守，竟斥罵他為何擅自撤離崗位。郭穎頤稱，去大後方這三年間他家的所有財物盡失，包括他母親的結婚珠寶，但一家人可幸還在一起共渡時艱，苦中作樂。

抗戰勝利後，郭德華正式履行外交部駐兩廣專員職務，由重慶返兩廣途中在貴陽遇車禍受傷，西醫都說須切除腿部，可幸後來他在香港得一跌打師傅以中藥治癒免去斷足之苦。1945 年 11 月，港英政府同意讓國府外交部在香港中環匯豐銀行大廈三樓設立辦事處，駐港專員由郭德華兼任。對於在香港成立使館，國府遲遲未能落實，因為這樣做等同承認中國放棄對香港的主權，所以該辦事處雖然實質上處理所有中港關係問題，名義上一直未有正式使館資格。在港任職期間的五年，郭氏深受香港華人社會歡迎，每晚至少要參加兩、三場宴會，甚至有足球會以他的名義成立德華杯比賽。郭穎頤稱由於父親行程排得太密難免經常遲到，講英語的友儕們都戲稱他為「The late Mr. Kwok」（英文已故跟遲到為同一詞）。他又與吳清泰、何家鎏（即其妻舅黃宣平太太摯友的丈夫）、歐偉國（姑姐黃瓊仙辦銀行的拍檔歐彬夫人的公子）等校友發起約大香港校友會，任第四屆會長。專員的住所設在半山寶珊道，與一班華商世家為鄰，郭家與他們的關係亦親善。很會和洋人打交道的郭德華與殖民地政府高層亦保持融洽關係，尤其是輔政司麥道軻（David MacDougall），更與他以花名相稱，郭叫麥做 Mac，麥則叫郭 T.W.，期間郭更成功遊說國府給麥頒景星勳章。

但快樂的日子僅過了兩年，1947 年 12 月英方清拆九龍城寨，與居民發生衝突，一人喪生多人受傷，維護國家主權的郭德華於次年 1 月向總督葛量洪（Sir Alexander W. G. H. Grantham）作出強烈譴責及重申中國對九龍城寨的主權，並保留索償的可能性。[39] 據郭穎頤表示，他曾聽過他爸爸跟同僚的對話，謂若果國府真的要收回香港，打一個電話便可以成事。

38　李福和後成東亞銀行主席，其父李子方時任四位華民代表之一，可能因而得知日人動靜。

39　'Kowloon Indemnity Demand: TW Kwok Registers Strong Protest', *China Mail*, Jan 10, 1948.

1948 年隨著國軍在國共內戰中失利，大批難民如洪潮般湧到香港，這些難民出國需要由郭德華的專員署批出護照，其中包括不少做立委或國大代表的政客，郭穎頤說當年他父親覺得這些人各有自己的職守沒有理由出國，曾推掉不少這類申請簽證的要求，包括宋子文在內。這批官僚部分後來到台灣，成為日後他被彈劾的伏線。1949 年廣州解放前夕，郭德華按例在廣州沙面辦事處將所有文件摧毀，同時統籌各國駐穗領事人員撤退的工作，乘最後一班火車到香港。11 月他向葛督交涉兩項在港資產。1950 年 1 月 7 日，英國政府正式承認北京中共政府並與台北國府斷交，郭德華亦即時宣佈外交部駐港辦事處關閉。[40] 據郭穎頤講，當時剛就任中共總理的周恩來曾派員遊説其父易幟，周恩來於抗戰時在重慶與郭德華是舊識，但郭德華始終覺得不能侍二主，最終決定飛往台北。不久他被派任駐巴西大使，但同年 10 月他遭立法院以在港時濫發護照罪名彈劾。[41] 那個年頭國民黨失去大陸，黨內很多人都想找替死鬼，據郭穎頤解釋，他父親之所以被彈劾，除因為拒發部分官員護照而結怨外，在巴西父親亦不幸得罪一位被當地人稱為「瘋漢」（malucos）的武官唐子長中將，[42] 此君隔洋火上加油。郭德華在外交部的同僚如外長葉公超及駐秘魯大使保君健都知其冤屈替其辯護，筆者亦看過一部分這段期間他跟友儕的來往書信，可見其冤屈，他深知這場是莫須有的冤獄，最後辭職去美。

郭德華退下來的時候年僅五十歲，辭官後他的生活非常清苦，向他昔日借錢的友人追債亦無音訊，在羅德島及匹茲堡居住，近十四年沒有工作，靠間中講學及當兼職股票經紀為生。若他真的濫發護照發國難財的話，絕對未至如此田地，可間接證實他的清白。1964 年他獲兒子任職的夏威夷東西中心聘請，教授語文，五年後退休，1970 年過身，尚有一本未完成的作品《北伐時期的中國外交》。

黃倩鴻跟郭德華育有一子一女，子郭穎頤（Daniel Wynn-ye Kwok）1959 年在耶魯取得史學博士，1961 年起在夏威夷大學任教，1965 年寫成《中國現代思想中的唯科學主義（1900-1950）》（*Scientism in Chinese Thought: 1900-1950*），1968 年成正教授，1969-1975 年曾任亞洲研究主任，1986 至 1988 年任歷史系主任。多年來郭穎頤在亞洲當訪問教授，1965 至 1967 在星洲南洋大學教中國現代史，1975 至 1976 年及 1982 至 1983 年分別在港大中文系及東亞研究中心作研究，近年翻譯《菜根譚》成英文。對於父親的冤案，郭教授即使作

左至右：郭德華、張發奎夫人、葛量洪、葛夫人、張發奎。

為一位史學家，但多年來台灣方面不願打開檔案，他亦不想重開傷心的
裂縫，父親留下的檔案文件很多已被蟲蛀，他將僅餘的文件影像數碼化，
有待後輩研究之用。

金融英才、醫務俊傑：
余英杰、黃倩儀夫婦及其後人

　　黃佐庭的三女倩儀（Dorothy Wong，1901-1992）考獲清華獎學金留美，
因為她想多練習英文，選擇沒有其他中國學生的達拉華大學（University of
Delaware）。一年後學好英文，她轉校到芝加哥大學，1924 年取得學士，
再到紐約哥倫比亞大學攻讀教育碩士，在國際宿舍邂逅當時到紐約摩根
銀行實習的哈佛商學院高材生余英杰（Fisher Yu，1899-1965）。余、黃兩
人同為《中國學生月報》編輯，余英杰負責工商財經版，黃倩儀則負責
學生世界版，他們的長女余屬生說當年黃倩儀很受歡迎，余英杰跟她約
會亦只能早餐約會，這一點月報都有提及。余英杰是梅縣人，1899 年生，
1920 年入讀清華，後取得威斯康辛州大學文學士，1926 年取得哈佛工商
管理碩士。他們雙雙畢業後於 1928 年結婚返國，粵籍的余氏最初到廣東
省財政廳當秘書，1931 年 3 月曾公開向當時管治廣東省的南天王陳濟棠
建議整頓金融體制。[43] 後來因加入中國銀行出任海外信託主任，舉家搬
到上海。黃倩儀則在上海黃氏女學教英文，同時參與母親創立的女青年
會的活動，尤其喜歡參與歌唱及運動班。1931 年九一八事變後日軍不斷
空襲上海，當時有些人覺得應該關閉女青年會，但身為董事的黃倩儀不
但沒有退縮，反而覺得社會更需要女青的服務，是大展拳腳的時候。她
邀請一位富商，席間送上他最喜歡的花生，結果馬到功成，籌得巨款並
於 1935 年以廉價租金租下靜安寺路（今南京西路）一幢原本用作殯儀館
的大樓，建立新的女青總部。在黃倩儀的領導下，女青得到了新生，從
澳洲請來導師，增添了時興的拍子舞班。

　　上海淪陷後余英杰被派到古巴出任中銀夏灣拿分行經理，黃倩儀則
帶子女先後到加州 Claremont 及紐約居住。1947 年余英杰獲派出任中央銀
行駐港代表，除處理銀行事務外，亦負責跟港澳殖民地政府商討金融及
海關方面的合作，達成中港協定。這時他的襟弟郭德華亦是國府駐港專
員，兩老襟分別為政府兩部門的最高代表，風頭一時無兩，但隨著國內
局勢轉變，這些優差亦變成爛攤子。1948 年 3 月，余英杰代表中國與澳

40　《工商日報》及《大公報》1950 年 1 月 8 日。

41　據 China Mail 1950 年 10 月 23 日報道，自 1948 年 1 月至 1950 年 3 月間駐港辦事處合共發出
　　768 張外交護照，445 張官方護照，2,870 張普通護照。

42　唐子長為馮玉祥部下炮兵隊長。

43　《華字日報》1931 年 3 月 24 日，頁 3。

門政府簽訂緝私協定，不過這時國府已兵敗如山倒，根本管不著，協定沒法實施，更有行員挾款潛逃。

1949 年末大陸解放，余英杰沒有去台亦沒有返國，選擇留在香港自立門戶，跟他的清華同學潘光迴組成中懋公司，代客買賣美國股票及地產，在報章寫美國股評，又到各商會團體作講座介紹美國市況。由於當時中港政局不穩，投資美國對於一班留港的富商非常吸引，當時美林等美資證券行尚未在港開業，雄霸上海美股業務的美商新豐洋行（Swan Culbertson & Fritz）又撤出香港，中懋很快便成為在港最大的美股券商。余英杰亦跟他的妻舅黃宣平一樣很快便躋身香港上流社會，身兼香港銅鐵廠董事，又是皇家香港高爾夫球會、賽馬會、鄉村俱樂部及扶輪社的會員。五十年代香港高球會開始接收華人會員，由於大部分本地華人富商都沒有打球經驗，擅打高球的余英杰便跟兩位來自上海的好手陳繼恩（即孔令儀的首任夫婿）及吳肇基（Willie Woo，美亞保險香港高層）於 1954 年成立 Duffers（意為初哥）高球會給華人新手，教導打球規，並由余英杰出任首屆會長。該組織至今仍在，為高球會華人會員的聯誼組織，巨富鄭裕彤、鄭翼之等都曾任會長。閒時又與從大陸遷港的一批舊識交際，舊上司張嘉璈的妹妹、詩人徐志摩的前妻張幼儀便是由余氏夫婦在香港介紹與中醫蘇季子續弦。但六十年代初期的股市反覆，1965 年 8 月余英杰突然在跑馬地寓所墮樓身亡，轟動一時。潘光迴到公司查帳才發現公司虧損逾千萬港元，只好宣佈公司破產，由太太張郁真以債權人身份申請清盤。[44]

黃倩儀在余英杰過身後去美，她的長女余屬生（Yinette Yu）在發明小兒麻痺症疫苗的諾貝爾獎得主 John F. Enders 旗下當實驗室助理，1949 年在三藩市認識志同道合的張似滿（Robert Shihman Chang）。[45] 張氏來自潮州基督教家庭，其父張廷鑑為汕頭青年會早年骨幹，在汕頭又當過美國猶太抽紗出入口商柯寶（Alfred Kohlberg，此君在五十年代為美國右翼白色恐怖的最大金主）所辦柯寶洋行的買辦，後赴南洋賣抽紗起家，成為紡織業大亨，在巴西，香港都有工廠。張似滿 1947 年約大醫學院畢業後留美，在 1951 年與余屬生結婚，次年得哈佛醫學博士，在哈佛醫學院出任副教授，從事細菌傳播研究。其後張似滿西遷成為加州大學戴維思分校（UC Davis）醫學院教授，在 Epstein Barr 病毒（類似疱疹的毒菌）研究方面有成就。八十年代初愛滋病在三藩市爆發，張似滿不顧危險研究這種新而殺傷力強的病毒，成為這方面研究的先驅。他與香港中文大學中藥研

中心主任楊顯榮合力研究以中藥治療愛滋病，1988 年發現在二十七種清熱解毒中藥中，有十二種在試管中證實有抑制愛滋病的作用。[46] 張似滿下一代亦有幾位成員從事醫學工作，其侄張明瑞（Thomas Chang，張似源長子）1957 年在加拿大 McGill 大學讀學士時已發明全球第一個人造細胞（artificial cell），後在該校取得博士並創建人造細胞研究中心，一度被提名諾貝爾獎並曾獲頒加國國家勳章，他的兒子月耀（Harvey Chang）亦為該校醫學院副教授；張似滿次子其瑞 1988 年自加州大學洛杉磯分校醫學院畢業，為腫瘤放射科專家；長婿 Vansen Wong 則為加州 Kaiser 醫院的婦產科專家。張似滿的長子其輝則為加州知名的僱員福利律師，1979 年得 UC Davis 法律碩士，有自己的律師行 Chang, Ruthenberg & Long。除此以外，張似滿同父異母弟張似滔（Edward Chang）為麻省州立大學 Amherst 分校物理系教授，侄兒張明德（Henry Chang Jr.，明瑞之弟）本業建築師，曾任加州屋崙市副市長及市議員（1994-2008），任內成功為屋崙動物園從中國引入熊貓，並與中國十多個城市建立關係，其子張月強（Harrison Chang）為聖荷西市華人浸信會牧師。

　　黃倩儀的長子余龍生（Norman Yu）承傳了父親對金融的興趣，於賓州州立大學畢業後曾協助父親打理中戀業務。1969 年在羅省成立余龍生公司（Norman L Yu & Co），鑽研技術分析揀股，曾被喻為「西岸的蔡志勇」，不少證券大行都介紹大客到他處開戶，1991 年高峰期曾管理資產超逾 2.1 億美元，可惜後來被發現回報失實，最終關門大吉。余龍生的岳父是香港名律師冼秉熹，妻舅冼祖昭曾任香港聯交所副主席。

孔雀開屏：
重情義的朱家姑爺黃開平

　　黃佐庭的長子黃開平（Theodore K. P. Wong，1906-1977），跟父親同一英文名，1906 年在南京出生，是母親薛葩連生五女之後首名兒子。自聖約翰書院畢業後赴美國麻省西部的知名文科大學 Amherst College，1929 年於政治系畢業，高兩屆的師兄為來自江南望族「小港李家」、後來成為印刷影業大亨的李祖永；高四屆的師兄為葉恭綽的侄兒、外交奇才葉公超，都是有家底的自費留學生。[47] 黃開平姊姊在中西女中有個同學叫朱心珊，由於時常來黃家玩漸漸與黃開平由青梅竹馬變成情侶。朱心珊的父親朱斯芾（又名榜生，Ponson Chu）是當年上海灘有名的大律師，又是

44　《工商日報》1965 年 8、9 月份報導。

45　張以滿同父異母妹張妙綺的第一任丈夫為香港米王家族成員林炯輝，親弟似淵娶有香港美人之稱的伍舜英。

46　即黃連、穿心蓮、牛蒡子、金銀花、紫花地丁、蟛蜞菊、淫羊藿、紫草、狗脊、貫仲、苦參、夏枯草。

47　*Amherst College Biographical Record, 1963.*

辦內河招商局的南潯富戶朱家後人，1909 年從耶魯法學院畢業，所以思想非常開通，不惜工本將三個千金包括心冊送到美國東岸三家最好的女子大學留學，1927 年朱家三千金與她們中西女中的同學，商務印書館夏家三姊妹同船放洋（見第五章鮑家），轟動一時。三千金中長女朱琴冊（1903-1992）就讀於 Smith 女子學院，後來嫁當過教會辦齊魯大學及國立英士大學校長、又做過蔣介石的英文秘書、自文華大學（即華中前身）畢業的哈佛博士湯吉禾（Edgar Tang，1898-1995）。次女朱珍冊（Theodora Chu，1905-1998）則自與哈佛相關的 Radcliffe 女子學院生物科畢業，嫁給哈佛同學喬文壽。[48] 三女朱心冊就讀於紐約哥倫比亞大學相關的 Barnard College，但為了愛情放棄學業，沒有畢業便跟黃開平返國結婚。黃開平曾在母姐辦的黃氏女學任教，但讀政治的他有心從政，先在青島膠濟鐵路當科員，未幾便跟隨世家摯友顏惠慶進入外交圈，於 1932 年出任駐美大使館外交參贊，後又隨顏到莫斯科出任駐蘇使館武官。

從顏惠慶日記中可見這位世侄跟顏氏幾十年來過從甚密，離開外交界以後在商界亦有合作。戰時黃開平曾在顏氏有股份，亦曾在周學熙家族辦的久安信託任襄理，又做過周家事業茂華銀行及華豐股票公司的經理，當股票外匯經紀時亦幫顏氏處理一些股票買賣事宜。顏家的幾個千金都留美不歸，黃開平太太朱心冊便成為顏夫人看越劇的良伴。黃開平的岳父朱斯甸本來家境充裕，但在抗戰前後因為律師事務停頓，加上投資失利以及沉迷賭博，[49] 終致家道中落，一家十幾口唯有搬到黃開平赫德路的大宅同住，[50] 開平夫婦亦成為了朱家的經濟支柱，補貼不少外甥子侄的生活學費並幫心冊的弟弟介紹工作。心冊的七弟歡華抗戰時是空軍上尉，不幸於 1944 年為國捐軀，開平夫婦見自己沒有子嗣，便收養歡華的兒子朱疇葦，改名為黃喬奇（George）。

1948 年黃開平因為肺癆赴美就醫，翌年上海解放，當時他大可留美不歸，但 1951 年他卻毅然返國，據他的女兒佩沁解釋，當年她的母親要照顧年邁的外婆邱麗雲（1885-1959，正大絲棧邱家昌女）而留下，

黃開平、朱心冊舊上海結婚照；伴娘朱月冊，花童朱竹銘及朱器先為朱心冊的弟弟，伴郎為開平友人李祖永。

父親因深愛她的母親亦不顧一切回國。1954 年上海江寧區政府徵用赫德路黃宅作醫院，黃開平搬到淮海路朋友的花園洋房。1956 年黃開平應中國科學院情報研究所之邀到北京做翻譯工作，把當時失業的岳母、妹夫兼兩連襟的哈佛同學張心源亦推薦進去，但黃開平不適應北京的寒冷天氣，最後又返回上海，協助出版社將一些中國文學作品譯成英文，又在家中教朋友子侄英文。文革時由於黃開平的家庭背景令他一家受的衝擊頗大，多次被紅衛兵抄家，財物都被充公，一家被迫遷到閣樓居住，但黃開平靠堅毅的宗教信仰，總算捱過這場十年浩劫。雖然解放後黃開平的經濟狀況大不如前，但朱家子弟或約大的舊同學好友有任何困難，他都是有求必應，不改他慷慨的為人。1977 年 11 月一個下午，好客的開平在家中招待兩位好友，聊天喝茶間突然因腦溢血倒下，送至中山醫院搶救不及，享年七十二歲。

　　他的外甥郭穎頤稱，黃開平高大威猛，又有幽默感，子侄們都很喜歡這位叔叔，閒時他會彈班卓琴（banjo）作樂。失去半世紀伴侶的朱心珊晚年半身不遂，臥床七年皆由養子喬奇及媳婦吳慧中照料，到 1992 年過身。喬奇文革時被下放到上海近郊國營農場務農九年，改革開放後在上海公交公司技術科工作。除喬奇外，黃開平與朱心珊有一女佩沁（Maureen Bei Sing Wong，1935），她自上海外國語學院畢業，一直留在上海，但多年來都與海外的親友保持緊密聯繫，黃宣平一家給他們寄各種所需品如字典、醫藥等，黃佩沁的英文亦與外國人無異。她的夫婿陳祖榮（Tommy Chen，1935）姻緣巧合是與祖父黃佐庭共創約大校友會的吳任之的外孫，延續三代人的交誼。吳任之（又名吳健，1874-1955）為約大首屆畢業生，任漢陽鋼鐵廠長多年，孔祥熙當實業部長時曾委任他當工業司長，又與顏德慶共創中華工程學會，有三子三女，長子吳仁伯（Zung Pah Woo）亦自約大畢業，在費城 Chestnut Hill 醫院任實驗室主管；次子吳之仲曾任香港荃灣一中學校長；三子吳永叔自燕大新聞系畢業後在美國郵政局工作；長女吳琳的丈夫王瑞林是黃開平在銀行的同事，解放後在財經大學當教授；次女吳琛即陳祖榮的母親，現年一百零二歲，丈夫陳起東為皮革商人；三女吳璿嫁沈鎮南，沈鎮南自清華畢業後留美得碩士，後幫資源委員會建立台糖公司並出任首任總經理，由於資委會有多人投共，1950 年沈鎮南竟因涉嫌通敵罪被捕，吳璿向她在聖瑪利亞女校的同學陳誠夫人譚祥求情亦失敗，最後沈鎮南被槍決，成為國府遷台初期白色恐怖大冤案之一，到 2002 年逾半個世紀後案件才獲得平反，沉冤得雪。

48　朱珍珊跟喬文壽育有一子仁杰一女仁英；喬文壽後再婚娶葉鴻英之女德全為妻。

49　據傳他打沙蟹一夜輸掉兩條弄堂（天保里及南林里），《民國大律師朱斯荅》，頁 43。

50　朱斯荅共十二子女，長子錦章去台曾任台北市長機要秘書，一女疇泳嫁嚴家淦侄雋忠，一女疇浩嫁陸京士子寶奎。

沈父寶善亦是約大畢業生，是積極推動注音的北大語文教授；五弟沈鎮京則為建築師；長子沈孝先在中鼎工程公司工作多年，次子沈孝同及女沈孝怡居美。

滬港雙城記：
政商紅人<u>黃宣平</u>及其後人

　　黃宣平（Wilfred Sien-bing Wong，1910-1981）是黃佐庭的次子，是兄弟姊妹中最年幼的，1910 年 12 月 19 日出生於上海，父親死時僅八歲。1927 年上海約大中學部畢業後赴七姨的母校加拿大多倫多大學深造，在校時他是運動健將，曾參與英國式足球隊及田徑賽，並利用三年的暑假在加拿大通用汽車公司實習，當時他的表兄卜威廉在該公司任要職，而坐該公司第二把交椅的 Edward Stettinius Jr. 是卜威廉的學生。黃宣平於 1931 年畢業獲文學士進入美國密執安州底特律的通用汽車總部工程科研部工作，1932 年轉去位於俄亥俄州戴頓，通用旗下的北極牌電冰箱工廠（Frigidaire）工作，未幾隨即返國加入在上海代理北極牌的美商北極公司（American Engineering Corporation）任工程師。北極公司於 1921 年由康奈爾畢業的美軍工程師漢布敦（Roscoe L Hambleton）創立，引進美國北極牌電冰箱，又建立中國第一個雪藏庫。黃宣平加入公司後平步青雲，兩年升任經理，1938 年升任副總裁，1940 年時更上任執事董事，當時年僅三十歲，公司亦發展成為冷藏空調業的翹楚，僱有四百多人。工作之餘，作為卜舫濟外甥的黃宣平二十九歲時便已獲國際租界工部局籍董事，又出任中國痲瘋病患者使團會長，宏仁醫院和同仁醫院總監及上海青年會董事。1938年，熱心愛國的黃宣平在上海戰亂時期救援傷兵，並與同事開始與遷往重慶的中央政府維持聯絡，秘密為國府在當時被敵偽佔領的上海孤島造錢，同時從事一系列地下工作。

　　1940 年 10 月初，他的同事、公司第二號人物、在清華及伍斯特理工學院（Worcester Polytechnic Institute）畢業兼任上海聯青社長的陳三才（名定達，Sarcey T. Chen）因為策動行刺汪精衛被汪偽政權帶走，並在南京雨花台英勇就義，享年三十九歲。一星期後的 10 月 12 日，黃宣平在赫德路住所門外被四名匪徒持槍綁架，其兄黃開平親眼目睹綁架過程。當年在汪偽特務機關 76 號的縱容下，上海發

黃開平晚年與外孫陳琦合照。

生多宗綁架案件，有頭面的工商界人士人人自危。據黃宣平在劫後以英文寫成的《上海黑洞》（*The Black Hole of Shanghai*，另有一譯為《上海牢獄之災》）回憶，他被收禁於黑暗的斗室達二十四天，匪徒勒索他五百萬元。當年電冰箱還是奢侈品，是富有人家才買得起，生意不錯，但他只是電冰箱製造公司的一名員工，家中又有多人要他供養，根本負擔不起五百萬。經過多番幹旋，他終於獲釋，二十四天內瘦了十二磅，頭髮亦開始脫落，劫後餘生的他對人生亦大有改觀，除《上海黑洞》一書以外又寫了一本心理自傳式文學作品《別爾·李，心靈上的自傳》（*The Mental Autobiography of Bill Lee*），更積極參與慈善社會工作。在上海淪陷期間，他被日本憲兵營傳喚或關押達五次之多，兩次在開納路兵營，兩次在貝當路，一次在跑馬廳路，可幸最後都安然無恙。

抗戰對北極公司打擊嚴重，陳三才被殺，漢布敦上校協助史迪威將軍建滇緬公路，可惜於 1942 年 8 月在緬甸森林戰死，獲國府追贈六等雲麾勳章。[51] 隨著主要股東漢氏及陳氏的離世，黃宣平漸漸成為北極公司的大股東，公司的另外兩位股東、美籍股票外匯經紀 Chester M. Wentworth 及律師 Paul Kops 在上海淪陷後被關進集中營，黃宣平冒險把食物送進營內接濟，戰後繼續跟他們合作。在北極公司以外，黃宣平在進口煤、蔗糖、糖漿的通惠公司、一化學製藥廠和酒廠持有股權，又在上海靜安寺路一帶持有房地產。他在抗戰勝利後加入與家族淵源深厚的約大。當時約大校長沈嗣良一度繫獄，獲釋後即舉家赴美定居，校務由倪葆春、刁信德代理，同時選出臨時董事會，主席為顏惠慶，副主席為趙晉卿。作為卜校長外甥的黃宣平與張嘉甫、瞿同慶、顏德慶、歐偉國、何德奎、吳清泰、吳蘊齋、金紹文、刁信德、劉吉生等同列席董事會。

1947 年，黃宣平見國內時局轉壞，決定獨自到香港成立分公司，並任董事長。雖然他的姐夫郭德華是駐港專員，但一切從頭開始。例如北極牌當時在港已交由英商天祥洋行代理，黃宣平唯有改而代理名氣較低的 Crosley 冰箱，[52] 過兩年北極牌見他在港站穩陣腳，才將總代理權交給他，1948 年 11 月他把家人亦接到香港。由於北極牌是名牌，又在告羅士打行（即今置地廣場）設有陳列室多年，公司一直以冰箱業務聞名，但真正令他在香港賺大錢的，是代理開利冷氣（Carrier）的業務。黃宣平在上海時期代理 Frick 牌冷氣，當年他的扶輪社友朱博泉（Percy Chu）辦的大光明戲院、美琪戲院等安裝中央空調都由他包辦。到香港後第一宗生意是一家印度餐廳，第一單主要工程則是高可寧家族的灣仔菲林明道

51　"Medals to University: Hambleton 17 a Hero" *Cornell Alumni News*, Dec 15, 1943, p.221.
52　由於 Crosley 發明冰箱門櫃大大增加容量並持有數年專利，其 Shelvador 冰箱甚為暢銷。

東方戲院（現大有大廈），隨後又接了中環娛樂戲院的生意，開創香港戲院進入有冷氣的時代。開利原本是黃宣平業務上的競敵，但由於韓戰爆發後遠東政局不穩，開利決定改用代理制，有一次坐飛機時他坐在大通銀行大班的旁邊，這位大班撮合了黃宣平與開利。五、六十年代香港經濟開始起飛，一棟棟的商廈、廠房及旅館的興建為黃宣平帶來大量生意，其中代表作包括尖沙咀總統酒店（現凱悦酒店），中環的聯邦大廈（現永安集團大廈）以及龍子行（已拆卸），上海幫的香港紗廠以及中央紗廠。據兒子黃翊民（Wilfred Wong Jr.）回憶，當年很多生意是由他們在上海已相熟的建築師如甘洺（Eric Cumine）及基泰等介紹。除了希爾頓酒店（現長江中心），置地公司的物業因為要光顧有關連的怡和工程（Jardine Engineering）所代理的約克牌（York）冷氣以外，幾乎所有那個年代興建的大樓的冷氣工程都由開利包辦，在香港業界佔了半邊天。黃翊民回想他們最驕傲的，是接到文華酒店（後易名文華東方）建立時五百萬元的那宗生意。文華是怡和發展的酒店，本可順理成章用約克牌冷氣，但怡和大班一心要用最好的材料蓋旅館，結果捨約克而取開利。黃宣平的業務又不局限於香港。1954 年，兩位退役美軍邀請他到日本沖繩島（Okinawa）成立分公司，當時美軍在太平洋大肆擴展，1964 年以後因越戰關係有萬名美軍駐守沖繩島，美軍在島上建立基地大興土木，造就北極牌的生意，黃宣平亦分了一些股票給兩位夥伴。

商而優則政，在上海租界時期已熱心公職的黃宣平很快被港英殖民地政府重用，1960 至 1968 年被委任為市政局議員，1965 至 1973 年又獲委任為香港立法局議員，期間於 1961 年獲封非官方太平紳士、1967 年又獲頒 OBE 勳章、1974 年與滬籍影視巨子邵逸夫同獲 CBE 勳銜。在立法局任內，黃宣平對土地工商及金融發展作出不少貢獻，其中最重大的投票決定是贊成興建海底隧道，當年八票贊成對七票反對通過議案，工程師出身的黃宣平投下決定性的一票，這項決定迅速加快香港的發展步伐，迄今仍是這個國際大都會的基建樞紐。

黃宣平在港另一建樹是在教育方面。1950 年聖公會建崇基書院，黃宣平的表兄卜其吉曾任副校長而他則 1962 年起出任校董，1976 至 1981 年他更出任校董會主席，而他的左右手陶學祁（Edwin Tao）亦被招攬為新亞書院校董（1976-1991 年任主席）。1971 年，黃宣平的律師友人胡鴻烈夫婦創辦樹仁書院，邀他出任首屆校董會主席，工業家丁熊照

黃宣平晚年獲勳章照。

任副主席。樹仁最初的校址在跑馬地成和道一幢別墅內，於是黃宣平主
動向政府遊說，1978 年終獲批出北角寶馬山上的一塊地皮，沿用至今。
除了崇基及樹仁之外，黃翊民又回憶因為父親跟美國人做生意的關係，
他與美國駐港總領事非常熟絡，多年來幫助不少學子到美國留學。教育
及政治以外，黃宣平最高調的職位是紅十字會香港分會會長，更身體力
行捐血超過五次，更落力向本港居民募捐，結果改變當年捐血者主要為
外來水兵的情況。據他向記者解釋，他自己其實自少不喜歡血液，所以
幼年時家人叫他學醫，都被他借故推搪，惟戰時蒙難，令他感受到助人
救命的重要性，因此熱心紅十字會工作。

　　黃宣平愛好運動，每天在淺水灣道 110 號的住所附近跑步，下雨就
在家圍著餐檯跑，而且風雨不改到鄰近的淺水灣游泳；他又與立法局
同事、地產商利銘澤及怡和大班 Hugh Barton 等組成香港鄉村俱樂部（HK
Country Club），在耍樂之餘提倡種族平等。[53] 他六十歲後更開始習柔道，
堪稱柔道高手，一直都保持身體健康。1981 年只有七十歲的黃宣平在家
中看電視時卻突然心臟病發過身，當時黃翊民在泰國工幹，女兒黃安琪
在美國，兩人都趕不及見父親最後一面。據由出生到十二歲都跟祖父一
起居住的孫女黃珍蕙回憶，黃宣平工作十分認真，一次撞車受傷後沒有
休養如常開會；由於他在上海長大，廣東話不太流利，為了應付晚年各
方演講的要求，他很努力跟秘書及孫女練習廣東話。雖然他為人表面嚴
肅，但心地非常慈祥，百忙中亦不忘給孫女讀經及講故事。

　　他生前一直培育跟他英文同名的獨子黃翊民接班，黃翊民入讀美國
麻省理工，1957 年在紐約開利做暑期工，畢業後旋即加入該公司。他又
把兒子引入自己在上海已是會員、在香港當社長的扶輪社，後來黃翊民
亦當過一屆社長。1978 年，北極牌總營業額達一億港元，但黃宣平卻毅
然決定賣盤，與兒子及副手陶學祁將控制權售予森那美（Sime Darby）旗
下的信昌集團（China Engineers）。[54] 黃翊民解釋，七十年代初日資冷氣商
如大金、三菱等進入市場，競爭開始白熱化，遂於 1972 年透過一位朋友
跟森那美磋商賣盤。黃翊民的首任妻子陳榮幗是太古買辦莫家後人，莫
家與南華體育會有四代淵源，岳父莫慶創辦廣為人知的足球隊，黃翊民
的岳母陳莫榮真更出掌女子組多年。1960 年黃翊民的行家兼好友胡法光出
任南華會長，邀請黃翊民出任副會長。黃翊民賣盤後留在公司五年後退
出，經營柴油機生意，胡法光又延聘他為公司菱電集團的顧問，直至 1990
年他六十五歲退休移居加拿大，最近幾年又落葉歸根，搬返香港居住。

53　該會是以抗衡當年只收白種英人的香港會而設，會籍指定分配予各種族及國籍。
54　〈信昌集團收購北極及開利公司〉，《華僑日報》，1978 年 1 月 19 日。

黃宣平的妻子夏璐敏（Looming How，1911-1999）是商務印書館創辦人夏瑞芳的幼女，跟他的背景相似，父親在幾歲時被殺，兩者亦都是家中眾多子女最年幼者。她是黃宣平幾十年共度患難的賢內助，戰時丈夫被綁她臨危不亂跟綁匪交涉，終令丈夫平安獲釋。丈夫在香港發展時又協助丈夫應付各種交際應酬。她全職打理家務，每星期與朋友打兩次橋牌，閒時喜歡插花或為家人製作中西式甜品，跟她的姊妹一樣彈得一手好鋼琴。[55] 1994 年移居加州跟女兒住，直至 1999 年去世為止。黃宣平的女兒黃安琪（Winnie Wong）則留美取得心理學博士，為註冊婚姻、家庭及兒童輔導師，曾在聖地牙哥州立大學（San Diego State University）從事學生輔導工作逾廿年，1973 年到 1983 年任國際學生中心主任，她在該中心捐了一個課室紀念她的父親。黃安琪與前夫育有兒子余偉強（Michael W. K. Yee）亦自該校畢業，現在加州大學 San Marcos 分校工作，工餘出任聖地牙哥華人歷史協會及博物館會長。2005 年曾攜妻兒返中國六星期，期間在北京拜訪印刷博物館，參觀有關外曾祖父創辦的商務印書館的展覽，並獲館長贈送一本 1900 年出版的兒童讀物。

精忠報國：
林鳳歧、黃倩英夫婦及其後人[56]

在黃家幾房後人之中，黃佐庭的長女黃倩英（Helen Wong，1899-1972）一房最多人留在中國，這或多或少與她跟丈夫不計名利、不搞政治，一心愛國的思想有關。她在中西女塾讀到十六歲，便跟隨到美國述職的父親赴美，在維珍尼亞州的 Miss Madeira 女校畢業後，獲獎學金到密芝根大學進修。黃倩英本來在密大讀醫科，打算步姑媽的後塵，適逢其時戀上同學林鳳歧（Frank Ling，1895-1967），改修攻讀年期較短的教育系。林鳳歧系出江蘇無錫名門，父親林志熙在礦務局工作，有光祿大夫之名銜；姐夫范補程及薛桂輪分別為蘇州兒科名醫及麻省理工畢業的南開大學礦科主任；弟林鳳苞曾任中國銀行天津襄理，1947 年在中銀上司貝祖貽手下當中央銀行業務局長時，成了上海黃金風潮案的代罪羔羊而被撤職。林鳳歧 1914 年自東吳大學附中畢業，到美伊利諾州大學留學，1918 年取得機械工程學士，再到密

黃府六十年代聖誕節合照左至右：黃振方、陳榮幗、黃翊民、黃珍蕙、黃宣平、夏璐敏、余偉強、Wayne Yee、黃安琪、余玉蓮。

大讀航海工程碩士。1923 年兩人同時畢業返國成親，林鳳歧獲青島膠濟鐵路聘為工程師，後升任四方機廠副廠長。他的四子林辰孫回憶，因為他終日重建及測試火車頭，回家時往往一面黑炭。而黃倩英為他產下三子之後則在教育方面發展，於 1930 年出任天主教聖功女校校長，1934 年又在福山路的家旁辦了一所家庭小學，教育自己及友鄰的子女，1936 年出任山東大學英文教授，課餘更邀學生到家裡茶敍練習英語會話。

1936 年，林鳳歧轉到漢口出任平漢鐵路機務處副處長，翌年戰爭爆發，著黃倩英將子女帶到香港避難，他則遷往重慶協助後方抗戰工作，參與興建滇緬及川滇鐵路。1939 年又將家人送到上海的外家，自己則轉往昆明繼續川滇鐵路的工作。到 1941 年上海亦淪陷，在大後方的林鳳歧與妻兒分隔四年，長子林甲孫及次子林德孫跑到大後方從軍，黃倩英則在上海照顧餘下的三子一女。面對家人天隔一方，她並沒有因此而氣餒，反而化悲憤為力量延續廿年前的心願，到約大醫學院讀醫，與自己的三名兒子同時間在約大進修，同時協助教育系在卜校長住所「白宮」的圖書館另闢一實驗幼稚園。1946 年 6 月，黃倩英以四十七歲之齡完成多年心願取得醫學博士學位，與三子林方孫同時畢業。

林鳳歧在 1944 至 1946 年抗戰後期出任貫通昆明及越南河內的滇越鐵路機務處代處長，之後一直留在昆明工作，解放初時曾任雲南大學機械系教授，但 1950 年因政治問題被關押 9 個月，獲釋後到西南革命大學接受兩學期的「再教育」。幸而這不幸的遭遇並不長久，五十年代大躍進期間全國大力推動各項鐵路建設，其中四川、雲南及貴州因為地勢險峻需要大量像林鳳歧這樣的工程人才，他很快又被重用。1951 年獲派到成都出任第二工程局資深工程師，協助興建貫通寶雞、貴陽、成都及昆明的鐵路，1958 年又被派到貴州出任貴陽鐵路局高級工程師，1959 年當上貴州工業學院鐵路系主任，次年被委為貴陽鐵路學校副校長，到 1962 退休為止，合共為中國鐵路事業獻身四十年。黃倩英 1948 年在上海通過醫生考試後正式從醫，在昆明軍區醫院當醫生時與丈夫重逢，她從醫時非常投入，雖然在雲南要照顧很多病人，但她亦不辭勞苦。1953 年她又隨夫到成都鐵路醫院，1962 年兩夫婦退休，一同在四川成都過退休生活，以養雞看京劇打橋牌為樂。可惜退休生活並不長久，林鳳歧 1966 年罹患胃癌，次年 3 月辭世，黃倩英在文革中患上高血壓，1972 年 10 月因心臟病逝世。

林鳳歧及黃倩英育有五子一女。長子林甲孫（Frank Ling Jr.）及次子

55 黃珍蕙著 *Recollections of my loving Grandparents*，2009 年。
56 本節資料取自林辰孫受筆者啟發於 2009 年 8 月以英文所撰的 *Frank and Helen Ling: A Biographical Sketch*。

德孫（Theodore Ling）讀書時受抗日愛國思潮所動立志從軍，他們的弟弟林辰孫（Wilfred Ling）回憶大哥十二歲時在青島市立中學便帶著一班同學在飯堂扮演司令操兵，到上海後兩位兄長都入東吳大學附中，上海淪陷後又千辛萬苦跑到後方擠進空軍學校，在印度、加州及阿里桑那州受訓一年。林德孫由於當時只有十六歲還太年輕，更是報大歲數才獲得取錄，兩人分別於 1945 年中及 1946 年初成為空軍第二中尉。當他們正式服役時，抗戰已轉化為內戰，林甲孫被派到南京，林德孫則派駐徐州。1946 年 5 月，林甲孫不幸在一次試飛中失事喪生，由約大朱友漁主教（見第七章許家）在空軍烈士墓主持其葬禮。林德孫的戰機則於內戰中擊落被俘，受「再教育」後加入解放軍，在長春及廣州基地任體育教練，由於其背景沒有再被安排空軍職位，1954 年解甲到成都當中學體育老師，1958 年被下放到四川雅安山區務農，後因表現良好被送返成都，1962 年與母親醫院化驗所任職的同事舒德君成親。

　　黃倩英的三子林方孫（Frederick Ling）自小已很喜歡機械。年青時他曾將一部美軍吉普車引擎拆出改裝，賣給他在約中的校長諾爾敦（Norton）。約中畢業後他進入約大土木工程學院，院長正是他的表舅楊寬麟。1947 年他拿獎學金到 Bucknell 大學就讀，兩年後取得機械工程學士，1954 年從卡奈基工學院得博士，同年娶表妹郭夢岩為妻，在匹茲堡當工程師。1956 年加入 Rensselaer 理工（簡稱 RPI）當教授逾半世紀，曾出任機械及航天工程系主任，又為德州大學名譽教授。在他的學術生涯中，曾寫作六十多篇技術論文，出任六本著作的主編及到歐美十一國講學。自1957 年迄今，他曾擔任美國空軍、太空總署、北大西洋公約組織、國會技術研究廳等官方機關的顧問，亦為福特、通用電氣及杜邦化工等大企業所聘用。[57] 黃倩英的四子林辰孫早年跟三哥走一樣的路，由麥倫中學、約中升讀約大，在約大三年後獲獎學金到美國伊利諾州的 Millikin 大學就讀，1950 年得化學士，1953 年自俄亥俄州立大學得化工碩士後加入安培藥廠當工程師。1958 年娶來自天津的鄭寶瑜，育有林毅及林誠兩子。黃倩英連生五子後於 1939 年在上海產下獨女林廉（Lena Ling）。林廉在成都讀中學時運動表現出眾，為游泳及單車好手，中學畢業後到四川醫學院唸口腔科，1965 年醫科畢業後被派到新鄉勞動一年，為火車頭加煤，後入鄭州

2004 年林廉（前排）於伊利諾州家中與兄長合照，後排左至右：林福孫、林辰孫、林方孫、林德孫。

鐵路醫院工作，同年與舊同學、時任醫學院的老師鄧智文結婚，1968 年生一女鄧琳，可惜夫婿不幸患癌到北京治療，1972 年去世。

　　黃倩英的五子林福孫（George Ling），1932 年生於青島，1949 年遠赴美國 Mount Herman 中學就讀，畢業後初到歐柏林學院，後轉到加州大學柏克萊分校建築系，在這裡遇到他後來的妻子，出生於香港一個富商之家的歷史系學生麥賢慧。二人在加州大學取得學士學位後，又先後到耶魯大學攻讀神學碩士。1961 年，完成耶魯學業的林福孫夫婦雙雙回到香港，丈夫出任香港中文大學新亞書院訓導處生活輔導主任，麥賢慧則創辦了香港中文大學新亞雅禮中國語文研習所並出任所長。受家族服務社群的精神感染，林福孫於 1963 年與一班志同道合的大專師生創辦香港大專學生社會服務處，帶領學生到新界及離島的鄉間作社會服務。該組織雖然在 1973 年解散，畢竟是香港學生運動的先驅組織之一。1964 年，林福孫再次遠渡重洋，赴英國牛津大學攻讀哲學博士學位。兩年後，麥賢慧放棄了在香港的工作，來到英國陪伴他。1967 年，林福孫取得了博士學位，夫婦二人懷著報效祖國的滿腔熱忱回到中國大陸。然而當時文革伊始的中國對他們這樣的愛國學子卻沒有給予公正的待遇。在林父母的所在地四川，這兩位牛津博士、耶魯碩士竟被派到成都紅旗橡膠廠，成了製作膠鞋的普通工人。在相互支撐下度過了七年艱苦的歲月後，他們的境況終於得到了改善，於 1974 年雙雙調入四川省師範大學任英語教師。

　　1976 年，林福孫回到了闊別九年的香港，到姜福鈞建築師事務所出任設計師，而麥賢慧則在香港痙攣協會任總幹事。三年後，中國大陸改革開放，當年未能實現報國理想的林福孫夫婦決定再返國內創業。當時他們看到國內在對外貿易中裝卸貨物的過程十分複雜、落後，出口貨物常常要經過多次裝卸和轉運才能到達目的地，貨物損失大、耗費人力，進度也慢，於是決定把歐美先進的集裝箱運輸技術引進到國內。1979 年，他們與廣東省華僑企業公司共同創辦了中國第一家合資集裝箱生產廠——廣東大旺華僑集裝箱有限公司，總投資一千一百萬美元。大旺於 1981 年開始投產，品質漸趨穩定，合格率達到 97%，材料也大部分實現了國產化，年產可達一萬箱以上。目前，該廠生產的集裝箱已在世界許多港口使用。1980 年，林福孫看準了當時剛萌芽的資訊科技行業，創立了安托信息有限公司（Atoz）。為解決漢字的資訊處理問題，安托於八十年代初最先提出和研究「五筆筆順輸入法」，並投資中國電子設備系統工程公司，利用電腦密碼技術研製中國第一代文字處理及通訊機，於 1982

57　"Achievement in Chosen Profession" Award. Bucknell University 1980 Alumni Association.

年成功生產樣機，榮獲國家二等獎，得到廣泛應用。林福孫同時接受當時世界上最大的電腦銷售公司——美國電腦天地公司（ComputerLand）的聘請，出任該公司中國分公司的總經理。1985 年安托成為 IBM 在中國最早的代理商之一，還先後成為美國 Autodesk 公司 Auto CAD 的香港及中國區總代理、以及 Cabletron 在中國的第一家代理商。九十年代初期，安托開始致力於將電腦輔助設計技術（CAD）引入中國航空工業，於 1990 年成為法國 Dassault 公司 CATIA 軟體的中國總代理，並在上海成立了 CAD/CAM 製造業中心，培養出一批非常優秀的 CATIA 軟體工程師。2000 年，安托公司說服航空設計研究部門利用 CATIA 軟體設計出中國航空型號上的第一台電子數碼樣機，而此項技術在美國生產波音 777 飛機時才開始使用。該技術使中國的飛機設計及製造一舉達到世界先進水準，擺脫了長期落後的局面，大幅度地降低了設計和製造成本。1997 年，安托公司與國家資訊中心合作開發「電子政府／區域電子政務整體解決方案」——RiseNet 軟體產品，該軟體是政府資訊化建設的全面解決方案，現已被國家計委、經貿委、公安部、文化部等六十幾家國家及地方政府機構廣泛採用。目前安托集團在北京、香港、上海、西安、成都、昆明等地都設有辦事處。

從商以外，林福孫是香港愛國華僑華人總會的發起人之一兼常務理事，1993 至 1996 年還曾應邀擔任四川省僑聯的顧問，隨後林福孫又回到四川與當地政府合作創辦了一系列餐飲實業，由於中央及地方政策不完善而未收到預期的效果。在建國三十五周年和五十周年的國慶盛典上，林福孫作為愛國華人華僑代表被邀請到天安門觀禮台觀禮。近年他從商界淡出，年前到牛津大學作訪問學者，以英文寫成《發展中的中國：文化價值觀與各社會制度》（*Developing China*）一書。

由黃光彩及卜舫濟引進基督教及西方大學教育，到林福孫引進美國高科技推動中國改革開放，黃家的百年傳奇正是近代中國發展的寫照。

黃光彩 Rev. Kung Chai Wong（1827-1886）＋ Ching Mei Tsou（1833-1913）

真理追尋者：
黃光彩牧師及其後人

第二代 黃素娥 Soo Ngoh Wong（?-1918）＋ 卜舫濟 Francis Lister Hawks Pott（1864-1947）

   第三代 卜其吉 James Hawks Pott（1891-1980）＋ 楊志桂 Nancy Yang（?-1946）

     第四代
     William L. Pott（?-1944）
     James Thomas Pott（1927）
     Robert Pott

     + Agnes Strasberg

   第三代 卜威廉 William SA Pott（1892-1967）＋ Eleanor Welsh Paul
             卜華德 Dr. Walter Hawks Pott + Elizabeth Washington Fisher（1890-?）

     第四代
     Dr. Mary Ashton Pott（1920-2005）＋ Robert Hiatt

       第五代
       Andrew Hiatt

       + Norman W. Storer

     第四代
     Elizabeth Hawks Pott（1924-1992）＋ Paul Clinton Young
                       ＋ Harold Milton Holcombe（1918-1991）

       第五代
       Frank Lanman Holcombe II + Teresa Jane Gainey

   第三代 Olivia Hawks Pott（1896-1969.1.21）

第二代 No. 2 Wong

第二代 Neouk Ah-tse Wong + 楊少亭 Mr. Yang

   第三代 楊順麟 Zung Ling Yang（1883-?）
          楊吉麟 Chi Ling Yang（1888-?）
          楊寬麟 Qua Ling Young（1891-1971）＋ 唐賽雲 Sai Yun Tang（1904-2008）

     第四代 楊華 Mimi Young（1926-1993）＋ 馬群賢 Wally Ma（1924-2009）

       第五代 馬安蕊 Andy Ma Lee（1955）＋ Ted Lee

         第六代
         Adrian Lee（1983）
         Jackie Lee（1987）

第五代　　馬益添 Etienne Ma（1957）
　　　　　馬益安 Ian Ma（1961）＋ 梁慧儀 Wai-yi Leung Ma（1962）

第四代　楊偉成 Hardie Yang（1927）

　　第五代　　楊宏建 Hongjian Yang（1954）＋ 徐笑梅 Xiaomei Xu（1967）

　　　　第六代　　楊美婷 Meiting Yang（2006）

　　第五代　　楊敏 Min Yang（1956）＋ 樂山 Shan Lok（1947）

　　　　第六代　　樂培亮 Patrick Lok（1987）

　　　　＋ 錢瑗 Yuan（1937-1997）

第四代　楊志成 Eddie Young（1931）＋ 杜美娜 Filomena Tuosto Young（1951-2007）

　　第五代　　楊潤培 Antonia Young（1994）
　　　　　　　楊和培 Ananda Young（1997）

第四代　楊斌成 Buddie Bincheng Yang（1934）＋ 章枚 Mei Zhang（1940）

　　第五代　　楊知深 Zhishen Yang（1967）＋ 張晏 Yan Zhang（1973）
　　　　　　　楊知遠 Zhiyuan Yang（1973）＋ 彭秀麗 Xiuli Peng（1973）
　　　　　　　楊知廣 Zhiguang Yang（1973）＋ 宋崢 Zhen Song（1983）

　　　　第六代　　楊濮榕 Purong Yang（2006）

第四代　楊斐 Fifi Young（1929-1994）＋ 周乃文

第二代
No. 4 Wong
No. 5 Wong
No. 6 Wong
黃瓊仙 Ah Mei Wong（1868-1933）
Soo Li Wong（?-1948）

第二代　黃佐庭 Theodore Tso-ting Wong（1876-1919）＋ 薛葩 Julia Ai Fang Sih（1874-1960）

第三代　黃倩英 Helen Wong（1899-1972）＋ 林鳳歧 Frank Ling（1895-1967）

　　第四代　　林甲孫 Frank Ling, Jr.（1924-1946）
　　　　　　　林德孫 Theodore Ling（1926）＋ 舒德君 Lucia Shu（1928）
　　　　　　　林方孫 Frederick Ling（1927）＋ Linda Kwok（1934）

真理追尋者：
黃光彩牧師及其後人

第五代 林敏 Erica Ling（1957） + Stephen Mink

第六代 Thea Mink（1992）

第五代 林仁 Alfred Ling（1959） + Molly Russell

第六代
Frank Evan Ling（1991）
Timothy R. Ling（1993）
Edward John Ling（1995）

第五代 林俊 Arthur Ling

第四代 林辰孫 Wilfred Ling（1928） + 鄭寶瑜 Celia Cheng

第五代 林毅 Ernest Ling（1959） + Kelly Kirkpatrick

第六代
Ambrin Ling（1994）
Kera Ling（1994）
Rishi Ling（1995）
Halima Ling（1999）

第五代 林誠 Francis Ling（1961） + Nancy McLaughlin

第六代
Joseph Ling（1993）
Clare ling（1995）
Matthew Ling（2008）

第四代 林福孫 George Ling（1932） + 麥賢慧 Jennie Mak（1933）

第五代 林斌 Cedric Ling（1960） + Miranda Seto

第六代 Eugene Ling（1993）

第五代 林菁 Kristina Ling（1962）
林峰 Derek Ling（1964）

第四代 林廉 Lena Ling（1939） + 鄧智文 Chiwen Deng（1938-1972）

第五代 鄧琳 Lynn Deng（1968） + 趙亮 Liang Zhao（1969）

第六代 趙奕霖 Fiona Zhao（2004）

第三代 Laura Wong（1900-?）
黃倩儀 Dorothy Wong（1901-1992） + 余英杰 Fisher Yu（1899-1965）

第四代 余麗生 Yinette Yu（1930） ＋張似滿 Robert Chang（1922）

  第五代 張其輝 Jeffrey Chang（1954） ＋Linnell Lee（1954）

    第六代 張耀中 Adam Chang（1981）
             張耀冠 Kevin Chang（1984）
             張棋蓮 Catlin Chang（1989）

  第五代 張其瑛 Holly Chang（1957） ＋Vansen Wong（1957）

    第六代 Brian Wong（1990）
             Stacey Wong（1992）
             Bradley Wong（1995）

  第五代 張其玲 Charlene Chang（1961） ＋Ken Siu（1961）

    第六代 Stephanie Siu（1995）
             Kimberly Siu（1997）
             Jessica Siu（2001）

  第五代 張其瑞 Gerrick Chang（1962） ＋Juliani Ngo（1957）

    第六代 張其麗 Kelly Chang（1991）
             Lani Chang（1995）

第四代 余龍生 Norman Yu（1931） ＋洗綺霞 Vicki Sin（1933）

  第五代 余維明 Mark Yu（1961） ＋Tina（1961）

    第六代 Tiffany Yu（1994）
             Nicklaus Yu（1997）

  第五代 余維道 Brandon Yu（1964） ＋Tisha Chinn

第四代 余鼎生 Lincoln Yu（1937） ＋Barbara

  第五代 Lincoln Yu, Jr.（1963） ＋Lavern

    第六代 Rachel Yu （1997）
             Ryan Yu （1999）

第四代 余熹生 Doretta Yu（1941） ＋Gregg Lee（1940-2003）

真理追尋者：
黃光彩牧師及其後人

第五代
Mark Lee（1964-2005）
Christine Lee（1970）＋ Stuart Levy

第六代
Sophie Levy
Willa Levy

＋ William Nero（1940）

第三代　黃倩鴻 Grace Wong（1903-1992）＋郭德華 T. W. Kwok（1901-1971）

第四代　郭穎頤 Daniel Wynn-ye Kwok（1932）＋郭南璽 Nancy Campbell（1933）

第五代　郭南丹 Alison Grace N. T. Kwok（1955）
郭存仁 Theodore J. Kwok（1957）＋林慧端 Holly Huiduan Lin
（1962）

第六代　郭慕蓮 Anne Grace Mulian Kwok（1992）
郭儀鴻 Alisa Yihong Kwok（1996）

第四代　郭夢岩 Linda Kwok（1934）＋ Frederick Ling（1927）

第三代　黃倩君 Ethel Wong（1905-1996）＋盧壽聯 Z. L. Loo（1900-1985）

第四代　盧俊 Fred Loo（1928）＋ Millie（1933）

第五代
Mindy Loo（1959）＋ Jim Rose

第六代
Evan Rose（2000）

第四代　盧懿 Wendy Loo（1931-?）＋ Allen King

第五代
Christopher King
Lisa King

第四代　盧偉 Wade Loo（1933）＋ Lydia

第五代
Wade Loo Jr.（1960）

第三代　黃開平 Theodore K. B. Wong（1906-1977）＋朱心珊 Sing San Chu（1906-1992）

第四代　黃佩沁 Maureen Bei Sing Wong（1935）＋陳祖榮 Tommy Chen（1935）

第五代　陳琦 Jeffrey Chen（1969）＋ Wei Ven Chang（1968）

第四代　黃喬奇 George Wong（1943）＋吳慧中 Wu Huizhong（1952）

第五代　黃亦平 Huang Yiping（1982）

第三代　**黃宣平** Wilfred S. B. Wong（1910-1981）+ **夏璐敏** Looming How（1911-1999 見夏譜）

第四代　**黃翊民** Wilfred Wong Jr.（1935）+ **陳榮幗** Gloria Chan（1937）
+ Mary Wong（1939）

第五代　**黃珍蕙** Genevieve Wong（1961）+ Michael Wong
黃振方 Roderick Wong（1963）+ Kerry（1963）

第四代　**黃安琪** Winnie Wong（1938）+ Wayne Yee（1935）

第五代　**余偉強** Michael W. K. Yee（1961）+ Criselda Marty Endaya（1963）

第六代　Bryan C. Yee（1993）
Justin A. Yee（1993）

第五代　**余玉蓮** Linda Y. L. Yee（1962）+ Vicente Bianes（1962）

第六代　Juliana Bianes（1991）
Alana Bianes（1994）
Sean Bianes（2001）

+ Leonard Chase（1923）

第二代　No. 10 Wong + **顏明慶** M.C. Yen（見顏家一章）

編按：部分家族成員中文名字已佚，僅收錄英文名字。

2

東西萬花筒
顏永京牧師及其後人

　　在上海華東政法大學的長寧校區內，有一棟建於 1904 年的學生宿舍四號樓，前身是聖約翰大學的男生宿舍思顏堂（Yen Hall），紀念約大創辦初期出力最多的顏永京牧師，當年孫中山到約大演講便是在該樓的大會堂內進行。顏永京家族是中國近代名門，第一代出了四位牧師——顏永京、顏如松兩兄弟，他們的妹夫曹子實以及如松的妻舅吳虹玉。他們四位是美國聖公會及美南監理會的華人先驅及上海最早的留美學生，曹子實、吳虹玉更曾參與美國南北戰爭。四人返國後分別創立上海約大、武昌文華書院（華中大學前身）、蘇州東吳大學（現蘇州大學）、上海同仁醫院、蘇州博習醫院（現蘇大附屬第一醫院）等五所影響深遠的機構。到第二代慶字輩的顏惠慶、顏德慶及顏福慶在民國時期分別成為外交、鐵路及醫學三方面的殿堂級人物，堪稱顏氏三傑。而他們的曹姓表親亦不遑多讓，曹芳雲及曹麗雲為女性留學及從事西醫的先驅；雪賡則與表兄顏惠慶共建青年會；而身為首位獲得哈佛 MBA 的華人曹雲祥則將顏惠慶參與草建的清華大學發展成中國的哈佛。顏家一門雖受美國教育，生活西化，但畢身支持國家禁煙運動、反歧視、出席國聯、接收膠濟鐵路等。再下一代顏福慶的長女顏雅清是打破傳統的女飛行家及外交家，顏惠慶的三女顏彬生放棄工程師專業，終生協助晏陽初推廣平民教育，到第五代更出了一位當上新澤西州公益衛護廳長的陳克文，又是一個叱吒中美百年的傳奇家族。

左：顏門第二代六傑在三十年代合照；左至右：顏明慶、顏惠慶、顏德慶、曹雲祥、顏福慶、顏連慶。

Yen Family
第一代

　　顏家祖籍山東，據稱是孔子最得意的弟子顏淵的後人，族人輾轉由河南遷居福建廈門。傳到顏清源（1796-1862）一代已家道中落。當時福建地區海盜綠林猖獗，年輕的顏清源決定避亂遷往上海，並娶崇明沈氏開枝散葉，生有四子一女。據説顏清源曾被一牧師收養，但沒有記載他有否信教，只知他當年的經濟狀況頗為困難，長子及次子早夭，女兒他也無力撫養要送人，傳統私塾考科舉的教育他更加是負擔不起，唯有把三子顏永京及四子顏如松（字澍隆）送入聖公會文惠廉主教（William Jones Boone, Sr.）1846 年在虹口蘇州河北岸王家碼頭創辦的免費學校上海大美聖公會學堂，該校為美國聖公會在華開辦的首家學校。這個為勢所迫的決定，改變了這個家族的命運。

顏永京：
辦學、禁煙、求平等、引進心理學

　　顏清源的三子永京（別字擁經，Yen Yung-kiung，1838-1898）生於 1838 年。

1848 年，十歲的他被送入聖公會男塾，並於同年 10 月 22 日受洗。1854 年他被聖公會送往美國留學，1861 年以優異成績畢業於聖公會在俄亥俄州辦的建陽學院（Kenyon College），[01] 1862 年回國。返國初年因為他父母相繼過身留下債務，教養弟妹的重擔也落在他身上，教會又因美國內戰經濟拮据，他為養家沒有在教會任職，選擇到上海英國領事館當翻譯及公共租界工部局當通事，又曾在英商漢壁禮（Thomas Hanbury）辦的公平洋行（Bower, Hanbury & Co）工作。顏永京本大可留在洋行當買辦發大財，但他非常虔誠及愛國，視錢財如糞土，對傳教及辦學的興趣遠大於從商或當官，所以 1868 年他還清父親的債務後，便全職轉入教會工作，協助接任文惠廉當主教的韋廉臣（Channing Moore Williams）前往湖北武昌傳教。1870 年 10 月 28 日他在漢口接受按立為牧師，為美國聖公會繼黃光彩以後的第二位華人牧師，[02] 負責開發鄂湘教區，並於 1871 年創立武昌文華書院（The Boone Memorial School，即華中師範大學的前身）。1878 年，

上：顏永京夫婦與女兒顏昭合照。
下：顏永京六十歲時牧師照。

顏永京被佈道部召回上海，協助生於歐洲立陶宛的猶太裔主教施約瑟
（Samuel Isaac Joseph Schereschewsky）創辦聖約翰書院（St. John's College）。[03]

施約瑟早在 1859 年便隨文惠廉來華在北京傳教，1877 年升任聖公會
主教，上任後力主美國聖公會在中國設立大學以培育傳教士。當時文惠
廉在上海辦神道學校，又在 1865 年和 1866 年相繼設立了培雅書院（Baird
Hall）和度恩書院（Duane Hall）。1877 年施約瑟返美籌款辦校，利用上述
三所學校作為基礎，購進了梵皇渡極司非而路（今萬航渡路）兆豐花園
（今中山公園）東面蘇州河邊上的一片土地作校址，於 1879 年 4 月 14 日
復活節安置隅石築起第一所校舍，定名為聖約翰書院。同年 9 月 1 日書
院舉行開幕禮，由施約瑟及顏永京主持。聖約翰首批學生只有三十九人，
九成來自教徒家庭，全部免費入學，衣食書本文具等由學校供應。施
約瑟任校長兼國文部主任，文惠廉的次子小文惠廉（William Jones Boone
Jr.，後任聖公會第四任主教）任英文文學兼倫理學教授，顏永京則任學
監兼數學、自然、哲學教授，貝德士牧師（Daniel M. Bates）任歷史、宗教
教授，還有朱問漁、楊南生、孫雲崗、朱鼎卿四位國文教師。由於施約
瑟還有主教職務，所以學校實際上由身為學監的顏永京主持。開學後一
年，學生人數逐漸增加，第二學年增至七十一人。當時書院分設「正館」
和「備館」，正館即正科，也叫特班，備館即預科，學制均為四年。

在主持聖約翰的八年期間，顏永京募資興建校舍，又聘用容閎帶出
國的留美幼童歸國來校任教，主張以英語教學。他深覺中國傳統教育制
度摧殘獨立思考，是國家落後的根源，所以他全心全力希望引入西學，
借助西方知識推動中國現代化。1882 年，顏永京把英國學者赫伯特 · 斯
賓塞（Herbert Spencer）的教育學著作《教育論》（On Education）一書的
第一章譯成中文，取名《肄業要覽》，由教會辦的上海美華書館出版。
1889 年，他又將美國學者海文（Joseph Haven）的心理學著作《心靈學》
（Mental Philosophy: Including the Intellect, Sensibilities, and Will）翻譯成中文，成
為將西方心理學介紹到中國的第一人。

雖然顏永京一生為洋人打工，但他的民族意識濃厚，多次爭取華洋
平等。1881 年 4 月 6 日和 1885 年 11 月 25 日，顏永京曾經聯同親戚吳虹玉
及幾位當買辦的粵籍紳商陳詠南、唐廷樞、唐廷植、譚同興、李秋坪、
陳輝庭致信工部局，抗議不准中國人遊覽外灘公園的規定。[04] 1886 年，
顏永京離開聖約翰書院接替黃光彩出任聖公會虹口救主堂牧師，同時成
為中華教育會前身——學校教科書編纂委員會（又稱益智書會）的唯一

01　該校最出名的校友為 1842 年屆，1877 至 1881 年任美國總統的 Rutherford Hayes 及 1949 年屆
　　的國際巨星保羅紐曼。

02　Annette B Richmond, *American Episcopal Church in China*, p139, Appendix B.

03　聖約翰大學的主樓懷施堂便是為紀念施約瑟而建，1951 年改名「韜奮樓」以紀念 1921
　　年自約大畢業的生活書店創辦人鄒韜奮。

04　熊月之〈上海香山人與香山文化〉《中山日報》，2006 年 12 月 11 日。

華人委員。據其外孫女曹舒麗安《我的外祖父顏永京牧師》一文中稱：光緒十七年（1891 年），清廷曾有意徵召顏永京充任皇帝英文師傅，被他婉言謝卻，他對家人說：「每天教書，要我向學生跪拜磕頭，我如何能做得到呢？」

　　1894 年，顏永京受中國禁煙總會派遣，到英國參加英國拒毒會的大會，會上他發言痛斥英商將鴉片由印度運入中國毒害百姓，呼籲英國人支持中國的禁煙運動。1896 年第二屆中華教育會一百三十八位成員中，他為兩名華人成員之一。晚年他痛失兩子，打擊很大，患上糖尿病及疑病症，最後於 1898 年 6 月在湖北病逝，享年六十歲。將聖約翰書院發揚光大的卜舫濟在 1898 年 8 月份的《約翰聲》撰文悼顏牧，表揚他為學校奠定了良好的基礎，1904 年卜氏籌款成功在校園新建三幢樓房，其中便定名思顏堂以紀念顏牧的功績。

　　永京的弟弟顏如松（又名澍隆，Zu Soong Yen），1871 年入讀哥哥的母校建陽學院，在校內非常活躍，但到第三年因故返國沒有畢業，跟隨孫羅伯（Robert Nelson）修讀神學。1877 年起加入教會工作，1880 年成為執事，1884 年成牧師，到上海北郊有萬二人口的江灣，接替妻舅吳虹玉主理多年的教堂。1889 年 2 月在同仁醫院因傷寒病逝，留下三子二女，交託哥哥顏永京撫養。

吳虹玉的傳奇人生：
由美內戰將士、牧師到創建同仁醫院

　　吳虹玉（Woo Hong Neok，1834-1919）是顏永京在學堂的同學及聖公會多年的同事，後來顏如松又娶吳虹玉的妹妹為妻，是美國聖公會在華最早施洗的信徒和最早被按立的華人牧師之一。吳虹玉又因其在美國當過九年印刷工人，以及作為聯邦軍隊的一名士兵參加過美國南北戰爭的經歷而更富傳奇色彩，但吳虹玉不平凡的一生卻鮮為人知。

　　1834 年吳虹玉生於江蘇常州陽湖縣一戶農家。他於九歲入鄉塾唸書，十三歲他父親把他送到上海入讀聖公會在上海王家碼頭的學堂，希望他學好英文將來當買辦，他亦成為顏永京的同學，並於翌年由文主教施洗成為基督徒。1854 年，剛在日本簽定神奈川條約的美國海軍軍官 Matthew Perry 所率的 Susquehanna 號戰艦到訪上海，由於艦上軍官常到聖公會教堂做禮拜，吳虹玉從中得知美艦不

老年吳虹玉像。

久將返國。年少氣盛，志在遠方的吳虹玉毅然決定跟隨美艦返美。吳虹玉在艦上當軍醫 John S. Messersmith 的侍應生，在太平洋航行八個月後，於 1855 年 3 月抵達美國賓夕法尼亞州費城港。Messersmith 把吳帶到自己的老家賓州蘭卡斯特鎮（Lancaster，PA）。他沒有到教會學校繼續學業，反而跑到一家報館叫 Lancaster Examiner and Herald 學習印刷[05] 居美六年之後，他於 1860 年 9 月 22 日入美籍，成為美國內戰前少有的幾位華裔公民之一。翌年，美國南北內戰爆發，到 1863 年南軍攻打賓州，吳應召入伍，成為美國內戰紀錄中數名華裔士兵之一。雖然他在軍中服役僅四十八天，但軍旅給吳一生留下深刻的印象，亦令他名留美國史冊。

1864 年 2 月，吳虹玉乘搭九江號輪船返回上海。在美國生活了九年的吳氏被美國化，他不僅全身西裝，對華語亦顯得生疏，與國人格格不入，甚至當時的主教韋廉士亦告誡他：「更有一事，我敢提出者，即君當多用功國文，尤須注意作文，則可助君講道，更望君改衣中服，則易使人親近也」。[06]

返國後的吳虹玉最初在北唐家弄的聖公會老閘分堂講道，並管理男、女小學，除此以外他亦當湯藹禮（E. H. Thomson）牧師的助理，並跟隨他外出傳道。1873 年吳虹玉被按立為執事，並於 1880 年 5 月升任會吏，成為聖公會第三位華人牧師。

吳牧雖然沒有受過正規的醫科教育，但他對教會最大的貢獻卻是在教會醫療事業的建設，達到以醫療傳教的目的。1866 年湯牧與吳虹玉利用費城希爾夫人的一百美元捐款，在上海虹口培恩路及百老匯路交界處租用民房開設了一間名為同仁醫局的小型診所，並請美國浸禮會傳教醫師麥高溫（Daniel J. MacGowan）前來義務診病開藥方，由吳虹玉照方配藥。1868 年，診所就診者每周達數百人，於是教會決定擴建病房十一間，設床位二十四張，正式取名同仁醫館（American Episcopal Mission Hospital and Dispensary），由麥醫師為主任，吳虹玉為助理。1880 年，吳牧成功遊說滬上香山籍富商李秋坪捐銀萬餘元為醫局建成醫院大樓，[07] 醫局正式升級為同仁醫院（St. Luke's Hospital），並由老文惠廉主教的長子文恒理（H. W. Boone）醫生任院長。文醫生同時亦組建聖約翰的醫學院，同仁醫院往後幾十年亦順理成章成為約大醫學院的實習醫院。[08] 吳虹玉合共參與同仁醫院三十多年，其中前八年全職辦理院務，後來因被派到江灣改為兼職。在同仁醫院八年，吳牧掌握了基本的醫療技術，更重要是領悟到醫療傳教的道理。他瞭解中國人過於實際的性格，平時不信宗教，但一旦

---

05 W.F. Worner, *Chinese Soldier in Civil War: Woo Hong Neok*, Lancaster Historical Society. 1921.

06 朱友漁主編《吳虹玉先生傳》第 5 頁。

07 李秋坪為高易洋行買辦，與唐廷植創上海火燭保險公司，與鄭觀應創上海機器造紙廠，1883 年捐建仁濟堂。

08 郭德文著《名醫的搖籃──約大醫學院》，上海聖約翰大學，2009，第 335 頁。

有病痛，就什麼都信，教會發展醫療是「極切合國人務實的心理」。所以 1873 年他被韋主教派駐江灣的時候，他首先成立的是藥局而非教堂，為鄉民種痘防天花，江灣鄉民聽聞基督教及吳虹玉的醫術，就請吳虹玉前去設堂佈道兼帶看病。1874 年他在三汀溝設堂，第二年就有三十三人受洗，一年中治病人上百。1879 年建成聖士提反堂，1881 年吳虹玉在給主教的報告中稱種痘「是將各階層男女吸引到我們宣講所最好的方式之一」，建議傳教士學習基本醫藥知識，以便以此接近當地百姓。吳牧在美國內戰時接觸到紅十字會，所以當 1904 年中國分會成立時，他第一時間成為終身會員。[19]

除醫療傳教以外，吳虹玉亦利用鄉塾傳道。話說吳虹玉在三汀溝時發現，如果他津貼鄉間塾師，他們都願意在學堂教授基督課本，並允許教會入塾講道。1879 年，教會在三汀溝共津貼了十二所鄉塾，每月費用為二十八元，這個方法傳道比教會自辦學校經濟得多。

吳虹玉的傳道工作並非一帆風順。1882 年他被派到江蘇太倉籌建教堂，經一米商介紹在城中購得一宅欲作宣道所。怎料當地士紳聞訊後群起反對，更上告縣署。第二日深夜，吳虹玉即被傳入縣署，圍觀的士紳不僅對他拳打腳踢，還迫其跪下，更威嚇他若不即時離去就把他置諸死地。吳只好打道回滬，這亦是他傳道生涯中最大的挫折。

吳牧主持江灣教堂十二年後，於 1885 年被小文惠廉主教召回滬協助黃光彩（見第一章黃家）管理虹口的救主堂，並兼任同仁醫院院牧。1889 年，吳積癆成疾，教會曾兩次安排他去日本休養。從日本回國後，重掌江灣聖保羅堂教務。該堂當時已有六處分堂，十一所學校，雖然各堂各校之間相距甚遠，吳不顧年老體弱，來往穿梭其間，有時還乘火車去三汀溝聖士提反堂主持聖餐禮拜。1894 年吳牧籌得一萬七千元成立，在江灣仁德路創立收留貧窮孤寡的仁德所。在 1904 至 1906 年間，年逾七十的吳虹玉只有一次因生病而未能主持主日禮拜。吳虹玉於 1919 年 12 月 18 日在滬去世，享年八十五歲。他的喪事禮拜在救主堂舉行，憑弔者上千人。吳所創建的江灣聖保羅堂和三汀溝聖士提反堂皆為他立碑，以志紀念。

吳牧育有一子一女，並有一養女。女兒吳美利（Mary Woo）生於 1868年，終身未婚侍奉教會，繼承父親主持江灣仁德所。獨子吳竹卿（Robert Woo）是顏永京長子顏錫慶在建陽學院的同班同學，他畢業返國找不到工作，曾當顏永京的家庭老師教導顏惠慶一年，不幸於 1895 年二十七

歲時早殤。吳竹卿的夫人黃氏守了半世紀的寡，遺腹產子吳文元。吳文
元曾留過學，在中國銀行工作，解放前過身，育有兩子一女，一子十八
歲早夭，另一子吳石適亦在銀行工作，1995 年去世，石適跟妻子馬湘雯
除長子早逝外目前有一女在香港及二女一子在上海。吳文元的獨女吳惠
芳，1916 年出生，現年九十五歲，高中畢業後在小學教書多年，丈夫顧
慶祿原是她的遠親，執業會計師，五十二歲那年去世，兩人育有三女。
據吳惠芳三女、吳牧第五代後人顧意薇表示，雖然吳牧沒有後人當牧師，
但一家人一直都很虔誠，解放前已去衡山國際禮拜堂做禮拜，改革開放
教堂重開後又再去，而吳牧的後人與顏家多年來都保持著緊密的聯繫，
因為吳家與顏家有三次聯婚，吳牧的妹妹嫁顏如松為其一，吳牧的養女
吳藹雲嫁如松侄兒顏錫慶為其二，吳牧曾孫女吳惠芳嫁顏如松外孫顧慶
祿（即她的父母）為其三。顧慶祿的母親顏儷英是顏如松的幼女，父親
顧書勛約大畢業後曾做生意，解放後在妻舅顏福慶的華山醫院工作。

曹子實與東吳大學及博習醫院

　　顏永京的妹妹小時因家貧被送人，永京返國後贖回，隨後信教及接
受教育，並於 1873 年嫁給蘇州監理會的牧師曹子實（Dzau Tsz-zeh，1847-
1902）曹是浙江嘉興秀水人、三歲喪母十歲喪父成為無家可歸的孤兒、
跟著兄長流浪到上海、十一歲那年透過一位李姓親友介紹，為美南監理
會（Methodist Episcopal Church, South）傳教士藍柏（James William Lambuth，1830-
1892）夫婦收養。1859 年藍柏之妻 Mary McClellan 因病回國休養並帶曹子實
同行。在美國密西西比州他結識了一位從事種植業的牧師馬歇爾（Charles
K. Marshall），因為喜歡他的為人，曹子實還取了跟馬歇爾一樣的英文姓
名，後來他及他的後人亦有時會用 Marshall 作姓氏。1861 年曹子實由後來
創立埃默瑞大學（Emory University）的 Osgood Andrew 主教受浸入教。不久
藍柏妻重返上海，但這次她沒有把曹子實帶在身邊，而是讓他留在美國，
托一位曾在華傳教的友人雷大衛（David Campbell Kelly）醫生照顧。同年，
美國爆發南北戰爭，雷大衛在南方軍隊自組兵團，讓曹子實做他的助手，
四年的南征北伐中曹子實學會了一些普通醫術，亦講得一口流利的南方
英語。內戰結束後，他以半工讀形式學了四年神學。1869 年 6 月，留美
十年的曹子實坐郵船以打工代船費從紐約回到上海。他向藍柏要求派到
蘇州傳道，在葑門內十全街石皮弄租殷勤山的房屋設立佈道處。由於初

時信眾寥寥，他就為左鄰右里看病，藉以接近群眾。1871 年他在十全街辦了一所走讀學校，招到一個駝背的男孩和一個小女孩，這就是蘇州最早的教會學校博習書院的前身。

1876 年 12 月，曹子實被按立為監理會執事，[10] 同年藍柏派傳教士潘慎文（A. P. Parker）來蘇傳道兼理學務。潘慎文是美國南部喬治亞州人，生於 1850 年 8 月，因家貧未讀完大學便投身社會。1875 年來華時先在藍柏當助理及學習中文，很快便能講一口流利中國話。潘慎文覺得辦學是推動教會傳道最有效的途徑，所以他抵達蘇州後即建議將曹子實的走讀學校辦成完全寄宿制，並發起募捐建設校園。1878 年，潘、曹得到美國肯塔基州的一位巴芬頓先生（Buffington）捐款六千美元，在蘇州天賜莊購地建造傳教士住所和校舍，並於翌年正式將十全街學校遷至天賜莊，中文起名存養書院、由潘慎文任校長。這時候，藍柏之子醫學博士藍華德（Walter Russell Lambuth，1854-1921；1875 年埃默瑞大學醫科畢業）在天賜莊開了一家診所，曹子實藉此離開學校專任牧師並繼續學醫，同時在江浙一帶傳道。1882 年，在范德堡進修兩年畢業的藍華德和妹夫柏樂文（William Hector Park）及孫樂文（D. L. Anderson）同船來到蘇州。藍華德與柏樂文到蘇州後，即在天賜莊買了七畝地，在原有診所的基礎上創辦了博習醫院（Soochow Hospital），1883 年 4 月 8 日，醫院破土動工，11 月 8 日醫院正式開業。醫院有中式平房八幢，分別作為門診室、內外科病房、手術室、戒煙室、宿舍、洗衣房及廚房，設病床三十張，據監理會刊物稱這是中國內地（不包括通商口岸）最早的一所正式西醫醫院。博習醫院創立後不久，柏樂文返美進修，藍華德則到日本傳教，曹子實主持院務，直至柏樂文於 1886 年返回出任院長為止。1887 年曹子實又協助女西醫 Mildred Philips 在天賜莊建立蘇州婦孺醫院（Soochow Women's Hospital）。1890 年他與衡特立被派到湖州南潯傳道及行醫，同時在震澤成立該區第一所西醫診所。

學校方面，1884 年存養書院擴大規模，提高程度，並為紀念那位捐贈最多的人，改名為博習書院（Buffington Institute）。這所學校後來與孫樂文創立的中西書院合併，1900 年易名為東吳大學。1890 年曹子實曾重返美國，[11] 教會又曾安排他教從美歸來的宋耀如上海話及教其子女中文。1900 年，曹子實見證了自己三十年前創辦的走讀學校演化成一所大學，兩年後他魂歸天國，結束了傳奇的一生。為了紀念學校這位創辦人，1930 年東吳大學興建一幢宿舍命名為子實堂，至今仍在。

第二代

　　顏永京與太太育有五子一女，作為教師的顏永京對子女的教育非常著緊，請華洋塾師教學之餘還親自執鞭教他最精的數學，又收集大批中外圖書雜誌向子女灌輸各種新知識，甚至對他們修讀哪一科、考哪一校都大有意見。顏永京的妻子戚氏是浦東人，曾在上海教會辦的裨文女塾唸書，顏永京跟她結婚後，送她到香港學習英文，是新一代女性，亦是兒女中、英文的啟蒙老師。

　　他們的長子叫顏錫慶（Points Yen，?-1921），其英文名字是紀念當年帶顏永京留美的聖公會教士 John Tevis Points。顏錫慶由聖約翰書院畢業後到父親的母校建陽學院繼續進修，1888 年畢業，據弟弟顏惠慶的回憶，顏錫慶是約大第一位放洋的子弟，當年在校內很受歡迎。他返國後亦當官，1912 年曾任長沙關監督，1913 至 1915 年出任重慶關監督。當時中國海關雖歸屬中國政府，但實際上由洋人稅務司控制，監督一職是中國官方代表。1921 年在漢口辭世，未到六十歲。他娶表妹，吳虹玉的養女吳藹雲為妻。吳藹雲據傳為太平天國一將領與洋婦遺下的孤兒，吳牧好心把她收養，長大後成為虔誠教徒，在顏錫慶過世廿多年後到 1948 年 8 月才過身。顏錫慶跟吳藹雲育有八子一女，兒子順序以「吉祥如意福昭明榮」排，其中「祥如意昭」四子早殤，長子吉生從事銀行業，么子榮生為外交官，獨女斐雯獨身。

　　顏永京次子顏誌慶（Tching Nelson Yen，?-1897），其英文名 Nelson 為紀念另一位牧師孫羅伯（Robert Nelson）。原本在美國哥倫比亞大學就讀，後到紐約法律學院（New York Law School）修讀法律，1893 年取得法學士，[12] 回國在京官試中排名十四。[13] 這位前程似錦的高材生，可能因誤用海洛因治病竟然染上毒癮，1897 年 11 月臥床九天之後不省人事過身，這對熱衷於戒毒運動的永京無疑是很大的打擊和諷刺。永京的三子亦在 1890 年代初因腦膜炎去世，年僅十四歲，所以永京寄望於他最年幼的四子顏惠慶及五子顏德慶。從其外孫舒昌譽醫生收藏顏永京過世前四個月寫給在美留學的顏惠慶及顏德慶的書信中可以看到，他很想顏惠慶讀醫、顏德慶讀市政工程師。顏惠慶最後沒有業醫但成為傑出的外交及政治家，顏德慶則如父所願成為傑出的鐵路工程師。

10　Methodist Episcopal Church, *The Gospels in All Lands*, 1883, p.214.

11　W. W. Yen, *East West Kaleidoscope*, St. John's University Press, 1974. 中譯《顏惠慶自傳——一位民國元老的歷史記憶》，吳建雍等譯，北京：商務印書館，2003。

12　*Documents of the Senate of the State of New York*, State Senate of New York, v.6, p.1396.

13　*The American Educational Review*, v.28 , American Educational Co, 1907, p. 288.

顏惠慶：外交名宿

顏永京的四子顏惠慶（William W. Yen，1877-1950），字駿人，英文名
William 是為紀念文惠廉，1877 年 4 月 2 日出生於上海虹口。童年時代的顏
惠慶，讀過一段私塾後，轉入教會所辦的英華學塾，後來又就讀於英人
開辦的上海同文書院。1895 年，父親送他前往美國維珍尼亞州的亞歷山
大市聖公會中學讀書（與父親同事黃光彩的獨子及卜姓外孫同校），畢
業時得全能超越獎章。五年後，顏惠慶以優異的成績，畢業於維珍尼亞
大學，獲文學學士學位。

回國後，顏惠慶到上海聖約翰書院中學部教英文及幾何，學生包括
日後他的外交政壇知交顧維鈞，[14] 同時兼任商務印書館和《南方報》的
編輯，他主持編輯了《英華大辭典》，名儒嚴復為該書作序，於 1907 年
由商務印書館出版。期間他又積極參與上海基督教青年會的會務，其中
一次在青年會代表華人與西人以英文辯論治外法權，取得勝利，成為上
海的一時佳話。當時聖約翰校長卜舫濟給他與洋教授同等的待遇，希望
他獻身教會的教育事業，但顏惠慶學而優則仕，1906 年 10 月與弟顏德
慶決定進京參加清廷首次舉行的遊學歐美畢業生考試，結果排名第二及
第四，賜進士出身（譯科），弟德慶則獲副考官詹天佑招納為左右手。
1908 年 2 月，顏惠慶向留學時已認識的伍廷芳自薦，跟隨出使美國，被
聘為二等參贊，開展了他的外交生涯。駐美期間，他不但積累了從事外
交工作的實踐經驗，代表中國出席國際捕魚會議，工餘又在喬治‧華
盛頓大學進修外交理論和國際法，為成卓越的職業外交家，奠定了堅實
的基礎。同時亦奔走於當地各出版機構，為商務印書館聯繫引進教材。

1909 年冬，顏惠慶應召回國，在外務部任主事，供職於新聞處，負
責接待駐京外國記者，並協助發刊英文《北京日報》。1910 年，參加清
廷舉行的遊學生殿試，授翰林院檢討，升任參議，兼任清華學堂總辦，
參與籌辦清華學堂。後來，又主持成立了清華學校基金委員會和校董會，
使清華學校的發展走上正軌。當年三十三歲的他已在官場
嶄露頭角，但可能他一直專注事業而遲遲沒有結婚，雖然
從其日記可見他於 1908 年 6 月就曾與跟他共創上海青年會
的宋耀如長女宋靄齡（即日後的孔祥熙夫人）多次單獨
約會。[15] 顏惠慶未留美之前在上海當過李鴻章一名孫兒的
英文教師，這位官門子弟與顏年齡相若，最終成為朋友。
他見惠慶仍未有家室，把他介紹給比他年輕十一年的孫寶

顏惠慶外交官服照。

琮。孫寶琮的父親是當過光緒帝老師的孫詒經，她的哥哥孫寶琦是駐德
法欽差大臣，但最為矚目是他的姻親網絡，因為孫寶琦的五妻妾為他生
了八子十六女，與慶親王奕劻（孫的二女用智嫁奕劻的五子載掄），寶
熙（孫的四女用履嫁其子），李鴻章（孫的弟弟孫寶瑄娶李鴻章弟瀚章
之女；七女用蕃則嫁李鴻章外孫張志沂，為名作家張愛玲的後母），盛
宣懷（孫的四子用岱娶盛的侄女范頤；孫的長女用慧則嫁盛的四公子恩
頤），袁世凱（孫的五女嫁袁的七子克齊；孫的侄兒娶袁的六女籙禎），
軍機大臣王文韶（孫的三女嫁王的孫兒晉孫）及馮國璋（孫的三子娶馮
的一位千金）等權貴都是兒女親家。另外孫寶琦的兒子孫用時（景陽）
是住友買辦，亦是名報人成舍我的結拜兄弟，八女則嫁給國華銀行天津
經理崔露華。孫寶琮既有國學根底，隨兄使法兩年，嫁給顏惠慶後成為
他外交舞台上的賢內助，加上她的姻親網絡雄厚，窮牧師家庭出身的顏
惠慶很快便在清末民初政壇躋身權力中央。

　　1911 年，先父曾熱心參與禁煙運動的顏惠慶代表中國參加中英禁煙
問題談判，使英國政府承認了禁煙原則。姻親袁世凱任內閣總理後，他
升任外務部左丞。民國建立後，與顏惠慶友好的同鄉教徒陸徵祥任唐紹
儀內閣外交部部長，任命他為次長。1913 年，他出使歐洲，任駐德國、
瑞典、丹麥三國公使，駐柏林。歐戰爆發後，當年為復辟謀求承認的袁
世凱命顏惠慶盡力討好當時南征北伐的德皇，直至 1917 年 3 月中德斷交
才移駐哥本哈根。1920 年，顏惠慶辭去三國公使職務，返回國內。8 月 11
日，顏惠慶署理北京政府外交總長，11 月主持中俄兩國建交談判。1921
年 6 月正式出任外長，任內主要與日本交涉山東主權問題，12 月總理靳
雲鵬下台，他首次當署理國務總理六天，1922 年 1 月至 4 月，6 月至 7 月
再任兩次，合共三次署理國務總理一職。1924 年上半年，其妻舅孫寶琦
當上總理，任命他為農商總長，4 月他又兼任紅十字會第六屆會長，到 7
月孫寶琦內閣總辭，9 月他爭贏顧維鈞出任總理，但 10 月馮玉祥倒戈後
他又下台。在北洋政府任職期間，顏惠慶曾以中國代表團成員的身份出
席了巴黎和會（1919 年），華盛頓會議（1921 年），及北京關稅特別會
議（1925 年），爭取收回日本在山東的權益和恢復中國關稅自主權。他
任外交總長時，曾奉令宣佈停止沙俄駐華使領待遇，廢止沙俄在華特權
（1920 年）；主持廢止了中日軍事協定，並與德國簽定復交條約（1921 年），
在國際舞台上多次為中國爭取權益。

　　1925 年 6 月，他出任由美方庚子還款資助設立的中華教育文化基金

14　顧維鈞日後在外交政壇上與顏惠慶有競爭及分歧，但顧對顏一直非常尊重，後來顏的
　　自傳出版亦由顧作序。
15　《顏惠慶日記》一卷，北京：中國檔案出版社，1996。第 25 頁。

會董事長，對國立北平圖書館的建立作出貢獻。1926 年 5 月，顏惠慶在軍閥吳佩孚扶持下組閣，但由於無人加入，在奉系的威迫下，只好辭去國務總理兼外交總長的職務，隱退天津。這段時期他與徐世昌、曹錕、段祺瑞等北洋元老仍有接觸，亦棄政從商，發展民族企業，擔任多家公司的董事或董事長。1929 年天津大陸商業公司創立，他出任董事長。憑藉著他與海外華洋工商界的廣泛聯繫，使這家公司迅速地打入了國際市場。此外，他還曾擔任天津大陸銀行的董事長；對天津啟新洋灰公司、慶豐麵粉廠、久大精鹽公司、永利製鹼廠等企業的發展，也發揮了重要的作用。據他的女婿秦寶雄憶述，他的岳父這段時間在商場如魚得水，賺了不少錢，在天津英租界香港道（現和平區睦南路 24-26 號）建了一幢宏偉的大宅，這家大宅淪陷時被租用為偽滿駐津辦事處，解放後曾為天津市勞動局徵用，現由天津三源電力投資公司使用。

不過顏惠慶仍心存重返外交圈的期望，1931 年「九‧一八事變」後，南京政府急於起用一批北京政府時代的外交官，展開國聯外交。顏惠慶應召抵達南京，被任命為特種外交委員會委員。同年 11 月，他被任命為駐美公使，趕赴華盛頓。未及正式上任，又被任命為中國駐國聯代表團首席代表，前往日內瓦。在 1932 年 1 月召開的國聯會議上，他援引國聯盟約有關條款，提交了日本侵略中國案，促請國聯大會和行政院制裁日本。2 月 19 日，顏惠慶在國聯大會上，痛斥日本的侵華行為。他用英語作的演說，流暢地道，鋒利有力，取得了極大成功。同年春天，國際裁軍會議也在日內瓦開幕，顏惠慶被任命為中國首席代表，出席會議。會議期間，他和蘇聯外交人民委員李維諾夫（Maxim Litvinov 1876-1951）積極接觸，秘密談判中蘇復交問題。終於在當年 12 月，於廿四小時內辦妥了復交手續。消息公佈後，震驚了世界。

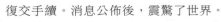

1933 年 1 月 31 日，顏惠慶被任命為中國駐蘇聯大使；1935 年 3 月，他策動京劇巨匠梅蘭芳及影后胡蝶為中國文化界代表訪問蘇聯，取得空前成功，另一方面他積極抗議蘇日偽滿三方的中東鐵路交易。直到 1936 年 3 月，因對南京政府政策的不滿加上身體健康理由，他辭去了大使職務。回國後，在上海主持難民救濟與傷兵救護工作，出任上海國際救濟委員會主席，後來，又當選為國際反侵略大會中國分會

顏惠慶民初與妻女合照。

名譽主席團成員。

1939 年 8 月，顏惠慶被任命為中國代表團首席代表，出席在美國召
開的太平洋國際學會第六屆大會。利用這次機會，他以特使身份，兩次
謁見羅斯福總統，以促成美國對華經濟援助和貸款，以及制裁日本。他
頻密地拜訪各界政要以及老同學和朋友，大力宣傳中國的抗戰。此間，
蔣介石曾致電顏惠慶，邀其出任國民政府外交部長，被他婉言拒絕。
1940 年 3 月，顏惠慶從三藩市乘船抵達香港，因上海已被汪偽政權所控
制，只得羈留香港。翌年 12 月，日軍攻佔香港。喬裝成難民的顏惠慶被
日軍認出，軟禁於香港酒店。日軍兩次請他出山，施以威逼利誘，都遭
到了他的嚴詞拒絕；最後於 1942 年 5 月把他押返上海，雖然解除了對他
的監禁，但陳公博、褚民誼等漢奸仍不斷對他狂追不捨，以外交要職利
誘，他都再三拒絕。[16] 為保名節，顏惠慶平日深居簡出，官方的宴會大
多推辭，只在辦學及企業上出力。此時母校約大在滬西的校園被日方佔
領，他帶頭出任教會大學校董聯會主席，在英租界覓得校舍，使約大得
以繼續運作。1943 年他又力保天津啟新洋灰公司，被推為董事長。1944
年 9 月陳公博遣吳菊生遊說他出任偽立法院長，他再以年事已高推卻，[17]
甚至連堂弟顏福慶辦的救濟會亦不參加，以避附逆之嫌。

1945 年 8 月抗戰勝利，顏惠慶第一時間答應重慶的邀請，出山維持
上海局面，到訪上海一帶英美戰俘集中營，向這批戰俘承諾會妥善安排
離華返國事宜，再顯他外交家的本色。1946 年 11 月，顏惠慶當選聯合國
善後救濟總會遠東區域委員會主席，但這個組織實權在於美國以及代表
國府出任副主席的李卓敏手上，很快便由救濟機構變成為美方支持國府
打內戰的機關，令他非常失望，對國民黨的統治已漸漸失去信心，國府
提名他當立委以及制憲國大主席團，他都託病不去南京開會。到 1948 年
8 月國府推出金元券拖垮全國經濟，他憤而辭掉大陸銀行董事長一職以
示對政策的不滿。[18] 事實上這時他的健康已不如前，但到 1949 年 1 月，
蔣介石下野，代總統李宗仁試圖與共方和談，決定邀請他及邵力子、章
士釗及江庸四位德高望重的無黨派人士出面，從未坐過飛機的顏惠慶帶
著私人醫生焦湘中於 2 月與其他三老飛赴北平與中國共產黨商談和平事
宜；並前往石家莊，受到毛澤東和周恩來的接見。但此時國民黨的大勢
已去，5 月 1 日蔣介石最後一次到上海，船泊在港外，召見顏惠慶叫他
一起到台灣，隔數天又派蔣經國登門勸他離開上海，但他都以年事已高
及健康欠佳為由推掉。[19] 同年 8 月，中共邀請顏惠慶參加首屆全國政協

---

16 《顏惠慶日記》三卷，北京：中國檔案出版社，1996。第 432、438 頁。

17 《顏惠慶日記》三卷，北京：中國檔案出版社，1996。第 622 頁。

18 《顏惠慶日記》三卷，北京：中國檔案出版社，1996。第 1001 頁。

19 《顏惠慶日記》三卷，北京：中國檔案出版社，1996。第 1958 頁。

1

2

3

1　左至右：（左二）梅蘭芳、顏惠慶及胡蝶 1935 年訪蘇船
　　上合照。

2　顏惠慶（中間）與（右）印度領袖尼赫魯（Nehru）。

3　1939 年平安夜顏惠慶（右二）與女顏櫻生（左一）及孫
　　以莊（左二）在紐約國際賭場夜總會。

會議，但此時他已因胸膜炎所困無法赴會。他獲新政府委任為華東軍政委員會副主席、中央人民政府政治法律委員會委員、中蘇友好協會會長等職，可惜他已臥病在床，到 1950 年 5 月 24 日終於支持不住病逝於上海。

由於他精彩的一生，都在最前線親身見證了中國半世紀的政權更迭及歐美的風雲巨變，所以他在戰時以英文寫成的自傳《東西方萬花筒》（East-West Kaleidoscope）可讀性甚高。這本書最先於 1974 年由美國聖約翰大學出版社出版，後來台灣傳記文學出版社托姚崧齡以文言文翻譯成中文，近年有賴商務在國內以白話文再譯發行。玄妙的是書只寫到他在香港被日軍軟禁為止，書末他說到他與幾位名人被軟禁前途未卜，其中一位懂得占卜，對他說他還有十年的命，還有機會重出政壇。書中的這兩個預言後來都成為事實。

顏德慶：
畢生爭取中國自強的鐵路先鋒

顏惠慶的五弟顏德慶（T. Strong Yen，1878-1942），字季餘，生於 1878 年，英文名 Strong 是紀念父親顏永京在紐約的監護人貝德牧師（Gregory Bedell）的太太 Julia Strong，他的一生亦如其英文名稱，渴望中國有強大的一天。他早年畢業於上海同文館，1895 年隨兄顏惠慶留學美國，在賓夕法尼亞理海大學（Lehigh University）攻讀鐵道工程學。顏德慶之所以讀鐵道，全因奉父命。當年顏永京知道清廷將大力修建鐵路，但缺乏人才，所以覺得兒子報讀該科有報國之用。顏德慶亦不負所望，1901 年畢業並獲工程碩士學位，先在美國橋樑公司及鐵廠實習，1902 年返國歷任粵漢鐵路、廣三支路工程師。[20] 當年中國很多鐵路工程仍需依賴外資經辦及外籍工程師，他跟隨自幼留學美國、有「中國鐵路之父」一稱的詹天佑致力打破這個局面，1905 年始，在四年時間內以低於原定成本建成連接北京及張家口的京張鐵路，成為首個完全由國人出資及負責設計的鐵路工程，顏德慶在四條穿山隧道的工程中扮演重要角色。

1909 年詹天佑任川漢鐵路總工程師、由顏德慶任副總工程師，在任兩年後，因為清廷向列強出讓築路權引發四川保路運動而停工。1912 年 1 月，顏德慶在上海與吳健（又名吳任之）等組成中華工學會，次年與詹天佑的廣東中華工程師會及徐文泂的上海路工同人共濟會三會合併，在漢口組建了中華工程師會（Chinese Institute of Engineers），詹天佑任會長，

20　粵漢鐵路 1900 年動工，因多番事故拖延了三十六年後才完成。

他任副會長，該會是中國工程師的先驅組織，延續至今。1919 年 4 月 24 日，與他走遍大江南北興建各省鐵路近廿年的恩師詹天佑不幸辭世，四日後，身為漢粵川鐵路湘鄂線局長的顏德慶率五百二十五同人促請交通部將詹天佑的生平事跡由國史館立傳，並申請指撥地點，設立鑄像，以表揚這位功在家國的恩師，獲得接納。

　　1918 年第一次世界大戰結束，國際時局大執位，造就收回列強在華鐵路經辦權的契機，將顏德慶跟外交家兄長顏惠慶的工作相連接，往後數年他也全情投入收回中國各地鐵路經辦權。1919 年 1 月世界列強在法國舉行巴黎和會，兄長顏惠慶擔任中國政府代表團顧問，顏德慶亦為隨員。當時德國是戰敗國，顧維鈞為首的中國代表團提出向日本收回他們於 1915 年從德國手上搶去的青島，[21] 包括山東的膠濟鐵路。[22] 會議結果中國收回青島的主張失敗，顏德慶與兄長支援中國代表團拒簽凡爾賽和約，並提交《中國要求膠澳租借地、膠濟鐵路及所有他項關於山東權利之直接歸還之説帖》。同年顏德慶被委任為協約國共同監管中東及西伯利亞鐵路技術部中國代表，被派往歐美各國視察鐵道。在顏惠慶跟德方五十多次談判交涉後，中德雙方於 1921 年 5 月正式簽訂《中德協約》，正式復交，而德國正式向中國歸還青島等的租借權，為接收膠濟鐵路鋪路。同年 8 月，美國總統哈定（Warren Harding）邀請英、法、意、日、中等八國到華盛頓開會，顏惠慶、顏德慶雙雙出任華盛頓會議中國一百三十人代表團的成員。會上日方作出讓步，答應可讓中方「贖回鐵路」，接收青島進入實施階段。1922 年顏德慶歸國，出任漢粵川鐵路會辦、國際交通事務處處長，並跟隨「魯案」善後督辦王正廷，[23] 出任膠濟鐵路管理委員會委員長。接收工作中，雖然日方多方刁難，作為鐵路談判主要人物的顏德慶亦寸土不讓，力保中國權益，盡力向日方還價。幾經波折，12 月 5 日中日雙方終於簽署《山東懸案鐵路細目協定》，其中膠濟鐵路定於 1923 年 1 月 1 日移交，償金四千萬日圓。作為中國接收鐵路委員長，顏德慶主持於 1923 年元旦在青島朝城路舉行收回膠濟鐵路儀式，親手將懸掛了八年的「日本山東鐵路管理局」的牌子摘下，換上「中國膠濟鐵路管理局」的招

顏惠慶（中）與顏德慶（右）

牌，是他一生最光榮的日子。1927 年後，顏德慶仍任膠濟鐵路管理委員會委員長，常住青島。1929 年他轉任鐵道部技監兼任多個技術委員會成員，1932 年及 1935 年出任第二及第五屆中國工程師學會會長，他創立的中華工程師學會亦於 1931 年併入該會。

1935 年顏德慶奉調兼任正太鐵路管理局長，1937 年升任鐵路部次長，次年加任高等顧問。1939 年他獲委進管理英國庚款董事會（主席為朱家驊，李書華、葉恭綽、陳藹士、曾養甫等列席）。公職以外，顏德慶亦非常活躍，他出任母校理海中國校友會會長，[24] 1940 年獲母校理海大學頒發榮譽博士學位。他亦曾任北平扶輪社長及社員多年，1927 年國際扶輪社刊便曾登出他的簡介述及他與社友捐助平民教育基金，希望在十年內解決中國文盲問題。[25] 他搬到上海後又出任上海分社社長，1939 年當選中國馬尼拉香港區總監，1941 至 1942 年更成為第二位當選國際扶輪社理事的華人（首位為 1933 年當選的上海商務印書館英文部主任鄺富灼）。[26] 1941 年上海全面陷入日軍手上，顏德慶不幸未能及時逃出，翌年 10 月 1 日，畢生致力爭取中國自強的顏德慶含恨病逝於上海淪陷區，終年六十四歲，他跟妻子朱哈娜育有一養女。

舒厚仁與顏慶蓮夫婦：
懸壺濟世的舒高第家族與留美女生先驅

顏永京只有一女顏慶蓮（Julia Yen，1882-1966），又名顏昭，六子女中排最末，生於 1882 年，英文名 Julia 同樣是為紀念父親顏永京在紐約的監護人貝德牧師太太 Julia Strong。顏永京反對封建陋習，所以這個獨女沒有纏足。據說由於當時天足的女孩很少見，所以顏慶蓮小時多穿男裝以免被人取笑。顏永京亦很重視這個女兒的教育，他臨終時囑咐四子顏惠慶無論如何都要供妹妹留學，所以她於 1900 年自中西女塾畢業後，[27] 顏惠慶便送她赴聖公會於 1843 年創辦的維珍尼亞州女子學院（Virginia Female Institute）[28]，1904 年畢業。在學院裡顏慶蓮主修音樂，副修文學，應該是最早在美取得音樂文憑的女華人，她亦同時是女子學社 Kappa Alpha Tau 的社員。返國後她除照顧兄長，也在北京教導貴族婦女招待外賓的禮儀，

21 原稱「膠澳」，1897 年被德國霸佔後改名青島。1914 年日本向德國宣戰並成功佔據德方在山東的權益，當時的袁世凱政權及往後的北洋政府因欠日本人債而忍辱接受，簽定「二十一條」，這亦是日後「五四運動」的導火線。

22 東起青島西達濟南，1904 年通車的膠濟鐵路是中國內陸接通沿海的重要幹線。

23 關於山東主權的爭論，時人稱之為「山東問題」，簡稱「魯案」。

24 理海中國校友還包括顏德慶在鐵路界的前輩黃仲良；香港行政會議成員楊敏德的外公企業家蔡聲白；創建紫金山天文台的天文學家余青松。

25 *The Rotarian*, April 1927, p.20.

26 香港《華字日報》，1939 年 2 月 5 日，第 2 頁。

27 同期另外兩位畢業生為史鳳寶（Sze Vong Pau，其妹鳳珠留美讀音樂，兩姐妹留美後均返中西女中任教，妹夫為清華大學教務長王文顯）及曹孫素馨。

28 1923 年為紀念校長 Florence Stuart 而易名為 Stuart Hall，Stuart 校長是南北戰爭時南方名將 JEB Stuart 的遺孀，筆者太太的先祖也曾在 Stuart 將軍麾下當兵。

亦在私校教書，同時熱心女學運動。這時期女子教育在中國開始蓬勃發展，僅在上海便有十二家華人創辦的新女校成立，1907 年她在 Women's Work in the Far East 季刊撰文記述此現象。1899 年青年會成立女子委員會，來會理夫人任會長，顏慶蓮任司庫。顏永京除了為顏慶蓮的學業著想外，還在她一歲前已為她定好婚事，對象就是他的好友——建陽學院學弟舒高第（Vung Pian Suvoong，字德卿，1844-1919）的長子舒厚仁（Cornelius Agnew Suvoong 後改為 Hou Jen Shu，字棟臣，1876-1951）。可幸舒厚仁長大後亦一表人才，1900 年自英國蘇格蘭頂尖醫科學府鴨巴甸大學（University of Aberdeen）畢業，是該校首位華人畢業生，1903 年在同校取得碩士，1907 年得博士，在漢口法租界當醫生。慶蓮在兄長惠慶重新介紹下認識厚仁，兩人於 1911 年完婚，婚後隨夫由上海搬到漢口居住。

厚仁的父親舒高第人生與顏永京一樣傳奇，他的家族亦如顏家一樣精彩。他出生於浙江慈溪莊橋（現屬寧波市江北區莊橋街道）一貧困農家，後入讀上海聖公會男塾。1859 年美籍傳教士老師回國時，帶他赴美深造，他亦不負所望，於 1867 年以名列全班第一的成績從建陽學院畢業，先到文惠廉主教子侄就讀的維珍尼亞州神學院（Virginia Theological Seminary）進修三年，1870 年畢業後考進紐約哥倫比亞大學醫學院學習，並於 1873 年獲醫學博士學位後，為中國人留美首位超逾學士銜者，[29] 而舒厚仁的英文名 Cornelius Agnew，正是舒高第哥大教授的名稱。當時主持洋務運動的李鴻章創建兵工廠急需人才，在美國居住了十四年，精通英語和西學的舒高第被邀返國出任技師和醫師。不久他又應上海機器製造局總辦李興銳（1827-1904）之聘，於 1877 年起出任上海廣方言館（亦稱上海同文館）英文教習，在該館執教長達廿六年。廣方言館於 1864 年成立，與京師同文館、廣州同文館共同成為中國近代翻譯人才和外交官的搖籃。自 1878 年起，舒高第又兼任江南製造局翻譯館的翻譯三十四年，與英國傳教士傅蘭雅（John Fryer，1839-1928）、美國傳教士金楷理（Carl T. Kreyer，1839-1914）和林樂知（Young John Allen，1836-1907）等翻譯出版逾二百多種西方書籍，包含西方軍事、工藝、醫學、自然科學知識和理論，可以說是晚清引入西洋知識最重要的翻譯家之一。教書翻譯以外，舒高第亦懸壺濟世，長老會教士范約翰（見第五章鮑家）在 1880 年的報告中稱，他眼耳科的醫術，在遠東區無人能出其右。他跟顏永京一樣痛恨鴉片煙毒害中國，曾以西藥

1932 年舒昌譽留英前全家合照，左起：舒麗雅、舒昌譽、顏慶蓮、舒厚仁、舒麗安。

協助煙民戒煙，在美國曾跟隨聾啞教育家 David Bartlett 的他亦曾在上海籌建聾啞學校。不過雖然受過多年西方教會教育，舒氏仍保有封建中國的婚姻概念，擁有多位妻室，育有十二子二女，其中大學畢業者有八人，又有五位出國留學。

舒厚仁畢業返國，最初擔任漢陽鋼鐵廠衛生股長，後在漢口自設醫務所及中英藥房。1917 年，他與漢口慈善會會長蔡輔卿等向社會團體集資籌建漢口慈善會中西醫院，自己當西醫院院長，名中醫楊恭甫則為中醫院院長。該院於 1920 年 9 月建成，院址在漢口後城由義門外（今中山大道 377 號湖北省武警總隊駐處），10 月 12 日正式開診，是武漢三鎮最早興建的中西醫結合醫院，設病床一百張，有中醫六人，西醫六人，看護二十二人，其他衛生技術人員四人。從醫之餘，他亦在中美兩地的醫學期刊發表他的學術研究。舒厚仁岳父顏永京創立的文華書院，1924 年與漢口博學書院大學部、武昌博文書院大學部合併成為華中大學，嶽陽濱湖書院大學部及堂兄顏福慶服務的長沙雅禮書院大學部則分別於 1926 年及 1929 年併入，舒厚仁為合併後的校董。由於在約大已建有思顏堂紀念父親顏永京，為了紀念母親戚氏，厚仁夫婦與惠慶在文華捐建女生宿舍顏母室。1932 年漢口市長吳國楨（見第四章王家）成立漢口臨時參議會，身為城中名紳的厚仁獲委任議員。顏慶蓮在漢口亦非常活躍，是武漢音樂會會長，並參與主持女青年會及聖公會婦女傳道服務團。到 1938 年漢口遭日軍攻打，據舒厚仁的外孫女曹克美回憶，當時厚仁一心醫治受傷的平民及士兵，先把家人送到香港，自己留了下來。但國軍最終守不住漢口，他的一個病人成功說服他離開，他坐漢口淪陷前最後一班火車放下漢口三十年的事業到了香港，身上僅帶著他的醫生袋。由於舒厚仁有英國醫科學歷，在英殖民地的香港很容易便拿到執業牌照。[30] 厚仁夫婦一生雖然經歷幾許風雨，但相處融洽，厚仁於 1951 年在倫敦逝世，慶蓮則於 1966 年在港過身，享年八十四歲，比她的各兄弟都要長壽。

舒厚仁與顏慶蓮育有二女一子，三人都繼承父業參與醫護工作，其中舒昌譽及舒麗安又保存大批外祖父的文書並撰文紀念。舒昌譽（George Chang-yui Shu, 1912-1998）於 1912 年生於上海長於漢口，在外公創辦的文華書院及聖約翰讀中學，1936 年自英國格拉斯哥大學得醫學士。他於 1932 年邂逅在倫敦大學讀醫、跟他同齡的戴錫朋（Mildred Sybil Tie Ten Quee, 1912-2000）。戴氏是牙買加僑領戴丁貴（Alex Tie Ten Quee）的六千金，其劍橋大學畢業的姐姐 Lily 於 1933 年成為牙買加首位女大律師，另外五姐

---

29   Edward Rhoads, *Stepping Forth into the World*, HKU Press, 2011。作者統計就算是留美幼童計劃亦因計劃被取消而僅得三位大學畢業生，所以舒高第的成就非常突出。

30   *Hong Kong Government Gazette*, Feb 17, 1939. No 159.

弟亦全部從大學畢業，她自己亦是牙買加首位女醫生。戴錫朋其後曾到
美國匹芝堡兒科醫院實習，1941 年成為首位自愛丁堡大學醫學系畢業的
華人女醫生，在校內並獲兒科獎及女子乒乓球冠軍，經過近十年的愛情
長跑，於 1942 年與舒昌譽在印度加爾各答結婚。同年昌譽夫婦一同返國
加入衛生部，在雲南、貴州及四川從事治療傷兵工作。抗戰勝利後舒昌
譽獲政府補送到哈佛唸公共衛生學碩士，1947 年獲委任為中國衛生部駐
華府常任代表，並出任世界衛生組織日內瓦世衛大會的中國代表團技術
顧問。1950 年舒昌譽加入世衛公共衛生行政部門工作，獲派到馬尼拉主
持世衛西太平洋辦事處。在五十年代，昌譽走遍全東南亞，致力控制傳
染病的散播，作出了很大的貢獻。1960 年昌譽夫婦到香港私人執業，方
便照顧年邁的母親，期間戴錫朋曾開辦免費診所救助窮人。1966 年顏慶
蓮過身後他們移居美國芝加哥，昌譽在美國醫院協會供職，至 1977 年退
休。1979 年他倆搬到東岸康州居住，晚年活躍教會事務及協助華人留學
生，昌譽更熱衷於對祖先的研究，兩夫婦分別於 1998 及 2000 年過身，其
長女舒隆美（Rosemary Cleaves），為美國 CIGNA 保險退休基金部門總裁，
工餘統籌康州克佛市聖公會聖約瑟堂的慈善派餐工作，廣受社會稱譽。[51]

顏慶蓮的長女舒麗安（Lillian Shu，1917-2009），於 1937 年自母親的母
校上海中西女中畢業，由當年出席國聯的舅父顏惠慶帶到紐約聖公會辦
的 Elmira 學院進修，1943 年畢業後到 Johns Hopkins 大學醫院實習醫院營養
學一年。舒麗安的夫婿曹友誠（Eugene Tsao，1915-2001）是密芝根大學冶
金科學博士，同樣來自一個留洋書香世家，他的父親曹梁廈（Hwei Chun
Tsao，字惠群，1886-1957）是英國伯明翰大學（University of Birmingham）化
學碩士，返國後創立上海大同大學並任校長多年。到曹友誠一輩共五人
從密芝根大學得博士銜，除友誠外，其長兄友德（Utah Tsao，1913-2004，
美國名化學工程師）是化學博士；長嫂林愛群（Hazel AC Lin，在新澤西當
婦產科醫生並著有數本關於中國的小說）是醫學博士；弟友和（Makepeace
Uho Tsao，1918-2000，曾任加州大學戴維斯分校生化系教授並為擁有兩家
畫廊的業餘藝術家）及幼妹友芳（Euphang Tsao，其夫婿徐家為香港滬籍
建築商）均為藥劑化學博士；堂妹曹簡禹（June Tsao Yu，1907-1990，曾任
台灣成功大學教授三十年）的博士學位從伊利諾大學所得，她亦是中國
首位女化學博士。[52] 舒麗安的兒子曹克平（Keping Tsao）是南加州有名的
皮膚及外科整形醫生，業醫逾三十年，其子志誠（Kenyon Tsao）亦為醫生，
在位於明尼蘇達州世界知名的 Mayo Clinic 工作，若由先祖舒高第起計算，
他是家族第五代業西醫者。[53] 舒麗安女兒曹克美的夫君歐陽榦（Carson

Eoyang）是美國退休高官，[31] 本身是哈佛 MBA 及史丹福博士，曾任美國太空總署（NASA）及民航局（FAA）培訓主管以及克林頓白宮副科技主管，2007 年退休前官至國家情報局助理副局長。顏慶蓮的次女舒麗雅（Liya Victoria Shu）1918 年生於漢口，早年曾在上海中西女中肄業，後隨父母抵港在拔萃女書院繼續學業至畢業。香港淪陷後她在加拿大教會辦的重慶仁濟醫院學護士科，並於 1945 年畢業。在重慶期間一次日軍空襲受重創，要赴美國療傷。她的丈夫姓葉，據說天廚味精廠創辦人吳蘊初的夫人戴儀是舒厚仁的病人，葉氏亦曾幫助吳夫人在香港打理天廚分廠。舒麗雅於 2012 年在溫哥華逝世。

舒厚仁的昆仲亦各有千秋，其四弟厚德（字石父，以字行，1885-1949）於 1898 年 11 月與吳錫永、陳其采（即陳其美弟，CC 系陳果夫兄弟之叔父）、許葆英四人受浙江省派遣，[35] 赴日本在東京成城學校（後改名為振武學校）接受軍事教育，為蔣介石的學長，曾在日本近衛步兵第四聯隊為見習士官，為中國軍事科留日之開端。舒厚德於 1902 年 3 月畢業後回國，歷任滬軍第一師第二旅旅長，總統府軍事諮議、軍事顧問，以及民國政府參軍處總務局局長等職。1912 年被授予陸軍少將，曾擔任北京陸軍大學中將教官，後轉到銀行工作，先後出任中國銀行西安、太原、廈門分行經理。1928 年任南京市民銀行副行長，同年 11 月任國民政府參軍處參軍，1929 年 1 月兼任孫中山奉安委員會總務組副主任，3 月兼任第二編遣區辦事處委員，7 月兼任國民政府參軍處總務局局長，1931 年調任江蘇省政府委員兼任財政廳長。1933 年 10 月免職，1940 年任中央銀行福州分行總經理，不久因日軍入侵銀行內遷而去職，1945 年 11 月抗戰勝利後，復任央行福州分行總經理。

舒厚仁的七弟舒厚壽（Charles Bartlett Suvoong）是美國醫學博士，曾在北京甘雨胡同開設牙科診所。八弟舒厚信（Thomas Suvoong），字舒鴻，1925 年畢業於美國春田大學體育系；1925 年得麻省克拉克大學（Clark University）衛生學碩士後回國投身體育運動，設計並主持修建了杭州第一個游泳池（之江大學游泳池）及第一個體育場。1936 年第十一屆奧運會上，舒鴻擔任籃球決賽（美國 vs. 加拿大）總裁判，從而成為執法奧運決賽的第一位中國人，被譽為「奧運籃球第一哨」。他的太太是商務印書館郁家的後人。

31 "Obituaries of Chang Yui Shu and Mildred Tie Shu", *Hartford Courant*, Nov 18, 1998 and Jan 17, 2000.

32 簡禹嫁山東籍立委于心澄，女于有年（Mary）的夫婿為首位翻譯顏惠慶自傳的學者姚崧齡的五子姚琨，任 UCLA 應用工程系副主任，崧齡亦作張公權年譜及陳光甫的一生。簡禹子于寬仁（Robert Yu）為中研院士，美國神經化學學會會長。

33 曹克平還有一位有一半墨西哥血統的表妹 Guadalupe Garcia-Tsao（曹友琴的女兒），現任耶魯大學醫學院內科教授及美國肝病研究學會當屆會長。

34 歐陽倓父歐陽藻（Thomas T. Eoyang 1904-1987）為哥大電機博士，曾為國防資源委員會在中印美三地工作，1951 至 1969 年為美 Sperry Rand 公司的 Univac 電腦部資深顧問。其兄歐陽楨（Eugene Eoyang）是知名比較文學專家，曾任印第安納州大學及香港嶺南大學英文教授，其女歐陽沅（Mieke Eoyang）有律師資格，曾為愛德華‧甘迺迪議員的國防策略顧問。

35 此四人後都從事金融，吳後為上海財政局長，許為江蘇省財政廳長，陳則為國府主計處長。

舒厚仁的妹妹舒雋（Mary Suvoong）在浸信會辦的上海晏摩氏女中
（Eliza Yates School）讀書，與同學 Elizabeth Cornish 留學美國，[36] 在丹尼森大
學（Denison University）攻讀教育學，回國後在上海晏摩氏女中任教。舒厚
仁的子侄中較出名的有台灣家庭計劃之母舒子寬、江蘇揚州著名土木建
築工程師舒昌楣，以及電影明星及導演舒適（原名舒昌格，1916）。

舒子寬是舒厚德的女兒，生於 1920 年，由於父親的關係與蔣介石
夫婦自幼關係密切，1953 年在台灣創立中國家庭計劃協會並擔任總幹事
多年。舒子寬在東吳肄業後在西南聯大畢業（她在台曾任西南聯大校友
會會長），戰時她曾在蔣夫人張藹真、朱熊芷等旗下出任兒童保育會保
教科保育股幹事，後又做過交通部秘書，在農復會主任蔣夢麟旗下擔
任家庭主婦衛生教育工作計劃執行人；1968 年與國民黨要員馬樹禮夫人
朱宗敬發起台北市孤兒福利協會並出任首任總幹事。在經辦家計會的
幾十年間，子寬曾獲美國洛氏基金會（Rockefeller Foundation）資助赴東南
亞、印度及日本考察社會福利及家庭計劃工作、又得美國亞洲協會（Asia
Society）贊助赴美國參加世界人口與家庭計劃會議、美國國務院邀請赴
美國參加社會福利及社區發展專家國際交換計劃、出席在菲律賓舉行之
亞洲婦女領袖會議，並發起組織亞洲婦女聯盟及出席在台北舉行之東亞
人口研討會。在政治上她曾任首屆台北市議會議員，閒時是台北的京劇
名票。

舒適是舒厚德的兒子，自小有表演天份，由於酷愛京劇的父親與梅
蘭芳交往甚密，曾打算讓他拜師梅蘭芳，但由於母親的反對而未能如
願。舒適 1933 年進入復旦大學，後轉入持志大學法律系。但他對演戲的
興趣遠大於當律師，1935 年開始參加上海大學劇人協會及青鳥等劇社，
在四十多部話劇中擔任演員，很快便成為當時上海劇壇紅極一時的青年
演員，從而走進影壇，並借用了父親的筆名舒適作藝名。1938 至 1948 年，
他拍過四十餘部影片，主演過《歌兒救母記》、《歌聲淚痕》、《李三
娘》、《長相思》、《春之夢》、《浮生六記》、《弱者，你的名字是
女人》、《清宮秘史》等，[37] 同時導演了《母親》、《秋之歌》、《蝴蝶夢》
等影片。1952 年解放後，他們夫婦由香港雙雙返上海，在新中國的電影
事業繼續前進，在《雞毛信》、《為了和平》、《李時珍》、《情長誼
深》、《水上春秋》、《林沖》、《紅日》等影片中擔任要角，特別是《紅
日》（1961 年）扮演國軍將領張靈甫，成功演繹國民黨「少壯派」軍官
的傲慢和不可一世的型格，因而被封為當代影壇上的「反派三傑」之一。

他在解放後亦執導了《戰鬥的山村》、《江水滔滔》、《雙珠鳳》、《龍女》等影片，同時曾任中國影協第三、四屆理事，第五屆名譽理事。受其八叔體育家舒鴻的影響，他從小喜歡運動，學生時代是籃球、游泳健將，在上海電影製片廠工作期間則擔任籃球隊教練，退休後還當上了上海古花（古稀花甲）籃球隊的隊長，所以九十高齡時還擁有硬朗的身體。舒適的兩位妻室都是電影明星，1942 年，他與教會裨文女中畢業的影星慕容婉兒（原名錢欣珍，1920-1970）結為夫婦，成為當時中國電影業裡少有雙雙事業有成、夫妻恩愛的伉儷之一。由於慕容婉兒懂英文，她在演戲之餘亦為上海電影製片廠翻譯了卅多部外國名片，不幸她在文革中病逝。1974 年，五十九歲的舒適和四十七歲的影星鳳凰續弦。

顏福慶：醫學泰斗

　　顏永京弟弟顏如松有三子二女。長子顏明慶（M. C. Yen）是 1896 年約大第二屆唯一的畢業生，早年參與上海青年會，並娶黃光彩牧師的十女為妻，其長婿為英美煙草職員。顏如松三子顏連慶（Lien Ching Yen）1906年自約大畢業後在漢口與留美時的工程同學薩福均（F. K. Sah，海軍元帥薩鎮冰之子）合辦隆昌工程公司，曾承建哥哥的上海醫學院楓林橋校舍工程，又與杜月笙、張嘯林、周文瑞、葉子衡（澄衷之子）等滬上聞人於 1924 年創立引翔鄉跑馬廳並兼任書記，與洋人辦的賽馬會分庭抗禮，至 1942 年淪陷後結業。其夫人黃琴英生於 1889 年，亦為最早的女留學生之一，1907 年中西女塾畢業後到美國印第安納州 Knickerbocker Hall 女校就讀並於 1910 年獲學士，1914 年返上海。[38]

　　顏如松三子中最出名的是次子顏福慶（F. C. Yen，1882-1970），顏永京自己的子女沒有如他所願學醫，從小寄養在顏永京家的侄兒顏福慶為他達成心願，成為中國傑出的醫學教育家，他為祖國醫學教育事業，鞠躬盡瘁，奮鬥一生，先後創辦了國立上海醫學院、[39] 中山醫院、澄衷肺病療養院（上海第一結防院前身）及長沙湘雅醫科大學（現湖南醫科大學），為引進國外先進科學技術嘔心瀝血，是一位德高望重的現代醫學先驅者。[40]

　　顏福慶字克卿，於 1882 年出生在江灣，六歲時父親顏如松過身，由伯父顏永京收養，十二歲入讀聖約翰書院，1903 年為聖約翰醫學部第二屆畢業生，並曾在舅舅吳虹玉創辦的同仁醫院當見習醫生。大學畢業後

36　Wlizabeth Cornish 為英工程師 Nicholas Cornish 與華人所生之女，為仁立公司創辦人，孔祥熙同學費興仁的夫人，其子經濟學家費景漢為中研院士。

37　《清宮秘史》於 1948 年拍攝，舒適飾演光緒皇帝，該片製片人李祖永是顏惠慶世侄黃開平的摯友。

38　*Who's Who of America Returned Students*, Nov-Dec 1907, p.32.

39　國立上海醫學院 1985 年改名上海醫科大學，2000 年與復旦大學合併，現稱復旦大學上海醫學院，多年來一般人稱「上醫」。

40　若有興趣詳細研究顏福慶生平，請參考《顏福慶傳》，復旦大學出版，由錢益民及顏氏長孫顏志淵著。

他應清廷之召赴南非多本金礦任礦醫，為華工治病，因醫德高尚獲金質獎章。1906年他被選派留美入讀耶魯大學醫學院，1909年獲醫學博士學位，不但是獲得該銜的首位華人，且成績名列前茅。出於愛國之心，顏福慶畢業後婉拒了學校的聘留，毅然回國。回國後在湖南長沙雅禮醫院任外科醫生兼治傳染病，[41]外出巡察時義務為百姓治病，並在雅禮書院教授衛生學。1911年東三省鼠疫流行，他奔走京漢鐵路沿線，積極開展防治工作。同年他在湖南創立紅十字會分會，翌年又創立長沙青年會。據說因為他醫好湖南都督譚延闓的病，譚氏為感謝他，於1913年命省府與雅禮會簽約，在長沙成立醫教並重的湘雅醫學院，由顏福慶任校長，雅禮醫院的美籍創辦人愛德華·卜胡美（Edward H. Hume）任院長，1914年開始招生。1915年，顏福慶與伍連德及表妹曹麗雲、弟弟顏明慶的妻姐黃瓊仙等為了提高華人西醫地位，創辦中華醫學會，並任首任會長。在行醫過程中他體會到對疾病的預防勝於治療，於是他從臨床醫學轉向公共衛生，再次赴美攻讀預防醫學，並於1917年獲哈佛大學公共衛生學院公共衛生學證書（C.P.H）。1918年和1920年，他先後在《中華醫學雜誌》發表了關於鉤蟲病防治及流行的論文。1920年胡美返回美國，顏繼任湘雅醫學院院長，任內他兼教公共衛生學，培養出張孝騫（內科專家，後任湘雅院長及首屆中研院士）、湯飛凡（病毒學家，中央生物製品檢定所首位所長）、吳紹青等一批醫學專家。

1927年，湘雅醫學院受革命影響停校關閉，顏福慶受聘到北京出任由美國首富洛氏基金贊助的協和醫學院（Peking Union Medical College）副院長，薪金之厚恐怕是全國大學校長中最高。但顏氏受家族的「教育救國」思想影響，不甘於高薪厚祿為洋人打工，決心獨立自主，創辦中國人自己的醫學院。他在協和工作的同時接受第四中山大學校長張乃燕委任，為該校籌建醫學院，與樂文照（哈佛畢業的約大醫學院教授）、牛惠生、高鏡朗（兒科先驅）等進行籌劃，開始了十年的艱苦創業。

1927年9月，顏福慶在吳淞原政治大學舊址開學創建了第四中山大學醫學院，並擔任院長。當時規模小、資金缺乏，僅有教師八人，一、二年級學生二十九人。為促進醫學院發展，顏福慶力聘學有專長的開業醫師來校執教，以充實師資，同時謀求學以致用的機會。1928年醫學院跟隨大學兩度改名，先改為江蘇大學醫學院，後再改稱中央大學醫

1937年4月1日上醫及中山醫院開幕，顏福慶（右二）帶領孔祥熙（左一）、宋靄齡（左二）及牛徐蘅（中）巡視中山醫院。

學院，同年又創建醫學院的產科醫院，[42] 租用紅十字總會醫院作教學醫院，以預防教育及門診並重的吳淞衛生公所（由胡宣明主理）。1929 年，顏福慶在忙於湖南湘雅復校之餘，想出了更加宏大的構思，就是在上海興建一家國人自辦的巨型綜合醫院，除了讓醫學院學生有屬於自己的實習地方，還可建立全國最完善的醫科研教中心。他將醫院定名為中山醫院，於 1931 年起四處奔走籌款，憑其社會地位和親朋關係，包括其妻子曹家跟倪家的親戚關係，成功遊說宋靄齡捐出母親的巨額喪儀，[43] 又說服嘉道理、未來親家劉鴻生、張學良及各大外資公司捐獻。

1932 年中央大學醫學院的吳淞校舍因「一二八事變」被日軍全面炸毀，顏福慶利用他的關係借約大校舍續課。同年 8 月，醫學院從中央大學獨立，改組為國立上海醫學院（以下簡稱「上醫」），成為全國首家國立醫學院，由顏福慶續任院長。1933 年他在洛氏基金的財力及葉澄衷家族捐地支持下，籌建上海澄衷療養院，翌年又得洛氏基金捐出其上海法租界天文台路的三畝地作重建業醫校舍及中山醫院。怎料法租界當局與租界內的天主教震旦大學與廣慈醫院（St. Mary's Hospital）從中阻撓，否決了上醫的計劃書，要他們在租界外建院，可幸在吳鐵城市長協助下，在楓林橋以廉價購得另一塊土地。1937 年 4 月 1 日，上醫院舍落成暨中山醫院開幕典禮，中華醫學會第四屆大會、中國麻瘋病學會第三屆大會及中國醫史文獻展覽會同時在上醫舉行，盛況空前。當時顏福慶的學生龍伯堅教授賦詩，賀頌福慶為醫學教育事業的貢獻精神與光輝業績：「記從創業艱難日，辛苦於今已十年。添立門牆高萬仞，笑看桃李列三千。樹人樹木風彌遠，良相良醫事倘全。湘滬平生心血在，盡教華髮欲盈顛。」在顏福慶的主持下，上醫師生都無不致力於醫學教育和科研工作，為國難當前的中國培養了蘇德隆（1935 年屆，中國流行病學奠基人）、林兆耆（1931 年屆，中國消化病學之父）、張昌紹（1934 年屆，中國藥理學先驅，是影星陳沖的外公）等大批醫學人才。

1937 年 7 月，抗戰全面爆發，顏福慶全身投入救濟工作，次年 5 月國府委任他為衛生署長，統籌全國醫療衛生事務，他將上醫交給朱恆壁。他出任官職之餘也不忘湖南湘雅醫學院，1939 年協助將該校由私立改為國內，解決了倒閉危機。1940 年他辭任衛生署長赴美就醫，1941 年日軍佔港時與堂兄顏惠慶雙雙被押返上海，這段時間他婉拒偽職，返上醫教書並充任宏恩醫院、救主堂、青年會等教會團體董事，其間老伴曹秀英不幸於 1943 年 3 月中風猝逝。

41　雅禮書院由耶魯在華組織雅禮會（Yale in China）於 1906 年創辦。

42　該院主任為顏福慶的湘雅同事孫克基，兩年後他辭職，顏氏急請許芹牧師的女婿王逸慧補上，見第七章許家。

43　顏福慶本身跟宋的丈夫孔祥熙早在留美時相識，並曾於 1907 年參加孔創立的成志會（詳見第三章倪家），孔亦任上海醫事事業董事會董事長多年，直至 1947 年去國為止，始由福慶堂兄惠慶繼任。

解放後，顏福慶繼續擔任上醫副院長（1951 年改名上海第一醫學院），並且是第一、二、三屆全國人大代表，歷任九三學社中央委員和上海分社副主委。抗美援朝期間，他不顧高齡親赴東北慰問志願軍傷患。1956 年他曾獲毛澤東接見，席間發現原來當年他曾無償為毛妻楊開慧治過瘧疾，毛稱當年他在湘雅搞學潮，稱讚他不辭勞累為窮苦百姓治病的精神。顏福慶懷念台港故舊，多次撰文對台宣傳，促進祖國統一，並多次召喚海外的子女回國，1962 年去香港探親時親戚如舒昌譽等勸他留下來他亦拒絕。不幸的是，十年文革中顏福慶慘遭迫害，被紅衛兵抄家六次，八十四歲的他被迫遊街戴高帽畫大花臉。性格堅強，幾歷風浪的顏福慶沒有絕望，他對特務賣國賊等亂作的指控都不承認，但「洋武訓」的帽子他是認了，[44] 1968 年他肺氣腫發作，到自己一手創辦的中山醫院求醫，竟遭到拒絕，至 1970 年 11 月 29 日含冤逝世。粉碎「四人幫」後，中共上海市委、上醫黨委為他平反昭雪，恢復名譽，舉行了隆重追悼會，骨灰安放在龍華烈士陵園，他的雕像至今矗立在復旦大學醫學院和湖南醫科大學校園中。

各領風騷的曹家表親

曹子實牧師與顏永京的妹妹育有四子二女，子女各領風騷，不遜於他們的顏姓表親，這多多少少歸功於曹子實節衣縮食堅持給他們最好的西式教育，並且不論男女都有求學機會，在當年這種思想是非常先進的。

曹牧的長女芳雲（Faung Yuin Tsao，1877-1922）最初在蘇州教會女子學堂就讀，1892 年進入中西女中（McTyeire School）成為首批五位學生之一（其餘四位為尹致昊夫人馬愛方，[45] 黃佐庭夫人薛葩，成頌文夫人及葉可良夫人），五年後畢業。1898 年，曹牧接見了一位於 1893 年畢業自美國內華達州的女校哥特學院（Cottey College）的監理會女傳教士 Clara Steger，首次聽到哥特學院，便去信該校校長 Virginia Cottey Stockard，說明希望長女留學的意願，校長欣然接受並豁免其學費，曹芳雲為該校首位外國學生，註冊用的英文名是 Lavinia Marshall。雖然芳雲 1902 年因父親病危返蘇州而未能參加畢業禮，但最終仍獲發文憑。[46] 回國後她在母校中西女中任教，1906 年隨端方赴美考察教育制度，太后懿旨考察範圍包括女校。1907 年威斯理女子學院（Wellesley College）同意贊助三個中國學生入讀，其中只有三十歲的曹芳雲合資格，可當特別生兩年進校，成為第一位在威斯理

就讀的華人學生，其餘兩位分別來自無錫及蘇州學術世家的胡彬夏及王季茞，則進預備學堂 Walnut Hill。[47] 1909 年曹芳雲進紐約哥大師範學院，期間出任留美中國基督教學生會副會長（會長為周詒春，秘書為王正廷）。1911 年取得教育碩士後，曹芳雲返上海出任女青年會教育部長。可惜紅顏薄命，1917 年芳雲一病不起，往後五年由妹妹麗雲照顧，最終於 1922 年 7 月過身。

曹牧的長子雪賡（S. K. Tsao，又名 John Marshall，1873-1927）早年在蘇州受教育，中學曾到日本神戶進修，聖約翰大學畢業後，初在上海新學書院教書，1900 年與其表兄弟顏惠慶及顏德慶、本書另外兩章中主角黃佐庭、宋耀如等協助美國人路義思（Robert E. Lewis）創辦上海基督教青年會，被派到美國受訓並於 1904 年成為首位華人總幹事，出任該職到 1920 年為止，為青年會運動早年在上海以至全國的發展打下深厚的根基。[48] 上海青年會除基本服務外還出版《青年報》，英文版主筆由曹雪賡及其表親顏惠慶擔任，中文版則由謝洪賚主理。但上海青年會的影響至為深遠者，無可否認還是辦學。1901 年，青年會在上海南京路保安司徒廟附近開辦青年會中學（YMCA Day School）教授商業英語，由曹雪賡出任首任校長，至 1915 年由朱樹翹接任為止。1903 年青年會中學遷至北京路墾業銀行大樓，設置國文、英文簿記、英文打字等科目。1907 年，耗資十五萬元興建的四川路青年會第三所落成，會所內開闢少年活動場所，設置童子部，為全上海市中、小學成立童子軍之首。1914 年，美國人馬特出資在青年會第三所後面建蓋五層磚木結構大樓，大樓的底層和二層為青年會少年部的活動場所，三層以上為學校校舍，增設《聖經》課，由美籍教師任教。在曹雪賡的領導下，青年會中學由最初只有五十名學生的實驗學校發展成有逾五百名學生的滬上名校，畢業生多考進聖約翰大學。國際知名的影視大亨邵逸夫及建築師貝聿銘、中央研究院士蕭公權及戲劇家韓非等均為校友，教師則包括《孽海花》作者曾孟朴之子、新聞界名人曾虛白，著名出版家鄒韜奮及名戲劇家洪深。解放後學校改名為浦光中學，仍是上海的名校。青年會以外，曹雪賡亦很活躍，與李登輝等留學生發起寰球中國學生會，充任董事及副會長，1906 年該學生會在英租界市政廳上演話劇，曹雪賡在劇中飾大總統一角，名醫唐乃安（名媛唐瑛之父）飾內閣總理，宋耀如及張汝舟亦有參演。辛亥革命後，上海都督陳其美曾聘曹雪賡、虞洽卿及沈恩孚為顧問，[49] 足見他的社會地位。

44　武訓是為辦學而四處奔走的山東老夫子。錢益民、顏志淵著，《顏福慶傳》，復旦大學出版，2007 年，第 219 頁。

45　尹致昊為貴族出身的朝鮮知名獨立運動領袖，其弟致瑛曾任漢城市長，其侄尹潽善為南韓總統（1960-1962）。

46　Cottey College 校史網站：http://www.cottey.edu；Ruby Sia，"Chinese Women Educated Abroad"，*World Chinese Student's Journal*, 1907, p.30-31.

47　Alice Payne Hackett, *Wellesley: Part of the American Story*, E. P. Dutton, 1949. p.161.

48　Chün Hsing, Jun Xing, *Baptized in the fire of revolution: The American social gospel and the YMCA in China, 1919-1039*, Lehigh University Press, 1996, p.61.

49　沈恩孚為同濟大學校長，其子為心理學家沈有乾及哲學家沈有鼎，女婿為人大副委員長胡厥文，外甥為人文學者潘光旦。

曹雪賡的妻子是監理會元老殷勤山的千金殷貞柏，夫妻又與監理會的慕爾堂（Moore Memorial Church，現稱沐恩堂）關係密切，曹雪賡曾任慕爾堂的首任理事會主席（由 1918 至 1922 年），殷貞柏則為該堂司庫。1922 年曹雪賡以健康為由搬到北京，1926 年返滬，翌年過身。他一生沒有像他的多位同事或自己的弟弟這樣棄教當官，甘於少一半薪金終身服務於青年會，所以他 1927 年過身後，八仙橋青年會大樓有雪賡堂以紀念他對青年會的貢獻。教會的梁小初曾表示，曹雪賡擅於理財，令青年會早年建立穩固根基，又 1920 年倡建監理會退休基金，若他非為教會服務而是從商，可能已早成鉅富。

曹牧的次子復賡，又名福賡（Foh-Keng Tsao，?-1915），是 1895 年聖約翰首屆畢業生三人之一（其餘兩位為吳任之及胡濬康），及後留學范德堡大學（Vanderbilt University）取得理學士，並贏得演講獎。返國後曾在約大教書，不久便入官門任津浦鐵路書記，又隨李鴻章、載澤親王等出國當翻譯，1907 年他曾對時任《紐約先驅報》（*New York Herald*）遠東記者密靳氏（Thomas F. Millard）說中國應先辦好教育才搞政治改革，即使推翻了清政府亦沒有更好的選擇。曹復賡民初曾任交通部外交司長及江蘇江寧交涉員，接收浙江鐵路。可惜他短命，於 1915 年前後在天津逝世，否則說不定能在政壇上有更高的成就。他的遺孀孫素馨是其表妹顏慶蓮在中西女中的同學，曾任女青年會秘書，與陳英梅、徐亦蓁、楊錫珍等同為該會理事，後又出任監理會在華最高組織執行理事會成員、婦女傳道會的司庫。

但曹家最知名的，要數最年幼的曹雲祥及曹麗雲。

曹雲祥（Tsao Yun Siang，1881-1937）跟幾位兄長表哥一樣入讀約大，1900 年畢業後先任助教，協助表兄顏惠慶在《南方報》的編務，又到寧波、常州一帶新式學堂教書，其中一課是商科，但市面上無教材，於是他在 1906 年替廣智書局翻譯英國《商業教本》一書，是中國首本商科圖書譯作。1907 年，兩江總督端方提供官費留學，與姐姐曹芳雲及宋慶齡同一年。在耶魯時，曹雲祥與周詒春及王景春組成的英語辯論隊出盡風頭，奪得 DeForest 演講獎，並出任《留美學生月報》總編輯及學生會秘書長，當時留美學生已達六百五十

1936 年聖誕曹家合照。站立左至右：曹懋德夫人、鄭馨母鄭友松夫人、曹懋德、曹雲祥夫人、曹淑媛、曹雪賡夫人、曹毅風、曹福賡夫人、曹未風、曹未風夫人馬駿之、鄭馨；前排左至右：鄭馨同父異母妹鄭孝、曹頤、鄭靜淵、曹深、鄭靜生、曹雲、鄭馨侄女思文

人，[50] 1913 年，他代表學生會去信美國總統塔夫特要求美國承認新成立的
民國政府。[51] 耶魯畢業後，他到 1908 年成立的哈佛大學商學院進修，從
紀錄中可以看到，先於曹有四位華人在 HBS 就讀，但第一位獲工商管理
碩士銜的仍是他，時為 1914 年 6 月 18 日。其後他又赴英國倫敦經濟學院
（London School of Economics）任研究員，年底正式進入外交界，出任倫敦
使館二等秘書，在公使施肇基的提攜下，1917 年 8 月他又升任倫敦總領
事，同年他在倫敦與瑞典籍的 Elin Hailing 結婚。1919 年 7 月任駐丹麥公使
館一等秘書。1921 年回國任北洋政府外交部秘書，成為司級官員，出任
華盛頓會議代表團助理秘書長。

　　五四運動後清華學潮迭起，在 1920 年間有三位校長被趕走。清華與
約大的關係密切，前幾任校長唐國安、周詒春及嚴鶴齡都是曾留美的約
園子弟，曹雲祥跟他們都有私交，一直關注學校的發展。由於清華是庚
款學生留美的預科學校，屬外交部而非教育部。1922 年 4 月，時任外交
總長的表兄顏惠慶決定委派自己的表弟曹雲祥署理清華學校校長，將清
華學校改制為清華大學，改組成大學部、留美預備部、研究院三部分，
設十七個系。他向辦南開大學的前教務長張伯苓請教，張引薦他的弟弟
彭春當新課程委員長。在吳宓及張彭春的協助下，清華大學先後邀請了
王國維、梁啟超、陳寅恪、趙元任等大儒來校任教，漸漸成為中國學術
重鎮。曹雲祥治理清華井井有條，但只當了五年多校長，據說他的離職
與梁啟超爭權有關。

　　1928 年初卸任校長之後，曹雲祥由北京搬返上海，獲當時外資大行
英美煙草公司聘為駐華總部勞工顧問，但曹雲祥的心在於振興民族企
業，公餘翻譯德文《德國商戰之策略》一書，根本無心幫欲力壓華資煙
商壟斷中國市場的僱主做事，很快就從英美煙草公司退下來。

　　1930 年國際科學管理協會總幹事尤偉克（Lyndall Urwick）去信工商部
長孔祥熙，希望能在中國成立分會，孔率頭在上海組成中國工商管理協
會（China Institute of Scientific Management），最初由曹雲祥表兄顏福慶的連
襟史悠明任總幹事，半年後由雲祥接任，並代孔出任理事長。[52] 雲祥非
常投入，舉辦一系列講座聚會，出版科學管理月刊，又建立中國工商管
理學校及講習班，得到一批民族資本家支持。由於曹雲祥大力宣傳科學
管理，被譽為「中國的泰羅」。除推動商科教育以外，曹雲祥亦積極參
與紅十字會（1934 年獲委任為秘書長，會長為王正廷），閒時喜歡打網
球的他亦參與奧委會的工作。曹雲祥夫婦於 1923 年在清華時首次接觸巴

50　*The Oriental Review*, 1910, p.340, 401.

51　"Letter to the President of the United States" *The Chinese Students Monthly Volume 8*, Issue 4, Feb 1913, p.243.

52　第一屆理事包括其表兄顏福慶的親家劉鴻生及榮宗敬，1936 年第二屆理事包括顏德慶
　　在理海的學弟蔡聲白及胡西園（亞浦耳電器）、王雲五（商務）、方液仙（中化工社）、
　　項康原（康元製罐）、吳蘊初（天廚味精）等。

哈伊教（Baha'i）的教主 Martha Root，1930 年在上海正式信教，1935 年開始
翻譯巴哈伊教經典，他認為其社會主張與中國傳統儒家思想的「世界大
同」理想相通，故此將其翻譯為「大同教」。這個名字一直沿用到九十
年代初期。1991 年正式更名為「巴哈伊教」。1937 年 2 月 8 日，曹雲祥心
臟病發在上海猝逝，享年僅五十六歲，清華師生都為其哀悼，他的遺孀
Elin 後來移居香港，最後返回瑞典。

　　曹牧幼女曹麗雲（Li Yuin Tsao 1886-1922）早年在蘇州讀書，受父親薰
陶自少已立志行醫，後進上海中西女中及在日本長崎留學三年，於 1905
年入美國林園大學讀醫科。1907 至 1911 年在賓州女子醫學校（Women's
Medical College of Pennsylvania）習醫，在校內最後一年還曾擔任女青年會長，
學成後先到芝加哥 Mary Thompson 醫院實習一年。當年女西醫也是剛起步，
華人女西醫在美國更是鳳毛麟角，起初她的老師還擔心因為她的國籍會
被病人歧視，但她的醫術醫德大受賞識，醫院反而頭痛她太受歡迎而分
身不下。[53] 她在馬里蘭州另一醫院工作一年，收到電報得悉母親病重，
於是歸國侍奉母親直至她三個月後病逝。起初親友都覺得她應該留在上
海私人執業賺大錢，但深得顏曹兩家真傳的曹麗雲決心奉獻教會。1912
年秋跑到當時是革命風暴中心的南京，在基督教貴格會（Quakers Church）
辦的貴格醫院（Friends Hospital）從事婦產科診療。由於她的醫術精湛而
且工作熱誠，很快便晉升院長，在貴格醫院的五年間，她博得同事、社
區以及官方的稱許。除主持一家每年處理近萬病人的醫院院務以外，曹
麗雲亦要兼顧一所護士學校，培育了二十二名護士。1915 年她更聯同表
兄顏福慶、姻親黃瓊仙等名醫創立中華醫學會，很快便成為全國有名的
女西醫。

　　1917 年，天津有名的官辦北洋女醫院（Peiyang Women's Hospital）[54]，
因為院長康愛德（Ida Kahn）辭職回南昌家鄉行醫而決定作全國招聘。[55]
經南京衛生科官員的推薦，北洋女醫院董事會向曹麗雲招手。最初她以
宗教信仰只能在教會醫院工作為由一再推卻，怎料天津一方誠意非常，
答應她從貴格醫院帶來一位醫務助理、兩位護士及兩名女傳士進院的要
求，並給予三倍薪酬。曹麗雲本身因為二哥曹復賡的關係對天津的人事
已頗為熟絡，於是 1918 年她在貴格醫院約滿之後，便北上天津任北洋女
醫院院長兼護校校長。上任初期她發覺女醫院的財政、設備均不健全，
但她對症下藥，很快便把情況扭轉。曹麗雲工餘熱心天津女青年會的活
動，兼任會長，熱心慈善，如遇有貧困病人或學生，她都會無條件資助。

1921 年北方大饑荒，她收養了卅名女童，加上醫院及照顧姐姐曹芳雲的重擔，這時她已有感自己的身體撐不下去，於是萌生退意，去信她 1914 年保薦留美的學妹丁懋英（1891-1969），[56] 希望她能歸來協助院務。1922 年 6 月丁氏抵津，那時曹麗雲已經病得很重，她已訂了 10 月去三藩市的船票，打算在美休養一年半載，但到 8 月她未成行便因腦溢血辭世，享年僅三十六歲。天津女醫院為曹麗雲舉行了隆重的喪禮，並將遺體送家鄉安葬。她在天津女醫院的院長職務由她欽定的繼承人丁懋英接任，往後卅年丁氏亦繼承麗雲的遺志將醫院發揚光大。為紀念她的恩師前輩，丁懋英將女醫院修建的護士樓命名為「麗雲樓」，1934 年又自籌資金創辦護士學校，命名為「私立麗雲護士學校」。在美國，曹麗雲的故友亦對她念念不忘，1925 年聖路易市名醫 Mary McLean 便為她作傳。[57]

第三代由曹雪賡的一子一女及他較為低調的弟弟曹雲泉的四子一女延續。[58] 清華體育系主任馬約翰（中國籃球元老牟作雲及香港戒毒先驅錢明年牧師之岳父，香港政商名人錢果豐之外祖父）在他的回憶文章中稱，曹雲祥在他出國進修那一年（1925 年），委任自己的侄兒曹霖生當體育系代主任，由於他從西點軍校畢業，對學生施以軍訓，清華的學生都受不了。曹霖生的確與曹雲祥有親戚關係，因為他的妹夫顏福慶是曹雲祥的表弟，但只算得上是同輩遠親而非叔侄，他的父親實為「留美幼童」曹吉福，亦非曹雲祥的兄弟，這一點得曹霖生的外甥孫、顏福慶的後人及曹雪賡的外孫女三方證實。

曹雪賡的獨子曹懋德（M. T. Tsao）在北京清華大學讀書時是文武全才。文方面，他是 1915 年英文校刊 Tsing Hua Journal 的創刊編輯之一（總編輯為後成婦科專家的孫克基），學者吳宓及劇作家洪深均為他的朋友。體育方面，他是足球守門員，又精於網球，於 1915 年在上海舉行的遠東運動會中的網球賽戰勝日本。曹懋德隨後步叔父曹雲祥後塵留美考進哈佛商學院，並於 1921 年取得碩士（蔡德貴作華頓碩士，亦為誤），比叔父遲七年。畢業後他返國加入與金城、鹽業及中南合稱「北四行」的大陸銀行（China Continental Bank），並娶了該行董事長談荔孫（1880-1931）的千金談英為妻，他的表伯父顏惠慶亦是大陸銀行股東。1925 年，大陸銀行開拓出入口及汽車業務，在天津成立大陸商業公司，由顏惠慶出任董事長，曹懋德則任副總經理，負責國際業務，1930 年取得美國 Firestone 輪胎代理權。曹懋德主力商務，但亦受國府重用，三十年代中期，國民

53　錄自 Mary H McLean, *Dr Li Yuin Tsao: Called and Chosen and Faithful*, 1925.

54　1906 年由袁世凱倡辦，又名水閣醫院，現天津市南開區婦幼保健院。

55　康愛德又名康成，她為傳教士吳格矩 Gertrude Howe 的養女，與其好友石美玉同自密芝根大學醫科畢業。

56　名中醫丁甘仁之女，時在密芝根大學讀醫，後曾任天津女醫院長多年及在聯合國救濟總署工作，解放後去美。

57　Mary H McLean, *Dr Li Yuin Tsao: Called and Chosen and Faithful*, 1925.

58　研究大同教的國內學者蔡德貴（亦是國學大師季羨林的弟子）2011 年出版《清華之父曹雲祥》一書，說曹雲祥有三侄，均為曹雪賡的兒子，排序為曹霖生、曹懋德及曹未風，實為有誤。

政府資源委員會曾擬利用德國技術及設備籌建中央鎢鐵廠，曹懋德便是籌備委員之一。1949年大陸解放，曹的妻舅談公遠（繼其父任大陸銀行行長）留在大陸，他與家人跑到台灣（除長女曹頤留在約大讀醫外），1950年獲委任官營台糖公司協理兼業務處長。

曹雪賡的千金曹淑媛（Clara Tsao），獲Barbour東方女子助學金到美密芝根大學留學，1926年自該校音樂系畢業，後曾當上海國際禮拜堂的管風琴手五十五年之久，又多次到過紐約茱莉亞音樂學院（Juilliard School）進修，解放後曾任華東師範學院音樂系教授。據晚輩史濟良回憶，她的管風琴技高超，是當年中國最傑出的管風琴手。曹淑媛的夫婿為曾將《孫子兵法》及《道德經》翻譯成英文的哈佛畢業生鄭麐，其父鄭友松為上海灘知名的潮州幫錢莊商人。他們的兒子靜生及女兒靜淵均業醫，靜生自清華及湘雅畢業，現居紐約；靜淵自約大醫學院畢業，現居北卡羅來納州。

曹懋德在清華的校友梁實秋是中國研究莎士比亞的權威，曹懋德的堂弟曹未風（原名崇德，1911-1963）亦為中國有名的莎士比亞翻譯家。曹未風的姐姐曹靜淵（原名靜媛）自天津中西女校畢業，曾在燕京及清華進修後留美，返國後曾任1925年由英國通神學會（Theosophist）辦的上海培成女中（Besant School，以英國通神學家Annie Besant命名，現培進中學）校長，曹未風亦當過培成女中教務長。期後曹未風當過大夏大學教授兼外文系主任，並曾在暨南大學、光華大學任教，於1930年代開始翻譯莎劇，譯有《威尼斯商人》等十一種劇本，抗戰時由貴陽文通書局以《莎士比亞全集》的總名出版。抗戰勝利後，上海文化合作公司又以《曹譯莎士比亞全集》總名出版曹未風所譯的莎士比亞戲劇十種。五十年代初，重校舊譯本，並繼續翻譯新作，於1955至1962年間，由上海新文藝出版社先後出版莎士比亞戲劇十二種，其中十種在七十年代末由上海譯文出版社再版。曹未風的政治取向左傾，曾參加中共領導的進步大學教授組織「大教聯」並任幹事，並於1949年2月加入中國共產黨。解放後他曾任華東軍政委員會教育部高教處副處長、上海市高等教育管理局教學處處長、上海高等教育局副局長、上海外文學會副會長，上海圍棋協會副會長和《學術月刊》編委會常委

1963年在上海曹家四代合照：曹淑媛、鄭靜淵手抱陳以文、曹雪賡夫人。

等職。他於 1963 年 10 月 12 日在上海病逝，陳望道、金仲華、巴金等文化名人均列席他在上海萬國殯儀館舉行的公祭。曹靜淵則活過八十歲，在 1987 年過身。曹靜淵跟曹未風最年幼的弟弟曹毅風思想進步，抗戰時已加入新四軍及共產黨，解放後在空軍從事教育出版及翻譯工作逾半個世紀，翻譯多部國外關於空軍的著作，延續曹家從曹子實一代開始作中外橋樑推動中國現代化的使命。

Yen Family
第三代

天各一方的顏惠慶後人

官宦千金出身的孫寶琮為顏惠慶生下三子三女。孫氏除了是越劇名票之外，亦愛在家中看法文小說，由於她是北方人，多講國語而非上海話。丈夫過身後，上海市長陳毅特批顏家住在延安西路 955 弄大花園洋房，但孫寶琮覺得丈夫已不在，堅持把大宅歸還給國家，搬到淮海中路的小樓。國家幫她交租，結果她亦堅持自己支付房租。她很長壽，九十歲那年才過身，經歷幾十年的動盪，洗盡鉛華亦未能磨滅官宦千金的氣質。

由於顏惠慶出使多國，他的兒女在世界各地出生，長大後亦各散東西。有所謂「好仔不當兵」，但穿梭於國際外交舞台多年的顏惠慶的想法卻是相反，他覺得國家強盛的基礎在於國防，所以他將兩個兒子棣生及樸生分別送入英美最頂尖的軍校，英國皇家軍校（The Royal Military Academy Sandhurst）以及美國軍事學院（The United States Military Academy at West Point，常稱西點軍校），不過最後兩子都是尚文不喜武，一個教英文，一個當工程師。

長子顏棣生（Tisheng Yen，1912-1983）1912 年生，曾在燕京大學就讀，未入英國皇家軍校前原在長春藤名校 Dartmouth 讀美國文學，戰時雖然曾在貴州都勻商震將軍部下服役，但抗戰勝利後隨父親在聯總救濟總署工作，解放時決定留在國內，1956 年進入上海外國語學院教授高級英文翻譯課程。他在文革時曾受到迫害，身體一直不好，1983 年因腸癌病逝。棣生結過兩次婚，他的第二任妻子鄭德怡退休前在上海輕工業進出口公

1 1931年顏家在天津合照。左至右：（佚名）、顏樸生、
  孫寶琮手抱顏植生、顏楠生、顏彬生、顏櫻生（抱小狗
  者）。

2 全家福左至右：顏惠慶、顏櫻生、顏棣生、孫寶琮手抱
  顏楠生、顏樸生。

3 顏惠慶及家人在埃及。

4 秦寶雄與顏彬生 1976 年返國探訪顏惠慶夫人合照。

司工作。首任妻子孫宗時離異後帶兩子移居海外，長子顏受勻生於都勻，在加拿大政府工作，次子顏受華在美國出生，在美從事旅遊業。[59]

惠慶的次子樸生（Po-sheng Yen, 1914-2004）1914 年生於德國，在天津新學書院（Anglo Chinese College）讀中學，1933 年入西點軍校，當年外國人入讀西點要通過美國國會投票批准，顏樸生在西點唸工程，1937 年畢業，於 1938 至 1940 年曾任駐仰光總領事館。1940 年 6 月 1 日在香港告羅士打酒店與金城銀行董事長周作民的千金筱韞結婚，由於乾坤兩宅分別是當時中國政商名門，這場婚禮陣容鼎盛，證婚人是王正廷，介紹人周壽臣及唐壽民、俞鴻鈞、吳鐵城、何東等五百名流參加，所得禮金全數捐給紅十字會。[60] 婚後顏樸生即到紐約總領事館任實習領事，到戰後仍在紐約當領事，沒有回國。唸工程的樸生最後還是較喜歡做發明家，1957 年到西方電器（Western Electric）任工程師二十二年，其間 1962 年發明一種電動輸送帶取得專利，1979 年退休後但仍到 Foothill 大學上課，學習最新的電腦知識。他工餘花了二十多年的時間研究中文電腦，發明了一套「精確中文電腦輸入法」，以 13 個元音及 48 個輔音令任何有六十一個鍵的電腦都可以打出中文，比當時需要二百個鍵的 IBM 中文電腦簡易得多。1981 年 3 月獲北京有關部門邀請返國示範他的發明，1988 年兩夫婦訪北京獲全國政協副秘書長楊拯民（楊虎城之子）接見。[61] 顏樸生閒時喜歡下西洋象棋，曾參賽並著述有關理論，晚年住在加州矽谷，2004 年以高齡九十歲過身。他的夫人擅長書畫，又是太極高手，由於其父周作民是船王董浩雲的第一位老闆，董氏生前赴美有空都會拜訪他們兩夫婦。顏樸生的長女顏受美自密芝根大學動物系畢業，次女顏受敏則從柏克萊大學美術系畢業，都嫁外國人。

顏惠慶的三子顏植生（Chihsheng Yen，1931-1995）是惠慶五十四年歲那年才得的么子，1931 年 11 月出生於天津。抗戰時顏惠慶身陷上海，子女都留在海外，只有植生因為年幼，唯一隨侍在側的骨肉，成為惠慶晚年精神上的寄託。顏植生中學畢業的時候大陸已經解放，所以他是兄弟姊妹中唯一沒有留學的一位，入讀父親當主席的上海聖約翰大學土木工程系，可惜父親未及看到他 1952 年畢業，是約大最後一屆畢業生。顏植生是我國電力行業土建專家，曾提出地震區採用裝配式整體結構主廠房的土建方案。組織了國內一套 80m、100m 鋼筋混凝土煙囪典型設計，曾參與上海石洞口電廠、諫壁電廠、秦山核電站等大型發電廠（站）的土建工程建設，解決了大量的技術難題。1986 年他將其珍藏多年的父親三十

59　陳雁：《顏惠慶傳》，河北人民出版社，1999 年。陳雁曾與顏棣生二任妻子鄭德怡作訪問。

60　〈顏周婚禮誌盛〉，《大公報》，1940 年 6 月 2 日，第 6 頁。

61　"A Yen for Precision Chinese" *InfoWorld*, April 11, 1981.

餘冊日記，無償贈給上海市檔案館收藏。歷任華東電業管理局設計處助理技術員，西北電力設計院工程師、主任工程師，華東電力設計院技術員、主任工程師、副總工程師等職，也是第七、八屆全國政協委員。1995 年 4 月 26 日因病逝世，終年六十四歲。他與妻子馬惠彰育有一子一女，兒子顏駿的名字取自祖父的別字，目前在美國 IBM 工作，女顏騣在上海修畢會計專業。

顏惠慶的長女顏櫻生（Barbara Yen，1915-2007）出生於丹麥，1938 年畢業於七姊妹女校之一 Mount Holyoke 英文系並獲哥倫比亞大學文學碩士。他的夫婿孫以莊（Wellington I. T. Sun）來自麵粉大王、帝師世家的壽州孫家，祖父孫多森曾任中國銀行總裁；父親孫震方（Arthur Sun，字養儒）是長子，十六歲便留美，但沒有進大學便返國，曾在津浦鐵路局任職，一度繼任家族企業通惠公司總經理職務，但最後讓位給叔父多鈺。其在天津英租界建的西班牙式大宅解放後改為和平賓館，毛澤東及周恩來都曾住過，亦為多齣電影取景場地。孫以莊和顏櫻生舉家遷往美國，是由於他們長子孫自和（Teddy Sun）出生時患上一種奇特的腳骨病，當時全球只有兩位專家懂得醫治，其中一位是紐約特種手術醫院、後來曾為甘迺迪總統背部動手術的骨醫 Philip D. Wilson，他不但醫好了孫自和，而且只收取象徵式費用。孫以莊雖然是世家子弟，但他的祖產多在國內，自食其力，自 1939 年麻省理工學院畢業後，在 IBM 紐約州 Poughkeepsie 的研究所當工程師，橋牌打得非常出色，並曾代表美國返上海參賽。顏櫻生則到 Poughkeepsie 的七姊妹名校 Vassar 任圖書館員幫補家計。三子都成材，長子孫自和長大後成為醫護人員，次子孫自平為律師，三子孫自成則為電腦工程師。顏櫻生於 2007 年 1 月過身，她的兒子為了紀念她，在顏櫻生的母校 Mount Holyoke 成立孫顏櫻生獎，每年獎勵一名亞洲研究優異生。

顏惠慶的次女顏楠生（Nansheng Yen，1919-1992）1919 年生於丹麥，於 1938 年隨父及表妹舒麗安到美國留學，在北卡羅來納州大學，Mount Holyoke College 及康奈爾大學進修，畢業後於 1943 年嫁從密芝根大學畢業的華僑飛機工程師余錦煥（Robert Fon Yee，1911-1999），婚後居住在紐約州長島，育有兩女一子。余氏是廣東台山人，父親在底特律開唐餐館，

據他的兒子余紹安講述他在底城有名的 Cass 工業中學讀書時，設計了一架模型飛機獲美國空軍名將 Jimmy Doolittle 挑選得獎

顏櫻生與孫以莊在 1940 年的結婚照。

而考進密大航天系。錦煥的飛機設計生涯非常多姿多采，他曾為 EDO 公司設計水上飛機的浮橋及核子潛艇，為共和飛機（Republic Aviation）設計 Thunder 系列戰鬥機，又參與 Grumman 公司 F14 Tomcat 型戰鬥機及阿波羅登月計劃等，連四十年代泰山系列電影用的飛機他都曾參與設計。退休後兩夫妻在佛羅里達終老。

顏惠慶的三女顏彬生（Ping Sheng Yen Chin, 1921-2002）是惠慶子女中較知名的，她於 1921 年出生於北京，早年就讀天津中西女子中學，後在約大唸土木工程系，赴美國康奈爾大學後轉修數學，1943 年畢業，獲理學學士學位。1946 年，顏彬生任美國通用電氣公司助理工程師，其時該公司總裁為史沃普（Gerard Swope，見第七章許家晏氏一節）。顏家早在二十年代初已與平民教育扯上關係，顏惠慶便曾任中華平民教育促進會董事和財務委員會主席。從 1946 年起，顏彬生即開始了為鄉村改造服務的生涯，成為晏陽初的得力助手。她做過秘書、晏陽初代表、美國辦事處主任、理事會秘書、專案發展主席，六十年代起，任國際鄉村改造學院理事直至過身，合共為鄉村改造事業前後奉獻了五十六年的光陰。她在 1986 年辭去行政工作，但仍繼續為學院服務，1976 年她跟丈夫首次返國探望母親，之後曾先後回國十二次，在國內推動鄉村改造工作。2002 年她以八十一歲高齡仍返中國為鄉村改造運動東奔西跑，結果生病返美國後過身，可以說為鄉村改造鞠躬盡瘁。

顏彬生的丈夫秦寶雄（P. H. Chin）1917 年生於北京，他的家譜非常厲害，父親秦汾（字景陽 1882-1973）是曾任北大理學院長及國府經濟部次長的哈佛高材生，舅父是交通銀行董事長錢新之（見第四章王家「親上加親：錢珽與正廷四女王安秀及其子嘉陵」一節）；姐姐秦舜華燕京大學畢業後嫁財金要員賈德懷；外甥賈培源是嚴家淦的女婿，並曾躋身花旗銀行全球高層；同父異母妹妹秦舜英是蔣夫人的親信及台灣婦聯會的常委，嫁副總統陳誠的弟弟，台灣銀行董事長陳勉修。秦寶雄於 1936 年考入清華大學，據他說，1937 年顏惠慶跟胡適到清華校慶演講時，是他第一次見未來岳父。兩年後去美國，畢業於美國普渡大學電機系，獲工程學士和碩士學位，秦父親托宋子文為他寫介紹信進入通用電氣工作，在通用工作時結識了顏彬生並於 1946 年成親。最初在紐約開工程事務所，1959 年加入他的客戶美國國際商業機器（IBM）直至 1986 年退休。他一生為顏彬生所從事的鄉村改造事業做堅強的後盾和忠心的支援，始終不渝。秦寶雄於 2012 年以九十五歲之齡過身，臨終前仍然思路清晰、身體

健康，閒時喜歡上網及周遊列國。他在顏彬生過身後再婚，第二任妻子金芸培（Loretta Kimm）是「中國腫瘤醫學之父」朝鮮裔名醫金顯宅（H. T. Kimm）的千金，母親吳佩球是天津首富吳調卿的孫女，透過吳家又跟張學良、顧維鈞、蔡文治、李國欽、杜月笙等有親戚關係。[62]

值得一提的是顏惠慶雖然安插樸生、棣生及侄女雅清入外交界，但他們都只做過幾年外交工作，他的子侄中只有錫慶的兒子榮生（Youngson Yen）成為終生的全職外交官，伯父惠慶出任駐美公使時他開始做參贊，後亦代表中國參加國聯會議，任代表團三等秘書，戰時在印度大使館工作，曾協助與晏陽初齊名的平民教育家陶行知到印度與甘地等交流，並向該國華僑募捐重慶育才學校。五、六十年代他在台北駐羅馬使館任二等秘書，最後在美國終老。

顏福慶的後人：
飛天女俠顏雅清、克紹箕裘的顏志淵、公益衛護長陳克文

顏福慶與女青年會骨幹妻子曹秀英育有三子二女。次子顏士清因多年骨癆去世。長子顏我清（William Yen）當教師，他跟妻子高舜華婚後第二年生下雙胞胎女兒早夭，熱心醫學的顏福慶將小生命製成標本，供上醫作研究及教學之用。1945 年顏我清夫婦再產下雙胞胎，其一夭亡，另一即長孫顏志淵，取名自祖先顏淵，他長大後亦是顏福慶晚年最大的安慰，繼承衣缽業醫，目前出任復旦放射醫學研究所所長辦公室主任及醫學院副教授，近年與錢益民合著成《顏福慶傳》，熱心研究近代醫學史。除此之外顏志淵亦為人大代表，亦積極參與上海基督教事務，近年當選上海市基督徒三自愛國會副主席及秘書長。顏福慶三子顏瑞清（Victor Yen）自約大畢業後到美國普渡進修，與妻黃振信育有五名子女，晚年在上海從事放射工作。

顏福慶兩位千金的名字合起來便是他深愛的湘雅。[63] 次女湘清（Dorothy Yen）是好友嘉道理爵士的乾女兒，自浸信會辦的滬江大學畢業，1936 年與企業大王劉鴻生的長子劉念仁（Franklin Lieu）訂婚，婚禮於 1937 年 7 月抗戰剛爆發後如期在聖約翰大學教堂舉行，由於乾坤兩宅分別為當時的政商名門，當晚在新亞飯店舉行盛大的晚宴，冠蓋雲集。劉鴻生與顏家參與創辦的約大多年關係緊密，雖然他讀二年級時因婉拒卜校長資助留學（條件是回來後要當牧師）而被逐出校，但當他成為商界鉅子

後對母校仍慷慨捐輸，又資助校友會建梵王渡俱樂部，獲推選為校董會主席。劉鴻生對顏福慶紅十字會的工作亦出錢出力，抗戰時將四子劉念智（Johnson Lieu），六子劉念悌及七子劉念忠送到救護委員會受顏福慶差遣。劉鴻生辦的中國企業銀行，又推顏惠慶為董事長，顏福慶為董事。

顏湘清喜歡搓麻將，雀友高越英的四妹舜華是中西女中的校花，又是留日名牙醫高長昌的千金。戰時母親猝逝而長兄顏我清又未婚，她便一手撮合舜華嫁給長兄為顏家沖喜，由表妹倪吉貞（見第三章倪家）及夫弟劉念義當儐相。她的丈夫劉念仁在哈佛商學院肄業後返國，年紀輕輕便出掌大中華火柴廠，又獲父親委任為家族事業控股公司劉鴻記的總管，戰時他為劉家企業大幅減債，又辦宏業地產在房地產方面賺了一筆。解放後劉鴻生跟顏福慶一樣留了下來，念仁、湘清夫婦則到了香港，最後移居美國，在馬里蘭州 Silver Spring 定居，最後以離婚收場。由於她無所出，雖然生活不成問題，但老父擔心她膝下猶虛，便叫有五個子女的瑞清，把排行第四的兒子志偉（Dewey）過繼給湘清，湘清亦很長壽，幾年前才過身。

顏福慶的長女顏雅清（Hilda Yen），出生於江灣，[64] 年幼已隨父親穿梭中美，曾在紐約 Rye 女校及上海中西女中就讀，1922 年十六歲時考進七姊妹學校之一的麻省 Smith College，並參加校內話劇團，但兩年後隨家人回國進入父親執掌的雅禮書院唸心理學。1925 年，當時全國排外熱潮高漲，離畢業僅一星期前，雅禮書院的學生竟發動騷亂，美籍校長胡美幸得顏雅清的通知逃過一劫，十九歲的顏雅清如期從雅禮書院畢業後從胡美手上接得文憑，畢業後一度在上醫教英文。

顏雅清的堂妹夫秦寶雄回憶，雅清年輕時由於才貌雙全，不少男士拜倒在其石榴裙下。[65] 1927 年，父親幫她挑選了在政界嶄露頭角的陳炳章為夫婿（Ping Tsang Chen，1899-1973）。陳氏祖籍福建廈門，1921 年畢業於約大，後留校任講師兩年，1923 年美國得普林斯頓大學政治學碩士學位；及後再到耶魯進修，同時擔任全美中國學生聯誼會會長，1927 年返國即獲聘為上海暨南大學政治系主任，與顏雅清可謂金童玉女。婚後陳炳章的仕途扶搖直上，1928 年出任南京財政部秘書，又兼任美資《密勒氏評論報》和《中國評論週報》的特約編輯，1929 至 1932 年間曾歷任廣東、河北、江蘇、安徽與山東各地的國家稅務局稽查員；1930 年為威海衛租借問題財政專員，1933 年進入權力核心，成為孔祥熙的私人秘書，兼任省債務調整委員會秘書長及中央銀行秘書。

62　吳佩球的二妹佩琳（靖）嫁張學良夫人趙四的六哥燕生，獨弟敬學是李國欽的女婿，九妹佩琪嫁蔡文治將軍；吳氏姊妹的母親是嚴信厚的長女，信厚的孫女幼韻為顧維鈞妻，曾孫女仁美及仁芸為杜月笙媳。

63　顏福慶兩女早於湘雅醫學院成立出生，長女顏雅清取「雅」字源於耶魯（亦作雅禮）；湘清生於湖南而取「湘」字。

64　她的出生日期有三個版本：墓碑寫 1904 年，死亡證上寫 1905 年，外孫陳克文則說 1906 年。

65　據 Meng Chih, Chinese American understanding: a sixty years search（《孟治回憶錄》）說當年陳炳章為了追求雅清曾打算與西點學生張道宏持槍決鬥，後經同學調解作罷；後來張道宏成為段祺瑞的二女婿，並曾任農林司長，1976 年在澳門過身。

顏雅清分別於 1929 年及 1932 年為炳章生子國偉及女國鳳，照顧家庭以外亦熱衷上海社交界及婦女界活動，任女青年會理事。但她並不甘於只做丈夫背後的女人，她志在遠方，想像她的家中前輩一樣闖一番事業，當外交家。當年新興的職業女性已有不少從事教職或醫職，但外交圈依然是男性的天下，如鄭毓秀這樣的女外交家是鳳毛麟角。1935 年 2 月，她的機遇終於來了，當時她任駐蘇大使的伯父顏惠慶途經上海準備返俄，但伯母孫氏不願隨行，使館需要一位精於交際的女主人負責應酬各國政要，於是伯父向她提出跟他出使蘇俄的要求。顏惠慶這個建議連她自己的妻子亦不同意，[66] 因為這樣雅清不但要拋下丈夫，還要跟當時只有七歲及三歲的子女分開，但雅清見機會難逢，又能幫伯父一把，三日後毅然接納成行，身為陳炳章朋友的胡適後來對這決定很不滿，憤稱她是「無知識的女人，只知道虛榮」。[67]

顏雅清到蘇聯任職一年，期間處理空前成功的梅蘭芳及胡蝶訪蘇之行。她又跟伯父參加日內瓦的國聯十六次大會，是代表團中唯一的女性成員。1935 年 9 月 19 日，顏雅清在國聯發表演說講述中國女性權益的發展。在外一年之後，她決定跟夫婿離婚，伯父顏惠慶幫她去信陳炳章的上司孔祥熙解釋，又利用自己在外交圈的勢力幫她在國聯找到工作，負責調查國際婦孺非法販賣的情況。

1936 年在上海龍華機場一次為蔣介石祝壽的獻機儀式中，她認識了知名女飛行家及電影明星李霞卿（藝名李旦旦），啟發了她對飛行的興趣，不但協助李籌組華人婦女飛行協會，返歐後更在羅馬開始學習飛行。1937 年她搬到紐約繼續她在婦孺福利工作，同年到印尼萬隆參加國聯人口販賣問題會議，又赴英國參加喬治六世加冕典禮，與隨孔祥熙前去觀禮的前夫陳炳章碰面。當時正值抗戰全面爆發，顏雅清決定在美發動籌款賑災，她不僅參加美國醫助華會（American Bureau of Medical Aid for China，簡稱 ABMAC）及一碗飯運動（見第四章王家）到各地演說，獲得美國名流如小泰狄羅斯福（Teddy Roosevelt Jr.）、海倫凱勒（Helen Keller）及女星 Tallulah Bankhead 的鼎力支持。她還在紐約長島進修飛行，1939 年在美國東岸作三個月

1939 年 4 月顏雅清在華府機場從美國知名飛行家 Roscoe Turner 上校手中接收「Spirit of New China」號飛機。

個人巡迴飛行表演以宣傳援華，不幸在南部阿拉巴馬州失事入院。雖然表演因此沒有完成，但在美國吸引到廣泛注意，成為各大報章頭條。此後她跟顏惠慶及陳炳章到維州參加太平洋會議，年底她接受顏惠慶的勸說移居香港跟家人會合。1941 年 12 月香港淪陷，由於顏雅清在美國積極參與抗日活動，在日軍侵佔時期只能隱姓埋名八個月，期間瘦了四十三磅，最後被迫易服潛逃到重慶，再隨蔣夫人回到美國繼續她的籌款遊說工作。

　　香港淪陷的經歷令顏雅清對人生有另一種看法，1920 年代她曾透過表叔曹雲祥接觸大同教（Baha'i，巴哈伊教），但始終未有入教。1944 年她獲熱心大同教事業、擁有全球最大私人中國出口陶瓷收藏的名製瓷商 Mildred Root Mottahedeh 邀請，參加他們的北美洲年會，期間她見到不同人種的信徒相擁友善，親身體會到該教世界大同、無分種族的哲理，在會上正式信教。同年她在 Dumbarton Oaks 籌組聯合國的會議，又參與組建國際貨幣組織的 Bretton Woods 會議。1945 年聯合國在三藩市正式成立，顏雅清成為中國代表團成員之一，並於翌年正式加入聯合國出任公共資訊處聯絡員，到美國各地向公眾講解聯合國的工作。

　　1947 年她協助羅斯福總統夫人（Eleanor Roosevelt）草擬聯合國人權宣言，1948 年她協助大同教成功打入聯合國的非政府組織，同年，跟比她年輕八歲、在聯合國工作的新西蘭籍同事、羅斯福夫人的私人秘書 John Gifford Male 結婚。在這兩段婚姻之間的十二年，雅清亦曾與另兩君到談婚論嫁的地步，但不知何故都無疾而終。為她作傳的 Patti Gully 亦懷疑，除這三位以外，外交家胡世澤及宋子文都曾跟她有一段情，在她的喪禮上，駐美大使劉鍇亦致以極為感人的悼詞。[68] 由於聯合國規定不准夫婦共事，顏雅清被迫離職，年近半百的雅清雖然享受在鄉間種植及跟丈夫揚帆出海的閒逸生活，但亦渴望繼續工作。由於她在醫院當心理輔導義工做得起勁，便試圖報考社工及心理治療課程，怎料遭到紐約社工學院及哥大醫學院年齡歧視而不被取錄，於是她改到哥大進修圖書館碩士，1958 年畢業後到布碌倫區（Brooklyn）的圖書館工作。由於 Male 與雅清思想左傾，在五十年代美國反共白色恐怖期間他們一直受到聯邦調查局的監察，雅清最後於 1959 年跟 Male 離婚，之後有幾段感情，但都無開花結果。六十年代她因乳癌做了乳房切除手術，六十年代末期又掛心在文革風暴中的家人，最終在 1970 年在家中浴缸心臟病發逝世，享年僅六十四歲。

66 《顏惠慶日記》，1935 年 2 月 19 日。北京：中國檔案出版社，1996。
67 《胡適日記》，1940 年 1 月 31 日。台灣：聯經出版社，Vol 8（1940-952），2004。
68 Patti Gully, "Sisters of Heaven: China's Barnstorming Aviatrixes: Modernity, Feminism and Popular Imagination in Asia and the West", Long River Press, 2008.

陳炳章與顏雅清離異後再結過兩次婚，1940 年娶「留美幼童」梁如浩的侄女，不幸在重慶懷孕時逝世，第三次婚姻亦以離婚收場。他在 1939 至 1943 年間曾任中央銀行經濟研究部主任；1941 年任行政院滇緬公路特派督察員，又任國家債券購銷委員會主任秘書長及財政部公債司長，1947 年著有《五十年來中國之公債》一書。解放後陳炳章留在國內，文革期間過身。據他的孫兒克文回憶，他的祖父母雖離異，但多年來仍互相往還，六十年代炳章便曾去信要雅清的照片，又作長途通電。顏雅清的二任丈夫 Male 在聯合國升任顧問團主任及人權委員會秘書，再婚後返回老家新西蘭繼續推動世界和平任務及作詩，組成新西蘭和平研究基金會，2003 年以九十高齡去世。[69]

由於雅清與炳章離異後各自奔波事業，其子陳國偉及女陳國鳳自幼寄居外公顏福慶家中；陳國鳳在上海中西女中讀至高二，赴紐約讀 Hunter College 醫學預科，1951 年她與丈夫林祝恆及舅父顏瑞清一起回國，與丈夫同考入北京協和醫科大學，1957 年畢業後在中國醫學科學院從事研究，同時學習中醫。1959 年北京市郊修建密雲水庫需要一所醫院，陳國鳳到該院出任醫師。1980 年國鳳成為衛生部首批派出美國的訪問學者。到紐約後她改當中醫，專攻針灸，曾任紐約執照針灸醫師聯合會首任會長及全美中醫公會華人顧問委員會首任主住，直至 2000 年代初退休。她常說外公把西醫引入中國，她則把中醫帶到美國。陳國鳳首任丈夫林祝恆於 1958 年離世，1962 年改嫁北京市兒童醫院教授楊士元，育有一女二子，現皆居於美國。

顏雅清的兒子陳國偉取名 William，即雅清至為敬重的堂伯父顏惠慶的英文名。1948 年他的母親及繼父見國內內戰局勢緊張，千辛萬苦協助他留美，他亦不負所望，1951 年自麻省理工畢業，後再從布碌倫理工大學（Brooklyn Polytechnic）取得博士學位，在 AMF 公司當工程師。他的四川籍太太夏瑞華亦是化學界高分子研究的權威，曾任美國化學協會高分子分組理事，並曾於 1979 年獲美洲中國工程師學會傑出成就獎，同年獲獎的有對台灣基建貢獻至深的行政院秘書長王章清及國軍退除役官兵輔導委員會榮工處長嚴孝章，以及董浩雲親家溫陵熊。他們的兩位公子都送進著名私立高中及長春藤名校，可惜國偉五十六歲便過身，沒法看到他們日後的成就。

陳國偉的長子陳克文（Ronald Chen）在康州史丹佛出生，在新澤西州長大，高中唸名校 Philips Exeter，1980 年自 Dartmouth 畢業，1983 年自路

吉士大學（Rutgers University）法學院以高級榮譽畢業。畢業後他當過上訴
庭法官的助理，又到名律師事務所 Cravath Swaine & Moore 做過幾年律師，
1987 年返母校路吉士法學院任教，到 1995 年成為副院長，2002 至 2006 年
曾任美國法律援助會（ACLU）全國執行委員。2006 年 3 月獲州長柯翟（Jon
Corzine，未從政前曾任投行高盛主席）委任為公共公益衛護廳長，獲選
《新澤西法律月刊》年度律師，又當移民政策顧委會主席。克文讀書時
已是划船好手，1996 年更成為奧運划船賽裁判，為族人第二位出任奧運
裁判者，曾為美國划船總會理事。2010 年 1 月陳克文的公益衛護廳長任
期屆滿，返母校任教。

　　陳克文的弟弟陳尚文（Curtis Chen）則在商界發展，史丹福工商管理
碩士畢業後當過顧問，曾在香港居住十幾年，協助 Aetna 保險及荷蘭銀行
開拓中國市場，曾任荷銀亞太區行政副總裁及策略性發展總監，延續顏
家百年的「東西萬花筒」。

69 "Obituary: John Male", *New Zealand Herald*, April 5, 2003.

顏永京 Yen Yung-kiung（1838-1898.6.20） ＋ 戚氏

第二代 顏錫慶 Points Yen（？-1921）＋ 吳藹雲

    第三代 顏吉生
    顏祥生 Hsiang Sung Yen
    顏如生
    顏意生
    顏福生（1900-1946）＋鄭國僑（1901-1984）

        第四代 顏祖光 Oliver Yen（1926-1999）＋ Julia C. Yen

            第五代 Timothy Yen + Joyce Liporace
            Denise Yen + Robert Olsen

                第六代 Nicole Olsen
                Michele Olsen
                Alicia Olsen

        第四代 顏祖明 Maurice Yen（1930-1992）＋胡秀鳳 Mary Hu

            第五代 顏樺 Theresa Yen + Sherman Zhang

                第六代 Stephanie Zhang

        第四代 顏祖正 Leo Yen（1932）＋張儲麗

            第五代 Francis Yen + Agnes
            Martha Yen + Eric

        第四代 顏祖華 Joseph Yen（1934）＋馮杏實 Fung

            第五代 Lucy Yen

        第四代 顏祖德 Tony Yen（1938）＋殷菱菱 Loris Yen（1939）

            第五代 Bernadette Yen

第六代
Eric Niekel
Adam Niekel

第五代
Lucia Mia Yen

第四代
顏祖麗 Dorothy Yen（1928-1982） + Stanley Soong（1925-2005）

第五代
宋力
宋捷
宋飛

第三代
顏昭生
顏明生 Paul Yen Ming sen + 海美麗 Mary Hai Mei Li

第四代
顏祖延 David Tzu-Yen Yen（?-1979） + Eva King I-hua

第五代
顏萱莉 Shirley Yen + Edward Yau（divorced）

第六代
Austin Yau
Sarah Yau

第五代
顏家宇 Paul Yen + Nancy Quan

第六代
Joshua Yen

+ Tina Lin

Ethan Yen

第五代
顏家宏 Tuff Yen
顏茵箹 Ingrid Yen + Tom Monaghan

第六代
Claire Monaghan

第三代
顏榮生 Youngson Yen（1904-1996） + Amy Siu

第四代
顏祖仁 Robert Yen（1931） + Maria Pan

第五代 Julie Yen + Ken Kitahara

第六代 Summer Kitahara
Jasmine Kitahara

第四代 顏祖義 Boris Yen（1935）+ Patricia Tai

第五代 Alexandra Yen（1968）+ Brian Rauchfuss

第六代 Richard Rauchfuss（2000）
Eric Rauchfuss（2003）

第五代 Darryl Yen（1972）
Richard Yen （1972-1997）

第四代 顏祖禮 Leslie Yen（1938）+ Jane Fujimoto

第五代 Derek Yen（1969）+ Kim McConnell

第六代 Jordan Yen
Madison Yen
Aidan Yen
Michael Yen

第四代 顏祖智 Peter Yen（1947）+ Maria

第五代 Christopher Yen
Steven Yen + Megan

第六代 Oliver Yen
Miles Yen

第四代 Doreen Yen（1955）

第三代 顏斐雯（毛妹）Maud Yen

第二代　顏誌慶 Tching Nelson Yen（?-1897）+ 朱多加

　　第三代　顏金生
　　　　　　顏菊麗

第二代　顏家三子十四歲早夭

第二代　顏惠慶 William W. Yen（1877.4.2-1950.5.25）+ 孫寶琮 Sun Pao-tsung（1888.12.21-1978）

　　第三代　顏棣生 Tisheng Yen（1912.2.28-1983）+ 孫宗時 Florence Sun（1914- 1993）

　　　　第四代　顏受勻 William Yen（1939）+ 李瑞儂 Josephine Lee（1942）

　　　　　　第五代　顏茵倫 Ann Yen（1973）+ David Powell

　　　　　　　　第六代　William Powell
　　　　　　　　　　　　Daniel Powell
　　　　　　　　　　　　Victoria Powell

　　　　　　第五代　顏翰超 Erich H. Yen（1976）

　　　　第四代　顏受華 Shou-hua Yen（1941）+ 陳如麗 Julie Chen（1939）

　　　　+ 鄭德怡 Louise Cheng（1913）

　　第三代　顏樸生 Po-sheng Yen（1914.6.21-2004）+ 周筱韞 Flora Chow（1914-2000）

　　　　第四代　顏受美 Florette Yen（1942）+ Tex Kaplan

　　　　　　第五代　Jennifer Kaplan（1977）+ Omar Williams

　　　　　　　　第六代　Malaika Williams（2003）
　　　　　　　　　　　　Akie Williams（2007）

東西萬花筒：
顏永京牧師及其後人

第四代 顏受敏 Annabelle Yen（1949） + John Redell

　　第五代 Julianna Redell（1987）

　　　　　　Kaitlyn Redell

第三代 顏櫻生 Barbara Yen（1915-2007）+ 孫以莊 Wellington I. T. Sun（1916）

　　第四代 孫自和 Teddy Sun（1942）+ 魏艾梅 Amy Beth Weliky（1951）

　　　　　　孫自平 Gerald Sun（1943）+ 聶桂誼 Grace Nip（1944）

　　　　第五代 孫惠全 Christopher Sun（1975）+ Deanna Song（1971）

　　　　　　第六代 Alexander Sun

　　　　　　　　　　Matthew Gerald Sun

　　　　第五代 孫寶全 Nicolas Sun（1978）+ Rachel Sauer

　　　　　　　　　孫秀全 Caroline Sun（1981）

　　第四代 孫自成 Calvin Sun（1956）+ 蔡卓敏 Michelle Choy

　　　　第五代 孫沁全 Elise Sun（1989）

　　　　　　　　　孫欣全 Rayna Sun（1992）

第三代 顏楠生 Nansheng Yen（1919.6.17-1992）+ 余錦煥 Robert Yee（1911-1999）

　　第四代 余靜植 Christina Yee（1944）+ Jim Rosa（1944）

　　　　第五代 Michael Warner Rosa（1967）+ Patricia Lavada（1968）

　　　　　　第六代 Sofia Rosa（1988）

　　　　　　　　　　Nina Rosa

　　　　　　　　　　Lucian Rosa

　　　　第五代 Cathryn Eileen Rosa（1970）

　　第四代 余紹安 William Yee（1945）+ Scharlene Walker（1941）

　　　　第五代 Jeffrey Robert Solomon Yee（1975）

第四代　**余愛玲** Eileen Yee（1948-2010）+ Leroy Shallis（1951）

　　第五代　Kaylie Shallis（1987）

第三代　**顏彬生** Ping-sheng Yen（1921-2002.9.3）+ **秦寶雄** P. H. Chin（1917-2012）
　　　　顏植生 Chihsheng Yen（1931-1995）+ **馬惠彰** Ma Huei-chang（1933）

　　第四代　**顏駿** Jun Yen（1961）+ Elizabeth Tang

　　　　第五代　William Yen
　　　　　　　　Carolyn Yen

　　第四代　**顏駸** Chin Yen（1979）

第二代　**顏德慶** T. Strong Yen（1878-1942）+ 朱哈娜

第三代　Grace Yen（養女）

第二代　**顏慶蓮** Julia Yen（1882-1966）+ **舒厚仁** Hou Jen Shu（1876-1951）

第三代　**舒昌譽** George Chang-yui Shu（1912-1998）+ **戴錫朋** Mildred Sybil Tie Ten Quee
　　　　　　　　　　　　　　　　　　　　　　　　　　　　（1912-2000）

　　第四代　Michael Shu（1945）+ Olive Niles

　　　　第五代　Theodore Shu
　　　　　　　　Emily Shu

　　第四代　Alexander Shu + Jessie
　　　　　　舒隆美 Rosemary Shu + Tom Cleaves

　　　　第五代　Rebecca Cleaves

　　第四代　Pamela Shu + Karl Anderson
　　　　　　舒隆德 Julia Shu

第三代　舒麗安 Lian, Lillian Shu（1917-2009）+ 曹友誠 Eugene, You-chen Tsao（1915-2001）

　　第四代　曹克平 Dr. Ke-Ping Tsao（1947）+ Susan Jenkins

　　　　第五代　Danika Chi Ming Tsao（1976）
　　　　　　　　Kenyon Chi Chen Tsao M.D.（1979）

　　第四代　曹克美 Kemay Tsao（1946），+ 歐陽翰 Carson Eoyang

　　　　第五代　歐陽沅 Mieke Eoyang（1973）
　　　　　　　　歐陽漕 Mason Eoyang（1978）
　　　　　　　　歐陽淑 Lian Eoyang（1980）

第三代　舒麗雅 Liya Victoria Shu（1918-2012）+ James Yeh

　　第四代
　　　　　Josephine Yeh
　　　　　Paul Yeh
　　　　　John Yeh

顏如松（澍隆）Zu Soong Yen + 吳氏（吳虹玉牧師之妹）

第二代　顏明慶 M. C. Yen + 黃氏（黃光彩幼女）

　　第三代　顏淑清 Rosalind Yen + K.P. Tseng
　　　　　　顏絜清 Kit ching

　　　　第四代　顏志勇 Zi Yong
　　　　　　　　顏志英 Zi Ying

第二代　顏福慶 F. C. Yen（1882.7.28-1970.11.29）+ 曹秀英（倪錫純妻姐）

　　第三代　顏我清 William Yen（1909-?）+ 高舜華

　　　　第四代　顏志淵 + 林義珍

第五代　顏瓊煒
顏俊煒

第三代　顏雅清 Hilda Yen（1904-1970.3.18）+ 陳炳章 Ping Tsang Chen（1899-1973）

第四代　陳國偉 William Chen（1929-1985）+ 夏瑞華 Catherine Hsia

第五代　陳克文 Ronald Chen
陳尚文 Curtis Chen

第四代　陳國鳳 Doreen Chen（1932）+ 楊士元

第五代　楊曉紅 Maria
楊東青 Jerry
楊植濱 David

+ John Gifford Male

第三代　顏士清（1910-?）
顏芬清（早夭）
顏湘清 Dorothy Yen（1912）+ 劉念仁 Franklin Lieu
顏瑞清 Victor Yen（1919）+ 黃振信 Mary Huang

第四代　顏志凱 John Yen + 管文英

第五代　顏焱陽
顏晶陽

第四代　顏志旋 Dora Yen + Peter Edelman
顏志宏 Edward Yen + 郭安琪

第五代　顏光慧
顏光宇

第四代　顏志偉 Dewey Yen + 鞠梅

第五代　Diana
Dorothy

第四代　顏志賓 Amos Yen（1962.3.24- 2007.4.4）

第二代 顏連慶 Lien Ching Yen + 黃琴英（1889-?）
顏桂英 + 陳衞高
顏儷英 + 顧書勛

第三代 顧慶祿 + 吳惠芳

第四代 顧意薇
顧意咪

顏氏 **Yen**（顏永京獨妹）+ 曹子實 **Dzau Tsz-Zeh** ／ aka Charles K Marshall（1847-1902）

第二代 曹芳雲 Faung Yuin Tsao ／ aka Lavinia Marshall（1877-1922）

第二代 曹雪賡 S.K. Tsao ／ aka John Marshall（1873-1927）+ 殷貞柏（1873-1966）

第三代 曹懋德 M.T. Tsao + 談英

第四代 曹頤 Y. Tsao + 薛克弘

第五代 薛祖同

第四代 Died early
曹源 David Tsao
曹深 S. Tsao
曹雲 Martha Tsao
曹弘 John Tsao
曹泉 Gilbert Tsao
曹沛 Jimmy Tsao

第三代 曹淑媛 Clara Tsao（1901-195）+ 鄭謦 H. Lin Cheng（1900-1977）

第四代 鄭靜淵 Jene Zheng（1929）+ 陳少炎（1928）

第五代 陳以文 Y. W. Chen（1963）+ 陳蓓

第六代 陳詩雨 S. Y. Chen（1992）

<u>第五代</u>　陳以真 Y. Z. Chen（1966）

<u>第四代</u>　鄭靜生 J. S. Zheng（1928）+ 余佩心

<u>第二代</u>　曹復廣 Foh-Keng Tsao（?-1915）+ 孫素馨
曹雲泉 Y. Z. Tsao

<u>第三代</u>　曹靜淵（1906-1987）
曹崇德（1911-1963）+ 馬駿之

<u>第四代</u>　曹靜
曹吉 + 王鍵

<u>第三代</u>　曹盛德
曹福德
曹厚德

<u>第二代</u>　曹雲祥 Tsao Yun siang（1881-1937）+ Elin Louise Hailing
曹麗雲 Dr. Li yuin Tsao（1886-1922）

3

情繫家國

倪蘊山牧師及其後人

倪藴山牧師是倫敦會天安堂的首位華人牧師，他的祖上因犯上文字獄，令後人永不受清廷錄用，但時勢造英雄，他的子婿透過成為最早的留學生，踏上官商台階。到第三代又出了宋氏三姊妹及宋氏三兄弟，達到政治權力的顛峰，影響中國的命運。以知名度而言，本章大可以宋家為標題，但若果讀者細心研究這個家族的來龍去脈，便會發現宋家的崛起、與倪家的姻親關係，多少是由於溫秉忠、牛尚周這兩位倪家子婿的鼓勵，令宋耀如由一位茶店員變成一位大學生。筆者亦相信宋是透過溫認識孫中山；是宋的妻子倪桂珍促使蔣介石信奉基督教；是溫秉忠帶宋氏三姊妹出國的人；是倪錫純為宋子文介紹第一份工。而且在宋家之外，倪牧的其他後人在近代中國現代化發展過程中同樣舉足輕重。過去半世紀的中美政治氣候對這家人很不利，就算國內對宋慶齡的評價是正面的，但其他成員所受的負面攻擊都把所有正面的（如他們在抗戰時為中國在經濟外交教育醫療各方面的建設）蓋過，所以無論在中、美、台的倪牧後人都「沉默是金」。

由於傳媒、作家的渲染加上倪牧後人多年的沉默，這個家族的故事已被神話化，以訛傳訛亦令史實紕漏百出，例如有說溫秉忠早於宋為倪家女婿（事實上宋早於溫成為倪家女婿）；又例如說倪藴山本身是徐光啟的後人（事實上他的妻子才是）；[01] 又有謠傳宋美齡曾與劉紀文訂婚，甚至有清華大學史家把其一位親屬夏晉麟的英文名字「Ching-lin Hsia」誤譯為林海青（此君又把蔣介石英文名 Chiang Kai-shek 譯作「常凱辛」）；又有書稱宋耀如是商務創辦人（他只是股東並且是十年後才加入）。傷害最大的謠

左：倪牧子女合照，前排左至右：倪秀珍、倪桂珍及倪桂金，後排左一為倪錫純，右為倪嘉樹。牆上圖片應為倪牧夫婦。

01 以上兩個誤錄見于醒民、唐繼無合著的《宋氏家族第一人》，此書多次再版，詳盡講述宋耀如的生平。

傳莫過於說孔、宋兩家貪污得到數以十億美元的財富，由於宋氏兄弟及孔令侃都是約園子弟（此外宋的表親六人都在約大畢業），過去幾十年聖約翰大學在中國近代史的地位間接被貶低，直至近年才被重新定位。

　　自從族長宋美齡過身以後，宋家後人首次開腔接受各方訪問，又將大批有關宋子文的檔案交給史丹福胡佛研究所，公開了蔣介石日記，史學家開始對他們作較客觀的評論。由於宋氏三姊妹及宋子文的事跡已有多本著作講述，本章的主要焦點將在於解釋宋家與書中其他六個家族及基督教機構的關係，以及近年公開的資料、一些謠言的更正、他們一些較為低調但仍貢獻良多的親戚，當中有救過共軍大將的名醫，有美國電視界的女強人，有中國首位女工學博士，有美國礦泉水大王及引進西餅的海歸商人，有一名「911」事件殉難者，兩位鋼琴家，更出了一位實力派的影視演員，延續這個家族的百年傳奇。

第一代

鞠躬盡瘁的傳教先驅：
倪蘊山、倪錫令父子

倪家祖籍安徽桐城，先祖倪山堂是桐城派一位著名學者，是清初大學士戴名世（1653-1713）的得意門生。戴名世編寫《南山集》一書，觸犯了康熙皇帝，結果 1711 年逾三百人遭到株連，雖然此時倪山堂已經過身超過五年，他的家屬與後人仍難逃一劫。一支五家共三十多人被發配到閩浙沿海，年輕力壯的派做勞役，老人婦女派做雜役，及後又到浙江省鄞縣（即寧波地區）業漁。嘉慶年間，倪家漁戶沿海北上至上海郊縣浦東白龍港捕魚，船遇颱風覆沒，舉家脫險就岸，在川沙城東北郊落戶務農，稱倪家宅。倪家宅傳到倪秀成一代生有四子，依次為倪旭堂、倪日堂、倪為堂、倪兆堂。除老四倪兆堂早亡未育外，其他三人都有後代，至今散居海內外。老三倪為堂生育子女三人，長子倪蘊山（原名倪嘉珍）出嗣只得一女的二伯倪日堂，次子倪嘉樹嗣於張姓，獨女倪嘉妹則嫁蔡氏作童養媳。[03]

倪蘊山（Yuan-shan Nie，1837-1889）曾入私塾，雖然成績不俗，但幾次考秀才都失敗，只好在川沙城中業製鞋，繼而在上海盆湯衖設鞋舖。他考科舉多次失敗，其中原因可能是由於祖先倪山堂牽涉文字獄，令他的後人永不受清廷錄用，倪家的子弟只能務農或從商。但祖宗留下的這筆債，日後間接促進了倪蘊山及其後人信奉基督教，當上華洋中間人從而踏上權力台階。為了幫補家計，倪蘊山加入倫敦會為外國教士煮西餐（其弟倪嘉樹後亦經其介紹入教會當廚師，嘉樹後在川沙開雜貨舖，1927 年蔣宋聯婚時八十歲的嘉樹為女方最高長輩）。倫敦會（London Missionary Society）於 1843 年由馬六甲傳教士麥都思（Walter Henry Medhurst，1796-1857）引入上海，麥牧在英租界山東路一帶建立倫敦會在滬第一家教堂——天安堂（Union Chapel），又在教堂旁建立第一家西醫醫院——中國醫院（The Chinese Hospital，後改稱仁濟醫院，迄今仍在）及第一家出版社墨海書館（London Missionary Society Press，清末名出版人王韜曾在該處任職，1863 年關閉），這區堪稱「麥家圈」（Medhurst Circle）。1858 年，二十一歲的倪蘊山接受主持天安堂近半世紀的牧師慕維廉（William Muirhead，1822-1900）洗禮信教，其後更加入傳教隊伍，成為天安堂的首位華人牧師。[04] 除主

02　其中以 Sterling Seagrave 寫的《宋家王朝》（*Soong Dynasty*）最廣為流傳。但筆者唸大學時，一位史學教授曾說過，如果筆者用此書作論文參考將被扣分，可見該書的可信性甚低。

03　《川沙續縣志》，第二卷，第四章第一節。《宋氏家族在浦東》一書作倪蘊山為兆堂子過繼給日堂。

04　倪蘊山當牧師的年份據《上海宗教志》紀錄為 1859 年，亦有《宋氏家族在浦東》作1875 年。英文紀錄只說他為牧師多年。1924 年陸徵祥撰《倪牧師蘊山紀念碑》作戊午（1858）受洗，旋當牧師。

持天安堂以外，據《萬國公報》登載表彰倪蘊山傳教的文章記載，他「傳道滬、匯、川、寶等處，風飆雪霏不顧也，而淋露沾自若也，饑逼寒驅安然也，指罵譏哂順受也……」

倪蘊山雖則如此賣命為洋人教會傳道，但他跟他同輩的顏永京牧師一樣，對教會內的種族歧視看不過眼。據他的同事惠雅各（James Ware）牧師回憶，「倪蘊山是一位敢言的傳教士，畢生最憤恨的是教會內的洋教士把華人信徒及職工視為低等民族，從未真正把他以同僚看待」。像他主持的天安堂，原本華洋參半，在他的辛苦經營下華人信眾漸漸超逾洋人。那時晚清積弱，英租界不斷擴展，一班盛氣凌人的英僑不願與華人共處，於 1885 年遊說倫敦會在蘇州河畔英駐滬總領事館旁另建新天安堂（Union Church）專供洋人崇拜，山東路的天安堂亦改為全華班。民初曾任外交總長的陸徵祥的父親陸雲峰為倪蘊山教會好友，1924 年陸徵祥在天安堂為倪蘊山作紀念碑，說倪「在會達三十二年，立身行事與先大夫志同道合。且持躬正直，秉性慈祥，猶以扶危濟困，引為己任。惜局於一隅未竟其志，良可慨矣！」（紀念碑在天安堂被拆移到沐恩堂）

1863 年，倪蘊山娶了明代文淵閣大學士、著名科學家徐光啟（字文定，Paul Hsu，1562-1633）的第九代女孫為妻，[05] 遷居川沙城東門中市街 36至 38 號。徐光啟官至禮部尚書（等同目前的教育兼外交部長），是上海地區最早的天主教徒，他的後人聚居之地發展成日後上海的徐家匯，但到倪徐氏一代已家道中落，倪徐氏亦改信基督教，不過家聲仍在，所以他的宋氏後人如宋美齡、宋子文等都以文定公子孫為榮。

倪蘊山與徐氏育有子女十人，其中有五名夭折，長大成人的順序為長子錫令、長女桂金、次女桂珍、幼子錫純及三女秀珍。他將這五名子女送入教會學校讀書，學習英文及西洋科學，並堅持不給三位千金纏足，是當年鮮有不跟從這種封建陋習的家庭。1889 年，倪牧過身，享年五十二歲。那時他住在上海東余杭路，與長女及次女為鄰，他的遺孀徐氏在他逝世後曾住在長女夫家牛家，後又搬到次女及三女家，1923 年八十三歲壽終。

倪蘊山的子女長大後都成為虔誠的基督教徒，其中身為長子的倪錫令（Nie Loh Su，1863-1896）更自幼已被培育繼承父親傳道的衣缽，與另外兩位幼童跟父親的同事慕維廉讀經，及長三人皆成為牧師。倪錫令於1890 年加入使徒教會（Foreign Christian Missionary Society），出掌教會辦的男校。第二年，錫令獲委任為熙華德路（Seward Road，現長治路）教堂的牧

師，同時在江浙一帶傳道。1896 年他從上海乘坐安和輪（Onwo）到江蘇
通州傳教，凌晨二時到吳淞一帶水域離岸一百碼與另一艘船相撞沉沒，
全船三百多人葬身大海，每天打撈屍首，婦孺放在一邊，男的放在另一
邊，場面悲壯。等到第六天終於找到錫令的屍首，證實他不幸亦遇難溺
死。[06] 在集體葬禮上，倪錫令的老師慕維廉致辭哀悼他三十三歲英年早
逝的學生，他的同僚亦撰文懷念這位鞠躬盡瘁的傳教士，而浸信會更將
一本大字體的聖經以錫令的名義送給赴俄參加沙皇登基典禮途中經過上
海的李鴻章。當年這本聖經用一個精雕的白色木盒盛載，而聖經封面則
以金字刻上倪錫令的名字，相信當年的李鴻章怎也想不到，這位牧師三
個姓宋的外甥，將會控制未來中國多年的命運。

Nie Family
第二代

「留美幼童」的先驅路：
牛尚周、溫秉忠、曹吉福

　　倪蘊山的兩位女婿及一位親家是中國最早兩批留美學生的成員，即
近年熱門研究焦點的「留美幼童」。這三人年紀輕輕便踏足異域吸收了
新知識，在晚清分別走上了三條不平凡的道路：一個一生為朝廷賣命，
一個默默推動革命，一個則成為上海灘的名師爺。

　　倪蘊山的長女倪桂金（一作桂清，Kwei-Kyung Nie，1865-1945）被父
親送入 1850 年由傳教士裨治文夫人（Eliza Gillett Bridgman，1805-1871）在上
海創立的首家基督教女校——位於西門外白雲觀的裨文女校（Bridgman
School），畢業後在裨文女校與文紀女校（Emma Jones' Girls' School）合併
而成的聖瑪利亞教書，1887 年或 1888 年[07]嫁給在江南製造局做事、是首
批「留美幼童」之一的牛尚周。牛尚周（Shan-Chow New，留美時作 Shang-
chow Niu，1862-1917）別字文卿，1862 年生於江蘇太倉州嘉定，據後人及
Philips Exeter 中學的學生紀錄其父母一欄空白的推斷，他是一名孤兒。十
歲那年，清政府接納首位來自美國大學畢業的中國人容閎（Yung Wing）
的建議，在沿海招收學童到美國留學，尚周成為首批「留美幼童」。到
美國後，最初他在麻省春田中學（Springfield High School）就讀，先在來自

05　此據 1962 年台北光啓出版社出版，由徐氏後人允希編輯，蔣中正題字的《徐文定公家
　　書墨蹟》一書，書中宋美齡在序稱「外王母徐太夫人乃文定公第九世女孫」。*Soong
　　Dynasty* 一書稱倪徐氏為徐光啓十六世孫，實為誤。

06　"In Memoriam: Nie Loh Su" Rev. James Ware, *Chinese Recorder*, Vol 27, p. 30.

07　此據其孫牛康民的推斷。宋耀如與其妹桂珍於 1887 年成親，舊社會不接受妹先於姐結
　　婚所以 1887 年的可能性較高。

大馬的留學生翻譯曾來順（一作蘭生 Chan Laisun）的家住兩年，[08] 後來改住當地人 Henry Vaille 的家中。十四歲那年，他考進 Philips Exeter，同校的中國學生還有後來成為清華首任校長的唐國安。他曾於 1880 年 5 月在校刊 The Exonian 撰寫「Chinaland：Across the Sea」一文，講述首屆「留美幼童」的越洋旅程。牛尚周因為留美幼童計劃的取消沒有從 Philips Exeter 畢業或上大學便於同年 11 月返國，但八年的留學生涯令他學會講流利的英語，很快便在上海大北電報找到電報及翻譯員工作。1881 年，他加入上海江南製造局（Kiangnan Dock & Engineering Works），這家官辦機構由「留美幼童」之父容閎協助於 1865 年創立，是晚清洋務運動的重要機關、當時遠東最大的兵工廠及造船企業，並附設廣方言館翻譯西書。牛尚周出任該局的總辦近四十年直至 1917 年 12 月過世為止，負責該局對外交涉事務。關於牛的事蹟，外間沒有太多紀錄，只能從他的孫兒牛恩健於 1984 年在其母牛惠霖夫人上海家中發現的書信瞭解他的生平，從這點可見他的作風如何低調。

有一些書本說是牛尚周介紹宋耀如參加革命運動，並多次為宋通風報訊，是「地下革命黨員」。但根據牛家的書信，一生為政府打工的牛尚周一直忠於自己的僱主（不論是清廷或是北洋政府），1914 至 1915 年間，宋耀如赴巴拿馬參加博覽會及赴美參加宋子文畢業禮，牛尚周便曾多次去信他在美留學的子女，叫他們不要跟宋耀如這位姨丈接觸，亦不想他們與宋耀如在美國留學的子女聯絡，因為當時宋跟孫中山一起與北洋政府打對台，還提醒他們另一姨丈溫秉忠便是因支持孫而失掉鐵飯碗，搞革命會影響他們一家的經濟安定。這時宋夫人、靄齡及慶齡在上海的居所與牛家僅十呎之隔，他亦與宋家不相往還。

從書信中亦可以看到牛尚周十分重視子女的教育，很仔細地指導子女選擇哪一學科或學校，如何把握將來的就業機會，而他的思想亦十分開通，沒有重男輕女，資助兩位千金跟兩位公子一樣留學，這在清末民初的社會是十分罕有的。雖然牛尚周返滬之後沒有再出國，但他的作風依然非常西化，定期訂閱美國期刊（如關於美式棒球的雜誌），英國的疑案小說，跟子女的書信來往也以英文書寫，所以他孫兒牛康民撰寫紀念文章的題目稱呼他為「Yankee Chinese」（美國化華人）。[09]

牛尚周、倪桂金與牛惠霖合照。

倪桂金跟丈夫一樣為人處事謙恭低調,1934 年她六十九歲大壽時,牛家已為「皇親國戚」,她囑子女一切從簡,怎料教會李福江牧師堅持要到其子牛惠生家為她做祝壽禮拜,蔣介石及孔祥熙夫婦也派宋子良、宋子安兄弟到賀,宋子文夫人、卜舫濟、宋慶齡、孫科夫人等親自到場祝壽。牛惠生兄弟將壽儀再私自添加,合共萬元在馬橋捐建慈惠養老院,並於翌年 4 月倪桂金七十大壽時開幕。[10] 怎料牛家做善事竟無善報,往後兩三年間,桂金不幸痛失三子女,剩下次女惠珍,她延至 1945 年 12 月才過身,比丈夫長壽近卅年。

在「留美幼童」中,牛尚周有一位低一班的要好同學溫秉忠(Bing Chung Wan,1862-1938),溫的髮妻過身之後便於 1900 年娶倪家的幼女倪秀珍(Nie Shiuchen,1885-1960)為繼室,牛、溫兩位友人進而變成連襟,而溫亦是倪牧後人與孫中山拉上關係的開端。溫秉忠字藎臣,祖籍廣東台山新寧大步頭里村,父溫清溪(Wan Tsing-kai,1834-1915)又名溫金聰,幼習農事,稍長往廣州學工藝,1853 年抵香港當木匠,在上環永樂街經營成吉箱舖,並在中西區置有不少物業,隨倫敦會理雅各(James Legge)牧師學道並於 1864 年信教;1872 年成為英華書院公會執事,1885 年與喜嘉理牧師(Charters Robert Hager,1854-1917)倡建公理堂,為美華自理會的創辦人。溫清溪於 1900 年入英籍,其後於 1907 年入禮賢會被推為值理,參與籌建道濟會堂及禮賢會堂,對教會的聖工多有支持,是香港華人教會自理的領袖。溫清溪同時亦是香港中文報業先驅,1871 年與王韜、黃勝及梁仁甫等創立中華印務總局,三年後改組成《循環日報》,他亦組織勸戒鴉片煙社。透過倫敦會的關係,溫清溪與辦留學計劃的容閎認識,1873 年 6 月 10 日將時年十二歲的長子溫秉忠安插入第二批「留美幼童」中,是該屆唯一的香港學生,亦是台山最早的留美學生之一。抵美後溫秉忠住在麻省西邊的 Amherst,寄宿在 Thomas Potwin 夫婦的家中,後進伍斯特(Worcester)理工學院就讀,主修技藝。由於溫秉忠生長在一個虔誠基督教家庭中,自小深受濡染,多為師友所稱譽和敬重。而溫秉忠和牛尚周至為投契,在信仰上更為一致,彼此情同手足。

1881 年溫秉忠回國,先返香港在中央書院教書並娶了香港首位華人註冊牙醫、另一位教會長老關元昌的五女、真光女校創辦人那夏理(Harriet Noyes)的學生關月屏(1865-1899)為妻。[11] 當時美部會(American Board of Commissioners for Foreign Mission,即公理會)從加州派來開荒的喜嘉理牧師於 1883 年初到香港,向溫父清溪租得上環必列啫士街(Bridges

---

08 曾來順子曾篤恭(Spencer)亦為首屆「留美幼童」,另一子曾溥(Elijah)為第二屆,篤恭後娶何啟爵士之妹,詳見施其樂(Carl Smith):「Chan Lai sun and His Family – a 19th Century China Coast Family」一文。

09 Peter New, "Footnote on a Yankee Chinese: Letters of Shang-chow New", *AmerAsia Journal*, 1984.

10 《申報》1934 年 11 月 18 日 10 版。

11 關元昌與溫父清溪、胡禮桓、吳秋湖、區鳳墀及王元琛合稱「香江六老」,1910 年創「剪髮不易服會」。

Street）二號三層樓房作佈道基址。同年十六歲的孫中山由喜牧受洗信奉基督教，而秉忠亦經喜牧介紹首次遇上這位未來的革命領袖。[12] 雖然未幾秉忠便北上到上海一間棉紗廠從事機械工作，但由於他妻子關月屏的七弟關心焉（又名景良）為孫中山在西醫書院的同學兼死黨，[13] 溫、孫兩人一直保持著關係。1886 年 10 月溫秉忠獲鎮江美國領事館任命為翻譯，[14] 往後十多年成為江浙一帶使節圈深受愛戴的本地人，而關月屏在鎮江則熱心教會工作，曾任鎮江基督教會婦女戒酒會長十一年，並翻譯兼著有《病床撒種》各書。

庚子之亂之後清廷全力吸引外交人才，像溫背景的突然非常吃香，他一邊暗地裡支持革命的同時，另一方面為清廷所重用，成為兩江總督端方屬下二品頂戴候選道台，為端方處理過不少有關外交及教育事務。端方是當時最熱衷於辦洋務及留學的旗人官員，1905 年 12 月他與載澤、戴鴻慈、徐世昌和紹英出使歐美十國考察憲政改革，溫秉忠與後來曾任外長及駐英大使的施肇基為隨員，由溫負責德國行程部分，獲德、奧、俄、挪威、瑞典五國頒二等寶星章，返國後端方曾向清廷立憲，可惜未獲接納。由於溫的表現突出，翌年他更被委任為兩江總督府洋務局總辦。1907 年夏，溫秉忠夫婦隨一個中國教育代表團赴美考察，同時把外甥女宋慶齡和宋美齡等十五名學生帶去美國讀書。由於溫秉忠的外交身份和同行的美長老會教育家格蘭（William Henry Grant），[15] 宋慶齡和宋美齡在到達三藩市時順利地通過了移民局的檢查，像宋靄齡早兩年在三藩市那樣被扣留在船上十九天的情況沒有再發生。

除了帶學生留學以外，溫秉忠亦在 1900 年代參與創建國內第一所僑教學校，即今日的暨南大學。話說 1906 年查學大臣錢恂發現在爪哇的大批華僑子弟已不懂華文，於是他建議在南京成立一所學校教育華僑子弟，端方同意並上奏清廷獲准，翌年 3 月命溫秉忠跟江寧提學使陳伯陶

左：溫秉忠清朝官服照。

右：1936 年「留美幼童」在上海敘舊合照（圖上列舉各人名字，溫秉忠為前排左二）。

創立暨南學堂，[16] 最初學生僅二十一人，由溫任總理，負責照顧生活所需，至 1909 年離任為止。這所學堂是中國首家為華僑子弟而設的學府，1927 年成為大學，迄今仍然是全國最多境外生的大學。

1911 年，辛亥革命成功（不幸的是溫的舊上司端方因處理保路運動失控被殺），與溫秉忠相識近卅年的孫中山出任臨時大總統北上商談國是，邀請溫擔任外交部顧問。由於期後溫秉忠支持孫中山反袁並參加孫的鐵路興建計劃，他亦因此失去官職改從商，這段時間他曾出任慎昌洋行（Andersen Meyer & Co.）的華人書記（有別於買辦，因為他受薪而非抽佣），當時這家由丹麥人馬易爾（Vilhelm Meyer）創辦的洋行剛拿到通用電氣在華代理權，溫在留美官商工程界的人脈關係非常有利。[17] 1915 年溫秉忠又與任洪聲合資 2.5 萬元在上海公共租界四川路創辦怡順合記印刷所，成為了襟弟宋耀如的同業，直至到 1920 年 2 月將股權讓予張福山。[18]

溫秉忠與部分「留美幼童」保持終生的友誼，其中曾任寧滬鐵路總辦的鍾文耀尤為熟絡，1923 年 12 月他向北京京師稅務專門學校的學生以英文演講關於「留美幼童」的經歷，為最早有關「留美幼童」的英語自述紀錄。1924 他又撰寫《最先留美同學錄》，將當年一百二十名「留美幼童」學生的姓名、籍貫、學號、年齡一一編錄，是目前關於「留美幼童」最詳盡的資料冊。1928 年 3 月，他的外甥此時已成為黨國要員，他獲國民政府任命為民政部（內政部）江蘇蘇州交涉員、財政部蘇州海關監督等職務。1936 年「留美幼童」在上海最後一次聚會，他與鍾文耀、周傳諫、容尚謙、丁崇吉、鄺炳光、唐紹儀、蘇銳釗、周壽臣、陶庭賡、吳仲賢等出席，大家都已是年逾古稀的老人家。溫秉忠至 1938 年 1 月 21 日在上海病逝，《紐約時報》亦刊登了這位低調老人的訃聞，褒揚他對中國現代化的貢獻。[19]

倪牧家族群中第三位「留美幼童」的是來自浙江川沙的曹吉福（Tso Ki Foo 或作 Kit-foo Dzau，1860-1915），他是倪牧次子錫純的岳父。曹吉福又名曹俊德，十三歲那年成為第一屆「留美幼童」，他在康州哈福特的公立中學（Hartford Public School）讀書，住在 Blakeslee 太太家中。據他在哈中的同學，William Lyon Phelps 形容曹為「少年老成，不苟言笑，他小小年紀，

12   Carl T. Smith, *Chinese Christians: Elites, Middlemen and the Church in Hong Kong*, Oxford University Press, 1986. Chapter 5.

13   關景良與孫中山、陳少白、楊鶴齡、尤烈所謂「四大寇」關係十分密切，後又跟溫的侄兒植慶共創養和醫院。

14   Congressional Serial Set, Volume 4248, p.63（1902）。

15   據說格蘭是通過溫秉忠成了廣州基督教學院（即格致書院，後改名為嶺南大學）的創始人之一。

16   陳伯陶為光緒年進士，後居香港九龍城，子陳良士曾任廣東大學校長，孫陳紹勳醫生為羅鷹石女婿，外孫為前港英高官蘇燿祖。

17   此據馬易爾外孫，前丹麥駐華大使 Bo Bramsen 關於外公及慎昌的英文著作 *Open Doors: Vilhelm Meyer and the Establishment of General Electric in China*，書誤作溫係康奈爾畢業。

18   〈怡順合記退股聲明〉，《申報》1920 年 2 月 23 日，第 2 版。

19   "Bing Chung Wan: One of First Chinese Students Sent to US by Empress", *New York Times*, Jan 21, 1938.

而有大人氣質和深沉風度，我恐怕到老也學不到他的風度。最令我稱奇的是他能即時翻譯莎翁名劇成中文。」[20] Phelps 後來當耶魯大學英文教授逾四十年，並為美國大文豪，他這樣的評價可見曹氏的智慧及英文功力之深。曹返國後沒有當官，而是少數「留美幼童」中從商的學生，成為上海灘有名的威金生父子律師樓的華經理。[21] 該律師樓的創辦人老威金生爵士（Sir Hiram Shaw Wilkinson）是中韓兩地英法院首席大法官，兒子小威金生（Hiram Parkes Wilkinson，1866-1935）則是租界最知名的御用大律師。曹在這家律師樓供職多久未有紀錄，但由於他擔任類似買辦的角色，賺到一定的財富。

曹吉福有一子三女，獨子曹霖生（Linson Edward Dzau，1895-1976），1911 年到父親母校哈福特的公立中學，1913 年又到塔扶總統家族辦的塔扶私校（Taft School）進修，考入西點軍校，1918 年畢業後曾任駐巴黎和會代表團秘書長及清華大學體育系主任，晚年在澳門經營霖生書院，其妻施美珍是外交家施肇基的侄女，為溫秉忠侄毓慶妻施惠珍的姐妹（見往後溫秉忠後人一節）。曹霖生夫婦育有一子二女，獨子曹又霖（Francis Dzau）曾為復旦英文系教授，現居北卡羅來州，兩女是孖生，長女曹麗蓮（Lelia）是歌唱家，現居澳門，幼女曹雪薇（Sylvia）於 2009 年過身，生前嫁給紡織機械專家、曾是實業部副部長的顧毓琭。[22] 曹吉福的三位女婿都為約園出身的俊彥，曹惠英（Isabel Tsao，1887-1949）嫁給倪錫純，曹秀英嫁給名醫顏福慶（詳見第二章顏家），曹美英嫁給知名外交家史悠明（其子娶商務夏瑞芳之女，見第五章鮑家）。據知顏福慶留學耶魯大學是得到岳父曹吉福的資助才能成行，後來顏福慶又以曹家與倪家的親戚關係取得倪桂珍的奠儀捐款興建中山醫院。

曹吉福女婿倪錫純（Nie Sih Zung，1881-1932），是倪牧最小的兒子，生於上海，曾入讀聖芳濟書院（St. Xavier School）及中西書院，1897 年進聖約翰書院，同屆同學有後來成為他襟兄弟的史悠明，亦有後來成為外交家的刁作謙（Philip Tyau）。在聖約翰最後兩年兼教數學，1901 年畢業後加入姐夫宋耀如效力的阜豐麵粉廠當翻譯，1904 年到南京工業學院教英文。1907 獲官費贊助，由姐夫溫秉忠帶他及外甥女宋慶齡及宋美齡留美，先到耶魯大學進修土木工程，1910 年在賓州大學取得學士，次年又自 Syracuse University 取得碩士。1912 年返國先任鐵路工程師，1913 年出任洋務運動重臣，極可能是當時中國首富盛宣懷的私人秘書。1914 年成為東方置地公司（Oriental Land 中譯名，推斷此公司可能為盛家房地產的事

業）的商務經理。[23] 不久他成為盛宣懷旗下漢冶萍煤鐵廠礦公司的商務
所長，成為盛家的親信紅人。盛家本身不信基督教，但對於接受過西洋
教育的基督徒專才都非常重用，除倪錫純及其外甥宋子文兩例子以外，
漢冶萍的會計處長便是由香港牧師凌啟蓮的六子凌善永（即為滬江大學
校長凌憲揚之父）擔任。

1923 年，倪錫純與阜豐的舊同事、即後來幫無錫榮家建立福新麵粉
廠的廠長寧鈺亭及李薇臣合資五十萬元在天津辦振華造紙廠，出產馬頭
牌草板紙與日商三井洋行一較高下，由寧鈺亭出任董事長，倪錫純則出
任協理。1920 年代末倪錫純的外甥開始進入權力核心，1927 年國府定都
南京，劉紀文成為首屆南京特別市長，委任三位參事都不是南京人，倪
錫純便為其一，其餘兩人為浙江平湖人薛慶麟及廣東南海人黎公度。
1932 年，未及五十歲的錫純不幸病故，他的太太曹惠英則活多十七年，
在解放前夕去世。

皇朝締建者的真面目：
宋耀如及倪桂珍夫婦

倪牧的次女倪桂珍（Katherine Nyi Kwei Tseng, 1869-1931）於 1869 年 6 月
3 日出生，她自幼信奉基督教，四、五歲即在家塾讀書，九歲入學校，
十五歲升大姐就讀的裨文女學，十八歲卒業，精算學，尤嗜西琴。1887
年由姐夫牛尚周做媒，得父親倪蘊山應允，監理會傳教士李德（Clarence
Reid）主持下，[24] 在新建成的上海監理會慕爾堂（Moore Church，現稱沐恩
堂）與剛從美國抵滬的實習牧師宋耀如結婚。

宋耀如（Charlie Jones Soong，1861-1918）本名韓教准，後改姓宋名嘉
樹（據說是娶桂珍後改的，因其叔父亦名嘉樹），號耀如（一說是《萬
國公報》主筆沈毓桂給他改的）。他傳奇的一生有多個謎。首先是出生
日期，有多本書包括 Soong Dynasty 等認為是 1866 年，亦有一些書作 1863
年，但 1880 年的韓氏家譜記載為咸豐辛酉年九月十四日卯時（即 1861 年
10 月 17 日），而以他的大學畢業年歲推斷，1861 年比較合邏輯，此以家
譜為準。第二個謎是如何由姓韓改姓宋。韓家是海南島文昌縣昌灑鎮古
路園村（今海南省文昌縣昌灑區慶齡鄉牛路園村）的一戶貧苦農家。韓
教准的父親叫韓鴻翼，Soong Dynasty 等多本海外著作把他形容為擁有遠洋
船隊的富商，與事實不符。韓氏遠祖是河南相州安陽人，宋寧宗慶元三

20   William Lyon Phelps, *Autobiography with Letters*, Oxford University Press, 1939.

21   *The Directory & Chronicle for China, Japan, Corea, Indo-China, Straits Settlements, Malay States, Siam, Netherlands India, Borneo, the Philippines, &c.* Hong Kong Daily Press Office, 1894, p. 144.

22   顧毓琇兄為曾任清華工學院長及美賓州大學教授多年，做過江澤民及朱鎔基老師的顧毓琇

23   *Who's Who of American Returned Students*, Tsinghua University, 1917.

24   李德的女兒英文名叫 Rosamonde，所以宋慶齡及孔令儀後來都取這個英文名。

年（1197 年），韓顯卿偕家眷和族譜南遷渡瓊，定居於文昌縣錦山區。傳至第二十世韓儒循（宋耀如曾祖父）時，從文昌縣錦山區的羅豆遷居同屬錦山的昌灑鎮古路園村。各方資料都認同韓教准是 1875 年離開海南島出埠，有稱他是直接到美國麻省波士頓，亦有稱他先隨兄長韓政准到爪哇謀生，1878 年才到美國。在波士頓，他在一家親戚開的茶絲店當店員。項美麗（Emily Hahn）1941 年採訪宋氏姐妹而作的《宋氏姐妹》（*Soong Sisters*）稱這位親戚是韓教准母親那邊的人，並因為無子嗣認了韓教准作養子，亦有多本書稱因為這位親戚姓宋，所以韓教准亦改名宋教准。海南宋氏祖居現存韓姓十七至二十四代神主牌中，有一個是「顯二十二代祖考諱鵬翼謚勤直府君勤儉宋氏儒人」，即韓教准的叔父韓鵬翼及其夫人宋氏，國內多本書以及韓教准的侄韓裕豐都指韓教准的養父是宋氏的兄弟，即他的堂舅（2005 年陳廷一作的《宋查理傳》列出此堂舅的名稱為宋明山，出處無從稽考），而不是母系親屬。筆者為紐英崙華史會理事，查當時的波士頓商號名錄華人茶商只有「Oong Ar-Showe」及「Ar-Chong Wong」兩家，未見有姓宋者，反而韓教准的母親姓王，若項美麗說法正確的話，「Ar-Chong Wong」可能是宋的僱主兼養父。另一個版本是改姓宋跟過繼完全無關，這個版本為 Soong Dynasty 及 Last Empress 兩書支援，謂因教准英文拼作「Chiao Shun」，洋人船長誤將他的英文名改作「Charles Soon」，後來索性將中文姓氏亦改姓宋朝的宋。

據項美麗所述，宋耀如在養父開的茶絲店，接觸到在紐英崙地區留學的牛尚周及溫秉忠，受他們的影響及多番遊說之下，宋向養父懇求上學。這個像「劉關張桃園結義」般迷人的故事我們無法核實，但亦不能推翻，因為牛、溫兩人的確在同一時間與宋在同一地區。宋的上學要求遭到堂舅拒絕後便逃離養父家，在美國海岸警衛隊緝私船「亞伯特・加勒廷號」（Albert Gallatin）上作侍童，後隨船長加布森（Eric Gabrielson）轉到北卡羅來納州威明頓（Wilmington）的 Schuyler Colfax 號船。加布森見他勤奮向學，把他介紹給李考德（Thomas Ricaud）牧師，Ricaud 牧師於 1880 年11 月 7 日在威明頓第五街監理公會教堂為他

1914 年 9 月逃亡中的宋家在日本橫濱。前排左至右：宋子安、宋慶齡、倪桂珍、宋靄齡；後排左至右：宋子良、宋耀如、尚未發福的孔祥熙。

進行浸洗禮，受洗後名 Charles Jones Soon（回國後將 Soon 改為 Soong），暱稱 Charlie。[25] 在特勒姆（Durham）煙草業富商卡爾（Julian Carr，1845-1924）的資助下，他就讀於特勒姆主日學校和聖三一學院（Trinity College，即後來的杜克大學 Duke University），1882 年轉學到田納西州納什維爾的范德堡大學（Vanderbilt University）神學院專修神學，於 1885 年 5 月畢業。他不想馬上回國，希望再多留一、兩年學醫，但遭到一心想他當傳教士的會督及范德堡校長馬克蒂耶（Holland McTyeire，上海中西女塾即以其命名）的拒絕。1885 年 11 月 25 日至 12 月 2 日，監理公會在夏洛特舉行北卡羅來納州年議會，他加入年議會，受按立禮，被按立為「副牧」，並受命作為「試用傳道」回中國傳教。

1885 年 12 月，宋耀如隨監理公會傳教士、醫學博士柏樂文（W.H. Park）起程回國。次年 1 月抵達上海，隨即與柏樂文一起直接去了蘇州。在蘇州與柏樂文共住數周後，即奉命搬到當地的華人佈道員曹子實（曹為顏惠慶的姑丈，見第二章顏家）處，跟他學講上海話，宋亦因此與曹牧有親屬關係的顏永京、吳虹玉兩牧家族開展關係。據《宋氏家族第一人：宋耀如全傳》書中說，[26] 這時宋耀如曾與吳虹玉的養女藹雲相戀，但後來她嫁給顏德慶（此誤，應為顏錫慶），宋才轉移目標到他在波士頓舊識牛尚周的妻妹倪桂珍。同年 11 月，宋耀如參加在上海虹口林樂知（Young J. Allen，1836-1907）住宅舉行的監理公會在華佈道團第一屆年議會，直接由北卡羅來納州年議會轉入，成為監理公會在華年議會的第一位華人會員，仍作為「試用傳道」被派往「蘇州連環」所屬的「昆山迴圈」傳教，並被定為建堂部的六位常年委之一，負責監理公會教堂的修建工作。1887 年 10 月，第二屆年議會在蘇州舉行，他繼續作為「試用傳道」留在昆山。1888 年試用期滿，被第三屆年議會正式任用為「巡行傳道」，依然留在昆山。1889 年，被第四屆年議會改派到屬於「上海連環」的七寶傳教，不久又被調往太倉傳教。[27]

1890 年 10 月，經第五屆年議會批准，宋耀如自動脫離年議會，自請改為不受薪的本處傳道，並終身保留傳道人員證書。宋耀如改當自由傳道人的原因，1892 年 9 月 8 日他致美國北卡羅來納州的《基督教宣導者》主編的一封公開信中說是因為當時他在教會十五美元的月薪根本不夠養家。不當巡迴傳道的宋耀如在上海定居下來，在虹口朱家木橋東有恆路（現東餘杭路）牛家及倪家旁購地建屋，靠三份兼職養家。其一是執教於慕爾堂內的主日學校，其次是在景林堂對面的中西書院（Anglo Chinese

25　Ensign A Tourtellot "CJ Soong and the US Coast Guard"，*US Naval Institute Proceedings*, Vol 75，1949。在該文出版以前坊間傳說因 Colfax 號的船長 Charles Jones 所以他取了這個英文名，實不確。

26　王醒民、唐繼無：《宋氏家族第一人：宋耀如全傳》，東方出版中心，2008。

27　由宋子文題詞、1935 年 10 月出版的《監理會中華年議會五十周年》紀念。

College，後於 1900 年與蘇州博習及宮巷兩書院合併成為東吳大學）教書。其三，就是從商。他傳道的時候兼職賣聖經，很自然做起了聖經的生意。1890 年他在自家地下室裡開辦小型印刷廠，為美國聖經會（American Bible Society）印刷聖經，他把公司取名華美印書館，是當時最大教會出版機構美華印書館名稱的相反，華先於美，反映了宋氏華人自強的思想。據他的外甥女牛惠珍回憶，印好了的聖經由倪桂珍做校對。據說宋打破當時用價格昂貴的紙張印《聖經》的成規，大膽地用廉價的中國紙張開印《聖經》，使其價格大大降低，銷量猛增，又承印《萬國公報》。多年來有多份中、英文著作稱宋耀如靠印聖經發大達，是中國甚至遠東當時最大出版商之一，《宋家皇朝》作者 Seagrave 甚至叫他做中國最早的盜版大王。問題是筆者從多方面的資料都無法證實他的印刷事業有多大，有些作者將監理會辦的福州美華書館及上海華美書館（以上兩館皆稱 Methodist Publishing House in China）甚至長老會的美華印書館（American Presbyterian Press）跟宋氏辦的華美混為一談，無論如何，到民國時期已沒有宋氏華美印書館的資料，他倒是在兩家出版業龍頭企業——中華書局及商務印書館都有股份，據研究近代印刷史最精的汪家熔透露，宋耀如是在商務創業十年後（1907 年）入股，由於商務創辦人都是長老會教徒，與既是教會中人又是同業的宋認識並不為奇，而據張元濟日記顯示，由商務分拆出來的中華書局他也是股東，宋並曾跟他的長婿孔祥熙一同代表中華跟商務磋商合併的事宜，但最終沒有落實，孔後來吞併中華書局自任董事長，此為後話。真正令宋氏有資本支持革命但較少人提及的，是他於 1898 年參與創辦的中國近代首家民族機器麵粉廠——阜豐（Fou Foong Flour Mills）。話說當年中國麵粉市場由入口美製麵粉壟斷，出身官宦的壽州孫家後人多森及多鑫兄弟見德商增裕麵粉在中國以機器生產有一定成績，於是找上英文了得、熟悉美國的宋氏幫手到美採購機器，[28] 1900 年阜豐投產，到 1905 年全國捲起排美風潮，阜豐搶去不少市場，而獲分配股票的宋氏亦因此獲利豐厚。

宋耀如是如何認識孫中山，有幾個版本。一說他到廣州協助成立青年會而認識，這說法不確。另一說法是他在

宋家全家福，後排左至右：宋子良、宋耀如、倪桂珍、宋美齡；前排左至右：宋靄齡、宋子文、宋子安、宋慶齡。

1894 年孫中山偕陸皓東由粵赴滬，尋找上書李鴻章的門徑時，在主日禮拜與宋耀如結識，三人屢作終夕談。無論如何，可以肯定時為 1893 至 1894 年左右，這比溫秉忠與孫中山認識遲十年，從這可以推斷宋透過溫認識孫氏的可能性極高。據孫中山的《建國方略》稱，1895 年清廷在甲午戰事中失利，「京津亦岌岌可危，清廷之腐敗盡露，人心憤激，上海同志宋耀如乃函促歸國，美洲之行因而中止。遂與鄧蔭南及三五同志返國，以策進行，欲襲取廣州以為根據」即是說第一次武裝起義——廣州起義即由其建議發起。廣州起義失敗後，他仍暗中支援孫中山，在自家的印刷廠裡秘密為興中會和後來的同盟會印刷宣傳革命小冊子，並在經濟上資助孫中山的革命事業。孫中山流亡海外後，每次回國必然住在宋家。

　　二十世紀初，中國基督教自立運動興起，宋於 1900 年與顏惠慶、黃佐庭、曹雪賡等組織上海中華基督教青年會，1906 年起充任董事六年，並曾於 1911 年當選會長，據梁小初回憶，宋耀如每天午膳都會到青年會餐室，飯後打桌球再返公司上班。[29] 到 1902 年，宋又與商務的夏瑞芳、高鳳池、謝洪賚、張桂華等十三人一同發起組織了上海最早的基督教自立會——中國基督徒會。1903 年上海拒俄運動中，他在教會的拒俄集會上慷慨陳詞，「大旨謂耶教救國有自由之權，今俄人奪我之地，我欲自保，並非奪人之地也。教友能結團體，如日方新，有蒸蒸直上之勢云云。」1905 年他赴美訪問資助他讀書的富商卡爾，並為中國革命向卡爾募捐。1906 年，十三省留日學生為抵制日本帝國主義歸國後在上海吳淞創辦中國公學。中國公學是同盟會在上海活動的據點，校內革命黨人數眾多，宋耀如亦是教員之一，學生中包括後來著名的胡適。1912 年孫中山離職來滬後，宋不僅將法租界寶昌路 491 號宋宅供孫及其眷屬居住，而且還幫孫中山處理財務和負責英文信件的答覆等等。1912 至 1913 年期間，宋耀如不僅積極參與孫中山的實業建設活動，還介紹長女宋靄齡任孫中山秘書。當時，他擔任由孫中山創辦的中國鐵路總公司的會計，後又執管由孫中山創辦的中國興業公司的所有簿據。「二次革命」期間，宋家父女不顧危險，助孫工作。1913 年 8 月孫流亡日本之前，宋亦舉家先逃到日本，為孫探路，待孫抵日即應召密議。在日本，他不顧體弱多病，依然與長女一起以孫中山秘書的身份為孫工作。適逢次女宋慶齡大學畢業，即召她來日，協助自己為孫工作。宋靄齡結婚後，宋慶齡即正式成為孫的秘書。後來 1915 年 10 月孫中山與宋慶齡結婚，宋耀如雖然極

28　據史家羅香林關於基督教深圳布吉凌家的文章，宋耀如是由幫李經羲理財的凌善昭介紹給孫氏兄弟。據卜舫濟 1928 年 *A Short History of Shanghai*，宋買機器的職務本由顏永京之子誌慶充任，推斷因顏氏猝死而由宋氏補上。

29　張志偉：《基督化與世俗化的掙扎：上海基督教青年會研究（1900-1922）》。國立台灣大學出版中心，2010。

度不滿，但仍忠於孫的革命事業。1918 年 5 月 3 日，宋耀如因病在滬去世，葬於上海西郊的萬國公墓，結束他傳奇的一生。

倪桂珍為宋生了三子三女，她持家甚儉，家庭積蓄除供書教學以外，都用作資助革命事業，有餘款還會用於貧苦助學及資助教堂。她以宗教戒規訓示子女，送子女進教會學校接受西式教育，女兒入讀監理會的中西女塾，兒子入讀聖公會的聖約翰大學，並親自教授子女閱讀和彈鋼琴。宋耀如去世後，倪桂珍遷至上海西摩路（今陝西北路）369 號，並熱心教會事務。她每星期必定會到景林堂（Allen Memorial Church，紀念林樂知而設；1981 年改稱景靈堂）做禮拜，教堂甚至為她在最前排設立了特座。1918 年，北新涇馬家宅信徒馬沈氏（當地人稱馬老太）、倪桂珍、黃佩文三人坐馬車往返於北新涇地區佈道。同年，她們在北新涇東大街 8 號成立滬西佈道所，有信徒七十餘人。佈道所建立後，瑞典女傳教士克利和卡德生加入，後佈道所遷往西大街，聘請牧師湯榮福主持。1927 年底，遷往周家橋三角場租賃三間樓房，取名滬西神召會耶穌堂（現稱滬西禮拜堂）。

蔣介石信奉基督教，與他虔誠的岳母倪桂珍有關。1927 年 12 月，蔣介石和倪桂珍三女宋美齡在上海舉行婚禮，宋家曾邀請當時景林堂的牧師江長川（Z.T. Kaung，1884-1958）擔任主婚牧師，江長川認為蔣雖然按照宋家的要求，和別的女人斷絕了關係，並登了廣告，但手續尚未辦清，所以蔣的離婚沒有法律依據，一再拒絕出席。因此蔣、宋結婚只能請基督教青年會的總幹事余日章主持。據蔣介石日記紀錄，1927 年 12 月 11 日，蔣介石到景林堂聽教。24 日晚，在岳母家過「聖誕」。25 日下午，在岳母家慶祝聖誕。這一天蔣介石很高興，稱之為「十年來未曾有之歡樂得之於今日」。1929 年，蔣介石開始閱讀基督教著作《人生哲學》。日記有「到岳母家聽道畢」，「到湯山，聽岳母講教義」等記載。不過這一時期，蔣介石還未成為教徒。

1930 年 1 月 12 日，蔣介石到孔宅與王寵惠、孔祥熙一起聽講教義，講及孫中山也是基督徒開始動心。日記云：「總理亦教徒之一，且倫敦蒙難，以專心虔禱，得免禍害也。」2 月 17 日，倪桂珍堅決叫蔣介石信教，蔣答以「余以尚未研究徹底，不便冒昧信從」。21 日，倪桂珍和宋美齡邀請江長川牧師專程自上海到南京，勸蔣介石受洗禮，蔣仍答以「未明教義」，江長川牧師則勸蔣「先入教而後明教義」。蔣要求給予三個月的時間研究。2 月 28 日，蔣介石聽說倪桂珍要從南京回上海，想起岳母

對自己的「處處愛惜」，不覺淚下。10 月 23 日，蔣介石到上海，發現岳母病況嚴重，決心入教，「以償老人之願，使其心安病瘥」。1930 年 10 月 23 日，蔣介石接受江長川牧師洗禮，正式成為教徒。24 日日記云：「主義為余政治行動之信仰，教義乃為余精神惟一之信仰。願從此以後，以基督為余模範，救人救世，永矢勿忘。」[30] 此後，蔣介石將基督教視為救國良方，力圖將儒學、三民主義和基督教教義結合起來，甚至表示要將中國建設為一個基督教國家，還以《聖經》占卜吉凶，尋求解決政治、軍事危機的啟示。1931 年 7 月，倪桂珍在山東青島避暑時驚聞長子遇刺，加上本身有病，延至 23 日猝逝，8 月 18 日合葬於滬西萬國公墓宋耀如之墓。上海舉辦喪禮時，其子女宋靄齡、宋慶齡、宋美齡、宋子文及蔣介石、孔祥熙、杜月笙等俱有參加，喪儀極一時之盛。

Nie Family
第三代

俠骨仁心，惠澤社群：
牛尚周夫婦的後人

　　早年在朱家木橋與宋家只一牆之隔的牛家（即牛尚周、倪桂金夫婦及子女），二子二女及他們的配偶分別在醫學、教育、建築及外交界各自闖出成就，而且都沒有依靠宋家表親的權勢，完全憑自己的努力建立事業。倪桂金的長子牛惠霖（Way-Ling New，1889-1937），據《上海通誌》引述，牛惠霖 1907 年上海聖約翰大學醫學部畢業後，赴英國劍橋大學深造，獲醫學博士學位，為英國皇家外科學會會員，並領有皇家內科學會開業證書，任倫敦醫院主任醫師。第一次世界大戰期間參加救傷工作，任倫敦葉普斯惠區醫院、密它瑟斯醫院重傷外科手術主任醫師。1919 年回國，任仁濟醫院副院長兼外科主任。

　　牛惠霖的弟弟牛惠生（Waysung New，1892-1937）1892 年生，小時與舅父倪錫純及表弟宋子文為玩伴，小學是宋慶齡的同學，1902 年進聖約翰中學為顏惠慶的學生，1910 年畢業於聖約翰大學，獲文學士學位，再赴美國哈佛大學醫學院深造，1914 年獲醫學博士學位。同年 7 月赴新斐德福城（New Bedford）聖路加醫院（St. Luke Hospital）任外科醫師。1915 年回國，

30　楊天石：《找尋真實的蔣介石：蔣介石日記解讀》，香港三聯書店，2008。

出任在 1911 年成立的上海哈佛醫學校解剖學講師。從父親牛尚周的書信中可以看到，當年在中國由洋人辦的醫院對華洋員工的待遇有異，可能因為這個原故，牛惠生 1916 年再度赴美，先後在波士頓加爾納醫院、兒童醫院、麻省總醫院和霍布金斯醫院當骨科醫師。1918 年惠生回國，主持由洛克菲勒基金會資助設立的北京協和醫院（Peking Union Medical College Hospital）的骨科部門。在北京，他先後擔任北京醫學會、北京聖約翰大學畢業同學會、哈佛大學畢業同學會及華北留美學會秘書及美國醫學會和骨科醫師協會會員等職。

1920 年，牛氏兄弟決定自立門戶，在祁齊路（今岳陽路，即後來宋子文上海公館的對面）自設霖生醫院。時英國駐香港總督重病，電請該國政府派良醫救治，英國衛生部電覆囑請牛惠霖往診，不久治癒，此事轟動香港，傳為佳話。1923 年，日本關東地震，中國紅十字會派理事長莊得之及醫務長牛惠霖組織救護隊東渡救助，[31] 獲日本赤十字會紀念勳章。牛氏兄弟醫術高超，為上海最知名的醫生，但對病人他們是無分貴賤、不問政治取向，黨國要員如表妹夫蔣介石、汪精衛及張靜江是他們的病人，1927 年、1932 年他們又曾兩次秘密治癒紅軍將領陳賡的腿部重傷，乞丐窮人他們同樣來者不拒。但他們亦會拒絕病人，如牛惠生便曾推掉一位少婦付重金打胎的要求；而 1935 年投靠日本的外交部次長唐有壬（維新志士唐才常之子）在寓所被擊中三槍，終因牛惠霖拒絕留院治理而身亡。1932 年「一・二八」淞滬抗戰期間，牛氏兄弟與宋慶齡、何香凝等組織戰地救護工作，在上海、蘇州兩地設立傷兵醫院，由牛惠霖出任傷兵第一醫院院長、上海公共租界萬國商團華隊軍醫長。此外牛惠霖還做過中國紅十字會總醫院院長兼紅十字會時疫醫院、西藏路時疫醫院院長；牛惠生則兼任西門婦孺醫院、蘇州博習醫院和杭州廣濟醫院骨科醫師，上海紅十字會醫院總辦，中國紅十字會總醫院外科主任及滬江女醫學院教授。兩兄弟並到母校聖約翰大學醫學院當兼職教授。他們有份創辦的中華醫學會，牛惠霖出任第五屆會長，牛惠生則於 1930 年被選為第八屆會長，任期內實現與中國博醫會合併，消除了國籍界線，加強了醫界團結。由於他們的專業知識，蔣介石亦聘請他們出任政府醫療衛生行政機構要職及醫事顧問。據蔣介石的「御醫」熊丸說，蔣因西安事變時背部

牛惠生抱著牛康民。

受傷，渾身痠痛，牛惠霖建議他去拔牙，把牙齒全拔之後，痠痛自然好轉。委員長聽了建議，便把牙齒全部拔掉，痠痛也果真痊癒……」[32] 1927年，牛惠生任國民政府軍事委員會軍醫監理委員會委員長，1937年則任教育部醫學教育委員會委員。

惠生獻身醫療衛生事業二十餘年如一日，1934年身染白喉，繼發慢性腎炎，病情日重，他仍積極參加醫事活動。1937年日內瓦萬國外科協會授予會員銜，同年4月籌辦的上海中山醫院成立，牛惠生出任首任院長。但這時他自己的健康已完全崩潰，5月4日他以四十六歲之齡病逝，設奠之日，醫界特為之公祭，弔唁者逾千人，包括宋氏三姊妹及宋子文等要員，坐輪椅的張靜江亦堅持出席。他遺囑將所有儀器捐助杭州廣濟醫院骨科，充實設備。圖書資料全部贈予中華醫學會圖書館。雖然牛惠生為全國名醫，收入豐厚，但由於他為人慷慨，私下給自己參與的各大醫護慈善機構捐資不少，又資助窮困醫學生進修，[33] 替友人作擔保借貸，死後家境清貧，僅得他出任醫務顧問團的英美煙草公司給予的撫恤金11,600元，但堅毅不屈的牛夫人徐蘅女士仍尊照先夫遺願將這筆遺款捐贈給中華醫學會作圖書經費。為表彰其功績，中華醫學會圖書館改名為「牛惠生圖書館」。牛惠生過身後不久，牛惠霖亦病倒，但他仍抱病到上海參加「八一三戰役」後的救援工作，同年底在上海病逝。

牛惠生的遺孀徐蘅又名亦蓁（Y. T. Zee，1894-1981），1894年1月5日出生於江蘇昆山最古老的基督教家族，祖父是昆山浸會堂首任牧師徐退三，父親為聖約翰歷史文學教授徐崇敬，母為昆山浸禮會女子學校校長程蓁，她的姑丈唐乃安是第一位自蘇格蘭愛丁堡大學醫科畢業的中國學生，是上海最早的華人西醫之一，與宋耀如及李登輝等共創寰球中國留學生會，表兄唐腴廬是1931年為宋子文擋子彈而犧牲的秘書，表妹唐瑛是上海四大名媛之一。[34] 徐蘅的一位弟弟徐士浩是當年上海灘的名律師，另一位弟弟徐振東曾為滬江大學教授並在新華銀行上海分行任總經理，娶上海鉅富嚴信厚的孫女嚴蓮韻，蓮韻的外甥女楊茜恩嫁溫秉忠的外孫唐驤千，親上加親。徐亦蓁早年被送入晏摩氏女中，受校長Lottie Price捨己為人的精神感染信教，1915年進入剛成立的南京金陵女子文理學院（簡稱「金女大」），主修歷史、副修心理學，是該校1919年第一屆五名畢業生之一，與後來的「金女大」校長吳貽芳為同學。

徐亦蓁於1922年赴美國深造，進入紐約哥倫比亞大學師範學院，主修教育行政，副修心理學，1923年獲教育碩士學位。回國後在上海從事

31　莊得之為盛宣懷夫人的弟弟，上海銀行成立時的最大股東。

32　《熊丸先生訪問紀錄》，中央研究院近代史研究所，1998年，第86頁。

33　曾國藩的曾孫女曾寶菡便是由牛惠生資助留學，成為知名骨科醫生。

34　唐腴廬娶譚延闓侄女譚端，女小腴嫁宋子安夫人的堂弟胡其杰；唐瑛為名舞台設計家李名覺的母親。

1　前排：牛康民、牛恩安、夏益榮、牛恩健。二排左起：
　　牛惠珍、徐亦蓁、牛倪桂金手抱牛恩德、劉義基手抱牛
　　恩美、牛惠珠。後排左起：過秉忠、夏晉麟、牛惠生、
　　牛惠霖、過養默、過惠生。

2　牛尚周夫人在上海。

3　牛惠珠與監護人子女 Grace Ware Holbrook, Cabot Holbrook 及
　　Lucy Brooks Holbrook 在家中。

教育工作，先後主管盲童學校、教會免費學院及孤兒院等。1924 年，她
與牛惠生結婚，據她回憶，當年她跟惠生都以事業為重，兩者都沒有結
婚成家的意思，成親完全是為了滿足雙方家長，[35] 婚後她積極參與牛惠
生創辦的上海骨科醫院的募捐與籌建工作。1928 年，「金女大」董事會
改組，徐亦蓁被選為董事會主席；同時吳貽芳當選「金女大」校長。二
人密切合作，為「金女大」的發展而努力。1937 年，牛惠生病故，獨子
牛康民年僅九歲，抗日戰爭爆發，滬寧一帶頻遭敵機轟炸。徐亦蓁抑制
個人悲痛，擔任國際紅十字會上海分會執行委員、難民營衣服工作組負
責人；也是志願護理大隊長、搶救負傷市民醫院院長，全國學生及孤兒
救濟會主席。1939 年徐亦蓁又向醫學會捐助四千元美金，支援骨科學的
研究。

　　1943 年，徐亦蓁再赴哥倫比亞大學師範學院研究院，攻讀人事管理
及學生輔導博士學位。1944 年獲女生訓導長（Dean of Women）專業執照。
翌年，成為美國女生訓導長協會委員，她是第一位、也是當時唯一的中
國婦女會員。1945 年，吳貽芳出席聯合國制憲會議，聘請徐亦蓁為私人
顧問。會議後吳貽芳因疲勞過度病倒，徐亦蓁日夜陪伴照顧，使吳貽芳
很快恢復健康。1946 年，徐亦蓁出任聯合國婦女地位委員會的中國代表，
她的發言與意見常使其他國家代表刮目相看。同年 10 月回國，創立全國
大學婦女協會，擔任副會長。其後，「金女大」校董會成立諮詢委員會，
徐亦蓁被推舉為主席，她的弟婦嚴蓮韻三姊妹都是「金女大」畢業生。
1951 年，「金女大」旅美校友會在紐約組織成立，徐亦蓁出任第一任會
長。1955 年應聘在俄亥俄州西方女子大學（Western College for Women, Ohio）
任教，先後任歷史系講師，新生輔導及訓導主任等職。六十五歲退休時
獲該校榮譽博士學位。1981 年 2 月 1 日，徐亦蓁在佛羅里達聖彼得堡市
療養院去世，遺囑將骨灰撒入大海。

　　牛惠生跟徐亦蓁的獨子牛康民（Peter Kongming New，1928-1985）1928 年
生於上海，父親死時年僅九歲，1949 年自長春藤名校 Dartmouth College 畢
業後到芝加哥大學師承社會學芝加哥學院派宗師 Everett Hughes，1954 年
取得碩士。及後他南下密蘇里大學，1959 年得博士，旋即在哈佛大學做
兩年後博士研究。牛康民的研究集中於醫生與病人的關係，研究早期加
拿大傳教醫生跟華人病人的關係，先到南佛羅里達州大學任社會系主
任，後去多倫多大學醫學院任行為科學教授，1980 年成為應用人類學會
（Society of Applied Anthropology）1941 年成立至今唯一一位亞裔會長，該會

35　Jane Hunter, *The Gospel of Gentility: American Women Missionaries in Turn of the Century China*, Yale
　　University Press, 1989.

於 1990 年成立牛康民獎學金。他的太太 Mary Sue Louie 跟他志同道合，從事社會學研究。

牛惠霖的遺孀劉義基（Catherine Lau，1897-1989）1919 年自俄亥俄州立大學（Ohio State University）社會學系畢業，是首位自該校畢業的華人女生，後到歐柏林學院（Oberlin College）進修音樂。牛惠霖和劉義基結婚時，孫中山送給他們一隻銀盾，上面刻著：「惠霖先生義基女士　鸞鳳和鳴　孫中山賀」。牛惠霖和夫人育有二子二女，兒子恩安、恩健，女兒恩美、恩德，後來全都定居美國。牛惠霖長子牛恩安（Abraham En-an New，1927-2010），在聖約翰大學唸了一年之後，1946 年留學美國，先到母親的母校歐柏林學院，1951 年自慕迪聖經學院（Moody Bible Institute）畢業，曾在波士頓及芝加哥華埠當牧師，後來在俄亥俄州一所全白人教堂當了二十六年牧師，1979 年從聯合神學院（United Theological Seminary）取得神學博士，論文為《美國亞裔牧師如何有效地主持以白人為主的教堂》，是唯一出任神職的倪牧第四代後人。他的太太梁景賢（Georgiana Liang）是牙刷大王梁新記創辦人梁日新的千金，[50] 在上海震旦女子文理學院肄業，後赴美跟多位大師進修管風琴，在教堂當琴師。大陸改革開放後牛恩安曾一度從事中美貿易，又曾返上海並向家鄉捐輸。他們的兩女分別在加州及馬里蘭州當執業律師。牛惠霖次子牛恩健（John En-Chien New，1931-2008）則是在化粧品業工作的化學專家，1990 年曾返國作技術交流，2008 年在亞里桑那州過身，享壽七十七歲。

牛惠霖的兩位千金在醫學及音樂方面都有傑出的成就。長女牛恩美（Mary New，1933）繼承父親衣缽業醫，她於 1933 年出生，中西女中畢業後進入父親有份創辦的上醫（時稱上海第一醫學院，第二醫學院則為父親母校約大醫學院及震旦大學醫學院合併而成），1957 年畢業後進入表姑媽宋慶齡以斯大林獎金於 1952 年創立的中國福利會國際和平婦幼保健院工作，曾任婦產科主任醫師逾卅年。由於工作加上親戚關係，牛恩美跟宋慶齡交往不下十次。改革開放後，牛恩美於 1978 年獲資助到紐約市 Sloan-Kettering 癌症中心（Memorial Sloan - Kettering Cancer Center）進修，研究成果多次被發表。1982 年她返國出任婦幼保健院生化實驗室主任，致力子宮疾病研究，並曾當選上海市政協，上海市人大代表及三八紅旗手。1985

牛惠珠在留美監護人 Fred Holbrook 的 Vermont 省 Brattleboro 家中。該宅本為名作家 Rudyard Kiping 之家「Naulahka」。

年牛恩美得到美國洛氏生物技術獎金，到美國 Baylor University 進修三年，從事免疫避孕方面的研究，並在美定居。1988 年至 2005 年間，她在美國洛克菲勒大學人口研究中心從事研究，退休後定居佛州西棕櫚灘，方便照顧患癌的妹妹，但仍經常往返上海探望百歲的家婆吳賀倩雲及其他親朋，她跟已過世的丈夫吳金泉育有一子吳剛，亦在美工作。

牛惠霖的么女牛恩德（Lily En-Teh New）1934 年出生於上海。兩歲時，父親便不幸病逝，名翻譯家傅雷（名鋼琴家傅聰之父）認了她為乾女兒，多年來對她多番栽培。由於唸音樂的母親希望女兒成為一名音樂家，牛恩德六歲就讀上海覺民小學時便每星期去俄籍鋼琴老師拉撒羅夫（Boris Lazaroff）家上鋼琴課，風雨無阻。到十三歲時，牛恩德已能在各種場合演奏，並與上海交響樂團合作演出葛利格（Grieg）的鋼琴曲，愛彈鋼琴的表姑媽宋慶齡百忙中抽空到會場聽她的演奏，完畢後還親手送給牛恩德一個漂亮的花籃，此後每次演奏會她都到場支持。[37] 中西女中初中畢業後，牛恩德考入上海音樂學院。在老師李翠貞的嚴格指導下，她彈奏鋼琴的技巧一日千里。然而在 1954 年，牛恩德卻因患眼疾，被迫退學回家療養。1957 年，牛恩德在母親的陪同下，離開上海經香港赴英國倫敦繼續學業。她先後在倫敦音樂戲劇學院（Guildhall School of Music and Drama）學習，由 Guildhall 校長選拔在皇家愛爾伯特演奏廳為英皇太后獻奏，又代表香港參賽英聯邦音樂節。在英國取得四張文憑後，她又繼續到美國辛辛那提大學音樂學院進修。1965 年，牛恩德參加在美國麻省舉辦的全美鋼琴比賽，獲青年藝術家稱號。由於學費、房租及生活費用昂貴，牛恩德不得不在課餘教三十個美國小學生彈鋼琴，半工讀先後獲得鋼琴和音樂教育兩個碩士學位，辛苦十年後終於從辛辛那提大學獲得博士學位。畢業後到紐約長島一所公立學校出任音樂系主任。由於早年受眼疾影響，牛恩德早年主要以教琴為主，到 1970 年代末才開始到各地作演奏，近卅年多次在亞洲、美洲、歐洲各地進行鋼琴演出。

1977 年夏，牛恩德首次回國演出並探望表姑母宋慶齡，宋氏特地在北京榮寶齋買了一本緞面冊子相送，並親筆題詞：「望你手下的琴聲奏出祖國欣欣向榮的景象　恩德留念　宋慶齡 1977 年 8 月。」1981 年慶齡過身，在紐約的紀念會上由牛恩德彈奏她生前最喜歡的兩首古典曲目。

及後她曾三度應中國文化部的邀請，回國與上海交響樂團及中央管弦樂團合作演出，並在上海、廣州、北京等地舉行獨奏會，還在香港、台灣等地進行巡迴演出。牛恩德又經常在美國紐約等地舉行音樂會，演

36　梁日新侄梁知行在港創立星光實業出產著名的紅 A 牌塑膠用品。
37　牛恩德：〈深情回憶表姑媽宋慶齡〉，《中國社會科學報》，2011。

奏中國近代作曲家的作品，使西方人享受到富有東方韻味的琴聲，美國紐約《每日新聞》稱譽她為「東西方文化交流的使者」。牛恩德終身未婚，目前在佛州西棕櫚灘過退休生活，年逾七十五歲的牛恩德近年雖然患乳癌，但她沒有停下來，她一直關心母校上海音樂學院及中國鋼琴演奏事業的發展，2007 年上海音樂學院八十周年，她慷慨捐助成立「牛恩德鋼琴音樂獎學金」，資助有潛質的學生。她還認廈門大學音樂教授張長峰的兒子、鋼琴神童張勝量為義子。由於乾娘姓牛而自己又屬牛，張勝量改名牛牛，2005 年八歲便獲上海音樂學院破格取錄入大師班；2007 年年僅十歲便成為 EMI 百代唱片有史以來最年輕的簽約古典鋼琴家，成為郎朗、李雲迪以後又一華人鋼琴新星。2011 年牛恩德又增設「牛恩德鋼琴比賽獎」，並於 2012 年初在上音舉行首屆比賽，繼續為祖國發掘人才。

牛尚周的長女牛惠珠（Wai-tsu New，1897-1936）於 1907 年年僅十二歲便與表姐宋慶齡及宋美齡一同到美國東岸留學，由 Vermont 省省長 Frederick Holbrook 同名孫兒監管，在麻省 Milton Academy 寄宿兩年後到麻省劍橋女校再考進與哈佛相連的女校 Radcliffe College，擔任哈佛中國同學會副會長。[38] 從《中國學生報》等可見，當年牛惠珠在波士頓頗為活躍，例如 1914 年一班留學生上演西遊記話劇，她與表妹宋美齡同列為製作助理（監製後來成為清華校長的曹雲祥），1916 年一次哈佛及麻省理工中國學生聯誼會上她又在湯藹林（後來王正序夫人，見第四章王家）的鋼琴伴奏下作開幕獨唱，她的表哥宋子文及哥哥牛惠生亦有出席該會；1917 年她又曾在大都會會所（Cosmopolitan Club）作關於中國政局及生活狀況的演講。據麻省理工校報講述，牛惠珠在 Radcliffe College 追求者眾，包括美籍白人學生，但她的心屬於麻省理工留學生過養默（字嗣僑，Yang-mo Kuo 1895-1975）。兩人在異鄉未畢業便於 1918 年 11 月成親，並於 1919

年 9 月產下長子過惠生，被同學們封為「1919 年屆嬰兒」。校報載他們的婚姻是突破傳統的，並將返國打破更多傳統。[39]

過氏出生於江蘇無錫八士橋鎮的書香世家，明朝以來過家出狀元數百

牛惠珠、過養默在麻省 Milton 市的婚禮。左至右：監護人太太姐 Mary R. Cabo，監護人太太 Grace Cabot Holbrook，監護人女兒 Grace Ware Holbrook（照片提供者 Veronica Haskell 為她的孫媳）及牧師 W. Dewees Roberts。

人，過養默於 1917 年自交通部唐山工業專門學校土木工程系畢業後獲清華官費留美，是無錫最早的留學生之一。先負笈康奈爾及哈佛，1919 年自麻省理工取得土木工程碩士，在波士頓 Stone & Webster 工程公司實習一年後回國，先在南洋公學（交通大學前身）土木工程系當副教授，1921 年 3 月與康奈爾畢業的呂彥直（後於 1925 年自立彥記建築事務所，設計南京中山陵而留名）及留英歸來的黃錫霖（香港鉅富何東外甥，其兄黃雯醫生與宋慶齡、牛惠生兄弟稔熟）創辦上海東南建築公司（Southeastern Architectural & Engineering Co）並任總工程師，最出名的作品為 1924 年建成的上海銀行公會大樓（今上海黃浦區香港路 59 號的愛建公司）以及 1933 年 5 月落成的南京國民政府最高法院，又承建南京東南大學科學館、梧州廣西大學全部校舍、顧維鈞在上海的洋房、謝永欽捐出作耶穌教自立會總部的華山路房子等。1924 至 1925 年過氏又曾出任北京政府航空總署總工程師，在上海、南京、徐州及濟南等地設計機場。[40] 過養默以他的專業建立起一定的財富，但賺到的錢他亦捐助不少以回饋社會，尤其是在教育方面，例如胡適辦的中國公學向寧波外貿耆宿葉鴻英辦的上海正大銀行舉債三億法幣建校舍，過氏便曾因私人擔保一億而惹上不少麻煩，胡適及蔡元培的文集都有提及。出錢以外，他亦身體力行，1937 至 1940 年他便曾在上海約大土木工程系兼職教授。戰後他重遇昔日哈佛同學，曾任湖南財政廳長、財政部公債司長的尹任先（Ernest Yin）。尹氏是大企業家聶雲台的表弟，又是孔、宋親信，抗戰時甘願放棄名利全心獻身教會辦學事業，在重慶辦起聖光學校。過養默受尹感召信教，充任聖光財務委員會秘書，將自己其中五名子女送入聖光，大力資助建立蘇州校舍，又參與在上海籌建大學，甚至解放後聖光被併入市立第五中學，他仍匯款資助尹氏一家。[41] 牛惠珠 1936 年 9 月過身以後，過養默 1951 年與葡萄牙籍女子再婚，合共有十一名子女，其中已入美籍的過覺生於 2007 年為過養默在上海永福路住宅業權與留在國內的弟妹過潤生及過舜英（及其子張大毅）對簿公堂，最後敗訴。過氏在 1948 年 10 月 23 日往英國參加「世界土木工程師年會」，後因肺病留在英國治療，並在 Surrey 的 Banstead 扎根，1954 年入英國籍，1975 年以八十高齡在英國去世。

　　過養默與牛惠珠育有兩子，分別以惠珠的兄長及姨丈命名：過惠生（Frederick Wai Sung Kuo，又名 Dickie Kuo，1919-2008）及過秉忠（Bobbie Ping-chung Kuo，1920-2009）。過惠生是約大 1942 年屆經濟系學生（他曾任約大美東校友會 2003 年至 2005 年副會長），由於他生在美國所以有美國公民

38　會長為約大 1913 年畢業、後負笈華頓及哈佛商學院的周啟邦（C. P. Chow）；同時在哈佛的中國留學生有其兄牛惠生、表親溫毓慶，後成宋子文秘書的唐腴廬，楊杏佛及吳憲等。

39　MIT 校報 The Tech, Feb 1, 1919, p2; November 14, 1919, p.2.

40　賴德霖編：《近代哲匠錄：中國近代重要建築師，建築事務所名錄》，中國水利水電出版社，2006。

41　《聖光指引——尹任先蒙恩三十年的見證》，1998 年 12 月（初版），第 8-10 章。

身份，1941 年 12 月他乘坐上海淪陷前赴美的最後一班船，但抵達菲律賓時日本向美軍開戰滯留菲島，那時本來不信教的過惠生在監理會的女牧師 Mary Boyd Stagg 引領下信教，而他患病時住進教會醫院認識了菲裔女西醫 Nicetas，1943 年在菲國結婚。[42] 戰後過氏夫婦在美紐約皇后區落地生根，過惠生經營一家車衣機公司，Nicetas 則出任皇后區醫務總監多年。他們的長子 Frederick Jr. 於 1969 年自卡奈基梅隆工程系畢業，娶曾任菲國駐聯合國代表及駐英大使的 Narciso Reyes 的女兒 Teresita 為妻。Frederick Jr. 在以建設發電廠出名的建築工程公司 Washington Group 任機電工程師多年，2001 年 9 月 11 日早上他如常到紐約世貿中心南樓 91 樓辦工，不幸成為「911 事件」的殉難者之一。Frederick Jr. 生前工餘熱心教會事務，為 Great Neck 社區教堂主席，他與當婦科醫生的妻子育有四子女，其中一子 Michael 曾為負責統籌及挑選「911」世貿中心遺址紀念館設計的 Imagine New York 項目經理。

過養默的次子過秉忠，1945 年自聖約翰大學畢業後在上海祥泰木材廠工作，1953 年應長春膠合板廠聘請舉家前往東北長春，擔任總工程師，期間他編寫出版過《膠合板工藝學》一書，1959 年調入中國林業科學院木材加工研究所主任工程師，文化革命時，被下放到廣西、江西等地。1973 年九月前往英國探望父親，在 Swansea 卡迪夫大學進修兩年取得工業工程碩士學位，1976 至 1978 年攻讀博士學位，同年獲英國鋼鐵公司聘請擔任中國工程顧問。改革開放後他返國做生意，發覺市面缺乏西式糕點，雖然他不懂廚藝，但很懂得吃並洞悉商機，於是在上海靜安區僑聯牽線下，於 1986 年成立首家三資西式糕點企業——中英紅寶石食品（Ruby Foods），他與靜安區糧食局各佔 45%，僑聯佔 10%，投資二十萬元在華山路設店，由英國駐上海總領事主持開幕儀式，為上海重新引入西式糕點。同年 12 月，英女皇訪滬，英使館向紅寶石訂製三層奶油蛋糕致賀。由於當時區內有希爾頓、貴都等旅館興建而引來不少西方遊客，公司首年已回本。除了天時地利之外，紅寶石的成功在於注重產品質素，當年國內蛋糕用人造奶為材料，過秉忠雖知成本昂貴但仍堅持使用鮮奶，分店亦全部直資不作特許經營以控制品質。隨著經濟發達市民提高消費，紅寶石亦發展為分店達

夏晉麟與牛惠珍結婚照。

廿多家的連鎖店，營業額過千萬，1990 年代初更曾到北京、青島、瀋陽甚至新疆開店。念舊的過秉忠不時會在華山路店以免費蛋糕及咖啡招待老同學，又當過中國宋慶齡基金會名譽理事。2009 年過秉忠過身後，他與前妻譚寶瑾生的兩子女過雷慶及過霞慶，曾跟繼母應葭芳在上海對簿公堂爭取繼承權。

牛惠珠與過養默沒有女兒，她跟買辦世家席德柄的夫人黃鳳珠要好，認了席德柄的三女席與明（Vivian Hsi Lieu）為乾女兒，席與明後來跟哥哥席與文的同學劉德麟結婚，此君乃劉吉生之子，劉鴻生的侄兒（見第二章顏家），席與明於解放後移居香港再到加拿大，辦了一家旅行社，多次帶團返上海。席與明幾姐妹都嫁入名門，席與昭嫁上海證券交易所理事長張慰如的兒子張長春（Z. T. Chang）；席與萱（Florence Hsi）嫁加拿大名醫林達偉（David Lin），林達偉的弟弟林達光（Paul Lin），曾任宋慶齡的英文秘書，太太是宋子文左右手陳行的女兒陳恕；六妹席與時嫁給張靜江的侄孫、古錢大王張叔馴之子張南琛（Nelson Chang）。由於張南琛的家世背景，他跟在紐約聚居的國府要員後人都很熟，顧維鈞子德昌及宋子文長女瓊頤兩宗婚禮他都充任伴郎，但到他自己結婚時父親投資失利破產，他亦自食其力，在時喜證券行（Shearson）任職商品期貨交易研究主管近卅年，師承有期貨基金之父 Richard Donchian，1990 年代初更與同事自創 Chang-Crowell 基金，為炒期油、期棉、期糖的專家。

牛尚周的次女牛惠珍（Way Tsung New Hsia，1900-1999），在裨文及中西女中讀書後十三歲便留英，從父親給監護人 Davies 小姐的書信可見其父寄望她讀醫，並希望她每星期到教堂及不與男生胡混。當她入大學時父親已過世，結果她沒有讀醫，進 Cheltenham 女子大學（Cheltenham Ladies' College）及皇家音樂學院，1923 年在上海與同是留英歸來的夏晉麟結婚，除在東南大學、持志大學、中央大學商學院、上海美術專科學校及中西女中等院校教授英文及音樂，她也參加各項宗教及社會工作，曾任西門婦孺醫院（Margaret Williamson Hospital，1885 年美國婦女傳道服務團成立，現上海醫科大學附屬婦產科醫院）董事會副主席、麥倫書院女校董事會主席；1929 年獲選為中國女青年會全國委員會主委。她也擔任過上海公共租界中國教育委員會委員。

夏晉麟（Ching-lin Hsia，1894-1993）字天長，1910 至 1914 年就讀天津中英學堂，1914 年留英到倫敦米爾漢爾中學（Mill Hill School)，1919 年自蘇格蘭格拉斯哥大學（University of Glasgow）畢業，1920 年獲愛丁堡大學碩士

42 Fred Kuo, "Memories of World War II in the Philippines", *SJUAA US East newsletter*, July 2003.

1　牛家人在紐約，後排站立者左至右：牛恩安、牛恩健、
　　過惠生；前排左至右：牛惠珍、夏晉麟、牛劉義基、牛
　　恩美、牛恩德、過惠生夫人 Nicetas。

2　八十年代牛家後人探望宋美齡在紐約住所攝，左至右：
　　牛恩美、牛恩安、過惠生、宋美齡、牛恩德、牛惠珍。

學銜，1922 年再獲哲學博士學銜，主修經濟及法律。在留學英國期間，夏晉麟活躍於學生運動，曾任英國愛爾蘭中國學生基督教聯會的秘書長。1922 年他返國獲 Mill Hill 同學梁寶俊的父親，時任接收威海衛督辦的梁如浩（「留美幼童」之一，曾任外交總長）委任為接收威海衛代表團秘書，初試外交工作，接收完成後離開外交界。1924 年以英文寫成《中國外交史研究》，1927 年因為該書獲南京國民政府外交部政務司長李錦綸招攬暫代其職務，為第二次參加外交工作。1926 年起他出任上海麥倫書院（Medhurst College，即紀念倪牧上司麥都思的學校）的校長五年。在辦學的五年間，他為麥倫書院建立制度，亦在何世楨辦的持志大學及章太炎辦的上海法科大學任教，後來成為《中央日報》社長及監察委員多年的陶百川便是他政治學的學生。工餘他亦勤於寫作，1929 至 1931 年他與周福慶（James Chow）將《中華民國民法》（Kelly & Walsh, *Civil Code of the Republic of China*）翻譯成英文，由司法院長傅秉常作序，又以英文寫成《上海租界問題》（Kelly & Walsh, *Status of Shanghai*）一書。

1931 年夏氏辭任麥倫書院校長，由沈體蘭繼任，重返外交界（亦為第三次），應施肇基之邀出任駐英使館一等秘書。1932 年以駐美參事出席國際聯盟理事會議，1937 年參加孫科訪俄使節團，1938 至 1940 年任中央宣傳部駐英代表，1940 至 1946 年任宣傳部駐美代表，創立中國新聞社，成效卓越，為中美新聞界所推崇。第二次大戰期間，中國國際宣傳處，在海外第一線衝鋒陷陣的大將有三：在美國的夏晉麟，在東亞的溫源寧，在歐洲的就是後來當外長的葉公超。1946 至 1956 年分別任聯合國安理會副代表及經社理事會代表。1956 年正式離開外交官生涯，由蔣廷黻繼任，改在紐約教書，晚年以英文著有《我五度參加外交工作的回顧》回憶錄，1993 年以九十九歲高齡過身。[43] 相對她的三位兄妹，牛惠珍亦非常長壽，到 1999 年 1 月才在紐約長島 Great Neck 以高齡九十八歲辭世，與夫合葬於紐約 Ferncliff 墓園，跟她的孔、宋親屬為鄰。

牛惠珍與夏晉麟僅得一子夏益榮（David Yi-yung Hsia，1925-1972），他幼年曾在英國讀書，1940 年到美國入讀 Haverford College。畢業後以優異成績考進哈佛醫學院，1948 年畢業後先在紐約醫院實習，1951 年又回到哈佛作研究及教授兒科，專注在兒科生化基因工程方面的研究，1953 年發現一種第三級血球素（gamma globulin）可以控制黃疸病的擴散。1956 年他到倫敦大學作研究一年，1957 年搬到芝加哥，成為芝加哥兒童醫院基因診所主任，並在西北大學教書，1960 年年僅 35 歲便成為醫學院教授。

43　夏晉麟著，蕭廉任譯：《我五度參加外交工作的回顧》，台北：傳記文學，1978。

1968 年他發現一種特別餐單可以讓患有苯丙酮酸尿症（PKU）的兒童腦部正常發展，而他關於基因的多項著作至今在醫學界仍廣為流傳，是兒科基因方面的權威。1969 年轉到 Loyola 大學（Loyola University）醫學院出任兒科系主任及該校附屬醫院兒科主任，鑑於他在兒科方面的貢獻，芝加哥市於 1970 年向他頒發「希望之城獎」。1971 年，夏益榮不顧危險到當時戰火不斷的越南西貢講學一年，可惜天妒英才，1972 年 1 月他返芝加哥後不幸汽車滑冰失事逝世，享年僅四十六歲，英美醫學界的同僚都深表惋惜，仍在的父母更感悲痛。[43] 夏益榮的妻子時學玄（Jayjia Hsio-Hsuan Shih），其父時昭瀛（C. Y. Shih 1905-1958）曾任常務次長，是夏父在外交部的同事，於駐巴西任內逝世。時學玄的祖父時功玖是同盟會湖北分會負責人，她的姐姐時學顏（Hsio yen Shih，1933-2001）曾任香港大學藝術系主任、也曾任職於皇家安大略博物館，是名學者李約瑟（Joseph Needham）的女友。時學玄本身是紐約大學博士，在普林斯頓從事教育測試的研究，夏益榮過身後改嫁 New Yorker 撰稿人 Robert Shaplen，繼子 Peter Shaplen 為電視監製。

夏益榮與時學玄育有兩子兩女，兒子取名夏竹文、夏竹武，女則叫夏竹英、夏竹芳。長子竹文從父親母校 Haverford College 畢業，現於馬里蘭州為執業律師。長女竹英（Judith Ann Chu-ying Hsia）繼承父業自哈佛生化系畢業後到伊利諾州大學讀醫，現在華府為心臟科醫生。次女夏竹芳（Lisa Chu-fang Hsia）原本亦打算業醫，在哈佛第一年上了攝影課後愛上了攝影，之後出任校報 Harvard Crimson 的攝影部主管，改修視覺及環境研究，學習如何攝製紀錄片，[45] 1980 年畢業後取得資助拍攝自己到大陸尋根的紀錄片《中國製造》（Made in China）。《中國製造》的成功，不但增強她對中國的興趣，亦造就她當了九年獨立製片人，1986 年她更在首部中美合作拍攝的戲劇片《北京故事》（A Great Wall）一片中出任製作主任。及後又為美國公共電視製作與亞洲新興經濟及中國文化有關的一些片集，在台灣拍攝時認識她的丈夫 Jeffrey Victor。

1989 年，夏竹芳獲美國廣播公司（ABC）新聞部聘請，協助製作名女新聞主播 Diane Sawyer 的新節目《黃金時間直播》（Primetime Live），採訪當時的中國學運，其後她成為該節目的監製，展開她的新聞廣播生涯。1994 年夏竹芳隨 ABC 的同事 Neal Shapiro 過檔國家廣播公司（NBC），出任新聞雜誌節目 Dateline 的監製，其間她贏過六項艾美獎，建立起節目的名聲。2001 年當 Neal Shapiro 成為新聞部總裁後，她被委任為副總裁，負責該

網絡所有長編新聞節目包括知名的早晨新聞節目 Today Show 以及 *Dateline*
等，進入廣播公司管理層。在她任內，部門採訪過「911 事件」以及美伊
戰事，亦經歷老主播 Tom Brokaw 及年輕主播 Brian Williams 的交接。2005 年，
夏竹芳放棄新聞接受一項新挑戰，出任 NBC 集團旗下有線電視 Bravo 的資
深副總裁，負責籌劃該頻道的新媒體策略。Bravo 頻道近年在美國電視以
一系列與時裝及生活有關的真人秀（reality show）異軍突起，這些節目觀
眾以年輕人為主，手機及網上的互動配合非常重要。為了武裝自己，夏
竹芳工餘到哥倫比亞大學攻讀 MBA，堪稱美國電視界的女強人。[46]

金錢以外：
孔祥熙、宋靄齡的百年銘賢傳奇

　　倪桂珍的長女宋靄齡（Nancy Eling Soong，1889-1973）1889 年出生在上海，
英文名 Nancy 是紀念父親助學恩人卡爾的太太 Nancy Parrish。據說她五歲
時在父親教堂主日學聽到幾位中西女塾師姐美妙的歌聲，便嚷著要父親
送她入中西女塾，由校長 Richardson 女士破格取錄並親自教導。[47] 1904 年，
十四歲時的宋靄齡走上留學美國之路，由父透過教會安排進入佐治亞州
梅肯市（Macon）威斯里安女子學院（Wesleyan College，宋氏姐妹在上海就
讀的中西女塾校長海淑德 Laura Haygood 亦是該校 1864 年畢業生）留學。5
月 28 日她抵達當年排華熱潮高漲的三藩市，不幸被扣留在船上十九天，
才得入國門。1906 年，她隨姨丈溫秉忠出席美國第二十六屆總統西奧多·
羅斯福（Theodore Roosevelt）在白宮舉行的宴會，使宋藹齡成了宋氏家族
與美國歷屆總統的接觸與交往中，第一個會見美國總統的人。據宋靄齡
向《宋家姐妹》（*Soong Sisters*）一書作者項美麗講述，在宴會上總統問當
年只有十六歲的她覺得美國怎樣，宋靄齡說：「美國是個非常美麗的
國家，我在這裡很快活。但是，你們為什麼說美國是個自由國家呢？」
她很快將自己前一年夏天在三藩市的遭遇略敍一遍後續說：「如果說美
國真是那麼自由的話，為什麼要把一個中國姑娘拒之門外呢？我們決不
會這樣對待到中國去的客人！」聽了她的投訴後，總統大感意外及遺憾。
1910 年她自威斯里安畢業後回國，任孫中山的秘書，跟孫中山到全國各
地勘察，參與制訂營建二十萬里鐵路的計劃。「二次革命」失敗後與父
宋耀如去日本，仍任孫中山秘書。1914 年和在青年會做事的山西青年孔
祥熙在日本橫濱結婚。

44　*British Medical Journal*, Obituaries, Feb 26, 1972; "David Hsia, Loyola Professor", *New York Times*, Jan 28,
　　1972.

45　*VES to NBC: An Odyssey in Film*, The Harvard Crimson, June 8, 2005.

46　*Lisa Hsia's Chance to Take Chances*, Broadcasting & Cable, May 24, 2008.

47　顏惠慶妹顏昭應為宋靄齡敬仰的師姐之一，顏昭的外孫女曹克美亦聽聞過其外婆為宋
　　靄齡同學。

孔祥熙（Hsiang Hsi Kung，1880-1967）生於山西太谷縣，是孔子的七十五代後人，關於他最廣為流傳的就是他家族本來是山西票號巨富世家。孔祥熙的祖父孔慶麟確實把其叔父創立的票號發揚光大，但到孔祥熙出生時已家道中落，其父孔繁慈是一名以教書為生的貢生。孔祥熙九歲時患上痄腮（流行性腮腺炎），得教會西醫治愈。翌年，孔父將他送進由來自美俄亥俄州的歐柏林傳教隊（Oberlin Band）所辦的華美小學，在美籍老師貝如意（Susan Rowena Bird）的悉心教導下成材，亦展開了孔家與歐柏林傳教隊的百年傳奇。1894 年孔祥熙小學畢業，到美國華北公理會於直隸通州開設的潞河書院（Tungchow College，1917 年該校的大學部與匯文大學合併為燕京大學）升學，並且受洗成為基督徒。1900 年山西巡撫毓賢縱容義和團焚毀教堂及屠殺教民，太谷縣多名傳教士及教徒包括貝如意慘被無辜殺害，孔祥熙一家亦幸靠鄉親掩護方才脫險。義和團之亂平息以後，孔祥熙因協助公理會辦理善後工作有功，與費興仁（H. J. Fei，又名子厚，1879-1953）[48] 獲教會資助到美國俄亥俄州歐柏林大學（Oberlin College）留學。1905 年，孔祥熙自歐大畢業之後又與費興仁一同進入耶魯大學，孔主修礦物學，費主修教育，1907 年得碩士學位。美國大學流行秘密組織，孔祥熙跟一班同時期的耶魯大學中國同學也成立了一個，取名英文叫 D & J，取自聖經中大衛王 David 及其好友 Jonathan（後於 1918 年與另一叫 Cross & Swords 的組織合併成為成志會 C. C. H.）[49]。成志會的會員都立志以西方知識救中國，在往後半世紀的中國扮演重要角色，其中包括本書提及的王正廷兄弟、王寵惠、郭秉文、顏福慶、晏陽初、周詒春、張伯苓等。1907 年孔回到山西，獲母校歐柏林支持在家鄉太谷縣創辦銘賢學堂（Oberlin Shansi Memorial School，銘記庚子之亂六位包括貝氏在內被殺的傳教士先賢而得名）。學堂包括中、小學，由孔祥熙自任校長，部分科目由公理會傳教士任教。1911 年辛亥革命爆發，孔結集太谷商人及銘賢學生組成民團維持治安，獲推為山西中路民軍總司令，至 1912 年南北議和後去職。發揮家族的生意頭腦，孔祥熙辦學之餘亦利用自己的英文及國際見識當起買辦，1912 年成立祥記公司取得了英國亞細亞殼牌火油的山西獨家代理權，經營煤油批發致富。1913 年，孔應邀去日本，繼承王正廷擔任中華留

1947 年 7 月燕京畢業禮上校長司徒雷登與孔祥熙言談甚歡。

日基督教青年會總幹事。在東京期間，孔為孫中山的中華革命黨籌款及處理文書，從而結識時任孫中山英文秘書的宋靄齡。

1914年孔、宋夫婦從日本回到山西，夫妻合力營商辦學，於1915年進軍孔家的老本行，在太谷辦起裕華銀號（其後1927年搬到天津並改名為裕華銀行）。1915年孔成為孫中山的襟弟之後，開始活躍政壇，出任中俄交涉駐奉天代表並替孫中山聯絡北方各軍閥。1925年3月，孫中山在北京逝世，孔祥熙是遺囑見證人之一。孫氏死後，他繼續支持襟弟蔣介石北伐，於次年南下廣州出任廣東省財政廳長。1928年孔任南京政府工商部長，1930年改為實業部長。在政壇上，孔與襟弟蔣介石共同進退。1931年九一八事變，蔣介石辭任國民政府主席，孔祥熙亦同時引退。1932年他奉命到歐美考察，在德國、意大利秘密為國府購入武器。1933年4月回國後，他被任為中央銀行總裁。同年10月，妻舅宋子文因與蔣鬧翻而辭去財政部長，由他接任財長並兼任行政院副院長，但自此孔宋兩人關係交惡。孔當財長十年任內，曾改革稅收及重組銀行體系，將中國銀行、交通銀行置於國民政府財政部的控制之下，有人批評他是借機吞併各大銀行自肥，亦有人覺得他這樣做法是增強國家資本，在亂世中穩定金融市場。此外他在改革幣制方面，以法幣取代銀本位，制止白銀外流，為國府抗戰打下財政基礎。但他任內大量發鈔的策略，亦是民國後期通脹失控的導火線之一。

1939至1945年間，孔除任財長外亦兼任行政院長，在炮火連天的首都重慶抱病緊守崗位，沒有跟他的家眷避居香港或美國。《時代》雜誌駐華編輯Theodore White形容孔氏雖然罹患瘧疾痛苦不堪但仍笑面迎人，為人可愛從不吵鬧，知交晚輩都叫他做「Daddy」；但到了抗戰後期，他的政策失調加上他及其家屬以權牟私，中、美兩地官方民間都開始對他不滿。1944年傅斯年在參政會上向孔祥熙發難，揭發其在發行美金公債中貪污舞弊。不久，孔被免去財政部長職位。1945年孔再辭去行政院副院長及中央銀行總裁職務。1947年以宋靄齡病重為由赴美國定居。臨行前孔到京津及家鄉太谷走一趟，雖然此時他在政壇的名聲已因貪污疑雲達至低點，但由於他在教育事業上的貢獻良多，[50] 他任董事長的母校燕京大學為他在頤和園舉行園遊會並由其主持畢業禮，南開大學校長張伯苓亦為他作盛大歡迎。1949年1月，他辭去最後的中國銀行董事長職，只留任紐約分行的董事。[51] 在美期間他深居簡出，在知名的泛美大廈設有辦公室，背後為在台國府在美做不少遊說工作，1962年後他曾赴台灣

48　費興仁為仁立地毯公司創立人，燕京大學校董會副主席及北平青年會副總幹事。

49　Cross & Swords 於1917年由孔宋姻親溫萬慶、陳鶴琴、涂羽卿、劉廷芳及洪業成立。

50　孔為燕京大學戰時在後方及戰後在北京復校出錢出力不少，而後來出任美駐華大使的校長司徒雷登亦是透過其與蔣宋等多位黨國要員認識；他亦曾任東吳董事長並倡建東吳體育館。

51　1967年該分行改為紐約中美銀行（Chinese American Bank），該行與加州廣東銀行曾扮演類似角色。

居住。1967 年 8 月 16 日，孔祥熙病逝美國紐約。

由於孔、宋夫婦積財最多，在三姐妹中宋靄齡被標籤為愛錢的一位。宋靄齡的確是營商投資能手，但她在社會慈善事業亦貢獻良多，抗日戰爭時期與妹慶齡、美齡共同參加抗日活動，參與支持中國工業合作協會，組織婦女指導委員會，創辦全國兒童福利會，擔任香港「傷兵之友協會」會長。1973 年 10 月 20 日在紐約長老會醫院因癌症病故，享年八十四歲，與丈夫合葬於紐約郊外風可立夫高級室內墓園（Ferncliff Cemetery）。孔祥熙一手創辦的銘賢學堂，在 1937 年成為山西銘賢農工專科學校，1943 年易名為銘賢學院，1951 年成當時兩大專上學校的山西農業學院，到 1979 年改名山西農業大學，目前有學生一萬一千人。1997 年 4 月，歐柏林大學收到香港一家曾陳胡律師樓的傳真，說有位匿名捐贈者以紀念孔祥熙博士校友名義（孔於 1926 年獲歐柏林頒名譽博士學位）向該校捐款六百萬美元，初時校方還以為是惡作劇，後錢果真匯到，為該校成立以來最大筆捐款。1935 年，由孔祥熙將四省農民銀行合併而成的中國農民銀行演化成中國農業銀行，為 2010 年全球最大額的 IPO。一百年前歐柏林教會在山西太谷種下的根，意想不到在百年後竟得到豐盛的回報。

愛家亦愛國的宋慶齡

倪桂珍的次女宋慶齡，1893 年 1 月 27 日出生。關於出生地點有兩種說法，一說她生於上海公共租界內虹口東部的朱家木橋，另一說在川沙廳城。宋慶齡的洋名是 Rosamond，即主持其父母婚禮牧師李德女兒的名稱。宋慶齡在上海中西女塾（今上海市第三女子中學）高中畢業後，1907 年十四歲時赴美國留學，從佐治亞州梅肯市（Macon）威斯里安女子學院（Wesleyan College）獲得文學系學士學位，[52] 1913 年回國。

1914 年宋慶齡到日本繼承姐姐擔任孫中山的英文秘書，不久發生戀情。雖然孫中山跟宋耀如是二十年的朋友，但由於孫中山比宋慶齡年長二十六歲，又和元配盧慕貞有一子兩女及其他妻室，宋家上下對這段姻緣都極力反對，只有當時還在美國讀書的宋美齡對二姐支持。孫中山跟盧氏離婚之後，兩人於 1915 年 10 月 25 日在東京結婚，儀式由日籍律師和田瑞主持，沒有任何基督教成分，宋耀如趕到日本，但未能及時阻止婚禮。在孫中山從事反清革命時，教會恐怕受到波及，孫中山從此不再進教堂作禮拜，宋慶

1915 年 10 月，宋慶齡與孫中山在日本東京結婚。

齡亦從此與教會禮拜絕緣，更被當時的傳教士認為已脫離基督教。但其實他們夫婦仍然是基督徒，在她晚年時亦表示基督教教義對她的影響很大。

孫中山過世後，宋慶齡進入人生另一階段，1926 年 1 月她當選為國民黨中央執行委員。1927 年，蔣介石一系的南京政府在上海發動清黨，宋慶齡覺得清黨違背先夫「聯俄容共」的政策，從而反對妹妹宋美齡嫁給蔣介石。7 月份，宋慶齡發表《為抗議違反孫中山的革命原則和政策的聲明》，正式與蔣介石決裂，7 月 15 日，汪精衛亦發動清黨，8 月份，宋慶齡赴蘇聯莫斯科，以後又旅居歐洲四年，到 1931 年日本侵華前夕才正式返國定居。1932 年 1 月，她與何香凝合辦國民傷兵醫院救濟抗日傷兵，同年 12 月，她高調與蔡元培、魯迅、楊杏佛等創立中國民權保障同盟，以營救民主人士為目標。翌年民盟成功營救陳賡等人，但楊杏佛遭暗殺，宋慶齡發表聲明抗議。1936 年 11 月，宋慶齡的好友包括沈鈞儒及生活書店創辦人鄒韜奮等七位進步人士被國民黨逮捕，史稱「七君子事件」，經宋慶齡多月的公開營救，七人最終於翌年 7 月獲釋。1936 年 12 月，西安事變爆發，宋慶齡主張國共合作，停止內戰一致抗日。國共再次合作後，她雖然沒有重新加入國民黨，但宋氏三姐妹為抗日再度聯合，多次共同出現在公眾場合，以示團結。1937 年 12 月，宋慶齡移居香港，並於 1938 年 6 月在港發起並領導了抗戰救援組織「保衛中國同盟」（China Defense League），由宋子文出任會長，港英衛生署長司徒永覺夫人（Hilda Selwyn-Clarke）任書記，港大教授 Norman France 任司庫，鄒韜奮主持宣傳委員會，並有廖承志、廖夢醒兄妹及其表弟鄧文釗參與，在港發動「一碗飯」籌款活動。從近年公開的宋子文檔案可見，[53] 當年蔣介石對宋子文出任該會職務甚有意見，宋子文去電解釋該機構並無反政府成份，最後亦應命於 1941 年 5 月退出。1939 年 1 月，以宋慶齡任名譽主席的「中國工合國際委員會」（China Industrial Cooperatives，又稱「工合」或「Gung Ho」）[54] 在香港成立，主席為曾保護左派人士、有「紅色主教」之稱的何明華主教（Ronald Owen Hall），金陵校長陳裕光（見第五章鮑家）亦曾為副主席，張福良（見第七章許家）則曾為總幹事。該組織源於早一年成立、由孔祥熙任理事長的中國工業合作社，得到國共兩方的人士支持，發動各地民間生產軍需及救援工業物資，到 1942 年全國有逾三千工合社共三萬多社員，至 1952 年停辦，但 1980 年政協會議又再在國內復辦。

1941 年 1 月發生皖南事變，宋慶齡與何香凝聯名通電譴責國民黨政

52　李志剛牧師的大作及多本著作都說宋氏姐妹畢業於麻省的威斯理女子學院（Wellesley College），事實上靄齡及慶齡是威斯里安女子學院（Wesleyan College）畢業生，美齡才是威斯理女子學院畢業。

53　吳景平、郭岱君編：《宋子文駐美時期電報選（1940-43）》，復旦大學出版社，2008 年，第 80 頁及第 84 頁。

54　現該英文詞匯成為「同心協力、團結一致」的意思。

府破壞國共合作。雖然政治立場不同，但在外的弟弟宋子文對她的安危仍然掛心，香港淪陷前夕，宋子文便曾去電宋美齡囑其無論如何要把二姐從香港救出，結果她跟外甥女孔令儀坐最後一班飛機離港抵渝。抗戰勝利後，她返回上海將「保衛中國同盟」改組成今日的中國福利會。1948 年 1 月，中國國民黨革命委員會第一次代表大會，選宋慶齡為名譽主席，同年她遷居到淮海中路 1843 號，即今日對外開放的宋慶齡故居。1949 年，國共內戰結束，宋慶齡留在中國大陸，參加了首屆全國政協及開國大典，擔任中華人民共和國中央人民政府副主席，並被推選為中華全國民主婦女聯合會名譽主席。由於 1950 年代毛澤東妻子江青仍受約束，身為國母的宋慶齡在國際外交上扮演了第一夫人的角色，曾訪問蘇聯（1953 年及 1957 年共兩次，她又出任中蘇友好總會會長）、印度（1955 年）、緬甸、巴基斯坦和印尼（1956 年）等國及接待多國外賓。雖然她有不少名譽，但都沒有實權，在政治方面亦不活躍，倒在婦幼衛生、文化教育方面非常投入。1951 年，宋慶齡獲得斯大林和平獎，她把獎金全部捐出，在上海建造婦幼保健院。

　　1954 年 9 月，宋慶齡當選為第一屆全國人民代表大常務副委員長。1959 年 4 月 7 日，第二屆全國人民代表大會第一次會議召開，宋慶齡當選為國家副主席。1963 年她搬到北京，1965 年 1 月，第三屆全國人大召開，她再次擔任國家副主席。文革期間，在江青指使下，上海的造反派指宋家是資產階級，毀壞宋慶齡父母的墳墓，並冀圖對宋慶齡進行迫害。在周恩來的提議下，毛澤東批准了一份「應予保護的幹部名單」，主要包括高級民主人士，宋慶齡被列為第一位。雖則如此，她的親人及助理仍然慘受迫害，宋盡力接濟他們但未果，令她心痛不已。1975 年 1 月，第四屆全國人大她再次當選副委員長；1978 年 2 月第五屆全國人大連任副委員長；1980 年 8 月 30 日，第五屆全國人大第三次會議上擔任大會執行主席。

　　宋慶齡多年由貼身僕人李燕娥照顧，閒時愛彈鋼琴及養鴿。1981 年 2 月李燕娥去世，1981 年 5 月，宋慶齡因患慢性淋巴細胞白血病和冠心病病危。5 月 11 日她正式成為中共黨員，5 月 16 日，第五屆全國人大常委會於是決定授予宋慶齡「中華人民共和國名譽主席」稱號。5 月 29 日晚上 8 時 18 分，宋慶齡在其北京寓所病逝，享年八十八歲。據孔令儀回憶，宋美齡聞

1950 年代初宋子文一家在紐約，後排左起為宋瑞頤、馮彥達、宋瓊頤、宋曼頤。

二姐噩耗，雖然因政治理由拒絕了中共對她赴大陸奔喪的邀請，但曾多次痛哭，幾乎昏厥。雖然宋慶齡與宋美齡兩姐妹在 1949 年以後再沒有公開往來，但私下仍有聯繫。宋慶齡曾託人帶去絲綢和中醫藥品，宋美齡也回贈過一些珍貴的國外產品。據少數能跟她們兩位都有聯絡的甥女牛恩德回憶，宋美齡在紐約的睡房一直擺放著宋慶齡的照片。而宋慶齡對於子良、子安兩位弟弟亦非常掛念。

1981 年 6 月 3 日，宋慶齡追悼大會在北京人民大會堂舉行，鄧小平致悼辭。6 月 4 日，中共中央、全國人大常委會、國務院在上海市萬國公墓（後闢為宋慶齡陵園）隆重舉行宋慶齡骨灰安葬儀式，遵照她的遺言，將其骨灰安葬在她父母墓地的東側。中國共產黨、全國人大、國務院為她立碑銘文以表紀念：「宋慶齡是愛國主義、民主主義、國際主義、共產主義的偉大戰士。她為國家和人民所建樹的豐功偉績，將永載史冊。」1982 年，為紀念她的宋慶齡基金會成立，過去近卅年在熱心人士推動下不斷伸展到世界各地，在加拿大及菲律賓都有分會，推動全球兒童福利事業。

亂世豪臣宋子文大翻案

倪桂珍的長子宋子文（Paul Tse-Ven Soong，1894-1971），他由出生開始便與本書所述的多家教會機構牽上關係。1894 年 12 月 4 日，他出生在上海由聖公會辦的同仁醫院（St. Luke's Hospital），是紀錄中宋家第一個在醫院出世的小孩。及長他在聖約翰大學就讀，關於他在校內的表現沒有太多紀錄，從 1908 年約大的校志（校志中誤把他的家鄉寫成廣東香山）可以見到他的同班同學包括後來成為國父女婿的戴恩賽、又有王正廷的弟弟正序、桂質廷（後來成為許芹的女婿並曾當宋子文的秘書）以及顏惠慶的侄兒吉生以及祥生，[55] 從他能考進哈佛大學可以推斷他在聖約翰的成績必定不俗，而他後來成為約大最知名的肄業生，一生亦跟約大關係密切，1928 年起出任首屆校董直至 1948 年離開中國前夕為止。1929 年約大五十周年慶典儀式中，他與陳光甫、鍾榮光、劉鴻生及薛敏老五人獲頒名譽法學博士。[56] 1933 年他透過跟盛家的關係成功遊說盛宣懷後人將盛所藏「愚齋」中文書 66,607 冊捐給約大，並承諾修建藏書館庫。他跟卜校長私交甚篤，而他的幕僚中亦不乏約大畢業或肄業的學生。

1912 年 10 月，十八歲的宋子文前往美國哈佛大學，主修經濟；1915

---

55 Catalogue, St John's University, 1908.
56 鍾為廣州嶺南大學校長，其餘四人在本書各章都有詳述。

1 抗戰時期的（左至右）孔祥熙、宋靄齡、宋美齡、宋慶
  齡、宋子良。

2 年輕時的宋家三姐妹，後左宋慶齡、後右宋美齡、前宋
  靄齡。

3 左至右：孔祥熙、美財長摩根韜、王正廷攝於 1937 年。

年由哈佛大學畢業後，赴哥倫比亞大學繼續深造，並在花旗銀行的前身國際銀行（International Banking Corporation）紐約總行工作兩年，吸收了不少金融管理外匯知識。1917 年回國，透過在漢冶萍公司當商務所長的舅父倪錫純介紹進入該公司上海辦事處工作。倪、宋家族跟盛家有多層關係，除了倪錫純為他們打工以外，倪桂珍也曾擔任盛家的媒姆，宋家逃亡日本時便住在盛府，宋靄齡又曾當盛家的家庭教師。宋子文在漢冶萍當總經理盛四公子恩頤的秘書，由於盛老四有晚起床的習慣，宋子文每日到盛宅匯報，從而跟盛七小姐愛頤談上戀愛，據說到了談婚論嫁的地步，但盛老太嫌棄當年還未發跡的宋家門不當戶不對，刻意叫兒子把宋子文調到武漢任漢陽鐵廠會計科長，未幾他就離開公司。盛愛頤後來亦嫁給自己的表哥莊鑄九。雖則如此，宋、盛兩家往後仍有往還，盛家另一位小姐關頤後來在台灣便是蔣夫人婦祈會成員之一，盛恩頤的弟弟盛昇頤成了孔家的親信，恩頤兒子盛毓度在重光後被關押在上海，靠盛愛頤打電話給宋子文方能獲釋。離開漢冶萍公司後，宋子文辦過聯華商業銀行、大洲實業公司、神州信託公司等企業，但都不成功，這與他的姐夫孔祥熙在未加入國府前已經在商得法的情況不同。

1923 年，商場失意的宋子文當上了姐夫孫中山的秘書，孫看中他的財政背景可協助革命，及後宋與林雲陔受託為廣東革命政府成立中央銀行，由林任行長，宋任副行長，從此步入歷史舞台，次年 8 月，他升任行長。1925 年，宋子文相繼出任廣州國民政府財政部長和中央銀行行長、南京國民政府行政院副院長、財政部長、中央銀行總裁、外交部長與行政院長等重要職務，政治生涯長達二十六年，宋子文和蔣介石的關係非常複雜，很多人說宋子文靠國舅的身份自肥，亦有人倒過來說蔣除了想娶宋美齡成為孫中山的襟弟增加他革命繼承人的身份之外，另一目的就是看中宋子文的財技資助他的南征北伐，而事實上宋在財政外交方面上幫了蔣不少忙，由於宋氏成功協助蔣取得江浙財閥在金融上的支持，結果成功打贏北伐並在國民黨內部鬥爭中脫穎而出，但他亦曾多次與蔣在政策上相左而翻臉。

1926 年 11 月，宋慶齡、宋子文姐弟一行為國民政府遷都事宜北上以作籌備，途中一個偶然機會，宋子文結識張樂怡（Laura Chang，1909-1988）。作為父母掌上明珠的張樂怡畢業於南京金陵大學，英文極好，為江西九江富商張謀知的三女。張謀知是基督教徒，以經營牯嶺張興記營造廠起家，並經營運輸業。宋子文與張樂怡一見鍾情，很快訂下終身，1927 年，喜結連理。張樂怡婚後曾隨同宋子文參加許多重要外事活動。

1928 至 1930 年間，宋子文通過談判收回關稅自主權，使中國有權確定關稅稅率和監督稅收。1930 年宋子文組建財政部稅警總團，由西點軍校畢業的王賡任總團長，委任日本士官二十期工科畢業的妻舅張遠南出任第三團團長，任內成功為宋子文收習各地鹽務稅項。[57] 張謀知的六個兒子為「遠」字輩，以「東南西北模範」命名，五個女兒則以「怡」字末以「安如樂德滿」排序。除張遠南以外，張遠東是劍橋畢業的留英建築師，娶得中西女中校花的外交官陳介長女陳皓明；張遠西曾任九江市市長，張遠北曾任中央航校戰機教練，恩施航空站長及空軍政訓處主任，張滿怡為香港永安公司郭琳珊的夫人，現永安主席郭志樑的母親；張德怡的兒子錢尹瞻現任新澤西中美商會行政總監，改革開放後成功協助博士倫（Bausch & Lomb）打入中國，曾在表親永安集團持股的美國大昌行任職。張謀知在解放後到港不久便病逝，葬在薄扶林華人基督教墳場的郭家墓地旁。

1931 年 7 月宋子文在上海北火車站下車時遇刺，秘書唐腴廬為他擋槍喪生。這次襲擊的動機有兩個說法，其一是當時與蔣、宋作對的汪精衛派人幹的，另一個說法是宋旗下的緝私隊得罪了青幫大亨杜月笙，杜派人給他教訓。12 月蔣介石下野，宋子文亦跟著辭任財長，由黃漢樑接任，但不久又復職。1932 年在宋子文一系列開源節流、統一幣制的措施下，中國國庫首次出現盈餘。但另一方面蔣介石不斷向宋子文要錢支持剿共，他毅然拒絕，時任央行總裁的姐夫孔祥熙乘宋子文出訪歐美時背著他為蔣發行公債資助剿共，宋返國後憤而於 10 月辭去財長一職，由孔氏繼任。孔、宋兩人自此關係交惡。事實上他倆的性格早有很大出入，孔是手段圓滑的笑面虎，宋則是為人率直、講求效率的實幹派，所以孔的人緣比宋為佳。卸任財長後宋亦退出權力核心，改任中國銀行董事長及籌組中國建設銀公司（China Development Finance）。雖然這段時間宋子文無官職在手，有時在香港淺水灣豪宅居住，但他仍關注政局發展，在西安事變中成功在幕後協助營救妹夫，而隨著中日戰況他亦慢慢由財政轉向外交方面發展。

1937 年抗日戰爭爆發後，宋子文開展他的外交任務，為中國取得大筆援助，為前方戰場提供大量軍用物資，對穩定中國大後方的經濟作出重要貢獻。1940 年 6 月，宋子文以蔣介石私人代表的身份赴美，接洽援華事宜，據宋檔案電報顯示，蔣當時密示宋在關於交涉借款不必與時任大使胡適商量，又叫他購飛機事務不要經陳光甫辦的世貿公司（詳見第

五章鮑家），皆因該公司是由孔祥熙幕後操縱。蔣介石亦沒有看錯人，宋子文在美國很快做出成績，1940 年 10 月 22 日中美正式簽署二千五百萬美元的鎢砂借款，在 1941 年 2 月 4 日又與美方簽署五千萬美元的金屬借款。除了經濟援助，宋子文還說服美國為中國培訓空軍。在 1941 年 8 月 22 日他發給陳納德上校的電文中，就提到「無論學員過去是否接受過訓練，將總共進行為期三十周的基礎訓練和高級課程⋯⋯在學習過程中學員需提高航空詞彙。以後派來的學員，必須通過美國教官的考核。第一批來的學員，每一個人都需要您親自證明。」此後，中國向美國派出一千二百名各作戰領域的人員，接受最新的實際訓練。[58]

　　1941 年 12 月，宋子文正式重任要職，擔任國民政府外交部長，曾與美國國務卿赫爾（Cordell Hull）簽訂中美抵抗侵略互助協定。次年，他與英美談判收回在華的治外法權，11 月 13 日宋子文代表國民黨政府提出中方的條約草案，表示要廢除《中英展拓香港界址專條》，收回被英國租借的新界地域。英國外交部反駁，不同意中方的要求，因為新界無論是在經濟利益還是戰略地位上對於香港太重要。後來為了保持戰時盟國間的和諧，蔣介石政府暫時妥協。1943 年 1 月 11 日，《中英新約》在重慶正式簽署，新界問題未包括在內，但當天宋子文與英國駐華大使薛穆會見時嚴正聲明，中國政府對新界租地保留追討權。在外交及借款上的成功，宋子文在政壇的地位到抗戰勝利前夕亦達到頂峰，1944 年 12 月他獲委任為行政院代院長，1945 年 5 月正式成為院長，同年出席聯合國制憲大會任中國首席代表，6 月至 8 月參加在莫斯科舉行的中蘇會談。8 月份，中國外長王世杰與蘇聯外交人民委員莫洛托夫簽署了《中蘇友好同盟條約》。

　　抗戰勝利後的國民政府，在接收敵偽資產加上美國貸款之下財庫本來充裕，但收兌偽幣政策失當引發嚴重的通貨膨脹，宋子文本以為外匯開放政策可以增加生產，促進重建及控制通脹。但結果事與願違，效果反而變本加厲，更引發起 1947 年 2 月的黃金風潮，同時《中央日報》揭露孔、宋家族控制的孚中、揚子及建設銀公司涉嫌以權謀私、結購外匯、趁火打劫，[59] 各界輿論歸咎於宋子文。

　　受多方抨擊之下，宋子文於 1947 年 3 月卸任行政院長，並提議捐出他在建設銀公司的股票，10 月份南下改任廣東省政府主席。1949 年 1 月，辭去廣東省主席一職的宋子文，再無擔任過國民黨政府任何職務。是年 6 月，他自法國抵達美國。據瞭解，宋子文 1949 年脫離國民黨政府定居

57　稅務團其他知名成員包括後來被蔣軟禁多年的滇緬英雄孫立人將軍及西點軍校首位華
　　人畢業生溫應星。

58　吳景平、郭岱君編：《宋子文駐美時期電報選（1940-43）》，復旦大學出版社，2008，
　　第 107 頁。

59　宋子文堅稱三公司所結外匯數額僅佔全國外匯總額千分之五，但當年揭露該案的陸鏗
　　稱數目被縮少了一百倍。

美國，一直保留著中國國籍直到 1971 年去世。1953 年，在蔣介石批准的開除國民黨黨籍名單上，孔祥熙與宋子文分列前兩名。據宋氏長女宋瓊頤回憶，宋子文晚年也開始過著新的生活，每天在紐約中央公園散步，午後小憩，與朋友共品小吃，觀看美式足球，打牌，和外孫們一起捉迷藏；對醫學津津樂道，也會為證交所的新上市公司興奮不已。1958 年 12 月，宋子文以探友過聖誕節的名義，前往香港住了二十多天，宋子文在香港記者招待會上稱自己「和政治生活已隔開太久了」，對種種敏感問題，皆迴避以對。記者們感慨，宋子文「顯得蒼老而瘦削，髮已半白」，給人一種與世無爭的印象，與早年相比判若兩人。1963 年 2 月，宋子文接受蔣介石、宋美齡的邀請，前往台灣小住十來天便迅速返美。這次是宋子文退出政壇定居美國之後，首次也是最後一次訪問台灣。

過去學界及坊間認為，宋子文抗戰時到美國開辦中國國防供應公司（China Defense Supplies, Inc），是用租借的辦法做生意，以權謀私，利用援助物資中飽私囊。1985 年美國作家西格雷夫（Sterling Seagrave）出版的《宋家王朝》一書首頁中更這樣大膽稱，「宋家王朝聚集了這個時代最大財富的一部分，《不列顛百科全書》稱，『據說他是地球上最富有的人』」。《華爾街日報》前幾年更言之鑿鑿說他是近一千年五十大首富之一，與明清的大貪官劉瑾及和珅並列。問題是，對於宋子文這些貪腐行為的指責，都是道聽途說，至今尚未有實際證據，而隨著檔案的開放，更有翻案的可能性。

1971 年宋子文去世時，紐約州政府曾對宋子文經濟狀況進行調查，因為紐約州政府要收取房產稅及遺產稅，結果發現宋子文的財富比外界想像中少得多。在宋子文檔案內，經有關方面核實，在 1940 年左右宋子文的財產為二百萬美元，到 1971 年宋子文去世時，加上房產等變賣他的總資產達八百萬美元，扣除二百多萬美元稅款後，宋子文遺留給夫人張樂怡的遺產為五百多萬美元。這個數目雖然不少，但絕對不能以富可敵國來形容。中國大陸最權威的宋子文研究專家吳景平透露，1933 年，宋子文辭去行政院副院長、財政部長之後，在中國銀行、中國建設銀公司、廣東銀行，他確實有個人股份；而無論作為駐美特使，還是作為外交部長，宋子文也關注著和他個人相關的事業，比如廣東銀行、南洋兄弟煙草公司、中國建設銀公司的業務。此外，在宋子文留下的檔案中，有三份他親筆記載的個人資產統計，宋用鋼筆親筆書寫了他自己名下的資產是多少，包括哪一項債券值多少錢等等；他的妻子張樂怡則分開記錄。時間分別是 1940 年 5 月 26 日、1943 年 7 月 19 日、1968 年 3 月 30 日，其中

1968 年統計的宋子文名下的流動資產合計為 1,349,299 美元，張樂怡名下的資產為 1,125,986 美元。這些數目絕對稱不上是鉅富的身家。

1971 年 4 月 25 日，當地時間下午 7 時許，宋子文正在美國三藩市鍾斯大道 1250 號公寓 1601 室，即廣東銀行董事長余經鎧（亦即其二女婿余經鵬的兄長）家中用晚餐，因進食導致窒息，突然摔倒，未送至醫院已辭世，享年七十七歲。「我母親打電話告訴我們，他們在三藩市，我們在紐約。我很震驚，在我的印象裡父親從來不生病。之後我們飛到那兒，後來再到紐約準備葬禮。」宋瓊頤回憶，宋子文的靈柩安放於紐約北部芬克里夫墓園（Ferncliff Cemetery）。1988 年，七十九歲的張樂怡辭世，與宋子文安葬於同一墓園。

宋子文留存下來的個人檔案，全部捐贈史丹福大學（Stanford University）胡佛研究院。2004 年 4 月，宋美齡去世後不久，胡佛研究院公開原先保密的宋子文的十九個私人檔案箱。復旦大學與史丹福大學胡佛研究院共同著手研究蔣、宋、孔、陳四大家族的民國「絕密檔案」，目前已發表的著作分別為：《宋子文與他的時代》、《宋子文駐美時期電報選》、《宋子文與戰時中國》、《宋子文與外國人士往來函電（1940-1942）》，以及《戰時歲月——宋子文與外國人士往來函電稿新編（1940-1943）》、《風雲際會——宋子文與外國人士會談記錄（1940-1949）》及《宋子文生平與資料文獻研究》。據負責計劃的吳景平教授表示，目前宋子文檔案已全部公開，已出版的著作約只是「宋檔」二十分之一。因此，復旦大學將和胡佛研究院繼續合作，對其餘的文獻進行選編、翻譯、校注，加以出版，屆時必定有更多新的發現，令大家更清楚認識具爭議性的亂世豪臣。

宋子文跟張樂怡育有三位千金，長女宋瓊頤（Laurette Soong）1928 年出生在上海，因為當時發生小孩被綁架事件，父親覺得太危險，就讓她在家裡讀書、寫字，就在家裡的園子裡玩，出去時總有護衛隊陪著。1937 年，宋瓊頤離開上海，先到香港，之後去美國上學，開始住在美國加州，一年後去了維珍尼亞州教會辦的女校 Madeira School，畢業後到三一書院讀書，在 1948 年、1949 年前後，宋瓊頤曾回過一次中國，她仍記得，在南京的路上開吉普車，那時南京的路上車不多，而且路很寬，那時她不到開車的年齡，也沒有駕照，但顯然膽子不小。1952 年，二十四歲的瓊頤嫁給大她四年的馮彥達（Ivan Feng，1924-2004）。馮彥達是時任駐墨西哥大使馮執正的兒子，永安公司創辦人郭標的外孫，1942 年從加州柏克萊大學（University of California, Berkeley）取得文學士，1944 年得史丹福工

商管理碩士後又到北卡羅來州立大學（North Carolina State University）讀紡織系碩士，並留在該校任紡織系副教授，到後期轉到金融業發展，任職帝傑證券公司（Donaldson Lufkin & Jenrette）。宋瓊頤婚後當全職太太照顧丈夫及兩子，兩夫婦都熱心華美協進社（China Institute）的活動，馮彥達曾任理事會主席，宋瓊頤則有份創辦該社的人文學會，更身任美國帕金遜症醫學研究基金會理事，因為母親晚年得了帕金遜症。宋瓊頤的長子馮英翰（Clifford Feng）曾任《華盛頓郵報》全國銷售經理十年，年前離職後投身義工行列在紐約市幫公立學校學生補習。宋瓊頤的次子英祥（Michael Feng）則在瑞士信貸任職。宋子文的九個外孫中只有馮氏兄弟住在紐約，而其他的表兄弟住在香港和菲律賓，孫輩中他們跟外祖父生活得最久，近年亦頗為活躍支持外界對外公的研究，並陪同母親返國參觀宋家在各地的故居及檔案。

宋子文次女宋曼頤（Mary Jane Soong），生於 1930 年，威斯理畢業後不久於 1953 年嫁給當時在哥倫比亞大學就讀的余經鵬（Charles Eu，1926）。[60] 余經鵬是東南亞鉅富余東璇的兒子，他的兄長余經鎧（Edward Eu）與宋家相熟多年，於 1943 年開始為宋子文在美國處理事務，後任機要秘書，直到 1949 年為止。余經鎧於 1945 年隨宋子文出席在舊金山召開的聯合國制憲會議，當時才三十出頭，為代表團中最年輕的一位，也是當年代表團如今碩果僅存的一位。[61] 余東璇以錫礦起家，但家族以新加坡利華銀行及中藥店余仁生出名，由於余經鵬有十三位兄弟，兄弟們在老太爺 1941 年過身後分得家產，除部分留守利華及余仁生之外，大都各有自己的生意，經鵬在 1960 年代亦曾雄心勃勃想做紙業大亨，於 1966 年在星洲成立 Eupoc 造紙工業公司，在新加坡裕廊建廠生產紙巾售予當地市場，還未及收支平衡又進軍印刷紙、廢紙再造並與日本凸版印刷及星展銀行合資成立凸版新加坡分公司。余經鵬 1968 年將公司在新加坡上市，但公司始終入不敷出，他私人為公司周轉作了不少擔保，最終公司因無力償還債務被星展銀行於 1970 年清盤，並被星展銀行申請破產，最後連祖屋都要出讓還債。九十年代初余經鵬與兄弟及子侄將余仁生香港公司上市，1996 年又因故翻臉退出，及後他又曾與國內三九藥業合作發展國際業務。

宋子文三女瑞頤（Katherine Soong），英文名跟祖母倪桂珍相同，在波士頓 Dana Hall School 及 Wheelock College 畢業，1954 年在紐約與菲律賓華僑富家子弟楊成竹（Arthur S. Young）結婚。婚禮在紐約天主教堂舉行，婚

宴則設在 Pierre Hotel，伴娘為兩位姐姐及楊蕾孟。[62] 楊成竹自密芝根大學畢業後返菲打理楊家與美國通用汽車（General Motors）合作在菲的業務。楊成竹的曾祖父楊在田（又名知母，菲名叫 Jose Palanca Yutivo）在清末由福建移居菲島，創立瑞隆興鐵業（Yutivo Hardware）。楊在田將公司交給長子楊忠懿，忠懿又傳給成竹的伯父啟泰及父親啟祥。楊啟泰（Yu Khe Thai）曾任菲華商聯總會理事長，又出任中正中學及菲交通銀行董事長，日治時期曾被日軍軟禁，戰後代理及生產美國通用汽車成為鉅富。他的立場親台，是國民黨在菲負責人，而成竹的父親亦在台設廠生產玻璃瓶。近年楊家的汽車業務已經結束，菲交通銀行亦沒有股份，瑞隆興改為專注於資訊科技，雖然楊家的事業規模已今非昔比，但由於他們的親屬繁衍，仍為菲島之望族。[63] 瑞頤隨夫留菲，一直非常低調，育有兩子兩女。

宋子文沒有子嗣，據他在海南的堂弟韓裕豐（宋耀如三弟韓致準的兒子）稱，民國時宋子文曾派人到大馬找當時已定居當地的他，希望將其獨子韓清元過繼給自己，並以官職作誘。但裕豐因為僅此一子而推卻，這個兒子最後竟加入馬共，結果連累他被大馬政府驅逐返海南，文革時因為家族背景自然受了不少苦，但改革開放後宋家祖居又受重視，他亦欣然迎接回國尋根的親屬如宋子安媳婦曹琍璇等到訪。

宋美齡世紀傳奇的一些真與假

關於宋美齡（Soong Mayling，1898-2003）的書籍無論中、英文都有不少，筆者略統計單是兩岸三地的中文版有至少五十多本，海外英文版單是最近五年已有五本之多，所以對她的事蹟筆者無意詳述，集中講她跟教會的關係以及澄清一些謠言。宋美齡生於 1898 年 2 月 12 日，1907 年只有十歲的她吵著要跟隨赴美留學的二姐宋慶齡到美國，於是姨丈溫秉忠亦帶她一起前往，先在南部的 Piedmont School 及兩位姐姐入讀的威斯里安大學（Wesleyan College）就讀，十六歲那年考進麻省知名女校威斯理女子學院（Wellesley College）。

在威斯理期間，宋美齡的成績優異，美麗加上智慧有不少男生追求是不出奇的。由於很多人都想把蔣、宋的婚姻寫成一場純屬政治利益而無愛情的交易，坊間一直流傳宋早年有其他情人，其中最廣為流傳的是，在 1916 年她與後來當南京及廣州市長的劉紀文曾訂過婚，這種說法竟被多部中文著作當作事實，近年國內甚至出了一本專講這個話題的書，

60 "Miss Mary J Soong, Charles K Eu Marry"，*New York Times*，April 26, 1953.

61 余經鎧在港曾與父親資助讀大學的秘書兒子羅桂祥合組鎧興汽車，代理美國 Buick 及英國 Vauxhall 等。

62 "Miss Soong is Wed to Arthur Young"，*New York Times*，June 20, 1954.

63 楊啟泰的兩位女婿為菲國商界聞人薛華誠、薛士怡兄弟（見第五章鮑家），楊成竹的堂妹為加州名銀行家黃仲元之妻，全美知名劇作家黃哲倫（David Lee Hwang）之母。

言之鑿鑿地說劉是宋的初戀情人。流言說當時劉紀文到美探訪宋子文，
與宋的妹妹共遊並墮入愛河。更有文章說跟宋美齡過從甚親密的甥女孔
令偉實為劉、宋所生的女兒。這些全都是天方夜譚，因為劉紀文在那段
時間仍在日本法政大學留學，雖然他當時與宋的兩位姐姐及姐夫因為當
時在東京參與革命黨當廖仲愷的助手而相識，但據至今研究劉紀文生平
至為詳細、唯一獲其後人提供資料的魏白蒂所著的傳記中可見，他直至
1956 年抱病到羅省就醫時才首次踏足美國，根本沒有可能在 1916 年跟當
時留美的宋美齡談戀愛；後來蔣、宋聯婚他更出任男儐相，若果他真是
宋的舊情人，恐怕蔣不會接納由他當伴郎。實際上劉在 1918 年被安排與
革命黨元老古應芬的千金婉儀訂婚，翌年婉儀病逝，他等了將近十年才
跟晏摩氏剛畢業的許淑珍續弦，劉紀文後來由於支持胡漢民孫科等粵系
領袖幾度與蔣決裂。[64] 雖然「劉宋戀」是純屬虛構，但有較可靠證據——
她跟威斯理的同學友人 Emma Mills 的書信——顯示宋的確曾與另一留學生
訂婚。

根據宋於 1918 年寫給 Mills 的書信，她當時的確有多人追求，其中更
曾在船上有一荷蘭法裔建築師向她求婚。當宋慶齡與孫中山的婚姻被父
親反對的時候，她擔心自己會被迫婚，於是擅自與哈佛一位來自江蘇叫
Peter Li 的學生訂婚，時為 1917 年夏天。[65] 根據哈佛 1917 年的校誌，當時
全校姓 Li 的學生僅三人，其中來自江蘇的只有來自蘇州的李達一人（Ta
Li，別字宏章，當年這批學生私底下有英文名但在正式公文中沒有採用，
叫 Paul 的宋子文便是例子之一），此君為 1911 年清華學校選派留學的幼
年生，在哈佛期間，1921 年曾任中國學生會副會長並出任全國《中國學
生月報》的總編輯，同年取得政治經濟學碩士，返國後在三十年代曾任
中央銀行天津及漢口分行經理，是孔宋旗下的人，據《哈佛校友志》
（Harvard Alumni Bulletin）於 1948 年報稱身亡。從以上的紀錄，Peter Li 與李
達為同一人的可能性極高。不過說李達是初戀情人又可能有點誇張，因
為這場訂婚不消幾星期便因李氏害怕沒有請示在江蘇的父母而取消，而
我們亦可以相信這場訂婚純屬美齡向父母宣示婚姻自決權的一種反應。

1917 年 8 月，宋美齡從美國回到上海，她決心要掌握流利的漢語，
精通祖國的古典文學，於是請了一位私塾先生，這對她後來寫一些文字
稿和公開的演講稿都起了很大作用。在這十年間她曾在女青年會教英
語，認識了日後的婦運夥伴吳貽芳及陳紀彝，其後她又出任上海工部局
童工委員會，是該會首位華人婦女委員。由於社交能力強，宋美齡很快

成為上海名流圈中男士追求的目標。1922 年 12 月的一天,宋子文在上海
莫里哀路(現為盧灣區香山路)孫中山寓所舉辦了一個別開生面的晚會,
蔣介石也應邀參加。就是在這次晚會上,蔣介石第一次見到了年輕漂亮、
氣質出眾的宋美齡,決心不惜一切代價娶她為妻,但遭到宋慶齡的堅決
反對,但大姐靄齡則表示支持,條件是蔣先要跟其他幾任妻室脱離關係。
1927 年,蔣介石趕回家鄉浙江奉化溪口,強迫元配夫人毛福梅辦理離婚
手續。同年 12 月 1 日,蔣介石期待多年的婚禮終於在上海舉行,到大華
飯店的賓客達一千三百多人。《紐約時報》第二天就在頭版頭條位置報
道了婚禮的盛況。關於蔣宋聯姻,一般認為是蔣介石為聯合美國而結婚,
但據三十年代末曾當宋美齡的秘書張紫葛透露,宋美齡曾親口對他説,
當她第一次見到蔣介石時,就被對方迷住了。[66]

　　成為名副其實的「第一夫人」後,宋美齡憑藉著自己的才華和美
貌,跟隨蔣介石在不同的歷史時期參與了一系列活動,並長期扮演重要
角色。1929 年她參與建立國民革命軍遺族學校,1934 年發動新生活運動。
為了遺族學校子弟的健康,宋美齡特別從荷蘭引入乳牛提供鮮奶,怎料
卻因此傳出她用鮮奶洗澡保養皮膚的傳言。對於這個謠言,1934 至 1949
年為蔣、宋當送奶工的曹金才近年接受東森新聞訪問説是虛構的,當時
牛日產四十公斤鮮奶,其中宋只留四磅給自家用,其他幾位黨國要員分
配,每人分配二至四磅,其餘都發給遺族子弟,四磅鮮奶根本不足夠作
洗澡之用。除曹以外,隨夫人當勵志社副總幹事的侯鳴皋及當過蔣介石
侍從醫官的吳麟遜都證實這是謠言,不過與夫人最親的甥女孔令儀卻證
實宋的皮膚病的確很嚴重,在洗澡後有用少量牛奶灑身。

　　1936 年 12 月 12 日,「西安事變」爆發後,國民黨內一片混亂,何
應欽極力主張轟炸西安城,宋美齡顧及丈夫性命極力反對,力主以和
談解決。她找到曾經是張學良在東北時的顧問、澳洲友人端納(W. H.
Donald),並於 12 月 22 日和端納冒險到西安。在飛機快著陸之際,宋美
齡從手提包拿出一把手槍交給端納,並對他説,如果軍隊企圖抓她就把
她打死。下午 4 時,宋美齡與蔣介石重逢,蔣介石在日記中這樣寫道:「乍
見驚訝,如在夢寐……妻見余強作歡顏,而余則更增憂慮。」12 月 24 日,
宋美齡在談判中,明確表示贊成停止內戰。次日,蔣介石獲得自由。若
干年後,蔣介石曾對人説,在「西安事變」中,夫人救了他一命。

　　1936 年,蔣介石委任宋美齡出任航空委員會秘書長負責組建空軍,
被稱為「中國空軍之母」。對這份差事,她非常投入,除發揮了自己的

64　Betty Wei, Liu Chi-wen: *Biography of a Revolutionary Leader*《革命元老劉紀文傳記》(Privately
　　published by the Liu family in 2005)。

65　Thomas A. Delong, *Madam Chiang Kai-shek and Emma Mills: China's First Lady and her American Friend.*
　　McFarland, 2007. p.10. 作者 Thomas A. Delong 為 Emma 表弟。

66　張紫葛:《在宋美齡身邊的日子》,九十年代雜誌社,1995。

1

2

3

1 1945年9月美國副總統華萊士赴成都華西聯合大學參觀時，與宋子文及三位基督教大學校長合照。左面右：湯吉禾校長（齊魯大學黃開平連襟，見第一章黃家）、吳貽芳校長（金陵女子大學）、華萊士、外交部長宋子文、四川省主席張群、張凌高校長（華西協合大學）。時該三校與金陵女子大學，燕京大學及中央大學醫農學院合組成華西聯合大學。

2 左至右：宋子安、蔣介石、宋子文。

3 1942年華府聖誕：宋子安、胡其瑛、席曼英、宋子文、張樂怡、宋子良。

外交才能和外商洽談訂購了價值二千萬美元的產品，她還花許多時間學習有關航空理論和飛機設計。1937 年春，美國陳納德將軍（Claire Lee Chennault）收到宋美齡的一封信，問他是否願意到中國當空軍顧問，陳納德一口答應，此後組建了國際知名的「飛虎隊」。1938 年春，宋美齡因健康理由辭去航委會秘書長一職，由其兄宋子文接任。1946 年美方向蔣、宋夫婦送了一架道格拉斯 C47 型飛機作專機，飛機取名「美齡號」，又名「中美號」。當年為她駕機的衣復恩多年來一直是宋美齡的親信，官至空軍總司令，並創立中華航空公司。

宋美齡在抗戰時的另外一大建樹是 1938 年成立戰時兒童保育會，由她的世交兼助理張藹真及青年會的舊交陳紀彝、熊希齡長女熊芷（Nora Hsiung，空軍技術局長朱霖妻）等協助統籌，在全國先後設立六十一所保育所，收養兒童二萬九千餘人。保育會、新生活運動婦女生活指導會及中國婦女慰勞抗戰將士總會三會都由她領導，並在同一地點辦公，堪稱蔣夫人的三姐妹。

蔣介石多年來的抗日、「剿共」和保衛台灣，都需要美國的幫助，而宋美齡無可否認是他多年來獲取美國支持的最大後盾。其中她在外交上最突出的表現要數 1943 年的美國訪問和同年 11 月的中、美、英開羅會議。1942 年，美國共和黨領導人威爾基（Wendell Willkie）訪問中國，[67] 並邀請宋美齡訪美，希望能借助她的魅力讓美國人民更加瞭解中國。同年 11 月 18 日，宋美齡以治病為由乘專機飛往紐約，27 日進哥倫比亞大學長老會醫學中心（Presbyterian Hospital）哈克尼斯病房（Harkness Pavillion）。羅斯福夫人在回憶錄中這樣寫道：「看著她躺在床上，我心裡想如果她是我的女兒，我一定會幫助她、照顧她。」[68] 宋美齡在醫院住了十一個星期，身體逐漸康復。1943 年 2 月 18 日，她在美國眾議院發表了重要的演說，這是眾議院第二次邀請女性演講。當天，宋美齡的演講不時被掌聲打斷，一名議員說，他從來沒有見過這樣的場面。國會演講後，宋美齡又和羅斯福總統一同出席記者會，白宮橢圓形辦公室裡擠滿了 172 名記者。《時代》周刊報道說，宋美齡就像初次登台演出的少女一樣，總統夫人的手一直放在宋美齡的椅子上，好像在護衛著她，而主持過數以千計記者會的羅斯福就像個縱容的叔叔在介紹自己美麗的侄女，他說：「蔣夫人是個與眾不同的特使」，還要求記者不要問難以回答的問題。宋美齡亦在好萊塢露天會場（Hollywood Bowl）發表演講，好萊塢大明星 Ingrid Bergman、Katherine Hepburn、Humphrey Bogart 和 Shirley Temple 等都到場參加，

67　坊間一直謠傳宋與 Wilkie 有染，這亦是純屬虛構，Wilkie 只是對宋極之仰慕而已。

68　Hannah Pakula, *The Last Empress: Mme Chiang Kai Shek and the Birth of Modern China*, Simon & Schuster Inc, 2009.

並向中國抗日戰爭捐款。1943年11月，蔣介石夫婦率代表團出席開羅會議。雖然代表團重要成員都能講英語，但宋美齡嫌他們無法轉述委員長思想的全部含義，因此常親自翻譯蔣介石的聲明和對方的談話，三巨頭會議變成了四巨頭。開羅會議後，中國在國際社會的聲望大大提高，而中美關係亦更加緊密。

1950年4月，宋美齡在台灣成立了以她為核心的中華婦女反共抗俄聯合會，簡稱「婦聯會」。以此為開頭，和她關係密切的部門又增加了好幾個，包括照顧遺族子弟的華興育幼院及中學，以及醫治小兒麻痺症的振興醫院。婦聯會在1956至1966年十年間在台灣各地蓋眷村安置軍眷家庭，並在各村傳道。她同時借鑑母親的祈禱會，與一班信奉基督教的官太太創辦中華基督教婦女祈禱會，又在士林官邸重建南京凱歌堂。與此同時，宋美齡也不忘外交，1950年8月，她和一些美國朋友以及親台人士組織了所謂的「院外援華集團」；1952年8月，她飛往華盛頓，一直留到次年3月，期間組建「中國遊說團」（China Lobby）遊說美方支持台北政權。1954年，宋美齡再次飛到美國，並逗留了六個月。

1969年7月，蔣介石夫婦在台北陽明山上出了車禍。自此蔣介石的健康每況愈下，1975年4月5日在台北病逝。蔣介石一過身，孔祥熙的長子孔令侃就匆匆從美國趕回台灣，打算與「夫人派」官員一起擁立宋美齡繼任國民黨總裁，但遭到國民黨中央秘書長張寶樹的強烈反對。4月28日，即蔣介石死後二十三天，國民黨全體中央委員舉行臨時會議，推舉蔣經國擔任國民黨主席兼中常委會主席。宋美齡1975年9月決定赴美隱居，到達美國後住進紐約長島蝗蟲谷孔宅，她的生活深居簡出，有時驅車到曼哈頓參觀畫廊和藝術館，有時就畫畫或寫毛筆字。

不過她仍與台灣有關人士保持著緊密聯繫，時常與過往的中文秘書（即當時的台北故宮博物院院長秦孝儀）及英文秘書沈昌煥通話。[69] 客居美國十一年後，1986年宋美齡以參加蔣介石百年冥壽紀念活動的名義返回台灣，重新住進士林官邸，這一住就是五年。

1946年10月蔣介石夫婦伉儷搭「美齡號」首度抵達台北松山機場，主持台灣光復一周年紀念。

1986年10月31日宋美齡發表了紀念丈夫的文章，題目是《我將再起》，大有東山再起之勢。1988年1月，蔣經國病逝，蔣夫人支持李煥出任國民黨代理主席，但被婉拒，結

果李登輝當上了國民黨主席。自 1978 年起她的視力、聽力和記憶力等均嚴重衰退，數次進出榮民總醫院治療。由於她有皮膚過敏，醫生認為紐約的天氣較為合適她生活。1991 年 9 月 21 日，九十四歲高齡的宋美齡再度赴美休養。

　　移居美國後，宋美齡不再過問政治，也很少應酬，每天讀經祈禱，到住所附近的教堂做禮拜。事實上宋、蔣兩家的親友大多數都住在美國，每逢重大節日或她的生日，大家就共聚一堂，和她一起歡度，「婦聯會」及華興育幼院亦派代表從台飛來助興，這給了宋美齡莫大的安慰。1994年 9 月，宋美齡低調回台灣探望病危的外甥女孔令偉十天。1995 年 7 月 26 日，宋美齡以近百歲高齡，應美國國會之邀從紐約飛抵華盛頓，出席為慶祝二戰結束五十周年而特意為她舉辦的酒會。當日下午 5 時，宋美齡在眾人扶持下步入會場，發表了演講，受到熱烈歡迎。據宋美齡的外甥，在她晚年每年探訪她兩次的宋仲虎表示，宋美齡晚年記憶力雖然有點衰退，但思路依然清晰，每日讀秘書準備的台灣新聞摘要及喜歡基督教 *Guidepost* 月刊。她九十九歲時曾對他說過不知為何上帝給她這麼長壽，兄弟姐妹甚至子孫輩都先她而去，唯一想到的是上帝留她在人間向未接受主的親屬傳教。宋美齡很喜歡小朋友，所以她一生最大的遺憾是沒有自己的子女，至於為何她一生沒有生育，曾為蔣氏妻室的陳潔如在其回憶錄中説，蔣介石早年染上淋病而不育（陳為蔣所拋棄，所著的真實性可圈可點），而宋仲虎聽夫人自道則是因為她在重慶或南京施手術副作用引致不育。蔣夫人於 2003 年 10 月 23 日於紐約病逝，享年一百零六歲，令人遺憾的是，她始終拒絕口述歷史和撰寫回憶錄，把所有恩恩怨怨永遠封存在自己的記憶中。

撲朔迷離的金融家：
宋子良和宋子安

　　宋氏六姐弟中，關於宋子文及宋氏三姐妹的有很多人寫，相比之下兩位最小的弟弟子良及子安常被忽略，主要原因是他們從商而不從政，曝光率非常低，連日本特務當年亦搞不清宋子良的長相，但他們的事跡頗為傳奇性，在此稍作詳述。

　　宋子良（John Tse-liang Soong，1899-1987）1899 年生於上海。1913 年隨父母流亡日本，在日本曾屢往孫中山住處為父親傳話，1915 年春回國。1919

69　沈昌煥曾任外交部長及駐美大使，為香港電影之父黎民偉的女婿，藝人黎姿的姑丈。

年在上海聖約翰大學肄業後赴美進父親的母校美國范德堡大學，主修歷史副修經濟，由於范大接受約大的學分，宋子良 1921 年便畢業。回國後，透過約大的關係，宋子良在 1922 年由校友劉鴻生資助成立的梵王渡俱樂部認識了劉氏這位企業大王，[70] 劉鴻生在宋子良介紹下認識了不少政府官員，1931 年更邀請宋子良以私人名義投資他的大中華火柴公司及華東煤礦，後者更被邀出任董事。[71] 1940 年劉氏將章華毛紡的機器由上海運到大後方，與經濟部及宋子良等出資四百萬組成中國毛紡織公司，由宋子良出任董事長、劉任總經理。劉家跟宋家關係微妙，雖然兩家在企業及約大上都有合作，宋又委劉出任招商局總經理等官職，但據劉鴻生自述，1935 年劉氏企業財急時曾向當中國銀行董事長的宋子文求助，怎料宋子文竟說他公司股票不如草紙而拒絕，亦有傳宋家幾度想吞掉劉家企業。

1930 年 7 月，宋子良出任外交部秘書及總務司司長、上海浚浦局局長、六河溝煤礦公司常務董事兼協理，後為中央銀行監事。1931 年起宋子良出任由孔祥熙於 1928 年以「提倡國貨挽回利權」為名發起組織的中國國貨銀行（China Manufacturers Bank）總經理共十八年，期間並同時出任中央銀行、中國銀行、交通銀行及中央信託局理事、董事等職，都是兄長及姐夫的勢力範圍。事實上，在上海時，他在工作以外與哥哥同任約大校董，彼此往來頻密，戰時單身的他亦曾跟姐姐宋慶齡同住。1934 年 7 月宋子良當上新成立的中國建設銀公司總經理。該公司由宋子文、孔祥熙及上海十七家銀行及政界要人投資組成（孔任董事長，宋子文及貝聿銘父親貝祖詒任執董，其他銀行老總任常董），利用官僚銀行的資本投資多項建設事業，如揚子電氣公司、淮南煤礦鐵路公司等，發展迅速。關於這家公司的詳細情況，可參考中大鄭會欣教授的大作。1935 年 4 月交通銀行改組，宋任常務董事。同年財政部組織上海工商業貸款審查委員會，執行對工商業的救濟計劃，宋作為中國國貨銀行代表參加該委員會，委員會總部即設在該行內。

1936 年 7 月，宋子良改任廣東省政府委員兼廣東財政廳廳長，建設銀老總一職由弟宋子安繼任。宋子良在財政廳長任內將廣東省的一批銀行納入政府控制。同年 12 月創辦中國汽車製造公司。由於宋子良專注於金融方面，市場傳言他與兩位財金大員徐堪、陳行組織七星公司參與市場投機，利用國貨銀行牟利，並將三人的名字串在一起戲稱這家公司做三不公司（不良、不堪、不行）。跟兄長一樣，這些貪污的傳聞把宋子良在抗戰時為國家作出的貢獻都抹殺掉，其中最重要的任務是他出任姐

夫軍事委員會旗下的西南進出口物資運輸總經理處主任，負責在荒僻的雲南緬甸邊境興建大後方補給血脈的滇緬公路，1938 年 12 月正式通車。當時他最頭痛的事情，是滇緬公路上缺乏足夠數量的司機和修車技術人員，為此，他代表西南運輸處曾致函南僑總會，請求捐購汽車和招募機工回國。與常在鎂光燈下的姐姐及兄長相比，宋子良低調得連情報機構都不清楚他的長相，於是乎軍統借宋子良的身份跟日軍在港秘密談判，探索日方的底線。從日軍偷拍的照片可以證實與日人會談的不是宋子良，而是軍統安排的替身。1940 年宋子良身體操勞過度，曾在美動過三次手術，由宋子文代他向蔣介石請辭西南運輸職務。[72] 抗戰勝利後，宋子良為國際復興建設銀行代理理事，繼續兼任中國銀行、交通銀行董事、中央信託局理事之餘，他又出席國際貨幣會議（IMF）作為中國代表，又代表國貨銀行與金城銀行及交通銀行合辦孚中公司經營進出口生意，1947 年後他定居美國。

宋子良早年專心事業，到四十歲那年才結婚，新娘席曼英（Maying Hsi，1915-1994）比他年輕十七年，是知名銀行買辦世家洞庭席家後人，中央銀行總經理、中國建設銀董事、華美協進社理事席德懋的次女，1937 年自聖瑪利亞女校畢業，是名作家張愛玲的同學，負笈哥倫比亞大學唸藝術。1942 年 1 月，兩人婚禮以簡單儀式進行，由卜校長主禮，駐美大使胡適、施肇基、李國欽都有參加，[73] 伴郎為她的哥哥席與中及商務創辦人鮑咸昌外孫薛士怡，[74] 伴娘為夏連蔭及薛壽萱的姪女薛歡。席曼英年輕時很喜歡騎馬，張愛玲在畢業紀念冊中預言她會成為世界騎術冠軍，這則預言沒有實現，但她在另一樣嗜好——摺紙藝術方面則出神入化，她寫成 The Art of Chinese Paper Folding for Young and Old，1948 年首次出版之後不斷再版，至 2002 年仍繼續再版。宋席兩人在紐約郊區共築愛巢，寓所取名 Soleyn。

眾兄弟姐妹中宋子良跟宋慶齡的關係最好，1981 年宋慶齡病危的時候，他由紐約致電北京慰問：「孫逸仙夫人：獲悉你患病在身，不勝難過。為你康復而祈禱。」他自己的獨生女亦取名慶頤。宋慶頤（Ching Yee Soong，1943-1991）於 1943 年出生在紐約，Wheelock College 畢業後在哥倫比亞大學教育學院進修，1966 年與任職工程師、自 RPI（Rensselaer Polytechnic Institute）畢業的林展翅（Robert Lin）結婚，伴娘是貝聿銘的同父異母妹貝洽（Patricia Pei）[75]。林父維英博士（Dr. W. Y. Lin）是經濟學家，曾任廈

70 有傳宋子良與劉鴻生是同班同學，此誤。因為劉鴻生比宋子良大十年，比宋子文亦大五年。

71 Kai Yiu Chan, Business expansion and structural change in pre-war China: Liu Hongsheng and his business enterprises: 1920-1937, Hong Kong Universit Press, 2006.

72 這是引用宋子文檔案的多封電報，電報沒有寫什麼病，但自此宋子良的面色很差，健康亦一蹶不振，有傳是癲癇病。

73 "Chiang Relative is Married Here", New York Times, Jan 17, 1942.

74 薛士怡為劍橋學士、哈佛碩士，曾任職於台灣銀行研究室，後赴美。

75 "Ching Soong is Wed To Robert T.C. Lin", New York Times, May 15, 1966.

門大學教授並著有《中國新幣制》等書，與貝父祖詒在中國銀行及中央
銀行共事並同為宋子文的左右手，戰時負責與財長摩根韜打交道，戰後
曾任中央銀行外匯審核處長。宋慶頤婚後沒有子女，花了十多年時間於
1980 年從哥倫比亞大學修畢教育博士學位，論文涉及電視節目與教育的
研究。她於 1991 年不幸先於母親過世，享年僅四十八歲。

　　臥病多時的宋子良於 1987 年 5 月 11 日在紐約病逝。1994 年宋子良遺
孀席曼英亦過身，她向夫家及夫婿的母校范德堡大學捐出二十七萬美元
遺產成立「宋子良國際金融獎學金」，資助中國學生到該校就讀工商管
理碩士。[76]

　　關於宋子良的其他謠傳，一指他有一子叫 Eugene；二說他們兩人倒
賣商品家財億萬。1951 年 7 月，美名時事評論家 Drew Pearson 指宋子良在
1950 年 6 月韓戰爆發前夕，與其他五十六名在美國和港台的中國商人一
起參與大豆投機生意，以 2.34 元一蒲式爾（Bushels）收購 698 萬蒲式爾黃
豆，中共入韓五天後以 6.9 元拋售，賺了三千萬美元。Pearson 又指在紐約
Hofstra University 商學院任教多年的宋幼淇教授（Eugene You-chi Soong）為宋
子良的兒子，並於 1950 年與孔令侃非法售賣大批錫給中共。[77] 宋幼淇是
宋子良兒子的講法，他在 Hofstra University 的學生，曾任商品交易所主席
的 Martin Greenberg 亦曾對校刊證實，說「Eugene 是蔣夫人的親侄，教學之
餘管理中華民國的投資組合。」查實這是一個誤會：宋幼淇確與孔、宋
家族是相識，因為他是孔令侃在約大的同學，一起做投資絕不出奇，而
他的妻子李慧嫻（Nancy Li，香港東亞銀行李子方女）在紐約則為孔、宋
家族活躍的華美協進社（China Institute）幹事，但據筆者跟知情人士瞭解，
他們絕無血緣關係，而宋教授出生之年（1915 年）宋子良僅十五、六歲，
是父子的可能性很低。至於家財方面，宋幼淇若真的家財億萬後來就不
會與 Hofstra University 為小數目的薪金對簿公堂，而據宋慶齡的書信，宋
子良本身晚年的財政狀況不佳，「聽說我的第二個弟弟子良病得很厲害，
自己的積蓄已經花光了，現在靠親屬贍養他。」[78] 他的侄兒宋仲虎亦說
宋子良的遺產僅數十萬美元而已，跟一般平常百姓家無異，而筆者查過
他們生前居住的紐約 Westchester 鎮的田土廳紀錄，發現席曼英死後亦僅
留下在 Harrison 的一物業而已。但亦有一說他在五十年代一度真的投機得
法賺了很多錢，跟絲業大王薛壽萱還是吉普車製造商 Willys Overland 的大
股東，後一同炒商品期貨輸掉身家。

　　宋家最小的弟弟宋子安（Tse-an Soong，1906-1969）1906 年生於上海。
1913 年隨父母流亡日本，1915 年春回國。1926 年在上海聖約翰大學畢業後

赴美留學，1928 年畢業於哈佛大學。回國後曾任松江鹽務稽核所松江運副，中國建設銀公司成立後初任監察人，後繼宋子良任總經理，四十年代任中國國貨銀行監察人。在宋慶齡流亡海外的歲月中，曾陪伴她旅居柏林個多月，並遊歷巴黎、維也納等地。

1935 年美、港兩地的廣東銀行（Bank of Canton，下稱廣銀）因金融危機倒閉，宋子文出資將兩銀行接管及重組，委任宋子安為負責人，開展宋家與這家銀行超逾半世紀的聯繫。廣銀原由加州僑領陸潤卿（Look Tin Eli）及陸蓬山（Look Poong Shan）兄弟 1907 年在三藩市創立，後於 1912 年又在香港成立一家獨立、但同名的銀行，兩家分別為美國及香港首家全華資西式銀行，美行的拍檔為罐頭大王劉興，港行的拍檔則為熱心支持革命的李煜堂父子（近年《十月圍城》電影中的主角之一）。陸潤卿的兒子陸文瀾是宋子文的親信，[79] 曾任廣東省稅務局長，當家業出現問題，宋家順理成章出手協助，而陸氏後人如陸孟熙（Patrick Look，名股票分析師陸東之父）後來亦留在廣銀工作多年。

1941 年 12 月 20 日太平洋戰爭爆發前夕，宋子安與廣東銀行董事胡筠莊的千金胡其瑛（Jih-ing Woo）在三藩市結婚。婚禮有三百多人包括三藩市總領事馮執正等參加，孫科長女孫穗英（Pearl Sun）及前馬尼拉及舊金山總領事鄺光林[80] 的千金鄺美蓉（Edith Kwong，李福述夫人，前終審法院首席法官李國能的母親）為伴娘，孫為香港廣銀董事，鄺則為加州廣銀經理。[81] 胡父是德華銀行買辦及民生公司董事，四兄弟中排第四，是上海灘有名的銀行買辦世家，與洞庭席家有多層姻親關係。老大筠秋繼父寄梅任華比銀行買辦，娶席錫蕃的次女德芬，即宋子良岳席德懋的堂妹。老二筠籟為三菱銀行買辦，老三筠庵則指染紡織業任上海紗布交易所的副理事長，其四子其傑是約大 1943 年經濟學士，是宋子文長婿馮彥達在北卡羅來州的同學，娶宋子文秘書唐腴廬跟行政院長譚延闓侄女所生的女兒唐小腴（Diane Woo）為妻。[82]

宋、胡夫婦戰時居住美國，1948 年決定定居三藩市經營加州廣東銀行，但由於在香港廣東銀行的業務關係，每年都會到香港。宋子安時常到紐約看望大哥宋子文一家，也邀請大哥一家從紐約飛赴美西。宋子安長期主持三藩市廣東銀行的經營管理，並擔任香港廣東銀行董事長。據

76 GayNelle Doll, "Saga of the Soongs", *Vanderbilt Magazine*, Winter 1997. p.17.

77 Drew Pearson, "Chiang Brother in Law Tries to Corner Soybean Marke", *Washington Merry Go Roun*, July 16, 1951.

78 《宋慶齡書信集》下冊，人民出版社，1999。

79 陸文瀾之女陸雁群（Christine Lee）即香港名媛利孝和夫人，利孝和本身亦曾在宋子文掌管的外交部工作。

80 K. L. Kwong，宋子文所屬組織蘭集會（FF）成員，哥倫比亞大學學士、哈佛碩士，曾任商務印書館英文部主任及上海商科大學教授。

81 "2 Leading Families in China are United", *New York Times*, December 21, 1941.

82 唐小腴曾在華昌公司任職，近三十年為中國業務顧問，為多家美資公司打開中國市場，包括與中信合資的 Beatrice 食品公司；她亦為宋慶齡基金會理事，是宋子文長女瓊頤的好友。

宋子安媳婦宋曹琍璇聽她的丈夫解釋，宋子安在兄姐溝通中扮演了不可缺少的橋樑，「我先生常講，我婆婆有時會抱怨，認為我公公一天到晚為了他的兄長、姐姐們的事在外奔波。我先生提到，我公公年紀較小，母親過世後，姐姐們帶他，慶齡到海外深造時，我公公跟著走，因為公公話很少、不苟言笑，脾氣很好，兄姐們都非常疼愛他。公公在這個家族是和事佬，所有人有分歧時，總是他在中間調解。」

對於廣東銀行，坊間一直傳言 1949 年後，宋子文曾將其名下財產轉移到三藩市，由宋子安開辦廣東銀行。「廣東銀行的性質非常明確，它是一家私人投資銀行，完全沒有國家資本投入」，學者吳景平清楚記得，1949 年後曾對所有國民黨的政府銀行做過總清理，他看過這個清理名單，沒有廣東銀行，他認為，目前從未有確切證據證實國家資產流失到廣東銀行，也沒有證據說明宋子文轉移了國家資產。吳景平也指出，在 1947 年，中國建設銀公司的股份都已捐給國民黨，而宋家原來持有南洋兄弟煙草的股份是以廣東銀行和中國銀行持有的方式，而非個人持有。事實上，加州廣東銀行股東除宋家以外還有六、七十位股東，早期包括全美人壽代理陳春榮律師（C. C. Wing）、前馬尼拉總領事酈光林、華埠名醫何廷光（James H. Hall）等僑界人士。在美國的財政制度下，尤其美國國稅局（The Internal Revenue, IRS）管理非常嚴謹，廣東銀行不容易被利用成為一個貪污機構，而對一個外國人開的銀行，美國聯邦存款保險公司（Federal Deposit Insurance Corporaion, FDIC）的調查更嚴，每年都要公報財政紀錄。至於香港廣銀，股份慢慢轉移到拍檔霍寶材（P.T. Huo）家族手上，後來霍家更於 1988 年將這些股份售予 Security Pacific，後成為美國銀行一部分，2006 年美銀又將這業務以九十七億港元售予中國建設銀行。

宋子安於 1969 年 2 月 28 日在香港巡視業務時因腦溢血在養和醫院病逝，享年僅六十二歲，3 月 6 日在灣仔循道會禮拜堂舉行安息禮拜，遺體再運返美國加州 Mountain View 安葬。他突然早於各兄姐離世，各兄姐都非常震驚，其中宋慶齡便曾在書信中說「婷婷終於把子安的照片寄給我了。我真難以相信他已經離開了我們！他是我的多好的弟弟，他從不傷害任何人。對他的猝然去世，我止不住掉淚。」可見姐姐對他早逝的哀傷。

加州廣東銀行在宋子安過身後由宋子文女婿余經鵬的兄長余經鎧接任董事長，到 1972 年則由曾任職中銀、中央信託局及中美銀行的孔士諤（Shien-Woo Kung）

宋子安與母親倪桂珍合照。

接任，董事局亦增加了名律師 Henry C. Todd 及在廣銀有股份的富國銀行
（Wells Fargo）代表 Lester H. Empey 等人。1978 年美國與台北斷交，國府恐
防其在美資產會被充公，外間一直認為國府在這段時間吸納了宋家的股
份，將外匯存入廣銀，但這一說法台北及宋家一直都作否認，但 1985 年
曾在台當外匯局長十三年及交通銀行總經理的俞國華親信賈新葆（H. P.
Chia）繼孔士諤出任廣東銀行董事長，賈氏操控台灣外匯的高官背景，
令外界對國府控制廣銀的傳言又再響起。

胡其瑛在宋子安去世後重返母校加大柏克萊攻讀亞洲研究碩士，並
在舊金山亞洲藝術博物館成立「宋子安與胡其瑛藝廊」。她與子安育有
兩子。長子宋伯熊（Ronald Soong，1945）於 1969 年僅二十四歲便繼承父親
在廣東銀行的董事職務，當年他曾高調接受訪問，大談華資銀行在華人
社會所佔的地位及作用，但近年宋伯熊轉趨低調，反而他的弟弟宋仲虎
則轉趨高調。

宋子安的次子宋仲虎（Leo Soong）生於 1946 年，年幼時經常隨父母
拜訪蔣介石夫婦及宋子文，在柏克萊畢業後到富國銀行當證券分析員，
他跟一位同事 Peter Gordon 時常討論各種生意大計，他們看準了當時美
國環保署剛成立，美國人開始注重健康飲食，借鑑歐洲礦泉水市場成功
的經驗，做礦泉水必然大有可為。於是花一年半的時間找礦泉水源，集
資一百萬美元在 1977 年成立 Crystal Geyser 公司，在北加州偏僻的 Calistoga
建廠以確保水源清純。創業初期他們坐運貨車到各大小超市推銷，那
個時候樽裝水未為普及，但他們的眼光很準，而法國名牌 Perrier 的強勢
登陸亦帶起了整個行業，而在產品方面他們亦不斷創新改良，是第一
家推出維他命及天然滋味礦泉水的公司。1980 年代營業額每年倍增，很
快就有過億美元營業額，同時名列天然飲料五大品牌之一。1991 年他跟
Peter Gordon 將公司控股權出讓予日本大塚製藥。1999 年宋仲虎辭任 Crystal
Geyser 總裁，只留任高級顧問，轉而活躍於各大公職，出任美國公共廣
播公司等大機構的董事，又當上加州汽車協會（Automobie Association of
America, AAA）會長及太平洋醫院系統（California Pacific Medical Center, CPMC）
副主席。患有濕疹的宋仲虎從傳媒報導得知三藩市街坊咖啡屋 K.K.Cafe
的老闆張國榮（Jack Chang）以花生磨奶能醫治牙周病及各種皮膚病，自
己嘗試發現有效後便於 2002 年出資給張國榮組成三一產品公司（Trinity
Products）大規模生產，由於宋、張二人都是虔誠教徒，他們把產品叫做
「神蹟長生奶」（Signs and Wonders Peanutmilk），目前年產量約二十多萬

83　"Letter to Richard Yang"（楊孟東），《宋慶齡書信集》下　，人民出版社，1999，第 845
　　至 846 頁；婷婷即胡其瑛。

瓶。宋仲虎亦熱心教會事務，是加州基督工人神學院校董會主席，並為 Multnomah 聖經學院校董，偶爾亦會到他居住的 Walnut Creek 康郡福音教會講道。他的太太曹琍璇來自台灣，近年頗為高調，代表宋家返中國尋根，她的叔父曹巍曾任蔣緯國的秘書。

宋仲虎後期曾出任加州廣東銀行的董事，2002 年該行被華資聯合銀行（United Commercial Bank）收購，結束了多年來與宋家、國府等的疑雲。2009 年聯合銀行因擴張過度並遇上金融海嘯而倒閉，業務被華美銀行（East West Bancorp）吞併。

跋扈家族？孝順外甥？
備受爭議的孔家子女

由於宋美齡無所出，她視大姐宋靄齡和孔祥熙的兩子兩女如自己的親生子女，他們亦終身緊隨這位姨媽。外界一直認為孔家四子女在宋美齡的羽翼下，目中無人、以權謀私，其中孔令侃及孔令偉受到最多的爭議及謠傳，這裡筆者希望對他們作較客觀的解述。

孔祥熙的長女孔令儀（Rosamonde Ling-E Kung，1915-1996），於 1915 年 9 月 19 日生於山西太谷，英文名與二姨媽宋慶齡同名。孫中山死後她陪宋慶齡度過哀悼的日子，蔣、宋聯婚她是伴娘。1928 年，十三歲的孔令儀到南京金陵女子中學唸書，寄居親戚蔣介石官邸約五年。令儀曾就讀上海滬江大學，後畢業於南京金陵女子大學。她自小為人謙善，事事順從父母意思，唯一是擇偶方面抗命。據說蔣夫人曾幫她找對象，也有人為她跟喪偶的衛立煌將軍做媒，但孔令儀對這些名將世家子弟都沒有興趣，因為她愛上了弟弟令侃在上海約大的同學陳繼恩（Kyi Ung Dzung，1937 年修讀歷史系；孔則主修經濟），但因陳父為上海一家舞廳的樂隊指揮，孔祥熙夫婦認為門不當、戶不對，反對婚事。但孔令儀堅持自己的決定，兩老只得默許。1944 年 5 月 24 日在紐約與當時剛從美國普林斯頓大學取得博士的陳氏結婚，[84] 婚禮由聖約翰大學卜校長主持，孔祥熙夫婦留在重慶沒有參加，孔令儀由弟弟孔令侃引領下出閣，宋子文兩女瓊頤及曼頤以及令儀的好友（報紙誤作表妹）宋閃寶（Sally Soong）當伴娘，宋閃寶的夫婿溫陵熊（Henry L. Wen）當伴郎。[85]

婚後孔令儀留在紐約，但沒有生兒育女，丈夫則到香港營商，到五十年代兩人最終離異。她到台灣探望蔣介石和宋美齡，姨丈和姨媽挑

選了空軍上校武官黃雄盛（Hwang Hsiung-sheng）擔任她的隨從，陪她遊台灣。朝夕相處下，兩人最後於 1962 年在華府結為夫妻。黃雄盛娶孔令儀之前育有兩女，祖籍江蘇崇明島，畢業於清華大學航空工程系（1938）及航校十三期，1958 年被派赴美國出任駐美大使館武官，後返台出任空軍官校教育長，以少將之階退伍。

1981 年，姨媽宋美齡移居美國紐約，先後居住在父母留下的長島蝗蟲谷莊園（Locust Valley）和曼哈頓上東城公寓的兩處寓所，均由孔家提供，並由孔令儀悉心照料，閒時帶她到中央公園散步，每年三月為長命百歲的姨媽宋美齡過生日，直到 2003 年宋美齡去世。據孔令儀表示，因為照顧夫人的壓力太大，她的頭髮幾乎掉光。

九十年代，孔令儀的弟妹相繼辭世，她成為孔家碩果僅存的第二代。為了出售長島蝗蟲谷孔宅，加上紐約地產商利用宋美齡名義拍賣孔宅物品和傢俱，令當時八十餘歲的孔令儀受到任意遺棄歷史文物（包括孔家族譜、前國府主席林森畫像及蔣夫人國畫等）的嚴厲指責。

孔令儀居住紐約六十餘年，生活海派，時和紐約國民黨大老的遺孀（如現已一百多歲的顧維鈞夫人嚴幼韻）及後人打打麻將。孔令儀在金女大的同學宋閃寶（Sally Soong）是她的摯友，曾當孔令侃的秘書，其弟宋子昂則為孔令侃旗下揚子公司副經理。宋閃寶的丈夫溫陵熊是宋子文親信溫應星將軍的兒子，約大畢業後留美得博士並曾當教授及工程師，為內燃機專家，曾任台灣經濟部顧問及工研院董事。由於孔令儀無所出，她認了宋閃寶的女兒溫子華（Harriet）為乾女兒，後來溫子華嫁給董建華的弟弟董建成，據聞在孔令儀臨終前曾秘密陪同她返上海尋根。

2003 年 8 月 2 日黃雄盛病逝紐約，終年八十九歲。2008 年 8 月 22 日，孔令儀亦在美國紐約曼哈頓第五大道寓所內去世，享年九十三歲。8 月26 日，孔令儀葬禮告別式於紐約曼哈頓舉行，之後她葬於父母及妹弟收葬的紐約芬克里夫墓園（Ferncliff Cemetery），與宋美齡及黃雄盛同葬一室，仿如在生時照料姨母的安排，無獨有偶其前夫陳繼恩亦葬於墓室對面。

孔家排行第二的孔令侃（David L. K. Kung，1916-1992）是孔祥熙和宋靄齡的長子，別字剛父，1916 年 12 月 10 日生於上海。1933 年，孔令侃就讀於上海聖約翰大學。1935 年孔祥熙赴英參加英皇喬治六世加冕，竟叫財政部下屬向當年二十一歲，仍在約大求學的孔令侃匯報財務事項，令他得到「大衛王子」的稱號。1936 年大學畢業後，任財政部特務秘書，隨後進入新成立的中央信託局。1937 年日軍佔領上海後，中央信託局撤往

84　陳的博士論文為太太娘家積極參與的《中國工合運動》。

85　"Ling E Kung, Niece of Mme Chiang Wed", *New York Times* May, 25, 1944,

香港，孔令侃任常務理事，表面上主持中信局業務，暗地裡在九龍設立一家非法電台接收情報。

1939 年 9 月，港英當局查獲秘密電台，法院起訴孔令侃及五名助手違反無線電條例，罰款一萬六千元，並將機密文件充公，將其逐出香港。[86] 這件事情中文報章都沒有報導，僅說孔令侃早從約大畢業那年已打算赴美進修，但受抗戰延誤，年前擬留英又因歐戰而去不成，現正好因中信局遷渝港分行事務較少而完成留學的願望。[87] 1940 年 2 月，孔令侃離港赴美哈佛大學留學。1943 年宋美齡到美國作出非常成功的訪問，擔任秘書的孔令侃亦有一定的功勞。抗戰結束後，孔令侃回到上海創辦揚子建業股份有限公司，從事出入口及汽車代理生意。1947 年陸鏗揭露揚子公司涉嫌利用權勢套購巨額外匯，到 1948 年國共內戰後期，中國出現嚴重的惡性通貨膨脹，政府進行金圓券改革，蔣經國到上海督導經濟管制，以鐵腕手段抑制物價，以囤積居奇罪名查封孔令侃的揚子公司，並透過法院發過七次傳票，但最終由於宋美齡的干預才不致拉人。孔令侃見大勢不妙，將資金轉移到海外，自己則逃到香港，其後再定居美國。國府遷台後他來往美，港，台三地頻繁，一是做生意，二為父母及姨媽做密使。

1956 年 11 月 25 日《星島日報》刊出兩篇攻擊孔祥熙的文章，孔令侃代父延聘貝納祺大律師告《星島日報》誹謗。在香港，他曾與同學莊芝亮經營友寧航業公司，[88] 該公司兩艘船隻都沉沒，1967 年被莊芝亮告上高等法院，向孔索償從船隻觸礁所得的保險金一百五十萬元。他在美國的業務以地產為主，1962 年，孔令侃透過香港公司控制的開曼群島公司 World Union 在佛羅里達州收購四百八十英畝，幾年後迪士尼公司決定在該區發展最大的主題公園迪士尼世界（Disney World），到後來又開 Epcot Center，成為最受歡迎的旅遊勝地，孔令侃所持的土地幾十年內升值百倍。不過奇特的是孔令侃從未發展該片土地，待他過身後，他的繼承人才將一半業權轉讓予當地發展商 Brooksville Development 以發展成 Bonnet Creek Resort，套現所得數千萬元部分捐給各院校。[89] 除佛羅里達州以外，1975 年他又到夏威夷 Mauna Kea 收購一萬六千英畝種滿洋槐（Koa）的林地，但多年來亦只持有而沒有開發，2000 年以 1,030 萬美金售予曾姓伐木商（Kyle Dong）。

宋美齡與孔令侃（右）、孔令偉，1987 年春節士林官邸合影。

在政治上，戰後幾十年他協助父親在華府推動所謂中國遊說團（China Lobby）的工作，爭取美國政府及議員支持在台的國府。當 1978 年台、美斷交前夕，據傳宋美齡曾向蔣經國建議任命孔令侃為駐美大使，但蔣經國難忘當年在上海跟孔令侃一案，沒有答允。又傳宋美齡曾向蔣介石稱讚孔令侃多年在美幫助外交有功，應給他一個部長級的官職，最後只給予他國策顧問一職。1986 年，孔令侃捐二千萬新台幣給宋美齡從 1967 至 1992 年擔任董事長的天主教輔仁大學，成立「孔祥熙院長清寒獎學金」，次年聖誕獲頒名譽法學博士，宋美齡亦由緯國、秦孝儀、李煥等陪同下觀禮。[90]

宋美齡到美國後，住在孔令侃在曼哈頓上東城 10 Gracie Square 為她購買的公寓內。1992 年 8 月，孔令侃在紐約去世，年七十五歲，無後嗣。他終身未婚，有傳他曾跟綽號「白蘭花」的盛昇頤姨太太魏氏有染，並在抗戰時於馬尼拉結婚。因為「揚子案」的頭條，使孔令侃終身負上貪污的惡名，事實上多年來他默默地為國府做過不少事，而且從他土地投資的成功可見他不需要貪污也有本事賺大錢，若果不是父母溺愛，令他年輕時便有太多金錢和權力，他的際遇與名聲可能會有不同的結論。

孔祥熙次女孔令俊，後改名孔令偉（Jeanette Ling-wei Kung，1919-1994），由於她是二小姐，綽號「孔二」廣為流傳，反而其真名時被人與長姐令儀混淆。由於長期作男性化打扮，一直受到外間奇怪的眼光，可以說是孔家子女中最多謠傳者。原來，孔令偉酷愛男裝，和宋美齡有關。據她姐姐孔令儀 2005 年接受鳳凰衛視採訪說：「令偉啊，真是可憐！她小時候是穿女孩子的衣服。因為天氣熱嘛，她頭上生了一粒一粒疥。蔣夫人說我母親，怎麼搞的，給她穿那麼那麼長的衣服？她身上生疥，就把她頭髮剃了，給她穿短褲子。結果，秘書啦，侍衛啦看見就笑她，說，唉呀！二小姐你怎麼穿這個？她就覺得不自然啦，後來就故意穿男孩子的衣服，因為小孩太敏感吶。其實怎麼穿關你們甚事，等病好了，再換過來就行了。她換不過來了，所以蔣夫人對這一點覺得很遺憾。」關於孔令偉在國內的幾個傳聞，[91] 筆者嘗試查證印對：

傳言一：在南京，一次孔二小姐駕車兜風，因違反交通規則，被交警教訓了幾句，她一怒之下竟拔出手槍，將該交警當場擊斃。據說後來南京流行一句話：「你不要神氣，小心出門叫你碰上孔二小姐」。在重慶時，因時有日機空襲，實行燈火管制，一次孔二小姐駕車回家，大開車燈，被執勤兵阻攔制止，誰知她一邊破口大罵：「滾你媽的蛋！」一

86　"Kung's Son Missing After British Raid", *New York Times*, Feb 16, 1940.

87　〈孔令侃已赴美研究經濟學〉，《華字日報》，1940 年 3 月 7 日。

88　莊芝亮曾任孔祥熙機要秘書，因曾任美資《大陸報》編輯而與吳嘉棠及鄒文懷岳父袁倫仁等同被日偽列入暗殺名單。

89　"East Meets West Just Off Disneyland", *Orlando Sentinel*, August 17, 2000.

90　〈宋美齡再露面〉，《大公報》，1987 年 12 月 26 日，第 1 版。

91　關於這些謠傳，1990 年李偉作的《孔二小姐外傳》及 1994 年王豐作的《孔二小姐秘錄》最廣為轉載。

邊猛踩油門撞將過去，把執勤兵撞飛在路邊。還有一次在重慶中央公園，孔二小姐遇見龍三公子（龍雲的兒子繩曾），兩人素不相識，不知所為何事，竟同時拔槍互射，結果打傷不少遊人。在成都時，孔二小姐甚至親自揮動嫩拳，跟一名空軍飛行員搏鬥。孔令偉的確是喜好槍擊，是當年少數的女性槍手，但沒有證據她曾殺傷任何人。

傳言二：孔二小姐愛槍愛車，就是不愛讀書，宋靄齡暗自著急。為了獲得一張像樣的文憑，1942 年，宋靄齡聯絡到當時在重慶當新聞顧問的上海聖約翰大學美籍教授武道（Maurice Votaw），獲得格外開恩。於是宋靄齡在重慶找了幾名留過洋的博士教孔二小姐「讀書」，之後順利拿到了該校的畢業文憑。[92] 筆者翻查約大 1941 至 1949 年畢業生的紀錄，都找不到孔令偉的名字，而當年在上海淪陷區的約大依然運作，在大後方沒有約大，武道沒有權力頒發文憑。孔令偉的墓碑上刻有博士銜，但是哪一間大學頒發的則無從稽考。

傳言三：與孔二小姐有關的大事，最著名的是「飛機門」事件。據說 1941 年 12 月，蔣介石派飛機到香港，親手圈定將《大公報》避難老報人胡政之接回重慶，飛機著陸重慶機場後，《大公報》主編王芸生沒有看到胡政之，只看到孔二小姐的家僕及十七隻狗。《大公報》的王芸生草擬一篇「人不如狗」的社論，一時間舉國譁然。研究孔氏最深並與孔令儀有私交的商人李龍鑣表示，當年坐飛機其實是宋慶齡和孔令儀而不是孔令偉，當時她與二姨媽宋慶齡被困香港，住在告羅士打酒店。孔令儀的確喜歡狗隻，但十七隻之多實為誇大。當時被拒飛機門外的包括陳方安生的祖父方振武將軍及有南天王之稱的陳濟棠。

謠言四：孔令偉是同性戀者，並模仿男人「三妻四妾」。孔令偉終身未婚，1938 年在陳立夫極力撮合下，險些與胡宗南成婚，此後再沒有聽見有其他異性對象。在重慶時，傳聞她公然跟四川軍閥范紹增的姨太鄧羽同居，並叫下屬稱呼這位軍官夫人為「太太」。至於所謂「三妻四妾」的傳言，可能源自她有四位秘書——葛霞、戚明銘、李麗芳及楊淑筠。作為宋美齡的內務總管及多家企業的掌舵人，她僱有多位助手實不為奇。

戰後孔家以四十萬美元從哈同家族收購上海四川中路十四層高的迦陵大樓（Liza Hardoon Building，1937 年建成，解放後改名嘉陵大廈，現為工商銀行國際業務部辦事處），[93] 易名嘉陵大樓，孔令偉在內設立嘉陵公司（孔令侃的揚子公司亦在該廈），推杜月笙任董事長，自任總經理，

財政部總務司長邊定遠任副總經理。此外她亦協助父母打理他們私人名下的三家商號——祥記、廣茂興及晉豐泰，組成祥廣晉聯合總管理處。在當時重男輕女、生意傳男不傳女的年代，這是很少有的例子。

國府遷台，孔令偉跟宋美齡一起去台灣，除協助夫人打理士林官邸以外，她獲委任建造及經營一所一流國家賓館的重任。事緣 1952 年，國民政府在台站穩，外國使節紛紛在台設館，盟軍將士、國際政商、歸國華僑雲集台北，但市內尚缺乏合乎國際水準之敦睦聯誼活動場所。蔣介石於是指示宋美齡邀集執政界重要人士，周宏濤、俞國華、尹仲容、黃仁霖、董顯光等五人各出資新台幣五萬元，創立敦睦聯誼會，將只有三十六間房，設備簡陋，但位置極佳的台灣大飯店改組成圓山大飯店。孔令偉接掌之後，首先於 1953 年籌建游泳池與網球場，先後於 1956 年完成金龍廳與附屬大廳，1958 年完成翠鳳廳，1963 年完成麒麟廳。為配合國際觀光事業之成長，於 1964 年間又開闢台北國際機場餐廳，次年創辦空航餐桌供應站、為台灣空中廚房之肇始。由於孔令偉要求極高，飯店的服務，設施及規模馳名國際，1968 年獲得美國「財星」雜誌評定為世界十大飯店之一。

1968 年，圓山大飯店分別於台北、高雄兩地，規劃擴建新廈。於1969 年開始興建高雄圓山大飯店五層樓宮廷式大廈，於 1971 年 4 月完成。而台北地區，則將台灣大飯店舊房舍拆除，改建成為十四層宮殿大廈，並與原有之金龍、翠鳳、麒麟各廳相連，結為一體，於 1973 年啟用。1981 年大飯店出納主任徐華昌病故，被發現他虧空公款 4,614 萬元，蔣經國令周宏濤從孔令偉手中取回圓山經營權，等 1988 年蔣經國過身，孔令偉又再出掌圓山，推「御醫」熊丸出任董事長。

孔令偉在台灣幾十年的拍檔摯友，是任職圓山高級督導的蕭太太，即蕭鼎華夫人王如琳。蕭鼎華是曾代表中國參加奧運及遠東運動會的田徑好手，為建築師，經營聯華營造廠，去台後曾任逢甲大學建築系主任。據熊丸回憶，六十年代末七十年代初士林官邸的晚飯席上通常是蔣介石夫婦及孔令偉與蕭太太四人，蕭太太亦是宋美齡所辦的婦祈會成員，宋美齡晚年化裝打扮皆由她包辦。

1994 年，孔令偉罹患直腸癌，當時已搬到美國的宋美齡親自到台北振興醫院探望，孔令偉最終敵不過病魔，於 11 月去世，享年七十五歲，遺體進行防腐後運往美國安葬。一直以來外界傳說孔令偉是圓山的東主，事實上圓山由非牟利的敦睦聯誼會持有，而敦睦一直由政府高官

92　筆者查得至少有十六本書如此連載。

93　以哈同夫人羅迦陵命名；承建商陶伯育後來在香港興建的旭龢大廈於 1972 年不幸因「618雨災」而被沖倒。

把持，近年有立委要求將圓山企業化。2007 年，台灣國稅局稱孔令偉死時擁有台幣二億八千萬資產，去世前不久曾經賣股獲利並曾五度匯款往國外一億二千萬台幣，要求其唯一的繼承人、年屆九十歲的長姊孔令儀補繳遺產稅一億五千七百萬新台幣。為此引發孔令儀請陳長文作訴訟抗稅，結果敗訴。

孔祥熙的次子孔令傑（Louis Ling-chieh Kung，1921-1996），是四姊弟中最神秘的一位。蔣、宋聯婚時他與姐姐孔令偉同為花童。受二姨丈蔣介石的影響，孔令傑自幼立志從軍，由於當時中德友好，他跟蔣緯國、戴安國（季陶子）及馮洪志（玉祥子）一同留德，從 Walter Von Reichenau 元帥學習軍事，中德開戰後改到英國進入頂級的英國皇家軍校（Royal Miltiary Academy Sandhurst），在校內他的表現優異，獲 David Cuthbert 上校提名入英軍蘇格蘭皇家衛隊（Scots Guard），1942 年 3 月他成為首位加入該部隊的華人，在英軍服務三年，據說曾協助設計諾曼弟登陸的攻略。[94] 1949 年前後他到美國擔任中華民國駐美國軍事採購處陸軍少校武官，當時另一蔣家親戚毛邦初擔任空軍採購處主任負責採購飛機汽油。

五十年代，孔令傑在美國共和黨下了不少功夫，據傳他是尼克遜最大的支持者之一（包括六十年代尼克遜在政壇最失意時），1955 年孔令傑決心離開外交官職位，南下德州投資石油生意。1956 年他與艾森豪總統的橋牌牌友華盛頓政客 George E. Allen 及南方油商 Dr. James Boren 合組 Cheyenne 石油公司，Allen 引入大批勢力人士入股 Cheyenne 旗下油井，包括紅十字會主席、ABC 新聞部主管、前美駐阿根廷大使及共和黨全國委員會成員等。[95] 1961 年他在休士頓成立了西方石油開發公司（Westland Oil Development Corp），同時亦擁有 Magnatrust 及 Atoka Drilling 四家石油公司。1964 年他在拉斯維加斯迎娶荷里活明星 Deborah Paget（曾拍攝《十誡》，*Love Me Tender* 等片）為妻，婚姻維持到 1980 年。Deborah 離婚後於九十年代初曾在基督教電視頻道三一廣播網絡（Trinity Broadcasting Network）主持傳教節目，與孔家保持親密關係，孔令儀 2008 年的訃告便只列出 Deborah 及其子孔德麒（Gregory Kung）兩位遺屬。

1985 年孔令傑在美國德州休士頓修建一座巨型地下核子防空避難所，與建築商陶布森（Dobson）因為工程餘款對簿公堂，更增添他的神秘感，亦令人推測他有深不可測的財富。

溫秉忠（中）晚年與同學鍾文耀（右）在上海。左邊年青人擬為溫澤慶。

但兩年後即 1987 年，他的西方石油因欠債逾三千萬美元無力償還而宣佈破產，他亦同時喪失「地下行宮」物業，這物業因為結構堅固後來在科網熱時為一數據中心使用，近年被航空公司徵用作停泊飛機，可見行宮規模之大。[96] 1996 年 11 月，孔令傑因癌症病逝。孔令侃、孔令偉及孔令傑死後與父母合葬在 Ferncliff 同一墓室，都不用英文名，其中令侃及令偉墓刻上博士銜，令傑墓則刻有其少校官階。

以商養藝：
溫秉忠夫婦的後人

溫秉忠與首任妻子關月屏領養有至少一女一子，養女惠玉嫁李叔青牧師，養子維慶在港早夭葬在跑馬地的英人墳場其祖父的墓旁。

倪秀珍比溫秉忠年輕逾廿年，跟他領養一女溫金美（Kinmay Wen，1902-1988），是秉忠晚年的掌上明珠。溫秉忠的養子維慶過身後，兩夫婦又領養一子溫澤慶（Matthew Wen, 1907-?），據後人稱他不事生產，解放後留在上海，而倪秀珍則在六十年代初過身。[97] 溫秉忠晚年曾因工作關係住在北京，但倪秀珍喜歡留在上海，在金亞爾培公寓 175 號定居，[98] 溫金美亦一直在上海長大。由於有良好的家族背景，溫金美這位千金在二十年代的上海是上流社會的名媛，在一次舞會中她邂逅留美歸來的無錫小開唐炳源（又名星海，Ping-Yuan Tang, 1897-1971），不久便結為秦晉。值得一提的是，當時無錫唐家已是工商大家族，而溫金美的宋家表親過幾年後才崛起。[99] 唐炳源 1920 年自清華畢業後自費到麻省理工，在校內任中國學生會會長，1923 年得理學士後返無錫協助父親唐保謙（1866-1936）打理一系列家族生意，包括慶豐紡織、九豐麵粉、潤豐菜油、錦豐絲廠、利農磚瓦等，炳源運用他從美國學到的管理及技術知識，又聘請如薛桂輪（即黃光彩牧師孫婿林鳳歧姐夫）等專才，十年間慶豐出的紗布成為無錫的標準，比榮家出品的貴一成。1937 年無錫慶豐廠被日軍炸毀，他利用外匯在上海建立保豐紡織，又在上海投資中國通惠機器公司（由黃宣平主理，後來宣平與他共事香港立法局，詳見第一章黃家）及佳士拿汽車代理馬迪汽車（Mark L. Moody Inc）等企業，事業重心搬到上海，在這個過程中，負責照料兒女的溫金美亦幫他不少。抗戰時日偽曾佔據了部分唐氏產業，唐炳源又與弟唐曄如因爭產而打起官司，幾經周旋才保住

94 LtSg K Gorman, "The Chinese Major", *The Scots Guard Magazine*, 2008; "Chiang's Nephew in Scots Guard", *New York Times*, March 22, 1942.

95 Drew Pearson, "How China Lobby Won Friends in U.S.", *Washington Merry Go Round*, Oct 19, 1960.

96 "Westland Oil in Chapter 11", *Houston Chronicle*, October 8, 1987.

97 據親屬表示溫金美雖非溫秉忠親生但有血緣關係，溫澤慶則沒有。

98 金亞爾培公寓（King Albert Apartments）又稱皇家花園，由天主教會及比商建於 1930 年，故以比皇命名，今陝南村。

99 據唐鶴千編 *Geneaology of the Tang Family of Piling, Branch of Shi Pi Shan, East Gate, Wuxi*, 2006，唐炳源在跟溫金美結婚前在無錫有一妻子王倩霞（1898-1925）育有一女唐筱霞（Susan 1924-1970，其夫王森曾任國府駐南非總領事）。

旗下的事業。抗戰勝利後，有國民黨劫收大員企圖指他留在淪陷區有通敵之嫌進行勒索，一直沒有依靠權勢的唐炳源此刻迫於無奈打出溫金美表哥宋子文這張皇牌，麻煩亦很快被解決。

不過戰後國民黨實施棉花統購統銷，令民營紗廠無利可圖，加上國內經濟隨著內戰日差，1948 年末唐炳源決定抽調二千萬資金到香港，與金行老闆及交通銀行副理簡鑑清合作，在荃灣青山道買地建立起南海紡織廠。炳源選擇香港而非台灣或海外的其一原因，是因為妻子娘家溫氏家族在香港早已扎根百年，溫金美的堂兄溫植慶是香港名醫，與李樹芬創辦跑馬地養和醫院，[100] 兼任董事多年。這個決定後來亦證實是對的，大批由國內湧入的難民為南海紡織廠帶來大批廉價勞工，而他亦成功將產品打入英美市場。全盛時期的南海紡織廠超過二千名員工，廠內設學校、宿舍等，規模為業界前列。1964 年唐炳源更將南海紡織廠在當時由英資公司壟斷的香港交易所上市，他亦穩坐香港上海幫的龍頭，同年他獲港英政府委任為首位上海籍的立法局議員，標誌著政府對上海幫在香港地位的肯定。1966 年他促成貿易發展局為港製產品開拓市場，1968 年 7 月更獲委任為行政局非官守議員。除政治之外，唐炳源關心教育及慈善，1967 年起任中文大學新亞書院主席，1969 年他發動籌建理工學院，並於同年創立公益金出任首屆會長。1971 年工作過勞的唐炳源因高血壓猝逝，享年僅七十多歲，翌年他籌辦的理工學院正式成立。1973 年他的後人在他的母校麻省理工捐建碩士生宿舍，取名唐炳源樓（Tang Hall），為美國名校中首座以華人命名的建築物，由溫金美主持開幕。

溫金美雖然表面上鮮有提及與宋家這層表親關係，但她一直與宋家後人保持聯絡，尤其是因業務關係時常訪港的宋子安，宋子安夫人與溫金美的媳婦唐黃月燕亦非常友好。溫金美活到 1990 年才過身，生前她非

1948 年溫秉忠夫人倪秀珍在上海與其後輩合攝，圖中黑色大衣者為倪秀珍，其右分別為牛恩美、牛惠霖夫人、牛恩德；前排右三為唐志雲、溫夫人前的男童為唐驥千。

常低調，近年她的名字因後人在港、美兩地以她名義作捐獻而稍為人知，如理工大學有溫金美樓（2002 年以二千萬港元命名），女婿方聞穿針引線下的普林斯頓唐炳源溫金美東方藝術中心，美國紐約大都會藝術博物館有溫金美展覽廳。她的子孫在她細心教導下都成為獨當一面的人物，同時都熱心公益。有意思的是她的父親一輩開留美之風在美國各大院校受惠，到她的子孫輩大力捐助這些學校仿如替祖先作出一種回禮。

唐炳源與溫金美育有四子二女，長子唐驥千（Jack Chi Chien Tang）亦是麻省理工畢業生（1949），並取得哈佛工商管理碩士，返港後接手南海紡織廠的生意，1984 年由嘉道理爵士（中華電力主席，紡織廠是當年中華電力最大客戶）支持他出任香港總商會首位華人主席，又與堂弟唐翔千返國獲鄧小平接見，[101] 並曾出任匯豐銀行董事（1984-1990）。到 1980年代由於香港紡織工業受成本上漲的影響成為夕陽工業，加上香港回歸前途不明朗及子女無意繼承，他將南海紡織廠結束賣出廠地，1991 年更將上市公司的殼售予于品海，同時將從事製衣的聯亞集團控制權讓與家族經營德昌電機的汪建中，自己撤資到海外。晚年的唐驥千熱心公益，在美、港兩地慷慨捐獻，例如 1996 年在母校麻省理工捐建唐驥千管理教育中心大樓（Jack Tang Center for Management Education）及以一千萬美元贊助清貧美籍華人學生入讀該校，迄今已有近二百人受惠，他又在康奈爾大學（Cornell University）及柏克萊大學（UC Berkeley）設立基金資助中國學者訪學。近年他與髮妻黃月梅（Madeleine Huang）離婚，娶了子侄輩榮智權的前妻，興華電池廠老闆潘永楷的千金潘靜筠（Joanna Poon）為妻。他跟黃氏育有一子兩女，獨子唐裕年（Martin Y. Tang）跟父親及祖父一樣自麻省理工畢業（1972 年取得 MBA），又是康奈爾大學學士，後來成為康奈爾及麻省理工的校董。唐裕年最初亦曾協助家族生意，1980 年唐裕年選擇不繼承祖業，與馮國經等人創辦創業投資公司（Techno-Ventures），後來受鄭明訓遊說，加入獵頭業，出掌知名美國獵頭公司 Spencer Stuart 的亞洲分公司，[102] 專門從事高級行政人事的招聘工作。雖然他平時勤於運動、精神充沛、毫無老態，但他仍決定以六十歲之齡退休，退休後曾協助遠房堂弟前財政司司長唐英年尋找任志剛為金管局總裁繼任人，並出任老拍檔馮國經家族生意利豐的非執行董事。唐裕年的妻子郭燕語為上海永安負責人郭琳爽（創辦人郭泉長子）的孫女，他們的兒子亦就讀麻省理工，延續家族跟該校的四代緣。

唐驥千的長女唐美蔭（Nadine M. Tang）自波士頓大學畢業，曾分別在柏克萊大學及 Mills 女校擔任心理輔導社工十年及十二年，與丈夫 Bruce L.

100　李樹芬很早便認識孫中山並投身革命，為宋美齡治病，又出任宋家有關的香港廣東銀行董事，其弟樹芳的妻子溫敏清即溫植慶的妹妹。

101　唐翔千即前政務司司長唐英年父親。

102　不少名人曾在這公司工作，包括鄭明訓、Robert Adams（中信泰富執行董事）、錢果豐等。

Smith 同為柏克萊心理系副教授，跟妹妹一樣活躍於加州社會事務。

唐驥千的次女唐文瑛（Leslie Tang Schilling）生於 1955 年，1976 年自柏克萊大學畢業後到富國銀行當基金經理，再進入渣打銀行三藩市分行跟有四十年地產經驗的 Sid Wolkoff 學習房地產，1980 年，年僅二十五歲便在父母資助下自立門戶成立 LTDD 公司，在三藩市一帶從事商用及零售物業投資及管理。1986 年她以 1,020 萬美元從前菲律賓總統馬可斯手上收購 Stockton 街 212 號地皮建成六層高商廈，又購入 Market 街 944 號作總部，到 1988 年該公司以三千五百萬美元購入六幢商廈共二十五萬平方呎寫字樓出租，成為三藩市黃金地段聯邦廣場區（Union Square）的大地主。[103]

除與丈夫 Alexander Schilling 打理美國地產業務，她又成立 Golden Bay 投資公司管理家族股票債券外匯及風險投資組合。工餘她熱心公益，在母校柏克萊大學出力不少，1998 年又成為麻省理工校董，同時出任加州 Golden Western 金融，太平洋銀行及公共電視 KQED 的董事，1988 年成為亞洲商業聯盟（Asian Business League）的首位女會長，近年獲委任為加州大學系統校董及三藩市亞洲藝術博物館理事。

哥哥唐驥千克紹箕裘，唐炳源的四子唐騮千（Oscar Liu-chien Tang，1938）則在華爾街自闖天下。耶魯工學院畢業後到哈佛大學商學院進修。1960 年娶顧維鈞繼室嚴幼韻與駐馬尼拉總領事楊光泩的女楊茜恩（Frances Loretta Young，1939-1992）。他加入當年新崛起的帝杰證券（Donaldson Lufkin & Jenrette，後為瑞士信貸收購），與同事 Joe Reich 主持研究部。1968 年，唐騮千與 Reich 跳出成立 Reich & Tang 投資公司，1970 年成為紐約交易所成員，次年獲以生產汽車出名 Studebaker 集團注資，業務不斷擴大。唐騮千的基金公司以資金市場基金出名，亦管理股票基金，到 1993 年公司管理的資產達九十五億美元，每年盈利一千五百萬美元，他與拍檔決定以 3.5 億美元的價格將公司售予新英格蘭保險公司（The New England）。唐騮千不但在基金管理方面有一手，在私人投資方面亦大有斬獲。1980 年他以母親的名義收購上市的露營場地公司 Kampgrounds of America 之 28% 股份，翌年更作全面收購，該公司旗下有九百個露營場地，並控有在美國影印連鎖店中數一數二的 Sir Speedy 印刷公司。唐騮千在管理方面不加干擾，而 Sir Speedy 在 Don Lowe 的管理下發展一日千里，1995 年有四億元營業額。另一家他投資的私人公司為生產博物館導聽設備的 Acoustiguide，該公司亦為該業界牛耳。

2010 年 11 月溫秉忠後人李鴻捷、唐騮千、唐驥千在珠海「留美幼童」歷史展覽中溫秉忠照前攝。

　　真正令唐驪千出名的是他的捐獻，1997 年捐出一千七百萬美元予美國紐約大都會藝術博物館，包括十一幅購自王己千的名畫。2006 年他又捐二千六百萬給他的母校 Andover 高中，為該校有史以來最大筆捐款，他亦出任該校校董會主席。他的首任妻子楊茜恩除照顧兒女外亦為地產發展商，專門翻新一些破舊的名廈，1993 年因癌病五十二歲過身，唐驪千在她的母校 Skidmore 捐建楊茜恩藝術博物館及在美國紐約大都會藝術博物館捐楊茜恩展覺廳以作紀念。他的繼室 Argie Ligeros 為知名瑜伽導師，修行近四十年，1978 年協助引進 Bikram 瑜伽入美國，又自創 Pulse 瑜伽術。在贊助藝術及教育以外，唐驪千亦致力於推動中美政商及文化交流，他與姐夫方聞及妻姐楊雪蘭、貝聿銘及王恭立等合創百人會，又出任華美協進社的理事多年，與表親宋瓊頤及其夫婿馮彥達共事。

　　唐驪千的獨子唐慶年（Kevin Tang）幼承庭訓，[104] 杜克大學化學系畢業後，原本打算讀醫，後來將自己對醫學跟投資的興趣結合在一起，1993 至 2001 年在投行 Alex Brown（現為德意志銀行）出任生化科技行業分析主管，不靠父蔭在業界闖出名堂，自立 Tang Capital 投資生化公司，現為三家上市生化公司的董事。唐驪千長女瑞瑛為 Penguin Putnam 出版集團旗下兒童書商 Puffin Books 總裁，長婿 Stephen Limpe 則協助岳父打理 Acoustiguide；次女芝瑛為建築師。

　　唐炳源與溫金美的長女唐志明（Constance Tang）是姨公牛尚周就讀的 Northfield（Northfield Mt. Hermon School）的畢業生，後入讀七姐妹名女校 Bryn Mawr College，1953 年嫁給普林斯頓（Princeton University）畢業的方聞（Wen C. Fong）。方聞自小師從名師清道人之侄李健（1881-1956）學書法，十歲左右便開辦了個人書法展，被譽為神童。1948 年，方聞赴美就讀普林斯頓大學，先後獲得文學學士、碩士、博士。他曾師從 Kurt Weitzmann 及 George Rowley 兩位教授學習西洋及中國美術史，1958 年以優異成績畢業留校。他先後擔任普林斯頓大學教授、講座教授、藝術與考古系主任（1970-1973）、普林斯頓藝術博物館主席，在該校教書四十五年，到 1999 年才退休，期間於 1959 年創建了美國歷史上第一個中國藝術和考古學博士計劃。教書以外他也是國際著名的藝術文物鑑賞專家，他曾於 1971 至 2000 年出任美國紐約大都會藝術博物館特別顧問及亞洲部主任。1992 年他同時當選為美國哲學家協會及台灣中央研究院院士，2004 年獲聘為清華大學講座教授。方聞長期致力於採用「風格分析」的方法來解決中國古代書畫的斷代問題，在中國藝術史領域的開發和研究方法上的創新做

103　Naomi Hirahara, *Distinguished Asian American Business Leaders*, p.177.

104　唐驪千遠親，香港前政務司司長唐英年的弟弟亦叫慶年，為香港美維集團總裁，並非同一人。

出的重要貢獻得到了國際同行的公認。他的學生遍佈全球重要的藝術史院系，在藝術史領域形成了實力強勁的「普林斯頓學派」，現今世界大博物館的東方部門主管人很多都是他的學生乃至學生的學生。他的三子女以妻子的名字命名，長子方唐（Lawrence Fong）為證券分析員及對沖基金經理，次子方志（Peter C. Fong）精神有問題，2009 年在三藩市殺害一名日裔餐廳東主被捕。唐炳源與溫金美的次女唐志雲嫁從事半導體業的 Arthur Francis 之子 Brian Francis，為南加州大學醫學院眼科教授。

溫秉忠亦有兩位侄兒由於親戚及校友關係，成為孔、宋家族官場上的親信，其中溫毓慶（Yu Ching Wen）跟隨宋子文，在抗戰時的情報戰中扮演重要角色，溫萬慶（W. J. Wen）則跟孔祥熙，為財金界高官。溫秉忠是長子，下有四個弟弟，四弟溫秉仁（號務滋）為留英歸來的湖南礦務局總礦師，七弟溫秉文（號斌園）則為南京中西醫院創辦人兼總醫生。溫毓慶是溫秉忠三弟溫秉彝（號允齋）的第三子，其長兄溫植慶是留學蘇格蘭的香港名醫，二哥溫國慶則在京張鐵路會計處當科員，尚有一弟溫耀慶。由於父親早逝，四兄弟都得伯父溫秉忠關照，視如親子。溫毓慶於 1894 年在香港出生並受教育，1914 年在清華畢業赴美，在哈佛大學低宋子文兩班，1917 年自哈佛取得物理學士，翌年得碩士，1920 年得博士。 在哈佛溫毓慶是無線電傳訊先驅 G.W. Pierce 教授的高足，在 1914 年成立的 Cruft 實驗室研究無線電專業，他寫的論文涉及當時在通訊方面最先進的研究，同時獲得最高的優等生榮譽（Phi Beta Kappa）。 返國後他到母校清華大學出任物理系教授，後被表親宋子文招納進入財政部稅務專門學校出任校長和財政部參事等職。後他搬到上海，出任國際電台台長，1930 年他與世交施肇基的侄女、中西女中畢業的施惠珍（Jane Sze）結婚。[105] 經宋子文推薦，他一路升遷，1936 年接替顏任光出任交通部電政司司長，處理全國電政事務，五年任內完成中國與歐美各國的無線電通訊。

但民間的無線電通訊只是溫毓慶工作的一部分，由於他是可信賴的親人又有這方面的世界級專業技能，暗地裡一直協助表兄宋子文及表妹夫蔣介石從事破解密碼的情報工作，最初監察蔣介石在國內的軍政敵人，協助他成功北伐。隨著日本侵華，蔣介石為了取得日本方面的可靠情報，命溫毓慶在南京於 1936 年 3 月成立密電檢譯所，由溫任所長，主要任務是監聽日本駐華大使館（南京鼓樓北平路 1 號）的對外電訊。溫毓慶不定期將破譯的密碼電文報送呈蔣介石，也將一些重要電文抄出親

自送往宋子文。同年底「西安事變」發生，據宋子文日記透露，12月13日，宋氏兄妹從外地飛回南京處理危局。當時何應欽堅持以武力解決，大有害死蔣介石謀奪軍權之嫌。為保自身安全，宋子文秘密搬到南京城西的西橋2號姑表弟溫毓慶家，並在溫家二樓閱讀連日來的日本絕密電文，意識到日本隨時會插手西安事變，立即和妹妹宋美齡召開絕密會議，最後與宋美齡成功化險為夷救出蔣介石。

在溫毓慶的管理下，密電所據說偵破了不少機密，如汪精衛在武漢時的投敵活動、日軍攻佔廣州及轟炸滇緬公路的情報等等。但當時國民黨內部各派系明爭暗鬥，各方人士都想插手創辦密電研究機構。首先是戴笠在軍統局內辦了一個密電組，主持人為軍統特務電訊網的開創者魏大銘及美國顧問雅德利（Herbert Yardley）。隨後蔣介石自己的同鄉親信毛慶祥1938年在軍委會辦公廳機要室內設立了一個研究組，何應欽亦不甘後人，在1939年春，命交通部交通司長王景祿組織一個研究組偵研日本外務省的密電，形成了四個互不相讓的密電研究機構，造成一片混亂。針對這一情況，1940年毛慶祥建議將四個機構合併籌組軍委會技術研究室，由溫毓慶當技術研究室中將主任，毛慶祥、魏大銘則為少將副主任，下設六組一室，工作人員達五百餘人。在溫毓慶初步安排好各組人事和業務後，他卻因不習慣重慶夏天悶熱潮濕而患病，要求批准返香港治療並由魏暫代主任一職。留港期間毛魏勾心，溫毓慶在港瞭解情況後不願再回重慶重墮權力鬥爭的漩渦。傳說當年戴笠曾親自抵港冀圖找溫回國，[106] 但當年港英政府不歡迎國內情報機關到港活動，戴笠一下機便被扣留在監獄度過一夜，後由蔣介石親自向英方交涉才保了出來，為軍統日後親美抗英的導火線。

溫毓慶在淪陷前由港飛菲再到澳洲，後應宋子文之邀，到美國華盛頓宋子文主持的美國援華租借法案辦事處工作。戰後他返回香港，那時他已近甲子之齡，及後溫在1979年過世，施惠珍1980年代亦搬到紐約。據母親是惠珍在中西女中「手帕之交」的晚輩史濟良回憶，倪家親屬孔令儀、唐驌千等對施氏都非常敬重，她和顧維鈞夫人嚴幼韻亦為非常好的朋友，居紐約時活躍於華美協進社的活動，直至2004年去世為止。溫毓慶的獨女溫亭娜（Christine Wen）在香港英皇喬治五世學校畢業後赴美國康州大學（Connecticut College），1959年下嫁王正廷侄王恭立，後離異。

溫萬慶是溫秉忠五弟溫秉禮（號洛泉）的獨子，自清華大學畢業後赴美國耶魯大學進修，期間活躍於留學生活動，1917年為耶魯中國學生

105　施肇基與溫秉忠曾共事在端方幕下，惠珍的姐姐美珍又為曹吉福獨子霖生的太太；崇明施家與本書多個家族都有關係，但跟顧維鈞家族一樣因為不是基督教牧師衍生的家族而不作個別章目介紹。

106　一說戴懷疑溫有意投敵或將機密賣給英美情治機關，見 Fred Wakeman, *Spymaster: Dai Li and Secret Services in China* 及 Maochun Yu, *The dragon's War: Allied Operations and the Fate of China 1937-47.*

會書記，會長為鮑明鈐（Joshua MJ Bau，1894-1961，後成為政治學家，其父為牧師），又曾任北美中國留學生基督教會總幹事，同年與六位志同道合的華人基督徒留學生劉廷芳（Timothy T. Lew 1891-1947，後當燕大神學院院長及立委）、洪業（又名洪煨蓮 William Hung，1893-1980，後曾任燕大歷史系主任及圖書館長）、陳鶴琴（H. C. Chen，後為教育學家）、曹霖生（吉福之子）、鮑明鈐及朱斌魁（Jennings P. Chu，又名朱君毅1892-1963，哥大博士畢業的統計學家，曾與後來成為熊希齡夫人的表妹毛彥文訂婚）六人創立兄弟會（Cross & Swords），該組織後來與孔祥熙等創辦的 D & J 會合併為 CCH 成志會，為當年美國中國留學生主要組織之一。他又參加當年的教會禁酒運動，並曾撰文痛陳酒精對中國的毒害。1918 年他自耶魯大學畢業，得 De Forest 演講獎（1911 年得獎者為曹雲祥，詳見第二章；1920 年得獎者為與中國關係密切的時代雜誌創辦人 Henry R. Luce），之後跑到法國華工青年會工作一年，同事包括平民教育家晏陽初等，返國後他先到上海青年會當學生書記，不久當上了姻親兼教友孔祥熙的助手，1928 年與高秉坫、李毓萬等參與協助孔祥熙成立國民政府實業部，並充任部長孔祥熙的英文秘書，後獲委任商標局長，任內處理日商抄襲榮家申新出品的人鐘牌棉紗及上蔣雪舫火腿商標註冊案，直至 1932 年 3月由何焯賢接任。離開政府後的溫萬慶加入耶魯校友兼教友王正廷兄弟有份參與、四大官辦銀行之一的交通銀行，曾出任交銀廣州市分行經理，1938 年協助籌辦昆明分行，1941 年 10 月被派到印度加爾各答設立分行，抗戰勝利後他被調到菲律賓分行出任總經理，後離職。蔣經國於 1950 年5 月 9 月打給駐菲大使陳質平的一封電報指出，當時他懷疑溫萬慶涉嫌勾結交銀左派分子意圖接管分行業務，希望陳氏代為查辦。姑勿論事實是否如此，作為孔、宋親屬的溫萬慶此時已成為政治鬥爭的犧牲品。

歷盡革命烈火：
倪錫令、倪錫純後人

倪牧兩子錫令及錫純的後人是家族除宋慶齡以外唯一在解放後留在中國的兩族人。他們與宋家的來往一直有限，在民國期間亦沒有依靠這條權勢姻親關係追名逐利，倒在解放後因為這層表親關係所累受了不少苦，更有人賠上性命，但最終憑自己的雙倍努力在各行業中立足。

倪錫令去世時他的兒子倪吉人只有六歲，他的妻子沈氏靠幫人洗衣

養家，將倪吉人送入免學費的天主教會聖芳濟學校（St. Xavier School）。
倪吉人用功讀書，肄業後獲老師介紹加入上海英美煙草工作，後轉到英
美天津分公司，又曾在天津美孚石油任職。據倪吉人的長子忠信回憶，
他家跟表親宋家來往不多，他自己未有跟他們見過面，他爸媽結婚時，
宋美齡曾為其母親化妝，宋子文亦兩次到天津邀其父幫他做事，但堅決
自食其力的倪吉人都推掉。倪忠信考上上海震旦大學，原本想修讀法律
賺大錢，但父親建議他讀醫，因為無論什麼時勢社會都需要醫生，結果
他亦不負所望，成為天津的眼科名醫。1951 年倪忠信參加抗美援朝醫療
隊，1957 年卻被打成反革命右派分子，到 1979 年才獲平反，及後出任天
津市河西醫院眼科主任及人大代表。[107] 倪忠信的姐姐倪雲珠跟父親改信
天主教，十九歲入會當修女七十多年，在法國獲得大學文憑，曾在羅馬
梵蒂岡擔任總會秘書，曾行經三十七個國家，又當過澳門教會學校校長。
晚年居於台北，年逾九旬還開班教學英文和法文。

　　倪錫令的女兒愛珍（1888-1987），長居天津，夫婿王樓冰經營天津《商
報》。她的女兒倪冰，原名王龍寶，1916 年出生在天津，就讀南開中學，
與同學趙志萱（直隸省秘書長趙雲章的千金，後當中科院電工所長）於
1935 年雙雙考進北平燕京大學法學院社會系。當年日軍在華北，燕大雖
然是基督教大學，校內的抗日愛國學生運動非常活躍，倪、趙兩人都參
加了燕大學生會，在主席黃華的領導下在海淀鎮辦平民學校教育女工，
倪冰更與黃華墮入愛河，後來結成夫婦。1935 年 12 月 9 日，中共姚依林
（時為清華生，後任副總理）及黃敬（時為北大生，後為解放後首任天
津市長）等發起北平學生上街示威支持抗日，席捲全國，史稱「一二九
運動」。據當年唯一參加示威的燕大女老師，後來當人大副委員長及港
澳《基本法》起草委員的雷潔瓊回憶，燕大社會系的倪、趙兩人及靳淑
娟（靳明）和新聞系的龔維航（即後來成為喬冠華夫人的龔澎）對運動
非常投入，毫不猶豫報名參加帶頭的敢死隊。次年 1 月黃華加入共產黨，
4 月倪、趙兩人加入共青團，6 月成為地下黨員，並用了母親姓氏取化名
為倪冰。[108] 及後黃華陪美國名記者斯諾到延安採訪毛澤東並定居下來。
翌年 7 月，日軍攻陷北平前夕，倪冰先到漢口武漢大學借讀，再與趙帶
領八名青年赴延安，1938 年抵達延安與黃華會合，在陝北公學教書，後
來當上中共延安縣宣傳科長，又曾在延安女子大學教書，學生包括作家
茅盾的女兒沈霞。可惜黃、倪終未能白頭偕老，1943 年延安整風運動中，
黃華和倪冰、毛澤東秘書李銳和范元甄及作家魏東明和經濟學家馮蘭瑞

107　《天津文史資料》，政協天津市委文史資料委員會，2005。
108　《戰鬥的歷程：1925-1949.2 燕京大學地下黨概況》，北京大學出版社，1993。

三對夫婦因運動被迫離婚，倪冰更因為家族關係被隔離審訊，可幸得周恩來及李克農等調停最後才還個清白。黃華離婚後於 1944 年在朱德妻子康克清的撮合下與延安法學院長何思敬的女兒何理良結婚，解放後他的仕途平步青雲，當上了外交部長及人大副委員長。倪冰多年則保持低調，對外少有提及黃華或宋家的事，改革開放後才較為公開，宋慶齡臨終時她隨侍在則，並出任治喪委員會成員。她亦曾任第三屆全國人大四川省代表（1964-1975）。

倪家老二錫純有三子一女，都是他母校聖約翰大學的畢業生。長子倪吉士（Chester Nie／Jones Nie，1914-1996）在約大主修物理，1935 年畢業取得理學士，曾留美並任工程師，替上海電力公司工作多年。他的妻子盧蕙珍是銀行家盧學溥（1877-1956）的孫女，盧學溥曾任北洋政府財政部次長，交通銀行董事長兼浙江實業銀行常務董事，是名作家茅盾（原名沈雁冰）的表叔（他的後母是沈家人），由於茅盾早年喪父，盧是他的監護人，亦是盧介紹茅盾入商務印書館編譯所英文部，展開他的文學生涯。

在文革中，雖然宋慶齡獲周恩來特別指示在受保護名單內，但她的政敵對她的親戚仍是斬盡殺絕，其中倪吉士便是莫名其妙地被扣上了一頂「國際三 K 黨」的帽子，劃入「黑六類」之列，一度只發十五元生活費，全家趕到一間小屋居住，連衣物都被抄走。宋慶齡獲悉後，多次給他寄錢、衣物和藥品，包括郭標送給孫中山的一件皮衣。寄藥時，宋慶齡特意附上購貨發票，證明是自費購買，並非挪用公費醫療的藥物。寄舊大衣、舊緞子旗袍時，宋慶齡考慮到當時穿不出去，總是附寄改裝費。有一次還寄去三百元錢，宋慶齡來信說明，這筆錢是寄賣外賓送她的一件貂皮大衣所得。宋慶齡還寫信告訴倪吉士夫婦，如果他們居住困難，可以搬到宋家在陝西北路 369 號的老屋去住。在這段歲月中，倪吉士與宋通信超逾三十多次，堅強的倪吉士捱過了文革，晚年退休後還幫電管局教出國人員英語。1981 年宋慶齡的追悼會上，他與倪冰是至親的兩位血緣親戚。

倪吉士與盧蕙珍育有五子女，其中倪以信繼承父親的衣缽成為電力專家，並且是清華大學培養的第一位女博士，同時也是中國工程界第一位女博

在 Syracuse 讀書時倪錫純（後排站立者左三）與中國同學合照。

士。倪以信生於 1946 年 10 月，她於 1963 年以優異的成績報考清華大學，當時有人向校長蔣南翔報告說她是宋美齡的外甥，背景有問題不應取錄，蔣南翔公正無私拍板收了倪以信。[109] 1968 年文革正進行得如火如荼，清華電機工程系畢業的倪以信被分配到東北電力局某工程公司的一個偏僻土建工地。當時的生活特別艱苦，那時冬天住的都是草棚，十個女生擠一張大通鋪，晚上出去一趟，回來就沒有位置睡覺了，雖然她是搞技術工作，但是勞動強度和男生沒有什麼區別，重複著打大錘、推礦車的工作節奏。在那個知識無用的年代裡，別人都往外扔書本，可是倪以信卻從地攤買來各種各樣的專業書籍學習。就是在這樣艱苦的條件下用兩年的時間自學完別人要用三年學完的電子管、電晶體等專業課程。

1977 年後，高考、研究生考試恢復，已經三十多歲的倪以信每天下班後，堅持在工廠裡的衛生室埋頭苦讀。1978 年 9 月，三十二歲的她又一次步入了校園，在清華大學當研究生。1983 年，倪以信以《電力系統故障處理過程數字模擬》為博士論文課題，此課題在當時的國外也沒有得到很好的解決。在導師的指導下，她閱讀了大量文獻資料，最終檢驗一次就獲得了成功。她的博士答辯當天，現場除了國內相關領域的十餘位專家外，前來觀看答辯的還有學校的老師、同學、媒體記者等，竟然多達二百多人。倪以信順利通過了答辯，成為中國自己培養的第一個女性工學博士。1985 年，她被選派赴美國艾奧瓦州立大學（Iowa State University）進修，校方向她頒發了「名譽學者和顧問」的獎狀，這是該校成立一百多年來第一次給外國學者以此榮譽。倪的導師極力挽留她在美國工作，加拿大某電力公司也高薪聘請她，她都一一婉言謝絕，返清華大學工作，曾先後擔任電機系副主任、國家電力系統重點實驗室主任等職務。1996 年 12 月加盟香港大學電機電子工程系，現為清華、港大深圳電力系統研究所副所長、國際電機電子工程師學會（IEEE）及中國電機工程學會的高級會員。她發表論文近三百篇，其中近二百篇在國內外核心刊物發表，有四十多篇被 SCI 檢索。她曾獲「中國有突出貢獻的博士學位獲得者」獎，國家自然科學二等獎，國家教委科技進步一等獎，霍英東青年教師獎和霍英東青年教師基金，「全國三八紅旗手」稱號。研究以外，以信還熱衷教學，她曾說這是受她自己的老師感染，因為她的很多教授在文革時雖然挨過批，但仍然責無旁貸地教育後輩，令她非常感動。以信曾任第七屆全國青聯副主席，第七屆、第八屆全國政協，曾受表姑媽宋慶齡邀請前往作客小住。

109　據傳翌年賀龍元帥的賀鵬飛亦投考清華，但成績不及，公正無私的蔣南翔沒有取錄。

倪吉士另一女兒倪以銘曾過繼給獨身的妹妹倪吉貞，文革中又返到父親家中，改革開放後任宋慶齡基金會第五屆理事。她跟宋一樣喜歡兒童，在 1980 年代曾為上海外語教育出版社撰寫幾本兒童英語圖書。另一女兒倪以臨（Elaine Nie）則成為國內薄有名氣的影視演員，其作品包括 1979 年由名導謝晉執導的《啊！搖籃》，在 1982 年獲金雞獎特別獎的兒童片《泉水叮咚》中飾方圓圓，1983 年的《阿 Q 正傳》，1990 年由錢鍾書小說改編的連續劇《圍城》（陳道明、葛優等名演員參與演出），1999 年在張國榮主演的《紅色戀人》一片中飾演老護士。近年的作品則有國內版電視劇《上海灘》，在劇中演丁力的母親。倪以臨一直沒有張揚自己的親戚關係，因為這是多年來的一個包袱，但由於她的血緣關係，令她與一些知名的親屬長得相似，曾兩次在電影中扮演自己的親屬，包括 2001 年在上海電影製片廠攝製關於孫中山與宋慶齡的《風雨十二年》片中飾演宋慶齡母親倪桂珍（即她的姑婆）及在 1990 年關於國共內戰的《巍巍崑崙》中飾演宋美齡一角。

倪吉貞（Jessie Nie）是倪錫純的獨女，是宋慶齡挺喜歡的一位表妹。蔣宋聯婚時她與郭標三女郭寶珠（Pearl Kwok）[110]，孔令儀及王正廷長女王安慶出任伴娘。她在聖約翰大學主修政治，1940 年取得文學士，有很好的教養，英語發音特別純正。因為她一直過獨身生活，長期賦閒在家，宋慶齡很想讓她做自己的秘書，陪伴她度過晚年。1966 年文革伊始，一個造反派頭目強佔了她的住房，把她趕到車庫去住，倪吉貞不樂意，只好寄居在親屬家中。後來，里弄又有人說她是「管制分子」，規定她早晚向造反派組織彙報，並要強制她勞動。這位千金小姐遭受兩年暴力凌辱，於 1968 年 5 月 1 日到宋慶齡上海淮海中路居所找表姐，但當時宋慶齡正在北京公幹，一時想不通的倪吉貞走到對面，曾是她表姨甥孔令偉擁有的上海武康大樓（Normandie Apartments）跳樓自殺。宋慶齡聞訊後十分悲痛，覺得自己保不住表妹，間接害死了她。

倪錫純次子倪吉明生於 1916 年，1940 年取得約大土木工程學士，留美歸國後向父親的生意拍檔寧家表示願接手負責天津振華造紙廠的業務，1947 年經董事會決定，改選寧立人為董事長，倪吉明為經理，直至解放後公私合營改成天津板紙廠為止。六十年代末他移居到威斯康辛州的 Beloit 工作。他的妻子林寬饒是約大 1942 年教育學士，廣東人，父親林毅伯曾任中國實業銀行上海分行經理，1936 年與恒生銀行創辦人林炳炎及盛春霖在上海創立生大信託，是當年上海廣東幫領袖，曾任廣東會

館理事，1964年在港病逝，夫人區韻馨捐資成立中文大學林毅伯獎學金。林寬饒的兄長林壽榮（Sau Wing Lam），1943年自約大經濟系畢業後赴美，並於1948年加入父親有股份的美國大昌貿易行，1964年升任總經理，閒時醉心古典音樂及拉小提琴，六十年代起收藏古琴，建立起價值以百萬美元計的收藏，其中包括世界稀有的Stradivari及Amati小提琴。他在奧斯卡紀錄片獎的《從毛澤東到莫扎特：史坦在中國》中見到天份高的天才王健，供養他到耶魯及Juilliard進修，又借出1616年Amati大提琴。林寬饒的弟弟林壽海（Harvey Lam）則為美國普林斯頓大學航空系教授。林壽榮六十五歲因腎病過身，他的四子女中以林劍華（Carol Lam）最出名，2002年獲布殊委任為美國加州南區聯邦檢察官，以偵辦前國會眾議員康寧漢（Randy 'Duke' Cunningham）受賄案著名，專長偵辦詐騙案及貪污案。因與美國其他地區八位聯邦檢察官在2006年底前後被美國司法部要求辭職，美國國會為此展開了調查，目前在高通公司（Qualcomm Inc.）任首席法律顧問。受舅父感染，倪吉明的兒子倪以仁長大後成為音樂家及鋼琴家，六十年代末隨父母移居美國，先後在威州大學及紐約大學取得音樂碩士及博士，後在威州Beloit學院當音樂教授，同時到美國各地及意大利演奏。2009年倪家便曾贊助受舅父林壽榮恩惠的大提琴家王健到Beloit演奏，以仁亦曾為王健作鋼琴伴奏。[111]

倪錫純三子倪吉文（Joseph Nie Chi-wen，1919-1991）為化工專家，1941年畢業於約大物理系，1943年畢業於大同大學化工系，1946年獲美國麻省理工學院化工博士學位。他曾任東吳大學教授，1949年後歷任交通大學、河北工學院教授、天津天豐藥廠副廠長、華東師範大學教授，曾發表《鹼性有機硅單體的聚合》，合寫有《由斷續生產到連續生產的單位有機硅》、《單體有機硅的分離》等論文。

他的遺孀史美芬曾在學校工作，退休後曾在姻親過秉忠辦的紅寶石餅店當經理，他們的養子倪以群（實為美芬兄弟的兒子）是民革黨員，畢業於上海大學化工系，並取得上海交通大學工商管理碩士學位，為國家首批注冊質量工程師，先後擔任上海華虹NEC電子有限公司電子品質管理部主任，中化國際質量管理部總經理等職位，以群的太太張倩曾得上海優秀畢業生榮譽，自交大取得公管及金融雙學士後先後在達能亞太及美國麥肯錫諮詢公司人事部任職。

110　嫁上海兒科名醫、上海兒童醫院院長富文壽（W.S. Fu），她即《上海紅顏遺事》主角郭婉瑩姐姐。

111　Beloit College網站 Ian Nie 介紹。

倪蘊山 Yuan-shan Nie（倪嘉珍，1837-1889）+ 徐氏

第二代 倪錫令（1863-1896）+ 沈氏

 第三代 倪吉人（1891-1973）+ 李秀寶（1896-1978）

  第四代 倪雲珠（1918）
   倪忠信（1920）+ 彭潤德（1920-1994）

   第五代 倪耀祖（1944-1997）

    第六代 倪莉（1967）

   第五代 倪耀華（1945）+ 邵世和

    第六代 倪昱（1974）
     倪昶（1977）

   第五代 倪耀德（1948）+ 余虹

    第六代 倪旭嶢（1978）

   第五代 倪耀心（1949）

  第四代 倪忠杰（1921-1938）
   倪忠儀（1924-1997）

   第五代 倪耀麗
    倪耀宗

 第三代 倪愛珍（1888-1987）+ 王樓冰

  第四代 王龍寶（倪冰，1916-?）
   王運成
   王國成

第二代 倪桂金 Kwei-Kyung Nie（1865-1945）+ 牛尚周 Shang Chow New（1862.12.4-1917.12）

 第三代 牛惠霖 Way-Ling New（1889-1937）+ 劉義基 Catherine Lau（1897-1989）

  第四代 牛恩美 Mary New（1933）+ 吳金泉

   第五代 吳剛 Theodore Wu + Ming

    第六代 Christophe Wu
     Jeffrey Wu

第四代 　牛恩安 Abraham En-an New （1927-2010） + 梁景賢 Georgiana Liang

第五代
Mary New
Pauline New

第四代 　牛恩健 John En-Chien New （1931-2008）

第五代
Joleen New
Wendell New + Hillas
Jasmine New + Brian Jones

第四代 　牛恩德 Lily En-Teh New （1934-？）

第三代 牛惠生 Waysung New （1892-1937） + 徐蘭 Y.T. Zee（徐亦蓁，1894-1981）

第四代 　牛康民 Peter Kongming New （1928.3.23-1985.12.30） + Mary Sue Louie

第三代 牛惠珠 Wai-tsu New （1897-1936） + 過養默 Yang Mo Kuo （1895-1975）

第四代 　過惠生 Frederick Wai Sung Kuo （1919-2008） + Dr. Nicetas H. Kuo
　　　　　　　　　　　　　　　　　　　　（1913-2004.10.1）

第五代
Frederick Kuo Jr.（?-2001） + Dr. Teresita Reyes

第六代
Fred J Kuo + Cristina Dieguez
Melissa Kuo Wallace
Michael Kuo

第五代
George Kuo
Richard Kuo

第四代 　過秉忠 Bobby Ping-chung Kuo （1920-2009.10.6） + 譚寶瑾 （1923-1979）

第五代
過雷慶
過霞慶 Sheila Guo

+ 應葭芳

第三代 牛惠珍 Way-Tsung New Hsia （1900-1999） + 夏晉麟 Ching-lin Hsia （1894-1993）

第四代 　夏益榮 David Yi-yung Hsia （1925-1972） + 時學玄 Jayjia Hsio-Hsuan Shih

第五代
夏竹文 David Chu-wen Hsia
夏竹武 Peter Chu-wu Hsia
夏竹英 Judith Ann Chu-ying Hsia
夏竹芳 Lisa Chu-fang Hsia （1958.2.16） + Jeffrey Victor

第六代
Kai Victor

第二代 　倪桂珍 Katherine Nyi Kwei Tseng（1869.6.3-1931.7.23）+ 宋耀如 Charlie Jones Soong
（宋嘉樹，1861-1918.5.4）

　　第三代 　宋靄齡 Nancy Eling Soong（1889.7.15-1973.10.19）+ 孔祥熙 Hsiang Hsi Kung
（1880.9.11-1967.8.15）

　　　　第四代 　孔令儀 Rosamonde Ling-E Kung（1915-2008）+ 陳繼恩 Kyi-Ung Dzung
（1914-2003）

　　　　　+ 黃雄盛 Hsiung-sheng Hwang（1917-2006）

　　　　　　第五代 　（契女）溫子華 Harriet Tse-hua Wen + 董建成
　　　　　　　　　　（繼女）Mimi Hwang Leahy
　　　　　　　　　　（繼女）Lilian Hwang Peiper

　　　　第四代 　孔令侃 David L.K. Kung（1916.12.10-1992.8.1）
　　　　　孔令傑 Louis Ling-chieh Kung（1921.5.30-1996.11.10）+ Deborah Paget

　　　　　　第五代 　孔德麒 Gregory Kung

　　　　第四代 　孔令偉 Jeanette Ling-wei Kung（1919.9.15-1994.11.8）

　　第三代 　宋慶齡 Rosamonde Soong Ching-ling + 孫中山 Sun Yat-sen（1866-1925）
　　　宋子文 Paul Tse-Ven Soong（1894.12.4-1971.4.25）+ 張樂怡 Laura Chang（1909-1988）

　　　　第四代 　宋瓊頤 Laurette Soong（1928）+ 馮彥達 Ivan Y. T. Feng（1924-2004）

　　　　　　第五代 　馮英翰 Clifford Feng + 林向陽 Francisca Halim

　　　　　　　　第六代 　Nicholas Feng
　　　　　　　　　　　Laura Feng

　　　　　　第五代 　馮英祥 Michael Feng + 陳慧兒 Winnie Chin

　　　　　　　　第六代 　馮永康 Andrew Feng
　　　　　　　　　　　馮永健 Elliot Feng

　　　　第四代 　宋曼頤 Mary Jane Soong（1930）+ 余經鵬 Charles Eu Keng-pang（1926）

　　　　　　第五代 　Charles Eu Jr.
　　　　　　　　　Karen Eu
　　　　　　　　　Lisa Eu

　　　　第四代 　宋瑞頤 Katherine Soong + 楊成竹 Arthur S. Young

第五代
Arthur S. Young Jr.
Linda Young
Randall Young
Sandra Young

第三代　宋美齡 Soong Mayling（1898.2.12-2003.10.23）+ 蔣介石 Chiang Kai-shek（1887-1975）
宋子良 John Tse-liang Soong（1899-1987.5.11）+ 席曼英 Maying Hsi（1915-1994）

第四代　宋慶頤 Ching-yee Soong（1943-1991.5.16）+ 林展翅 Robert Tsin Chi Lin

第三代　宋子安 Tse–an Soong（1906-1969.2.25）+ 胡其英 Ji-Ing Woo（1920-2012）

第四代　宋伯熊 Ronald Soong（1945）+ Sarah Wong

第五代
Kirsten Soong

第四代　宋仲虎 Leo Soong（1946）+ 曹琍璇 Shirley Tsao

第五代　宋元慈 Katherine Soong
宋元愛 Shirley May Soong
宋元孝 Charles Soong
宋元順 Abigail Soong

第二代　倪錫純 Nie Sih-zung（1881.9.12-1932）+ 曹惠英 Isabel Tsao（1887.3.29-1949）

第三代　倪吉士 Chester Nie / Jones Nie（1914.11.7-1996.2）+ 盧蕙珍

第四代　倪以望（1943-1985）
倪以臨 Elaine Nie（1944）
倪以銘（1945）
倪以信 Nie Yixin（1946.10）+ 王宓

第五代　王佳偌

第四代　倪以亭（1955）

第三代　倪吉貞 Jessie Nyi（1915.11.2-1968.5.1）
倪吉明 James Nie（1916.11.30-2001）+ 林寬饒

第四代　倪以仁 Ian Nie + Emily Kay Treder
倪以冰 E-Ping Nie + Jim Medalia

第三代　倪吉文 Joseph Chi-wen Nie（1919.3.9-1991）+ 史美芬

第四代 倪以群 + 張倩

第五代 倪庭萱（2009）

第二代 倪秀珍 Nie Shiuchen（倪桂姝，1885-1960）+ 溫秉忠 Bing Chung Wan（1862-1938.1.19）

第三代 （侄）溫毓慶 Yu-Ching Wan（1894–1979）+ 施惠珍 Jane Sze（1906-2004）

第四代 溫亭娜 Christine Wan + 王恭立 Kung Lee Wang（見王正廷譜）

第三代 溫澤慶 Matthew Wan（1907-?）
溫金美 Kinmay Wan（1902.8.7-1988.1.7）+ 唐炳源 Ping-Yuan Tang（1897-1971.6.17）

第四代 唐驥千 Jack Chi Chien Tang（1927）+ 黃月梅 Madeleine Huang（1925）

第五代 唐裕年 Martin Y. Tang（1949）+ 郭燕語 Anne Kwok（1956）

第六代 唐月儀 Nicole Tang（1982）
唐慶盛 Christopher Tang（1984）

第五代 唐文瑛 Leslie Tang（1955）+ Alexander Hamilton Schilling（1960）

第六代 Alexandra Kinmay Schilling（1990）
Lauren Tang Schilling（1992）
Elizabeth Hamilton Schilling（1997）

第五代 唐美蔭 Nadine M. Tang（1950）+ Bruce Lazar Smith（1947）

第六代 Spenser Tang-Smith（1984）
Eliot Tang-Smith（1990）

+ 潘靜筠 Joanna Poon（1945）

第四代 唐驪千 Oscar Liu-chien Tang（1938）+ 楊茜恩 Frances Loretta Young（1939-1992）

第五代 唐慶年 Kevin Tang（1967）+ Haeyoung Kong（1967）

第六代 Justin Lee Tang（2001）
Julian Kong Tang（2003）

第五代 唐瑞瑛 Tracy Lynn Tang（1962）+ Stephen Limpe（1961）

第六代 Emily Limpe
Alexandra Limpe

第五代 唐芝瑛 Dana Tang（1964）+ Andrew Darrell（1963）

第六代 Una Tang Darrell（2000）
Kai Darrell（2005）

第五代 唐裕琴 Kristin Tang + Michael Marston

第六代 Theo Marston

+ Argie Ligeros（1954）

第四代 唐志明 Constance Tang（1933）+ 方聞 Wen C. Fong（1930）

第五代 方唐 Lawrence Fong（1958）+ Molly Castelloe（1956）

第六代 Landon Elliot Fong（2005）
Matteo Edison Fong（2006）

第五代 方志 Peter C. Fong（1963）
方明 Serena Fong（1971）

第四代 唐驊千 Victor Tang（1930-1997）
唐駿千 Michael Tang（1932）+ Mildred Poinsett
唐志雲 Nancy Tang（1936）+ Arthur B. Francis（1929）

第五代 Sabrina Francis（1963）
Brian Francis（1966）+ Kelly Mero

第六代 Brandon Francis（2001）
Nathan Francis（2003）
Nolan Francis（2004）

4

走向世界
王有光牧師及其後人

2008 年，中國首次舉辦奧運會，完成祖國的百年奧運夢。一時間在媒體中王正廷的名字又被人提起。王氏是近代中國傑出的外交家，希望以體育運動促進世界和平，推進中國在國際社會上的地位，為最早統籌中國參加奧運者，堪稱「中國奧運之父」。他亦曾五次出任外長及駐美大使，在 1919 年巴黎和會上拒簽不平等的「凡爾賽和約」，並主持中國收回山東主權及各地關稅自主權。王正廷的後人——侄兒王恭斌祖孫三代、外孫錢嘉陵、妻子施家的後人等率隊返回家鄉，來到王正廷父親王際唐當年主持的寧波奉化稅務場教堂，[01] 參加一系列關於王正廷的公開活動。而由寧波海外遊子捐建的寧波幫博物館，亦以重要的位置展示王正廷的生平事蹟。

王際唐教名有光，是聖公會在寧波的首位華人牧師之一，過身前幾乎成為主教。除了王正廷以外，他的其餘兩位兒子王正黼及王正序在民國時代為傑出的礦務及銀行界人士，曾經分別統籌東三省礦務及開創中國銀行紐約分行，王正黼夫婦又分掌燕京大學工學院及女子部。到王家第三代的子孫，王錫熾（恭寅）曾任北京協和醫院院長；王恭瑋、王恭守、王恭芳及王恭行堂兄弟隨王正廷進入外交界；王安音嫁國府福建省末任主席黃金濤；外甥夏憲講戰時負責運送物資到大後方；王恭立創立美國最大的亞裔權益團體美華協會；女婿凌宏璋為世界級半導體權威；王安敏的作品在林肯中心首演。第四代又出現了風雲中美台的航天專家黃孝宗、科羅拉多州市長王敬文、知名物理學教授錢嘉陵。第五代黎良行目前仍在美國外交部供職，參與中美外交……從這家偏僻的小教堂，王家隨著中國走進國際舞台。

左：王家合照，後排左起：廖奉獻、陶瑞寶、王正黼、王桂月、王正廷、王正序、湯藹林、施美利、王信恩、王恭寬；前排左起：王安敏、王安芳、施幼嫻、王恭昭。

01 該教堂由王恭斌向當年訪美的江澤民要求重新開放。

Wang Family

第一代

心中有光：
寧波首牧王際唐

　　據王家的族譜解釋，王家的始祖是周靈王的兒子，先祖木居滁州（今安徽滁縣），更早的發祥地則為山東琅邪，與晉代書聖王羲之同宗。南宋度宗咸淳十年（1274 年）冬天，蒙古族揮師南侵，王正廷的遠祖、「琅邪王」的第三十六代後裔為躲避戰禍，帶著子孫離開滁州，沿長江北岸輾轉南逃。途中，父子兩人先後殞命，臨歿前將兩個小孫子託付給一位忠厚老實的僕人。不料三人在南昌又遇蒙古騎兵追擊，慌亂中一個十一歲的大孫子離散失蹤，剩下一個年方七歲的小孫子由老僕人保護，一路東行至奉化金溪稅務場定居下來，他就是稅務場王姓的始祖，從這位始祖到王正廷出世，六百餘年來，世代務農，未曾出過登科中舉之士。[02]到王世官（生於 1812）一代已是債務纍纍，無力償還。不得已，王世官只好攜著兩個兒子王際唐、王際漢及一女逃到慈溪莊橋落腳定居。王世官的長子際唐生於 1842 年，正是清朝在鴉片戰爭中被打敗、被迫開放五口通商及讓洋人傳教的那一年。寧波為五口之一，世官的夫人蔡氏信了基督教，是全家首位基督徒，世官早逝，她獨力養大兩子，並送際唐及際漢進教會在寧波城中的貫橋頭旁所設三層樓義塾（後改為聖三一書院，現為寧波市第三中學），際唐在該校成績驕人，教會招納為傳教士，改名有光。[03]

　　當年聖公會最早派到寧波的是祿賜悅理（William Armstrong Russell，1821-1879），他於 1847 年抵達寧波，並將大部分新約及舊約《聖經》翻譯成寧波話，最初的華人信徒約有三百人。[04]祿賜以後，到寧波的傳教士又有慕稼穀（George Evans Moule，1828-1912，後在杭州任華中地區主教）及其弟慕雅德（Arthur Evans Moule，1836-1918），王有光與他們都有緊密合作。祿賜於 1872 年擔任聖公會北中國區主教之後，積極提拔在教會任職的本地人。1875 年 6 月，他任命沈恩德（Sing Eng-the，來自福建，卒於 1899 年）為首任華人會長（會吏）。1876 年 6 月 11 日（三一禮拜日），王有光、慈溪教士夏光耀（O Kwong-yiao，本名志水）及陳誌醒（Dzing Ts-sing，Stephen Dzing 之子，上海傳教士 Dzing Kyi doh 之兄）三人同時獲冊封為牧師，當時王有光主持男童寄宿學校，Frederick Foster Gough（1825-1889），是該校為校監。[05]

從王有光 1879 年寫的一份報告,我們可以見到他當年傳教的情況:
「我目前住在孝聞坊,今年受洗的信眾有二十六人,每天早上我會替祿
賜主教或 Matilda Laurence 小姐翻譯,[06] 下午則向本地人傳道,最近有四大
轉變,其一信徒對傳教士的印象有所改善,由以往的猜疑變為信任,其
次是信徒不再全是草根階層,開始有從社會較高階層加入,其三是民眾
對傳教士迫害的案例減少,其四是民間及地方官僚開始拋棄佛、道兩教,
但儒家思想根深蒂固是傳教最大的障礙,有些信徒只認同《聖經》的一
部分,放棄不了一些儒家傳統,希望上帝能賜予力量。」[07]

據王氏後人流傳,聖公會原本打算委任王有光為首位華人主教,但
不幸他在未正式冊封之前於 1909 年六十六歲時離世,延至 1918 年才由
同事沈恩德的長子,主持三一書院的沈載琛(再生,Sing Tsae-seng,1861-
1940)成為首位華人主教。筆者多番查考二十世紀初教會刊物,試圖證
實王有光當主教這個流傳,但始終找不到,不過以王有光在教會的輩份
及成就,由他出任主教的可信性頗高。

王有光於 1871 年娶 1853 年出生於寧波莊橋的施幼嫻為妻,夫婦共生
育五子四女。他的四子分別取名正庸、正康、正府(後改正黼)、正序。
施氏是舊式婦女,纏足,雖然從未接受正式教育,但熟背《聖經》,並
極力支持子女信教及接受西式教育。長女叫王春梅,與夏牧的女兒 Ti-pi
同為祿賜悦理主教遺孀的學生;次女名叫王桂月;三女王靈恩適陳章生
育有一子二女;四女王信恩。[08] 施幼嫻很長壽,活到 1946 年九十三歲才
過身,比王牧活多近四十年,看到子婿名成利就。

Wang Family
第二代

奧運之父:
外交名宿王正廷

王牧的長子王正庸(Cheng Yung Wang,1842-1909)是王家首位接受新
式教育的人,自上海聖約翰書院畢業之後返鄉創辦英華書院,幾位弟弟
都在該校就讀。次子王正康(Cheng Kang Wang,1874-1921)四十七歲便離世,
後輩對他的生平亦不甚瞭解,從王正廷的回憶錄中僅知他如長兄一樣入

02　王家族譜排行為「子文世際正,恭敬興基業」。

03　《中華聖公會華南教區百年史略》1951 年 8 月初版。出版及發行:中華聖公會會督府。

04　Edmund Burke, *Annual Register of World Event, a Review of the year 1880*, p. 223。

05　Arthur Evans Moule, *The story of the Cheh-kiang Mission of the Church Missionary Society*, University of Michigan Library, 1891.

06　Matilda Laurence 1869 年建寧波仁德女校(St Catherine's)任校長十八年,1900 年在「衢州教案」中被殺。

07　*Report of the Ningpo Native Clergy*, July 1879.

08　*Church Missionary Quarterly Token*, Issue 93, p1-2, 1885.

許世英　八聯八晉八大慶　起居八座太夫人

王老伯母施太夫

王有光夫人施幼嫻八十八歲大壽在上海大合照。時王正序在海外工作而王正黼被日人軟禁。前排左八為王正廷，其右為其摯友兼親家錢永銘，二排右五為許世英，右六為王正廷夫人施美利，三排左六為王安秀，左七為杜維藩夫人嚴仁芸，左十為杜月笙。後排左七為王恭琛，左八為杜月笙子杜維藩。

讀聖約翰書院，畢業後在海關工作。排行第三的王正廷（Chengting Thomas Wang，1882-1961）[09]，原名正庭，字儒堂，號子白。小時由虔誠的祖母照顧，在長兄辦的書院讀了四年，到上海跟二哥學英文一年，後入讀慕稼穀兒子慕華德（Walter S. Moule）辦的英華學校兩年多。1896 年在父親鼓勵下入讀傳教士丁家立（Charles D. Tenney）及早年是「留美幼童」之一的蔡紹基主理，由清廷主辦的天津北洋西學堂（即後來的北洋大學，1951 年改稱天津大學至今）。丁家立可以說是王正廷在體育方面的啟蒙導師，因為丁氏除教學以外非常重視運動，他見中國學生對西洋運動興趣不大，於是想出強制性的軍操訓練，甚至教學生用來福槍練靶。一年後原本矮小體弱的正廷長高長壯。據王正廷的自傳引述，他亦是這段日子在足球場上與日後成為南開大學校長、他在體育事業推動上最得力的夥伴張伯苓（天津北洋水師學堂畢業）成為朋友。1900 年北洋學堂因義和團之亂停辦，次年他到膠州（即青島）海關工作，後到天津英華書院教書。在英華，他的革命思想萌芽，剪掉自己的辮子，在公眾場合戴一片假的辮子。1904 年他到湖南出任省立高等學堂英文科主任，次年青年會派他到日本東京向在當地留學的近萬名留學生傳教，在當地創辦中國留學生基督教青年會，任總幹事，同時他認識了搞革命的基督徒孫中山，在孫監誓下加入同盟會。

　　1907 年，二十六歲的王正廷在青年會秘書長巴樂滿（Fletcher Sims Brockman）的支持下找到兩位美商贊助完成留學夢。放下在日本的工作（日本青年會總幹事一職後來由孔祥熙繼任），留美先入密芝根大學攻讀法律，次年轉入耶魯大學，1910 年以優異成績（Phi Beta Kappa）文學士畢業，再深造國際法。據王的外孫錢嘉陵從其母親王安秀所知，當年耶魯畢業有規條，除了本身學科要合格以外，還要學會拉丁文以及學會游泳。王因為不會游泳，不得不留下來練習，直到後來學會游泳才能順利畢業。由此他又再次體會到，中國人當時連最基本的體育能力都沒有，中國的體育基礎過份薄弱，種下他日後熱心體育活動，帶領中國入奧運的種子。王正廷在耶魯進修的同時，他兼任留美中國學生聯合會（Chinese Students' Alliance）主席，1908 年秋，學聯在康州首府哈特福舉行大會，他與同學朱成章（S. C. Chu）及在哈佛求學的余日章（David Yui）等七位志同道合的學

民初王正廷全套外交官禮服照。

生創立華人學生兄弟組織「David & Jonathan」，這個組織在 1918 年當他再度訪美時，促成與另一組織「Cross & Swords」合併改稱「成志會」。除了學聯及 D & J，他同時亦擔任學聯辦的《中國學生報》（*The Chinese Students' Monthly*）編輯及跟余日章、郭秉文及陳維城等於 1909 年成立「留美中國基督教學生聯會」（Chinese Christian Students Association）充任總幹事，未知是否積勞成疾加上父親過身的打擊，1911 年他因患上肺病而輟學，受醫生建議到瑞士療養隨後返上海，雖然他修不成碩士，卻亦因此碰上辛亥革命民國初建的人才荒，造就了他踏進政壇及外交界的契機。[10]

　　1911 年 10 月 10 日，武昌起義成功，中華民國軍政府湖北都督府成立，黎元洪任都督，革命黨人胡瑛（後來成為袁世凱稱帝的「籌安會六君子」之一）被推為外交部長。但胡瑛對外事幾乎一竅不通，亦不會講英語，遂派梁炳農到上海物色外交人才和翻譯。[11] 經推薦，王正廷於 11 月被召至武漢，就任湖北軍政府外交部副部長。上任後，王正廷參與起草了《中華民國鄂軍政府改訂暫行條例》，11 月 30 日，他代表湖北軍政府出席在漢口舉行的光復各省都督府代表會議，參加起草《中華民國臨時政府組織大綱》。12 月，他正式出任湖北軍政府外交部長。29 日出席在南京召開的十七省都督府代表聯合會，投票推舉孫中山為中華民國臨時大總統。贊成的十六票中，有王正廷的一票。1912 年元旦，孫中山在南京就任臨時大總統，組建臨時政府內閣，成立臨時參議院。王正廷被選為臨時參議院的副議長（議長為後來成為國家主席的林森）兼法律審查委員會會長，參加起草並主持通過《中華民國臨時約法》。2 月，南北議和成功，宣統退位，孫中山辭去臨時大總統，袁世凱組織北京政府，王正廷獲總理唐紹儀委任為工商部次長，後因總長陳英士（即陳其美）並未到任，出任代理總長。但王正廷跟袁世凱合不來，6 月便辭職，7 月從北京返滬，出任中華基督教青年會全國協會總幹事，成為首位出任該職的華人。8 月他加入國民黨，10 月隨孫中山巡視江、浙、贛、皖四省。1913 年 4 月，他當選北京參議院副議長（議長為張繼），但 9 月又因袁世凱迫害離京返滬，繼續在基督教青年會工作，直至 1917 年才將職位交給他留美時的同學余日章。袁氏倒台後，1916 年 7 月王正廷又返回北京復任參議院副議長。1917 年 7 月，他離京南下，經上海赴廣州參加孫中山領導的護法運動。8 月，任南方非常國會參議院副議長；9 月 1 日，代表非常國會，將中華民國大元帥印親手授予孫中山。9 月 10 日，孫中山正式提出軍政府組成名單，任命王正廷為中華民國軍政府外交次長、代理外

09　國際上通稱王正廷「Dr. C. T. Wang」，他未有讀到博士，這是因為他於 1929 年獲約大頒名譽博士，人們對他的尊稱。

10　此段資料據王英文自傳 *Looking Backward，Looking Forward*，日本中央大學出版社，2008。

11　梁炳農是爪哇巴城僑商，在國內有大量實業投資包括墾植場，南洋兄弟煙草等，為復旦名譽校董。

交總長。在國際舞台上，1917 年 8 月，中國跟隨美國向德、奧兩國宣戰，正式加入第一次世界大戰，查實當時已有數以萬計的華工以合約形式在歐洲為英、法兩軍服務，亦有大批留學生在當地充當翻譯。1918 年春，王正廷搭乘美國大來輪船公司（Dollar Lines）的航船赴美，代表南方軍政府跟美國政府商討派兵參戰，目的是希望戰爭勝利後的談判桌上更有力收回列強在華各地的主權。

怎料 1918 年 11 月，中國未及派兵，德、奧兩國便戰敗投降。1919 年元旦，王氏及同僚跟時任美國海軍副部長羅斯福（即後來王正廷出任駐美大使時的美國總統）夫婦同坐華盛頓號輪由美赴法，參加 1 月 18 日由二十七個戰勝國的代表在法國巴黎凡爾賽宮召開的和平會議，這個會議名義上是和會，實際上是列強分贓的大會。中國作為戰勝國之一，亦派出六十人代表團，其中五人為全權代表，排名為陸徵祥（Lou Tseng-hsiang，1871-1949，北京政府外交總長）、王正廷（南方軍政府外交部長）、施肇基（Alfred Sze，1877-1958，駐英公使）、顧維鈞（Wellington Koo，1888-1985，駐美公使）及魏宸組（1885-1942，駐比利時公使）。[12] 巴黎和會初期，王正廷對和會抱有很大的寄望，但會議開始後中國處於劣勢，列強在談判桌上有五席，中國僅得兩席。當中國代表團將《取消列強在華特權七條希望案》、《取消日本強迫中國簽訂二十一條案》和《歸還大戰期間日本奪去的德國在山東特權案》三項議案提交和會時，英、美、法、意、日五強即露出真面目，馬上以前兩項議案不屬於和會討論範圍而予以否決，僅同意將山東問題列入議程。日本得到英、法、俄、意四國背後支持，繼續霸佔山東，美國起初反對，但由於英、法兩國力撐日本，中國最後也只能妥協。4 月 30 日，美、英、法三國首腦同意將德國在山東掠奪的權益全部轉讓給日本，並寫進了《協約國參戰各國對德和約》，即「凡爾賽和約」（Treaty of Versailles）第 156、157 和 158 條，並極力向中國代表團施壓迫簽。5 月 1 日，首席代表陸徵祥將三國會議的決議電呈北京政府外交部，消息傳出後，「五四運動」隨即爆發，全國人民要求外爭國權、內懲國賊及拒簽和約。在王正廷和顧維鈞的帶動下，中國代表團於 6 月 28 日簽約限期時拒絕在和約上簽字，同時陸徵祥、王正廷、顧維鈞、魏宸組四位全權代表電呈北京政府引咎辭職。中國拒簽和約，為列強始料不及，打擊了日本企圖獨佔中國的野心，亦一洗中國自鴉片戰爭以來多年委曲求全的形象，在國際外交上獨立自主響了頭炮。王正廷在拒簽行動中與顧維鈞同為主導角色，贏得了全國輿論的一致讚揚。

　　1919 年 12 月，王正廷由法國馬賽登輪回國，那時他所屬的南方軍政府已由西南軍閥陸榮廷及唐繼堯等支配，孫中山被推出局。1920 年 4 月，他退出南方政府返回上海從商，雖然他暫時離開外交界，但他在其他方面非常活躍。在生意上，他與友人合辦中美實業（從事中美貿易），華豐紡織及中華勸工銀行等公司。[13] 9 月他出任北京政府外交部和約研究會會長，10 月又當選上海公共租界華人納稅會主席。1921 年初，王正廷出任 1913 年由他的革命同志孫中山及宋教仁創立的北京中國大學校長，這份職銜他掛名至 1936 年由首任北平市長何其瓏接任為止，由於他的其他職務繁忙，校務實際上由總務長祁大鵬及副校長呂復等主持，任內他最重要的貢獻是成功於 1925 年幫大學租下鄭王府作校舍，1947 至 1949 年他又曾再度擔任校長。1921 年 5 月，他由北京政府派往充任海牙常設公斷法院公斷員，成為中國第一位國際法庭法官。同年王正廷牽頭下與好友黃炎培、郭秉文及商界名流如他的生意拍檔穆藕初及張謇、陳光甫、虞洽卿、史量才等百人創立中華全國道路建設協會（National Good Roads Association，即目前中國公路學會的前身）兼任會長，吳山任總幹事，推動全國各地修建公路建設經濟。首先著手興建接通南京、杭州及上海的公路，並透過出版刊物及指南將運動延伸至全國，由該會創立時全國僅一千五百英里公路，到 1937 年已達十萬英里，八年抗戰期間，政府在後方大肆建設，又增至廿萬英里。在 1931 年協會十周年大會上，又展出國人自製首部汽車，王正廷在這方面促進中國現代化可謂功不可沒，可以稱得上是「中國公路之父」。

　　搞修路運動及主持北平中大之餘，王正廷亦出任全國鐵路協會會長，並參與湖南及浙江兩省憲法起草工作，擔任湖南省憲法草委委員、浙江省憲法草委委員長等職務。但他一直未有忘懷尚待解決的山東問題，很快又投身爭取主權的外交大業。1921 年 11 月，由美國發起，有美、英、法、日、意、中、比等九國參加的「華盛頓會議」召開，這是繼「巴黎和會」後又一次列強在中國重新瓜分勢力範圍的會議。議題主要是限制軍備競賽和遠東事務，其中遠東事務的核心是中國問題。中國代表團除向大會遞交要求廢除不平等條約、取消列強在華特權及爭取國際平等地位的「十原則」提案外，又將因拒簽「凡爾賽和約」而尚待解決的山東問題提出。在英、美列席下，中、日雙方關於山東問題經三十六輪會談，簽訂了《解決山東懸案條約》計 11 節 28 條，附約 6 條。根據這一條約，北京政府於 1922 年 3 月任命王正廷為「魯案」善後督辦；6 月，

12　代表團的其他成員還有駐法公使胡惟德、駐丹麥公使顏惠慶、駐意大利公使王廣圻、
　　郭泰祺、陳友仁、曹霖生及伍朝樞等。

13　中華勸工銀行宗旨為資助工業，牽頭人是穆藕初，王正廷掛名董事長、樓恂如任經理、
　　榮宗敬、吳麟書、聶雲台等紗廠老闆為股東。

王正廷在山東督軍田中玉及教友孔祥熙的協助下與日本駐華公使小幡酉吉（Obata）為首的委員會就山東權益交還開始歷時五個月的談判，開會七十一次，連番爭辯之後，日本最終同意將駐守膠州灣的日軍於 1923 年 1 月撤退回國。中國成功收回了山東主權，王正廷亦出任青島商務督辦兼膠濟鐵路理事長，負責主權回歸的實際執行。

　　1922 年 11 月底，王正廷出任北洋政府汪大燮內閣的外交總長，上任後，第一項任務就是赴山東收回青島政權。但當時日方詭計多端，青島日軍及日本浪人勾結大盜孫百萬、[14] 馬文龍所率土匪二千餘人，策劃在日方向中國政府辦理移交時發動暴動及當場綁架前來接收的人員，造成青島大亂，以便日軍借保護各國僑民為名繼續駐守青島。王正廷得悉陰謀後，當即向日本駐華公使小幡、青島日軍守備司令由比光衛和民政長官秋山雅之介提出嚴正警告，並舉行中外記者招待會，將陰謀訴諸媒體。王正廷於 12 月 8 日抵達青島，派人深入嶗山招撫孫百萬。12 月 10 日，王正廷代表中國政府收回青島政權，結束了日本霸佔青島八年的歷史，而孫百萬的土匪幫最終沒有出現破壞移交禮，日方陰謀徹底失敗。同一天，國務總理汪大燮通電離職，次日，大總統黎元洪命王正廷兼代總理。為表揚他在交涉收回青島政權和膠濟鐵路的貢獻，黎元洪頒授一級大綏寶功勳章。但王正廷對北洋政府的權謀並不熱衷，寧可集中精力處理外交事務，十一日後他便請辭兼代總理，黎批令挽留，三十日王正廷再次請辭，獲黎元洪再次挽留。[15] 拖到 1923 年 1 月 4 日張紹曾內閣產生，王正廷才正式獲准辭去本兼各職，總計做了外長一個月又六天，任代總理二十五天。

　　王正廷放棄總理及外長兩職後，即參與中、蘇交涉的事宜。1917 年蘇俄十月革命成功，新成立的蘇維埃政權一直謀求與中國建立外交關係。1919 年 7 月，蘇俄政府外交部副部長加拉罕（Lev Mikhailovich Karakhan，1889-1937）簽署第一次對華宣言，宣佈廢除以往沙俄與中國訂立的一切條約，把沙俄掠取和侵奪中國的領土與財產全部交還中國，同時建議中、蘇政府開始談判。但北洋政府因仇視共產黨及附和歐美列強遲遲不承認蘇俄政權，後在國內輿論壓力下，才派人至莫斯科，開始非政治接觸。1920 年 9 月，蘇俄發表了第二次對華宣言，仍毫無進展。1922 年夏，已經採取新經濟政策的蘇聯，迫切希望恢復與中國的經濟關係，特派著名外交家越飛前來北京，謀求打開對華談判的局面，在中國共產黨人引導下，蘇俄跟南方的孫中山達成共識，並於 1923 年 1 月，發表《孫文越飛宣言》。

北洋政府迫於無奈，1923 年 3 月正式任命王正廷籌辦中、俄交涉事宜，同蘇俄代表加拉罕進行談判。談判涉及的主要問題包括外蒙問題、中東鐵路問題、庚子賠款用途問題、松花江黑龍江航行權利問題、華僑損失賠償問題等。經過一年時間的接觸和會談，於 1924 年 3 月 14 日，王正廷和加拉罕各以政府全權代表資格，在《中俄解決懸案大綱協定草案》、《中俄暫行管理中東鐵路協定草案》及七種附件上非正式簽字。

主持中、蘇交涉後，王正廷又曾兩次擔任北京政府外交總長，一次是馮玉祥發動北京政變後，1924 年 11 月 1 日至 23 日的黃郛內閣（並因周作民不願出任財長而兼任財長），另一次是 1925 年 12 月 31 日至 1926 年 3 月 4 日許世英內閣，時間都很短。這時他的奉化同鄉蔣介石開始崛起，他亦與蔣開始了廿多年的合作關係。王正廷與蔣介石相識，始於 1912 年 2 月，那時王正廷回到上海，曾去滬軍都督府拜訪陳英士（其美），適逢蔣介石在場。陳特意向他介紹這位同鄉，而且預言這個軍人日後前途無量，要王正廷多加照應。1918 年春末，王正廷去美國前向孫中山辭行，又在大元帥府碰見了剛從上海到廣州的蔣介石。這時蔣介石不過是大元帥府的一名軍事幕僚，與身兼外交部長及國會議長的王正廷差距甚遠，閒談幾句即分手而去，想不到十年之後蔣介石當上國民黨最高領導人，並找上門請他在外交方面幫手。1927 年 1 月，蔣介石統領的北伐軍進駐南昌，北有北洋軍閥、旁有汪精衛控制，主張容共的武漢政府，除了軍事以外，還需在外交和財政上下功夫。蔣介石接受其盟兄黃郛的提議，請王正廷襄助。在外交方面，王正廷以蔣私人代表身份，到上海與列強駐滬領事團秘密接觸。王正廷與上海財閥錢永銘（後成為其親家）及虞洽卿等關係密切，這些財閥在財力上支持蔣氏北伐。當時蔣、汪兩方都爭取擁兵自重的基督將軍馮玉祥，蔣介石為了爭取馮玉祥倒向自己，請與馮玉祥交情深厚的王正廷去鄭州拉攏馮玉祥。[16] 為此，王正廷在馮玉祥的第二集團軍當上了總司令部參贊，6 月兼任隴海鐵路督辦。在王正廷的牽線下，1927 年 6 月 19 日蔣、馮在徐州與碭山之間的黃口車站會面，會後聯名通電合作。蔣、馮合作後，汪精衛等人迅速右轉，發動「七一五事變」反共，從而實現了寧漢合流。1927 年 12 月 1 日，蔣介石和宋美齡在上海舉行結婚典禮，由王的好友余日章主持，特邀王正廷及馮玉祥夫人李德全當證婚人，他的女兒王安慶出任伴娘，[17] 可見蔣介石對王正廷的重視。1928 年 2 月，蔣介石委任王正廷為國民政府外交委員會委員，6 月 8 日出任南京政府外交部長。

14　孫百萬為山東最大土匪，後為張宗昌收編為旅長，其子美瑤亦為大盜。

15　王正廷在自傳中稱，袁世凱有能力但太自私，黎元洪則太善心而無能力，若果兩個人合起來就最理想。

16　據王自傳解釋，馮在他當參議院代院長時在其家中讀經一星期後信基督教，成為「基督將軍」。

17　王正廷為非常搶手的證婚人，估計作證的名門婚姻不下百宗，包括王映霞、顏樓生、楊光泩等。

王正廷上任之後，隨即推行改訂新約運動，致力廢除或修改八十多年來中國被迫簽下的多條不平等條約。1928 年 7 月 7 日，南京外交部發表關於改訂新約的宣言，內容包括訂立通商條約及關稅條約、廢除領事裁判權、收回租界及租借地等三方面。在關稅自主方面，南京政府外交部於 1928 年 7 月 25 日與美國簽訂《中美關稅新約》，此後又與挪威、荷蘭、瑞典、英國、法國簽訂了關稅新約，與比利時、意大利、丹麥、葡萄牙、西班牙、日本簽署通商條約。這些條約都宣佈取消以往有關條約中關於關稅協定的條款，承認中國關稅自主，這對於自己及多位家屬曾在洋辦海關打工的王正廷意義重大。此後南京政府關稅自主，國家的關稅收入亦逐年增加。在廢除領事裁判權方面，當時在中國享有領事裁判權的國家共有十六個。南京政府外交部首先與條約已屆期滿的九個國家談判，要求重訂條約，廢除在華領事裁判權。除日本外，德、奧、比、意、葡、西班牙及丹麥七國在與中國訂立的新約中，取消了領事裁判權，墨西哥則自動放棄在華領事裁判權。1929 年 4 月，外交部又照會條約未滿的美、英、荷、挪、巴等國，要求撤銷在華領事裁判權，各國協商口頭同意，但實際拒絕。同年 12 月 28 日，南京政府宣佈：「自民國十九年一月一日起，凡僑居中國之外國人現時享有領事裁判權者，應一律遵守中國中央政府及地方依法頒佈之法令規章。」1931 年 5 月 4 日公佈的《管轄在華外國人實施條例》又再明確規定：「自 1932 年 1 月 1 日起，所有享有領事裁判權的外人，均應受中國法院的管轄。」不幸的是，1931 年 9 月 18 日，日本侵略東北，交涉數年的廢除領事裁判權問題被迫停止進行。在收回租界及租借地方面，王正廷主持的外交部亦取得一定的成績，在 1929 年起先後收回天津比租界，鎮江英租界、廈門英租界和山東威海衛租借地。1930 年 10 月 1 日，威海衛租借地正式收回時，威海衛市民歡喜若狂，在市中心建造收回威海衛紀念碑，碑文大字由王正廷親筆書寫。

這一連串的爭取主權活動，博得《紐約時報》給予他「外交鬥士」（Fighting Diplomat）的稱號。

正當王正廷在改寫列強不平等條約取得一定成績的同時，1931 年「九一八事變」發生，張學良執行蔣介石的不抵抗政策，日軍佔領瀋陽，全國人民奮起抗議，各城市大

1937 年 12 月 16 日白宮外交官晚會，王正廷全套禮服與穿旗袍的三位千金合照。左至右：安慶、安福、安秀。當晚日本駐美大使齊藤弘（Hiroshi Saito）亦有參加，為「七七事變」發生後首次中日雙方代表共處一室會上見。

中學生首先罷課遊行，通電請願，要求南京政府停止內戰，出兵抗日。9月28日，南京、上海二千多名學生不滿國府的策略，冒雨步行到國民黨中央黨部請願不得要領，轉到外交部並闖進王正廷辦公室。王正廷無法答應學生的請求，學生憤怒地動手傷了王正廷，使王正廷顏面掃地，狼狽不堪。[18] 30日他提出辭呈，10月3日獲國民政府接納，由施肇基繼任。11月22日，國民黨第四次全國代表大會第八次會議在南京召開，王正廷由候補中央執行委員遞補為正式中央執行委員。12月15日，蔣介石第二次下野，到1932年1月28日，重新上台，王正廷又被推為中央政治會議外交委員會主任及特種外交委員會委員，都是有名無實的虛銜。往後數年他主力奧運方面的工作，到1936年8月王正廷才再次獲委外交重任，被南京政府任命接替施肇基為駐美大使，當時他正在率領中國體育代表團參加在柏林舉行的第十一屆國際奧運會。回國後不久，又遇上了「西安事變」，出使的事被押後。「西安事變」和平解決後，蔣介石回南京再赴奉化家鄉養傷，一住一百一十餘天，待王正廷面領訓示，1937年5月初才正式在上海搭上胡佛總統號赴美國華盛頓上任。

一個多月後，「七七事變」爆發，全面抗戰展開，王正廷作為駐美大使的工作核心變成爭取美國對中國抗戰的同情和援助。這時蔣介石一方面命令華北駐軍戰鬥，另一方面寄望歐美各國能干涉促成和談。王正廷按照蔣介石旨意，一再訪晤美國國務卿赫爾（Cordell Hull），表示希望《九國公約》締約國採取行動。可是，美國政府奉行不干預政策，只在7月17日發表了一個空談國際關係的聲明，隻字沒有譴責日本的侵略行徑。1937年「八·一三事變」，日本攻打上海，王正廷又再次會晤赫爾，希望由美國出面在9月召開的國聯大會上對日本侵略行為進行調停，但赫爾不為所動。爭取國際干預失敗，王正廷的工作重點轉移到爭取美國對華援助。跟王正廷早在「巴黎和會」已認識的羅斯福總統本身傾向援華制日的主張，而羅的左右手內政部長伊克斯（Harold Ickes）、財政部長摩根韜（Henry Morgenthau Jr.）及國務院遠東司司長亨培克（Stanley Hornbeck）等都站在同一陣線。王正廷履任駐美大使之初，即跟摩根韜多次聯絡，協助南京派來的上海商業儲蓄銀行總經理陳光甫就美國收購中國白銀一事進行談判，最後由王的好友，時任財政部長孔祥熙出面，與摩根韜達成協定：中國將存在美國的白銀以每盎司0.45美元的價格售予美國，再以售銀所得購入美國黃金，存於紐約聯邦儲備銀行，作為中國發行貨幣的儲備；該銀行再以此存金作抵押，貸給中國五千萬美元。雖

18　後來王正廷曾對人說他的外交生涯最高點為「巴黎和會」，最低點為這次被打事件。

然這還是中國用自己的錢借貸，但終歸是一筆可觀的外匯收入，對於支持抗戰初期的財政有極大的幫助。此後，摩根韜又不顧國務院的反對，在羅斯福同意之下，繼續以相同條件向中國收購白銀。當其欲找王正廷談此問題時，王正廷正在費城作巡迴講演，接到使館官員崔存磷的電話，感到此事十分重要，立即返回華盛頓與摩根韜會晤。在王正廷及陳孔等人的努力下，美國在中國抗戰第一年共向中國收購白銀 3.12 億盎司，總值 1.38 億美元。購銀貸款之外，王正廷還協助陳光甫主持的官辦世界貿易公司於 1938 年 4 月從美國獲得一筆二千五百萬美元的桐油借款，但後來 1940 年德裔銀行家 Rudolf Hecht 控告世貿公司陳光甫、席德懋及任嗣達三人索償一百萬美金，聲稱這是王正廷代表中國政府當年答應給他完成這單桐油借款的酬勞，事件耐人尋味。[19]

　　王正廷在要求美國官方干預無效之後，轉向民間促使美國人民敦促美國政府援華制日。王正廷利用基督教教友和扶輪社社員的身份，赴美國各地教堂和扶輪分社作巡迴講演，揭露日軍在華暴行，激起美國人民的同情，一些教會組織更對美政府容許美商為日本提供軍用物資侵華作強烈譴責。在王正廷的支持下，全體華僑抗日救國籌餉總會、由其弟婦王正序夫人主持的紐約中國婦女賑災會以及多個留學生抗日團體先後建立。王正廷又跟由羅斯福上校（Teddy Roosevelt Jr.，老總統之子，曾任菲律賓及波多黎各總督及美國運通主席）當會長，《時代》、《生活》兩大雜誌的美國出版大亨路思義（Henry Robinson Luce）[20] 及胡佛前總統（在中國採礦起家）多位名人為會員的美國援華聯合會（United China Relief）緊密合作，1938 年 6 月 17 日在全國二千多個城市同時舉辦了「一碗飯運動」籌款晚會，即動員美國人捐出一碗飯的開支，援助中國抗戰。在

1938 年 7 月的一次民意測驗中，多數受訪者傾向於政府應該採取措施停止對日本的一切軍火供應，而美國政府的立場也因民意而有所改變。1938 年 6 月，美國國務卿以道義勸告方式，勸美國軍火商勿供給日本飛機及軍械。不過王正廷利用傳媒影響政府政策的做法，亦引起美國一些支持不干預政策做政要的不滿，正當王正廷開始做出成績的時候，遷都重慶的國民政府決定換將，1938 年 9 月 17 日公佈王正廷辭職，改由胡適出任駐美大使。

　　雖然王正廷的駐美生涯短暫，但他向 Hubbard 家族租用的雙橡園（Twin Oaks）居所則成為往後

王正廷（左）與孔祥熙攝於白宮。

四十年國府駐美大使館所在，北京與美國建交後台北駐美代表處仍用該
處至今。[21] 王正廷卸任駐美大使後，取道香港回國，在香港暫居六個月。
期間除休養身心之外，還協助其兒女親家、著名金融家錢永銘將部分交
通銀行資產轉移菲律賓。半年後，王正廷來到重慶。此後他除掛名國民
黨中央執行委員以外，遠離了政府的實質工作，將精神放在各項社會活
動和公益事業上，主要是繼續擔任中華體協董事長、中國紅十字總會會
長（1928 年當選副會長，1933 年繼承顏惠慶任會長，杜月笙及劉鴻生當
副會長，到 1943 年由蔣夢麟繼任，關於該會早年事業詳見第六章李家王
培元一節）、世界紅卍字總會會長、[22] 中華職業社理事、國際扶輪社理
事（王對早年扶輪社在中國的發展貢獻至大，他於 1920 年入會，曾當六
個社的社長，並於 1935 年成為首任區總監）。王正廷在自傳中說，像
扶輪、紅卍字會等組織什麼種族背景的人都接納，有助促進世界和平。
抗日戰爭勝利後，除了當行政院抗戰，損失調查委員會及敵人罪行調查
委員會主委外，他基本退出政壇返回上海，1945 至 1946 年出任國際扶輪
社第二副主席，[23] 又和親家錢新之等人專注金融保險業，出任交通銀行
董事、菲律賓交通銀行董事長（雖然他的兒子王恭瑋在菲壯烈犧牲，但
並未減他推廣國人到菲投資的情懷）、太平洋保險公司董事長等職務。
1948 年，王正廷在上海過了聖誕夜，不久即移居繼室周淑英的家鄉香港。
王正廷定居香港後，幾乎將全部精力投入宗教和社會公益事業，如扶輪
社（其岳父周壽臣爵士及親家胡惠德均為資深社友）及紅卍字會（港會
所在銅鑼灣金龍台）方面，雖然這段時期他已無任何官職，但由於他是
當時居港在中國外交方面最有資格的專家，他的名字時有在報章頭版出
現，多次被記者採訪詢問他對國際大局的意見。又由於他是上海幫在香
港資歷最高的大老，又能言擅辯，不少名門婚宴或社交場合都請他作主
禮嘉賓，例如 1952 年在麗池夜總會舉行的香港小姐選舉，便是由他為但
茱迪（上海聖瑪利亞畢業生，導演但杜宇之女）加冕，[24] 1950 年香港留美
學生會成立，他又被該會華洋會員推舉為首屆主席。他表面上已無任何
外交官職，但身為國際奧委的他在體育外交方面仍有影響力，他一方面
與台北郝更生等人多方配合，極力支持台北國府以「中華民國」名義繼
續參加奧運，另一方面他亦在國際奧委抵制北京中共以中華人民共和國
參賽。但雖然他親台反共的立場鮮明，他始終沒有跟國民黨去台，而留

19 "China Loan Agent Sues for $1 million", *New York Times*, Feb 9 1940. Rudolf Hecht 隨即因盜竊罪被捕。

20 路思義父親 Henry Winter Luce（1868-1941）為長老會宣教士，在華宣教三十餘年，曾協助
    創立齊魯及燕京大學，並曾任燕大校長；Henry R. Luce 本人在山東蓬萊出生，1962 年在
    台中東海大學捐建路思義教堂紀念其父，由貝聿銘及陳其寬設計。

21 1947 年時任大使顧維鈞代表國府以四十五萬美元從 Hubbard 家族收購橡園。

22 紅卍字會為 1916 年在山東發起，提倡五教合一的宗教，王與熊希齡為該會最知名的信
    徒，王更被專為「仁基真人兼誠明普化天尊」。據說紅卍字會在施太夫人九十四歲華
    誕時送上一幅壽桃的字畫，下款說「九四生命足」，過兩星期後老太猝逝，正廷的子
    侄親人都為之驚訝。

23 *The Rotarian*, October 1945.

24 《華僑日報》1952 年 5 月 31 日。

1　左至右：王正黼、王正廷、王正序。

2　左至右：王正廷、王安慶、孔祥熙、湯藹林。

3　左至右：湯藹林、廖奉獻、王正序、周淑英、王正廷、
　　王恭斌。

守香港，只去過台灣數次：一次是 1949 年赴台灣主持紅卍字會分會成立大會（該會在台多年由政要游彌堅主持）；另外兩次是 1953 年，5 月去台灣參加扶輪社年會並謁見蔣介石，7 月則主持紅卍字會台北分會會所落成典禮；1955 年又為扶輪社會議再去一次。

　　1957 年王正廷赴巴黎參加國際奧委返港後身體開始衰弱，1959 的會議他已抱病不能成行，但仍不忘發長電給奧委主席力爭台北參奧，並在家中由徐亨陪同下開記者會。1960 年，雖然同年紅十字會為他祝壽時稱其精神甚佳，但從他的姻親夏連蔭為他作口述歷史時的紀錄可見，他的記憶力已嚴重衰退。雖然如此，同年他仍以帶頭名義與教育家王冠英在深水埗大南街開辦華聯書院。1961 年 5 月 21 日，王正廷患喉癌，於九龍聖德肋撒醫院病逝，享年八十歲。於 23 日在灣仔萬國殯儀館出殯，[25] 在中環聖約翰教堂舉行安息禮拜，由聖公會何明華會督主持，主祭人為蔣法賢醫生、姻親凌志揚、六河溝煤礦的投資夥伴李組紳、楊培富及郭正達（即唐英年外父）五人，港督柏立基等官紳名流千人到場致祭，遺體再送住鑽石山火化。台灣方面，蔣介石夫婦亦向王夫人致唁電，25 日六團體在台北舉行追悼會，由王雲五主持。

　　王正廷的外孫錢嘉陵表示，他小時多次返港跟外公王正廷生活，印象就是：「外公王正廷對中英文都很精通，非常具有外交家的風範。即使他不同意你的觀點，也會用十分委婉的方式告訴你。」王正廷的侄兒恭斌亦說這位三伯伯為人風趣，待人親切，閒時喜歡跟友人飲酒猜拳，是任何宴會的良伴。從 1952 年起，王正廷開始以英文撰寫回憶錄 *Looking Back and Looking Forward*，共寫了廿五章，在世時只給史學家夏連蔭看過，逝世後由夫人周淑英珍藏。周去世該回憶錄轉歸長子王恭琛，1974 年王恭琛病故，又轉入三子王恭瑞手中。1981 年 4 月 3 日，經子女恭瑞、恭玨、安福、安秀一致商定，將這部珍貴史料捐贈給王正廷的母校美國耶魯大學收藏。一生跟日本人鬥爭的王正廷想也想不到，他的母校或後人未有將他的大作公諸於世，反而是 2008 年被日本中央大學歷史系教授服部龍二將該書首次在日本以英文出版，目前他的後人正努力希望在華人社會出版該書的中、英文版。從他的自傳中可以看到他並無個人野心，一心為提高中國人國際地位，推動中國走向民主現代化出力。

　　2008 年中國成功舉辦奧運，王正廷在體育外交的成就彷彿又蓋過他在政治外交的貢獻，這裡不得不提。前文講述王正廷在北洋大學及耶魯大學時種下通過體育提高國民身體素質的心願。事實上，中國的田徑及球類運動的競賽活動，首先是由教會學校和基督教青年會開展，教會對中國體育事業影響深遠，而王正廷居中又扮演重要的角色。1912 年，

25　萬國殯儀館六十年代位於東城大廈，後遷至紅磡現址。

王正廷返國即代表中國基督教青年會和菲律賓基督教青年會合組「遠東奧林匹克委員會」，翌年在馬尼拉舉辦第一屆遠東運動會（Far East Championship Games），即今天亞運會的前身。1915 年第二屆遠東運動會在上海舉行時，王正廷是該屆運動會的會長，中國運動員在該屆運動會獲得足球、排球、游泳、田徑四項錦標，並得到總錦標。遠東運動會共舉行十屆，期間王正廷曾出任第五屆（1921）、第八屆（1927）在上海舉行的大會會長，至 1934 年由於日本堅決將「滿洲國」加入運動會，中國反對並退出而解散。遠東運動會的成功激起國人組織全國性體育組織參加奧運的情操，1922 年 4 月，王正廷與相識多年、志同道合的南開校長張伯苓發起的中華業餘體育聯合會（China National Amateur Athletic Federation）正式成立，同年 6 月國際奧委（IOC）在巴黎開會，王正廷被推舉為第一位中國委員，以後成為終身委員，並為中國參加奧運的起步點。1924 年 5 月，第三屆，亦是首屆國人自辦的全運會在武昌舉行，同年 8 月取替業餘會的中華全國體育協進會（全國體協）在上海成立，王正廷被推為主席。1932 年，中國原本不打算參加當年在洛杉機舉行的第十屆奧運會，怎料日本竟在當時推動滿洲國參賽，於是王正廷、張伯苓以全國體協名義出面籌款，並從滿洲國手上搶得東北短跑好手劉長春，由張學良出資八千元，成功實現中國首次正式派代表團參加奧運。[26] 據劉長春回憶，1932 年 7 月，他從上海出發，王正廷偕夫人親到碼頭送行，右手執國旗及全國體協會旗各一面，用莊嚴肅穆的口吻對劉長春說：「予今以至誠之心，代表中華全國體育協進會授旗與君，願君用其奮鬥精神，發揚於洛杉磯市奧林匹克運動場中，使中華民國國旗飄舞於世界各國之前，是乃無上光榮也。」往後 1936 年德國柏林第十一屆奧運會及 1948 年英國倫敦第十四屆奧運會，王正廷兩次均出任中國體育代表團總領隊。除此之外，王正廷還是將體育活動引入學校教育的先驅。1916 年，他回奉化稅務場故鄉探親時，出資在村裡創辦務本小學。寧波《時事公報》在報導王正廷博士的這一義舉時說：「注意桑梓公益，具有改進社會之熱心，近於原籍……開辦『模範小學』一所，實施最新教育法。」所謂最新教育法之一，就是開設體育操練一課。

王正廷、周淑英晚年在香港又一村高槐路家中合照；左至右廖奉獻、王正序、周淑英、王正廷、湯藹林；

患難與共的礦務家、
教育家王正黼、廖奉獻夫婦

　　王有光的四子名正黼（Cheng Fu Wang，1890-1951），字儒冠，號子文，1890 年 9 月 17 日生於浙江寧波，跟三哥王正廷一樣在大哥辦的學堂上課，12 歲便由寧波到天津的英華書院，修讀天然資源，再入北洋西學堂修科學，開始走他一生開發礦產的道路。1910 年畢業於北洋大學礦冶系，並得翰林銜頭，取得獎學金到美國哥倫比亞大學讀礦務碩士學位，期間協助系主任 Robert Peele 教授撰寫知名的 Peele's 礦務工程師手冊，並有份創建哥大校園供外國留學生居住的國際宿舍（International House）。1912 年修畢碩士的王正黼原本打算完成博士，但他的腸胃出現問題而要提前返國。1929 年哥倫比亞大學 175 周年紀念時，根據他辦礦的卓著成績，頒與他榮譽獎章。他最先擔任北平青年會幹事，1916 年他娶兄長的耶魯同學周詒春（時任清華校長）的妹妹周春芳，誕下一女王安琳，但不幸女兒出生六天後周春芳便病逝。

　　1917 年，他跑到東北的礦務重鎮本溪湖，出任中日合資遼寧本溪湖煤鐵公司的總工程師兼製鐵部長。據說當年公司一個熔礦爐結冰失效，日籍工程師都苦無頭緒，王正黼成功計算炸開熔爐，自此博得同僚的稱許。

　　1918 年，元配周氏過身已一年而稚女無人照顧，王正黼第一時間想起當年在哥大邂逅的廖奉獻（Funghin Liu，1890-1970），向她作長途求婚，希望她能放棄在廣州的事業到北方跟他成家，廖奉獻答應，但條件是王正黼要讓她有自己的事業，婚禮由知名醫療傳教士、約大首任醫學院主任莫約西（Joseph McCracken）主持，由宋慶齡借出婚紗。廖家是廣州基督教名門，廖奉獻的父親廖德山醫生是孫中山的同學，曾任大元帥府顧問，1889 年與七名教友創立培正中學。廖德山的子女都各有成就，七女中有四個包括廖奉獻是校長；廖奉基（1894-1957）在澳門辦粵華中學；廖奉靈（1903-94，楊重光夫人）則為廣州協和中學校長，解放後又曾任廣州市教育局副局長；廖奉恩則是執信中學校長，廣州女青年會創辦人及嶺南大學校董。三子中只有廖崇國繼承衣鉢業醫；廖崇聖是名報人，曾任加爾各答中正中學校長及《中山日報》社長；而廖崇真（1897-1970）自康奈爾農科畢業後在廣東任蠶絲改良局長，是大同教在中國首位華人信徒。廖奉獻是家中長女，1906 年入讀嶺南附中，成為全國首位男女同校的女生，[27] 1910 年考得獎學金到俄亥俄州 Wooster 學院（College of Wooster），與該校院長 Greg Compton 稔熟，[28] 兩年之後又到麻省威斯理，早宋美齡三屆，

26　團員只有劉長春、體協的沈嗣良（後當約大校長）及教練宋君復三人。

27　Charles Hodge Corbett, *Lingnan University, a Short History Based Primarily on the Records of the University's American Trustees*, New York, Trustees of Lingnan University, 1963.

28　Greg Compton 的三位兒子在學術界頗有名氣：Karl 曾任麻省理工校長（1930-1948），Arthur 獲諾貝爾物理獎，Wilson 創建華盛頓州立大學。

畢業後到紐約哥倫比亞大學跟知名的杜威念教育碩士，就在這時遇上王正黼，但當時他已與周氏有婚約在先。1916 年她碩士畢業後返回嶺南附中出任首任女生訓育主任。

1919 年王正黼在北洋大學組成中國礦學會，自己任會長，張錚任副會長，張謇為名譽會長，蔡元培、周學熙、熊希齡為名譽會員。當他在美國哥大病重時，由於他自幼受基督教影響，他曾向上主承諾若他有朝康復他會為教會作貢獻，於是乎他毅然辭掉中日合資公司的工作，全身投入組建奉天基督教青年會。

意想不到的是，青年會令他的事業更上一層樓，因為青年會的關係，王正黼結識了當時為「東北太子」的少帥張學良，1921 年張委任他為東北礦務局總辦，是他一生事業中的黃金十年，亦是東三省建設的黃金十年。當年王正黼管理東北全境十三個礦山，創辦、擴建、改進了熱河阜新（籌建遼京鐵路）、八道壕、西安（採用新型電動儀器大幅降低成本）、複州灣（增強運輸船隊轉虧為盈）等煤礦，更興建了八道壕發電廠，善用八道壕煤礦的資源同時改善東北電力供應的狀況。此外，還創辦了本溪湖林場、大石橋滑石礦、五湖嘴磚廠和瓷窰，勘察了世界上儲量最大的大石橋菱鎂礦，他亦參與建設葫蘆島碼頭。工餘他亦出任瀋陽醫學院校董，並參與奉天青年會、扶輪社及共濟會事務，平民教育家晏陽初亦是透過他認識張學良。廖奉獻在北方亦很活躍，1928 年 10 月她與胡彬夏、俞秀愛、梁好音等十多位女界名流發起成立北平婦女會，[29] 首任會長胡彬夏。該會活動頻密，是北京地區存在較久的社會服務婦女組織。東北礦務的王正黼注重礦工福利以及培訓礦務人才，礦場都建有免費醫院、宿舍及學校，並鼎力支持母校北洋大學礦冶系培訓礦務人才。王正黼一心希望透過建設東北推動中國工業化改善民生，但日本對東北的侵略將這些大計都破壞了。

1931 年，「九一八事變」爆發，日本侵佔東北，王正黼、廖奉獻夫婦義憤填膺，訴諸國聯調查團。日軍密謀加害他們，王正黼裝扮成工人坐船經大連再到北京，接著全家赴北平。廖奉獻甫抵北平，即回應東北義勇軍後援會的號召，與北平婦女積極捐募衣物送交該會，她還當選北平婦女救護慰勞聯合會主席兼執行總幹事。

百折不撓的王正黼雖然失去東北的事業，但他很快又東山再起，1932 年在北平組設冀北金礦公司，在熱河省平泉、

嶺南教書時期的廖奉獻。

承德、灤平四縣開採凌源金礦，最初勘察的結果不錯。他亦從美國訂了一批器材，但機器未運到礦地熱河已被日軍佔領。但他沒有因此放棄，很快又組織平興公司，在北京門頭溝開採煤礦，這個煤礦做得成功，他又延伸到蘇州辦西山煤礦，1934 年又出任河南六河溝煤礦總辦。

1937 年日軍攻陷華北，王正黼沒有退到大後方，這並非因為他有意投敵，而是因為他經營的煤礦僱有成千上萬的員工，他覺得自己作為老闆對他們的家庭都有責任，所以留了下來主持大局。對於父親留在淪陷區的原因，他的長子王恭斌另一個推測是因為王正黼跟張學良走得很近，之前一年張學良發動「西安事變」被禁錮，蔣介石對他不信賴，去後方必定不被重用。[30] 留在北京的他只專注商務，沒有參與偽政府的事務。1941 年日本向西方開戰，外僑被送進集中營，他跟廖奉獻暗地裡接濟一些教會及政商舊識。1944 年 12 月，日軍以通敵罪名將王正黼拘禁，廖奉獻多方拯救，一百日之後終被釋放，但經此一劫，王正黼的健康大不如前。

1945 年日本投降後，他資助創設燕京大學工學院並任院長，廖奉獻則出任女子主任，兩人與校長司徒雷登一家經常聯絡，而他們幾位當時適齡的子女都在該校就讀。1948 年 12 月，王氏夫婦由北平撤到廣州，但那時王正黼已因中風導致半身不遂，不久即赴美就醫，1951 年 7 月 3 日卒於美國華盛頓。

丈夫過身之後，已六十多歲的廖奉獻初時在各兒女的家中協助照顧孫兒，但她的思想自立不喜歡靠兒女，決定在紐約市獨居，寧可在 Ellis Island 當翻譯員幫助新移民及在醫院當文員，也不靠兒女供養。七十歲那年，她決定獨自環遊世界，在巴黎坐電單車，在世界各地獲得當年在中國照顧過的中外朋友盛情招待。及後她不斷繼續旅行，坐巴士遊美國，又到南美、歐洲、俄國等地。1969 年，她的子女為她舉行八十大壽，翌年在華府去世。

若談到王正黼與張學良，不能不提他曾是少帥情人的三妹王信恩（Lily Wang，1897-1992）。王信恩又名敏慎，隨兄在瀋陽的時候，她曾在青年會教張學良英文，雖然張少帥已有家室，但竟對王信恩狂追不捨，雖然王家上下亦都反對（王正廷的政敵謂王正廷不但沒有反對，而且因為政治利益鼓勵妹妹與少帥胡混，實為誤）但倆人最終成為愛侶，王恭斌便記得張學良的黃色開篷跑車常停在家外，張少帥又常跟他打趣說給他介紹蒙古公主作新娘。張學良後來跟唐德剛作口述歷史時亦認與王曾

29 胡彬夏為無錫名門首批到威斯理留學生；俞秀愛為俞止齋牧師女。

30 K. P. Wang, *A Chinese American's Exciting Journey into the 21st Century*, AuthorHouse, 2006.

同居一年多。但張、王戀未能結果，王信恩被送到美國教會大學，返國後她侍奉施太夫人，後來終身未嫁，幾位兄長對她非常關照。據知名收藏家翁萬戈太太程華寶在其自傳中說，她的母親程遠帆夫人是王信恩的手帕交，王信恩的長相及打扮並不出眾，但勝在和藹親切，善解人意，透露了不少張少帥吸鴉片及妾侍群爭寵的逸聞，但周邊的人都不明白為什麼像王信恩一位大家閨秀會搭上這位浪蕩軍閥。王信恩晚年隨王正序一家移居美國，活到九十五歲才過身，跟她的情人一樣長命，王家的後人稱，王信恩得悉張學良重獲自由後，曾打算跟他聯絡，但不竟張學良已與患難半世紀的趙四成婚，重聚一事最後沒有發生。

萬水千山總是情：
銀行家王正序、湯藹林夫婦

　　王有光最小的兒子王正序（Cheng Hsu Wang，1893-1984），字儒奇，號子章。他起初在兩位兄長讀過的北洋大學就讀，由於他們三兄弟日後都在外交、礦務及銀行界各有千秋，所以他們與王寵惠、王寵佑，金問泗、金問沫及陳立夫、陳果夫三對兄弟合稱為「北洋大學四對名兄弟」。為了出國留學，王正序轉入清華大學，其間與同學陳鶴琴創立清華大學青年會，是清華第一屆畢業生，畢業後與後來成為知名化學工業家的侯德榜一同留美。1916 年正序自耶魯大學畢業後次年又自普林斯頓取得碩士，修的是經濟金融，為日後銀行家生涯打下基礎。他畢業後先在歐洲青年會工作，返國參加星洲僑資創辦的上海和豐銀行，工餘與「留美幼童」之一鍾文耀在上海創立耶魯同學會，並出任秘書。

　　1922 年，王正序在上海結婚，太太是長老會牧師湯執中六子女中最年幼的湯藹林（關於湯家其他，見第五章鮑家）。湯藹林（Eling Tong，1894-1980）自中西女中畢業，1914 年成功考獲官費資助到威斯理留學，為當年清華官派留美女生十人之一。[31] 在威斯理她遲宋美齡兩屆並成為好友，1919 年畢業返國後以教鋼琴為生。婚後的王正序於銀行界很快在匯兌方面闖出名

1953 年王正序與湯藹林攝於印度。

堂，1925 年他出任新加坡華僑銀行副總經理，後又出任和豐銀行香港分行經理。這段時間，中國銀行的張嘉璈在 1929 年出國考察後，很快便成立倫敦及大阪分行，原早有在紐約設行計劃，但因當時中銀缺乏美金準備，而且紐約州的法律不允許外國銀行在當地收受存款，同時要看倫敦經理處和大阪分行的成績如何再定，1932 至 1934 年國內又正處於經濟、金融困難時期，所以直到 1935 年才決定在紐約設置經理處，以增進中美貿易及匯兌的便利。由於王正序是匯兌高手，又是外交家王正廷的弟弟及有留美背景，辦分行一事便延聘王正序經辦。1936 年 7 月 1 日中銀紐約經理處正式開業，獲撥二千萬元資本，選址在華爾街 40 號，中銀成為首家進軍華爾街的中資銀行，由曾在歐文信託及花旗銀行任助理副總裁的巴杰士（Harold D.R. Burgess，1888-1936）及正序共任經理一職，[32] 但巴氏上任後不久暴斃，王正序便自動成為唯一的經理。

王正序開創中銀紐約分行後不久，兄長王正廷便出任駐美大使，兩兄弟分別為中國在美政金界最高代表。王正序除處理行務外亦熱心抗戰籌款工作，1937 年他促成美國醫藥助華會（American Bureau for Medical Aid to China，簡稱 ABMAC），共同創辦人有華埠名醫趙不凡（Farn B. Chu 1905-1941），永泰絲公司駐美代表魏菊峰（Joseph Wei）[33] 及任紐約大學教授的菲華醫生許肇堆（Frank Co Tui，1897-1984）。夫人湯藹林則任紐約華人婦女賑災協會（Chinese Women's Relief Association）會長，副會長為李國欽夫人及林語堂夫人廖翠鳳，秘書及司庫為外交家施肇基當作家及畫家的女兒施蘊珍（Mai Mai Sze，1910-1992）。婦女賑災協會在湯藹林的領導下，舉辦多個表演晚會，藝術展覽及義賣為中國抗戰籌款賑災，包括 1938 年 6 月全國最大規模、在紐約華埠舉行的一碗飯運動籌款晚會，而 1937 年 12 月於紐約柏寧酒店舉行的晚會，湯藹林的夫兄王正廷更擔任主禮嘉賓。

但王正序在美的任期僅至 1939 年，原因據惲逸群在《三十年見聞雜記》一書中解釋跟王正廷有關：王正廷在美國借不到錢，覺得難以完成任務，恰巧王正序擔任中銀紐約分行經理，從王正序那裡知道中國銀行存儲著外國證券有二萬萬美元之多，就打一個電報向蔣介石建議，由政府徵用這筆財產。蔣介石聽到「二萬萬美元」那樣大的數位，非常高興，馬上邀宋子文商量如何使用。宋子文是中國銀行的董事長，他考慮了一下，這樣答覆蔣介石：「政府一定要動用呢，也可以，但要給我一個月時間，把所有海外中國銀行的負責職員統統都調回來，準備好破產辦法，免得他們都吃外國官司。因為這二萬萬美元的證券是所有海外分行的存

31 其餘十位有張端珍（後暨南大學英文教授）及林荀兩位同到威斯理的中西同學，音樂教授周淑安（胡宣明夫人），女作家陳衡哲（任鴻雋夫人），唐玉瑞（蔣廷黻夫人），及馬思聰的音樂教授王瑞嫺（王寵惠親屬）。

32 "Two Named to Run China's Bank Here"，*New York Times*, April 9, 1936. p33.

33 魏菊峰為蘇州人，清華大學 1922 年畢業，永泰後曾任中信局駐美代表，夫人宋文琛為鋼琴家及清華首屆女生皇后，妹魏文貞及妹夫施嘉煬服務清華終身，施為工學院長。

款準備，如動用了，就無法支付存戶提款，那只有破產；而中國在外國又沒有領事裁判權，各地分行的負責人就要吃外國官司。」蔣介石一聽，等於兜頭一盆冷水，把一團高興化為烏有。接著，宋子文就主張把王正廷撤換，促成了王的去職，同時王正序也被調回，改任中國銀行總行專員。

1939 年，中銀派王正序到緬甸開設仰光分行，但不到兩年仰光淪陷，全家又搬到雲南昆明。在昆明，王正序仍保持仰光經理的職銜，但沒有實際職務。據他的次女安芳回憶，戰時的昆明有很多美軍，母親以園藝打發時間，所種植的蘭花很出名，父親則當家長會會長非常投入。由於宋美齡身患嚴重皮膚病，戰時她訪昆明的溫泉，每次都會拜會湯藹林一家。戰後王正序改到哥哥王正廷摯友錢永銘主持的交通銀行（詳見本章錢斑一節），獲派到印度出任加爾各答任分行經理（接替他耶魯學弟及孔、宋親戚溫萬慶的職務）。解放後交銀被接管，新政府委任王正序為所有在印中資銀行主管，但這個僅為一個無實權的虛銜，他亦無心戀戰。六十年代王正序搬到香港與獨子王恭昭同住，後期移居美國紐約，再搬到華盛頓終老，湯藹林先於 1980 年過身，王正序則於 1984 年去世。

吃教牧師的後人：
王牧的外孫、外曾孫們

王有光的後人與上述夏光耀牧師及沈恩德牧師兩家，在王有光過身後仍關係密切。王有光的次女王桂月（子女中排第三，比王正廷大數年）與夏光耀牧師的五子夏松藩結為夫婦；而沈恩德牧師的孫子——沈載琛之子沈嗣良（即聖約翰大學首位華人校長，詳見第一章黃家）則與王有光三子王正廷合力帶領中國參加奧運。值得一提的是沈載琛的女兒沈望允（1890-1923）為聖公會在寧波辦的仁德女校畢業，畢業後任教於該校，後升任為校監、校長，其丈夫阮文友則為三一書院庶務長。他們的女兒阮郇瑤 1947 年嫁給周聯華牧師（1920），周牧過去半世紀是台灣基督教領袖，為蔣介石夫婦及李登輝的「御用」牧師。

娶 王 牧 次 女 王 桂 月（Wang Kwei Yueh，1876-1935）的夏松藩（Hsia Sung Fan）精通英語，於 1896 年加入浙江海關當幫辦，為當年由洋人（主要是

1924 年夏憲讀（左）與夏憲講（右）在王正延北平家中

英國人）控制的中國海關（Chinese Maritime Customs）服務逾卅年。清末半世紀，中國海關在總稅務司英人赫德爵士（Robert Hart）的悉心經營下操控了全國各地的海關以至航運及郵政，雖然機關隸屬中國政府，但主要職務卻都是由洋人把持，工作語言是用英文而非中文。1928 年各地開始關稅自主，海關在赫德的外甥梅樂和爵士（Sir Frederick W. Maze）管理下亦開始提拔華人出掌要職，夏松藩於 1929 年升任超等一級幫辦，1930 年 4 月又繼周子衡出任重慶海關署理稅務司，到翌年由李觀庸繼任。他又與妻弟王正廷參與天津青年會，是首屆華人接管的九名董事之一（其他八位包括南開校長張伯苓及衛生官全紹清醫生等）。

　　夏松藩跟王桂月育有五子二女，長子夏憲讀（紹芳，Hsia Ziao Fong，1899-?）一歲時因病失聰，雖然不能說話，但人很聰明，七歲時父親把他送到山東煙台由梅德耐（Annette Thompson Mills）辦的全國首家聾啞學校。兩年後由直隸總督資助到紐約進修，1921 年考進 Rochester 工藝學院（今 Rochester Institute of Technology）修讀工藝設計。1923 年以優異成績畢業，成為該校首位聾啞及海外畢業生。返國後先在同學關頌聲辦的天津基泰工程司當建築技師，後跟父親在海關工作，官至海關總會計主任。後來移居美國費城，據親屬表示，夏憲讀很會理財，晚年生活富泰。夏松藩的次子夏憲講（祖芳，Hsien-chiang Hsia，1904-?），別字心言，1928 年自美國康奈爾大學取得土木系碩士，論文為《鐵路的經濟學》，先在武漢大學當講師，及後協助陳伯莊掌管公路部門。1939 年 1 月，國民政府資源委員會在柳州成立了鎢銻聯合運輸處，[34] 夏憲講獲委任為處長。鎢銻聯合運輸處最初位於柳州中華路 12 號，1939 年夏季被日機轟炸，搬遷到了柳州北門外漠塘村，而運輸處的主要工作是將鎢砂銻塊等經越南出口。1940 年 7 月由於日軍佔領越南，滇越鐵路中斷，鎢銻聯運處撤銷，同時在貴陽成立運務處，由莫衡當處長、夏憲講任副處長，負責資委會貨物經過滇緬公路進出口事宜。1941 年 7 月，英國中斷滇緬公路三個月，使得中國的進出口陷入困境。年底，資委會運務處緊急命令夏憲講以運務處總代表、國民政府經濟部總代表和資源委員會總代表三重身份前往緬甸首都仰光，專門處理運輸事宜。夏、周等人在仰光主要工作之一就是督促盡快將從國外購進的大量汽車組裝搶運物資回國。1941 年 12 月，太平洋戰爭爆發，運務處處長莫衡來到仰光，夏憲講則前往印度另行開闢新的運輸線路，出任駐印總代表。1942 年 1 月，日軍進攻緬甸，資委會運務處仰光辦事處大部分人員撤退到後方細保（距離滇緬公路終點站，緬甸的臘

34　由於鎢銻（tungsten）是抗熱能力強的鐵質，宜於生產武器，在戰時很有戰略價格。

戌不遠）待命。抗戰勝利後夏憲講被資委會派到上海成立辦事處出任處長，負責接收漢冶萍煤鐵廠礦公司等日偽資產。解放前夕他又奉命將設備運走。筆者找不到他後來的遭遇如何，只在網上墳墓資料庫發現在加拿大有同名的人入葬，推測他可能移居加國並在當地過身。[35]

夏松藩三子夏憲謂（惠芳，Hsia Wei Fong，1910-?）在上海銀行上海分行做事；四子夏憲選（垂芳，Hsia Tsui Fong，1911-?）、五子夏憲詢（恩芳，Sidney Hsia En-Fong，1920）同是聖約翰大學校友。

夏松藩的長女夏素音（Lydia Hsia，1901-1975），為中西女中校花，喜歡音樂及慈善工作，戰前在時為英國殖民地的大馬檳城當女青年會總幹事，早年在上海曾下嫁一刁姓西醫，可惜丈夫早殤，後嫁給英國軍官 R. N. Fox。抗戰爆發後她熱心參與抗日賑災活動，1939 至 1940 年在上海為英國情報部工作，並參與舅父王正廷紅十字會的救濟活動。當日本向英國宣戰、南犯大馬的時候，夏素音在新加坡，由於自己及丈夫為英軍服務，她成為戰俘，並親眼目睹自己兩名子女為皇軍殺害，和平後她以筆名夏淑貞（Hsia Zoh Tsung）於 1949 年寫成關於八年抗戰的 *Unbreakable China：Eight Years of War with Japan（1937-1945）*，多年後再於 1974 年寫自傳 *Bitter Cup*，揭露日軍暴行及抗日地下活動。戰後她曾代表馬華婦女拜會宋美齡，得到宋口頭承諾支持抗日時喪夫的馬華寡婦。[36] 她又辦起素音藝術及話劇學校（Lydia School of Art and Drama），學生經常舉辦表演，又與當時為殖民地高官的新加坡華人基督教青年會發起人鄭惠明（Homer Cheng）活躍於教會活動。在她死前三個月，她的遠親黎僑美、王敬荃夫婦曾拜訪過她，她那時已深居簡出，但對日軍暴行仍有陰影。

夏松藩的次女夏雅音（Hilda Hsia，1907-?）曾當教師，由舅父王正廷安排嫁給留美工程師徐寬年（Franklin K. Shore，1900-1980）。徐寬年出身安徽官宦世家，清華畢業後留美威斯康辛大學，本是土木工程師，抗戰時投身後方鐵路建設事業，後到台灣為台糖公司主持鐵路建設，退休後赴美終老。徐氏一子一女都移居美國，子徐裕光（Robert Hsu）在台大畢業後留美自維珍尼亞州理工學院得碩士，繼承父業當土木工程師。女徐裕芬（Lillian Hsu）與丈夫林本芝（Joseph P. T. Lin）為台大醫學系同學，夫婦後來亦同為紐約大學醫學院教授。徐裕芬為兒科名醫，林本芝則為放射科專家，並於 1978 年任美洲中華醫學會會長，帶領首個華裔醫師團返中國訪問。他們的兒子林旭光自

夏素音。

1989 年起為紐約市助理檢察官，負責處理亞裔幫會案件。

　　夏松藩的三姐夏美齡（Hsia Meiling）及四姐夏美月（Hsia Meiyu）分別嫁給王正廷留美同學兼好友郭秉文的弟弟郭秉祺（Pingchee Kuo）及商務印書館經理王顯華（Wang Shih-hua）（關於郭氏及王顯華，見第五章鮑家）。郭秉祺跟夏松藩一樣都是在海關工作，郭秉祺的掌上明珠中，三女安錫嫁給表哥王爾康，四女恩錫在香港又嫁給王正廷的兒子王恭瑛，使這幾個家族親上加親。王爾康的次女元弘嫁給環球煙草（Universal Leaf & Tobacco）在上海的華經理徐正賢（Mohan Zee）的次子徐元幹。徐家三代業煙，徐元幹協助環球煙草在泰國開設分公司收購煙葉，後又到維珍尼亞州總部工作。由於祖上與王正廷家族有多重關係（她外公的兄長心康跟王正序同娶湯執中牧師的女兒，詳見本章王正序一節及第五章鮑家商務一節），元幹的長女，在紐約從事製衣業的徐芝韻（Carolyn Hsu）對王正廷的事蹟非常感興趣，近年出資將王正廷的英文自傳翻譯成中文，並時常往返家鄉寧波，她與任美知名連續劇 Law & Order 總編劇的丈夫 Rene Balcer 都熱衷於中美現代藝術交流。

　　王牧另一女兒王靈恩（Wang Ling-En，1877-1929）嫁給陳章生（Chang-Shen Chen），跟夏松藩一樣亦在海關供職，他的祖上是聖公會牧師，推斷應是王有光的同事陳誌醒。陳章生跟王靈恩有一子二女，獨子陳在明（Chen Tzai-Ming）留學哈佛修商科，返國後曾由舅父王正廷安插進交通銀行當菲分行副理及在太平洋保險工作，並曾任星洲華僑銀行上海行長。陳章生的二女陳瑤卿（Chen Yao-ching）嫁陳章生海關同事楊晉卿的長子楊信芳。楊晉卿祖籍寧波鄞縣，父親楊鄰照為長老會牧師，晉卿本身為杭州之江大學首屆畢業生之一，工餘當上海長老會洪德堂長老，把山蔭路的大宅按掉借款供子女留學。楊信芳本身留美在哥倫比亞大學修銀行科，據他的長子繼良說，其父在哥大的宿友為後來成為國民黨財金大員的陳行，陳行發跡後曾邀信芳當官，但他自覺賺錢容易不就任，自辦中式手工藝出口，起初頗為成功，後因戰事關係業務受挫。

　　楊信芳的母親叫張英，系出杭州最知名的基督教家庭，其父張澄齋於 1868 年成為長老會在杭州首位華人牧師，並在 1880 年代在之江大學的前身育英書塾當教師，目前仍屹立杭州的思澄堂便是由其子張葆卿醫生於 1927 年捐建紀念他而命名。張葆卿是杭州廣濟醫校首屆畢業生，亦為杭州青年會首任董事長。張葆卿的長子張信培（Chang Sing-bea）生於 1897 年，亦為廣濟醫校畢業生，到湖南湘雅進修後留美，1922 年獲賓州大學

35　Sep 12, 1985. *Mountain View Cemetery*, Vancouver.

36　"Chungking Will Assist Widows", *Singapore Straits Times*, September 13, 1946.

醫學博士，曾任杭州市政府衛生局長及杭州青年會董事，並在廣濟醫院
當主治醫生及教授，解放後夫婦與六子女移居美國紐約市郊。張信培的
妻子楊佩金（Dorothy Chang）是蘇州東吳大學校長楊永清及上海中西女
中校長楊錫珍（Grace Yang，1894-1956）的妹妹，[37] 楊永清跟楊錫珍出掌的
都是美南監理會辦的名校，而且亦是東吳大學及中西女中的首位華人校
長，不過他們是蘇州人，與楊信芳一家是同宗而非同族。

楊信芳有六弟妹，二弟楊行芳從事製藥，幼弟楊德芳自聖約翰大學
醫學系畢業後在美當醫生，是夏松藩幼子夏恩芳的要好同學，其妻朱雅
麗是約大總務處主任朱文瑞的千金，幾姐妹皆鋼琴好手，其中曾當瀋陽
音樂學院鋼琴系主任的朱雅芬更是國際知名鋼琴家郎朗的啟蒙老師；[38]
另一妹朱雅蘭嫁前述沈牧長孫、約大校長沈嗣良的外甥、約大財務科蔣
學林的幼子蔣維良。蔣、朱兩家十多人都是約大校友，繞了一個圈又把
王牧與沈牧兩家連上。楊信芳長妹楊藹芳嫁滬江大學校長凌憲揚。四妹
嫁約大畢業的西醫董永橋，為復旦大學衛生處主任及心理學教授董世魁
之子及知名女中音董愛琳之兄，其表妹周涵綺又嫁連襟凌憲揚的兒子宏
俊，都是基督教家庭，董世魁跟前述朱文瑞又為音樂同好，1918 年共創
業餘表演組織雅樂社。

楊信芳的次妹楊茂芳嫁祖籍揚州的學者官僚王人麟（Jennings L. Wong
1901-1965），是楊家唯一非教徒的親屬。王人麟於 1923 年從華盛頓大學
畢業，1925 年從芝加哥大學得碩士，返國後曾在母校復旦大學、持志大
學及中山大學任教，1929 年當過暨南大學法學院長，後任國際勞工組織
駐華代表。1932 年他得蔣介石信任，由曾是中山大學校長的考試院長戴
季陶提拔出任首都南京市財政局長。抗戰時他身陷上海，但明哲保身，
寧可在外家賦閒，也不落水當漢奸。抗戰勝利後他首先出任中國善後救
濟總署上海分署副署長，由於署長劉鴻生商務繁忙，分署實際上由他主
理。次年他獲委任為聯合國國際難民組織遠東局主任。解放後他去美，
當過耶魯大學人類研究所中文部編輯主任。王人麟有一子王佑曾（Eugene
Wong 1934）及一女王儀曾。王佑曾為普林斯頓大學博士，曾任加州柏克
萊大學電腦系主任及教授多年，是全球數據庫軟件研究的權威，而且學
而優則仕同商，1990 至 1993 年曾任美國白宮科技辦公室副總監，1994 至
1996 年曾任香港科技大學副校長，任內建立及成功出售科大旗下 Supernet
公司，為香港及亞洲首家互聯網公司。他又先後在
美創立 Ingres 及 Versata 兩家軟件上市公司。他的太

1938 年夏雅音一家合照左至右：徐裕光、夏雅音、徐裕芬、徐寬年。

太 Joan 是行政院長翁文灝的外孫女，世界銀行董事張悅聯的千金。

楊信芳跟陳瑤卿有二子二女，長子繼良是會計學專家，於 1951 年自姑丈凌憲揚當校長的滬江大學畢業，初時在東北工業部獲提拔，後來姑丈凌憲揚被打成反革命，敢言的他亦經歷了廿多年的政治鬥爭。1979 年才獲平反，改革開放後他在上海社會科學院做研究，後到加州柏克萊大學做訪問學人，1993 年回流到香港當科大會計系教授十年，現居阿拉斯加州安克雷治市，近年仍致力中國管理會計教育，並曾在大公報寫專欄。二子繼偉曾在福建省衛生廳工作，亦曾同樣受衝擊，其姐楊繼珏的兒子封亞培在上海紡織工業局工作近卅年，現為上海紡織集團副總裁及上海市政協常委。妹妹楊繼琲在東北從波蘭導師學鋼琴，在南京藝術學院當教授。楊繼良說，他的四位太公（王有光、張澄齋、楊鄰照及陳牧師）第一代都是為生活搵兩餐而當牧師的，可以戲稱做「吃教」。到第二代懂英文大多進洋人海關工作，賺到錢送子女留洋，第三代返國後都大展拳腳，到他一代若不是解放很多可能成為四世祖。

Wang Family
第三代

各自各精彩：
王家老大王正庸、老二王正康的後人

王家正字輩昆仲都顯赫一時，但下一代「恭」字輩的老大恭寬卻被捲入民初經濟第一大騙案，雖然他並非主謀，但某程度上損害了王氏的家聲。

王有光大兒子王正庸育有六子五女，由於王正庸大王正廷及正近二十四年，他的長子王恭寬（Kung Kuan Wang, 1891-?）比其幼弟王正序還要大 3 歲。王恭寬跟其細叔同時期在北洋大學進修。畢業之後留美紐約大學，同時任《中國學生月報》總經理，陸文瀾為廣告主任。王恭寬進入交通銀行任副經理，在營業科負責外匯，獲銀行公會批准為外匯兌員。從事金融業之餘，王恭寬亦熱心商科教育，1920 年參與郭秉文籌辦上海商科大學，1923 年他又獲聘為南開大學商科教授，教授國家理財學，此前又曾在滬江大學教商科。他娶交銀同事，曾任京漢鐵路監督的

---

37 楊錫珍於美 Mt. Holyoke 女校及哥大教育系碩士畢業，離開中西女中後又辦錫珍女校（解放後與培成女中等合併為現時的培進中學）；解放後去紐約當華美協進社文化活動主任五年，向公立學校教師宣揚中國文化。

38 朱雅芬在上海音樂學院師從李翠貞。

名藏書家陶湘之女陶瑞寶為妻，陶氏在天津辦過一家叫松亭的雜碎館，兩夫婦是北方上流社會的名人，吸引到一位新進商人祁礽奚的注意。福建籍的祁礽奚曾經留美，1918 年在天津創立協和貿易公司（Union Trading Corporation）經營桐油、花生、草帽等土產出口到美國。祁礽奚雄心勃勃，幾年間在全國各地設分號，又大肆興建倉庫及廠房。除了這些門面包裝之外，為求充張聲勢吸引更多銀行借貸給他這家新興企業，他招攬大批世家子弟加入公司，包括委任南開大學創辦人嚴修的孫兒嚴仁曾為副理，又請段祺瑞的四女婿奚東曙（奚倫）出任會計處長。[39] 王恭寬是王正廷的大侄，又是陶湘的女婿，很自然成為祁礽奚拉攏的對象，以高薪邀請加入協和天津總公司出任經理。一時間協和仿如天津發展最快的華資出入口商號，加上祁礽奚以金錢美女積極拉攏銀行家，天津各大中外銀行、錢莊都爭相與協和開戶往來。但事實上當時協和營運出現虧損，祁礽奚又利用公司資金投機失利，全靠借貸續命，於是找來一個美國人開辦一家瑞通洋行（American Overseas Warehouse）裝成協和的倉庫夥伴，製造虛假的棧單及盈利繼續吸納貸款，由於當時銀行間競爭激烈互不通氣，騙局持續數年仍不被識破。

但紙始終包不住火，當一家客戶提取區區一萬元但協和無法交出時，1927 年 7 月 9 日協和突然宣佈破產，這宗大騙案終於被識破，涉及金額共七百多萬元。除上海銀行之外，幾乎所有中外銀行包括中國銀行天津分行、美商花旗、英商匯豐等都中招，其中放貸二百萬元的天津中原銀行，德華、中法、遠東三家銀行的華賬房以及六家錢莊因而倒閉，放貸二百二十萬元的中南銀行也幾乎倒下來，放貸一百四十萬元的中美合辦中華懋業銀行元氣大傷沒幾年亦關門大吉，王恭寬因而被工部局逮捕。[40] 這次事件雖然嚴重打擊當時北方的金融體系，但最後亦有正面的影響——促成十二家金融機構由章乃器及潘序倫率頭下於 1932 年組成中國徵信所，開創中國的徵信事業。王恭寬的長子王敬賢（Stephen Wang，1919-?）在巴西營商，曾任董浩雲集團駐巴西代表多年，其第二任妻子 Marylou Prado 是當地名畫家，次子王敬良（Jingliang Wang，1925）是由南京移民到羅省的醫生，三子王敬偉（Warren Wang）在羅省從商，晚年搬返祖國中山居住。

王正庸次子王錫熾（Dr. Sih Tse Wang，1892-1946），原名王恭寅，字錫熾，在上海哈佛醫學院畢業後赴美深造，留學返國後於 1924 年進北平協和醫院（Peiping Union Medical College Hospital）任職。協和醫院於 1921 年成

立，附屬由美國首富洛克菲勒基金會資助於 1917 年成立的協和醫學院，
為北方至今仍是最頂尖的醫院，國父孫中山就是在該院病逝，而蔣、宋
夫婦及張學良等名人都曾住過該院。王錫熾終生在協和任職，曾在劉瑞
恆院長（J. Heng Liu，據說因為他錯割梁啟超的右腎導致梁氏死亡）旗下
任副院長主管門診部，1934 年劉瑞恆出任衛生署長便由王錫熾繼任院長，
院務以外，他又出任叔父有份創立的歐美同學會總幹事及北平扶輪社社
長。1937 年「七七事變」，北平淪陷，歐美同學會會址被日軍強佔為「日
軍高級軍官俱樂部」，會務活動被迫停止，多數會員奔向大後方。會內
財物等大多散失，惟房契等存於銀行，幸得留在北平的王錫熾向日軍交
涉，取得月租，保留對會所的擁有權。1941 年太平洋戰爭爆發，日軍正
式對美開戰，進佔美國資金贊助的協和醫院。王錫熾將由協和醫院保管
的北京猿人化石交給美軍以防落入日軍，後失蹤至今，成為千古懸案。
一說運送時沉於大海，一說為日軍掠去，中方更曾指是美方據為己有，
秘藏於紐約自然歷史博物館。淪陷期間協和一批師生及醫師轉到北大醫
院，1945 年抗戰勝利後，王錫熾成為北大醫院院長，著手重建工作。1946
年 1 月，他會同各科主任及護理部主任，按照美國醫院的管理辦法，制
定了醫院住院醫師制度和護理制度，當時他手下的住院醫師大多是協和
畢業生，如日後成為中共領導人御用醫生的吳階平、後為旅美心臟科專
家的鄧慶曾（來自軍政及學術界名門的戲曲名家俞大綱是其姐夫）及婦
女保健專家嚴仁英（南開創辦人嚴修孫女）等。可惜錫熾可能積勞成疾，
不幸於同年 6 月病逝，年僅五十四歲，他的太太 Lillian Bartow Towner 是來
自紐約州首府 Albany 木商家族，曾在康奈爾大學肄業，1961 年 5 月在香
港過身，[41] 他們的獨女王憶德後從香港移居美國科羅拉多州丹佛。王錫
熾的弟弟王恭宸亦是醫生，其女蓉琛及子敬耀皆業醫，使王家這一房變
成醫生世家。

　　王正庸五子王恭守（Kung-Shou Wang）是王正廷以外在外交界任職最
高的王家子弟，1931 年從聖約翰大學取得文學士，最初出任威海專員徐
東藩的秘書，及後長期在美國各城市領事館工作，曾任國府駐波士頓領
事。他的太太周綠霞（Lucy Chow, 1914-?）是洋行買辦周田青的千金，是
堂弟王恭斌在燕大的同學，她的兩個姐姐都嫁得好，周碧霞嫁給中國銀
行總裁張嘉璈，周映霞嫁曾國藩的後人卓牟來（Morley Cho），這兩位連
襟後來都在美國金融方面為船王董浩雲服務。王恭守的侄兒敬賢亦為董
在巴西服務。王恭守堂弟王恭瑋與卓牟來的弟弟卓還來同為菲使館九烈

39　奚倫為詩人奚侗之弟，曾任哈佛中國學生會長，1920 年畢業後在美聯儲局任職兩年，
　　1926 年娶段式筠，協和之後任中國實業銀行總經理直至公私合營，1959 去台。

40　《卞白眉日記》1928 年 7 月 10 日，天津古籍出版社，2008。

41　"Dr. ST Wang"，*New York Times*, June 28, 1946；"Mrs Sih Tze Wang"，*New York Times*, May 27, 1961.

士，往後再述。王正庸有一婿沈敏政在資源委員會任職，另一婿鄔通元則為保險界元老。

王有光二子王正康育有四子二女，次子及么子早殤，長子王恭茂（Wang Si-fan，1894-1962），字錫蕃，早年在約大肄業，後步叔父王正黼的後塵在北洋大學及哥倫比亞大學讀礦務，返國後參與成立中美合資允元實業（Lam Glines）工程公司。該公司美方股東為知名工程公司 Stone & Webster 畫則部主任 Stanley Glines 作代表，中方負責人為麻省理工畢業的林允方（V. Fong Lam），他為外交家伍廷芳外甥，[42] 其他同事包括胡光麃、建築師譚真及後來當財政部關政司司長的哈佛畢業生鄭萊（Loy Chang）等。公司在二十年代中國基建事業有一定地位，可惜不出十年因各種原因而倒閉，負債纍纍的林氏更要改名林志澄逃往廣州。王恭茂在允元倒閉後又曾任美商海寧洋行（Henningsen Produce）蛋品出口部經理。王正康的三子恭芳（Kung Fang Wang，1906-1988）娶商務印書館創辦人夏瑞芳女夏璐瑛為妻（見第五章鮑家），在三十年代末曾在澳洲悉尼領事館任職，後於四十年代末到美國紐約從商，六十年代初移居中美洲千里達（Trinidad）。

倒是王正康的兩位女婿較為出名。王正康長女安音（Anyin Wang，1899-1969）在上海西式女校畢業，嫁的是叔父王正黼在哥大礦務的同學及礦業同僚黃金濤（Gene T. Huang，1887-1958）。黃氏字清溪，福建廈門鼓浪嶼人，世代從商，在英華書院畢業後與林語堂結伴到天津北洋大學，再留學美國哥倫比亞大學讀冶金學，並於 1916 年取得碩士，返國後到漢冶萍公司旗下的漢陽鐵廠擔任工程師，很快升任總工程師及廠長。[43] 他的髮妻李藹如是來自雲南的保定知府千金，天津讀書時成親，生女卓群、卓雲及子孝如，妻妹嫁給趙元任夫人楊步偉的五弟。1917 年李藹如病逝，最大的女兒卓群只得五歲，遂娶王安音為繼室照顧子女。王安音與黃金濤生子孝宗及兩女卓藹、卓吾，李藹如所生的卓群等亦視王安音為親母，卓群身後的訃聞亦奉王有光為曾外祖父。由於安音為虔誠基督徒，全家信教。1929 年有普林斯頓大學政治學博士學位的時任漢口土地局長吳國楨，被照相館擺放的十七歲的卓群畫像吸引向金濤夫婦提親，王安音要吳國楨信教並等兩年才成事。1930 年農礦部及工業部合併為實業部，張學良委任他的親信王正黼出任實業部礦業司司長，但由於王正黼在東北工作繁重，便推薦他的侄婿黃金濤在北京代任。後來宋子文主持的中國建設銀公司在湖南投資成立中湘煤礦，委任其為經理，又負責興建兩家植物油廠。

　　由於吳國楨管治漢口有方，在國民黨政權火速上位，戰時他被委任陪都重慶市長，又任中宣部長，抗戰勝利後出任上海市長，任內曾任命岳父黃金濤出任上海市銀行總經理，這項任命到後來成為政敵抨擊吳國楨的借口之一。1948 年，黃金濤返鄉出任福建省政務委員兼建設廳長，任內策劃福廈公路，但那時國府已瀕臨崩潰，1949 年 9 月底，黃臨危受命做了兩個月代主席。國府遷台初年，吳國楨政途更上一層樓，出任台灣省政府主席，但由於他崇尚美式民主，狠批蔣氏父子的特務統治，1954 年與國府決裂赴美至死不歸。黃金濤與王安音生兩女一子，次女黃卓吾嫁商務印書館創辦人外孫陳農文教授。吳國楨一門為教授世家，長子吳修廣為阿拉巴馬州大學經濟教授，其妻為耶魯中國哲學博士；次子吳修潢則是威斯康辛州 Marquette 大學電子工程教授，並參與阿波羅太空計劃，因兩次不公平待遇而聞名；[44] 長女吳修蓉嫁新澤西州理學院長俞益元；次女吳修惠嫁堪稱 DWDM 之父的光電學家厲鼎毅（Tingye Li）。

　　縱使同父異母姐夫吳國楨在當年國府眼中是叛徒，黃金濤與王安音所生的獨子孝宗，後來卻成為國府重用的國防重要人物，但最後亦因政治爭論返美。黃孝宗（David H. Huang）生於 1920 年，1938 就讀武漢大學機械系至 1942 年畢業；1942 至 1944 年，抗日戰爭期間在重慶兵工廠、昆明機器廠工作，1945 年赴美就讀麻省理工大學研究院，專攻第二次世界大戰後最新的技術噴射推進系統（三燃燒室、噴嘴流體力學及熱傳介面顯像），並於 1949 年獲工程博士學位。1950 年起在美航太空業界工作三十年，曾任洛克威爾公司（Rockwell）旗下 Rocketdyne 部門工程主任，參與設計 X-1首架突破音速機及 X-1.5（7 倍音速航天機，最高速航機紀錄保持者）的推進系統。Rocketdyne 是世界級規模最大航天動力公司之一，黃孝宗在此工作多年後升任總工程師及工程部門主管，參與並主持多項大型計劃如登陸月球，太空梭及長程導彈等的推進系統，並負責首架大型液體氫火箭發動機關鍵性技術的突破工作，為美國登陸月球計劃取得成功作出重要貢獻，他被公認為世界級火箭權威。他曾發表多篇與航天技術有關之專題論文，並著有《液體推進劑火箭發動機設計》（Design of Liquid Propellant Rocket Engines）一書，有多國譯本，現被各國專家列作參考書。

　　1978 年，台、美斷交，台北國府急於招聘人才強大國防科技，次年李國鼎在齊世基介紹下認識剛從洛克威爾退休的黃孝宗，1980 年成功邀請他離美赴台灣工作，首先出任國防部顧問，後曾任台灣中山科學院（該院有四百名博士生、二千名碩士生、二萬名員工）代院長（因其為

42　*Stone & Webster Journal*, Vol 25, 1919, p 55.

43　《吳國楨傳：尚憶記》，自由時報，1995 年，第 46-47 頁。

44　首次是父親赴美後被國府禁錮；第二次是被西北大學宿舍歧視，名歌手 Peter Seeger 為此以其名作曲。

美國公民之故）、台灣科學會委員、負責策劃新式武器發展及自力研製各項導彈、高性能戰機成功（雄風、天弓、天劍、IDF 等）[45]計劃，並協調李國鼎在各大學建立四所研究中心（成大航太研究中心、台大力學研究中心、交大電子研究中心、台灣清大材料研究中心），有台灣飛彈之父之稱。1991 年國府決定拓展航天事業，與一批大企業如台塑、華隆、長榮及孝宗武大同學趙耀東主持的中鋼合資二億美元組成台翔航太工業（Taiwan Aerospace Corp），由官股佔三成，私方佔七成，推舉黃孝宗出任首任董事長。翌年在黃孝宗牽線之下，台翔以二十億美元收購美國麥道公司（McDonnell Douglas）的商業客機部門的四成股權。當時冷戰剛結束，經濟衰退，國防航空工業皆處於低潮，麥道發展新飛機需要大量資金，而台灣有資金而又熱衷於收購技術，這宗收購案本是天作之合。但由於政治原因，這宗收購案在台立法院被委員圍攻說他未經立委同意動用大筆資金，並曾對美方擔保支持直至轉虧為盈為止，在美又受部分國會議員及對手波音公司投訴，最後黃孝宗憤而辭職返美，而收購亦沒有完成。[46] 在台失意的黃孝宗於 1993 年 2 月從美國回中國訪問，受到江澤民主席的接見。由於黃孝宗年事已高，他這時起已退休，在國內亦只參與武漢大學校友活動。黃孝宗的同父異母兄長黃孝如曾在台灣中華開發任職，他的妻子王奉霞是孝宗親母王安音的侄女，使黃、王兩家親上加親。

王正康次女安息嫁朱星叔（Chu Shih-yun 1896-1931），原名朱世昀，湖南湘鄉人。1910 年入讀北京清華學校，1916 年赴美留學，先入讀匹茲堡城卡奈基大學（University of Pittsburgh），得科學學士學位；再入紐約哥倫比亞大學礦學院，得碩士學位，是他妻叔王正黼及連襟黃金濤的校友。後入卡尼奇大學（Carnegie Institute of Technology）學習電機工程。1922 年回國，是年 5 月，任河南六河溝井煤礦公司都黨礦廠主任工程師。1928 年被農礦部聘為設計委員，任浙江省建設廳技正。同年 10 月，出任長興煤礦總工程師，後代理局長兼總工程師、局長。長興煤礦初時為商辦，賠累甚大，建設委員會接辦時已停工三年。星叔到任後，慘澹經營，短期內恢復生產。經過三年經營，長興煤礦規模略具，面貌漸有改觀，工人增至五千人。又創辦消費合作社，設立工人夜校、職工子弟學校，為提高工人知識，親自講授科學知識。組織職員俱樂部、工人俱樂部和體育會，開展文體活動。還建造自來水廠、職工浴室，擴充醫院和職工住宅等。由於成績顯著，建設委員會先後頒發 124 號及 130 號獎證。「九一八事變」後，發起組織「長礦職工抗日救國義勇團」，被選為團長。慷慨

激昂地聲言：「我政府不能與之抗，我人民當有以抗之。」並去長興縣城，與縣長王文貴商議維持地方安全辦法，深夜趕回礦局。次日晨，礦區猝遭幫會武裝襲擊，朱星叔親率警士奮力抵抗，因眾寡懸殊，彈盡援絕而殉難，遺體葬於上海萬國公墓。朱星叔殉難的消息傳出後，中國礦冶學會、工程師學會、清華同學會聯合在京隆重追悼。周詒春、馬寅初等發起募捐，為朱星叔建立紀念堂。朱星叔的弟弟朱世明是國軍名將，娶商務謝洪賚長女文秋。

王正廷的妻兒及後人

　　王正廷 1902 年未留學前奉父命與表妹施美利（Mary Sze，1883-1945）結婚，王正廷在自傳中說跟施美利的婚姻有如牛郎織女，因為他要留學及在外工作，兩人聚少離多。他們婚後育有五子四女，除次女王安靜未及一歲夭亡以外，子女都長大成家。由於施氏沒有受過西式教育，她在國際舞台上幫不了王正廷，所以沒有跟隨夫婿穿梭各國，而是留在家鄉專注照顧八名子女，而王正廷因為工作太忙，子女長大時跟他相處的時間亦少。她的孫女王美珍回憶，這位祖母為人慈祥，但無論對自己的容貌或學歷都非常自卑，覺得配不起她的丈夫。　施氏的弟弟施昭榮娶妻王雪芳，其子施少華在美國能源部從事能源回收工作。施氏 1945 年在重慶因病過身後，王正廷於 1946 年 12 月在上海娶比他年輕的名媛周淑英（Dorothy Chow，?-1965，簡稱 Dolly，中文又名巧瑛，她跟王正廷信紅卍字教後又取名道範）為妻。周淑英是「留美幼童」之一，香港名紳周壽臣爵士的三女，母親是周爵紳的元配葉嬌，為中華百貨總經理周日光的胞妹。周淑英未嫁王正廷前曾與一位綽號「緬甸劉」（Burma Liu）的上海礦商結婚並育有二子 Henry 及 Jimmy，在上海上流圈子已頗有名氣。不幸「緬甸劉」於 1938 年 5 月病逝，周淑英便成寡婦。周淑英擅於廚藝，在上海時已時常以美食招待中外友好，又開班授徒，弟子中包括一些西洋貴婦。1939 年她在上海以英文寫了一本 *Chow! Secrets of Chinese Cooking* 的中式烹飪書，[47] 在滬、港、台、美多年不斷再版，並由駐英大使鄭天錫作序。她是王正廷晚年的良伴，在香港開設餅店養家，住九龍又一村高槐道 12 號。愛下廚的周氏自己亦喜歡吃，不幸亦因此患上糖尿病。在王正廷過身後不久，她亦於 1965 年因病辭世。她與「緬甸劉」所生的兒子 Henry 娶四川聚興誠銀行楊家的後人，王正廷視如己出。1950 年代以後 Henry 移

45　IDF 即 Indigenous Defense Fighter，自主防禦戰機，1983 年在美通用動力（General Dynamics）協助下在中山大學進行，1988 年底推出首架戰機，紀念在年初去世的蔣經國取名經國號。

46　"Taiwan Official Resigns in Debate On McDonnell"，*New York Times*, April 16, 1992.

47　書名以自己的英文姓氏開玩笑，因「Chow」在英語可解作進食的意思。

1 王正廷一家 1936 年合照。坐者：王正廷及施美利手抱王美寶（王恭琛女）；中排左至右：王恭珏、王安福、王恭琛太太 Jean Soltys、王安慶、王安秀、王恭瑋；後排左至右：王恭瑞、王恭琛、王恭瑛。

2 中坐左至右：廖奉獻、王正黼。
後排左至右：王恭斌、王恭志王安珍、陳德堅（恭斌妻）、王安琳、王恭立、顧培慕（安琳夫）、Joan Parsons（恭志妻）、凌宏瑋（安琳夫）、王安敏、王恭業。

3 王安慶 1938 年在美為抗戰籌款作廣播。

4 王安慶與全美工人聯合會主席 William Green 討論，Green 是當時美國民間對華救濟總會（United Council for Civilian Relief in China）的名譽主席，該組織由西岸到東岸舉行一連串「一碗飯」籌款晚會 100 萬美元作食物，衣物及醫療物資。

居大馬，擅打高球及玩音樂，於 2004 年過身。另一子 Jimmy 則為花花公子，他的太太 Josette Mok 是當年香港混血美人，母親莫太太是瑪利諾修女學校的法文教師。

王正廷的長女安慶（Yoeh E. Wang，又名毓靄，1904-1968）年幼時由父親的同事駐古巴公使凌冰一家帶到美國，在華府 Chevy Chase 學校讀書。[48] 王安慶在父親王正廷任駐美大使時由於母親沒有跟隨而變成「雙橡園」的女主人（時官方報導說是因為王夫人要留下來照顧病重的王母），[49] 這段時間王安慶除陪伴父親出席各大外交場合以外，她亦全身投入抗戰籌款活動，其中更曾與美國工會領袖緊密接觸，在電台廣播募捐。王安慶雖然很年輕便出入上流社會交際場合，蔣、宋聯婚她便是伴娘之一，但由於她早年要幫父親當使館女主人的角色，到三十多歲仍待字閨中，後來嫁給比她年長的建築師劉南策。劉氏未娶安慶之前曾娶陶湘的女兒，與安慶的堂哥恭寬是襟兄弟。劉氏為江蘇常州人，北洋大學土木系畢業之後留學日本。曾任北平政府技正，1930 年與妻叔陶洙同任中國營造學社編纂，與梁思成合作；1929 年在清華校園內與梁思成合作設計王國維紀念碑，1935 年參與重修中山公園唐花塢的工作。敵偽時期任華北行政委員會建築總署處長，任職期間做了一些保護北平古建築的工作，曾與基泰公司合作，主持測繪北平故宮。劉、王兩夫婦後來搬到台灣，患有嚴重哮喘病的王安慶最後在當地過身。

王正廷的三女王安福（Anfu Wang，1913-2005）嫁燕京的同學劉歡曾（Vincent Liu，1908-1989）。劉氏系出江蘇武進（今常州）望族，父親劉葆良（樹屏，1857-1917）跟其兄葆真（可毅）同為光緒進士，曾任南洋公學（即交通大學前身）監督及津浦鐵路南段總辦；叔父柏森（樹森，1869-1940）是上海灘幾番大起大落的知名商賈，以軍火股票買賣起家之後辦過多家企業，最出名要數天章造紙廠；五叔劉厚生（樹垣）曾任北洋政府農商部次長，之後跟同鄉張謇辦紗廠，關於張的第一本傳記亦是他寫的。由於劉歡曾生於富貴人家，大學時已有小開性格，在燕大四年宿舍自養狼狗。由香港移居美國前曾跟師傅學廚藝打算開餐館，但結果沒有開成，賦閒在家，有賴王安福在銀行當會計養家。雖則劉歡曾一生無大作為，但他對岳父的生平知悉不少，曾在《傳記文學》撰寫王正廷百歲冥壽誌慶文章，又與妻子及其兄妹捐出王正廷回憶錄給耶魯大學。他的獨子劉維生娶澳門賭王何鴻燊的外甥女謝瑛華為妻，謝瑛華前幾年因為摩門教會擬拆卸半山祖屋甘棠第而為外曾祖父何甘棠作傳，延續三代為

48　凌冰（濟東），1894-1993 曾任河南中山大學校長，妻為沈嗣良夫人司徒月蘭姐月娟。

49　"Chinese Envoy' s Wife to Remain in Shanghai To Care for His Ill Mother", *New York Times*, May4, 1937.

先人作傳的傳統。王正廷四女嫁他摯友錢永銘的獨子錢斑，下文詳述。

王正廷的長子王恭琛（Joseph Wang，1907-1974）生來天資聰穎，又英俊好動，可惜父母對他過度溺愛，結果害了他的一生。他在上海交通大學讀書時是足球校隊後衛，但課餘又煙又酒，學校因不滿他「日乘轎車出入酒館舞廳」，將之驅逐出校。[50] 王正廷透過自己的關係，又把他送到長春藤名校賓州大學進修，在校內的國際宿舍，他邂逅波蘭裔姑娘 Jean Soltys。王恭琛取得交通工程碩士後帶妻子返國，在上海籌建一家製造鐵路軌的工廠，希望協助國家基本建設，但剛建成不久上海便淪陷。日軍將工廠佔領改建為軍火製造廠，並留用懂日文的王恭琛。據他的女兒王美珍透露，恭琛事實上不是做漢奸，而是一直秘密替重慶做地下破壞工作，後來搬到香港。1949 年後，王恭琛跟父親留在香港，妻子及子女則赴美。據其堂弟王恭斌說，恭琛有感高不成低不就，一生沒有什麼工作，又因煙酒過多，1974 年，年僅六十七歲便因肺病去世，身為呼吸病專家的女兒王美珍亦慨嘆救不了。出身藍領家庭的 Jean Soltys 嫁給這位大使公子並沒有好日子過，因為丈夫返國不久便在外拈花惹草，又由於夫婿不事生產，最後靠她在美辛苦辦餐廳供書教學養大五名子女。她服侍奶奶以外，亦入鄉隨俗甚至學會講寧波話，其女美珍回憶說，小時候根本不知道母親是外國人。在 Jean Soltys 的苦心教養下，各子女都成材，長子王敬唐（Joseph Wang Jr.）曾任美空軍上校，在空軍服役二十三年，替空軍測試戰鬥機。長女王美寶（Jean May Wang）亦在美空軍工作，嫁越南裔空軍機師范善榮，現為社工；次女王美珍（Norma Wang）自賓州大學醫學院畢業，與丈夫 Dr. Carl Braun 同為聖路奇羅斯福醫院醫生及哥大醫學院教授，其子媳均為醫生。

王正廷的次子王恭瑛（John Wang，1912-1966）在滬江畢業後到密芝根大學深造機械工程，後從商。他娶滬江同學郭嘉恩的妹妹、郭秉文的侄女郭恩錫（Pearlie Kuo）（見第五章鮑家）。由於郭恩錫的母親夏美齡的哥哥夏松瀋是王恭瑛的大姑丈，這門親事可謂親上加親。王正廷的三子

王恭瑞（Thomas Wang，1917-1986）從美國取得法律學位，在香港是執業律師經營自己的律師行，太太胡燕瓊來自香港基督教五大家族之一胡家。王恭瑞與

王正廷八子女由左至右、由幼至長：
恭玨、恭瑋、恭瑞、安秀、安福、恭瑛、安慶、恭琛。

堂弟王恭昭都是娶立法局議員胡惠德醫生的女兒，胡家又把王家跟香港多個世家連上，因為王恭瑞的連襟是來自東亞銀行李家的李福權醫生，岳母蔡金月是大新公司蔡家的千金，蔡家跟另外兩大百貨公司永安郭家及先施馬家有千絲萬縷的關係。王恭瑞夫婦沒有兒女，據侄女王美珍稱，他生前很喜歡吃，可以一人將整隻火雞吃下，體重逾二百五十磅。正廷五子王恭珏（Henry Wang）在紐約及華府為 Lever Brothers 工作多年。

王正廷眾子女中最知名的，是為國捐軀的四子王恭瑋（James Wang，1919-1942）。王恭瑋自聖約翰大學畢業後不久便步入外交界，1941 年夏天到菲律賓任中國駐馬尼拉總領事館甲種學習生，在總領事楊光泩（Clarence Young）的指導下開展工作。不久他與邵秀蘭（Shirley Shao）在馬尼拉舉行了婚禮，由楊光泩主婚。楊光泩當年在上海大華飯店娶嚴幼韻（即後來的顧維鈞夫人）是由王正廷主禮，算是一種回敬。1941 年 12 月 7 日，日軍偷襲珍珠港，太平洋戰爭爆發，日軍大舉攻打東南亞各國。當時多國的外交人員都紛紛撤離馬尼拉，不少僑界人士都勸楊光泩與其他七名使館人員離開，駐菲美軍統帥麥克亞瑟將軍（Douglas MacArthur）在撤退時更特意在專機上預留座位，派人勸說他們同機撤退。可是他們謝絕了好意，堅持緊守崗位。新婚不久的王恭瑋雖然十分期待幸福與安寧的生活，但作為一名外交官，他時刻牢記自己是國家的代表，要盡忠職守，秉承了父親外交鬥士的骨氣。面對兵臨城下，他們八人臨危不亂，組織戰時服務隊，設法安排文教人員和部分華僑疏散，並指揮燒毀各種愛國捐款存據、救國公債登記表及其他重要檔案，使館人員和家屬還焚燒了滯留在馬尼拉港的中國政府委託美國印製的一船鈔票，使國家避免了一次可能蒙受的重大經濟損失。

不久馬尼拉淪陷，日方要求中國駐馬尼拉總領事館承認汪偽政權，在三個月內為佔領軍募集二千四百萬菲幣和組織新華僑協會，並與日軍合作等三個條件。楊光泩堅決拒絕，日本憲兵遂違背國際公法，於 1942 年 1 月 4 日逮捕中國駐菲總領事館全體人員，包括楊光泩、朱少屏、莫介恩、姚竹修、蕭東明、楊慶壽、盧秉樞、王恭瑋等八人。在囚禁期間，日軍對他們施以各種酷刑，雖然受盡折磨，楊光泩、王恭瑋等中國外交官仍大義凜然，視死如歸。4 月 17 日，日本憲兵將八人秘密押赴華僑義山執行槍決，王恭瑋慷慨就義時年僅二十二歲。抗戰勝利後，日軍的暴行及領事館英烈的事蹟公佈天下，在國際上引起巨大迴響。1946 年，經盟軍軍事法庭審判，殺害王恭瑋等中國外交官的重要戰犯山下奉文、太

田清一、阿木內中、芥山光谷等人被判處死刑。菲律賓華僑為了紀念楊光洮和七位館員，集資在馬尼拉興建了楊光洮和殉職館員紀念碑，上下聯為「正氣浩兮吞羯胡，威不屈兮寧捐軀」。1947 年 7 月 7 日，國民政府派 C-46 專機到菲律賓迎回王恭瑋等八位烈士的遺骸及於菲律賓犧牲的中國駐山打根領事卓還來的忠骨。馬尼拉華僑舉行公祭，下半旗致哀，菲律賓總統送了花圈，近萬人到機場相送。次日，國民政府在南京舉行盛大公祭儀式，由外交部長王世杰主持，悼詞中說英烈「五步濺血，厲色抗辯，掉三寸舌，摧百萬師」，王恭瑋的弟弟王恭瑛亦參加了公祭儀式。同年 9 月 3 日，即抗戰勝利紀念日當天，英烈遺骸回歸故土，被安葬在南京菊花台，九烈士墓呈扇形平布，座西面東，圍以一米多高的裙牆，低處有紀念碑一座，上刻烈士事蹟與生平。1987 年 11 月 17 日，南京各界人士在九烈士墓隆重舉行「紀念抗日外交九烈士公葬四十周年」活動。1989 年 1 月 30 日，中國民政部追認楊光洮、王恭瑋等九位前國民政府外交官為革命烈士。駐外使節九烈士墓現為江蘇省文物保護單位，在墓園旁建有九烈士事蹟陳列館。王恭瑋的遺孀邵秀蘭由楊光洮夫人嚴幼韻在戰時馬尼拉岷市保護，後去美住紐約 Jackson Heights，改嫁 Jansen Loh。

親上加親：
錢珽與正廷四女王安秀及其子嘉陵

王正廷四女安秀（Anhsiu Wang，1916-2008）嫁給交通銀行董事長錢永銘（Y. M. Chien，1885-1958）的獨子錢珽（Chien Ting，1916-2004）。錢永銘與王正廷由摯友進化成親家，這門親事外界都以為是兩老撮合，但據他們的兒子錢嘉陵教授講，卻是純屬因緣巧合。王正廷比錢永銘大三歲，彼此相識於微時，共同在天津北洋大學肄業，及後雖然一個身處上海，一個身處北京，但由於交通銀行屬半官股機構，錢的銀行家生涯亦與王關係密切。交通銀行民初由有「六路財神」之稱的梁士詒主持，據說是 1917 年王氏介紹錢永銘給他外交界的同僚，兼任交銀總理的曹汝霖進交銀上海分行工作。[51] 錢、王二人跟蔣介石為同鄉，蔣介石得勢後在背

後支持不少的錢永銘亦出掌交銀幾十年。錢、王二人關係親密，甚至連自己獨子的名字亦取名珽——即王正廷的縮寫。錢珽年少聰穎，1936 年，年僅二十歲已從交通

1948 年 3 月 29 日王正廷子女及媳婿合照。後排左至右：劉歡曾、王恭瑛、王恭琛、劉南策、錢珽；前排：王安福、郭恩錫、王安慶、王安秀。

大學畢業，原本打算到德國留學，但鑑於當時希特拉統治下德國政局不穩，改赴美國康奈爾大學唸土木工程碩士。無獨有偶，王正廷三女王安秀從燕京隨父赴華府所就讀的喬治華盛頓大學附近治安不佳，亦轉到康奈爾讀心理學，雙方在 Ithaca 校園墮入愛河。

1938 年，錢珽返國在敘昆鐵路當工程師兩年，之後加入中央信託局任專員。1941 年 7 月 19 日在香港與王安秀結婚。當時錢、王兩老皆留港，但由於當時戰雲密布，所以在告羅士打酒店的婚宴一切從簡。但畢竟兩家都是名門，證婚人出動曾任國務總理的許世英，而與錢父有生意來往的上海大亨杜月笙及廣東政界聞人楊德昭則為介紹人。[52] 夫婦及後到重慶，錢珽最初到世叔伯周作民的金城銀行工作，但唸工程出身的他對父親專長的金融業興趣不大，最終於 1945 年在重慶與交大土木工程系同學殷之浩（Glyn T. H. Ing，1914-1994）創辦大陸工程公司（Continental Engineering），[53] 承接國府及美空軍在華工程。抗戰勝利後，大陸工程搬到上海並參與各地復原重建工程，同時派他一位在康奈爾的曾姓同學到台北開設分公司。1949 年國府赴台，由於大陸工程已在台站穩，錢珽一家亦住進曾氏在羅斯福路的住宅，父親錢永銘則與親家兼好友王正廷留在香港。錢永銘是統戰的對象，他的親家是投向共產黨的國軍高級將領張治中（1890-1969），[54] 那時有不少親友遊說他返國，一來老人家都有落葉歸根的念頭，二來錢永銘自己一生經過多番政權更迭，所以他亦有意回國。但在兒子錢珽的遊說下，加上國府命他辦的復興航業（China Union Lines，51% 是官股，該公司 1948 年以國府賠償民營股東戰時損失 359 萬美元為基礎建立，錢永銘為首任董事長）遷台，再加上他自己亦不良於行，最終他還是去了台灣。

大陸工程在台灣發展迅速，1958 年與美國預壘注漿公司（Intrusion Prepakt）合組中國預壘工程公司，引進預壘灌漿及基椿技術，又承建榮民總醫院有一千病床之病房大樓工程、清華大學建游泳池形原子反應爐。錢氏在五十年代的台北非常活躍，每周參加台北扶輪社，社友包括郭克悌（中原大學創校校長），吳鐵城子幼林、美孚石油白鐵珊、招商局總經理李頌陶等。

六十年代中，錢珽與銳意發展房地產的殷之浩在業務發展方向上有分歧，決定淡出大陸工程，轉移到父親有份創辦的復興航業。大陸工程在殷的領導下，1970 年承建圓山大飯店及圓山大橋，業務發展至沖繩島、關島及星、馬、中東、印度及美國。在復興航業，錢珽的夥伴為船王董浩

51　曹汝霖亦即「五四運動」時火燒趙家樓的主角。曹的妻兄是南洋中學校長王培孫，培孫的堂侄王蓬為錢的女婿，曾任駐比利時大使。

52　楊德昭為陳濟棠駐南京代表，立委，國華銀行董事，其一女延茵嫁香港大法官李福善。「錢王婚禮誌盛」，《大公報》，1941 年 7 月 20 日第 6 版。

53　殷之浩的父親為黎元洪政府財政部次長殷汝驪（1883-1941），叔為日偽冀東防共自治政府主席殷汝耕。

54　張治中長子張一真娶錢女嫵，現任美國兩岸文化交流協會會長。

雲、周兆棠將軍、央行總裁徐柏園女婿趙瑋、杜月笙的徒弟楊管北，他自己的表姐夫賈德懷（錢永銘妹夫秦汾婿，見第二章顏家）；出任復興航業總經理。八十年代航運業大衰退，復興航業結業，錢珽夫婦亦退休移居南加州。雖然復興航業已成歷史，但該公司在中國近代航運史中佔重要地位，當今台灣首富郭台銘未踏足電子業前第一份工亦是在復興航業。

錢珽的長子錢嘉陵（Chialing Chien），1942 年生於戰時重慶，由於他長得像他出生前一年遇害的舅父王恭瑋，母親常說他是恭瑋的輪迴。在台北長大的錢嘉陵回憶，童年時隔年暑假隨母到香港探望外公王正廷，當時外公已退休，下午打麻將消磨時間。錢嘉陵選擇東海大學，其一是因為該校教會背景，其次是表兄賈培源（德懷子，後成為花旗副主席，總統嚴家淦女婿）當時已在該校就讀。該校建築工程亦於 1959 年由大陸工程承擔，校園由聖約翰舊生貝聿銘、張肇康設計。後赴美國匹芝堡卡奈基梅隆大學（Carnegie Mellon University）讀博士，1972 年畢業後在約翰霍普金斯大學（Johns Hopkins University）作後博士研究。霍普金斯一向不聘用自己的博士或後博士生當教授，但錢嘉陵卻是例外，而且一做便是三十多年，目前是霍普金斯物料研究及科學工程中心主任及物理系的「Jacob Hain 教授」。他謙稱自己在物理學的成就遠遜於母親的堂妹夫凌宏瑋，但曾出版三百多份論文，並於 2004 年獲美國物理學會 Adler 獎。錢氏由於父母兩家與國民黨高層關係密切，大部分近親在 1949 年都離開中國，所以今天在國內已無親人，回中國都與工作有關，曾任南京大學（該校跟霍普金斯有交流關係）、蘭州大學及復旦大學名譽教授。他的弟弟錢嘉和（Harvey Chien）從南加州大學電腦系畢業後，在加州 Pasadena 的 Jet Propulsion Lab 工作多年，與妻育有一子一女。妹妹錢嘉圓（Chia-Yuan Chien）自東海大學畢業後到父母的母校康奈爾進修，住在新澤西州多年，近年因丈夫江堯琦工作關係而返南京居住，一家在亞洲熱心傳教事務。

中美文化政商科技的橋樑：
王正黼及王正序的後人

王正黼的長女王安琳（Anlin Wang，1917-2009），出生不久母親便過世，繼母對她視如己出。但由於舅父清華校長周詒春與王正廷為友好，她跟周家的表兄妹都有聯絡。[55] 十一歲時被送到天津中西女校寄宿，隨後入讀燕京音樂系，畢業後取得獎學金到繼母的母校威斯理讀碩士，1942 年

在美國嫁給在麻省理工做研究的顧培慕（Pei Moo Ku，1915-1974）。顧培慕出身浙江紹興名門，父親是中國通商銀行總經理顧詒穀（Yi Nung），叔父顧鼎梅（字燮光，1875-1949）為名金石家。1935 年自上海交大工程系畢業，之後負笈英倫，在帝國學院取得博士，到美國東部麻省理工從事航天工程研究，並成為首位非白人副教授，在戰時為空軍出力不少，為研究飛機高溫潤滑劑最具權威的專家。1946 年清華在北京復校，王德榮出任航空工程學系主任，顧培慕及錢學森一同返國出任教授。解放後他跟錢氏返美，但後來他們走了不同的道路，錢氏返國投靠中共成為中國氧氣彈之父，培慕則留美靠右出任台空軍的顧問，訪台時由空軍總司令司徒福帶隊迎接並頒獎牌。在美期間，最初在華府標準局當工程師，後來南下德州聖安東尼奧出任西南研究學院航天工程系主任及副院長，在德州蓋了一家四合院式的居所，閒時愛聽古典樂，不幸 1974 年未到六十歲便過身，王安琳在顧培慕死後留居德州卅年，近年搬到華府方便跟弟妹及兒子互相照應。

王安琳與顧培慕育有兩子一女，長女顧鈞秦（June Ku），是 Smith 大學學士及德州大學城市設計碩士，曾在紐約市長發展廳及知名建築工程公司 Skidmore Owings 的華府辦事處工作；1981 年後轉為家庭主婦，但仍活躍於公職，出任 Junior League 會長，Newcastle 鎮土地規劃委員及 Northern Westchester 醫院董事會副主席。顧鈞秦的夫婿 Roger David Blanc 是紐約知名的證券律師，於耶魯大學及哥倫比亞大學法學院畢業，曾任美國證監會市場監管部法律顧問，後成為由總統候選人 Wendell Wilkie 創辦的名律師事務所 Wilkie Farr & Gallagher 合夥人，並擔任全國券商公會（NASD）法律顧問及美國律師公會的證券市場監管委員會主席，為證券法專家。顧鈞秦的弟弟顧鈞禮（Leighton C. Ku）自哈佛大學及加州大學畢業，從波士頓大學取得生化學博士，是美國醫療改革方面的專家，尤其關注中下階層及新移民醫療保險的問題，出版過二百篇文章，並曾到美國國會作供。曾在華府顧問公司 Center on Budget and Priorities 任職，2008 年成為喬治華盛頓大學醫療政策系教授。

受到父親薰陶，王正黼的長子王恭斌（Kung Ping Wang，1919-2012）及三子王恭立（Kung Lee Wang，1925）都從事與礦業有關的工作。王恭斌在工程技術方面，王恭立則在礦產經濟方面。由於戰事的關係，王恭斌在清華大學讀了一年之後到燕京大學，在校內是運動好手，田徑冰球樣樣皆精。及後留美於密蘇里礦業學院取得學士，再到父親的母校哥大礦學

55　周詒春的子女包括長女為上海名醫李岡夫人；次女為北大英文教授珊鳳，於 Bryn Mawr 畢業（其夫為油畫家李宗津，夫弟為香港《大公報》副主編李宗瀛）；長子為協和名醫華康；幼子耀康在港經商。

院進修碩士，跟紐約華僑陳德堅（Mary Chan）結婚，1946 年取得博士後返國協助父親到蘇州辦礦。解放後他到美國在礦務局工作三十多年，期間曾任該局國際事務部代主管，到世界多國研究考察，並曾寫作多部關於亞洲礦務的文章，1975 年他已預測中國將會是資源大國。1979 年恭斌從礦務局退休，他看準中國改革開放，向 Pennzoil 石油公司總裁 Hugh Liedtke 毛遂自薦到中國當開荒牛。[56] Pennzoil 取得合約成為開放後首家獲准在中國鑽油的美國油公司，曾請他出任代表，但王恭斌興趣在於礦務多於石油，未有出任。王恭斌的首任妻子陳德堅不幸於 1964 年因病去世，留下六歲獨子王敬華，恭斌三年後娶鄺麗娟（Rose Kwong）為妻。鄺麗娟是廣東人，透過李麗華的母親進入香港電影圈做幕後製片，與 Cary Grant 等荷里活人相識。五十年代已跑了全球三轉，由北宮飯店（Yenching Palace）龍雲四公子繩文（Van Lung）介紹給王恭斌認識。鄺麗娟在華府開一家時裝店，與政客陳香梅為好友。王恭斌退休後移居佛羅里達州，年逾八旬仍非常活躍，1994 年創立長青社（Evergreen Club）聯誼，並時常帶領子侄返鄉探親。2006 年王恭斌執筆以英文出版一部長達五百多頁名為《旅美華人飛躍 21 世紀》的回憶錄。2010 年鄺麗娟過身，他搬回華府地區，到 2012 年 1 月以九十二歲高齡去世。王敬華的前妻為美將軍 Benjamin Register 的女兒，他們所生的兒子王興榮從事軟件開發，是王正黼一房唯一的男孫，2009 年隨父祖返奉化時表示希望以電腦技術知識回饋祖國。[57]

王正黼的三子王恭立（Kung Lee Wang，1925）於 1947 年自燕京經濟系畢業後赴美國布朗大學（Brown University）經濟系碩士，1955 至 1960 年在 CEIR 顧問公司任職經濟分析員，1960 年以後在美國內政部任經濟學家二十二年，期間有十二年與兄長共事於礦務局，任量化經濟研究主管，並在礦務經濟方面有大量作品。雖然他的工作以美國為主，但他對中、台發展十分關注，1969 年曾撰有《中共「文革」第一年對工礦生產的影響》；1971 年則出版《台灣煤業發展之經濟分析與改進建議》，1980 至 1981 年任美國礦務石油工程師學會（AIME）全國經濟委員會主席。好學不倦的王恭立工餘再讀兩個學位，1957 年從哥大取得工商管理碩士，1965

1947 年 7 月燕京大學畢業禮上王恭立與母親廖奉獻。

年從哈佛取得公共管理碩士。1982 年王恭立從政府退休,自組 KLW 國際顧問公司。雖然王恭立在礦務經濟學上有一定成就,但他最為人所知的是創辦維護華人利益的美華協會(Organization of Chinese Americans),該會於 1973 年由他與麥芝慶(Alex Mark)及宋李瑞芳(Betty Lee Sung)創立並出任首屆全國主席,至今他仍出任該會顧問。美華協會發展至今已有過萬名會員,在二十六個州共有四十個分會,該會鼓勵會員參政,1984 年首位當選副州長的華人吳仙標(SB Woo)便曾任美華主席。1973 年他又創立全美華文學校協會,該會目前為全國逾一百二十家華文學校的交流組織。由下而上的運動以外,王恭立亦採取由上層發起的活動,1989 年他與貝聿銘、馬友友及唐驪千等創立「百人會」,該會邀請各行各業最頂尖的華人加入,利用高層關係,提升華人地位及促進中美關係。除了美國華人權益以外,恭立多年來亦熱衷於促進中美關係,1988 至 1995 年任「美中首都友誼協會」主席,又創辦「美中國際交流協會」。近年他恐怕後輩忘記當年他父母及同胞在抗戰所受的痛苦,在大華府創立日本侵略史學會,爭取成立日本侵華紀念館,因為他的努力,瀋陽決定保留盟軍戰俘營舊址。1993 年王恭立獲頒美國移民的最高榮譽——艾利斯島移民獎(Ellis Island Medal of Honor)。他與前妻溫亭娜(岳父溫毓慶是宋家表親,詳見第三章倪家)育有一子,獨子王敬毓(Christopher Ching-yu Wang)亦是布朗畢業,為美國運通東南亞區私人銀行高層。

王正黼的次女安珍(Anchen Wang,1923)戰時就讀於成都金陵女大,在校內是學生會會長及基督教學生會長,是校長吳貽芳的愛徒。1946 年她畢業後獲金陵在美國的姊妹校 Smith College 獎學金進修社工系碩士,1948 年她參加一個中國學生夏令營,遇上一位金陵校友凌佩馨與其兄凌宏璋,[58] 並發現他們的父母早為世交。畢業後於 1949 年與凌宏璋結婚,及後在紐約波士頓及馬里蘭州當社工。

凌宏璋(James H. C. Lin,1919-2009)原籍廣東寶安縣(今深圳布吉),出身於香港基督教大家族,由於父親凌道揚是北大農學院森林系主任及青島林務局長(在任內協助王正廷接收青島,後在港任崇基學院校長),說得一口流利的京片子。他的小學、中學分別在青島及南京就學。1941 年畢業於上海交通大學電機系,曾在中國桂林及昆明中央廣播公司擔任過工程師,隨後赴美進修,1948 年獲美國密芝根大學碩士後,在 RCA 擔任研究員,從事半導體電路研究。那時,半導體正在開發初期,他發明了「半對稱互補放大器」(Quasi-Complementary Amplifier),溫度補償

---

56 Hugh Liedtke 是時任美駐華大使後任總統的布殊(George HW Bush)在 Zapata 石油公司的合夥人。

57 《寧波日報》,2008 年 9 月 9 日。

58 凌氏另一姐姐佩芬,即癌病專家李同度夫人,亦為金陵校友。

（Temperature Compensation）電路，此兩項發明，至今全世界還在廣泛應用。
1956 年，獲紐約布克倫理工大學電機博士後，在 CBS 半導體公司，任應
用部主任。1959 至 1968 年，在西屋公司（Westinghouse），負責發展積體電
路（Integrated Circuit，簡稱 IC），解決了積體電路發展初期產生的許多問題。
這些發明，如電流鏡、橫向電晶體（Lateral Transistor）、BiMOS，都替他的
東家西屋公司贏得專利權。凌博士亦替美國空軍製造出第一片 IC。1969
年應馬里蘭大學電機系之聘，從工業界轉入學界，亦成為馬大最有成就、
最受學生敬仰與歡迎的教授。1965 年，凌教授赴台參加近代科技討論會，
介紹半導體積體電路，並在 1966 年協助成立台大半導體實驗室，與張俊
彥、郭雙發成功研製台灣第一批積體電路。1974 年，有「台灣積體電路
之父」之稱的留美學人潘文淵博士（Wen Yuan Pan，1912-1998）[59] 說服了經
濟部長孫運璿（後任行政院長），投資千餘萬美元，成立了台灣工研院
電子所，由王兆振博士擔任所長，找來凌宏璋、趙曾珏、羅無念、厲鼎
毅（即吳國楨婿）、李天培、葛文勳七人，作為第一代的電子技術顧問
委員會（Technical Advisory Committee）。凌宏璋在此職位引進技術、網羅人
才、幫忙聘請客座教授、介紹新知識，推動發展了台灣半導體與積體電
路的研究與落實，使台灣的經濟起飛，真正邁入「亞洲四小龍」之首。

凌宏璋在馬里蘭大學任教期間，每逢年節，均邀留學生到家過節，
凌夫人王安珍待人更是週到熱情，早期到馬里蘭大學的留學生，幾乎都
把凌府當作海外的家來看待。1990 年正式自馬里蘭大學電機系退休。但
是系裡不捨得他離開，請他一邊做研究，一邊指導博士生，這期間他還
發明專利，一直到 2005 年，才完全離職。2000 年，凌宏璋在王兆振推動下，
及受台灣第一位本土博士兼新竹交大校長、半導體專家張俊彥博士的提
名下，當選第二十三屆中央研究院的院士。他享有的專利共有六十二種，
出版的論文有一百七十二篇，經他指導而獲得博士學位者，共有二十六
人。他的兩部大作《半導體電路手冊》（1960）以及《電子工程師手冊》
（1977）廣為流傳，當院士實至名歸。

凌宏璋在學術界有非凡成就以外，他文武雙全，能歌善舞，又長於
表演。他寫的話劇劇本，細膩生動，演出後都好評如潮。夫人王安珍則
長袖善舞，出任美國金陵校友會會長及素友會（Rho Psi Society）會長多年，
又與兄長合創美華協會。2009 年 3 月凌宏璋以八十九歲高齡過身，臨終
前一年在馬大電子系捐設「凌宏璋發明及創新基金」，鼓勵系內師生研
發新科技。他們的兩位公子，凌耀文（Bobby Y. Lin）為醫師，現在紐約，

育有一子一女。次子凌顯文（Daniel Lin）是香港執業建築師，太太吳佳慶是地產界女強人，長江實業董事，李嘉誠的左右手，時常代表公司出席土地拍賣，育有一子。

王正黼的次子王恭志（Kung Chih Wang，1921-1959），在麻省理工機械工程碩士，讀書時結識哈佛女生 Joan Parsons（1925-2001）。Joan 來自世家大族，她是塔夫特總統的遠親，祖先曾是中國商船的船長。王恭志於1947 年與 Joan 結婚，畢業後在美聯合橡膠公司（United Rubber）當工程師，但三十八歲那年不幸暴斃。帶著兩少孤雛的 Joan 化悲憤為力量，1964 年自印第安納州大學取得比較文學博士，及後在該校當英文副教授，教新移民考公民試並設計一系列遙距課程。王恭志的兒子敬文（Eward Wang，1951）生於 1951 年，自母執教的印大取得藝術學士，早年辦過陶瓷藝廊。與首任妻子離異後到科羅拉多州 Granby 市當滑雪度假村的安全主任，由於度假村的業務是季節性的，他亦兼職做按揭經紀及鐵路職工，並且開始從政，當選市議員，於 2000 年當選 Granby 市長，成為該州首位亞裔市長。2002 年敬文首次跟伯父王恭斌回到中國，之後往返中國頻繁，目前從事中美貿易。2004 年他的名字上了美國全國頭條，因於 Granby 市一位的白人中年漢覺得市政府政策導致他生意失敗，於是改裝自己的一輛剷泥車成為坦克車，摧毀市內十三幢大樓，包括大會堂，之後吞槍自殺，損失達七百萬美元。時為市長的王敬文要收拾殘局，經過多次募捐之後慢慢重建被毀建築。王恭志的女兒王敬奉（Margaret Wang）亦是母親任教的印大畢業生，修讀祖父的專科礦務，並於系統設計及教育方面取得碩士學位。她自創一家美術設計公司，現居於亞里桑那州，閒時觀鳥及寫作，近年因為照顧多病痛的母親又考慮讀醫。

王正黼的么子王恭業（Kung Yeh Wang，1929）是戰時唯一陪在父母身邊的子女，與燕京大學文學院長周學章的次女、許芹牧師的外孫女周懿芬（Dorothy Zhou，1930）是青梅竹馬的情人。王、周兩家早有交往，當年王正黼留學時生病便曾在許芹紐約的家休養一段日子，而周學章夫婦與王正黼夫婦在燕大又是同事。王恭業在燕京一年級後赴美布朗大學，1953 年得機械工程學士。畢業後他在費城工作兩年，當時女友周懿芬不能出國，而王恭業自己又有心返國，於是他毅然返國工作並結婚，被安排到原清華石油工程系進化而成的北京石油學院（現為中國石油大學）教書，該校過去幾十年為中國石油工業培育了不少人才。周懿芬自北大生理學畢業後則任北京體育學院生理學教授。周懿芬的弟妹都為體育健

59　潘文淵博士於交大畢業，任 RCA 公司微波部主管，曾任紐約中國工程師學會會長，1995 年去世。

將，王恭業戲稱周懿芬雖然亦是做與體育有關的工作，但她是家中的學者。文革爆發之後，王恭業夫婦的背景很自然令他們成為鬥爭的對象，但據王恭業回憶，由於他平日待人友善，遭遇尚算過得去。1981 年他重返美國，在馬里蘭州大學教書，後轉到一工程公司任職。王恭業育有兩女，長女王敬獻（Ching-Hsien Wang）得姑媽安珍及姑丈凌宏璋協助於 1979 年留美，在姑丈任教的馬大攻讀，畢業後任華府 Smithsonian 工作，丈夫紀銘是她在馬大的同學，北大畢業後留美自馬大得博士，現任美國海洋及氣候管理委員會（NOAA）科學家。王恭業次女王敬寧（Jing Ning Wang）亦移居美國，在 Black & Decker 公司工作，丈夫李林為普金斯博士。

由於王正序為銀行做開荒牛，子女的童年跟著他由紐約、香港、新加坡、仰光、加爾各答到昆明，他的子女的童年都在不同地方度過，次女安芳說他們沒有因此覺得不安定，倒覺得好玩刺激。

王正序的獨子王恭昭（Ronald Wang，1922-2008）生於上海，但在上海只住了三年，戰時在昆明入讀西南聯大，課餘協助美國空軍飛虎隊，和平後到清華完成機械工程學士，再留美取得伊利諾州大學碩士，曾任中國科學院副院長的無機物料科學家嚴東生是其同學。畢業後他的第一份工作是在仰光一家農業輕工業機械代理做工程師，做了五年之後移居香港，在黃宣平辦的開利冷氣當工程師，在香港住了十三年後移居德州做工程顧問直至退休。他的太太胡秀瓊（Isabel Woo，1925-1996）是胡惠德醫生的女兒，育有龍鳳胎敬禮及敬儀。敬禮在加州當土木工程師，與黃惠莉離婚後在姨丈李衛道的葬禮上跟同樣失婚的表妹麥寶應結合，親上加親。敬儀協助她的丈夫李保華在德州侯斯頓經營氣體生意，從中國入口生產原料。

王正序的長女王安敏（Marion Anming Wang，1926）是作曲家，在威斯里安女子學院取得音樂學士後在哥大取得碩士，並於茱莉亞音樂學院（Julliard School）取得文憑，所著中國歌劇「蘭櫻」（Lanying）曾於 1996 年在美國華府甘迺迪中心首演，座無虛席、熱烈轟動、實為中國音樂之異彩，令中國人引以為榮。王安敏的丈夫是有華府華埠市長之稱的麥立己（William K. Mak，1921-1944）。麥是廣東人，在政府機關美國之音工作多年，亦經營中國食品批發生意，從而接觸華埠事務，成為

王恭昭、胡秀瓊夫婦香港合照。

美京中華會館主席，並出任國民黨僑務委員。麥氏的作風我行我素，安敏堂兄恭立有份創立的百人會曾邀他入會，他覺得百人會的形式有「孤芳自賞，唯我獨尊」，以不願加入小圈子而拒絕。[60]安敏的一子一女及媳婦都在華府為美國政府做事。

王家恭字輩還有另一位知名的外交及社會活動家，即王正廷堂弟的兒子王恭行（Gung-Hsing Wang）。王恭行1908年生於寧波，十歲時隨在海關工作的父親搬到杭州。十二歲入讀美國浸信會辦的蕙蘭中學，高中時聽了平民教育家晏陽初一位助手的演講，得悉中國有八成人口是文盲，在1923年，年紀輕輕便與同學崔存璘辦了一家義學，及後又跟崔一同考進上海滬江大學。據王恭行在《崔存璘紀念集》中的回憶，他起初避嫌不想進入外交圈（因部長王正廷是自己的堂叔），反而是滬江校長劉湛恩的極力推薦下在1928年進入外交部秘書處。翌年由於外交部人才短缺，王恭行推薦他當時在上海幫油公司打工的摯友崔存璘，兩人一同開展多年的外交生涯，恭行當領事，崔則在大使館工作。[61]1937年王在芝加哥當副總領事，與一位回家探親的華僑千金陳佩桃（Gladys C. Wang，1911-2008）成親。陳的父親陳歡（Chin Fan Foin）是芝加哥早期豪華中餐館加舞廳Mandarin Inn的創辦人，供應的美食中西合璧，並替歌劇院和貿易中心承辦宴會，為首位住進白人豪宅區的華人。陳佩桃十二歲時和她大姐一起回到中國求學，先後於廣東真光中學、燕京大學、北京協和醫學院求學，期間她成為中國前十名的頂尖運動員，在田徑、鐵餅、排球、籃球等項目贏過無數的獎牌，有「美國人」之譽。1936年，她作為一個大學生，和同伴一起先乘火車、再換騎駱駝去內蒙古向一名軍閥請願，希望他不要和日本人合作。憑藉她的護士學位，在日本侵華期間她在上海紅十字會擔任護理專業主任。1938年，王恭行升任南部新奧爾良（New Orleans）總領事，陳氏也隨夫南移並繼續自己的護士生涯，同時養育了四個小孩。在新市的十二年間，王恭行曾以中國代表團成員身份於1946至1947年到紐約州成功湖（Lake Success）參加聯合國大會，並於1948年在漢城及巴黎充任聯合國朝鮮臨時事務委員會成員，參與大韓民國的成立。

1950年王恭行辭去外交官職務，到新市知名的Tulane大學攻讀美國歷史碩士，畢業後於1952年舉家回到芝加哥，並於翌年成為美國公民，與妻雙雙展開人生的第二章。王恭行當上地產發展商及社區領袖，1952至1958年間出任美華公民協會（Chinese American Civil Council）的行政主任。陳佩桃則離開了護士專業，在芝加哥和唐人街擔任導遊，後來她又成

60　《中時周刊》，1992。

61　崔存璘後來娶王堂弟婦郭恩錫的表妹胡普霖（即郭秉文的甥女）。

1　1966 年王恭斌鄺麗娟結婚照（左邊兩位），小童為敬華，中間為王廖奉獻（老太）。

2　王安敏、麥立己結婚照。

3　王恭行夫婦五十年代合照。

4　王恭行會見甘迺迪總統。

5　1944 年王恭行（右一）與駐美大使魏道明、鄭毓秀夫婦在新奧爾良。

6　1946 年王恭行手持他剛出版的 The Chinese Mind。

功轉型為 Investors Diversified Services（Ameriprise 的前身）的投資顧問，客戶中包括許多知名人士。1965 年，王恭行獲委為芝加哥房屋協會副總監，負責發展全城中低收入住宅。1969 年芝加哥市長 Richard Daley 委任恭行為芝城城市規劃及房屋與環境統籌經理，負責模範城市計劃，任內建成逾七十幢大廈。雖然王恭行在 1970 年代中辭去公職，但他沒有停下來，在 1972 年創立社區重建互助會（Neighborhood Redevelopment Assistance）及華社多個機構，八十年代力爭建設華埠的第一幢老人大廈「芝英大廈」，為唐人街的老人爭取到老有所居、老有所樂的權益，2004 年芝城市議會將芝英大廈旁的一條街取名「王恭行街」以紀念他的功績。工作以外他是個百曉生，1946 年出版英文 *The Chinese Mind* 一書介紹中國儒家思想，並擁有三項發明專利，晚年又製作氣功錄影帶，1989 年獲 Loyola 大學頒發名譽法學博士，表揚他對社區及中西交流的貢獻。[62] 1999 年王恭行過身，陳佩桃移居到威斯康辛的麥迪遜，最後於 2002 年到舊金山定居。她有著旺盛的精力和喜歡冒險的精神，在九十多歲的時候還到峇厘島、南非和中國旅行。即使到了晚年，她也始終保持著幽默、自立和活躍的精神風貌。他們的四子女分佈美國各地：長子王敬範（Edward）和太太張美潔住密蘇里州；任三十多年中學體育教師的長女王敬荃（Jo Ann）和星洲華僑的先生黎僑美住康州；次女王敬玉（Nancy）和日裔丈夫菊池羅伯（Robert Kikuchi-Yugojo）住三藩市，兩夫婦是美國知名故事表演家；次子王敬宇（James）住新澤西州，曾在 IBM 獲多項設計獎項。敬荃的兒子黎良行（James Liang Loi）是目前王家後裔中唯一仍在外交界供職者，現任美國政府亞太事務副國務卿辦公室幕僚長，之前曾在美國貿易代表處任中日貿易主任及在北京駐華大使館任一等秘書，負責中國入世貿事務，是中國經濟外交事務的專家，曾是美國知名外交策略智庫 CSIS 中國問題訪問學人，在此前他曾在南非及羅馬尼亞使館及美國海軍任職。他的妹夫 Craig Low 經營 Lee & Low 出版公司，是美國專注出版少數族裔兒童圖書的表表者。

62　"Gung Hsing Wang, 90, Civic Leader", *Chicago Tribune*, March 30, 1999.

王有光 Rev. Yiu-kwong Wong（1842-1909）+ 施幼嫻 Sze Ai Li（1853-1946）

第二代　王正庸 Cheng Yung Wang（1869-1931）+ 徐珊寶

　　第三代　王恭寬 Kung Kuan Wang（1891-?）+ 陶瑞寶

　　　　第四代　王敬賢 Stephen Wang（1919-?）+ 張蘊瑾

　　　　　　第五代　王碧瑤 Felicia Wang（1950）

　　　　　　　　+ Marylou Prado

　　　　第四代　王敬美（1924-?）+ 何德琨（1921）

　　　　　　第五代　何雲儀 + 任耀翰
　　　　　　　　何雲碧 + 吳宏江

　　　　第四代　王敬良 Jingliang Wang（1925）

　　　　　　第五代　王心怡
　　　　　　　　王心恬
　　　　　　　　王心愉

　　　　第四代　王敬偉 Warren Wang + 陳之珠 Amy Chen

　　　　　　第五代　王興昌
　　　　　　　　王心宇

　　第三代　王錫熾 Dr. Sih Tze Wang（1892-1946）+ Lilian Bartow Towner

　　　　第四代　王憶德 Edith Wang（1924）

　　第三代　王恭宸（錫平醫生）

　　　　第四代　王蓉琛醫生
　　　　　　王敬耀醫生

　　第三代　王恭宜 Wang Si Ho

　　　　第四代　王敬恆
　　　　　　王敬英
　　　　　　王敬華 + 董秉鈞
　　　　　　王敬德

　　第三代　王恭守 Kung-Shou Wang（1909-1970）+ 周綠霞 Lucy Chow（1914-?）

　　　　第四代　王敬中 Winfred Wang（1942）+ Erlinda Etcubanas
　　　　　　王敬勵 Arthur C. Wang（1949）+ Nancy Norton

第五代　王興林 Alexander Xinglin Wang（1986）
　　　　王心安 Sierra Xin-an Wang（1991）

第三代　王恭寧（1923）
　　　　王安生 Margaret Wang（1901）＋ 何秉權 Percy Ho（1901-?）

第四代　何寶瓏 Bessie Ho（1929）＋ 黃錦承 Sam Wong（1924）

第五代　黃鳳儀 Yvonne Wong（1958）＋ Jefffrey Chester（1955）

第四代　何寶玲 May Ho（1931）＋ 顧澄滄 Jeffrey Koo（1930）
　　　　何敬隆 Victor Ho（1934）＋ 李國樑 Rebecca Lee（1934）

第五代　何維雅 Valerie Ho（1961）＋ Nicholas Jew
　　　　何維文 Raymond Ho（1964）
　　　　何維敏 Vivian Ho（1967）＋ Jeffrey Creed

第三代　王安心 Julia Wang（1903）＋ 周夢蘭 Chow Meng-lan

第四代　周維廉 William Chow（1932）＋ 何麗珊 Ho Li-shan

第五代　周易 Chow Yi

第三代　王安裕 An-Yu Wang（1914-1992）＋ 沈敏政（1906-?）

第四代　沈敬永（1945）＋ 汪文英（1947）
　　　　沈敬武（1947）＋ 范樹愚（1949）
　　　　沈敬一（1936）＋ 沈季鑫（1937）

第五代　沈瑋（1964）＋ 韓偉

第六代　韓樂飛

第五代　沈珣（1967）

第四代　沈敬慧（1939）＋ 尤振興（1937）

第五代　尤佳（1968）
　　　　尤理（1977）

第四代　沈敬玲（1943）＋ 楊士熙 Ang Shih-Shyun（1944）

第五代　楊惇麗（1978）

第四代　沈敬悅（1950）
　　　　沈敬和（1955）＋ 王榮棣（1953）

第五代　王元愷（1985）
　　　　王盛耀（1992）

第三代　王安奉（1916）+ 鄔通元 Wu Tung-yuan

　　第四代　鄔熙慧（1947）+ 高志成

　　　　第五代　高翔

　　第四代　鄔熙蓉 + 殷祖國

　　　　第五代　殷春浩

第三代　王安定 + 馬肖良

　　第四代　馬菩莉

第二代　王正康 Cheng Kang Wang（1874-1921）+ 林氏

第三代　王恭茂 Wang Si-fan（1894-1962）+ 應同月

　　第四代　王絳霞 + 李晴川
　　　　　　王美霞 + 忻元康
　　　　　　王奉霞 + 黃孝如 Peter Huang

　　　　第五代　黃言智

第三代　王安息 Anshi Wang + 朱星叔 Chu Shih-yun（朱世昀，1896-1931）

　　第四代　朱昌敏 + 張許庭

第三代　王恭萱（1895-1914）
　　　　王安音 Anyin Wang（1899-1969）+ 黃金濤 Gene T. Huang（1887-1958）

　　第四代　黃孝宗 David H. Huang（1920.3.10）+ 吳苓茵

　　　　第五代　黃言憲 David T. Huang + 李維蘭 Violette Lee

　　第四代　黃卓藹 Margaret Huang（1921）+ 劉建章

　　　　第五代　劉用驥 Fremont Liu

　　第四代　黃卓吾 Jean Huang（1931）+ 陳農文（鮑咸昌外孫見第五章鮑譜）

第三代　王恭芳 Kung Fang Wang（1906-1988）+ 夏璐瑛（見第五章夏譜）
　　　　王恭蕙（1911-1946）

第二代　王正廷 Chengting Thomas Wang（1882-1961.5.21）+ 施美利 Mary Sze（1883-1945）

第三代　王安慶 Yoeh E Wang（1904-1968）+ 劉南策
　　　　王恭琛 Joseph Wang（1907-1974）+ Jean Soltys

第四代　王敬唐 Joseph Wang Jr. + Susan Haws

第五代　王興芬
　　　　王興國
　　　　王興家
　　　　王興芳

第四代　王敬堯 Frank Wang
　　　　王敬舜 Richard Wang + Marie Bahn
　　　　王美寶 Jean May Wang + 范善榮 Vinh Phan

第五代　范清香
　　　　范煌蘭
　　　　范善明

第四代　王美珍 Norma Wang + Dr. Carl Braun

第五代　Erich Braun
　　　　Aime Braun

第三代　王恭瑛 John Wang（1912-1966）+ 郭恩錫 Pearlie Kuo（郭秉文侄女）

第四代　王文儀 Teresa Wang（1941）+ 汪家起 Frank Wang（1937）
　　　　王敬武 Allen Wang（1942）+ 徐紫馨 Florence Tsui（1947）

第五代　王興邦 Adrian Wong（1978）

第四代　王文秀 Sandra Wang（1946）+ 劉海良 H.L. Liu（1932）

第五代　劉愛德 Ada
　　　　劉博文 Bob

第三代　王安福 Anfu Wang（1913-2005）+ 劉歡曾 Vincent Liu（1908-1989）

第四代　劉維生 Vincent Liu Jr.（1941）+ 謝瑛華 Frances Tse（1945）

第五代　劉翠西
　　　　劉翔

第四代　劉寶宜 Bonnie Liu

第三代　王安秀 Anhsiu Wang（1916.1.4-2008.6.26）+ 錢珽 Chien Ting（1916-2004）

　　第四代　錢嘉陵 Chia-ling Chien（1942）+ 王悦 Christina Yueh Wong

　　　　第五代　錢慶德 David Chien
　　　　　　　　錢慶惠 Deborah Chien

　　第四代　錢嘉和 Harvey Chien + 唐正懿 Emily Tang

　　　　第五代　錢慶華
　　　　　　　　錢慶安

　　第四代　錢嘉圓 Chia Yuan Chien + 江堯琦 Michael Chiang

　　　　第五代　江舜芯
　　　　　　　　江舜穰

第三代　王恭瑞 Tomas Wang（1917-1986）+ 胡燕瓊 Anita Woo
　　　　王恭瑋 James Wang（1919-1942）+ 邵秀蘭 Shirley Shao
　　　　王恭珏 Henry Wang（1923）+ 李若雯

　　第四代　王文英 Mary Wang
　　　　　　王文美 Margie Wang + 王宗偉 Bill Wang

+ 周淑英 Dorothy Chow d.（?-1965）

第二代　王正黼 Cheng Fu Wang（Tze-Wen Wang，1890-1951）+ 周春芳

第三代　王安琳 Anlin Wang（1917-2009）+ 顧培慕 Pei Moo Ku（1915-1974）

　　第四代　顧鈞秦 June Ku（1948）+ Roger David Blanc

　　　　第五代　David Blanc（1976）
　　　　　　　　Greg Blanc（1978）
　　　　　　　　Cindy Blanc（1981）

　　第四代　顧鈞褘 Warren Ku
　　　　　　顧鈞禮 Leighton C Ku（1954）+ Nancy Muzech

+ 廖奉献 Funghin Liu（1890-1970）

第三代　王恭斌 Kung Ping Wang（1919-2012）+ 陳德堅 Mary Chan（1923-1964）

　　第四代　王敬華 Michael Ching-hua Wang（1956.10.16）+ Anne Register

　　　　第五代　王興麗 Elizabeth Wang（1981）
　　　　　　　　王興榮 Christopher Michael Wang（1984）

　　+ 鄺麗娟 Rose Kwong（1930）

第三代　王恭志 Kung Chih Wang（1921.10.20-1959.9.3）+ Joan Parsons（1925-2001.7.25）

　　第四代　王敬文 Edward Wang（1951）
　　　　　　王敬奉 Margaret Wang

第三代　王安珍 Anchen Wang（1923）+ 凌宏璋 James H. C. Lin（1919-2009.3.6）

　　第四代　凌耀文 Robert Y. Lin + 張如璧 Ruby Chang

　　　　第五代　凌明 Ming Lin
　　　　　　　　凌暉 Hui Lin

　　第四代　凌顯文 Daniel Lin + 吳佳慶 Grace Chia-ching Woo（1959）

　　　　第五代　凌戀軒 Adrian Lin

第三代　王恭立 Kung Lee Wang（1925）+ 溫亭娜 Christine Wen

　　第四代　王敬毓 Christopher Ching-yu Wang + 李寶慈 Anna Lee

　　　　第五代　Pamela Wang
　　　　　　　　Samantha Wang

第三代　王恭業 Kung Yeh Wang（1929）+ 周懿芬 Dorothy Zhou（1930）

　　第四代　王敬獻 Ching-Hsien Wang（1956）+ 紀銘 Ming Ji（1956）
　　　　　　王敬寧 Jing Ning Wang + 李林 Lin Li

第二代　王正序 Cheng Hsu Wang（1893-1984）+ 湯藹林 Eling Tong（1894–1980）

　　第三代　王恭昭 Ronald Wang（1922-2008）+ 胡秀瓊 Isabel Woo（胡惠德次女 1925-1996）

　　　　第四代　王敬禮 Terrence Wang + 黃惠莉 Dixie
　　　　　　　　王敬儀 Denise Wang + 李保平 Dennis Lee
　　　　　　　　王敬淑 Sharon Wang

第三代 　王安敏 Marion Anming Wang （1926.11.7） + 麥立己 William K. Mak （1921–1994）

　　第四代 　麥寶應 Elise Mak （1953） + 游保汶 Roger Yau

　　　　第五代 　游淑明
　　　　　　　　游超文
　　　　　　　　游淑玲

　　第四代 　麥建升 Darrell Mak （1964） + 吉明芝 Mary Chi

第三代 　王安芳 Julia Wang + 李簡道

第二代 　王桂月 Wang Kwei Yueh + 夏松藩 Hsia Sung Fan （見本章夏譜）
　　　　王信恩 Lily Wang （1897-1992）
　　　　王春梅 Wang Chun-mei
　　　　王靈恩 Wang Ling-En （1877-1929） + 陳章生 Chang-Shen Chen

第三代 　陳瑤仙 Chen Yao-shien （1887）
　　　　陳在明 Chen Tzai-Ming （1889-1976） + 沈月琴 （?-1942）

　　第四代 　陳明月 （1924） + 邵揚淵 （1924）

　　　　第五代 　邵立理
　　　　　　　　邵立佳 （1949）
　　　　　　　　邵立基 （1953）

　　第四代 　陳明華 （1928）
　　　　　　陳明偉 （1934） + 曾桂錫 (1914)
　　　　　　陳喬靁
　　　　　　陳喬慧

第三代 　陳瑤卿 Chen Yao-ching （1901-1987） + 楊信芳 （1901-1972）

　　第四代 　楊繼良 Jiliang Yang （1931）
　　　　　　楊繼偉 （1932）

　　　　第五代 　楊光華
　　　　　　　　楊紅華

　　第四代 　楊繼珏 （1929） + 封寶魁

　　　　第五代 　封亞培 （1960）

　　第四代 　楊繼琲

夏志水 Reverend Hsia Zhi-sui （夏光耀，O Kwong Tao） ＋ 畢氏

第二代　夏松壽 Hsia Sung-shou

　第三代　夏愛音 Hsia Ai-yin
　　　　　夏曉音 Hsia Xiao-yin
　　　　　夏紹唐 Hsia Ziaotang
　　　　　夏紹康 Hsia Ziaokang

第二代　次子佚名
　　　　　三子佚名
　　　　　夏松喬 Hsia Sung-chiao
　　　　　夏松藩 Hsia Sung Fan + 王桂月 Wang Kwei Yueh （王正廷姊，1876-1935）

　第三代　夏憲讀 Hsia ZiaoFong（紹芳，1899）
　　　　　夏憲講 Hsien-chiang Hsia（祖芳，1904-?) + Alice

　　第四代　　Amy Hsia
　　　　　　　Betty Hsia

　第三代　夏憲謂 Hsia WeiFong（惠芳，1910-?）+ Jessie
　　　　　夏憲選 Hsia TsuiFong（垂芳，1911-?）
　　　　　夏憲詢 Sidney Hsia En-Fong（恩芳，1920）
　　　　　夏素音 Lydia Hsia（1901-1975）+ R.N. Fox
　　　　　夏雅音 Hilda Hsia（1907-?）+ 徐寬年 Franklin K. Shore（1900-1980）

　　第四代　徐裕芬 Lillian Hsu（1932）+ 林本芝 Joseph P. T. Lin

　　　第五代　林旭光 James Lin
　　　　　　　林文臻 Carol Lin + John Willison
　　　　　　　林文采 Julia Lin + Andrew Wu

　　第四代　徐裕光 Robert Hsu ＋ Waylia

第二代　長女佚名 + 劉明之 Liu Ming-zhi

　第三代　劉錫康 Liu Shi-Kang + 王琴音

　　第四代　劉永芳
　　　　　　　劉永亮
　　　　　　　劉永珍

　第三代　劉錫瑾

第二代　次女佚名
夏美齡 Hsia Meiling + 郭秉祺 Pingchee Kuo

　　第三代　郭安錫 Caroline En-Shih Kuo（1904-2000）+ 王爾康
　　　　　　郭惠錫 Wei Sih Kuo
　　　　　　郭恩錫 Pearlie Kuo（1912）+ 王恭瑛 Kung ying Wang（王正延子）
　　　　　　郭懷恩 Wei En Kuo（1914-1932）
　　　　　　郭嘉恩 Hubert Kuo（1915-1965）+ 張慧英

　　　　第四代　郭志齡 Henry Guo + 梁寶璇
　　　　　　　　郭志椿 + 余竹卿

　　第三代　郭承恩 Cheng Eng Kuo（1917-?）+ 陳芸琴

　　　　第四代　郭志平
　　　　　　　　郭志昊（1946）+ 張美南（1943）
　　　　　　　　郭志瑾（1947）+ 姚志軍（1941）
　　　　　　　　郭志瑜（1947）+ 江宏（1943）

　　第三代　郭誠錫（1919-?）+ 顧敬曾（1913-2002）

　　　　第四代　顧祖芬（1945）
　　　　　　　　顧祖融（1948）

　　第三代　郭敏錫（1920-?）+ 戴家冀（1911-1998）

　　　　第四代　戴玲（1946）

第二代　夏美月 Hsia Meiyu + 王顯華 Wang Shih-hua（1880-1935）

　　第三代　王爾康 Daniel Wang（1905-1969）+ 郭安錫

　　　　第四代　王元吉 Jean Wang
　　　　　　　　王元弘 Cecilia Wang（1934）+ 徐元幹 Yuen Kan Hsu（1930）

　　　　　　第五代　徐芝韻 Carolyn Hsu（1960）+ Rene Balcer（1954）
　　　　　　　　　　徐芝敏 Christina Hsu（1964）+ 沈維凱 Kenneth Shen（1964）
　　　　　　　　　　徐芝慧 Claudia Hsu（1967）+ 宣棟 Christopher Suan（1966）
　　　　　　　　　　徐芝文 Connie Hsu（1970）+ Thomas Haynes

　　　　第四代　王元皓 Emily Wang（1937-2003）+ 劉炳權 Ping Chuan Liu（1933）

第五代　劉子明 Paul Liu
　　　　劉子文 Steven Liu

第四代　王元光 Daniel Wang（1936）+ Angie Perez

第三代
王心康 Samuel Wang（1903-1979）+ 湯鳳美
王琴音 Jing Yin Wang（1907-1970s）+ 劉錫康 Liu Shikang

5

以商養學

鮑哲才牧師及其後人

百年老店商務印書館（下稱「商務」）曾是遠東最大的出版機構，不但是中國最早的現代化企業之一，透過出版，在當代中國教育普及化亦扮演著重要的角色。商務的八位創辦股東中有六位都是美國「長老會」（American Presbyterian Church）早期華人牧師鮑哲才的子婿，是商務最初二十年的奠基者。後人除協辦商務之外，在各種民族實業中亦佔有一席位，如五洲西藥、浦東電力、上海商業銀行及中國旅行社等，在抗戰時救活了數以萬計的兒童，支持對美貿易，支撐戰時經濟。在商務以外亦「以商養學」，資助及經辦上海清心男女中學數十年；開創中國第一家現代化大學——東南大學及上海商科大學（現上海財經大學）；出掌杭州之江大學（Hangchow University）、南京金陵大學（University of Nanking, 現南京大學）及上海復旦大學等，把管理學引入香港，在菲律賓創建亞洲第一所管理學院亞洲管理學院。鮑氏在菲的後人成為各業翹楚，維護華人權益之餘，更以金融會計推動台灣經濟發展，促進中菲關係，回饋祖國。

左：鮑咸昌女鳳林嫁薛敏老婚禮時商務一族（鮑、夏、張、郭、郁、謝、高七家成員）合照。圖中最右站立男士為高鳳池，其左男士為郭秉文，郭左旁為其妻鮑慇，鮑慇左為郁舜英；郭右上角為鮑咸昌。圖中最左站立男士為張石麟。

第一代

一族長老：鮑哲才

　　要講這個商務一族的故事便一定要從長老會講起，因為長老會所辦的清心堂、清心書院及美華書館是商務其中六位創辦人的搖籃，他們在這三處信教、結識、讀書、共事、結為姻親到成為主事人；而印製《聖經》的美華書館是中國出版業龍頭，在舊上海閘北，與創辦人的家、商務的印廠及長老會的教堂相鄰，教會、家庭與商務可謂融為一體。

　　教會如何會跟商業扯上關係？首先是經費上的需要，單靠信徒捐助是不足夠的。再者《聖經》及詩章需要印刷，做出版是很自然的延伸。美國《財富雜誌》（Fortune，創辦人 Henry Luce 亦是在華傳教士之子）1935年的 1 月號曾經將美國教會及其所辦的學校及醫院，排列為美國在華最知名的商業機構，在美孚石油、泛美航空、花旗銀行之上。又指出美教會在華的總投資比所有其他國家的總和還要多，每年匯款的金額左右中美貿易平衡。由於傳教士懂華語，又不計較「上山下鄉」，美孚石油最初入華便招用不少前傳教士做銷售員，包括期後曾任上海工部局及美商會長的美孚大班蘭牧（Verner G. Lyman）。教會中人從商者亦不少，比如鮑牧的恩師范約翰牧師自己的女婿易孟士（Walter Scott Emens，1860-1919）就開辦通順洋行（W. S. Emens & Co），而英、美煙草在華首家代理老晉隆洋行 Robert Mustard 亦是長老會牧師之子。查實美國商人來華先於傳教士，美國基督教會來華的先驅裨治文（Elijah Bridgman，1801-1861）便是由虔誠的美商奧立芬（David W. C. Olyphant，1789-1851）一手促成並資助起居，裨治文所辦教會在華首份刊物 Chinese Repository 的經費亦是由奧立芬承擔，[01]而當年牧師帶容閎留美，亦是由奧立芬資助，乘坐其同孚洋行的商船 Huntress，與滿倉茶葉一同抵美，可見教會、教育與商業從一開始便是一脈相承。

　　商務一族的第一人鮑哲才（Tsih Dze Bau 或稱 Tsih Dzae，Tsih Dye，Bao Tsih Dzee，1833-1895），別字華甫，祖籍浙江寧波鄞縣，生於道光十三年（1833 年）。寧波天一閣收藏的鮑氏族譜記載，他的父親叫明誠，四子中哲才居長，弟哲寶出嗣叔父明立，另有三、四弟哲乾、哲坤。寧波是「南京條約」中被迫五口通商的港口之一，1844 年正式開埠，次年美國長老教會便派費城醫生麥嘉諦（Divie Bethune McCartee，1820-1900）[02]到寧波建教堂及醫院，並且成立在華首家學校——崇信義塾（Ningpo Boys' Boarding

School），十多歲的哲才應該是最早進入該校就讀的學生之一。這所學校實行全男生寄宿制，書本、醫療、膳食費用全免，以吸引華人家庭送子入讀，希望藉此傳教。鮑哲才就是在麥嘉諦妻舅 Henry V. Rankin（?-1863）堅毅的傳道下決志信教。他同學中，有謝元芳及郁忠恩（U Cong Eng, 1841-1904，其妻盧氏之母替麥嘉諦打住家工），這兩人後來跟他一樣成為牧師，而且三方結為姻親，後人共建商務及長老會。長老會在寧波建校的同時，亦將他們早一年在澳門成立的花華聖經書房（Chinese and American Holy Book Establishment）搬到寧波，1858 年起由曾在費城及紐約印《聖經》的愛爾蘭裔教徒姜別利（William Gamble，1830-1886）主理。出版宗教刊物之外，亦出版科學書籍，如麥牧所撰寫有關天文地理的書本。鮑哲才肄業後到書房做排字工人，所以他是商務一族中第一位接觸出版印刷的人。

1860 年第二次鴉片戰爭，「天津條約」容許傳教士到上海租界以外傳教，長老會亦派遣來自美國東北部緬因州的范約翰（John Marshall Willoughby Farnham，1829-1917）與妻子范瑪利（Mary Jane Farnham）到上海，當時太平天國戰亂引致大量難民兒童來滬避難，於是范氏夫婦亦在大南門外陸家濱創辦學校，收養這批難童，並定名清心男塾（Lowrie Institute），以紀念籌款最得力的婁理華夫人（Mrs. Reuben Lowrie）一家。[03]次年裨治文去世，其夫人返國將學校交由范瑪利接辦，易名清心女塾（Mary Farnham's School），兩所學校早年所有校務及教學都由范氏夫婦包辦，而長老會在上海的第一家教堂——清心堂（South Gate Church）亦是在清心書院開始，信徒也大多是清心書院的師生。

正當范牧準備大展拳腳之際，美國南北戰爭爆發，長老會內部分裂加上資金絀，於是將清心男、女塾都改成半工讀，際以維持。學生除負責照顧自己起居之外，男生須參與種植園藝或印刷，女生則學刺繡針織。據范牧回憶，學校半工讀制最初不受歡迎，皆因其他教會學校學生都有傭工照顧，入讀清心的多來自貧苦家庭，但他們能學得一技之長。[04] 配合這個發展，姜別利亦於 1862 年將花華易名美華書館（American Presbyterian Mission Press），並帶同鮑哲才等幾名技工，將書館搬到上海，在牧師克陸存（Michael Simpson Culbertson）家旁建廠。但鮑哲才對傳道興趣高於出版，最後由啟義的教師丁韙良（William A.P. Martin, 1827-1916）教授讀經（exegensis），范約翰教神學、與書館同事黃文瀾（Wong Vung

01　Kenneth Scott Lattimore, *The History of Early Relationship Between the United States and China*, 1784-1844 Yale University Press, 1917.

02　麥嘉諦二十歲賓州醫學院畢業，兼任美駐寧波領事，1861 年親赴南京遊說洪秀全以保寧波基督徒不受侵擾。後到日本任東京帝大教授及中國駐日代表。其養女為首位華裔留美女醫生金雅妹。

03　美國長老教會源自蘇格蘭並建基於美國開國首都費城，婁家亦是來自費城的蘇格蘭人。婁理華（Walter Macon Lowrie, 1819-1847）為參議院議員之子，被海盜殺死。其弟婁理仁（Reuben Lowrie, 1827-1860）亦於 1887 年到華傳教，1900 年義和團事變中，保定府大屠殺及後出任長老會中國理事會主席。

04　《清心兩級中學校 70 周年紀念冊》，1940。

lan）同時成為牧師。[05] 美華在姜別利的管理下發展一日千里。薑別利在中國印刷技術發展上作出很大的貢獻，他發明用電鍍法製造漢字鉛活字銅模，比以往的手工雕刻字模省時省力及更為清晰，而美華亦大量生產及出售七種大小的宋體鉛字給其他報社及印刷商，稱為「美華字」。他還發明元寶式排字架，將漢字鉛字按使用頻率分類，並按照部首排列，提高了排版取字的效率，為中國印刷業長期沿用。

在上海扎根之後，1869 年 1 月，長老會派鮑氏夫婦帶領德人史密德（Charles Schmidt）往蘇州，娶華人為妻的史密德亦成為首位成功在蘇州落籍的外籍傳教士。史密德原本在幫清廷打太平軍的戈登將軍麾下當僱傭兵，直至 1873 年因故離開教會，但他的著作 *Way of Salvation* 則在教會中流傳。[06]

雖然鮑哲才成為牧師後專心傳教，建立起近一百二十個信徒的南門清心堂，但他仍有參與出版事業。1875 年，他便與范牧創立《小孩月報》（*Child's Paper*），《花圖新報》（*Chinese Illustrated News*）。1878 年他與兩位恩師范牧及丁牧、林樂知（Young John Allen，1830-1907），顧詠經及吳虹玉（見第一章黃家）創立上海聖教書會（Religious Tract Society），專門編印佈道單張與小冊子。1888 年，范牧將美華的管理權交予費啟鴻（George Field Fitch，1845-1923），[07] 同年鮑牧亦卸任清心堂收師。

鮑牧到 1890 年代身體欠佳，但仍不忘傳道，直至 1895 年 1 月 27 日病逝，終年六十二歲，離他的子婿創立商務僅兩年。[08]

Bau Family
第二代

分工合力、奠基出版界外交名宿：
商務印書館創辦人鮑咸恩、鮑咸昌、夏瑞芳、高鳳池

鮑牧與妻林氏（1837-1885）育有三子三女，全部都進清心就讀。長女鮑大姑（佚名）畢業後留在清心教書，嫁清心男塾畢業、在電報總局學堂任電報及英文教習的張蟾芬。鮑牧三個兒子畢業後進美華書館，長子咸恩（Yee Ung Bau，1861-1910）學刻字，次子咸昌（別字仲言，Yee Chong Bau，1864-1929）學排字，而三子咸亨（Y. H. Bau 1867-?）則學印刷。由於美華是當時中國最大最先進的印刷機構，鮑氏兄弟在美華半工讀學印刷時吸收到行業知識，同時亦結交了兩位特別要好的同學——夏瑞芳（Zoen

Fong How，1871-1914）及高鳳池（Vong-Dz Kao，1864-1950），夏更娶他們的妹妹翠玉為妻，由摯友變成姻親。他們幾個年輕人每周在清心堂做完禮拜之後，都會到城隍廟旁的湖心亭飲茶，或上館子吃飯，席間無所不談。[09]

夏瑞芳別字粹芳，祖籍青浦，出身寒微，父親是攤販，母親在上海替范牧打住家工（范氏夫婦育有六女一子，全部都在上海出生），他則留在家鄉放牛。據説他十歲那年因思念母親，跑到江邊遊説船夫載他到上海，最後母親亦把他留在身邊，而范牧則介紹他進清心讀書。至初中便因為要養家而輟學。最初清心校長薛思培（John Alfred Silsby，?-1939）介紹他到同仁醫院做學徒，但很快他便發覺沒有學術根底的他在醫學界發展有限，所以轉到《文匯報》學英文植字，及後轉到《字林西報》（North China Herald）成植字部主任。

高鳳池別名翰卿，上海人，十一歲喪父，在美華書館任華人經理。據高鳳池的「本館創業史」文中回憶，1896 年夏瑞芳跟鮑家老大咸恩同在愛爾蘭人 Henry O'Shea 創辦的《捷報》（China Gazette）工作，O'Shea 脾氣壞，夏瑞芳與咸恩工餘大吐苦水，與其受洋人的氣，倒不如自立門戶創一番事業。當時清政府在甲午戰爭慘敗後被迫割讓台灣予日本，民族士氣高昂，各地亦吹起辦新式學堂之風，教育改革對印刷業帶來商機。而他們在報界及教會都有人脈，要每月接一些單張印刷的生意應該不難，於是決定辭職創業辦印刷工場，仍在美華打工的高鳳池則在背後支持。由於各人積蓄有限，開業資金所需的四千元籌備十分緊張，可幸姐夫張蟾芬找來他在電報總局的同事沈伯芬出資一千元，成為最大單一股東。沈伯芬跟長老會完全無關，是個天主教徒，他的父親是蘇松太道署（即清代上海、蘇州及江蘇啟東一帶的地方政府）的法文翻譯，薄有家財，委派艾墨樵作代表。而鮑咸昌娶父親同學兼同事郁忠恩的長女郁舜英為妻，他亦找來妻舅郁厚坤參股，到最後集得 3,750 元，每股計洋銀 500 元。沈伯芬認有兩股，其餘鮑咸恩一股、夏瑞芳一股（由其夫人向裨文女校的同學貸得資金）、鮑咸昌一股、徐桂生一股、高翰卿半股、張蟾芬半股、郁厚坤半股。由於高氏日後亦成為咸昌的親家，[10]因此除沈、徐兩位股東外，其他股東可謂全由鮑氏家族壟斷。[11]由於公司最初的業務焦點是印製商用文件，如記簿及傳單等，鮑家大姐（張蟾芬太太）建議取名「商務印書館」，英譯「Commercial Press」，於是 1897 年 2 月 17 日，

05 "Their Work Do Follow Them" by JWM Farnham, *The Church at Home and Abroad*, Vol 1, p.288, 1887; Jubilee Papers of the Central Presbyterian Mission 1844-94, p.59.

06 "Historical Sketch of Soochow Station" by Rev GF Fitch，*Jubilee Papers of the Central China Presbyterian Mission 1844-1894*, p.62.

07 *Minutes of the General Assembly of the Presbyterian Church*, Vol 11, p.129, 1888. 費啟鴻子費佩德（Robert Ferris Fitch）為杭州之江大學第四任校長，另一子費吳生紀錄南京大屠殺。

08 *The Church at Home and Abroad*, Volume 17-18, p.163, 1895.

09 有説鮑氏兄弟與夏瑞芳在清心男塾已認識，但是鮑氏兄弟比夏瑞芳年長七及十歲，雙方是同學的機會很微。

10 高氏女高斐君嫁鮑咸昌長子慶林。

11 高鳳池：〈本館創業史〉，收自《商務印書館九十五年》，北京商務印書館，1992。

商務在江西路德昌里的小作坊正式成立。創業資本僅足夠買少量印刷機，夏瑞芳一家亦住在樓上，鮑氏兄弟管印刷，夏則負責到各學校推銷。成立不久，高鳳池亦向美華辭職加入商務，對此美華主持人費啟鴻非但沒有介懷，並對他這幾個學生創業十分支持，而翌年商務亦取得天主教《格致新報》及維新派《昌言報》的代印業務。

十九世紀末的上海經過半世紀的開埠已發展成華洋夾雜的十里洋場，有興趣學英文以便吸收外國知識或與洋商租界官僚溝通者眾，好像夏氏自己便將英文姓氏由通用的「Hsia」改為「How」，方便跟外國人做生意，而由於他在清心時學的英文有限，他每晚亦會讀多份英文報紙進修。當時市面上只有幾本由外國人編著的純英文讀本，大部分華人都看不通，市場觸覺敏銳的夏瑞芳覺得出一本有中文註解的英文讀本必定有市場，於是於 1898 年請來翻譯專才的姻親謝洪賚（Zia Honglai，1873-1916）註譯市面上暢銷的印度英文讀本（Indian Readers），中文取名《華英初階》。

謝洪賚是前述鮑牧同學謝元芳牧師的長子，他的妹妹謝羅大下嫁鮑咸昌妻舅郁厚坤，因此與鮑家關係密切。謝洪賚幼通詩文，於 1892 年自蘇州博習書院（即日後的東吳大學）畢業後留校助校長潘慎文（Alvin Parker）翻譯數理書本，1895 年隨潘到上海中西書院任教授，並為報章翻譯外國新聞。商務印了二千本《華英初階》，由夏瑞芳到各學校推銷，結果二十天內售罄。《華英初階》的成功，令商務成功由印刷商進化為出版商，夏亦再接再厲，同年請謝洪賚註譯第二集《華英進階》六冊，往後謝又和教友顏惠慶編印英文課本和英文詞典，奠定了商務在教科書的基礎。而謝的弟弟賓賚亦加入商務工作。

鮑、夏並非文化人，但他們理解到任何生意要辦得成功，產品的質素很重要，而他們亦在技術及內容兩方面分工合作，尋求突破。1900 年，透過紗莊商人印有謨（錫璋，1863-1915）介紹舉債一萬元收購日資築地活版聚文印刷局，吸收日本人的技術及器材。在內容方面，夏瑞芳發現有些新書由於翻譯質素差而銷路欠佳，於是找盛宣懷辦的南洋公學譯書院代譯，但仍無法解決問題，令他察覺到有自立編譯所的必要。無獨有偶，與夏交涉的譯書院院長張元濟與監院的美國人福開

夏瑞芳與家人合照。

森不咬絃，辭職跟蔡元培辦報交由商務代印，夏便遊說張元濟入股並負責籌建編譯所。1901年公司增資2,3750元，張元濟及印有謨加入成為股東。夏的出版方針與張相若，以「吾輩當以扶助教育為己任」及「從教育著手，改變中國，變法圖存」為宗旨。而張編輯的《最新初小國文教科書》風行全國，行銷十萬餘冊，奠定商務在教科書市場的地位。1906年清廷批准的小學教科書一百零二種中，有五十四種出自商務，佔了逾半市場。夏亦支持言論自由，當包天笑向他推介翻印已被殺頭的「戊戌六君子」譚嗣同遺作《仁學》，夏的回覆是「沒有關係，我在租界，不怕清廷」。[12]

1903年，日本明治時代四大教科書出版商之一金港堂（Kinkodo）的東主原亮三郎（Hara Ryosaburo，1848-1918）有意在華辦分行，透過當時擔任上海三井物產經理的女婿山本條太郎（Yamamoto Jotaro，1867-1936，後來曾任南滿鐵路總裁）向在紗廠生意上有來往的商務股東印有謨接洽入股事宜。對於金港堂入股的冀圖，研究商務歷史的史家有一說法是，因為金港堂在日的一宗貪污案而導致一批員工要出走，商務正好可以吸納這批人才。從商務幾位創辦人的角度來說，引入日資可同時引入技術與資本，有助他們大展拳腳。幾番討論之後批准了金港堂的入股，並於同年11月19日簽定合約，雙方各出資十萬元，將商務改組為股份有限公司。[13] 按中國法律，夏氏出任總經理，日方只選任監察一人。

日資入股後資本擴大了一倍，商務亦在寶山路購地建新廠（1907年落成），引入技術及日文編譯專才。1904年商務創辦《東方雜誌》創刊號以「啟導國民聯絡東亞為宗旨」，很快成為全國最暢銷的雜誌，發刊一萬五千份。同年郁厚坤的弟弟厚培進館從事技術工作，1907年更被送到日本學習印刷技術。在日方的技術協助下，商務成為中國首家採用五彩石印及三色版的印刷商。1905年公司接盤直隸官書局，成立商務北京印刷分廠。

1906年，清末四大藏書家浙江吳興的陸心源（香港亞非紡織陸增鏞兄弟先人）兒子樹藩生意失敗，將父親的藏書出售，當時商務僅有二十萬資本，夏氏願以八萬元收購，雖然最後落入日商手上，但這一次交易可以顯出夏氏重視文化的本質。1907年，夏瑞芳在清心的校友黃楚九（後以大世界遊樂場聞名）見日本仁丹在中國暢銷，邀請夏氏及項松茂合組五洲藥房（International Dispensary），生產「龍虎人丹」。

1908年，商務聘請陸費逵（1886-1941）任國文部編輯，同年出版第二本期刊《教育雜誌》並由陸出任主編。到這個時候商務已成為一家頗具規模的現代化企業。1909年組成董事會，到1910年，商務旗下有一千員

12　包天笑：《釧影樓回憶錄》，山西古籍出版社，1999。

13　樽本照雄：〈辛亥革命時期的商務印書館和金港堂之合資經營〉，《大阪經大論文集》，2001年3月。

工，佔全國圖書市場率達三、四成。除圖書外，出版五本雜誌，公司資本達一百萬元，盈利達二十萬墨銀，並引入大儒嚴復等成為新股東；[14] 而所有部門主管都是基督徒，員工亦有六成信教，由於這個因素，長老會華人自立運動的領袖俞國楨牧師於 1916 年在商務印書館附近的寶通路 340 號新建較大的西式教堂，取名為閘北自立長老會堂，方便在商務打工的教徒，長老會亦對商務的成就引以為榮。商務幾位創辦人亦不忘長老會的恩惠，其中夏瑞芳出任清心中學聯舊會長，並與襟兄張蟾芬及銀行家、革命家沈縵雲一起代表舊生出任清心中學堂的校董，高翰卿亦任副會長。1910 年除夕，鮑哲才的三位公子及三位女婿六人合資在清心校園內捐建以鮑牧命名的思鮑堂（Bau Memorial Hall）落成，當時清心下學期已有一百零八名學生，[15] 到 1915 年這所禮堂已不敷應用。

但正當事業處於高峰之際，為人慎重謹細的大哥鮑咸恩積勞成疾，於 1910 年因肺病逝世，由二弟及三弟接掌印刷所的事務，而這時亦有傳言夏瑞芳拿用公款炒賣橡皮股票失利，結果導致公司損失甚巨。[16] 1912 年，商務的重臣陸費達自立中華書局，成為強勁的競爭對手，不久陸更招納夏氏的心腹沈知方及其弟季方（據高鳳池稱，夏跟季方關係比跟幾個妻舅襟弟還要好；後來沈氏兄弟再從中華跳出來開辦世界書局）[17] 入中華，夏委任鮑家老三咸亨取代季方管理文件，但連失三要員對商務的打擊頗大。中華書局對外不斷針對商務有日本資本，宣揚中國人應該用中國人出版的書，這亦成為 1914 年夏瑞芳回購日股的根源。1914 年 1 月 6 日經過兩年數十次討論後，夏與日方簽定退股協議。[18]

1914 年 1 月 10 日早上，上海各大報紙《申報》等刊登商務向金港堂收回日股，重新成為全華資企業的啟事。下午六時，夏瑞芳步出棋盤街的發行所，剛踏上等候他的馬車，突然背後有人向他開槍打中其心側要害，即時倒在地上血流如注，送往仁濟醫院搶救不及去世，終年僅四十二歲。夏瑞芳被刺殺不但在中國甚至是海外都非常震動，《紐約時報》亦作報導，出殯時隊伍達二千餘人之多。夏的車伕胡有慶在暗殺現場捉到兇手王慶瑞，王供出他是由周輯雲收買（王亦於 2 月被處決），但在逃的周只有二十五歲，是個住在父親家中的學堂教習，既無動機，亦無能力籌得巨款買兇殺人，幕後主腦實另有其人。

據夏瑞芳的女兒夏璐德回憶，當年商務曾收過恐嚇信，友人都勸夏瑞芳搬到租界的匯中飯店（Palace Hotel，現和平飯店南樓）。[19] 而《申報》亦於 1 月 15 日報導說，商務寶山路的印刷所救火皮帶近忽被人用刀割破，而夏在遇害前數日亦接到一恐嚇信索銀數萬兩，否則「定有惡報」。夏

瑞芳被殺的原因有幾個版本：第一個版本是日本人所為，因為股權回購一事心中不忿，借殺人來洩憤並謀奪商務。但這一個版本可能性不高，皆因日資在未回購時已因公司多次增資而屬少數（時股本已達一百五十萬元，日方只佔股本 25.2%），夏被殺之後日資亦未有冀圖收購。第二個版本亦是較多人相信的版本，是當時的滬軍都督陳其美，1914 年進館的胡愈之甚至說當時是陳其美手下的蔣介石是執行人。[20] 陳其美於 1913 年 7 月在上海發動反袁，欲佔閘北福州會館作司令部，一說夏與絲商吳子敬、丁汝霖等社區商業領袖不想戰事在閘北發生影響他們的生意，於是暗中勾結英、美租界工部局，派兵駐紮閘北入口處並扣起革命軍大批軍火，令陳被迫改駐吳淞後起義失敗，陳大感不忿派人將夏殺掉。此說受當時的商務董事會主席鄭孝胥（即後來投敵當偽滿洲國總理的福州大儒）認同，他在夏遇刺當日在他的日記中寫道：「此即黨人復閘北授扣軍火之仇」。亦有人推測當時革命黨常向商人招募經費，夏氏不允（當時他的財政狀況亦不佳）而陳氏借他作例殺一儆百迫其他商人出資。[21]

陳其美的侄兒陳立夫在回憶錄中雖然沒有承認夏瑞芳為其叔父所殺，但他說夏氏是袁世凱支持者，並拿著大批鈔票遊說應瑞號戰艦不要支援陳其美的肇和艦，結果導致起義失敗，未幾被暗殺，語氣有點像他覺得夏氏應有此報。[22] 但這一講法不合邏輯，因為夏氏的友儕中包括不少反袁義士，雖然他以一介商人沒有明確站出來靠哪一邊，但若果他是袁黨中人，他死後不會獲反袁鬥士章太炎挽聯，亦不會有國民黨元老蔡元培為他作傳。客觀而言，他為的是保住自己的事業，保住眾多教徒工友的飯碗，不幸地在當年南北混戰派系鬥爭中成為犧牲者。

為了紀念這位創辦人，商務董事會曾擬在外灘為夏瑞芳立銅像，但他的遺孀鮑翠玉覺得先夫若在世的話，他會寧可將銅像的錢用在窮困的家鄉青浦辦學，商務亦遵照夏夫人的意思在青浦捐建了夏氏小學。夏瑞芳的外孫江成賢回憶，雖然其外公死了，但他對商務的影響力及精神仍在，他記得小時隨父母參觀商務的總部，辦公樓內掛著巨大的夏瑞芳畫像。從研究商務的歷史中，筆者覺得夏氏可能因為早逝，功績被他的繼承人張元濟及王雲五蓋過，而且有些學者覺得夏、鮑等幾位創辦人只是滿手油墨的印刷工人，沒有張、王的學術管理，商務的影響力不會如此

14　*Missionary Review of the World*, Vol 34, 1911.

15　"1911 Annual Report of the Presbyterian Church in the USA", *Board of Foreign Missions*, p.163.

16　此點有爭論，史家汪家熔說不蝕反賺四十萬，但從張元濟書信等資料顯示，夏氏為公司蝕了錢要分期攤還。

17　民國六大出版社除中華及世界出自商務外，開明的章錫琛及大東的沈駿聲亦曾分別在商務編輯部及發行部工作。

18　Elizabeth Kaske, *Politics of Language in Chinese Education 1895-1919*.

19　Ruth How Kuo, *I Remember My Parents*, 1965.

20　《胡愈之文集》，第 70 頁。蔣確實曾於 1912 年替陳其美暗殺革命黨人陶成章。

21　1916 年孫中山派鈕永健向張元濟籌款資助二次革命，他以夏氏之死為鑑以個人名義捐出五千元。

22　*The Storm Clouds Clear Over China: The Memoir of Chen Lifu 1900-93*, Hoover Press, 1994, p.229.

深厚，但反過來可以説，若單靠張氏一介官僚學者，而沒有夏氏的商業智慧，商務是辦不起來的。如果沒有夏瑞芳的雄才偉略，就沒有張元濟的加入，正如夏的創業夥伴高鳳池便在商務創業史中説「瑞芳先生的長處，是善於識人用人，膽魄眼光遠大」。

鮑翠玉四十一歲守寡，九名子女最大的獨子夏鵬才十七歲，最少的璐敏僅三歲，她為了支持各子女留學及償還丈夫欠公司的債務，將有十二間房的寶山路大屋租出及股票抵押，辛苦地將九名子女養大成材。但雖然財政緊絀，對丈夫青浦的鄉親她仍是有求必應，晚年更將青浦兩名女孤兒收養視如已出。[23] 她的外孫史濟良記憶中的外婆晚年大部分時間臥病在床，有大批醫生護士照顧，包括夏鵬的好朋友、當時上海最有名的牛惠霖、牛惠生兄弟。但她晚年兒孫滿堂尚算安慰，1932 年日軍炸閘北，她將大宅借出作救護醫院，舉家搬到愚園路居住，閒時拉洋琴誦經，至 1938 年 6 月去世，享年六十五歲。

夏瑞芳未過身之前，公司內部已開始分成以張元濟為首的「書生派」及以鮑家親戚為主的「教會派」，但由於夏氏宅心仁厚，各方勢力得到平衡。他遇刺之後，眾人初推張元濟繼任總經理，後來以股權計算，由印錫璋接任、高鳳池副之。印氏翌年 11 月便在日本過身，高鳳池補上。但由於高鳳池與張元濟水火不融，館內三所（編譯所、印刷所及發行所）各自為政。1917 年，在公司旗下和記圖書任經理的夏家青浦親戚魯雲奇虧空公款七千元，高主張私下解決，張則堅持要依法辦理，最後夏瑞芳夫人向張求情事件才作罷。雖然張元濟覺得作為公司出納的張蟾芬沒有嫌疑，但他認為張蟾芬缺乏會計知識水平絕對是公司一大漏洞，有見及此，他推薦編輯徐珂剛留學歸來的兒子徐新六出掌會計，但高鳳池以「留學生不可靠」為由推卻，徐日後確為可造之材，成為浙江興業銀行的老總。高又去信張稱「子承父業者天經地義」，鼓勵鮑家子弟進館工作。內憂之餘，公司的外患中華書局竟趁 1919 年「五四運動」期反日情緒高漲，翻炒日資入股的舊事以廣告傳單攻擊商務，王仙華曾經找史量才出面調停未果，最後商務告上租界法庭，由謝洪賚妹夫及郁厚坤連襟、曾任上海律師公會主席的留英大律師丁榕（Alexander Y Ting，字斐章，1880-1957）出任代表律師，結果勝訴，並獲賠一萬元，董事會決定將該筆款項捐贈給公司於 1907 年為員工子弟所辦的尚公小學。

1920 年，鮑咸昌從高氏手上接任總經理兼任印刷所長，張高改任監理，慈溪長老會長老王秉剛之子顯華（仙華，1880-1935）及詩人李拔可（宣

襄）任經理。翌年張蟾芬正式退任會計，由專家楊端六接替。

　　從 1922 年《商務印書館同人錄》可見，這時由鮑咸昌擔任所長的印刷所完全由鮑家親屬控制：副所長是他的妻弟郁厚培及長子慶林，西文書記股是其外甥夏鵬，材料部是妻弟郁厚坤，庶務部主管是厚坤的妻弟謝賓賓，監製印墨股科為其侄鮑慶甲，彩印落鉛皮部主管是襟弟翁學雷，管理建築為其侄鮑慶壽。[24]

　　1924 年 8 月 21 日早上，鮑咸昌從寶通路寓所出門，被持槍劫匪意圖綁架，他極力反抗被匪徒向其左臂開槍擄上車，後借機從車上跳入河中脫險，大批警員追捕綁匪，最後一警察中槍斃命而匪徒被警方包圍之下吞槍自殺。鮑咸昌由牛惠生治理，雖他傷勢不重，但猶有驚悸，而當時他的家人在莫干山避暑被召回上海。[25] 遇襲之後，鮑咸昌的健康一蹶不振，翌年「五卅慘案」引發各地罷工潮，商務的發行及印刷所均受影響，而當時館內罷工中央執委委員長，正是日後成為中共領導人陳雲。據鮑的外孫陳農文憶述，鮑咸昌雖然是嚴肅但人亦很仁慈，而高鳳池則稱這位拍檔兼親家遇襲前為人「活潑爽快」，遇襲後則變得無日安寧。1929 年 11 月 9 日，鮑咸昌因心臟病去世，享年六十六歲，董事會為他設立建念碑，並向遺屬贈金二萬五千元。

　　鮑氏三兄弟中以幼弟，人稱「三鮑」的咸亨至為低調。他原在海關工作，後進入商務任職多年，工餘是任清心堂長老，與商務總編輯酈富灼（Fong F. Sec）同任青年會理事。猶太地產大亨哈同的華裔養子中的老大羅友蘭（Eddy Loo）在元配徐氏過世後，娶咸亨的女兒鮑鳳桂為繼室。羅友蘭與髮妻生三女，分別為舜英、舜芝及舜華；鮑鳳桂為他添丁，據羅舜芝（嫁余東璇九子經驥）撰寫的英文回憶錄 *Shanghai Sisters* 敘述，她這位後母長相奇怪，對她三姊妹至為刻薄，是典型邪惡的後母，她的姐姐更曾與她大打出手。但據名中醫陳存仁的回憶錄，當年咸亨及鳳桂父女關心員工福利，請他為員工醫病，後來又把他介紹給岳母羅迦陵到愛儷園會診。

商務家族的教育家群：
鮑翠鳳夫婿郭秉文及其親屬後代

　　上述參與商務技術管理方面的鮑牧後人，市面上多本有關商務的書籍都以技術管理給鮑氏族人定了位，但事實上鮑牧後人中有不少成為傑出的學者及教育家，對商務的文化生產亦有莫大貢獻，這裡筆者希望從

23　此據其女夏璐德回憶文章，但鮑老太的兩位外孫則只知有一養女名為蔣婉珍，未婚前與夏長女瑪莉同住，1940 年代嫁劉姓人家，文革時被下放到西北，現年八十多歲住在寧波。

24　商務除創辦家族外有不少兄弟班同在公司工作，如杜亞泉、杜其堡及杜就田，包文德及包文信，許篤齋及許善齋，莊俞及莊適等。

25　《華字日報》，1924 年 8 月 27 日，第 6 頁。

他們的故事帶出新的角度。

鮑牧的么女鮑翠鳳是清心女塾首屆畢業生，1906 年 8 月 24 日舉行全國首次女校畢業典禮，同時畢業的有華靜貞及商務營業部任職的葉潤田夫人（佚名），都投身教育，他跟郭秉文結婚後更名鮑懿。

郭秉文（Dr. Ping Wen Kuo）別字鴻聲，江蘇江浦人，生於上海，父親是一位醫生，任長老會教堂的長老。1896 年畢業於清心書院，留院任教一年，1908 年赴美到俄亥俄州 Wooster 大學升學，期間曾任留美學生會長，學生會月報主編及基督教學生會總幹事；1911 年得文學士，到知名的紐約哥倫比亞大學師範學院，師從近代知名教育、哲學及心理學家杜威（John Dewey，1859-1952），[26] 1914 年以《中國教育制度沿革史》（*The Chinese System of Public Education*）[27] 一文取得博士學位。返國後不久，受南京高等師範學校校長江謙之聘，出任剛成立的南高教務長。1918 年 3 月江謙病退，郭任南高代理校長，1919 年 9 月正式繼任校長。劉伯明（於1923 年 11 月病逝，即星洲企業家陶欣伯夫人劉光藜之父）為副校長兼文理科主任，哥大校友陶行知為教務長兼教育科主任。[28] 此時的南高，已經是南方最高學府。1920 年 4 月，郭秉文提議在南京籌建國立大學；9 月他上書教育部，建議將南高校址及南洋勸業會舊址作為大學校址；12 月經北洋政府正式批准，大學定名為國立東南大學，在南高成立東南大學籌備處，請蔡元培、王正廷及張謇等十八人組成校董會，他任首任校長。1921 年 9 月，東南大學正式成立並開始上課，設文、理、教育及農工四科，並將 1917 年成立的南高商科搬到上海，設上海商科大學，為國內首家商學院（即今上海財經大學的前身），亦由郭兼任校長。

美國洛克菲勒基金會派專家來華調查，贊同東大的辦學方針，捐贈三十萬美元幫東大建造科學館，郭秉文又成功遊說時任江蘇都督的直系軍閥齊燮元捐建東大圖書館，不幸這亦成為他日後倒台的導火線。東大聲譽很快便建立起來，在國際教育界受到關注，國際教育會東方部主任評價國立東南大學為「中國最有發展前途的大學」，「將來之發達，可與英國牛津、劍橋兩大學相頡頏」。1923 年 3 月，郭秉文任中國首席代表，參加第一次世界教育會議，被推選為世界教育會副會長兼亞洲地區主席，之後連任三屆，同年夏天又獲上海聖約翰大學頒贈名譽法學博士。

郭秉文，夏璐德：由甥舅到夫婦。

　　南高及東大的成功，師生資質之優非常重要，當時郭秉文透過自己的人際關係，延攬了五十多位頂尖的留學生當教席，南高及東大師生有許多日後著名的學者及教育家，包括陳衡格、楊杏佛、胡剛復三兄弟，又有後來當四川大學校長任鴻雋、浙江大學校長竺可楨、清華大學及中央大學校長羅家倫、交通大學校長茅以升、重慶大學校長何魯、雲南大學校長熊慶來、中正大學校長胡先驌、武漢大學校長周鯁生、中央大學及交通大學校長吳有訓、燕京大學校長陸志韋、聖約翰大學校長涂羽卿、北京大學校長馬寅初、清華大學校長葉企孫、中國科學技術大學校長嚴濟慈等……所以稱郭秉文為校長中的校長絕不為過。東大亦開中國國立大學男女同校的先河，後來當香港新亞書院校長的吳俊升及倪亮伉儷便是東大同班同學。除高等教育外，在郭、陶二人的倡導和支持下，南高與東大附屬學校推動基礎教育現代化，促成整個中國現代教育體系。其中，教育科俞子夷主持南高附屬小學，推行新教育，試行設計教學法；廖世承主持附屬中學，試行現代中學教學法，開創中國「六三三制」中、小學制。而教育科陳鶴琴主持的東大教育科實驗鼓樓幼稚園，則為中國最早的幼兒教育實驗中心，其創設的教學體系後來在全國推廣，開創中國的幼兒園教育事業。

　　1924 年，正當郭秉文和東大在教育界如日中天之際，直系在北洋政府失勢，國民黨的汪精衛、吳稚暉和李石曾發動倒郭行動，借郭得直系軍閥齊燮元資助，誣告他是直系人物，推動當時剛打敗直系的皖系控制北洋政府於 1925 年 1 月 6 日突然免去郭秉文校長職務。消息傳出，師生、校董震怒，以集體退學力爭，展開「護長運動」。事件爭吵到 2 月底，郭秉文深知政治險惡，又怕學生受到傷害而悄然離校，當月掛冠而去。先是赴美考察教育，在芝加哥大學擔任講座教授，接著到英國參加世界教育會議。東大學潮與易長風波歷時長達三年之久。1927 年 8 月東南大學改組為第四中山大學，1928 年 2 月更名為江蘇大學，因師生反對要求更名為「南京大學」而於 1928 年 5 月定名中央大學，直至 1932 年羅家倫出任校長，才安定下來，及至 1949 年更名為南京大學至今。1926 年 5 月 26 日，郭秉文及哥大老師杜威及門羅（Paul Monroe）在紐約創立對中華文化交流有重大貢獻的華美協進社（China Institute in America），並任首任社長，至 1930 年他才回國，交由孟治主理。1932 年在上海創辦中國國際關係研究所（The China Institute of International Relations），擔任所長並發行英文中國季刊（*China Quarterly*）。1931 年他獲外甥夏鵬的邀請出任上海信託公

26　胡適、張伯苓、蔣夢麟等皆為杜威學生，胡適之子取名思杜即為紀念杜威。
27　哥倫比亞大學於 1915 年出英文版，1922 年商務出版該論文的中文版。
28　陶行知即是與晏陽初齊名的平民教育家。

司總經理，次年其外甥婿黃漢樑出任財長，邀其出任中國海關稅務局總稅務司職務，開始其官職生涯，往後再述。

因為妻子鮑翠鳳及與清心書院的關係，郭氏與商務一直關係密切，曾位列董事局多年。1914 年在他返國未到南高上班以前，更曾被商務印書館聘為總編輯幾個月，協助翻譯《漢英雙解韋氏大學字典》（*Webster's Collegiate Dictionary*）。1923 年在美國出版「韋氏字典」最出名的米林公司（Merriam Publishing）擬在中國自設英漢字典，但發現市面上商務版本已廣為流傳，於是聘律師控告商務侵犯版權，商務又再派出自家親戚兼法律顧問丁榕律師答辯，並派經理王顯華（郭弟弟的連襟）出庭作證。王指出要譯此書，第一需錢，第二需人，外國人是決不能做到的，現時能者亦惟有商務。最後法院於同年 9 月 21 日認為美方公司不能提出充分證據，證明其在中、美兩國境內獲有版權，僅以商務版與美國原版字典有相同圖案的說明書罰商務賠償一千五百兩白銀，可以繼續發行商務版《韋氏》。

郭秉文在商務的著作是家族式合作，比如 1935 年的《雙解實用英漢字典》（*A Practical English Chinese Dictionary*），他與侄婿李培恩及兄長的連襟李登輝校長任主編，兄郭梅生及其女美德及兩女婿阮潤桓和王箴則擔任助理編輯。這裡要解釋一下郭氏兩兄弟娶兩位跟鮑家關係密切的名牧千金所延伸出去的關係。

郭秉文的長兄郭秉鈞（梅生）在郵政局任職之後進入商務，曾任發行所長。1925 年上海「五卅慘劇」，《東方雜誌》印特刊，梅生曾被有關部門扣留。1944 年他與周昌壽一同升任協理，前後服務商務廿多年。工作之餘他亦熱心教育，曾出任浸信會在閘北辦的小學、初中、明強中學及晏摩氏女中等校的校董會主席。郭秉鈞的太太是清心堂首任華人牧師湯執中（Tong Tsaeh Tsoong，1847-1903）的三女寶琳（1878-?）。寶琳亦為清心女校畢業生，二十二歲嫁郭秉鈞並為他生七子女，為懷恩堂教友及女青年會董事。湯牧年少被教會救出，二十五歲送到濟南讀神學，一說 1885 年或 1877 年成為清心校內清心堂首任華人牧師，[29] 1908 年過身後由李恆春繼任，到 1926 年交棒給湯牧的幼子湯仁熙，仁熙在任廿四年，此時教堂已遷出清心校園，仁熙在此之前曾任青年會總幹事多年。湯執中的太太黃珊卿在（1851-1922）清心女校畢業，與夫侍奉教會三十多年，有南門天使之稱，共育有六子女，其中五女湯藹林嫁王正廷的弟弟王正序（見第四章王家），四女湯佩琳（Helen Tong）則於 1907 年嫁比她年長

十五年、後來成為復旦大學校長的李登輝（Teng-Hwee Lee，又名騰飛，1873-1947）。李登輝是印尼華僑，耶魯 1899 年畢業後曾經在檳城英華書院當英文主任，也曾和林文慶醫生在那裡合辦過私立英校但不太順利，便於 1904 年前往上海。到了上海，他加入基督教青年會，並且積極籌組「寰球中國學生會」，當會長超過十年。據說他返國初期不諳中文，清心女中畢業的湯佩琳成為他的中文老師，日久生情結為夫婦。1906 年，他出任復旦公學的教務長，兼授英、法和德文等科目。1913 至 1916 年繼馬相伯成為復旦公學校長，1917 年復旦升格為大學後續任校長直至 1936 年因不願干預學生抗日運動被國民黨迫其辭職，掌校政近三十年，任內奠定了復旦名校的地位，他亦不辭勞苦利用自己的南洋華僑人脈為學校籌款。[30] 湯佩琳為李產下四子女不幸全都夭亡，1931 年病逝，李登輝懷念她終身不再娶，又在校園建佩琳療養院。雖然李登輝在 1913 年做過中華書局英文主編，但他一生寫過三本書，都是與商務合作，自 1926 年 6 月起出版其《李氏英語修詞作文合編》，抗戰時為指定大學一、二年級英文教材；1935 年又與郭秉文及李培恩合編《雙解實用英漢字典》，半年之內已印八版。

郭秉鈞的大女郭美麗（Amelia Kwoh，1900-1996）嫁給杭州之江大學校長李培恩（Baen Elmer Lee，1889-1958）。李培恩為土生杭州人，1910 年於之江大學的前身育英書院畢業生，1911 至 1917 年在郵局任職。1917 至 1920 年在商務印書館任編輯，同時也在上海東吳法學院學習。1921 年獲芝加哥大學商業行政管理碩士；1922 年獲紐約大學工商管理碩士，回國後曾在商務印書館主持一所商科函授學校，並兼任東南大學、暨南大學等校的教授，在當時商科教學方面頗有聲譽。1931 年國府要求所有教會學校立案，之江第四任校長費佩德（1873-1952，即費啟鴻子）離職，李氏繼任校長直至解放為止。之江的前身就是鮑、郁、謝三牧就讀的寧波崇信義塾，1867 年搬到杭州易名育英書院，1914 年成為之江大學，1931 年改名之江文理學院（Hangchow Christian College）。1935 年，學校大學部學生為 534 人，中學部 180 人，共 714 人，是為學校的鼎盛時期，其中老師中頗多名士，如郁達夫、蔣禮鴻、王震、顧敦柔等。到了 1937 年 11 月，日軍逼近浙江，杭州告急，之江師生一千多人不得不先行撤離到富陽，後改水路沿江而到屯溪，最後在屯溪校董會決定提前遣散師生。1944 年冬季，之大又遠遷至重慶，在校友會的說服下，與東吳、滬江大學合作，成立三校聯合校政機構來管理學校各項事務。1946 年春，學校回到杭州，次年李培恩

---

29   *Chinese Recorder*, 1887, p.481；湯寶琳撰〈五世基督教家庭〉一文。

30   如印尼糖王黃奕住捐建奕住堂（現校史館），印尼紡織輪胎大王及中總主席陳大江（Sukanta Tanudjaja）的祖父陳性初捐建女生宿舍等。

獲選為中國基督教學校募捐委員會執行幹事（主席為金陵女大吳貽芳），同時他亦為杭州扶輪社社長，1948 年學校恢復大學名號。1949 年 5 月 3 日，杭州宣告解放，他讓校長一職予黎照寰，改任中華聖經會總幹事。1951 年大學被浙江文教廳接管，遣散美籍教員，並於次年將學校分拆併入不同院校。由於他的宗教及政治背景，他被拘捕入獄，最後於 1958 年 6 月死於獄中。[41] 他的外甥童競昱為之江畢業生，1952 年在浙大任土木工程系教授直至退休。

郭秉鈞的次女郭美息（Mei-Shih Kwoh，1905-1994）嫁王箴（Chen Wang，1899-1994），王是江蘇江陰人，清華畢業後入讀麻省羅威爾紡織工業學院獲化染系學士，再到密芝根及康奈爾攻讀碩士及博士學位，1932 年創立中國化學會，並在二十年間任交通大學、浙江大學及廈門大學化學系教授，又曾在襟兄李培恩執掌之之江大學任化學系主任，1952 年起在上海工業局任職，為中國化纖工業的奠基者。由於他精通五國語言，他的著作繁多，解放後商務出版的一系列化學教科書都由其編寫，又為《化學世界》雜誌總編逾四十年，1958 至 1984 年任上海市化學化工學會副理事長兼秘書長。郭美息跟王箴的兒子王建中，1933 年出生，十歲開始彈鋼琴，1958 年畢業於上海音樂學院作曲系，後留校任教，歷任教授、副院長等職。主要作品包括《雲南民歌五首》、《百鳥朝鳳》、《梅花三弄》等鋼琴音樂，現今國際知名的鋼琴家郎朗便是由他發掘及鼓勵下出國。

郭秉鈞的三女郭美德（Maida Kuo，1907-2007）自滬江大學畢業，與熊希齡夫人毛彥文同獲獎學金到密芝根大學功讀教育碩士，1930 年畢業後返國曾任教於姨丈李登輝的復旦大學，是她介紹毛彥文到復旦教書，後任培城女中教導主任，振粹小學校長，並曾為上海女青會長。她的丈夫阮潤桓（Jack Yuen，1908-1988）是她的密大同學，阮為夏威夷土生華僑，自密芝根大學取得法學博士後返國執業，曾任東吳大學法學教授，解放後到香港任美資友邦保險法律顧問多年，1960 年成為國際獅子會港澳區首任總監，又是衛理公會香港教區長老，郭美德則任北角衛理學校校董會主席，晚年移居加州。他們的兒子阮安臨娶香港恆生銀行創辦人何善衡的

之江大學校長李培恩（左）點收美國
Davidson 學院捐贈的圖書。

千金何慶奇為妻。

郭秉鈞的七子郭錫恩（Edwin Kwoh，1916-2011），1938 年自之江大學畢業，後從美國普林斯頓大學取得神學士，並於 1946 年從紐約哥倫比亞大學取得教育博士，論文為《留美中國學生》。在哥大時他結識了在芝加哥大學唸碩士的加州華僑鄧如鴑（Beulah Quo，1923-2002）並於 1946 年 8 月在加州結為夫妻。[32] 當年金陵女大校長吳貽芳作為中國代表到紐約參加聯合國會議，認識了在哥大進修的錫恩，吳貽芳邀請他畢業後返國出任金陵總務主任掌管行政，太太則當社會系講師。幾年後他們又移返美國，郭在羅省經營進口批發生意，並參與創辦遠東國家銀行（現為台資建華銀行一部分）及充任總裁黃仲元（名劇作家黃哲倫之父）的顧問，又擔任義工組織 Volunteers of America 的董事近三十年。鄧則在社會學院教英文，1955 年荷里活開拍在香港取景改編自韓素音自傳式小說的 *Love is a Many Splendoured Thing*，聘請了她當女主角 Jennifer Jones 的中文口音導師，從此與演藝界結緣。往後數十年拍攝過多部電影電視劇，最出名是在長編連續劇 *General Hospital* 中扮演祖母管家角色，並為首位獲艾美獎提名的華裔女演員，又以好友黃宗霑紀錄片奪得艾美獎。他們的長子郭志明是美國的移民法權威，為南加州亞太法律中心（APALC）的執行主任及總裁，1998 年曾獲加州律師雜誌頒年度律師獎，並成為首位獲有「天才獎」之稱的「麥克阿瑟基金學人獎」的亞裔律師，曾任加州大學法律教授並為百人會的成員。

郭秉文的另一弟弟郭秉祺，又名滌生，在海關工作，太太夏美齡是寧波夏光耀牧師的千金，商務經理兼發行所長王顯華太太夏美月的姐妹。王顯華是慈溪長老會長老王秉剛的兒子，除商務以外代理派克筆（Parker Pen）致富，但不幸五十多歲便心臟病發亡。長子王心康（Samuel Wang，1903-1979）早年送美留學，後在 1940 年代末期出任清心男校校長，曾任北堂執事，解放前夕去美。他娶遠親湯仁熙牧師的侄女，郭秉文妹秀娟的長女湯鳳美（Irene Esther Tong）為妻，[33] 湯鳳美在上海時為清心堂婦女服務團長，又為上海美專鋼琴教師，同事包括名小提琴家馬思聰，名作曲家黃自等，學生包括後來成為名音樂教授康謳；妹妹湯絢美更是上海交響樂團多年指揮 Mario Paci 的入室弟子。王顯華次子爾康在四行儲蓄會任經理，娶表妹郭安錫（秉祺女）為妻，使郭家跟王家親上加親，文革時不堪受辱墮樓身亡。

31　之江大學的名譽董事長為孔祥熙，另宋美齡及王正廷均為名譽校董。

32　鄧如鴑將丈夫的英文姓氏由「Kwoh」改為「Quo」，因為她常被人誤會她在「KWOH」電台工作（電台多為四字母，以 K 字頭）。

33　郭秀娟丈夫早殤，全名叫什麼後人都弄不清，筆者推測可能是「湯承熙」，秀娟後來改嫁王裕光醫生。

Bau Family
第三代

創業難，守業更難：
中國電影先驅鮑慶甲及壯志未酬的鮑慶林

在商務創辦人第二代中，大鮑的兒子鮑慶甲最先歸隊，而甚少人提及的是，在他的領導下商務是中國電影史上早年的龍頭公司之一，開拍劇情片早於有「電影之父」之稱的黎民偉，他亦是開創後來蜚聲國際的中國武打動作片的第一人。鮑咸恩跟兩位妻子王氏及曹氏育有四子，分別為正鐸，正惠，正聰，正律。正鐸（即鮑慶甲）居長。話說 1917 年，一位美國商人原本打算在中國開拓電影事業，但出師未捷已花光所有資本，交際科長謝賓賚以三千元買下器材，並交由印刷所照相製版部。[34]

得到這批器材，鮑慶甲向叔父鮑咸昌及張元濟建議組成活動影戲部，並聘請曾任基督教會報刊編輯的陳春生任主任，請喜好戲劇的裝訂部工友任彭年當助手，廖恩壽為攝影師。最初商務拍攝的電影以紀錄短片為主，主要是延伸公司推廣教育的方針，拍成的片子包括《歐戰祝勝遊行》、《東方六大學運動會》、《約翰南洋比賽足球》、《軍艦下水》、《國民大會》及《西湖》等片。1919 年底，美國環球片場導演 Henry McRae 抵滬拍攝《金蓮花》（Dragon's Net）一片。Henry McRae 希望在亞洲將該片沖曬，但資金有限，於是向商務建議，以教育他們的員工關於電影製作，拍畢後以廉價售賣器材作為酬勞，將該片交由商務處理，商務接納這個安排，派任、廖兩人跟著他們拍攝，從而得到荷里活電影拍攝的技巧及電影市場的運作。1920 年董事會正式批准成立影片部，派照相製版部所長郁厚培及鮑慶甲赴美考察。郁厚培到美國後採購了器材，同年 5 月在編輯室空地建玻璃影棚，拍下了梅蘭芳的京劇短片《天女散花》及《春香鬧學》等，為梅氏首部電影作品。同年任彭年執導了一套名叫《車中盜》的短片，該片以火車劫案為故事大綱，內有連場追逐武打動作場面。這套片是中國首部動作電影，但據傳商務內有人覺得這種片內容胡鬧沒有教育性，叫任氏不要再拍。[35] 任氏離開商務後繼續他的武打電影，1930 年代以《關東大俠》系列聞名，其妻鄔麗珠亦是武打女星，到港後以俠女片出名。其女為鳳凰左派導演任意之，演員高遠為其婿，是蔣仕和侄，在中港電影四十年間定下了武打片

1930 年代，於上海極司非而路 40 號住宅花園內，前排左起：暨南大學校長何炳松、張叔良、張蟾芬、李拔可、張元濟、王雲五、郁厚培；後排左五鮑慶林、左六史久芸、左八為潘光迴、右三丁英桂、右五李伯嘉。

的地位，亦是大導演李翰祥的啟蒙恩師。

　　1921年，洋行買辦陳壽芝組成中國影戲研究社，向商務建議開拍關於他舊交、年前因殺一舞女而被處死轟動上海灘的墮落買辦閻瑞生，由陳自已演閻氏。這部由商務製作、楊小仲編劇、任彭年執導的《閻瑞生》成為中國首部劇情長片，票房非常賣座，展開了中國電影新的一頁。1922年陳春生將《聊齋誌異》中《嶗山道士》改編成《清虛夢》一片，在任氏的執導下該片為中國第一部有特技效果的影片。1926年春，商務決定將影片部改組為國光影片公司，由鮑慶甲出任經理，由楊小仲任製片主任兼編導。但當時中國電影市場競爭已轉向白熱化，黎民偉兄弟組成民新公司，邵醉翁兄弟又組成天一公司，除此之外還有十多家公司如雨後春筍般加入市場，在缺乏支持之下，國光拍了《母之心》、《不回歸》及《馬浪蕩》三片便於1927年結業。

　　「中國動畫之父」萬籟鳴兄弟第一次接觸電影便是在商務美術及電影部，為商務工程師舒震東發明的第一部中文打字機於1922年初創製動畫廣告片，為中國首部動畫廣告片。此外有「東方Fairbanks」之稱的早期動作及魔術明星張慧沖及張惠民兄弟、[36] 名監導汪福慶、名攝影師周詩穆、名演員洪警鈴等電影從業員都是在商務開始他們的電影生涯。鮑慶甲在國光結業後便銷聲匿跡，張元濟年譜中關於他的最後一次紀錄，是他於1931年5月與表弟夏鵬、堂弟慶林及姨丈郭秉文等當選董事，連筆者訪問的多位親屬都不知其最後歸宿，鮑慶甲這位電影業先驅被淹沒在歷史的洪流中。

　　安插大哥兒子鮑慶甲進館之外，鮑咸昌亦積極培育自己的長子鮑慶林（正帆，Ching-ling Bau，?-1944）接班。鮑慶林於聖約翰大學畢業後到美國中西部伊利諾州大學就讀，後再轉到明尼蘇達大學。鮑慶林長得高大，由於在約大已經踢足球，到明尼蘇達後亦出任校隊足球守門員，隊長是來自約大的潘文炳（Wen Ping Pan）及黃元道（Yuan D. Wong），三位是明大校內的體育明星。[37] 在留美期間，鮑慶林亦出任由學生主辦的《中國留美學生月報》協理，吸收出版業的經驗。1917年畢業後，亦返商務印刷所，1922年更委任其為副所長，這一事反對家族式經營的張元濟曾經致函鮑咸昌表示不滿。1926年，張元濟升任董事局主席。1927年，商務收購創辦人的前僱主長老會操控的美華書館。同年經理兼發行所長王顯華辭職，夏瑞芳之子夏鵬補上。

　　1929鮑咸昌去世後，眾董事同意由鮑慶林出掌印刷所，但總經理一職卻有所保留。兩位經理李拔可及夏鵬都是繼任老總的當然人選，但夏

34　王漢倫：《感慨話當年》，中國電影出版社，1984。

35　Zhen Zhang, *An Amorous History of the Silver Screen: Shanghai Cinema*, University of Chicago Press, 2006, pp.209-210.

36　張慧沖是世家子弟，曾在教會辦的麥倫書院肄業，為阮玲玉夫張達民之兄。

37　"Chinese Athletes Shine at Minnesota", *The Brooklyn Daily Eagle*, December 10, 1916. p.18。潘文炳為明大首位華人學生，1913年馬尼拉遠東運動會十項全能第一而成為中國首位亞洲體育冠軍。

鵬無意，而張、高兩人都覺得李氏詩人性格未能主持大局，最後張元濟代表董事會、夏鵬代表總務處邀請剛離職數月的編譯所長王雲五回巢繼任總經理。王氏再三推辭，但結果在邀其出任編譯所長的高夢旦及夏鵬兩人合力相勸之下就任，商務亦進入王雲五時代。王出掌商務有兩個條件，一是取消總務處合議制；二是先花半年時間訪歐、美、日多國拜會亨利福特及麥美倫圖書等大企業考察科學管理。[38] 王雲五返國赴任之後，設立第四所研究所，在全國有支館三十六處，員工達四千五百人，鮑慶林及張蟾芬女婿潘光迥任協理，慶林並兼任考工科長，人事尚算安頓下來。但正當商務事業推向高峰之際，1932 年「一二八事件」，商務總館、印刷所、藏書四十六萬冊的東方圖書館、閘北堂以及無數員工的家園被日軍炸毀，業務幾乎停頓。公司董事會選出常委三人王雲五、夏鵬及鮑慶林收拾殘局，決定於 8 月 1 日復業，由北京及香港分廠日夜趕工應附新學年的教科書。在政府的全力支持下商務得到重建，1935 年重僱近四千名員工，而 1931 年到 1937 年間出版達四千多種五千多冊，達到日出新書一種的產量，比被炸之前還要多。1938 年上海淪陷之後，王雲五走到大後方（由長沙到香港再到重慶）出任官職，而夏鵬則赴美，留下慶林與日本人周旋。

1941 年日軍進入租界封閉上海商務，鮑慶林與精通日語並且是日軍駐滬司令官小川在東京帝大同學的商務協理周昌壽（1891-1948）向日方交涉，最後財產獲發還，並許可繼續出版發行業務，護產有功的周氏亦於 1941 年正式升任經理。王雲五從重慶命令，不准向汪偽政府註冊，集中舊版圖書，這一點做到了。但汪偽政權咄咄逼人，1943 年強迫商務與中華、世界、大東及開明四間書局合組中國聯合出版公司（五聯公司）。在這種環境下，鮑慶林終於 1944 年 7 月 15 日因腦溢血英年早逝。和平後，政府向商務高層追究五聯公司這段歷史，王雲五雖說因從政而辭職，但亦以該事為萌生去意的重要原因之一。[39] 鮑慶林的岳丈、商務四大創辦人之一的高鳳池則於 1950 年 5 月 31 日病逝，享年八十七歲，為創館股東最後過身的一位，逝世前仍為公司的董事，見證了一甲子的風雲變更。

金陵大學首位華人校長：
鮑咸昌女婿陳裕光及其親屬後代

除了鮑翠鳳及郭秉文一家外，鮑翠鳳二哥鮑咸昌一房亦培養了不少校長、教授，其中次女鮑鳳菊（Bella Bau）嫁給自小青梅竹馬、長大後成

為金陵大學校長的陳裕光（Chen Yu Kuang，1893-1989）。陳家跟鮑家是鄞縣同鄉並且是四代長老會信徒，祖上已有通婚，陳裕光的母親姓鮑名敏，父親陳烈明所辦的陳明記是南京首家西式及最大的營造商，與陸根記、陶馥記及新金記合稱四大金剛。陳裕光在四子中居長，在南京長大，鮑鳳菊在蘇州知名的景海女中讀書，但由於姨丈郭秉文在南京當校長，兄長鮑慶福又在金陵唸書，所以時常到南京，跟裕光墮入愛河。1905 年裕光入衛理會於 1888 年創辦的南京匯文書院（1910 年更名為金陵大學）附屬中學成美館（現金陵中學）求學，1911 年畢業考入南京金陵大學化學系，於 1915 年畢業，因成績優異，1916 年由金陵大學選送到美國哥倫比亞大學深造，攻讀有機化學，1922 年獲博士學位。留學期間，曾擔任留美中國學生會會長，並參加美國化學會，1919 年他創辦了《中國留學生季刊》（中文版）、《留美中國學生月刊》（英文版）。本著「教育救國」的理想，1922 年夏回國，先後擔任北京師範大學化學系教授及系主任、教務長兼學校評議會主席、代校長。1925 年受聘金陵大學化學系有機化學教授。1927 年 3 月北伐軍在南京與外國人衝突，金陵大學副校長文懷恩博士（J. E. Williams）被一士兵殺害，隨後英美軍艦在長江江面上向南京城內發炮。不久以後，國民政府在南京成立，實施收回教育主權，要求外國在華大學須由中國人擔任校長，同年 10 月陳裕光被聘為金陵大學校長，是第一位於外國在華開辦大學中擔任校長的中國人。他第一時間向教育部立案，使金陵成為第一個向中國政府請求立案並獲批准的教會大學。在陳裕光的管理下，金陵三院（文、理、農）發展一日千里成為全國頂尖院校，其中他著重的農學院更是全國名列前茅，1949 年前，金大畢業生一度領導著中國農林部七個技術部門中的五個、五所國立研究所中的三所，1950 年代後在以「經濟復興」為號召的台灣農業界中，有相當部分骨幹人員是金大畢業生。1932 年，忙於校務的陳裕光出任商務出版《大學叢書》編委會委員。1937 年日軍攻佔南京，陳裕光率領師生到四川成都繼續辦學，直至八年後抗戰勝利還都。

　　1950 年 2 月，金陵大學改歸華東軍政委員會教育部直接領導。是年 10 月，陳裕光赴蘇州，到華東人民革命大學政治部研究院學習，交待歷史上與國民黨關係。1951 年 1 月 11 日，教育部決定金陵大學與金陵女子大學合併，改為公立。3 月，陳裕光學習回來，辭去了金陵大學的職位。他當了一陣華東軍政委員會教育部圖書儀器清理處主任。而金陵大學在 1952 年的院系調整後，成為南京大學的一部分，金陵大學的名字撤銷。卸下校長職務之後，陳裕光再拾起放棄二十年的研究工作，在上海的一

38　王雲五：《岫廬八十自述》，台灣商務印書館，1967。

39　王雲五：《十年苦鬥記》，台灣商務印書館，2005，第 77 頁。

個輕工業研究所當化學顧問直到退休。文革時亦受到衝擊，但相對其他人受的苦尚算輕，不過老伴鮑鳳菊在七十年代初過身。目前南京大學有裕光樓紀念他的功績。

陳裕光有四弟四妹，除四弟陳裕良青年時早亡外，不少親屬也是校長、教授。當建築師的二弟裕華為金陵文理雙學士及康奈爾土木工程碩士，1933 年繼承父業出掌陳明記，教會辦的金陵男女大學的校舍及漢中堂等教堂皆由他包辦，並在南京中央大學兼任建築系教授。其妻黃麗明為中國首三位體育系女畢業生，留美得碩士後返母校金陵女大當體育主任，後曾任明德女中校長，1936 年帶領七位女運動員參加柏林奧運，晚年與子陳農恩住波士頓，活到一百零二歲。三弟裕康亦在金陵教電子工程，跟兩兄解放後都留在國內。五弟裕耀去美當工程師，妻為沈佩蘭。妹妹及妹夫方面，長妹聖婉（嫁寧波籍眼醫林文彬）及三妹信美均任教職，二妹竹君（Mary）的丈夫是 1931 至 1948 年任金陵農學院長的章之汶（1900-1982）。章之汶自康奈爾取得農學碩士，解放前多部作品包括《美國退還庚子賠款餘額經過情形》、《農業職業教育》、《植棉學》等均由商務出版，去美當聯合國農業顧問及糧農組織副總幹事後寫的《農業推廣的理論與實踐》、《亞洲農業發展新策略》中文版則由台灣商務出版。四妹越梅（Margaret）嫁教育部次長杭立武（1904-1991）。杭立武 1923 年畢業於金陵大學文學院，1929 年獲倫敦大學政治學博士學位，回國後任國立中央大學政治系教授，曾兼任系主任。1944 年，任國民政府教育部常務次長，1946 年轉任政務次長，跟國府遷台。1953 年，參與美國教會聯合會籌辦東海大學，作為大陸十三所教會大學之延續。後又出任駐泰國、老撾、菲律賓及希臘諸國大使，兼聯合國教科文組織會議首席代表。陳裕光的子女受父親影響亦從事教育工作。裕光的下一代根據族譜排名應該是「隆」字輩，但裕光覺得「隆」字太俗氣，而他個人又以農業振

左：陳裕光與鮑鳳菊夫婦及子女。

右：1936 年蔣介石訪金陵大學，左至右：陳裕光、蔣介石、戴季陶、陳樹人。

興祖國，所以子侄改從「農」字排。據陳裕光的長子陳農文憶述，知名女作家賽珍珠（Pearl Buck）當年在金陵任教時與陳家為鄰，由於賽很喜歡他及其弟農安，所以賽最出名的大作《大地》（Good Earth，1931 年出版，1937 年後被荷里活搬上銀幕）中主角的兩個兒子便用裕光兩子的英文名 Nong Wen（即農文）及 Nong En（即農安）。農文（1964-2006）為喬治亞州 Emory 大學教授多年，並曾在太空總署工作，其妻是夏瑞芳婿王恭芳的外甥女黃卓吾。裕光幼女陳佩麗在美國一州立大學教電腦，丈夫洪漢祺則為紐約州立大學生物系教授。

鮑咸昌四女鮑鳳珍嫁在中銀做事的黃錦輝，留在大陸。三子鮑慶榮（正邦，Harry C. Bau）到香港做生意，太太鍾慧蒔（Maria Lourdes Bau）是「留美幼童」鍾文耀（Chung Mun Yew，1861-1945）的女兒，[40] 1952 年於九龍界限街創立聖德肋撒英文學校（St. Teresa's School，為天主教會的男女小學），及後搬到公主道聖德肋撒教堂旁，校徽由慶榮設計，而鮑太任校長至 1996 年退休，共四十四年，培育出的校友包括田北辰、港姐朱玲玲、影星關芝琳、苗可秀、古天樂、作曲家倫永亮及藝人林海峰等。2002 年逐步停辦，雖然田、朱等校友出力仍未能保住學校被封的命運。

鮑慶榮的獨子鮑道鈞（Robert Bau，1944-2008），天資聰穎，十六歲便考進香港大學，畢業後留美，二十四歲時便在 UCLA 取得博士，及後在南加州大學任化學系教授四十年，多年來獲教學及研究獎項無數，是國際級的 X 光及晶體化學權威，2006 年曾任美國晶體學會（American Crystallographic Association）會長。2008 年他在上海舉行的國際華人無機化學研討會捐助成立鮑氏獎（Bau Family Prize），每年獎勵一名四十五歲以下的華裔無機化學家，並借以紀念他的祖父母及父母。不幸於同年 12 月 28 日在加州因急病先於母親逝世，享年六十四歲，與前妻育有三子女。[41] 年逾九旬的鍾慧蒔晚年失去兒子及學校，打擊甚大，但她的精神仍佳，不時與舊生聚舊。鮑咸昌的長女鳳林、三女鳳美及次子慶福（正潤）到了菲律賓，在菲的後人在海外創出新天地，從商以外在教育方面一樣不遺餘力，再回饋大中華，在本章後節再講。

大鵬展翅：
夏鵬及其女兒夏連蔭

夏瑞芳被暗殺後，獨子亦是子女中最年長的夏鵬（Bang How，1896-1976）便挑起大樑。夏鵬的別字小芳（筱芳），約大畢業後赴美留學，

40　鍾慧蒔的姐姐慧廉（Mina）嫁「六路財神」梁士詒子定圃；慧菱（Waling）嫁外匯經紀韋澤賢；慧娟（Lucille）嫁歐亞裔的陳錦泉（Albert Chan），為香港音響業之父，其 Radio People 公司贊助不少古典音樂，子肇基（Bruce）近年活躍於「留美幼童」活動。

41　Susan Andrews, "Robert Bau: In Memoriam", USC, Jan 7, 2009.

1920 年自賓州大學華頓商學院（Wharton）畢業後再到哈佛大學攻讀工商管理碩士。當時賓州大學在哈佛有舊生會，在全白人包括教授的會員中選出夏鵬出任會長。[42]

1922 年夏鵬由美返滬進商務工作之前，曾去英、德兩國逗留過一年，為考察及調研印刷事業實況。在商務他首先在進口部工作、隨後在工場部任秘書、兼營業部主任的秘書。1925 年獲選為董事，同年 10 月協助平息工潮，1927 年升任經理。1932 年，商務在上海的基地被日軍炸毀，夏鵬負責重建工作，在同年 8 月 1 日復業後出任發行所的第一任所長，副所長是劉聰強和孔士諤，[43] 都是王雲五考察七國後聘請回來的留學生，對於企業經營和管理各有專長。雖然夏鵬大有能力繼承父業，但他曾兩度婉拒出任商務的總經理，第一次為前述 1929 年舅父鮑咸昌過身的時候，第二次是 1948 年 11 月，時任總經理朱經農因出任聯合國教科文組織會議首席代表而辭職，商務董事會力邀他返國繼任，但當時國內形勢不妙，商務出版事業已近乎停頓，夏拒絕，後另行推選董事陳夙之（早年留學美國，曾任中央大學工學院院長等職）於 1949 年就任總經理。往後王雲五在台經營商務，夏鵬都沒有再參與。

夏鵬對繼承家業商務有所顧忌，除了可能因為公司內部派系（包括自己的親戚）鬥爭激烈，工潮迭起以外，另一主要原因是其華頓師兄陳光甫創立的上商集團，而他在上商可以說是終身服務。1915 年陳光甫初出茅蘆，很辛苦才從六位商界名人籌得十萬元資本成立上海商業儲蓄銀行。[44] 由於最初全行只有九個員工，比一些錢莊還要小，被一些行家戲稱小上海銀行。但由於陳光甫目光如炬，經營得法，不到五年，上商已名列前茅，成為南三行之一。透過華頓校友會及世叔伯的關係，夏認識了雄才偉略的陳氏。在 1920 年代中，陳光甫邀請夏鵬出任上商董事兼監察人，負責業務拓展，尤其在保險業方面，於 1931 年 9 月與英商太古洋行合資成立寶豐保險股份有限公司（China Assurance Corporation）。這家公司為首家中外合資保險公司，商務亦入了股，由夏自己出任董事長，並由他推薦紐約大學畢業的友好朱如堂（Jutang Chu，1901-1998）出任總經理。寶豐的成功，浙江興業銀行亦跟隨與美商美亞（即友邦）合辦泰山產險。太古及上商在寶豐

夏鵬、吳思卿結婚照，右二為宋美齡。
夏、宋兩家上一代已相識。

的合作，由國內轉移到港、台，直至 1997 年太古決定脫離保險業將為止，長達六十六年，而夏介紹給陳的朱如堂後來亦成為上商銀董事長，可見夏鵬的高瞻遠矚。1934 年他參與上銀投資上海信託公司，與妹夫郭秉文（郭後再娶夏鵬妹夏璐德）、介眉、嚴叔和等同任董事。抗伐時五洲閘北廠房被日軍炸毀，夏鵬即時借出自己英租界小沙渡路（現西康路）的大宅作臨時工場。[45]

　　由於當時美國仍未對日本開戰，不能直接撥款資助。陳光甫想出了以商業貸款的形式，用四川桐油及湖南鎢礦換取軍需物資，1939 年成立世界貿易公司（Universal Trading Corporation）從中協調。他派夏鵬遠赴紐約在洛克菲勒中心國際大樓設辦公室，雖然公司名義上由美國人勞海（Archie Lochhead，1893-1971）出任總經理，[46]但實際營運由出任副總經理及主持中國進口業務的夏鵬主理，而他手下則有陳光甫女婿吳世爵（Charlie Wood）及自己妹夫應和春等。從《胡適日記》見到，當時夏與大使館的聯絡非常密切，而另一位經常聯絡者則是佔中國鎢礦九成市場的華昌公司李國欽（其餘一成由世貿公司代理）。在這段時間，夏鵬亦幫身在重慶的陳光甫不少忙，參與了滇緬公路的設計。1941 年美國正式參戰後，世界貿易的重要性降低，到戰後公司繼續出口桐油、豬鬃、絲綢，由軍備改為進口農工機械。但由於失去戰略性，業務亦開始萎縮，至 1950 年代中正式結業。解放以後，陳光甫將事業轉移到港台兩地，夏鵬則繼續留美負責世界貿易及上銀在美的業務。1951 年上銀在港分行易名上海商業銀行。韓戰爆發後，美國政府竟凍結上銀在美資產，夏鵬花了三年功夫才遊說美國政府解封。利用解封的資金，陳光甫注資上商銀，又於 1954 年在台北設立上海商業儲蓄銀行，夏的妹夫江元仁及世界貿易公司的勞海，以及妹夫林勤的堂叔林柏壽亦當選首屆董事。五、六十年代，夏在紐約的圈子包括貝祖詒、李馥蓀、顧維鈞、游建文及董浩雲等，[47]他亦熱情招待港、台上銀到美國受訓的員工。

　　六十年代台海政局穩定下來，港台經濟日益發展。1958 年夏氏獲邀出任香港上商董事，董事局除一班與夏熟悉的上海幫外，還包括跟上商旗下中旅社合辦新寧招待所的港商利孝和、利榮森兄弟。1964 年他又成為台灣上商的第二屆董事。1968 年港上商在皇后大道中 12 號的總行建成，次年引入美資富國銀行（Wells Fargo）購入 10% 股份（夏氏本身在該行佔股少於 1%），1970 年在三藩市成立辦事處，1974 年改建旺角分行為上商

42　*Harvard Alumni Bulletin*, v.23, p.184.

43　孔士鍔後任加州廣東銀行董事長，他亦替商務於三十年代著《商業學概論》、《中國國際貿易問題》等多部商科書籍。

44　七人為盛宣懷妻舅莊得之、片商施再春、以多子女聞名的商界聞人王曉籟及其岳父通惠公紗廠東主樓映齋，浙江實業銀行的李馥蓀、陳光甫及徐英卿；有傳夏瑞芳是上海銀行創行股東之一，實為誤。

45　《二十世紀上海文史資料文庫》，v3，上海書店，1999。

46　Siegfried Stern, *The United States in International Banking*, Ayer Publishing p.103, 1976.

47　《董浩雲日記》中述及夏鵬逾三十三次，而 1965 年夏亦與女蓮瑛赴東京主持董氏金山輪船下水禮。

大廈，並投資世華商業銀行。除業務上的關係之外，香港亦是夏鵬太太吳思卿（Rose Ng-Quinn，1897-1986）的娘家。吳氏系出香港一個低調但傳奇性的家族，她父親吳棟臣早年移居澳洲悉尼，幾兄弟姐妹都在當地出生。家族獨特的英文姓氏來源有兩個說法，一說棟臣為一姓 Quinn 的愛爾蘭裔人收養，另一說法是棟臣又名吳觀盛，移民官將吳觀誤以為姓，據說他支持康梁維新，並有清朝官銜，後移居香港從商，一家熱心教會事務。吳思卿兩個姐妹分別嫁給容閎的長子觀彤（Morrison Brown Yung）及華人代表韋寶珊爵士的兒子榮駱（Wei Wing Lock），[48] 榮駱是宋子文及夏鵬的哈佛校友，曾在上海做生意，思卿就是一次到上海探姐夫而邂逅夏鵬。思卿另一姐吳衛津（Violet Lucy Chan，1886-1970）即香港知名婦女領袖陳永安夫人，丈夫香山縣長陳永安（夏威夷首富陳芳長孫，廣東省長陳席儒侄）早逝，她交遊廣闊，港督都出入她在寶珊道的大宅，稱呼她做「Vi」。思卿兄長吳思豪（Sydney Ng Quinn）在哥大是宋子文的同學，與韋家辦中華國寶銀行失敗後轉業律師四十年，後輩亦出了幾位律師，與夏家後人關係親密，早年喪父的韋鎮興（Mark Wei，1918-2002）由姨丈夏鵬介紹進美國 Chubb 保險，後躍升任董事。由於夏鵬較喜歡美國的天氣，吳思卿首先搬返香港，到 1971 年起夏鵬的健康開始走下坡，而他在紐約所住的公寓被拆卸重建，他才於 1973 年正式由紐約搬到香港定居，雖然他已減低工作量，但一直掛心上商的業務。到 1976 年 6 月他被送進香港瑪麗醫院，延至 8 月 22 日去世，享年七十八歲，遺體葬於薄扶林華人基督教墳場。至於吳思卿則到 1986 才過身，晚年居住於碧瑤灣，由上商銀委派保險部一副經理照顧。夏鵬的幾位外甥都不約而同稱讚這位舅父為人慷慨，由於父親早亡，長兄為父，夏氏姊妹都尊稱阿哥，而夏鵬夫婦對所有妹妹及外甥也都照顧周到。

夏鵬是獨子，而他又僅得一女夏連蔭（Julie Lien-ying How，1926-1982），蓮瑛是她的原名，後來她覺得俗氣改名連蔭，為夏姓的最後一人，父親對這位掌上明珠萬千寵愛。由於其父母分別是上海及廣東人，

加上童年隨父母遊歷歐、美，連蔭能講流利的上海話、廣東話、國語、英語及法語，又因為父母兩家的人脈關係，自幼已跟當時的風雲人物相識，比如 1942 年宋子良迎娶席曼英，她跟顧維鈞的媳婦楊光華（Gertrude Yang，華美協進社長楊和慶醫生女兒）便是伴娘。子文長女宋瓊頤結婚時她亦是伴娘；她跟宋子安夫人胡其瑛及唐驊

四十年代的夏連蔭

千夫人亦很老友，曾在越戰時結伴到柬埔寨參觀吳哥窟及到泰北訪問國軍。其實宋家在宋耀如一代已因教會及印刷生意與夏家相識，夏鵬一代又跟宋氏兄弟姐妹同時留美，兼且跟子文又同為蘭集社友，連蔭父母結婚時便由宋美齡當伴娘。她幼時在上海中西女中就讀，後隨父母經香港到紐約讀中學，在名女校 Vassar 三年即畢業，之後曾到紐約茱莉亞音樂學院進修音樂（她跟八位姑姑一樣精於音樂，彈得一手好琴）及巴黎索邦大學（La Sorbonne）深造，在華盛頓當過空軍上將毛邦初的秘書。但最終她發現自己最喜歡的是歷史，於是考進哥倫比亞大學攻讀中國歷史碩士，導師正是她日後研究上的主要合作者韋慕庭（Clarence Martin Wilbur，1908-1997），而她亦是韋最早的碩士生。韋教授建議她研究中共創辦人陳獨秀，[49] 在 1949 年她寫成論文《陳獨秀的政治思想》，僅參考書目便有十五頁之長。

夏連蔭在哥倫比亞大學畢業之時正當國共交替，不少中國學人留在美國待業，美國國會撥款大學延聘這批學人，韋教授亦獲資助搜集及翻譯重要國共文獻，遂延聘剛畢業的連蔭監督三名中年學人進行研究，首項工作圍繞 1927 年蘇聯使館搜獲的一批中共文獻。話說 1927 年 4 月，張作霖的奉系政府搜查北平蘇聯駐華使館，拘捕了中共另一創辦人李大釗等共產黨員的同時亦檢獲大批中共及蘇聯駐華顧問團的文件。這批文件輾轉落入哥大及史丹福大學胡佛研究所手中。經過數年的翻譯研究，韋與連蔭於 1956 年將資料結集出版《關於共產主義、民族主義及在華蘇聯顧問的文件》（Documents on Communism, Nationalism and Soviet Advisers in China 1918-1927）一書。[50]

1958 年韋氏跟曾任南開校長及國府經濟部次長的何廉教授（Franklin Ho，1895-1975）組織一個口述歷史計劃，採訪一些民國名人，希望較全面地紀錄近代史，得到「福特基金會」的贊助。記憶力強、人脈廣博、人緣極佳及會多種語言的夏連蔭第一時間成為該計劃的主要搞手。[51]

在紐約，她與同事唐德剛走訪外交家顧維鈞，由連蔭負責採訪童年至留學部分，資料於 1976 年正式公開。

她那時採訪的另一位要員便是 1950 年赴美的 CC 系領袖陳立夫。陳立夫的叔父是涉嫌謀害夏連蔭祖父的陳其美，據夏連蔭丈夫憶述，當年她有問陳立夫關於祖父被害一事，但立夫總避而不答。而據陳立夫自述，當年他初到美國沒有收入，舊交何廉介紹他寫哥大回憶錄，而哥大於 1958 年 11 月開始派夏連蔭每星期到其家中訪談並吃午飯，維時一年。

48　韋寶珊爵士為港大首屆畢業生，後負笈哈佛大學，為網球冠軍，並參加戴維斯杯與約克公爵（即現英女皇父親）打球，曾與宋子文合辦聯華銀行，又與襟兄容觀彤在港採礦，皆失敗，又以英文著《麻將理論》（Theories of Mahjong）一書，1935 年離奇浮屍紐約赫遜河上。其妻子及兒子鎮興亦是網球好手。

49　陳獨秀 1921 年曾任商務名譽編輯。

50　C. Martin Wilbur, China in My Life: a Historian's Own History, M.E. Sharpe, 1996.

51　"History-makers taped – Recording talks with key Chinese figures", South China Sunday Post-Herald, Feb 3, 1963; "In Memory of Julie How Hwa" by Martin Wilbur.

當時陳立夫只有五十多歲，有一天夏連蔭對他説：「你年紀還輕，我現在到香港訪問一些年紀較大的元老」，就此中斷了數年，及後斷斷續續到夏連蔭結婚之後完全停工，最終僅完成十分之一，八十年代由其他人完成。[52] 夏連蔭 1960 年到香港首先訪問的對象是她的親戚外交家王正廷（其姑丈王恭芳的叔父，翌年他即辭世），繼而於 1960 年 12 月到 1961 年 6 月訪問夏連蔭稱為「Uncle」的陳光甫。1965 年她完成了國共都反的青年黨領袖左舜生（Tso Shun-sheng）的訪問，接著於 1967 年訪問鐵軍軍長張發奎。據她的丈夫華仲厚回憶，張氏是夏連蔭眾多受訪者中最喜歡的一位，她跟張作訪問共四百次（其他人平均三十至五十次），訪問紀錄長達四十萬字一千多頁，為研究軍閥混戰，國共合作到解放後在港第三勢力的重要參考資料。這份作品於 2008 年由鄭義翻譯校註成《蔣介石與我：張發奎上將回憶錄》。韋教授説夏連蔭很懂得引導老人家説故事，她亦會毫不猶豫地根據自己知道的史實跟被訪者對質，而説服能力強的她更成功遊説孔祥熙、張發奎、陳光甫及左舜生將珍貴的私人檔案捐給哥大保存。[53]

夏連蔭在戰時曾跟一個來自上海廣東籍黃姓家庭的男子訂婚，但最終沒有成事。由於父親擇婿標準嚴謹，加上她本身亦很挑剔（據説她的好友何懷祖夫婦曾給她介紹一位在抗戰時當過兵的朋友，作為史家的她毫不留情質疑此君的作戰紀錄）延至 1971 年夏天，四十五歲的連蔭才與抗戰時在紐約已認識，僑居泰國，比她大八歲的華仲厚（泰名 Bil Z. Hwaphongchai，1918）結婚。1940 年自麻省理工畢業的華氏出身無錫顯赫十幾代的望族，無獨有偶，竟是中華書局的大股東之一，與連蔭絕對是門當戶對。華仲厚的父親華繹之是無錫知名資本家及中國現代養蜂之父，與無錫名門薛家、唐家及榮家都有多層姻親及生意關係，而榮家不少事業都找他投資，華仲厚的兄長華伯忠更因此與榮德生的女兒指腹為婚。[54] 華氏戰時被中國空軍招聘在紐約採購物資，與未來岳父的世界貿易共用一個辦公室，一次蘭集聚會在夏鵬家中首遇連蔭。1947 年他返國，在空軍及中國航空（CNAC）任職數年，解放後他到泰國定居，成為泰國空調冷藏業的先驅，為客籍富商葉賢才及美資美國貿易公司工作多年，至 2001 年才退休。婚後，由於丈夫居泰以及年邁的父母已搬返香港居住，夏連蔭開始穿梭於紐約、曼谷及香港三地。1973 年她罹患癌症，開始減少口述歷史的工作，但仍長途跟韋教授合作寫了第

華仲厚（右邊白髮者）拜訪香港親友：其左為黃翊民，其右為夏璐敏。

二本書。為了不讓年邁的母親擔心，她一直把病情隱瞞，延至 1982 年逝世，享年僅五十五歲，第二本著作 *Missionaries of Revolution* 在她死後由韋教授完成出版。華氏對連蔭念念不忘，年逾九旬每年仍到處飛，而且思路清晰。每年他有一半時間在曼谷，三分一時間在家鄉無錫。唸工程的他在那裡花了十七年時間及逾百萬美元將文革時受破壞的無錫家祠華孝子祠八大碑文重修；其餘時間則到香港、台灣及紐約探望親朋，到紐約時他必定到 Ferncliff 墳場為連蔭掃墓，在那裡亦葬有連蔭的三位姑媽，及眾多跟她做過口述歷史、她稱呼為「old boys」的風雲人物——孔祥熙、顧維鈞等。

夏家八千金，風雲八姑爺

夏夫人鮑翠玉最愛在清心堂彈風琴、唱聖詩，在她的薰陶之下，八千金都有音樂造詣，茱莉亞音樂學院（Juilliard School）畢業的滬江音樂系主任 Ruth Bugbee 便曾於 1930 年 12 月號的茱莉亞校刊 *The Baton* 中介紹八千金的音樂成績。雖然夏家每星期都到清心堂做禮拜，而八千金的英文名都是費佩德起的，但她們都沒有進清心女中，反而進監理會辦的中西女中（McTyeire School，1952 年與聖瑪利亞女中合併成上海第三女子中學）。其中二、三、四小姐於 1927 年與三位中西同學，上海灘名律師朱斯蒂的千金朱琴珊、朱珍珊及朱心珊（後嫁夏家八小姐璐敏丈夫黃宣平的兄長開平）坐同一艘船出國留學，為一時佳話。[55]

夏瑞芳的長女取名瑪莉（肖梅，Mary Mo-li How，1900-1957）在波士頓 Simmons 學院沒有畢業便返國，兄母情急之下招納曾在上銀供職的青年才俊黃漢樑（Han Liang Huang，1890-1974）為婿。黃氏做過幾十年銀行家，但在中國近代史卻以做了兩個月的財長而聞名。由於妻子的關係，黃亦曾出任商務董事兼監察人（另一為浙江興業銀行葉揆初），並介紹張元濟予各方金融人士。祖籍福建的黃漢樑幼習國學，後入清華學校，成為第一期學生，畢業後先後入美國密芝根大學、普林斯頓大學；1918 年在系出猶太財閥的稅務經濟學大師 Edwin R. A. Seligman 指導下從哥倫比亞大學獲博士學位（Seligman 的另一位華人博士生是有光緒進士銜、後在港創立孔教學院的立憲派陳煥章），並寫成 *Land Tax in China* 一書，旋即獲上海銀行聘任為國外匯兌處主任。1923 年，在星馬辦和豐銀行（Ho Hong Bank）的林秉祥兄弟銳意將業務伸展到中國及外匯，重金禮聘黃漢樑協

52　"The Storm Clouds Clear Over China: the Memoirs of Chen Lifu", *Hoover Press*, 1994, pp.228-229.

53　其他參與口述歷史的名人包括李宗仁、胡適、李書華、吳國楨、黃郛夫人、李璜等。

54　伯忠妻為輯芙名 Virginia，即榮德生女，榮毅仁妹，榮智健姑姐，與伯忠離婚後嫁美籍華人 Bong Lee 及外交部長魏道明。輯芙亦是夏鵬相熟的上商銀大股東榮鴻慶的堂姐。

55　Ruth Bugbee, "An American Teacher in China: Institute Training for Oriental Musicians", *The Baton*, Juilliard, 1930.

助成立香港分行，過兩年又成立上海分行並任經理。1930 年 10 月，黃漢樑的哥大校友，國父子嗣孫科時任鐵道部長，邀其出任次長。翌年 9 月，日本侵佔東三省，孫科為首的廣東派促成蔣介石下台，孫出任行政院長，並以黃漢樑有銀行經驗而於 12 月委任其接替與蔣共進退的妻舅宋子文做財政部長，當時他年僅三十八歲，在銀行界也不過十年經驗。但黃接的是燙手山芋，據張君勱回憶，宋將所有檔案鎖起，而江浙財閥大多親蔣反孫，都不賣黃的賬，為安撫江浙財團，只好委任上海錢業領袖林康侯為次長。但僅籌得三百萬，支撐不住國府每月虧蝕一千六百萬銀元，當時為求節流的孫科竟擅自決定國債停止派息，結果股債大跌，黃、林在 1932 年 1 月雙雙辭職，再加上陳友仁亦辭任外長，孫科政府亦倒台，史家均以此作為江浙財閥影響力之例證。[56] 一如他的「財爺」生涯，瑪利與黃漢樑的婚姻亦不長久，但這亦無損黃漢樑日後到菲律賓與鮑家後人合作，最後一節再講。瑪莉離異之後沒有再婚，1958 年在上海病逝。漢樑再婚後育有華爾街收購鼻祖黃宗仁及史學教授黃宗智兩子，此為後話。

夏瑞芳次女璐德（肖蘭，Ruth Loo-tuh How，1901-2005）自新英格蘭音樂學院（New England Conservatory）畢業後返國在中西女中教音樂。她的姨丈郭秉文跟姨母鮑懿婚姻破裂後，1935 年 10 月，璐德在杭州嫁給姨丈郭秉文做繼室，改名夏瑜。這宗由姨甥變太太的婚姻並非為所有人接受，與她年紀相若的秉文義女郭美德便接受不來。但從秉文的角度，這場婚姻是天作之合，因為他的事業正走向新的階段，需要一個年輕、擅與外國人交際、不計較東奔西跑的外交官夫人幫手，夏璐德正符合這些條件。上文述及郭秉文被迫離開東南大學之後，與夏璐德婚後翌年，任中國赴美幣制代表團團員（團長陳光甫），赴美協商中國幣制事宜。抗戰前夕他出任實業部國際貿易局局長。旋奉派赴歐洲，常駐英倫。1937 年，他代表財政部部長孔祥熙向美國洽商借款。抗戰期間他以財政部常務次長兼駐英大使館財務參贊身份，從事國際貿易、向外借款等任務，尤以抗戰中期美國的五億美元與英國的五千萬鎊

夏家九兄妹，左至右：璐韻、璐德、璐梅、璐敏、夏鵬、璐瑛、璐懿、瑪莉、璐雅。

借款，對軍民士氣有很大鼓勵。惜美國借款有二億美元不能使用，英國借款最後只拿到八百萬鎊。郭秉文在英期間，夏璐德亦出任倫敦華人婦女會長，熱心支持蔣夫人及英國援華聯會的籌款活動。1945 年抗戰勝利後，郭秉文擔任聯合國糧食與農業會議中國代表團首席代表，聯合國貨幣與財政會議中國代表團代表之一，又出任聯合國救濟總署副署長兼秘書長。

1947 年救濟總署職務結束後，郭秉文在華盛頓駐居。1954 年，郭秉文應邀擔任中華民國教育部在美教育文化事業顧問委員會委員，1957 年升任主任委員，並與國會圖書館東方主任恒慕義（Arthur Hummel，1884-1975）及曹文彥、鮑幼玉等人以私人力量在華府組織中美文化協會（Sino American Cultural Society）舉辦學術活動，直至 1969 年 8 月 29 日逝世為止，享年八十九歲。郭秉文過身後，夏璐德繼續在華府郵政局工作直至退休。1978 年他與溫哈熊夫人洪燕合辦華聲合唱團，溫太任指揮，她則任伴奏。她的晚年熱衷於支持教育，在台文化大學、中原大學及紐約華美協進社設立「郭秉文獎學金」，美華婦女會又設紀念姪女夏連蔭的獎學金，又捐出鋼琴予台金陵女中及衛理女中。1987 年商務九十周年的時候曾託世交張芝聯（1918-2008）邀請她回上海參加慶典，[57] 但當時她已八十六歲不良於行而未能參加。夏璐德膝下猶虛，認了早年她在上海的鋼琴學生久記營造太子女張錦霞跟恒豐紗廠少東聶光坡（其祖母為曾國藩季女紀芬）的兒子聶崇勤作義子，並給他改了跟秉文一樣的英文名字「Peter」。而郭的外甥女胡普霖（Pauline Woo）視如親女，夏璐德晚年亦主要由她照顧。[58] 普霖系出香港基督教五大族之一，父親胡潤德為夏威夷首位華人牧師胡爾標的長子，是香港名醫及立法局議員胡惠德的堂兄（見王家一章），在南京業醫。她與王恭立創立美華協會，為首屆全國大會主席，1977 年她又在家中與張之香（Julia Chang Bloch，張福運女，後任駐尼泊爾大使）成立美華婦女會，活躍於華府政壇。由於夏璐德是族中輩份最高的阿姨，晚年在美子姪必到她華府家中作每年一次聚會，好不熱鬧，她亦是家族中最長壽者，2005 年以一百零四歲高齡在華盛頓老人院逝世。

夏瑞芳三女夏璐懿（肖蓮，Louise Loo-yee How，1903-1983）留學歐柏林，其婚姻是姐妹中唯一非基督徒的親事。1935 年嫁的是上海灘台商首富林鶴壽（N. Z. Ling，1884-1937）的長子林勤（Frank Ling，1910-1962）。林鶴壽是台灣首富板橋林家三房林維德子，三十歲就出任家業林本源製糖會社社長，但他的營商力強，台灣的祖業滿足不了他，自己出外辦過多家錢

56 Parks Coble, *The Shanghai Capitalists and the Nationalist Government 1927-37.*, Harvard Univ Asia Center, 1986.

57 張芝聯為歷史學家及北大歐洲研究中心主任，光華大學創辦人張壽鏞之子；光華校長朱經農曾兼任商務總編輯，芝聯亦與商務合作多年；其兄悅聯為翁文灝女婿，曾任職中央及金城銀行，董浩雲旗下紐約環球聯合銀行總裁，另一兄星聯為四十年代印刷及電影業鉅子李祖永妹夫，兄華聯曾任復興公司秘書長，解放後出任全國工商聯秘書長。

58 中西女中及聖約翰畢業後到哥大取得音樂教學碩士，父為胡潤德醫生（John Woo），母為當鋼琴教師的郭秉文妹志超（Sarah Kuo）。1947 年與外交官崔存璘（Tswen Ling Tsui，1909-1990）由顧維鈞主持在華府使館結婚。

1　夏家1933年合照；後排左至右：王恭芳、江元仁、夏璐敏、
　　夏璐懿、夏璐韞、夏鵬、史久榮；前排左至右：夏璐瑛、
　　夏璐梅及江成賢、夏瑪莉、鮑翠玉手抱史濟良、吳思卿
　　及夏蓮瑛、夏璐德、夏璐雅。

2　前排左至右：璐懿、瑪莉、璐德、璐梅；後排左至右：
　　璐瑛、璐雅、璐韞、璐敏。

3　夏瑪莉（中坐者）與外甥（左至右）江成賢、夏連蔭、
　　史濟良、黃翊民、江齊賢、吳鴻碧攝於上海夏家大宅前。

莊，遠至廈門、日本神戶都有分號。又挾資進軍上海，在英租界置屋二百間，並在法租界建洋樓四至八間，其中最出名的是 1928 年延聘法商 Minutti 營建，高八層的 Art Deco 式設計，位於常熟路 209 弄的瑞華公寓（Savoy Apartments），可以稱得上是上海灘的大業主。夏璐懿家翁林鶴壽不但做生意了得，漢學造詣亦深，曾出版詩作《泛梗集》，並且精通英、日文。由於林家財雄勢大，與他們對親家不是如盛宣懷的江浙豪門，便是兩江總督沈葆楨（林則徐婿）、大儒嚴復（1903 成商務股東）、太傅陳寶琛等福州三坊七巷的官宦世家，所以雖則林勤並不是基督徒，夏老太亦滿意這門親事。夏璐懿婚後育有一子林京，但林勤風流，在外有小老婆並生一子二女。1937 年林鶴壽過身，林勤同他五位「力」字輩的弟弟接班，由於林家在台早與日本殖民政府關係密切，他們在日佔時期在上海的生意做得火紅，但和平解放後風水輪流轉，財產都被充公，雖則林家家大業大，其他幾房在台依然富泰，但林勤沒有跑回台灣，最後在香港替日資公司打工維生。林鶴壽在鼓浪嶼和記崎興建八卦樓，目前為廈門歷史博物館。

　　夏瑞芳四女夏璐梅（肖蕙，Salome Loo-mei How，1904-2001）是茱莉亞音樂學院的高材生。夏璐梅的丈夫江元仁（Nelson Chiang，1902-1968）祖籍福州，上海長大，能講上海話及福建話，1926 年康奈爾大學土木工程系畢業後返國曾任交通大學講師，亦投身工程界，曾在基泰工程司與楊寬麟共事。1942 年由妻舅夏鵬介紹給陳光甫，到美國管理一些項目。陳光甫視江元仁為人才，抗戰勝利後派遣他回國，於 1947 年出任上商旗下的上海中國旅行社執行董事，江元仁亦由工程界轉到旅遊業。國府遷台後他任台灣中旅總經理，早年在台營商環境極不容易，台海戰爭影響生意，例如中旅自 1946 年起經營島上唯一西式旅館台北招待所，便被徵用作美軍協防司令部，在基隆的招待所開業不過數年亦告歇業。1958 年，當時主持退輔會的蔣經國要求陳光甫在天祥興建賓館，這個計劃很多年才翻本。他其後加入竹旅及怡太旅行社，1964 年返港出任萬遊旅行社總經理，又為曼谷遠東經濟委員會旅遊業主席。江成賢回憶，父親對陳光甫極為尊敬，而陳雖叱吒風雲，態度和藹可親，他至今未忘五十年代初江家被邀到北角陳宅用膳，雖然自己年少不喜歡陳妻景夫人所弄的山珍海味，但不敢開罪亦只好全數吃下。他說父親與陳光甫的關係非常親密，在台時更住在隔壁。

　　夏瑞芳五女夏璐雅（肖芙，Rhoda Loo-ya How，1905-2006）與妹妹璐韻一同自浸會辦的滬江大學畢業，於 1932 年與汽車工程師史久榮（Albert K. Y. Suez 1902-1981）結婚。2007 年香港無綫電視與國內中央電視台合作的回歸

長篇劇《歲月風雲》，故事所講的中國百年汽車夢，主角的祖父在世紀初留美開發汽車，與史久榮的故事相似。久榮及其弟久光（Herbert Suez）深明汽車及石油是二十世紀強國之道，結果一個成為中國汽車工業先驅，一個是開拓大慶油田的總工程師。史氏兄弟系出浙江鄞縣人才輩出的史家，一家充滿著寧波人勇於創新，走向世界的性格。[59]他們的父親史悠明（靄士，Iuming Suez，1881-1940）是聖約翰大學1901年的畢業生，一生馬不停蹄，曾出任紐約總領事及駐秘魯公使，1927年棄政從商，最後一份差事在西北勘察石油礦產，死在往西藏的路上。由於悠明長年在外工作，遂將長子久榮及次子久華留在上海交託給妻子曹美英的妹妹曹惠英（倪錫純夫人，宋慶齡舅母）照顧，所以史家跟倪家非常親密。史久榮跟父親一樣入讀約大，畢業後到鄰近美國汽車工業重鎮的密芝根大學進修汽車工程。

取得碩士之後，史久榮於1935年9月進入由顧毓琇主持的清華大學工學院任機械系教授，同年在上海與志同道合的張登義、梁砥中等創辦中國自動機工程學會。[60]抗戰爆發之後，資源委員會於1939年擬在昆明成立中央機器廠以滿足戰時民用及軍工所需，下設五家分廠，延聘史氏出任第五廠——汽車製造及裝配廠廠長。當時中國有一些小規模的汽車零件廠，但要辦一家能製造整輛汽車的工廠是天方夜譚，最大問題是生產設備。但機緣巧合，當時久榮打聽到紐約州水牛城剛結業的美國司蒂瓦特（Stewart Motor）貨車裝配廠有意將全部廠房設備出售，於是他於7月赴美代資委會將廠房買下，這是首次華資在美收購車廠，早四川騰中重工收購Hummer一案近七十年。由於當時美國尚未正式捲入中日戰爭，久榮以低調行事，並未公開自己或買方身份以及用途。[61]收購完畢後，他在美設計了四噸貨車，並在底特律至紐約作長途試車。1941年5月，運至越南海防的一千六百餘噸美國車廠的部分設備和其他器材遭日軍劫奪；7月，部分設備運到了雲南畹町鎮，要繼續運往昆明頗為困難，故將汽車分廠改設在龍陵縣。龍陵汽車分廠在組裝了兩輛「資源牌」四噸載貨汽車後，便於1942年落入日軍手中，設立車廠的計劃亦因此告吹。和平後國共內戰加上經濟崩潰，政府或中外廠家都打消辦車廠的念頭，久榮只好返回上海為美國通用汽車做營銷工作，1948年與長期相隔兩地的夏璐雅離婚，再婚後在表弟倪吉士家旁建屋。解放之後，他被派到濟南為山東交通廳及濟南汽車製造總廠工作，濟南廠於1956年開始研發，四年後成功生產中國第一輛重型貨車——八噸重的黃河牌，毛澤東及朱

德都親臨參觀，久榮多年的汽車夢亦終於成真。雖然史氏兄弟為國家貢
獻良多，但由於家庭及工作背景，在文革期間他們受到非常大的衝擊，
久榮在 1982 年病逝，他所服務的濟南廠亦發展成今日為恒生國企指數成
份股的中國重汽集團（Sinotruk）。他跟璐雅的獨子史濟良自幼與母親相
依為命，德州大學及麻省理工畢業後於 1962 年加入 IBM 工作，曾在紐約、
北京及香港分公司做事，雖然在 1993 年退休，但過去十六年仍一直為
IBM 東奔西跑，負責接待訪美的 IBM 中國客戶。久榮妹久賢解放後在北
京斯里蘭卡使館工作，而跟久榮一齊到密大唸工程的弟弟史久華（Robert
Suez）則隨系出香港基督教名門、曾任廣州培道校長的妻子陳元素到香
港，開設工程顧問公司，所設計的抽水機（水泵）在香港消防局及工業
廣為應用。

　　夏瑞芳六女夏璐韻（肖桐，Loo Yuin How，1906-1972）自滬江畢業後
於 1934 年到茱莉亞音樂學院，及後與從聖約翰及密芝根大學畢業、在美
國從事遠東貿易的應龢椿（亦作和春，又名鳳池，Paul Huo-chin Yin，1911-
1996）結婚。應氏的父親應玉書是冠生園食品廠的股東，母親是上海福
建商幫領袖葉鴻英（1860-1937）的千金葉德瑜。葉家的關係四通八達，姨
媽葉德彬嫁中國銀行宋漢章的兒子宋杏邨，表弟葉元章（永安公司郭琳
爽婿）是香港太平地氈創辦人，另一表弟沈元圻（滬台漆商沈慈輝及葉
德馨之子）娶商務經理王顯華的孫女、郭秉文的外甥孫女王元琪。應龢
椿外婆蘇本清的蘇家亦是上海的閩籍名門，本清祖父蘇升一代起家，兄
本炎（筠尚）曾任上海商會會長，與弟本銚合創民立中學，本清五姐妹
則合創上海有名的民立女校。本炎女祖斐為名兒科醫生，與弟蘇祖圭七
人合創亞美無線電公司。本清兄弟本立一房有一子祖念又名季子，即娶
徐志摩遺孀張幼儀的中醫，[62] 另一子祖琦的女婿即已故香港政客鄔維庸
醫生。應龢椿戰時曾在紐約世貿公司協助妻兄夏鵬，後來從商以外亦醉
心科研，為了發明可以通宵達旦，擁有一項計算尺（slide rule）的專利，
但隨著七十年代電子計算機普及化已被取代。夏璐韻過身後應龢椿娶保
險商容顯麟女容飛（Fay），[63] 雙方都是第二次婚姻，後仳離。應、夏兩
夫婦育有二子一女，長子應國瑞以優等成績畢業於哈佛大學（歷史學
士學位），並獲得麻省理工大腦與認知學博士學位。儘管他在哈佛大學
學習漢語並寫作了《中國 1927 年武漢起義》的學士論文，但他畢業後的
事業都在做美國公共政策與項目的研究。應博士以他的《案例學習研究：
設計與方法》（*Case Study Research: Designs and Methods*）一書獲得廣泛的國

59　前香港行政會議成員史美綸、約大畢業的國際大法官史久鏞、保華建築創辦人史濟樵、
　　商務駐滬經理史久芸等都是同一族人，但屬遠親。由於外國人不能拼「Shih」或「Sze」，
　　所以史久榮父親史悠明索性把自己的英文姓氏改作蘇爾士運河的「Suez」。

60　楊艦、戴吾三主：《清華大學與中國近現代科技》，清華大學出版社出版。

61　"Chinese Buys Motor Plant", *New York Times*, July 27, 1939.

62　張幼儀去美初期曾居住於夏璐雅在紐約的公寓單位，即史濟良目前的居所。

63　容顯麟是香港渣打買辦容翼廷之子，名會計師容永道的親伯父，曾任上海工商銀行經
　　理，在美 Johnson & Higgins 任保險經紀，二任妻子為名媛唐瑛（見倪家一章）。容飛前
　　夫為名建築師貝聿銘的妻舅盧文杰。

際聲望，該書在美國已經印刷三十七次，並被翻譯為日語和葡萄牙語，成為國際暢銷書。在書中的作者簡介，談及外公創辦商務。次子國民曾於 2003 至 2006 年出任美國國會稅務委員會參謀長，返回維珍尼亞大學任法學院教授，是稅務權威。

夏瑞芳七女夏璐瑛（肖荃，Lydia Loo-ing How，1909-1968）及八女璐敏（肖芝，Looming How，1911-1999）分別嫁給王有光的孫王恭芳及黃光彩的次孫黃宣平，在王家及黃家一節詳述所以這裡不提。夏璐敏在中西女中一位要好同學王大樂，由於時常出入夏家，仿如第九個女，夏家眾子孫都稱她為樂姨，璐敏及璐雅的子女都認她為乾媽。説起來王大樂跟夏家亦有兩層親戚關係，她的母親蘇本岊，正是夏璐韻丈夫應和春外婆蘇本清的妹妹。王大樂曾任職夏家大姐夫黃漢樑管理的和豐銀行，最後更嫁給璐懿夫林勤次弟林威理（William Ling，1914-?）。林威理原名林勣，雖然早年家財豐厚，但他中學畢業後便於 1930 年進入甘洺（Eric Cumine）辦的則師樓由學徒做起，由上海跟到香港，最後升至首席助理，並於 1966 年正式升為合夥人，為建築界的少數沒有大學畢業的則師。這家則師樓與夏璐敏丈夫黃宣平的開利冷氣在業務上有不少合作，工餘打得一手好網球，並出任香港中華遊樂會主席。王大樂的姐姐王仙露是中西女中的體育主任，姐夫何家鎏因戰後在港曾負責柴料分配工作而得綽號「柴王」，是香港聖保羅校友會主席，亦曾任約大校友會主席，曾任香港網隊代表及教練。王大樂的兒子林方及媳婦徐婉圓（網球名將徐煒培女，徐潤培侄女）是五、六十年代的網壇金童玉女，代表香港參加溫布頓大賽，而他們的兒子林曦明（Derek Ling）亦曾是全港冠軍，稱得上是香港網壇第一家庭。

一片清心：張蟾芬的後代

鮑哲才的長婿張蟾芬雖然在商務創業時已入股，但待到 1906 年才辭掉郵傳部駐滬電報高等學堂電報教習一職，入館出任西書部主任，並於

1914 年起出任出納科代表，負責公司財政，直至張元濟主政之後，1921 年正式委任有專業會計背景的楊端六繼承他的職位為止。在商務賺得了

左至右：夏鵬夫人、瑪莉、璐德、璐懿、璐梅、璐雅、璐韻、璐瑛、璐敏。

第一桶金的張蟾芬有點像今天的創業投資者（venture capitalist），當時民族企業迭起，他亦投資了多家企業。例如來自嘉定的留日畢業生童世亨（1883-1975）於 1913 年創辦中外輿圖局，1915 年被商務收購成為商務的輿圖部，童則留任編輯主任。[65] 滿腦袋生意經的童氏一心想打破洋商壟斷上海電力供應的局面，1919 年便向張蟾芬及黃炎培、錢新之等集資創立浦東電氣（Pootung Electric Supply），並由張蟾芬出任副經理。除前述項松茂的五洲藥房以外，張又與項及高恩洪發起滬閔南拓長途汽車公司；與冼冠生、諸宛明及薛壽齡建冠生園食品，這些企業都非常成功，不少仍屹立到今天，可見張氏的投資眼光敏銳。

張蟾芬是商務的掌櫃，又投資不少其他生意，但他的子女，沒有一個從商，都投身教育及社會福利事業，這或多或少與他本人「以商養學」的為人有關。他十分支持男女平等，自己三位女兒都放洋留學並取得傑出的成就，嚴叔和辦女子銀行（見第一章黃家「黃門女將：當西醫辦銀行的黃瓊仙」一節）他有支持投資，又在浦東建成章電機染織所，僱用女工數百人，並獨資創立私立尚德中小學校第一、第二校等。

蟾芬的長女張慧珍（Louise Chang）是音樂家，清華大學的校歌便出自其手筆。她的丈夫何林一（Ho Lin-yi，1888-?）在上海出生，在聖約翰大學工作九年，曾在校內任圖書館管理、校刊編輯及教師；1909 年自費赴威斯康辛州留學，1911 年自 Dartmouth 畢業，次年從賓州大學取得教育系碩士，返國後初在復旦教書，並在校長李登輝及顏惠慶創立的寰球中國學生會（World Chinese Students' Federation）出任董事及秘書。由於何林一的姐夫是虞洽卿，[66] 商務一族又與這位有上海超級大亨之稱的船王連接上。1915 年，周詒春延聘何林一出任清華大學英文秘書，張慧珍亦隨夫北上，[67] 在校內教音樂，知名音樂家黃自亦跟她學樂理和聲學等音樂理論。在清華園內，她與趙元任夫人楊步偉稔熟，兩人首倡開辦公共汽車連接清華校園及北京市區，原本打算向校內有分行的大陸銀行貸款自營，後來大陸承辦了整個計劃，張慧珍又推薦楊步偉出掌幼兒園，[68] 趙元任主持的《國語留聲機片》又是由商務出版。何氏夫婦育有兩子一女，長子留美時過身，次子 1960 年代在上海去世，女兒移居加州。

張蟾芬長子張石麟（Z. L. Chang，?-1944）自清心畢業之後到聖約翰大學就讀，港大前校長黃麗松之父、民生老校長黃映然高他一屆，建築師范文照及中央銀行行長陳行是其同屆同學，留美在哥大取得教育碩士並到神學院（Union Seminary）進修，又隨青年會到法國。返國後即回清心任

64　張蟾芬：〈余與商務初創時之因緣〉，《東方雜誌》32 卷 1 號，1934。

65　童世亨：《企業回憶錄》，龍文出版社，1994。

66　上海租界唯一一條以華人命名的街道就是虞洽卿路。

67　*The Educational Directory of China*, 1917; *Who's Who of American Returned Students*, 1917.

68　楊步偉：《雜記趙家》，傳記文學出版社，1972。

教，出任校務長，主理中文教學及行政，並於 1922 年成立男童軍，1924年該校又增設商科。[69] 1925 年 6 月，北京政府規定所有學校必須由中國人出任校長，教會於是任命張石麟成為清心首任華人校長。1927 年上海政局動盪，他兼任清心女中校長，在一年任期內力保校園不受駐軍騷擾，又成立校董會，並向全校師生集資興建健身房，提倡女子體育，交給姐姐張蓉珍接管。1930 年發動興建庚午校舍；1932 年他將小學部分拆成清心小學，學校更名私立清心中學，1937 年他又發動家族捐建實驗室蟾芬堂紀念父親，同年停辦高小及商科，「八一三」淞滬會戰之後他將清心中學搬到租界繼續辦學。他過身後其家族出資將其舊居改建為「石麟堂」，將其私藏《大英百科全書》等建立石麟堂的圖書館，1947 年建成，不幸在文革時被燒毀。張石麟於 1944 年 1 月病逝，其姐蓉珍兼任校長七個月，延聘紐約商科大學碩士畢業的王心康（Samuel Wang, 1903-1979）繼任。王氏亦是商務中人，是商務董事王顯華（仙華）之子，其妻湯鳳美是上海美專音樂教師，為湯仁熙牧師之女，復旦大學校校長李登輝外甥。湯鳳美與上海麥倫中學校長沈體禮夫人金江蘅、重慶社會局長李劍華夫人胡繡楓（夫婦皆為地下黨員，關露之姐）同為女青骨幹。1948 年去美定居，學校在 1953 年更名市南中學。張氏在校的逾二十年間，學生包括諾貝爾得主李政道、漫畫家丁聰、世衛神經科研究主任史玉泉，以及清心數學教師兼清心堂長老汪顯明的兩子，副鐵道部長汪菊潛及北京園林局長汪菊淵。

張蟾芬的次子張玉麟（Kenneth Nyoh Ling Chang，1903-1927）留美，自密芝根大學取得科學學士及碩士，並於 1927 年從康奈爾大學拿得第二個碩

士，但不幸在同年 12 月 22 日於上海病逝，享年僅二十四歲。家人將在美壽險所得的兩萬美元部分捐出在清心建玉麟池，為上海首個中學游泳池。據知原本蘇州東吳大學校務長李伯蓮其一千金與其訂婚。張蟾芬三子書麟亦早夭。[70]

張蟾芬的次女張蓉

1938 年 5 月漢口兒童保育會負責人合照。

前排左起：黃卓群（吳國楨夫人）、曉道（國民黨中執委）、陳紀彝（漢口女青總幹事）、沈茲九（胡愈之夫人）、徐鏡平、錢用和、陳逸雲（李欽若夫人）；中排左起：張藹真（王世圻夫人）、安娥（田漢夫人）、莊 、宋美（理事長，蔣中正夫人）、李德全（副理事長，馮玉祥夫人）、謝蘭郁（趙敏恆夫人）、趙清閣（作家）、吳貽芳（金陵大學校長）；後排左起：孟慶樹（王明夫人）、劉清揚（張申府夫人）、唐國楨（朱青選夫人）、沈慧蓮（馬超俊夫人）、曹孟君（王昆侖夫人）、郭秀儀（黃琪翔夫人）、史良（時為羅隆基女友）、鄧穎超（周恩來夫人）。

珍（Beulah Yoong-tsung Chang，1892-1962）於 1911 年赴美留學，1916 年從歐伯林（Oberlin College）得教育歷史學士，1917 年再從哥倫比亞大學取得教育碩士，留美期間創立「留美女生協會」並擔任副會長，世交湯藹林（郭梅生夫人妹，見上及王家正序一節）則任秘書。[71] 返國後先到徐潤女婉珊辦的啟秀女中、清心女中、江蘇省立第二師範、上海商專學校任教，並曾兼任基督教普益社女子幹部幹事。1928 年，受聘清心女中校董會，成為該校第一任中國籍校長，任職三十四年。張蓉珍視金錢為身外物，1936 年父親逝世後，她將繼承所得的四萬元全數捐贈清心女中建造實驗樓。初任校長時，學校規模不大，僅有校舍三幢，經過她精心籌劃，多年努力，先後募集資金建造了北大樓（庚午校舍，1930 年美國友人捐巨資建成）、西大樓（景行廳，1935 年建成）、膳廳、宿舍、圖書館共五座樓舍。1937 年，日軍攻佔上海之後，張蓉珍率領全校搬到租界靜安寺路建臨時校園，在這段艱辛的歲月，直至和平後才搬返原址。解放初期，市政府將清心女中改名為上海第八女子中學。張蓉珍治校有方，重視師資品質，僱用大批外籍或留學歸來的老師（包括自己兩妹）。辦學方針亦非常嚴謹，除中文以外所有課都用英文教授，所以清心女中畢業生的英語水準亦堪稱全國最高，培養了大批優秀畢業生，有教授、醫師、音樂家、工程師以及各行各業人才，遍及海內外，包括寄生蟲專家葉嘉馥、紡織科學家馮之榴、作曲家瞿希賢、歌唱家高芝蘭、台大動物系教授魏漢馨、美名鋼琴家及音樂教授李蕙芳（名歌唱家斯義桂夫人）、美國化學博士章珍馨以及曾在民國時期任駐奧地利大使的金葆宜。

　　張蟾芬的三女張藹真（Vera E-Tsung Chang，1903-1974）又名愛珍，清心畢業後留美，1925 年攻讀密芝根大學學士，次年獲學士返國。1927 年下嫁王世坼，後在清心女中教書。這時她的世交好友宋美齡成為第一夫人，委任她為私人秘書，1934 年宋發動新生活運動，派張藹真出任「新運婦女指導委員會」總幹事，中西女中畢業的陳紀彝為副。抗戰爆發後，1938 年宋與一班來自國共兩方的官太太在漢口合組戰時兒童保育會，由宋出任理事長，馮玉祥夫人李德全為副理事長，張藹真亦為理事之一，她除了為宋美齡器重以外，亦獲得共方婦女領袖鄧穎超的尊重。保育會在戰時全國先後設立六十一所保育所，收養兒童二萬九千餘人。除此以外，她曾在夫婿堂姐王世靜（Lucy Wang，1897-1983）當校長的福建基督教華南女子文理學院當教授及出任「三民主義青年團」中央幹事會常務幹事兼女青年處代處長，並主持「婦指會」直至解放為止。解放後她抵台

69　*1922 Annual Report of the Board of Foreign Missions of the Presbyterian Church*, p.183.

70　*Chinese Recorder* v67, p 638; *Cornell Alumni News*, March 8, 1928, p.288.

71　*Christian China*, p.178（1921）.

出任監察委員，並曾於 1961 至 1969 年出任由衛理會教友及中西女中校友資助、由陳紀彝當校長的衛理女校的董事長。1974 年，張藹真因鼻咽癌去世。

張藹真的丈夫王世圻（William Wang，1901-1980）來自福州有名的官宦世家西清王家，高祖王慶雲曾任兩廣總督及工部尚書，祖父王仁堪因審「丹陽教案」而聞名的鎮汀及蘇州知府，姑祖母王眉壽為宣統太傅陳寶琛夫人，父王孝緝（又名彥和）曾任福建省教育廳廳長。叔公王仁東一房又出了駐古巴公使王繼曾及其子知名文物專家王世襄，國府典禮局長王孝績等。王世圻姐姐王世瑛是商務老總鄭振鐸的初戀情人，但商務編譯所長高夢旦（字鳳歧，與創辦人鳳池無親戚關係）招鄭為婿，王世瑛改嫁知名哲學家及政客張君勱。張的兄弟嘉璈及嘉鑄分別為中銀及中植油董事長，妹幼儀為藹真父投資的女子銀行高層（其前夫是詩人徐志摩），王世圻的弟弟王世憲曾任張君勱秘書，君勱死後繼其任民社黨主席。王世圻於 1920 年清華畢業後以官費資助到密芝根讀汽車工程，初任福建省建設廳技正，創辦福州公共汽車；北伐後任職全國公路處，統籌全國公路網。三十年代中，日軍侵華後，世圻在後方參與建設京滇公路、出任西南運輸局副局長，又曾與連襟潘光迴共事軍事委員會運輸統制局，遷台後任經濟部國營事業司長；1962 年出任官營台灣機械公司董事長，[72] 與日資合作生產機械，直至 1967 年退休，由黃埔軍校時曾任蔣介石英文秘書的經濟部次長及中原大學創辦人張靜愚接任。

張蟾芬的幼女張郁真（Cecilia Chang）又名玉珍，跟姐姐蓉珍一樣，從歐柏林音樂系及哥大碩士畢業，在上海時於姐姐管理的清心女中教音樂，當時該校為少數設有鋼琴專科的中學。1933 年她與該校琴科兼校務主任、密芝根大學畢業的項馥梅合著《鋼琴學》一書，由商務出版。後來她到香港亦一直擔任鋼琴老師，彈得一手好鋼琴。

張家下一代唯一在商務做過事的，是郁真的丈夫潘光迴（Francis K. Pan，1904-1997）。潘光迴出身詩書世家，父親潘鴻鼎（1863-1915）是光緒二十四年（1898 年）進士，與民初曾任教育部總長、並出任郭秉文南高所屬的江蘇教育會會長的袁希濤在家鄉江蘇寶山縣興辦新學，是民初曾出任江蘇省資政議員的立憲派人物；[73] 姑姑是名畫家朱屺瞻的繼母，而潘光迴的兄長，是大名鼎鼎的學者潘光旦，潘光旦的譯作《性心理學》（Havelock Ellis，1946）以及巨著《明清兩代嘉興的望族》（1948）以及《中國伶人血緣之研究》都是由商務出版。潘光迴自長春藤 Dartmouth 大學取

得學士及工商管理碩士之後，二十四歲即從紐約大學商學博士畢業。先在紐約國際金融研究院及在 1926 年由其妻的姨丈郭秉文跟胡適、杜威等創立的華美協進社（China Institute）工作，1930 年返國即被岳父安插進商務出任經理，為商務歷史上最年輕的經理，但做了幾年便離開。1935 年，潘光迴受郭秉文邀請加入國民政府，先後出任接待美國經濟調查團執行秘書、鐵道部主任秘書、公路局長及交通部總務司司長。抗戰時期潘光迴負責統籌大後方物資的運輸，曾出任招商局副總經理（總經理為徐學禹），中德合資歐亞航空董事。1946 年中國農業機械公司成立，由孔祥熙出任董事長，潘光迴則出任首屆總經理。

1948 年潘光迴見國府大勢已去，舉家搬到香港出任英伊石油公司（Anglo Iranian Oil，即英國石油公司 British Petroleum 的前身）的顧問，亦跟清華同學余英杰做美股生意。1955 年起，他開始「商而優則學」，出任孟氏教育基金主席（副主席為前廣州大學校長譚維漢）[74]，主辦大專演講賽及科展會，資助出版錢穆及唐君毅多本學術著作，對新亞書院的成長亦出力不少。鑑於當年公立圖書館尚未普及，潘氏又在九龍界限街亞洲協會物業開辦孟氏圖書館。[75] 1961 年哈佛商學院長及 INSEAD 創辦人 Stanley Teele 訪港一星期，並在潘光迴的穿針引線下會晤大批政商界及教育界人士。1966 年由港大、亞洲基金會及美外交部資助到美、加各大商學院考察，返港後他協助香港大學設計首個管理學文憑課程。1968 年，他進入中文大學當出版部主任，期間出版了林語堂的《漢英當代應用字典》，又編輯了《英漢法律應用詞典》。1970 年代初，港英政府開始將中文提升為法定語言，他到華府參加國際中英文翻譯大會之後，1973 年獲港府委任民政司署中文公事管理局研究處長，成為唯一一國民黨高官當殖民地官員的例子。[76] 1976 年他又重返中大，將出版部重組成中大出版社，並出任首任社長。1978 年 10 月，潘光迴從中大退休，改任匯豐銀行的特別顧問，同年由浙一董事長孔祥勉發動眾獅友合捐十萬元在中大成立「潘光迴獎學金」贊助有志攻讀社工或新聞系碩士的學生。

潘光迴晚年中國改革開放，他熱心為祖國引進管理教育，代表中大，與清華同學費孝通合辦北大公眾管理學課程。另一方面，兄長潘光旦 1979 年在國內被平反，他與世交袁希濤族弟袁勃贊助姪女乃穆等出版《潘光旦文集》，[77] 保存兄長的學術成就。多年來辦學之餘亦熱心公益，曾任弱智兒童中心副主席、拔萃女書院校董；1955 年參與成立香港獅子會，當過會長、區總監，1967 年更成為國際獅協理事，到 1978 年為止。

72　台灣機械公司虧損連連，2002 年被併入中鋼集團後結業。

73　關於潘氏家世詳見吳仁安著《明清時期上海地區的著姓望族》第 551 頁；關於潘光迴傳記資料詳見 Rola Luzzatto, *Hong Kong's Who's Who* 及獅子會 1978 年會刊。

74　譚維漢即有「香港半導體之父」稱號的科技園公司行政總裁譚宗定之父。

75　1965 年因故停辦，後由張發奎、徐季良及黃麟書等成立中山圖書館。

76　《工商日報》，1973 年 9 月 8 日，第 7 版。

77　袁勃為照相器材商人，後與子袁弓夷創辦科苑電子表廠，孫女袁彌明為港姐。

他亦熱心推動香港眼庫，1944 年全球第一家眼庫在紐約成立，1962 年美國醫生在港中分科醫院設立香港眼庫，他出任主席直至 1978 年，眼庫的黃大仙中心以其命名。潘光迥夫婦無所出，潘光旦將五女乃萱（Shirley Pan）過繼給他，乃萱自威斯理畢業後在哥大習醫，並在加州 Kaiser Permanente 醫院兒科部門懸壺濟世。據潘的外甥史濟良回憶，光迥擅交際，很會講笑話，與不苟言笑的叔伯輩成很大的對比。

以商養學　回饋中華：
鮑咸昌在菲三子女及其後人

前文提及鮑咸昌有三子女移居菲律賓。這些後人在當地開枝散葉，成為政商翹楚，以商養學，但幾十年來都不忘大中華。

鮑咸昌的長女鮑鳳林（Helen Vonglin Bau）跟她的張姓表姐妹一樣到歐柏林唸音樂，返國途中在船上邂逅菲律賓華人薛敏老（Albino Zarate Sycip，1887-1978），其後在上海舉行盛大的婚禮。薛的父親清習（Jose Zarate Sycip，正因其中文名菲化而英文姓氏成 Sycip）是一個適應力強的僑商，西班牙作主時即入西班牙籍，到 1899 年菲島成為美國殖民地，送薛敏老到美國密芝根州 Ann Arbor 唸中學，與王正廷為同學並支持他到密芝根大學讀美國法律，[78] 因為他深明要在新環境下成功，就一定要熟悉遊戲規則，這在日後證明是明智的抉擇。薛敏老學成後，1913 年成為菲島首位華人執業律師，跟密大的美籍校友 Daniel R. Williams 及 John W. Ferrier 合組「Williams, Ferrier & Sycip 律師樓」，而他的兄長薛芬士（Alfonso Sycip，1883-?）則替華人木商施光銘（Benito Siy Cong Bieng，1866）打工。1920 年薛敏老與華商邱允衡（Guillermo Cu Unjieng，1866-1953）、李清泉（Dee C. Chuan）、李文秀（Dy Buncio）、陳迎來（Carlos Palanca Tan Quilay，1869-1950）吳記藿（Go Jocco，1866-1932）等創立中興銀行（China Banking Corporation），成為最大華資銀行，1930 年代末已在上海及廈門設立分行。1921 年，「西文簿記法」生效，該法例嚴重打擊華商利益，薛敏老站出來發言；1924 年任菲中華總商會副主席，1925 年升任主席，代表華商將官司打到上美國最高法院（因當時菲為美殖民地，要遵守美國法律）。1926 年 6 月 7 日，曾任總統的美國首席大法官 William Howard Taft 判決「西文簿記法」不合法，成為民族英雄的薛敏老因而享譽全球華人社會，上海約大亦於三年後頒發榮譽法學博士。由於薛氏在抗戰時盡力支持抗日，日軍攻陷菲島後他即

與兄長薛芬士同被拘禁，至美軍光復菲島後才獲釋。戰後他繼續經營中興銀行（他於 1940 年繼承李清泉任董事長，把持該職位直至 1970 年代），並於 1958 年他又與 Salvador Araneta 成立共和麵粉廠（Republic Flour Mills），工餘打高爾夫球為樂。

作為僑領薛敏老的夫人，鮑鳳林很快便成為婦女領袖，並介紹她的妹妹鮑鳳美嫁給姐夫薛敏老的政商拍檔邱允衡親屬邱清淵（Cu Ching Yan）。邱允衡曾經炒糖及外匯成為身家過千萬披索的菲華首富，又創立益同人保險公司（Yek Tong Lin Insurance），1931 年被控偽造文件詐騙匯豐銀行，結果長子被收監，家聲自此未如往昔。但畢竟邱家家大業大，邱清淵戰後仍出任益同人保險總經理，並延聘妻子的前表姐夫黃漢樑出任董事長。鮑鳳林的弟弟鮑慶福自姨丈郭秉文創立的東南大學分設上海商科大學畢業，在菲曾出任由吳道盛創辦的華資建南銀行（Equitable Bank）的助理司庫。

由於薛、鮑一漚一漚，互相多以英語交談，而為了子女能融入菲社會，他們送子女入讀本土公立中、小學而非大部分華人子弟就讀的華校，在家中再補華文課及每年暑假返中國。薛敏老對子女寄以厚望，不但在教育上摧谷，亦打破華商子承父業的傳統，堅持不安插子女入中興工作，結果三名兒子都不負所望，在法律、商界及會計界獨當一面，成為 1971 年被《財富雜誌》譽為「最有權勢的家族」。遺憾的是鮑鳳林因患哮喘病於 1935 年早逝，未能看到兒子的成就。

薛敏老長子薛士怡（David B. Sycip，1917-1988）在菲律賓大學機械工程畢業之後負笈美國，1939 年自科羅拉多州礦學院畢業，進入父親好友李國欽華昌旗下的 National Reconditioning Corp 及美國鋼鐵任工程師。後他曾返中國參加空軍當飛機工程師及駕駛戰機。由於母親鮑家加上父親的關係，薛跟宋家相熟，是宋子良婚禮上的伴郎。他與菲華大班楊啟泰的女素慶（Helen So-Kheng Yu）結婚，她的堂弟楊成竹亦成為宋子文的女婿。戰後薛士怡協助岳父管理通用在菲的總代理北方汽車（Northern Motors），又助妹夫楊應琳打理黎剎商業銀行（Rizal Commercial Bank）並出任總裁。1972 年薛士怡任中菲復交訪問團成員；1972 年後士怡歷任經濟發展理事會主席、東南亞國家聯盟銀行家理事會理事、東盟協會、菲律賓和日本經濟合作委員會副主席、日本發展公司總經理等職。1987 年他獲當時的菲總統阿奎諾夫人委任其為私有化信託主席，負責處理被馬可斯侵佔的資產，1988 年卻不幸猝逝。薛士怡生前極力推廣藝術，北方汽

78　據王氏自傳稱，薛敏老當時英文很差，有一次在西餐廳竟以為「well done」是一種食物，受侍應奚落。此後他發奮圖強，很短時間內成為英語專才，水平足以入讀法學院。

車內便設有藝術展覽廳。

薛敏老次子薛育立（Alex Sycip，1919-1975）是唯一繼承父業當律師者，在司法界的地位更青出於藍。他在菲大法律系二年級已擔任校報 Philippine Collegian 總編輯，並充任辯論隊長。戰時育立跟父叔及日後成為參議院議長的菲大同學 Jovita Salonga 被日軍囚禁於 Muntinlupa 監獄。戰後他跟叔父薛芬士及美空軍上校 Curtiss Lambert 創商務航空公司（Commercial Air Lines Inc，簡稱 CALI），1948 年與生力啤 Soriano 家族控制的菲航合併，芬士亦任菲航董事多年。1945 年，他跟菲大同窗 Norberto Quisumbing Jr.、Luciano Salazar、Benildo Hernandez 創辦律師事務所「Sycip Salazar Hernandez & Gatmaitan」，迄今仍是該國法律界的龍頭。除充任多家大企業的法律顧問外，他亦熱心協助僑社，戰後幫華僑善舉公所打官司重收華僑義山，1953 年要求菲政府釋放無辜被禁錮的華人，又充任國民政府駐菲大使館法律顧問，及代表台灣中國銀行擔任中興銀行董事，後來因為他在「《商報》案」為左傾的世交于長城兄弟辯護而失去兩份職務。薛育立年輕時已開始每日抽三包煙，結果終於 1975 年因肺癌逝世，享年僅五十六歲，他的妻子曾任上海市長吳國楨的秘書，子 Alan 則從事藝術創作。

在國際上最知名的，要數薛敏老三子華成（Washington Sycip，1921）。由於外祖母鮑郁氏，薛華成童年時在上海住過五年，會講流利上海話，亦喜歡吃上海菜。他年少聰穎，十七歲便以最高榮譽從菲聖湯瑪大學取得商學士，十八歲便通過執業會計師試，到紐約哥大進修博士。正當他準備完成論文的時候，日軍偷襲珍珠港，父親被日軍拘禁，他加入美軍

菲人陸戰隊，後轉到空軍解碼部門，在印度為中印緬戰區探視情報兩年。戰後他返菲創立自己的會計師樓薛華成公司（W. Sycip & Co），後來他欲返哥大完成博士課程，邀得在馬尼拉的同學好友 Fred Velayo 加盟代辦業務。1948 年薛氏返菲與大嫂的妹妹楊素安（Anna Yu）成親。當時菲律賓剛脱離殖民地統治，原本壟斷會計業的一批英、美資會計師紛紛退休返國，造就了本地公司崛起的機會。1953 年，英資 Henry Hunter Bayne 的一位老合夥人回老家，叔父薛芬士叫華成跟該行的

站立左至右：薛育立、薛士怡、薛華誠；中坐：薛敏老。

本土合夥人 Ramon Gorres 商談，很快便達成合併協議，組成「Sycip, Gorres, Velayo & Co」（簡稱 SGV），繼承了一批大客。1958 年另一家洋資行、全行排第二的 Fleming & Williamson 亦被 SGV 吞併，SGV 至此成為菲國會計業龍頭。[79]

1964 年，薛華成由日本返菲途經台北，在世交中華開發創辦人張心洽的介紹下會見約大畢業的行政院長嚴家淦。[80] 嚴向薛表示，台灣發展極度依賴外資，但問題在於本土缺乏國際認可的會計核數師，不少海外大企業都望而卻步，希望他能幫忙。次日他與聲譽極佳的勤業會計事務所的東主、哥大商學院師兄宋作楠（T. N. Soong，1905-1998）見面一拍即合，合組華成企業管理服務社，由於 SGV 與安達信等六家國際級會計師行掛鈎，勤業亦即時成為外商可信賴的核數師，這對台灣往後廿年成功吸納外資，發展成亞洲四小龍助力很大。[81] 1967 年，SGV 與泰國會計業教父 Yukta Na Thalang 合辦 SGV Na Thalang，往後再與星洲吳陳會計師行合組 SGV Goh Tan（1970-1979）；與印尼 Josodirdjo Utomo 合營 SGV Utomo；與大馬賭王林梧桐女婿曾德發合組 SGV Kassim Chan（1970-1985）；在南越辦首家 SGV Thuan（1971-1975）；與香港股壇大亨馮景禧合組 SGV 新鴻基顧問公司，這一系列公司使 SGV 成為全亞洲最大的會計及企管顧問集團，1983 年有四千名員工，三十三個辦事處分別設於十個國家及地區。秉承鮑家以商養學的傳統，薛華成一開始就非常注重員工培訓，不計成本把公司精英送到北美頂尖商學院進修。1968 年，隨著公司及亞洲經濟蓬勃發展，薛深感人手不足，補送員工留學未能解決問題，有自己辦學的必要。當時菲油公司總裁 Ramon del Rosario 每年在碧瑤請來一批哈佛商學院教授講學，志同道合的薛華成遊說亞典耀（Ateneo）及德拉薩（De La Salle）兩大學放棄自己的 MBA 課程，集合資源籌辦一家區域性、由亞洲人執教、用亞洲適用的教材培訓亞洲人的管理學院，並定名亞洲管理學院（Asia Institute of Management），延聘哈佛教授 Stephen Fuller 出任首任院長，經過數十年的經營目前已成為國際數一數二的商業學院。SGV 培育出來的有不少成為菲國政要，其中合夥人王彬（Roberto Ongpin）及 Rizalino Navarro 都曾出任菲國工貿部長，而管理顧問部主管 Cesar Virata 更出任行政院長。

薛氏早於 1972 年已在 SGV 改任主席，放手給下屬處理日常事務，1985 年公司正式成為安達信的聯營公司，並透過其技術顧問公司 Andersen Consulting 的合作開拓了菲島資訊代工事業。1996 年，七十五歲的薛氏正式從 SGV 退休，2002 年 SGV 成為安永（Ernst & Young）一部分而易名。但

79　Jose Dalisay, *Wash: Only a Bookkeeper, SGV Foundation and AIM Scientific Research Foundation*, 2009.

80　張氏母系喬家亦為上海基督教家族，與宋家及商務一族相熟，華成的表舅夏鵬及江元仁任董事的台灣上銀亦是中華開發開業時商股中的最大股東。

81　Ramon Magsaysay Award for International Understanding 1992, Award Winner biography.

薛氏年逾八旬依然活躍於國際之間，出任多家大企業（包括 AIG、AT&T、ANZ 等）及機構（美外交協會、亞洲協會、百人會）的顧問，並獲德國、瑞典、奧地利多國頒勳。2000 年，薛華成以紐約證券交易所亞洲顧問委員會主席（1997-2004）身份返中國訪問，在人民大會堂會見了國家主席江澤民，席間中方人員以商務創辦人外孫身份向江介紹薛，並到商務的廠房舊地重遊。到他的子女一代，他亦沒有安排接班，鼓勵他們自創事業。薛華成長子 George 為史丹福及哈佛畢業生，曾任加州聯合銀行財務長，近年成立嘉勒斯（Galaxaco）對中國作投資，身兼美、菲多家公司董事並擔任祖父支持成立的國際鄉村改造學院理事。女兒 Victoria 為馬尼拉國際學校訓導主任，其夫婿 Florentino Herrera III 是菲國首位總統 Emilio Aguinaldo 的曾孫，為菲國最大零售集團 SM 的法律總監。

薛、鮑夫婦除三子外還有兩女，長女 Elizabeth 是數學天才，嫁成先生（C. K. Cheng）並育有兩女，其中成瑞嫻是紐約有名的華裔藝術家。薛家次女 Paz 則承母親家族的音樂細胞，丈夫楊應琳是菲國傑出的商人外交家及十大首富之一。有人說薛氏昆仲是亞洲最聰明，他們的妹夫楊應琳則是最懂得賺錢。楊應琳的菲全名為 Alfonso Tiaoqui Yuchengco，包含著移居菲國的祖父楊肇基（Yu Tiaoqui）及父親楊仲清（Enrique T. Yuchengco，即楊清哥）的名稱。楊仲清是建築商人，返鄉辦福建南安僑光中學，1930 年成立中華保險公司（China Insurance & Surety），娶侯積（Maria Hao Tay），楊應琳是唯一活下的男丁。天資聰敏的楊應琳讀書成績名列前茅，到哥倫比亞大學取得工商管理碩士後返國接手家族生意，將中華保險的英文名改作「Malayan Insurance」以擴大市場目標，1954 年又成立 Great Pacific Life（Grepalife）進軍人壽業務。楊跟他的妻舅一樣，是很早便走向世界的商人，1956 年他以馬尼拉青商會長名義訪日，並到世界各地建立商業關係。1960 年他組成第一黎刹銀行（後改名黎刹商業銀行），次年他在台灣成立華僑產物保險，為首家僑資保險公司。[82]

1964 年楊應琳氏便與東京海上保險及美國 Appleton & Cox 合作。七十年代他與 Diners Club 合作推出菲國首張信用卡，並組成 Pacific Plans 公司，首創教育儲蓄計劃，後來又跟日本生命、五十鈴及本田汽車等多家外資公司合作。1999 年收購私校 Mapua 技術學院，並以父親命名該校商學院，漸漸建立起有超過六十家子企業，排名前列的楊氏集團（Yuchengco Group），其中中華保險為全菲最大非壽險公司、Grepalife 為十大壽險公司之一、黎刹銀行排名第四，並涉足汽車代理、建築工程、資訊科技及

教育等多個行業。楊應琳亦回饋社會，1970 年他便成立「楊應琳基金會」（AY Foundation），歷年來贊助超過七千二百名貧苦街童繼續學業，並給數萬計窮人贈醫施藥，又於 2005 年在黎刹銀行總部開設楊氏博物館展示菲國藝術。

楊應琳作為國際化商人，很自然進入外交界，他暗地裡支持科拉桑·阿奎諾夫人（Corazon Aquino）推翻馬可斯，科拉桑當選總統之後向他報恩，委任其為菲駐華大使，為首位出任該職的華人。1986 年 5 月 21 日，楊應琳坐中國民航班機抵達北京，到駐華大使館履新，至 1988 年離任。在拉莫斯總統時代，他出任駐日大使，後又出任駐聯合國大使，但他覺得任聯合國大使那項差事最沒趣，皆因沒有發言權。但在他任內很有成績，因為菲國首次晉身聯合國安理會成員。年屆八十七歲的楊應琳目前仍充滿活力，2010 年 3 月接受任命出任駐德大使。但紅頂商人風光背後亦有不少哀愁，如年前他的外孫女被綁架，Pacific Plans 的倒閉亦為他帶來多年的困擾，他與繼室所生的九女 Maria Elena 於 1998 年早逝，他的元配 Paz、繼室 Teresa Gomez、三女素珊（Susan Y Santos）及外孫 Michael Dee 四人亦早於他過身，近年又因他揭發 1998 年前總統艾斯特拉達威迫他將菲長途電話公司股權讓予印尼林紹良控制的第一太平而牽涉入誹謗案。

楊應琳與元配 Paz 育有三子五女，但祖業傳女不傳子，1995 年已欽定十八歲便開始協助他的長女楊霞齡（Helen Yuchengco Dee）出任繼承人，目前已是集團主席並出掌黎刹銀行；次女依文（Yvonne Sycip Yuchengco）則出掌中華保險集團。楊霞齡的夫婿李大軍（又名彼德 Peter Dee）是中興銀行現任行政總裁，他是創辦人李清泉的長孫，前總經理李世杰（George Dee Sekiat）的兒子。由於霞齡外公的弟弟薛芬士是大軍的外祖父，兩者又屬表親。

算起來楊應琳在美的四女楊莉莎（Mona Lisa Sycip Yuchengco）是鮑牧的第五代，亦是商務一族中最後一個從事出版的後人。由於她是第四代菲華僑，雖然連自己的中文名字亦不清楚，但由於幼時跟祖母侯積講福建話仍聽得懂一點。在菲婚姻失敗後她攜兩子移居三藩市。1988 年她在柏克萊大學讀一個英文創作班，開始替一美國菲人刊物寫稿。約年半以後，她深感在美菲人沒有歸屬感或共榮感，應當創辦一本印刷精美的雜誌介紹美國菲律賓人的成就及作交流的渠道，於是構思了 Filipinas 雜誌。由於這類型雜誌要至少七年才能翻本，她找了很久都找不到投資者，最後硬著頭皮向父親要錢。原來早在 1976 年她的弟弟 Boy 便曾在父親資助下與

82　該公司於 1983 年與蘇黎世（Zurich）合作，1995 年楊將股權全數讓出予蘇黎世。

作家 Krip Yuson 辦過一份 Ermita 雜誌，但走的路線太高檔，不出數年便關門大吉。出乎意料之外，父親竟然答應莉莎的要求，而雜誌自 1992 年創刊以來亦辦得很成功，到第十三年，即 2005 年，她覺得自己跟不上科技，決定將 Filipinas 賣盤給廣告人 Greg Macabenta，父親現時還埋怨她賣得太早。好學不倦的莉莎最近上完紀錄片的課，下一步準備拍攝紀錄片。雖然她的血統是百分百的中國人，但在菲長大的她又覺得自己是菲律賓人，作為 Filipinas 的出版人她更成為在美菲人的代言人，所以她覺得自己隱含著中、菲、美三層身份。

附章

商務的文臣武將：
郁家及謝家的後人

　　鮑、夏兩家的後人以外，不能不提及他們的姻親郁家及謝家。郁家協助鮑家打理商務的印刷所，其中郁厚培更儼如商務的首席科技長官，任職達五十三年之久，在館內任職之長僅次於張元濟。如本章第一節提及，郁家祖上郁忠恩是鮑牧的同學，一同畢業於寧波崇信義塾，郁家來自鄞縣陳婆渡鎮郁家村（現屬鄞州區姜山鎮），族譜排行為富、貴、忠、厚、為、人、本。郁忠恩畢業後曾在陳婆渡教堂任牧師多年，1872 年受長老會委派參與籌組慈溪周巷支會。1879 年長老會提議在崇信義塾槐樹路原址續辦崇信書院時，他曾為此負責籌劃捐款事宜。郁忠恩有兩子四女，長女郁舜英即鮑咸昌的夫人，郁厚坤（1871-1945）排第二，在寧波崇信書院畢業後隨姐夫鮑咸昌到上海，先在美華書館學習印刷術，因英語基礎好，成為英文排字工，是商務的創辦股東之一及閘北堂的多年長老。次女郁三英是商務印書館彩印部部長翁學雷的夫人；排行第四的郁秀英是陳家恩的夫人；幼女郁玉英是馬君甫的夫人，翁、陳、馬三人都在商務印刷所工作，而馬的女兒馬月美及女婿丁震都是郭秉文在上海商大的學生。

　　郁牧最小的幼子郁厚培（H.B. Yoh，1888-1984），生於寧波，十二歲被資助入讀由林樂知創辦、潘慎文主理的中西書院（Anglo Chinese College），當時有一批由蘇州博習遷來的教師在該校任教，包括厚培大嫂謝羅大的兄長謝洪賚教化學。郁厚培十六歲畢業（即 1904 年）便加入

商務當印刷工人，當時印刷部分鉛印、畫石及照相三部，他被安插到照相部門，1907 年到日本考察後升任照相部長。1911 至 1914 年間，他與夏復生赴南京拍攝紀錄照片。1920 年商務的閘北新廠需要大批新式機械，他與王顯華獲派赴美一年半到各地洽購，由西岸走到東岸各大埠，並到新澤西州探訪長老會寧波開山祖麥嘉諦夫人，暢談甚歡。少時他的兒子為瑾曾參觀照片部的設備，包括當時世界上第二大的照相機，器材的龐大以及先進多年後他仍為之讚歎。郁厚培因購辦機器有功，返國後升任副廠長，後又升任廠長，管理員工達七千餘人，四十年代更躋身公司董事會。他曾被選為中國印刷學會第一屆主席，亦出任五洲藥房監察人及代總經理、閘北堂長老。閘北堂在戰時兩度被炸毀（1931 年及 1937 年，改到紀念費啟鴻的鴻德堂做禮拜），1946 年郁厚培出任建堂委員會主席，1947 年成功完成第三次重建。郁厚培是商務創辦人一族最後一位在商務工作的人，直至 1954 年公私合營為止。郁厚培於 1957 年離國到香港，活到九十六歲於 1984 年過身。他與夫人余桂英（閘北堂司琴）育有三子三女，長子郁為瑾（Joseph Yoh，1910-1998）為虔誠基督徒，在交通大學畢業後到香港再到紐約新澤西一帶經營精品店，1980 年代退休返國內傳教，並撰寫一批關於商務創辦人家族的史料，他的女兒郁惟薇（Vivian Yoh）跟女婿奎內斯（David Kraines）為數學家，在柏克萊唸博士時認識，現任杜克大學數學副教授，一子奎泰本（Thomas Kraines）為大提琴家。郁厚培次子郁為瑜博士（Paul Yu）在北卡羅來納州立大學取得博士，是印第安納大學醫學院教授；三子郁為瑋博士（Philip Yoh）初隨兄到香港，後在史丹福大學取得博士，到麻省理工做幾年研究，再到運輸部，退休後搬到內華達州，妻子為香港中華廠商會前會長許庇穀的千金。郁為瑋對家鄉很熱心，在寧波大學捐出「郁厚培獎學金」紀念父親，完成父親當年未能在家鄉辦學的遺願。

郁家後人中還有兩位名人——郁三英的女婿鈕立卿曾任上海青年會總幹事，並在五洲大藥房工作，而郁厚坤的長婿舒厚信（字鴻），以舒鴻之名聞名於世，是著名的體育教育家，中國首位奧運裁判，他的大嫂顏慶蓮是顏惠慶的獨妹，其事蹟在第二章顏家有述。

郁牧長子郁厚坤的太太謝羅大是鮑牧及父親的同學謝元芳牧師的長女，商務功臣謝洪賚的姐姐，本身亦曾當閘北堂長老多年。她的二妹謝羅以嫁杭州長老會牧師劉天復，三妹謝羅米嫁商務御用大狀兼董事丁榕，四妹為閘北堂司琴，其夫毛文吟亦在商務製造部工作，又為上海高橋靈恩堂及鴻德堂負責人，其子毛宗雄則為閘北堂唱詩班指導，後在紐

郁忠恩夫人盧氏七秩壽慶全家合照。

首排左至右：馬月青、郁為瑾、郁秀慶、佚名、翁菊芳；

二排左至右：翁梅芳、馬月蘭、翁仲恩、郁為珊、鮑慶榮、陳在永、鮑鳳珍、郁為瑚；

三排左至右：郁余桂英、陳瑤珊（手抱）、陳郁秀英、佚名（手抱）、翁郁三英、郁盧氏、鮑郁舜英、郁謝羅大、馬郁玉英、馬賢成（手抱）；

四排左至右：郁厚培、陳家恩、翁學富、鮑咸昌、郁厚坤、馬君甫；

五排左至右：鮑慶福、鮑鳳美、郁秀雅、鮑鳳菊、陳在光、郁秀芳、陳瑤珍、陳瑤娥、馬月美。

約過身。跟出身富家子弟的同期租界大狀朱榜生（黃開平岳父，見第一章黃家）不同，丁榕出身寒微兼且身材矮小，他是郁厚培、作家夏丏尊及經濟學家馬寅初等在上海中西書院的校友，畢業後由妻兄謝洪賚介紹入教會出版機構廣學會工作，後跟傳教士李提摩太（Timothy Richard）返英，以半工讀於 1907 年自英國曼切斯特大學取得法學士成為大律師，他曾在《寰球中國學生報》（World Chinese Students Monthly）撰寫一封《一位留英窮學生的來信》，講述自己所遇到的各種困難。他對商務非常賣力，除協助打贏前述兩場官司外，也出任董事及監察人，直到解放以後，是親友中極為尊崇的公司幕後功臣。工餘他曾當上海留英同學會會長十年，亦熱心教會及文藝活動，打扮有如英國紳士。他跟羅米育有四子一女，除一子早夭外三子解放後都移居美國加州（其中洋名叫 Raphael 的恩穗在康奈爾肄業），只有乳名黑鑽石的獨女斐米（Phoebe）留在身邊，她有留英醫學位的丈夫亦跟妻子留在中國照顧岳父。

謝洪賚除了前述華英「兩階」以外，還為商務編譯了《華英音韻字典集成》及中學數理化課本多種。他還是商務早期的股東，為商務創業史上做出了重要貢獻，可惜他中年患上肺病，1916 年僅以四十三歲之齡過身，遺有九名子女，其中以長女謝文秋（Grace Zia Chu，1899-1998）及其弟謝少文（Samuel H. Zia，1903-1995）最出名兼且長壽。謝文秋於中西女中畢業後赴麻省威斯理就讀進修體育及衛生課，與宋美齡為同學。據另一位同學作家冰心回憶，當年亦留美的梁實秋對文秋傾慕，但謝對冰心說她喜歡軍人，最終在 1928 年嫁給在麻省理工進修軍事的朱世明（Chu Shih-ming，1901-1965）。1924 年自威大畢業返國後，謝文秋在中西女中及金陵女大教體育，1935 至 1947 年任世界女青年會副主席；朱世明在軍方亦平步青雲升至陸軍中將，歷任外交部情報司長、駐美使館武官、抗戰勝利後更獲委任為駐日軍事代表團中將團長。名史家黃仁宇當年便是他的隨從武官，而與冰心的丈夫吳文藻（1901-1985）為朱世明的清華同學，朱任駐日團長時，任命吳為政治組組長。但 1951 年，報人陸鏗報道朱與女歌手李香蘭有染，「麥帥方面，因此已看輕代表團」，使朱氏開始失寵，最終被開除。據同情他的外交官何鳳山（其子娶許芹外孫女，見第七章許家）說，1956 年他到東京見他生活潦倒，後返台為他說情。張群說當年給朱世明國防部次長他不做，對他沒信心，蔣介石更問朱世明是否還與那個日本女子在一起，何鳳山亦死心。[83] 夫婿在日胡混，謝文秋在美國重建新生活，1955 年成為公民。她首先在郭秉文創辦的華美協進社教

83　何鳳山：《外交生涯四十年》，第 127 頁。

煮中菜，後來在家中及 Mandarin House 菜館內加兩班，如此教了三十年。1962 年她出版 *The Pleasures of Chinese Cooking* 一書，獲紐約時報的書評家評為有史以來最佳中菜食譜，令她成為當時中式廚藝在美最知名的代言人之一。1970 年代她又撰寫了一批關於東方珠寶的著作，並出了一本 *Madam Chu's Chinese Cooking School*（《朱夫人中菜學校》）。1986 年她搬到俄亥俄州與當護士為生的妹妹謝文梅（Ruth Zia）同居，方便照應。晚年的文秋活躍於美國的金女大同學會，她與嚴氏姊妹熱心重建南京金女大，[84] 捐出第一筆善款。謝文秋的長子朱昌峻（Samuel Chu）為俄亥俄州立大學歷史系教授，與洋務運動專家中研院士劉廣京合著《李鴻章》。

謝洪賚的長子謝少文為知名微生物學家、免疫學家，1921 年畢業於東吳大學，1926 年獲長沙湘雅醫學院醫學博士學位，是顏福慶的高足。他歷任北京協和醫學院、北京中國醫科大學、北京首都醫院教授、主任，北京軍事醫學研究所所長、中國醫學科學院基礎醫學研究所教授、中華醫學會常務理事、全國政協委員等職。五十年代初他率隊參加了反對細菌戰的鬥爭，提出科學證據揭露了美國在韓戰進行細菌戰的罪行，為此受到國務院的嘉獎。他編著的醫科書籍十餘冊，發表過學術文章二百多篇。三、四十年代他主要研究傳染病，於 1934 年在國際上首次用雞胚培養斑疹傷寒立克次氏體成功。五十年代他開始研究神經系統與免疫系統的聯繫。七十年代他致力於免疫學新方法及新技術的研究，促進免疫學在中國的發展。

在六十年的教學及科研中，謝少文對醫學科學的發展作出重大貢獻，於 1980 年當選中國科學院院士及學部委員。謝少文的太太俞秀靜是閩北景林堂牧師俞止齋幼女，把商務一族跟又一個基督教家族連上。俞牧是謝洪賚在中西教書時的同事，當年在校內教數學，後主持的上海景林堂，為宋家做禮拜的教堂，育有八女四子，十二生肖全部包囊，子以「普天同慶」排，其中長子俞普慶最出名，在香港曾出任國泰電影總經理，次子俞天慶是名鋼琴家俞麗拿（Yu Lina，1940）之父。俞秀靜二姐秀愛為早期留美女生，曾任北平女青年會長，嫁民族資本家凌其峻（1897-1968），

郁厚培 1907 年日本考察時攝，1921 訪美與王仙華遊湖。

所辦仁立公司，解放後曾任全國工商聯副主委，其子凌瑞驥為清華計算機系教授及軟件中心主任。三姐秀美嫁少文在湘雅的同學，後任南京中央醫院院長的姚克方，另一姊妹俞秀樂嫁代表中國參加柏林奧運的足球名將梁官松，其子梁林開為香港名牧，曾任三屆香港循道衛理會長。

謝洪賚的次子謝覃文（Eugene Zia）亦是東吳大學畢業生，在聖約翰大學出任會計主任。他的長子頌凱曾任佛山大學校長，次子頌和則在南京從事教育工作。

謝洪賚么女謝文息（Elsie Zia，1914-1998）於 1937 年自金陵女子大學畢業後曾先後在福湘女校、雅禮中學、金陵女大教體育及音樂；解放後隨夫在第六軍醫大學、第七軍醫大學教英文及充任七醫大及解放軍重慶第三幼稚園主任，1974 年退休，1998 年以八十四歲高齡病逝。謝文息的丈夫凌惠揚教授（1906-1999）系出香港基督教名門凌家，謝文息嬸母謝賓賚夫人楊氏的親侄女楊藹芳為凌惠陽兄嫂，[85] 所以謝家與凌家有兩層親屬關係。凌惠揚的祖父凌啟蓮牧師是香港粉嶺崇謙堂創辦人，衍生一個龐大的基督教世家，凌惠揚的父親凌善永（1879-1945）是會計專家，曾在上海商務從事財務工作，後到漢冶萍公司當會計處長。惠揚排行第三，長兄志揚（George Lin）在香港從商，是扶輪社元老；次兄憲揚（Henry Lin，1905-1960）為浸會辦上海滬江大學末任校長及抗戰時中央印鈔廠經理；八弟忍揚（Richard Lin，香港浸會元老林子豐女婿）及九弟思揚分別為美、中兩地音樂教授，上一章述及的王正黼親家、崇基校長凌道揚是惠揚的堂兄，為凌啟蓮的長子嫡孫。惠揚 1930 年自南京金陵大學醫預科畢業，1936 年自湘雅醫院得醫學博士，後留院當助教及醫師支援抗戰。1947 年留美一年，返國後任南昌國立中正醫學院副院長，解放後致力軍方醫學教育，歷任第六軍醫大學（南昌）及第三軍醫大學（重慶）外科教研室主任及附屬醫院副院長，獲解放軍上校軍銜及曾任全國政協及人大代表。

謝洪賚的么子謝文元（Joshua Zia），1933 年自約大數學系畢業，1945年留美到馬里蘭州大學取得碩士，後於 1951 年從哥倫比亞大學取得數學博士（這一點東吳大學校長文乃史在校史中述及謝洪賚時亦驕傲的提及），往後定居紐約，在曼哈頓學院（Manhattan College）當數學及物理科教授。1985 年他退休移居加州，1995 年過身。謝家一門在中美兩地作育英才，延續謝洪賚的文教傳統。

84 嚴氏姊妹即顧維鈞夫人嚴幼韻、其姊吳憲夫人嚴彩韻及徐振東夫人嚴蓮韻。

85 據楊藹芳侄兒繼良回憶，他稱謝家公公的謝賓賚為人樂觀，他身患重病在楊家彌留時仍樂觀開朗，這或與他的宗教信仰有關。

以商養學：
鮑哲才牧師及其後人

第二代　* 鮑咸恩 Yee Ung Bau（1861-1910）

　　第三代　鮑慶甲（正鐸）
　　　　　　鮑正惠
　　　　　　鮑正聰
　　　　　　鮑正律

第二代　* 鮑咸昌 Yee Chong Bau（1864-1929.11.9）＋郁舜英（見郁氏家譜）

　　第三代　鮑鳳菊 ＋ 陳裕光 Chen Yu Kuang（1893-1989）

　　　　第四代　陳農文 Robert Chen ＋ 黃卓吾

　　　　　　第五代　陳賢捷
　　　　　　　　　　陳賢陶

　　　　第四代　陳農安（1929）＋ 顏玲

　　　　　　第五代　陳彤

　　　　第四代　陳佩德 ＋ 劉曉曈
　　　　　　　　陳佩結 ＋ 張迎祥

　　　　　　第五代　張瑜
　　　　　　　　　　張簕

　　　　第四代　陳佩麗 ＋ 洪漢祺

　　第三代　鮑鳳珍 ＋ 黃錦輝

　　　　第四代　黃曉東
　　　　　　　　黃旭東

　　第三代　* 鮑慶林 Ching-ling Bau（正帆，?-1944）＋* 高斐君（高鳳池長女）

　　　　第四代　鮑道南 ＋ 徐錫瑜

　　　　　　第五代　鮑愛琳
　　　　　　　　　　鮑惠琳

　　　　＋ 許靜宜

　　　　第四代　鮑愛美 Amy Bau

第三代　鮑鳳美 + 邱清淵 Cu Ching Yan

第四代　邱濟時
　　　　邱馨生

第三代　鮑慶福 C. F. Bau
　　　　鮑慶榮 Harry C. Bau + 鍾慧蒔 Maria Lourdes Bau

第四代　鮑道鈞 Robert Bau（1944-2008）+ Tammie Kwok

第五代　鮑婷立 Christina Bau
　　　　鮑惠立 Alexander Bau
　　　　Philip Bau

+ Margaret Churchill

第三代　鮑鳳林 Helen Vonglin Bau + 薛敏老 Albino Zarate Sycip（1887-1978）

第四代　薛士怡 David B. Sycip（1917- 1988 ）+ 楊素慶 Helen So-Kheng Yu

第五代　Joseph Y Sycip + Josefina Lacson

第六代　Joseph Abraham L Sycip
　　　　David Alexander L Sycip

第五代　David Y Sycip Jr.
　　　　Emmeline Y Sycip + David Huang

第六代　Peter S Huang
　　　　Kathleen CS Huang

第五代　Lynne Marie Y Sycip

第四代　薛育立 Alexander Sycip（1919-1975.5.5）+ Bonnie Liu

第五代　Alan L Sycip
　　　　Alfred L Sycip

第四代　薛華成 Washington Sycip（1921.6.30）+ 楊素安 Anna Yu

第五代　George Edwin Sycip
　　　　Robert Raymond Sycip
　　　　Victoria Sycip + Florentino Herrera III

第六代　Carmela S. Herrera
　　　　Amelle S. Herrera
　　　　Miguel S. Herrera

第四代 Elizabeth Sycip + C. K. Cheng

第五代 成瑞嫻 Emily Sycip Cheng（1953）+ David Humphrey
Lisa Sycip Cheng + Steve Woodrow

第四代 Paz Sycip + 楊應琳 Alfonso Tiaoqui Yuchengco（1923）

第五代 楊霞齡 Helen Yuchengco（1944.5.18）+ 李大軍 Peter Sycip Dee.

第六代 Michael Y Dee
Michele Y Dee + Santos
Joanna Y Dee

第五代 楊依文 Yvonne Sycip Yuchengco + Manuel Zialcita

第六代 Javier Y Zialcita

第五代 Alfonso Yuchengco Jr.
Susan Yuchengco + Florentino Santos

第六代 Marco Y. Santos
Gia Y Santos
Tara Y Santos

第五代 楊莉莎 Mona Lisa Sycip Yuchengco + Rafael Abaya
Annabelle Sycip Yuchengco + Manuel H. Puey

第六代 Aimee Y Puey
Alfie Y Puey
Sunchine Y Puey

第五代 Albert Sycip Yuchengco
Alfonso Sycip Yuchengco III

第二代 鮑大姑 +˚張蟾芬（張桂華，?-1936）

第三代 張慧珍 Louise Chang + 何林一（Ho Lin-yi 1888-?）

第四代 Julia Ho + Kenneth Wang
Teddy Ho
Bobby Ho

第三代　張蓉珍 Beulah Yoong-tsung Chang（1892–1962）
　　　　張石麟 ZL Chang（?-1944.1）

　　第四代　張蓉芳 Stella Chang + Kwan

第三代　張玉麟 Kenneth Nyoh Ling Chang（1903-1927）
　　　　張藹真 Vera E-Tsung Chang（1903-1974）+ 王世圻 Willian Wang（1901-1980）
　　　　張郁真 Cecilia Chang + *潘光迥 Dr. Francis K Pan（1904-1997）

　　第四代　潘乃萱 Shirley Pan

第三代　張書麟

第二代　鮑翠玉（鈺）Tsui Nyoh Bau（1873-1938）+ *夏瑞芳 Zoen Fong How（1871-1914）

　第三代　*夏鵬 Bang How（筱芳，1896.10.29-1976）+ 思卿 Rose Ng-Quinn（1897-1986）

　　　第四代　夏連蔭 Julie Lien-ying How（1926-1982）+ 華仲厚 Bil Z. Hwaphongchai
　　　　　　　　　　　　　　　　　　　　　　　　　　　　　　　　　　（1918）

　第三代　夏瑪莉 Mary Mo-li How（肖梅，1900-1957）+*黃漢樑 Han Liang Huang（1890-1974）
　　　　　夏璐德 Ruth Loo-tuh How（肖蘭，1901-2005）+ *郭秉文 P.W. Kuo（1880-1969）
　　　　　夏璐懿 Louise Loo-yee How（肖蓮，1903-1983）+ 林勤 Frank Ling（1910- 1962）

　　第四代　林京 Bobby Ling（1937-1962）

　第三代　夏璐梅 Salome Loo-mei How（肖蕙，1904-2001）+ 江元仁 Nelson Chiang
　　　　　　　　　　　　　　　　　　　　　　　　　　　　　　　（1902-1968）

　　第四代　江成賢 Louis Chiang（1931）+ 毛明珠 Dorothy Mao（1932）

　　　第五代　Edward Chiang + Rhonda Lucas
　　　　　　　David Chiang + Marcia Sabistan

　　　　第六代　Catheryne Chiang
　　　　　　　　Christopher David Chiang

　　　第五代　Louise Chiang + John Bradley

第四代 江齊賢 Paul Chiang（1934）+ Stella（1939）

　　第五代 Nelson Chiang

　　　　+ 趙明 Lucy Ming Zhao

第三代 夏璐雅 Rhoda Loo-ya How（肖芙，1905-2006）+ **史久榮** Albert K.Y. Suez（1902-1981）

　　　　　　　　　　　　　　　　　　　　　　（倪錫純外甥，見倪譜）

　　第四代 史濟良 Julian Suez（1933）

第三代 夏璐韵 Loo Yuin How（肖桐，1906-1972）+ **應龢椿** Paul Ho-chin Yin（1911-1996）

　　第四代 應國瑞 Robert K. Yin（1941）+ Barbara Fern

　　　　第五代 Susan Yin + Clay Williams

　　　　　　第六代 Matthew Williams
　　　　　　　　　　Aaron Williams

　　　　第五代 Robert T Yin

　　　　　　+ Karen Kauffman

　　　　第五代 Andrew Yin

　　第四代 應樂美 Theresa Yin（1947）+ Peter Michna

　　　　第五代 Nicole Michna
　　　　　　　　Adrian Michna
　　　　　　　　Ian Michna

　　第四代 應國民 George K Yin（1949）+ Mary Walter

　　　　第五代 Elizabeth PH Yin
　　　　　　　　Laura HY Yin

第三代 夏璐瑛 Lydia Loo-ing How（肖荃，1909-1968）+ **王恭芳**（王正廷侄，見王譜）
　　　　夏璐敏 Looming How（肖芝，1911-1999）+ **鮑宣平** Wilfred S.B. Wong（見鮑譜）

第二代 鮑翠鳳（懿）+* 郭秉文 Dr. Ping Wen Kuo（後娶其外甥女夏璐德，見上）
　　　　鮑咸亨（YH Bau）

第三代 鮑正鈞

第四代 鮑美珍

第三代 鮑正剛
鮑正璋
鮑正歧
鮑鳳桂（儀）＋ **羅友蘭** Eddy Loo Yu-leh

第四代 **羅舜芝** Miranda Sung-tse Loo ＋ **余經** Alexander Keng-kee Eu（1927）

第五代 **余義駒** Sandy Eu Yee Kui（1951-2004）＋ Christina Hanson
Barbara Jean Eu
Michael Eu
Barry Eu

第四代 **羅舜英** Marlene Sung-ing Loo
羅舜華 Julie Loo ＋ **白雲**
＋ **言慧珠**

*曾參與商務或有合作關係

以商養學：
鮑哲才牧師及其後人

郁忠恩牧師 U Cong Eng（1841-1904） ＋ 盧氏

第二代 郁舜英＋鮑咸昌（見鮑譜）
* 郁厚坤（1871-1945）＋謝羅大（謝元芳女，見謝譜）

第三代 郁秀雅＋舒鴻（厚信）（兄為顏惠慶妹夫舒厚仁，見顏家）

    第四代 舒昌榮
          舒昌耀

        第五代 舒隆偉
              舒隆楓

    第四代 舒昌恩＋張夙麟

        第五代 舒隆健
              舒茵

第三代 郁秀芳＋朱珍山
        郁為瑚（海珊）＋秀文

    第四代 郁人杰
          郁劍敏＋芷誠青

        第五代 芷浩
              芷汶

第三代 郁秀慶＋潘佩倫

    第四代 潘麗珍
          潘慧珍
          潘靜珍

第三代 郁為璉 Peter Yoh＋李幽嫻

    第四代 郁奇＋唐波

        第五代 郁濤
              郁郁

第三代 郁秀菊＋方峻德

    第四代 方安健
          方愛健
          方敏健
          方美健
          方慧健
          方廷安
          方廷華
          方廷榮

<u>第三代</u> 郁秀蓮 + 徐孝信

   <u>第四代</u> 徐友鵬
            琴
            小弟

<u>第二代</u> 郁三英 +° 翁學雷

 <u>第三代</u> 翁菊芳 + 曹岱孫

   <u>第四代</u> 曹敏霞 + 方之稼
            曹綺霞 + 沈占毅

 <u>第三代</u> 翁梅芳 + 鈕立卿

   <u>第四代</u> 鈕文霞 + 曲長江

     <u>第五代</u> 曲維莉

 <u>第三代</u> 翁仲恩 + 竺佩恩

   <u>第四代</u> 翁錫安
            翁錫惠
            翁錫美

<u>第二代</u> 郁秀英 +° 陳家恩

 <u>第三代</u> 陳瑤娥 + 謝一廷
            陳瑤珊 + 鄭宣知

<u>第二代</u> 郁玉英 + 馬君甫

 <u>第三代</u> 馬月美 + 丁震
            馬月青 + 郭美孫
            馬賢成 + 陳璿
            馬月苞 + 嚴之方
            馬賢毅 + 吳保和
            馬賢敏 + 張綺琴
            馬賢凱 + 陳娟美

以商養學：
鮑哲才牧師及其後人　**第二代**　 * 郁厚培 H. B. Yoh（1888-1984）＋余桂英

　　　　第三代　郁為瑾 Joseph Yoh（1910-1998）＋韋郁瑾

　　　　　　第四代　郁惟薇 Vivian Yoh ＋奎內斯 David Kraines

　　　　　　　　第五代　　奎詩本 Steven Kraines
　　　　　　　　　　　　　　奎泰本 Thomas Kraines

　　　　　　第四代　郁人偉 James Yoh ＋秦永萍

　　　　　　　　第五代　　郁堅本
　　　　　　　　　　　　　　郁憶本

　　　　　　第四代　郁人凱 ＋鄭華

　　　　　　　　第五代　　郁愷本

　　　　第三代　郁秀珍 ＋王湘永

　　　　　　第四代　　王珍 ＋金輔夏
　　　　　　　　　　　　王明 ＋胡佩芳
　　　　　　　　　　　　王稼 ＋毛純怡
　　　　　　　　　　　　王義 ＋何鳳綾

　　　　第三代　郁秀娟 ＋鮑叔良
　　　　　　　　　郁秀敏 ＋魏盛蓀
　　　　　　　　　郁為瑜 Paul Yu ＋樂愛芳

　　　　　　第四代　　郁人琳 ＋朱嘉禾
　　　　　　　　　　　　郁人杰
　　　　　　　　　　　　郁人敏

　　　　第三代　郁為璋 Philip Yoh ＋許潔珠

* 曾參與商務或有合作關係

謝元芳牧師

第二代 * 謝洪賚 Zia Honglai（1873-1916）+ 史淑貞（史拜言之妹，見李家）

    第三代 謝文秋 Grace Zia Chu（1899-1998）+ 朱世明 Chu Shih Ming（1901-1965）

        第四代 朱昌峻 Samuel Chu + 高明珠 Lucy Chu

            第五代 Laura Mae Chu + James Mitchell Stokes Jr.

        第四代 Daniel Chu

    第三代 謝仲文 Daniel Zia
            謝少文 Samuel H. Zia（1903-1995）+ 俞秀靜
            謝文蓮 Lily Ngai + 艾氏
            謝文梅 Ruth Zia
            謝覃文 Eugene Zia

        第四代 謝頌凱
                謝頌和

    第三代 謝文元 Joshua Zia
            謝文息 Elsie Zia（1914-1998）+ 凌惠揚（1906-1999）

第二代 謝羅大 + * 郁厚坤（見郁家譜）
       * 謝賓賓 + 楊氏

    第三代 謝菊貞 Lucy Zia

第二代 謝羅以 + 劉天德

    第三代 劉宗琦 John Liu
            劉宗瑤
            劉錦美
            劉秀愛
            劉秀珠

第二代 謝羅米 + * 丁榕 Alexander Y Ting（1880-1957）

    第三代 丁恩毅
            丁恩諾 Anthony Ting
            丁恩沐 Robert Ting
            丁恩穗 Raphael Ting
            丁斐米 Phoebe Ting

第二代 謝氏（佚名）+* 毛文吟

第三代 毛宗雄 Tsong Young Mao（1906-1994）+ **李愛真** Ai-tseng Lee（1906-1977）
毛宗英
毛宗豪
毛宗傑
毛宗廷
毛宗凱
毛安珠
毛雅麗
毛美莉
毛月麗

* 曾參與商務或有合作關係

*湯執中牧師 Tong Tsaeh Tsoong（1847-1903）＋ 黃珊卿（1851-1922）

第二代　湯寶琳（1878-?）＋*郭秉鈞（郭秉文兄）

　第三代　郭美麗 Amelia Kwoh（1900-1996）＋*李培恩 Baen Elmer Lee（1889-1958）

　　第四代
　　李國昕（1925-1928）
　　李國暲（1927-1942）
　　李蓮霞 Lily Lee（1930）＋林俊煌（1928）

　　　第五代
　　　林安（1952）
　　　林誼（1955）＋黃志平（1954）
　　　林偉（1957）＋賀海雲（1956）

　　第四代　李茜霞（1932）＋朱堯生（1932）

　　　第五代
　　　朱寧（1955）＋周松祥（1952）
　　　朱良 Julia Zhu（1964）＋楊光 Grant Yang（1963）

　第三代　郭美息 Mei-Shih Kwoh（1905-1994）＋*王箴 Chen Wang（1899-1994）

　　第四代　王雪貞 Angie Wang（1930）＋繆文達 Calvin Miao（1926）

　　　第五代
　　　繆荃 Diana Miao（1958）＋伍啟華 Michael Eng（1959）
　　　繆蕾 Pamela Miao（1960）＋David McMaster（1960）
　　　繆洪 Michael Miao（1963）＋苗寶蓮 Myra Joy Soong（1966）

　　第四代　王建中 Jian Zhong Wang（1933）＋Yan-Ru Yang 楊晏如（1934）

　　　第五代
　　　王瓊 Joan Wang ＋Ray Finley
　　　王彬 Bin Wang ＋Thaddeus Worfe

　第三代　*郭美德 Maida Kuo（1907-2007）＋*阮潤桓 Jack Yuan（1908-1988）

　　第四代　阮安臨 Allen Yuan（1937）＋何慶奇 Kate Ho（1938）

　　　第五代
　　　阮傑 Jack Yuan Jr.（1967）＋Seren Hayashi（1968）
　　　阮明曉 Michele Yuan（1965）＋楊勝光 Stan Yang（1959）

　第三代　郭美福 Mei Foh Kwoh（1909-2005）＋徐北溟 Peter Poming Hsu（1909-1998）

　　第四代
　　Eugenia
　　Paul
　　Rosie
　　William

第三代 ＊郭紹文（1911）＋屠寧一（1913-2004）

   第四代 郭志道（1941）＋孟麗霞（1948）
            郭志遠（1944）＋曹和珍（1948）
            郭志善（1947）＋浦玲玲（1954）
            郭志安（1952）＋周平（1953）

第三代 郭美恩 Mei-en Kwoh（1914-2006）＋王鏗賢 Charles Wang（1904-1986）

   第四代 Jeannette Christianson Wang（1949）＋Robert Denmark（1958）

第三代 郭錫恩 Edwin Kwoh（1916-2011）＋鄧如喬 Beulah Quo（1923-2002）

   第四代 郭志明 Stewart Kwoh（1948）＋李麗芳 Patricia Lee（1948）

      第五代 郭民偉 Steven
            郭民凱 Nathan

   第四代 郭志芳 Mary Ellen Kwoh（1952）＋許國華 Jack Shu（1952）

      第五代 許倪德 Theodore
            許倪芳 Christina
            許倪敏 Julia

第二代 湯仁熙 Z. H. Tong

   第三代 湯銘慰
         湯銘和
         湯銘恩

第二代 郭秀娟（秉文妹）＋湯承熙（推測中文名字）
＋王裕光 Wang Yu Kuang

   第三代 湯鳳美 Irene Esther Tong（1904-1988）＋王心康 Samuel Wang（1903-1979）

      第四代 王元琦 Helen Wang（1930）＋沈元圻 Billy Shen（1930-1997）
            王元璋 Frank Wang（1931-2002）＋邊慧蔚 Wendy Pei（1947）
            王元瑋 Rosalind Wang（1933）＋曹晉恕 Kin Hang Cho（1926）

         第五代 曹詩婷 Cindy Cho（1958）＋Jesus Garcia（1963）
               曹詩綸 Sharon Ruth Cho（1963）

   第三代 湯絢美（?-1940）

第二代 　湯佩琳 Helen Tong（?-1931）+* 李登輝 Teng-Hwee Lee （騰飛，1873-1947）

　　第三代 　李友仁 Eugene Lee（1908-1917）
　　　　　　Julie and Sue Lee（?-1913，孿生早夭）
　　　　　　佚名（早夭）

第二代 　湯靄琳 Eling Tong + 王正序

* 曾參與商務或有合作關係

6

精學博習
李子義牧師及其後人

　　國際知名的首位華人諾貝爾獎得獎人李政道，在其妻子秦惠䇹過世後成立「䇹政基金獎」協助祖國學子研究工作，在全國選擇資助五所大學，蘇州大學便是其一。李政道選蘇州大學，是因為該校的前身是美南監理會辦的東吳大學（Soochow University）。李政道的曾祖父是監理會蘇州的開山鼻祖之一，從祖父一代，家族中十多人畢業於東吳大學或附屬中學及在該校任教，他自己則於 1938 至 1941 年期間入讀東吳附中。1987 年 5 月 26 日，蘇州大學授予他名譽教授榮銜，他的曾祖父、祖父、伯祖父都是東吳大學及其前身博習書院及宮巷書院的主要創辦人，伯父亦在該校任職數十年，堪稱是典範的「東吳家族」，蘇州基督教第一家庭。2010 年 5 月，蘇州大學慶祝一百一十年校慶，雖然年事已高的李政道因神經痛臥床數月，並因腳患未能赴會，但他仍去信祝賀，並派中國工程院士葉銘漢代表出席慶典。東吳大學的畢業生包括法律名家吳經熊、倪征燠、陳霆銳、石超庸、端木愷，人類學家費孝通、社會學家雷潔瓊、藝術學家王季遷（己千）、佛學家趙樸初、小說政論家查良鏞（金庸）、蔣緯國等名人。李家本身的名人亦不少，除仲覃及叔青兩子為名牧之外，有出掌中國紅十字會、蘇州博習醫院及上海宏仁醫院的名醫，有如政道、崇道幾兄弟及李翠貞的殿堂級教授；又有當孔、宋親信，天津意租界公董等的政客；抗戰時出了被日偽暗殺的敢言報人，又有為抗戰不惜江陰沉船的杜月笙門生；有可口可樂、波音飛機及博士倫的代理人，在美更出了一個華爾街的股票大亨。這恐怕是當年一邊賣紐扣一邊傳道的李子義意料不及的。

左：1900 年代李家全家福：李子義夫人（四排左一）及其三子李伯蓮（二排右一）、
　　李仲覃（二排左一）、李叔青（四排右二）及眾子孫。

第一代

開山祖李子義牧師

李家的開山祖李子義牧師（Li Tsz-I，1844-1904），祖籍江蘇南匯縣。1847 年，美南監理會（The Methodist Episcopal Church，South）陸續派人到上海傳教，取得一定成績後，傳教士藍柏（J. W. Lambuth）渴望向蘇州擴展教務，於 1860 年代末勸說李子義與殷勤山兩家到蘇州居住。子義到蘇州後，在鐘樓（即文星閣）附近落戶，製作和出售紐扣，人稱「紐扣李」，藍柏到蘇州時就住在李家。殷勤山本為蘇州人氏，是監理會首位蘇州籍信徒，三人開創了監理會在蘇州的傳教事業。據監理會的紀錄，李子義於 1869 年受洗，1878 年被冊封為牧師，同工包括曹子實。[01]

監理會在蘇州扎根之後，1880 年委派李子義到常熟，租用常熟城區小東門東倉街民房作佈道廳，1891 年他與 Benjamin D. Lucas 及 Herbert L. Gray 同被列為執事，[02] 1893 年他被列為嘉定的牧師並升任長老，在嘉定的職務由一名為「Li Yien Ung」（可能是兒子李應庚即李伯蓮）的人接任。[03]

第二代

辦學博習：
李家長子李伯蓮

李子義的長子伯蓮（L. G. Lea，1867-1932）原名李應庚，以字行，於 1869 年兩歲時與父同時接受藍柏洗禮信教，是蘇州第一個受洗的小孩。他自小在監理會創辦、潘慎文（A. P. Parker）主理的位於天賜莊的存養書院學習英文，該校於 1884 年易名博習書院。李伯蓮是博習書院 1887 年的首屆畢業生，同學有後來替商務寫《華英初階》揚名的謝洪賫，以及後來任東吳大學數學系教授及做其妹夫兼親家的史拜言，三人後來結為姻親並相互通婚。李伯蓮畢業後留校任教，與弟弟仲覃教授中文、數學及科學等。

1882 年監理會派住在美國喬治亞州夏山鎮的孫樂文（D. L. Anderson，1850-1911）來華傳教。兩年後，孫樂文調往蘇州宮巷。1886

李子義夫人。

年 11 月，美國監理公會中國傳道區首屆年議會在上海舉行，決定中國傳道區下設兩個連環（後稱教區），即上海連環和蘇州連環。蘇州連環由孫樂文任長老司，這是連環的最高神職。1891 年，監理會於宮巷建造禮拜堂，名為樂群社會堂。1895 年 11 月 18 日，孫樂文利用該教堂的閒置房間開班上課，取名宮巷書院（Kung Hang School）。這是監理公會繼天賜莊博習書院後，在蘇州辦的第二所書院。宮巷書院最初的六名教員，美籍、華人各半，孫樂文夫婦及其侄女教英文、神學，聘李伯蓮管理校務，其妹夫史拜言教數學和自然科學常識，還有一位華人教中文。監理公會後又調入傳教士薛伯賚（Shipley Lester）和葛賚恩（J. W. Cline）當教員。但沒有多久，葛離蘇去滬。宮巷書院標誌著監理公會在蘇州設學的重要轉變，突出點有四：一是招生條件的改變。過去教會學校如博習書院等，因得不到蘇州人的信任，只能招收窮苦學生，甚至是街頭的流浪兒童入學。宮巷書院招收的學生家境則較為充裕，最早的二十五人中有的已經是秀才。二是收取較高的學費。過去因學生清貧，除免收學宿費外，還送書籍、衣服等。蘇州人馮桂芬在《上海同文館議》裡也說：傳教士「設立義學，廣招貧苦童稚，與以衣食而教育之」。在宮巷書院提高學費後，書院經費自給，教員的薪水和日常開支，均從所收學費中支出。三是開始重視英語教學。過去博習書院是用譯本教學，並無英文課。宮巷開始教授英語，既發揮傳教士之所長，又可以吸引更多的學生。四是加強了與社會上層的聯繫。孫樂文以教育家的身份，增進了他與社會上層人士的聯繫。由於上述幾點，宮巷書院學生人數發展迅速，1896 年學生只有四十人，1897 年增至六十八人，1898 年上升到一百零九人。相比之下，博習書院從 1871 年在十全街辦學起，最初只有學生兩名，後來七十八人，繼增至百餘人，1879 年遷到天賜莊時有學生十八人，1886 年上升到三十六人，直到 1897 年學生才達到七十人左右。1899 年 2 月，博習書院學生併到上海，除部分學生遭淘汰外，去滬的也只有寥寥三十人。

宮巷書院延續了五年，1899 年起，監理公會和孫樂文策劃在蘇州辦一所大學。1900 年春，孫回美國活動，把宮巷書院托薛伯賚權理。不久，中國爆發義和團運動，薛伯賚溜走，宮巷書院因而停辦。年底，孫樂文返回蘇州，他以宮巷書院為基礎，利用博習書院舊舍，於 1901 年 3 月，在天賜莊創建了東吳大學，並擔任首任校長和由美國傳教士組成的校董會副會長等職。李伯蓮在東吳大學創辦時起服務三十年，經歷了孫樂文（1901-1911），葛賚恩（1911-1922），文乃史（1922-1927）到首任華人校長，即友好楊維翰醫生的兒子、其弟李叔青傳道同工余慈度的外甥楊永清

01   *The Gospels in All Lands by Methodist Episcopal Church* , 1883, p. 214.

02   *The Chinese Recorder*, Volume 12, p.39, 1891.

03   *Minutes of the Annual Conference of the Methodist Episcopal Church South*, p.80, 1898.

（1927-1952）四位校長。從 1900 年到 1919 年 6 月他出任提調（學監，即教務長）近二十年，對學生循循善誘，為東吳成為全國名校打下根基。

　　1910 年代，除了掌管東吳校務以外，李伯蓮將精力放在開拓一所地方語言學校。李伯蓮辦地方語言學校的原因，是因為監理會準備派遣大批傳教士來華，分派到華東的江蘇、浙江、上海一帶。為了讓新來傳教士更有效地在吳語區從事傳教、醫療和教育工作，教會計劃對他們進行吳語培訓。經藍華德建議，東吳大學被授權籌辦吳語科學校，東吳大學副校長文乃史（W. B. Nance）任吳語科校長，[04] 聘請李伯蓮為主管教師，又承女佈道會的支援，借用蘇州婦孺醫院舊址作為校舍。吳語科學制定為兩年，1920 年 1 月開學。首屆學生二十人，第二屆學生四十人，至 1922 年，學生約五十人。他們中既有監理會的成員，也有長老會、浸禮會、聖公會、倫敦會等其他教派的成員，部分學生一年後即離校去工作，以後再回來學第二年的課程。校長文乃史攻讀語音學，在國際音標基礎上創製了一套吳語音節表，使用這套音節表就可以對吳語中七百多個音節進行準確拼讀。據 1922 年的《東吳季刊》記載，吳語科在教學上，「以日常慣用之語句，編為吳語課本，復以成語、單句參雜其間，按時授課」；「惟以素無系統之方言，與夫變化無窮之語法，芟繁就簡，使之易於瞭解，且便應用」。[05] 李伯蓮經常帶領學生參觀蘇州的一些社區，讓學生更好地瞭解中國社會和風俗語言習慣，為學生提供了最好的語言環境。[06]

　　他亦曾數次參觀南京語言學校，借鑒他們的教學經驗。大部分學生學習一年後就能掌握基本的吳語，部分學生還到大學和中學兼課，以提高自己的吳語聽講能力。吳語科的開辦，不僅培訓了大量的來華傳教士，使他們能夠迅速適應吳語地區的語言環境，加強對中國社會的瞭解，同時也對吳語的語音系統研究作出了貢獻。1927 年吳語科學校因當時東吳大學學生運動推翻洋校長的學潮而停辦，延至 1931 年復辦，李伯蓮再任主管教師。但不幸，他翌年 1932 年便在蘇州過身，晚年子孫滿堂。除建設東吳大學外，李伯蓮亦熱心傳道工作，在蘇州城郊傳道之餘，又推動監理會在東北的活動，並出任其弟主持的聖約翰堂董事會主席及主日學校監，在蘇州建立基督教墳場。[07]

李伯蓮與史致瑟。

傳道先驅:
李仲覃與李叔青

　　李子義的次子李仲覃（英名叫 Li Chung-tan，C. T. Lea，或稱 Li Dzong-Doen，1870-1941），即李政道的祖父。自幼受洗，1892 年自博習書院畢業後即從事傳道工作。三十歲起李仲覃歷任基督教蘇、常、滬區內主任傳道、教區長和衛理會會督，六十歲後改當優額傳道。他在當時國際宗教界亦頗有影響，1920 年獲美國南部維珍尼亞州由監理會辦的基督教名校 Randolph Macon 學院頒贈名譽博士學位。1907 年基督教入華百年慶祝大會，他被選為總幹事。李仲覃亦在東吳大學教授神學，其中最出名的學生是首位東吳神學畢業生江長川（Z. T. Kaung，1884-1958），江長川後來成為監理會首任華人會督及東吳校董會主席，亦是為蔣介石進行受浸的牧師。但李仲覃最出名的功績，是作為蘇州東吳校園旁的聖約翰堂第一位華人牧師，任期由 1910 年直至 1936 年為止。

　　聖約翰堂源於 1881 年，當時藍柏及潘慎文在天賜莊折桂橋畔購得一塊土地建造教堂，起名「首堂」，可容四百人同時聚會，即為其前身。「首堂」於 1882 年 1 月 8 日舉行獻堂典禮，由藍柏主持。1882 年藍柏女婿柏樂文來辦博習醫院兼聖約翰堂傳道。1889 年，美國監理會女佈道會全振聲在申衙前（今景德路中段）建「二堂」（救世堂前身）。1891 年，美傳教士在蓮目巷口搭棚建「三堂」（宮巷堂前身）。1915 年，因信徒倍增，監理會拆除首堂，新建一座建築面積 1,855 平方米，可容納八百多人同時禮拜的教堂，這就是聖約翰堂，當時是蘇州十大建築之一。同一圖紙、同一結構的聖約翰堂全世界還有兩處，一所在美國，一所在日本。聖約翰堂由美國人約翰・慕爾（Dr. John. M. Moore）博士精心設計，在美國密蘇里市聖路易斯州的聖約翰堂說明下建成。之所以命名為聖約翰堂，是為紀念衛理公會創始人約翰衛斯理。現聖約翰堂內有「李仲覃牧師紀念碑」，碑文末了的銘文頌曰:「三十求真，四十闡真，五十悟真，七十又一而歸真，真人真人，典型長存」，說明李仲覃在蘇州宗教界和教育界的崇高地位。據說李政道小時候不相信上帝，就曾問祖父，「上帝在哪裡？如果在天上，為什麼不掉下來。」祖父回答說，「一個人升高了就會往下掉，因為他比較重。而上帝和空氣的密度差不多，也就是說差不多一樣重，所以就可以浮在天上。」李政道雖感不服，但覺得祖父還是動了腦筋，而且還有點物理知識，也就作罷。[08] 改革開放後，蒙蘇州市政府關懷，1995 年 7 月聖約翰堂回歸蘇州教會。1996 年 10 月，聖約翰

04　文乃史後升任為校長（1922-1927），以英文撰寫《東吳校史》。

05　文乃史的《東吳校史》中說，李伯蓮在化繁為簡中貢獻至大，比方有句英文本被譯作多個中文字，李伯蓮將之簡化為「神在愛在」四字，既簡單又貼切。

06　王國平:《百年掠影——從東吳大學到蘇州大學》，蘇州大學，2000，第 41 頁。

07　"IV: Li Pah Lien – A Christian Organizer", *Commemoration Volume of the 50th Anniversary of the China Annual Conference of the Methodist Episcopal Church South*, 1935.

08　季承:《諾貝爾獎中華風雲:李政道傳》，國際文化出版公司，2009。

堂開始修復工程，歷時十五個月，於 1998 年 5 月竣工。2005 年 11 月，聖約翰堂正式向社會開放，李政道及很多其他李家後人都曾拜訪該堂。

李牧長、次子經常留在蘇州，三子叔青卻走遍大江南北，成為李家最有名的傳道人，亦是中國最早的奮興佈道家。李叔青（Samuel Y. Lee，1875-1908）原名應柳，又名延生（所以英文名又叫 Y. S. Li 或 Y. S. Lee）是知名的傳道人，一個月大時受浸。十二歲時被父親送往博習書院讀書，一年後轉入上海聖約翰學院。唸至高中而休學。為了將來能夠做官賺錢，李叔青於十九歲考入剛成立的天津北洋西醫學院，但在求學期間生活放蕩不羈。一日逛街時，受唱詩聲音吸引，進入宣道會守真堂牧師伍約翰（John Woodberry）的家聽他講道，並跟伍氏夫婦討教基督教道理。經過一段時間的追求後，叔青內心徹底感悟，認識到自己是一個罪人，於是下決心做一個真正的基督門徒，那年他二十二歲。此後他的生活發生徹底改變，向神、向人徹底認罪，過簡樸、敬虔的生活，並十分熱心於傳福音。他講道、禱告大有能力，並且有美好的見證。受其影響，全校五十多位學生中有一半以上的人都成為基督徒。

由於李叔青全心向主，1897 年他畢業後沒有像一些同學那樣到朝廷當醫官，他留在學校兩年之久，每天堅持講道，在天津帶領多人歸主，並與同學組成中國第一個世界性佈道組織——天津守真堂佈道團，成為中國基督教復興運動的先聲。1899 年，叔青毅然回到上海，協助伍牧建設上海守真堂（Beulah Chapel），[9] 不久去上海中西學校教英文，目的是向學生傳福音。

李叔青原想獨身，以便專心為主作工。但為順服父母，終於在 1900 年 7 月結婚，妻子溫惠玉（Hannah H Lee，1882-1974）是「留美幼童」溫秉忠及關月屏的養女。[10] 據他的曾孫李鴻捷推測，李叔青可能是透過在醫學院的同學關景賢（後來當過慈禧太后的太醫）認識關的外甥女溫惠玉。1904年，他辭去中西書院的教職，回到蘇州，一面在博習教英文，一面傳福音、造就門徒。他的父親和二哥雖然都是牧師，但對救恩道理並不十分清楚，他就不斷向他們講解，直到他們徹底認罪，真正接受救恩為止。在蘇州期間，他和二哥一起禱告查經，帶領學生歸主。同年，

左至右：李仲覃、楊維翰醫生、李叔青。

監理會在蘇州召開復興大會，請他講道，他的講道充滿能力，甚至使許多西方傳教士都徹底認罪悔改，此後他聲名遠揚。

他在世最後兩年裡，先後到上海、南京、蕪湖、寧波、杭州、紹興、江陰、湖南長沙、山東煙台、周家口等地，四處奔波，主領佈道奮興大會，許多教會、信徒因他大有能力的講道而得到復興。1907 年，他與同工余慈度（Dora Yui）一同參加中外冠蓋雲集的基督教入華百年大會（Centenary Missionary Conference）。此外，他還把當時流行於英語世界的 J. A. Seiss 的《啓示錄注釋》一書翻譯成中文。[11] 長期的奔波勞累，從事講道、培訓、譯書等工作，使他積勞成疾，終於在 1908 年 8 月 14 日辭世，年僅三十三歲。臨終時他留下一句話：「或生或死，吾俱屬主」。死後葬於上海靜安寺路萬國公墓內，身後留有一子二女。雖然叔青的生命短暫，但由於他傳道播下種子，影響力深遠。首先是他在北洋西醫學堂的同學鍾文邦、[12] 張氏兄弟張汝舟、張汝川及親友熱心佈道，很多名牧都是參加了他的佈道會而全身投入教會工作，如景林堂的俞止齋，曾當基督都督馮玉祥隨軍牧師的陳崇桂（Marcus Cheng），名傳道人成寄歸及神學家誠質怡等。他參與的守真堂在伍家及其同學親朋後人經營下不斷壯大，1926 年入會的趙世光牧師又創立靈糧堂將傳教事業帶向全國及海外。教會人士不斷宣揚李叔青的事蹟，1908 年由 Marshall Broomhall 著有 Dr Lee 一書，1934 年他的二哥李仲覃又透過廣學會出版《李叔青傳》，2010 年則有吳秀良教授的大作《二十世紀中國基督教的復興先聲——李叔青醫生》。[13]

懸壺濟世
太醫院教授李復生及紅十字先鋒王培元

李子義的四子李復生（Lee Foh Sun，1878-?），又名福生，原名李應泌。1900 年自博習醫學堂畢業，後留學美國聖路易醫科大學學醫，1903 年返國出任京師大學堂（即北大的前身）任衛生官及英文助教（總教習為大文豪辜鴻銘），又曾任清宮太醫院的教授。1906 年清廷舉辦第二次歸國留學畢業生考試，三十二人及第，其中李復生與陳仲箎（夏威夷華僑）、曹志沂、傅汝勤四人為醫科醫士，但李、曹、傅三人成績僅屬中等，本書第二章談及的顏惠慶兄弟與施肇基、陳錦濤則為高兩級的最優等。民國時期李復生在上海靜安寺路 124 號開業，成為上海灘有名的西醫，在四川北路建有大宅。

09　伍牧亦因此避過一劫，因為翌年義和團把天津守真堂徹底毀壞並殺害多名傳教士。

10　Marshall Broomhall, *Dr Lee*, Morgan & Scott 1908, p.26.

11　〈李叔青行述〉，《李淵如著述全集》，抬珍出版社，2004。

12　鍾氏曾任駐美使館秘書，其女嫁名佈道家王載弟王峙牧師，子保羅為上海守真堂華工。

13　此書為比遜河出版社出版。伍牧夫婦在 *Chinese Recorder* 寫的「In Memoriam：Dr Y.S. Li」亦為重要參考資料。

李復生的繼室張婉珍（1883-?）是其兄李叔青在北洋醫學堂同學兼傳教同工張汝舟（Y. J. Chang）及張汝川（Y. S. Chang）兄弟的三妹。張氏兄弟是監理會上海慕爾堂牧師張策侯的公子，為虔誠基督徒，畢業後先當軍醫，後返家鄉福州及到湖南傳教。張汝舟跟叔青一樣壽短，三十多歲在上海當仁濟醫院（Shantung Road Hospital）醫生任內辭世，但他的後人卻繼承父志，組成另一個影響深遠的基督教家族，他的一子三女由三妹張美珍養大，在伍約翰牧師一家辦的上海守真書館肄業。張美珍在美留學時曾與後來成為主教的朱友漁相戀，但後來這段姻緣無疾而終，她亦大受打激終身不嫁，專心照顧長兄張汝舟的遺孤，並養有一女張品德（此養女嫁知名佈道家宋尚節的六弟尚直）。張汝舟的長女品琤（Beulah）嫁北京林復生，次女品芳（Faith）則嫁給另一位知名的基督徒製藥家鮑國樑（祖籍寧波鄞縣，與商務鮑家為宗親），他與其弟鮑國昌從德國人手收購及經營信誼藥廠（Sine Pharmaceuticals），是民國時期最大的西藥廠之一，國樑自己又創立玲奮馬達廠生產平衡器，並在財力及場地上大力支持守真堂的活動。對於這兩門親事，張美珍都沒有意見，但當張汝舟的么女燕京大學畢業的張品蕙（Charity）於 1934 年嫁給同系出身於福州基督教世家、青梅竹馬的知名傳道人倪柝聲時，美珍卻極力反對，與贊成婚事的弟弟張汝霖在《申報》及《新聞報》登四則廣告互相攻擊，李復生以親戚身份從中調停。倪氏是中國當代最有影響力的傳道人之一，他於 1939 年旅歐時所著的《正常的基督徒生活》（The Normal Christian Life）銷量達一百萬冊，是華人撰寫在國際上最廣為流傳的基督教書籍，但一生亦頗具爭議性。為了支持教會的經濟，倪氏與他的堂兄於 1937 年成立上海生化製藥，由其聖約翰大學化學系畢業的弟弟倪懷祖出任廠長，[14] 岳父張汝舟的同父異母六弟張汝勵則出任總經理。對於倪柝聲的商業活動，教會議論紛紛，他更一度因此被逐出教會六年之久。另一邊廂由於張汝勵跟兒子張帆都是中共地下黨員，抗戰時他們為新四軍提供西藥及蒸餾水，國共內戰期間又以門市掩護華東統戰部長吳克堅，解放後亦主催將公司公私合營，而張帆則曾任福州大學副校長。雖然倪柝聲亦有支持地下黨多年，但解放後由於他堅持不參加「三自愛國運動」而與汪佩真、李淵如等傳教士被打為反革命集團，1952 年起被囚多年直至文革期間過身。張汝舟最小的獨子張宜綸在百代唱片公司工作，後移居美國羅省。汝舟另

1925 年「五卅事件」後不久攝；前排左右：伍約翰手抱孫女伍凱真，宣道會遠東會督 D.W. Le Lacheur，王培元；二排右四穿華黑衣者為伍恩芝，右二為伍恩蘭（Ora Woodberry）。

一妹妹嫁林幼誠，又名林孚，在福州時曾是青年會骨幹，唸大學時是基督教會大學聯會會長，副會長為之江大學的李培恩，畢業後在美商慎昌洋行供職，後自立林孚公司。林幼誠及其妻舅張汝舟都曾當過上海青年會的董事。[15]

李子義有兩女，長女李鳳珠嫁李伯蓮的同學兼同事史拜言，次女李巧珠則嫁李叔青在天津北洋西醫學堂的同學王培元（B.Y. Wong）。王培元自北洋肄業後曾留美，返國後於 1899 年跟他與李叔青的老師——宣道會牧師伍約翰（John Woodberry）走遍大江南北傳道，最後由天津到上海創立守真堂上海分堂，並在虹口辦守真館（Beulah School）當教師，負責四至七級英語（一級為最高，伍牧的兩女恩蘭及恩芝教高班），後來主持商務印書館多年並成為黨國要員的王雲五便是其學生之一，受其提拔跳班，後可惜因要謀生養家而輟學。[16] 這段時間王培元又協助妻舅兼同學李叔青傳道十二年之久，當李叔青病倒時，他繼承了叔青翻譯的工作，並在 1908 年叔青的喪禮上致悼詞。李叔青蒙主寵召後，王培元除繼續侍奉教會以外，找到了新的使命，全情投身紅十字會運動。中國紅十字會於 1904 年為拯救當時日俄戰爭被困東北戰區的中國平民，而由茶商沈敦和（1866-1920）創立，1909 年沈利用救助東北日俄戰災餘款在上海徐家匯購地十餘畝，興建中國紅十字會總醫院（今華山醫院），次年委柯師（Stafford M. Cox）任醫療總監，王培元加入成為駐院醫生，並任醫院旁學堂的副校長。[17]

1911 年辛亥革命爆發，紅十字會在柯師帶領下，峩利生（B. Olesen）、班納德（Cecil Bennett）、王培元、楊智生等醫生及男女護士共三十餘人赴武漢戰地開設臨時醫院，救治傷員。年僅廿五歲的醫生兼解剖教員峩利生在救治傷員過程中，勞累過度，染病身亡。與日俄戰事時一樣，不分「革命軍還是清軍，一概救治」，但與日俄戰爭時不同的，是這次救護都是在戰場之內，救護隊員的危險大大增加，而清軍還有多次「誤擊」。當時的《申報》曾有這樣的描述：「前日紅十字醫員王培元君乘萍發小輪過江上岸，方至武勝門外，對江旗兵忽向之放槍，王即高舉十字旗，使之辨認，詎料該旗兵不理，又發大炮，一彈掠面而過，相隔僅五寸許。」[18]

1913 年「二次革命」爆發，南京之戰尤為慘烈，沈敦和決定租借英國太古洋行商輪「大通號」作為紅十字救傷救難的專用醫船，王培元為隊長，率救護員列隊由上海天津路紅十字醫院出發，經大馬路向太古碼

14　倪懷祖與其五弟興祖分別娶徐奉先、徐恩秀姐妹。

15　張家資料根據吳秀良教授的多年研究及訪問所得。

16　*Educational Directory for China*, Educational Association of China, 1905, p.55（1905）；胡志亮：《王雲五傳》，台灣商務印書館，2001。

17　*Bulletin of the Societies of Red Cross* Volume 1, 1919.

18　池子華：《紅十字與近代中國》，安徽人民出版社，2004，第 95 頁。

頭行進，據《申報》報道，「沿途聚觀者，途為之塞，拍掌歡送，各西商參觀者，咸稱美不止」[19]。25 日，「大通號」抵達南京，此時兩軍激烈爭戰，王培元親自穿行於槍林彈雨間，進城救出難民二千餘人，傷兵百餘返滬。8 月 30 日「大通號」再次抵達南京作第二次救援，此次王培元又再親自進城引渡難民，但被困於城中，差點賠掉性命，經過多方交涉才被釋放，此次救亡行動因封鎖過嚴，僅救得難民八百零八人，傷兵傷民五十三人。大通號兩度赴寧救出難民三千餘人，傷兵傷民一百六十餘人，受到社會各界的推崇，而王培元為首的救護隊員，都是不支薪甘冒生命危險出入戰地救人，精神可嘉。[20]

1918 年 10 月，浙江寧、紹等地鼠疫流行，紅十字總會組織救疫醫隊，以王培元為總幹事。1919 年 5 月 5 日，由美國紅十字會倡導發起的紅十字會協會在法國巴黎召開成立大會，派王培元出席 12 月在日內瓦召開的第一次紅十字會國際聯合會。1920 年，中國紅十字會再次派出王培元代表參加 9 月 1 日在日內瓦召開的第二次國際紅十字大會。1920 年 7 月 9 日，沈敦和因病逝世。三個月之後，海寰也辭去會長職務，政府任命汪大燮接任。此後，中國紅十字會一步步地失去獨立地位。1922 年 11 月，王培元跟副會長楊晟赴巴黎出席紅十字會國際聯合會，[21] 次年則跟牛惠霖一同赴會。1929 年時任理事長莊籙（即創辦人之一盛宣懷的妻舅）辭職，公推王培元為代理。1930 年，紅十字會在上海召開全國第三次會員大會，奉命修改會章，徹底改組。1931 年長江大水災，培元組織醫防隊，赴漢口工作。1932 年，山海關失陷，王培元又組織華北救護委員會，救護長城前線抗日軍隊傷兵。同年「一二八」滬戰爆發，王組織救護總隊，下設支隊，分赴戰地工作，設立臨時傷兵醫院四十所，難民收容所五處。他又成立特組救護隊，到蘇州、宜興一帶工作，聯合上海各善團，組織賑濟東北難民聯合會，撥助藥物款項，並將上海總醫院、北市醫院、南市醫院，分別改名為第一、二、三醫院。1933 年 9 月紅十字會在上海召開各地分會代表會議，重行改組，選舉王正廷為會長，並推行第一次徵求會員運動。1934 年舉行理事聯席會議，公推王正廷為會長，史量才、劉鴻生為副會長，蔣介石為名譽會長，黃紹雄、吳鐵城、顏惠慶、虞洽卿為名譽副會長，聘曹雲祥為秘書長。1935 年王培元功成身退改任委員，到此紅十字會已由他剛加入時的草創地方機構進化成深入民心、在全國各地有三百多個分會的重要救濟組織。王培元除從醫以外亦是戲劇迷，早年在寰球學生會參演多部話劇，包括與姻親兼同學張汝舟醫生、西醫唐乃安、岳父同僚曹子實的兒子曹雪賡、趙國材及宋耀如於 1906 年合演

《十年後的內閣》，1913年才與名伶麒麟童（周信芳）及趙君玉等合演《神道醫道》一劇，為剛成立的時疫醫院（今紅光醫院）籌款及宣揚西醫反迷信。他亦是時疫專家，1928年聯合上海九家時疫醫院成立聯會，並著有《時疫抉微》一書。

Lee Family
第三代

亂世琴音
李復生女兒鋼琴宗師李翠貞

李復生育有四女，長女燕貞及次女斐貞為元配所出，皆業幼稚園教師，三女翠貞及四女孝貞為張婉珍所出。李翠貞（1910-1966）自學鋼琴，二十歲能背譜演奏貝多芬的全部三十二首鋼琴奏鳴曲，1930年入讀上海國立音樂專科學校，跟從系主任俄國人查哈羅夫（Boris Zakharoff）學鋼琴，因進步神速，修業一年，即拿到學校鋼琴課程大綱所規定的學分而提前畢業，為音專歷屆學生中絕無僅有的天才。1934至1936年她在英國皇家音樂學院學鋼琴及其他音樂課程，並成為皇家音樂學院會員。在倫敦時她結識了自嶺南及哈佛畢業，曾任駐日內瓦國聯代表團及美京大使館秘書張似旅。我行我素的李翠貞沒有請示父母，便與張似旅結婚。張似旅當時在中華協會當主任，與進步人士如作家蕭乾、熊式一及出版家鄒韜奮等有交往，他的兄長似旭是翠貞堂兄李駿英任職的《大美晚報》的總主筆，被日偽暗殺。似旅後來返國當上國營中國紡織建設公司業務處長及戰時生產局專門委員，成為孔、宋家族的心腹。1940年李翠貞回國，先後任重慶音樂院鍵盤系教授和上海國立音專鋼琴系教授、系主任，並在重慶、成都舉行獨奏會。解放後她堅持留在國內，有國民黨背景的丈夫則跑到香港。在解放初年李翠貞在國內的待遇不錯，1951年她獲委任為時稱中央音樂學院華東分院的母校（後改上海音樂學院）鋼琴系教研組長、主任教授；1960年她又被選為中國音樂家協會第二屆理事。1961年，第二屆上海之春音樂會上，她與知名小提琴家譚抒真合作「小提琴、鋼琴奏鳴曲音樂會」。次年她又在上海音樂學院校慶音樂會上獨奏。她以良好的音樂素質和多年的刻苦努力，掌握了大量不同風格的曲目。她將畢生精力獻給中國鋼琴藝術事業，為中國培育了大批鋼琴演奏人才，其

19　池子華：《紅十字與近代中國》，安徽人民出版社，2004，第142頁。

20　Stephen Piero Sergius Rudinger de Rodyenko, Stafford M. Cox, *The Second Revolution in China*,1913; *My adventures of the fighting around Shanghai, the Arsenal, Woosung forts*, Shanghai Mercury, 1914.

21　楊晟曾任清廷駐德、奧、荷三國大臣，民國時任僑務局總裁。

中有朱雅芬、朱雅蘭（皆為約大朱文瑞千金，前者為郎朗啟蒙老師）、俞家瑛、王露蕙等鋼琴教學骨幹，以及在國際比賽中獲獎的鋼琴演奏家李瑞星及旅美鋼琴家牛恩德等，還曾為《牧童短笛》錄製唱片。

由於她的丈夫在香港，李翠貞經常往返於上海、香港，很不方便，1956 年丈夫在港自殺，她亦一度想留在香港。1959 年她寫信給自己所信任的名翻譯家傅雷，[22] 傅雷覆函力勸她留在上海為國效力。李翠貞聽從了傅的建議，繼續在上海音樂學院工作，對傅雷後來成為國際知名鋼琴家的兒子傅聰循循善誘。1966 年文革爆發，文化界首當其衝，上海音樂學院的紅衛兵於 8 月底抄了李翠貞的家，搜出了這封信件，竟然成了「反革命罪證」，將李翠貞打成「特務」，傅雷則被定為「與特務勾結」。[23] 9 月 3 日傅雷夫婦自殺，過三天音樂學院指揮部主任楊嘉仁夫婦亦自殺。[23] 9 月 9 日，李翠貞亦不堪受辱，在上海陝西北路寓中以煤氣自殺，她死後寓所被當時音樂學院的頭號造反派于會泳佔用。[24] 李翠貞育有一女張昭泓，生於 1939 年，現居澳洲，一子張昭勳，生於 1942 年，亦居海外。她的學生在文革後為她推出了紀念文集，重新肯定了她對中國音樂事業的貢獻。

李伯蓮女婿：淹沒於文革洪流的治水功臣楊豹靈 與出掌宏仁的名醫王以敬

李伯蓮與髮妻張氏生子駿惠及兩女虞貞及蘇貞，張氏過身後，他再娶他的東吳學生史致瑟為繼室，生三子駿昌、駿耀、駿保及四女美蓮、璐臆、悅靄及靈承。史致瑟亦是李伯蓮同事史拜言之妹，她的姐姐史淑貞嫁給另一位同事謝洪賚，所以史、李、謝三家關係緊密，下一代亦相互通婚。據說史致瑟是虔誠的基督科學（Christian Scientist）信徒，不相信西方醫藥，晚年跟其么子李駿保移居到台灣。

李伯蓮的長女李虞貞生於 1890 年，十歲便到日本廣島女校留學，四年後返滬在中西女中完成中學課程，1908 年留美到南部喬治亞州女校 LaGrange College 學習音樂及文學，1911 年畢業回國後，先後任蘇州振華女學校、蘇州英華女學校（Davidson Memorial School）和南京匯文女子大學教員。[25] 李虞貞對兒童音樂教育很有興趣，1915 年她受英華女校附設幼稚園的洋人校長之託，編印了一本《共和幼稚歌》，是最早以五線譜介紹西洋歌集之一。這本歌集收集了四十首當時在美國出版的兒歌填以中文，其中不乏膾炙人口的名曲。

　　李虞貞的丈夫楊豹靈，是江蘇蘇州金山人，祖上三代為狀元，父楊雨辰為傳教士並曾在戈登將軍的長勝軍服役。楊豹靈昆仲均為民初現代化先驅，一弟楊濟時（1900-1970）為天津名西醫，另一弟楊景時（1893-1935，東吳畢業的化學工程師）則為發明首台國產電動機的上海益中機器創辦人之一，另一妹楊景霖嫁聖公會名牧俞恩嗣主教。楊豹靈於 1896 年入讀上海中西書院，1901 年入讀中西書院與蘇州博習書院合併而成的東吳大學，是未來岳父的高材生，1924 年楊豹靈捐四千銀元成立東吳首個獎學金。1907 年，兩江總督端方挑選出國留學生，經過考試楊豹靈被選中，10 月赴美入康奈爾大學，1909 年轉入普渡大學（Purdue University），為該校首位華人畢業生。課餘他擔任中國學生會會長，又成立工程師學會。1911 年回國，到 1914 年任水利局技正，投身他畢生的水利事業。1918 年 3 月 20 日，順直水利委員會在天津成立並設立流量測驗處，由楊豹靈出任處長，並聘英人羅斯為技術部長，負責水文技術工作。同年該會在潮白河蘇莊、北運河通縣、子牙河獻縣、大清河新鎮、衛運河德州、武城、次年在黃河陝縣、濼口等處設立水文站。1922 年 1 月 23 日，北洋政府內務部設立揚子江水道討論委員會，會長由內務總長高凌尉兼任，稅務處督辦孫寶琦、運河局督辦張謇、水利局總裁李國珍為副會長，楊豹靈、翁文灝、海得生（H. Von Heidenstam，浚浦局總工程師，瑞典人）等為委員，並聘英國人柏滿為諮詢工程師。該會下設揚子江技術委員會，由內務部土木司司長陳時利任委員長，楊豹靈、內務部技正周象賢、海關巡港司額得志（英國人）、海得生、內務部諮詢工程師方維因（英國人）及水利局監事沈豹君等為委員，又另設立駐滬測量處，聘美國人史篤培為總工程師，處下設漢口和九江兩個流量測量隊、一個精確水準測量隊及地形測量隊。1931 年中國發生二十世紀最嚴重的水患，單是長江地區有 2.8 億人受影響，十四萬人喪生。楊豹靈冒著大雨將永定河決口以估計成本的五分之一成功修補，但頭髮白了不少。[26]

　　1921 年，北京國際統一救災總會整合中國南北八大國際義務賑災團體創立華洋義賑會（CIFRC，China International Famine Relief Commission），下設技術部，由中、美、日、荷、意、英六國九個工程師組成，並推舉楊豹靈出任主席，以往這種職位多由洋人出任，由此可見楊豹靈在工程界的地位。在他的領導下，華洋義賑會的工程股於 1920 年代亦開始增加招聘華人工程師，其中不少是他在北洋大學的學生，[27] 此外他又組織中美

22　據葉永烈 1986 年訪李孝貞後寫的文章解釋，翠貞是於 1953 年透過傅雷子傅聰鋼琴演奏認識傅雷，傅聰並沒有拜李翠貞為師，但她亦給予不少良好的意見。

23　楊妻程卓如亦為該院副教授，另外兩教授民族音樂理論系主任沈知白及管弦系主任陳又新亦先後自殺，連翠貞在內全院共五教授自殺（據謝泳 2008 年著《中國現代知識份子的困境》）。

24　于會泳在文革期間寫作大批樣板戲，為四人幫心腹，更曾出任文化部長，四人幫倒台後自殺身亡。

25　清華學校編：《遊美同學錄》，1917。

26　《胡適日記》，1934 年 3 月 9 日。

27　黃文德：《非政府組織與國際合作在中國：華洋義賑會之研究》，秀威資訊科技股份有限公司，2004。

工程師協會。

出任公職之餘，楊豹靈亦從商，1921 年與在中國修築鐵路多年的美籍工程師 Harry Adam Raider（1881-1966）及外交家施肇基在鐵路部門任職的弟弟施肇祥（Thomas Sze，1879-1961）成立美商大昌實業公司（Chinese Engineering & Development Co.）提供基建工程顧問及代理美國基建器材如 Pyle-National 鐵路設備等，總部設在天津意租界夏禮樓達路（Via Ermanno Carlotto）18 號，[28] 由 Raider 任總裁，美國商會主席及祥泰木行老闆 Carl Seitz 任副總裁，楊豹靈則任秘書及司庫。這家公司由於有不少政府關係，承接了不少政府工程，客戶包括天津市政府、資委會、平綏鐵路、北京自來水公司等，在全國各大城市都有辦事處。其中漢口的負責人張喬是中國民主同盟主席及後來成為中央人民政府副主席張瀾的長子，透過大昌在紐約的辦事處幫資委會以批發價收購機器建廠；上海及瀋陽地區經理郭克悌曾任工礦公司董事長及東北電力局長，去台後創基督教中原大學；青島的經理丁際平是寶順德五金行的少東。

在天津社交界德高望重的楊豹靈獲意租界董事會委任為華人諮議，同任的華人有北洋交通總長吳毓麟及交涉使黃宗法等。1931 年，曾任意大利駐華公使的齊亞諾來到天津與當時意大利駐天津領事查璧商討如何增加租界收入，[29] 由於當時上海的回力球場（Fronton Auditorium）獲利豐厚，他們便決定在天津建一所回力球場，由意商傅家烈（V. Fumagalli）牽頭，時任意租界諮議的楊豹靈和商家孫俊卿二人出面向一班下野軍閥、買辦及商買集資，[30] 到 1933 年，國內外股東已集資四十餘萬元；1934 年 8 月，大樓落成，9 月 20 日的天津《大公報》以整版的版面宣傳「意商運動場」（SAI Forum）正式開業。當時的廣告語為：「世界上最快速度之球場」。1942 年租界被汪偽政府收回，瑞士籍猶太商人李亞溥（Marcel Leopold，1900-1957）接管回力球場，改名為「海萊運動場」（因回力球洋名是「Jai Alai」），抗日戰爭勝利後停業，解放後球場獲得新生，改建為天津市第一文化宮，現在又變成馬哥波羅俱樂部。除回力球場外，1927 年中國收回漢口、九江英租界後，天津英商馬會亦被迫接納楊豹靈及莊樂峰（美商勝家公司買辦）、鄭正揚（太古洋行買辦）、梁惠吾（怡和洋行買辦，梁炎卿之子）、盧錄（天津特一區主任）、黃宗法、陳祝齡等人為董事。

1936 年楊豹靈任天津市工務局局長，抗戰勝利後，國民黨天津市政府接管了海河工程局，委任楊豹靈為局長。1946 午春，國民政府決定將海河工程局劃歸水利部，並派水利專家徐世大自渝來津接任局長，楊豹

靈改任命為天津市政府外事處處長。

解放時楊豹靈已在天津四十年，走過北洋、租界、日偽、國民黨四個時代，況且亦年近古稀，決定留下來過退休生活，但昔日的治水英雄卻擋不住文革的洪流。他的好友常小川在民國時曾任商品檢驗局長，又經營《新生晚報》，李虞貞與常夫人聶玉清又同任天津女青年會董事，[31]兩家關係緊密。據常小川的女兒愛清回憶，當她父親被打成反革命分子時，只有楊豹靈冒險接濟她們一家。十年之後八十歲的楊豹靈在文革時因家中藏有打獵用的槍，被紅衛兵活活打死，而李虞貞亦受不住刺激心臟病猝逝。[32]

楊豹靈夫婦育有四子二女，除三子在抗戰時空軍戰死以外，其餘五位都移居海外。兩女居美國，長子楊天一（Raymond T. Y. Yang），南開大學畢業後在美國耶魯大學取得國際關係及法學碩士，抗戰時在華盛頓中國國防物資供應公司（China Defense Supplies）工作。1944年，五十二個國家在芝加哥簽署「國際民用航空公約」成立「國際民航組織」（ICAO, International Civil Aviation Organization）促進國際航空運輸的規劃和發展，楊天一和蔣碩豪（駐日本大使蔣作賓姪子）是中國代表團成員。楊天一隨後加入國際民航組織工作，並且移居組織總部加拿大直到退休，晚年居於加國渥太華。楊豹靈次子楊天雄於1937年自北京潞河中學畢業後正值日軍侵華，投筆從戎進入中央航校，是中美聯合大隊（即知名的飛虎隊）中尉隊長，1944年不幸在完成任務後飛機於四川撞山身亡，年僅二十六歲，葬重慶南山空軍墳，其後空軍的國產戰機曾以其命名。後來在台當空軍總司令的衣復恩是楊天雄在潞河中學的同學及空軍同僚，亦為楊天一在CDS及ICAO同事及好友，楊天雄死後便是由衣復恩將其遺物（犀飛利筆一支及日記）交還楊豹靈。楊豹靈三子楊天威（Tien Wei Yang）1941年自俄亥俄州Western Reserve學院（Western Reserve Academy, Case Western Reserve University的前身）畢業並曾在該校當生物系教師（1952-1966），後在亞里桑那州大學得生態學博士及當教授，在植物研究方面有傑出成就，於1991年獲Western Reserve傑出校友獎「Waring Prize」。楊豹靈幼子楊天剛（Andrew T. Yang）1955年自美Adelphi大學取得臨床心理學博士，娶他的表妹李毅道為妻，在密芝根從事心理輔導工作多年，曾獲Adelphi傑出校友獎，其婿Anton Schick為紐約州大學統計學教授。楊豹靈長女楊天智自Vassar畢業後嫁美國華僑梁伯寬，其長子梁傳凱（Kenneth Leung）1944年生於華府，跟外祖父一樣對處理污水廢物的問題有興趣，但他是做跟

28　又稱意界三馬路，以入國聯軍時戰死的意大利士兵命名，現為進步道。

29　齊亞諾（Galeazzo Ciano），墨索里尼的女婿，意租界五馬路以其命名，現稱自由道。

30　孫俊卿為天津總商會會董，磨房業領袖，與孫冰如建壽豐麵粉廠。

31　其他董事包括中西女中校長譚新銘、黎元洪長女紹芬、市長程克夫人及顏惠慶夫人。

32　常愛清：《窰匠手中的泥》，中華基督教福音協進會，2003。

環保有關的投資銀行工作，曾任所羅門美邦（Salomon Smith Barney）董事總經理，1995 年加入投行 Sanders Morris Harris 主理其企業財務部並管理其環保機會基金，任多家環保企業董事。楊天智另一子曾留天津由外公照顧，但在文革前返美。

李伯蓮與繼室所生的長女李美蓮（Mary Lea）嫁給表哥史明德（即史拜言之子），使李、史兩家親上加親。李美蓮後來再結過兩次婚，其中一位夫婿姓司徒，她在三十年代末起在紐約經營餐館，是李家最早到美國定居者。李美蓮跟史明德的兒子 Samuel Sze 在紐約當工程師，其妻 Martha Lee（又叫作 Mardell）為華埠老字號保險及旅遊公司李聯公司（Harold L. Lee & Sons）創辦人李聯的千金，育有一女住在新澤西州。[35]

李伯蓮與繼室所生的次女李璐臆（Eleanor Lea）曾在東吳大學讀書，嫁給曾結過婚並育有一女的上海泌尿外科名醫王以敬（I. K. Wong, 1897-1990）。王氏為江西余江人，與生活書店的創辦人鄒韜奮是南洋公學的要好同學，一同考入聖約翰大學，由於這層關係他後來也成為鄒氏創辦的民盟會員。在約大他原本是讀土木科的，後來轉而讀醫，1924 年獲醫學博士學位後留美，1926 年獲美國賓夕法尼亞大學醫學院泌尿外科碩士學位，及後在費城市立醫院泌尿科任主治醫師，以優秀學業獲學校特別研究員獎，被選為中華留美學生會主席。1930 年回國到母校約大醫學院當教授。1932 年 1 月 28 日，日軍空陸兩路進攻上海，十九路軍在淞滬孤軍抗戰，王以敬的同學鄒韜奮辦的《生活週刊》社在讀者捐助六千元的基礎上，在 3 月份借梵王渡青年會中學的校舍開辦了傷兵醫院，聘請王以敬任院長。

1941 年太平洋戰爭爆發前夕，大部分外籍醫生撤出上海，已遷入租界的聖公會同仁醫院及廣仁醫院合併為宏仁醫院（繼承了廣仁的英文名稱 St. Elizabeth's Hospital），王以敬成為首任華人院長，他亦同時兼泌尿科主任等職。但日軍於 12 月進入租界，數月後接管宏仁醫院，醫療食物都很緊張，王以敬保全宏仁醫院大部分設備，在抗戰勝利後繼續出任院長，時有三百餘張病床。1949 年解放前夕，教會命令王以敬解散醫院，但他與中共地下黨早有配合，緊守崗位迎接解放。1952 年 10 月，宏仁醫院被人民衛生局接管。解放後李璐臆沒有跟丈夫留在國內，帶著兩子到美國，改嫁一位比她年輕的男士。長子王雄華現居加拿大蒙特利爾，次子王明華住德國漢堡，兩子在她過身後將其骨灰運返上海與王以敬合葬。

王以敬在 1954 年上海第二醫學院接辦宏仁後，被聘為外科學教授。

1950 年他首創恥骨後前列腺摘除術，至今在國內仍廣為應用。1957 年他又到仁濟醫院任大外科副主任和泌尿外科主任，培養了一批泌尿外科專家，大大促進了學科建設。1943 年，已為國際外科學會會員的王以敬於 1958 年起開展了腸管在泌尿外科手術中的應用，如回腸代膀胱術、輸尿管末端回腸皮膚造瘻術、直腸膀胱術等，被列入上海第二醫學院重大科技成果。發表論文「老年尿管原發性腫瘤」、「前列腺肥大症及其治療」等數十篇。1963 年參加了由吳階平、施錫恩主編的國內第一本泌尿外科專著《泌尿外科學》的編寫工作，其後主編了《泌尿生殖外科學》。在他的帶領下，仁濟醫院泌尿科在 1963 年較早開展了腎移植的動物實驗研究，並在七十年代成功完成換腎手術。歷任中華醫學會上海分會理事、秘書的王以敬到 1990 年才在上海過身。[34]

李伯蓮與繼室所生的三女李悅靄（Ruth Lea，1904-1996）為金融大亨蔡至勇之母，下文詳述；四女靈承（Esther Lea）跟大姐美蓮一樣亦結過三次婚，首任丈夫林德光跟她育有一女，二任丈夫姓翁比她年輕，第三任丈夫則比她年長，解放後留在上海。

李伯蓮兒子：
孔、宋親信的銀行家李駿耀與汽車代理李駿保

李伯蓮與元配生的長子李駿惠（Henry G. Lea）最先於 1912 年自東吳大學化學系畢業，後負笈美國 Vanderbilt 大學藥劑學院進修，在校內藥房充任助理，1915 年寫成《製藥學之範圍》，1917 取得藥劑學博士，[35] 返國後曾擔任商務印書館化學顧問，並於 1922 年出版《英文化學綱要》教科書，又撰寫《上海化學工業》一文，後入美商慎昌洋行（Andersen Meyer）工作。

李伯蓮繼室所生的三子李駿耀（William Lea Tsing Yao，1901-1978），生於 1901 年 8 月 26 日，身高近六呎，在東吳大學時為全國最優秀的田徑運動員之一。在 1922 年南京金陵大學舉行的華東八大學田徑運動會，東吳大學田徑隊以四十二分獲團體冠軍，其中駿耀以十五分獲得這屆運動會的個人總分第一名。1923 年 5 月，他和梁官松、胡維岳一起，同時被選為第六屆大阪遠東運動會的中國田徑隊隊員，他參加的是跨欄比賽，但可惜未能取得名次。後來他在 1924 年的武昌全運會上，曾奪得百一米高欄冠軍。

李駿耀戀上了妹妹李悅靄中西女中的同學，家裡經營棉紗當買辦的

33 李聯公司創於 1888 年，至今仍運作，由 Martha 的侄女李玉坤（Sandra Lee）及外甥溫健章（Stephen Boon）經營。

34 《上海衛生志》第十八篇〈人物〉第一章傳略。

35 Register of Vanderbilt University 1918, p. 216.

豪門千金徐蘭珠，徐家看不起當牧師的李家，對這門親事十分反對，最後他們還是結了婚，而李駿耀後來的成就亦打破了徐家對他的偏見。

東吳大學畢業後，李駿耀到倫敦經濟學院進修，返國後被他的東吳校友、蔣宋親信黃仁霖（1901-1983）招聘入他辦的勵志社當事務股長，再由黃引薦給孔祥熙。由於李駿耀有良好的教育及基督教背景，很快便成為孔祥熙的親信，提升為中央銀行業務局副局長，再升任發行局局長，負責鈔票發行，他簽發的鈔票，現在是紙幣收藏家的搶手貨。1944年，李駿耀出版《中國紙幣發行史》一書，由孔祥熙題名。次年抗戰勝利，他獲中央銀行委以重任，到全國金融中樞上海負責接收偽產及復業的工作。除了央行之外，他亦曾任中國農民銀行董事、中國國貨銀行監察人、中國建設銀公司董事，都是孔、宋家族控制的金融機構。名成利就的駿耀戰後活躍於監理會的活動，曾為東吳大學重建捐款良多，與東吳畢業的蔣介石次子蔣緯國為主要捐款人。解放後李駿耀隨國府遷台，1953年獲派到美國紐約美援會辦事處工作，當時的同僚包括後來在台任行政院長的俞國華。據他的媳婦王安芳回憶，當年政府只給李駿耀三日時間準備去美，徐蘭珠向蔣夫人投訴說若果早一點通知便可順道參加獨子婚禮，沒有兒女的夫人竟對她說「又不是自己的婚禮無須如此著急」，令她哭笑不得。去美後的李駿耀始終不太習慣美國生活，幾年後又獨自返台任蔣夫人的私人秘書，又參與管理夫人最疼惜的甥女孔令偉所辦的台北圓山飯店，徐蘭珠則留在美國弄孫為樂。1958年宋美齡成立防癆協會，他與黨要員黃朝琴及兩大名醫劉瑞恆及顏春輝出任常務理事。至六十年代他仍未脫離財金系統，繼續充任中央銀行董事，時任總裁是他的舊同事徐柏園。李駿耀在國際上都有名聲，他早年曾率領代表團對歐美各國考察央行及造幣運作，獲比利時、馬達加斯加及秘魯頒勳，1963年在美國監理會辦的 Lycoming 學院第 115 屆畢業典禮上獲頒榮譽文學博士，同時獲銜的有美國輪胎大王 Roger Firestone 以及通用汽車的公司秘書 Herbert Gould。[36] 李駿耀最後於 1978 年在台去世，享年七十七歲。

李駿耀的獨子李衛道（David Wei-dao Lea，1926-195）自 Rutgers 大學畢業，受父親薰陶亦成為銀行家，曾在粟米交易銀行工作，[37] 後來又到百慕達從事航運。他於 1953 年娶王正序的女兒王安芳（Julia Wang）為妻，育有一子一女。王安芳說她的兒子李中迪非常聰明但亦非常反叛，中

前排：史致瑟、李伯蓮；後排左至右：李駿保、陶湘文、李駿惠、駿惠妻、李駿耀、徐蘭珠。

學畢業後自己選擇入讀西點軍校,是李家唯一當兵者,女兒李明則在外祖母的母校威斯理畢業,無獨有偶是筆者在波士頓的鄰居。

李駿耀的弟弟李駿保(Joseph Lea Tsung Po)是兄弟姐妹中最會做生意的一位。他於 1927 年自東吳大學畢業後,在上海代理美國派克汽車(Packard Motors)起家,姐夫蔡炳仁是福特汽車華東地區負責人。上海解放之後,他又搬到台灣,很快組織台灣汽車股份有限公司,出任董事長兼總經理,由於他有兄長的官場關係,又有姐夫在福特的關係,順利取得福特在台獨家總代理權,又拿得英國 Rover 車及鄧普祿 Dunlop 輪呔的代理權。後來台商人林錫瑞及黃政旺入股成為大股東,公司易名台灣汽車聯合股份有限公司,由林錫瑞出任董事長,李駿保改任副董事長。到六十年代後期,福特決定與原本做紡織的山東幫宗家主持的六和合作,在台設廠生產,取消總代理制,林、黃轉投資代理三菱的匯豐汽車及負責生產的中華汽車。李駿保的夫人陶湘文(Connie)很擅長人際關係,宋美齡主持的中華基督教婦女祈禱會,1961 年的名單中四十二位會員不是部長夫人、院長夫人便是上將夫人,陶湘文以一介商家太太躋身其中,可見並不簡單。他們的獨子李徵道空軍出身,退役後成為早期的華航機師,近年他與母親搬回上海居住。李駿保另有兩女,長女李瑛與丈夫曹克家居羅省,次女名為李華。

李仲覃子婿:
駿德、駿康、駿英及楊管北父子

李仲覃夫人蔣氏系出常熟望族,育有三子二女,衍化成三房,民國時每年春假各房聚首蘇州,輪流安排一切,在祖屋有堂會、演戲及雜耍,全家一同遊山玩水,非常熱鬧。

李仲覃的長子李駿德,1918 年自東吳大學畢業後業醫,在博習醫院任副院長,1926 年北伐軍攻佔蘇州時,博習醫院所有美籍醫生護士避居上海租界,他代任院長,直至到翌年 8 月董事會委任美賓州大學畢業任內科主任的李廣勳(K. H. Li)出任首任華人正院長。[38] 除了當醫生以外,他在東吳大學及博習醫院任醫科教授數十年。

李仲覃的次子李駿康(Tsing Kong Lee,?-1953)即是李政道的父親,1915 年自東吳中學部畢業,據說當年東吳的足球隊由李家子弟包辦,李駿德當守門員,李駿康則任左前鋒,可以左右雙腳開弓。李駿康是南京

36 Newsletter from Lycoming College, Volume 16, Number 2, May 1963.

37 粟米交易銀行(Corn Exchange Bank),後為漢華銀行(Chemical Bank)收購,現為摩根大通一部分。

38 博習醫院簡史;《蘇州史志資料選輯》,蘇州市檔案局,1985。

1 1930年，李伯蓮夫婦（前排坐者）及眾子孫。前排左至右：
蔡至文、李史致瑟、李衛道、李毅道、李伯蓮、蔡至勇。
後排右二為李駿耀、右四為其妻徐蘭珠、左一為李駿保、
左三為李悅霖。

2 李伯蓮與外孫 Samuel Sze（左）及孫李衛道（右）。

3 李衛道、王安芳結婚照。

4 1957年7月李駿耀（右二）與駐華大使藍欽（左一）及紐
約州長 Nelson Rockefeller（左三，後成副總統）在台北機場。

金陵大學農化系首屆畢業生，畢業後在上海一家德國化肥廠製造化肥，後來又進入上海的洋行，充當化肥進口貿易代理商。李駿康家世代為基督教徒，卻戀上一家人都信天主教的張明璋（Ming-chang Chang，?-1983），婚後曾瞞著父親李仲覃到上海天主堂，由神父再福證才獲女家接受這場婚事。張明璋是上海啟明女子中學畢業生，她的最大成就便是她的五子一女，她在台初年曾與其子李崇道誤因通敵罪被捕。諷刺的是，數年後李政道得諾貝爾獎，教育部長張其昀將匾額「宏揚母教」頒給她，過世後骨灰被運返故鄉安葬。李駿康客死東京，李政道亦遵照母願將其骨灰運返蘇州。

三子李駿英因為國捐軀成為李仲覃眾子中最知名的。他曾任上海卡爾登戲院經理，在孤島時期的上海出任《大美晚報》副經理兼廣告部主任。這份報紙老闆是友邦保險的史帶（C.V. Starr），日偽對該報至為痛恨，派遣特務暗殺副刊編輯朱惺公以及總主筆張似旭（Samuel Chang）。1941年6月23日上午10時，李駿英在法租界外灘步行時，突遭從汽車跳出的刺客光天化日下開槍打死，成為震驚中外的大新聞。兩日後李駿英在萬國殯儀館大殮，靈堂放滿黨國要員林森、吳鐵城、孫科、戴季陶、朱家驊等致送的花圈。同日的《大美晚報》登出社論指李駿英的被殺原因路人皆知，但並不會影響辦報方針。事件發生一個月後，重慶國府亦明令褒揚李駿英「力持正義，宣揚國策」，全國各地報章都向李氏遺屬致唁電，安慰之餘對他捍衛言論自由，誓死抗敵的精神作出肯定。

李仲覃的長女李蓮貞嫁給與青幫大亨杜月笙關係密切的商界聞人楊管北（Yang Kuan-Pei，1904-1977）。楊管北並不是流氓出身，他是鎮江人，先祖是清朝名將楊遇春，祖上在揚州、高郵開有麵粉廠，初受傳統的家塾教育，民國後轉入公立學校，嗣後畢業於杭州之江大學經濟及法律系。1926年，廣州的國民政府出兵北伐，楊管北投入國民革命軍隨軍北伐，攻克上海，任東路軍前敵總指揮部科長，北伐成功後從商當上揚州麵粉廠經理。機緣巧合之下在「恒社」遇上杜月笙，當年楊管北滿腹雄心壯志的商業計劃，在那群雄逐鹿的年代需要一個如杜般勢力大的人士去執行，而杜亦一心想進軍工商界，需要像楊這樣雄才偉略的人才出面，於是兩者一拍即合，近廿年合作無間。

為求染指麵粉業，杜月笙派楊管北出面跟南京大同麵粉廠經理李筱卿等組織蘇、浙、皖三省麵粉業公會，同無錫、上海等地的榮宗敬茂新系的上海麵粉業公會抗衡。又親自出馬，請求控制行政院財政部和實業部的宋子文、孔祥熙特准長江南北的麵粉業商業減稅40%至50%，此請

獲准後，得到長江沿線商人的好感。1936 年 5 月，上海麵粉交易所因業外巨戶朱如山、[39] 鍾可澄等投機囤積，麵粉價格猛烈上漲，交易所的經紀人大多做空頭（賣方），如麵粉價格繼續上漲，就要破產。情急之下，交易所倉庫主任黃炳權受眾人所託急向楊管北、杜月笙求助。在杜月笙的支援下，他們先以杜月笙的名義拋售麵粉一百三十萬包，使每包麵粉牌價下跌，從而按交易所有關規定「停板」（停止營業）。隨後又請上海社會局出面，報告麵粉交易所將要徹查投機風潮，使交易所的「停板」無限期延續下去，以等待國際市場洋麥價格下跌後再開市。這次干預，麵粉交易所大多數經紀得以免除破產。1936 年 8 月，麵粉交易所召開股東大會，杜月笙事先安排黃炳權私下同各級股東會商，為杜月笙、楊管北拉票。結果原交易所理事長王一亭落選，楊管北成為常務理事，杜月笙當上了麵粉交易所理事長，坐上了麵粉業的頭把交椅。

楊管北在航運業則協助杜月笙收購大達輪船公司。大達創辦於 1904 年，為清末著名實業家張謇創立，獨佔上海至揚州航線二十四年，擁有四條江輪及若干拖船、木駁，二十年間，贏利一百六十多萬兩白銀。但到了二十年代後期，變故迭出：1926 年 8 月，張謇病逝；1930 年前後，其南通德記錢莊破產，大達輪船公司在錢莊的幾十萬兩白銀化為烏有；1931 年焚毀兩條江輪，加上貨輪損害，人員傷亡賠償，弄得公司負債纍纍。這時的大達，可說是內憂外患，外有 1928 年幫會分子楊在田與任公董局華董的天主教巨商陸伯鴻及朱志堯所開大通輪船公司加入惡性競爭，內部則有各個股東互鬥。杜月笙看準這個機會，叫楊管北首先大量收買大達公司股票，使自己和楊管北當上了大股東。接著，通過大達主要債權人上商銀老闆陳光甫和該行業務部經理，大達常務董事趙漢生，在大達董事會內部活動，煽動要求杜月笙出任董事長，楊管北出任經理的輿論，但遭到張謇舊部吳寄塵的堅決反對。楊管北一方面請出張謇創辦的吳淞商船學校校長楊志雄，[40] 讓他通過張謇的兒子張孝若等遊說吳寄塵；另一方面指使社會局局長吳醒亞指令大達改選董事會。同時，杜又指使青幫「通」學輩流氓戴步祥率眾搶佔上海大達碼頭，將原工頭張金奎的人馬趕出，雙方發生械鬥，結果上海警察局長蔡勁軍親自率領軍警封鎖道路，使大達輪船多日無法裝卸啟航。吳寄塵等人無計可施，只得親自攜禮上門請楊管北出任公司副經理，同時，推舉張孝若為經理，杜月笙為董事長，將實權交給楊管北。楊管北走馬

楊管北（右一）看望杜月笙（左一）及其女杜美如（右二）後合攝。

上任後連施妙手，首先他請杜月笙設法打通蘇北航線。自清末直到解放前，內河航運業的損失主要來自沿線土匪、軍隊的劫掠。杜月笙請流氓高士奎招撫蘇北土匪，使大達的蘇北航線暢通無阻。隨後，楊管北派人到蘇北各地設立分支機構，並向上海、交通兩銀行貸款三千萬元，創辦大興貿易公司，專做蘇北貨物押匯生意。後來又向上銀貸得白銀六十萬兩，新造載重一千六百噸「新大達」輪，在上海十六鋪碼頭新建水泥貨棧。不久，大達和大通輪船公司聯營，雙方組織聯合辦事處，按 11：9 的比例分攤運費收入。[41] 兩家聯手後，聲勢更壯，接連打敗了平安、達興等輪船公司的挑戰，使得船王虞洽卿亦退下來讓杜月笙當上海輪船公會理事長，後來杜更當上了全國輪船公會理事長。

正當管北將大達起死回生之際，日軍南下逼近長江，國民政府決定行使焦土政策，下令各航運公司將船隻沉毀以阻礙日軍渡江進犯南京。以杜的江湖地位他大可不聽指令將船移走，但杜、楊兩人愛國心重，不計較損失將大達二十多艘、63,880 噸位商船沉毀於長江要塞，史稱「江陰沉船」。為了抗日救國，楊管北更毅然放棄上海的事業及家人，到大後方重慶協助他的恩人陳光甫指揮大西南物資運輸。當時陳光甫成功從美借款支持抗戰，但條件是以物資出口，他出任全國貿易委員會主任委員，下設運輸處一單位，則由中旅社總經理陳香濤兼任處長，副處長一職由楊管北兼任。陳香濤出身兩路，故由其負責陸運；楊管北熟悉航業，負責水運。其時搶運物資出口，鄂湘產之桐油，因江陰要塞封鎖，只能由長江下運至蘇北口岸。當時管北曾籌集民船三千艘，由口岸裝運桐油至南通天生港。然後裝上怡和、太古兩公司之輪船，駁運到達上海、一直到結關出口，後來此項職務交予民生公司經理張澍霖接管。據楊管北的獨子楊麟透露，當時後方棉布更加緊張，在前線許多中國士兵只能穿著從死去戰友身上扒下來的軍衣繼續作戰。1942 年底，楊管北收到消息日本放寬物流管制，他透過當時在上海當西門子中國買辦的楊志雄準備了六千件棉紗秘密分兩批從上海運到大後方去，並由當時仍留在滬的父親及獨子楊麟押運。從上海到南京再轉車到徐州，然後從徐州坐車到商丘，西去長安的鐵路已中斷。停靠在商丘火車站的三千件棉紗不得不改由汽車、人力車接力運輸。進入亳州境內，為繞開日軍的封鎖，車隊選擇由古驛道前行。一部架子車只能放三、四件棉紗，三千件棉紗就要接近一千部架子車，一部架子車還得有一個跟班交換拉。一件棉紗三、四百磅重，遇到過不去的壕溝，就要把紗先拿下來，把架子車抬到對面去，

39　朱如山：麵粉大王叉袋角朱家後人，名作曲家朱踐耳的叔父，與杜月笙亦私交甚篤。

40　吳淞商船學校現為上海海事大學。交通部部長黃鎮東及美首位華人部長趙小蘭的父親趙錫成是該校畢業生。

41　楊管北：〈追憶陳光甫先生〉，《傳記文學》，1976 年 29 卷第 3 期。

再把紗袋裝到架子車上。由於受到杜月笙的特別關照，沿途的散兵游勇、幫會不但沒有搶劫棉紗，反而是一路護送，結果運抵重慶的三千件紗竟然沒有失落一件，另外的三千件紗走福建南路亦成功運抵重慶。

抗戰勝利後，楊管北返回上海於 1946 年 7 月組成益祥輪船公司（E. Hsiang Steamship），有利民（2,496 噸）、福民（1,928 噸）、惠民（5,023 噸）、福南（2,290 噸）、福祥（4,607 噸）、福裕（7,069 噸）等輪船六艘，共 3.4 萬餘總噸，經營沿海及遠洋航線的不定期貨運業務，辦事處放在廣東路。除自營船隻外，兼代理同業八艘航船的運輸業務，其中一艘是榮宗敬長子榮鴻元（溥仁，1906-1990）擁有的「建元號」貨輪，這艘船不幸於 1949 年 1 月 27 日與載運中央銀行重要文件一千多箱及大批逃難的富商名人的「太平號」客貨輪於舟山群島附近海域相撞，「太平號」除三十八人（包含六名船員）獲救外，其餘包含船長乘客等千人全部溺凍而死，[42]「建元號」則包括船長在內的七十二名船員都溺斃，為驚動一時的太平輪海難事件。「建元號」未出事前幾個月，船東榮鴻元及杜月笙的兒子維屏及侄婿萬墨林在蔣經國的打老虎行動中被捕，身為上海市參議員的楊管北與杜月笙已察覺到上海不宜久留，國民黨在大陸的日子亦有限，於是在解放前夕舉家遷到香港，船隊則遷到台灣。

戰後國府組成復興航業公司以賠償戰時一批船東的損失，楊管北獲分配復興股票，並獲選為常務董事。到台後他又被推為全國商船聯合會理事長，捍衛船東利益，同時他自 1948 年當選立法委員後一直當立委直至過身為止。楊管北太太是基督教世家，但他自己五十歲卻開始崇信佛教，成為一位虔誠的護法居士，並擔任接引知識青年學佛的慧炬機構永遠常務董事。楊管北信佛的因緣，最初是因他患有心臟病，以學佛坐禪而獲痊癒；另一原因是他大半生經歷多番戰亂波折，令他更體會哲理，成了國學大師南懷瑾的弟子，每天下午幾乎都致力於讀經窮理，有空在港、台、美三地向有興趣的年輕人講人生哲理。1959 年前後，慧炬機構創辦人的周宣德開始推動在大專院校中組織佛學社團。當時在學校組織社團，是一種非常敏感的事，楊管北以他在中央黨政的人脈關係，向有關機關解釋說明，突破種種阻礙，1960 年 4 月，大專院校中第一個佛學研究社團晨曦學社在國立台灣大學成立。以後數年之間，全國各大專院校的佛學社團，有如雨後春筍似的陸續成立，後來達到了八十個以上。1971 年，他又在慧炬機構設置了「楊管北儒佛獎學金」，每年捐出十萬元，委託慧炬機構來辦理。他的想法是：要研究佛學的人，先要把儒學

弄通，得到佛法的教益。這項獎學金以後發放幾十年，使上千位青年受惠。楊管北於 1977 年 8 月 1 日逝世，享年八十一歲。他所設的獎學金，在他子嗣楊麟繼續捐助下，仍然每年發放。在楊管北的喪禮上，時任總統嚴家淦題「志績長昭」輓，致祭者有倪文亞、何應欽、張大千等軍政商文化界共千人。[43]

楊管北與李蓮貞育有兩女一子。長女楊長青嫁徐起黃（Patrick Hsu），是涉巨額貪污案潛逃的農民銀行總經理徐繼莊的兒子。次女楊英華則嫁給香港維達航業（Grand Marine）董事長李平山的長子李輔平（Dennis Li）。李平山跟管北都是復興董事，本身是東吳大學法學士畢業，這門親事可謂親上加親。李蓮貞過身後楊管北娶方菊仙為繼室。

管北的獨子楊麟（Richard Yang，1929），自幼在租界長大，在聖約翰中學讀書，十四歲時因為協助父親押運棉紗到大後方，在沿途所經過的河南、皖北的偏僻地區遇上一場罕見的春荒，僅幾個月，餓死人數就達三百萬人，一路上屍橫遍野，慘不忍睹，令他留下深刻印象，激發他晚年返中國扶貧；又出資七十萬美元，歷時一年半拍攝十五集電視片《去大後方》紀錄這段歷史。這套紀錄片先後在上海電視台和中央電視台科教頻道播出，受到中央領導好評，其中很多寶貴的歷史影像資料是他從美國一些大學購買來的，又邀請一百四十五位親歷抗戰或研究抗戰史的人士作口述歷史，其中包括他自己的親友李政道、南懷瑾、唐德剛、盧作孚的兒子盧國紀等，南懷瑾更為該片創作主題歌詞。抗日熱情強烈的楊麟到達重慶後在南開中學就讀了半年，響應「一寸山河一寸血、十萬青年十萬兵」的號召，瞞著父親與四十六名南開同學一起參加青年軍。在一個風雪迷濛的山路上，楊麟被一場重病擊倒，腎、肝、膽都出現嚴重問題，發高燒睡在馬上，被人一路牽回到重慶南岸家裡。這一病，楊麟在床上整整躺了四個半月，床的隔壁正是父親的會議室，他臥病在床的幾個月聽到不少父親跟杜月笙的秘密交談，對杜的領導才能非常欽佩。等他可以起來的時候，整個人瘦得只剩下皮包骨頭了，要在兩個傭人的支撐下重新開始習慣走路，靠留學德國的周倫醫生以罌粟靈治療好。

大陸變色，楊麟亦隨父到港再赴美加州大學洛杉磯分校留學，臨行前向杜月笙道別，那時的杜已深感前路茫茫，叫他用功讀書，杜沒多久便過世。1950 年他在一次聚會中認識了美國土生日本女子荻原文子，雖然他自己仇恨日本侵華，但他諒解到文子在戰時亦因自己的族裔無辜被美國政府關進集中營，兩者都是戰爭的受害者，最終兩人打破界限於

42　死者包括香港女首富龔如心之父龔雲龍及美國名鑑證專家李昌鈺的父親。

43　《工商日報》，1977 年 8 月 31 日。

1952 年結為夫婦。同年他從大學畢業，最初賣過急凍食品，後來跑到紐約的船務代理公司 T. J. Stevenson 工作，在航運界漸漸跑出名堂，跟父親及世叔伯董浩雲有生意來往，亦買下房子組織家庭。1960 年父親病重，他被世叔伯任顯群訓示，説他不應留在外國而應回國幫爸爸手。三年之後他終於回台灣發展，除協助父親經營航運之外，他在父親資助下買入美商台灣貿易公司（Taiwan Trading Corporation，台貿）。該公司成立於 1950 年，最初以船務航空代理業務為主，其中最知名的是遠東太平洋航運（Pacific Far East Line）及泛美航空（Pan American World Airways），進而代理美國各類工業產品，如 Blaw Knox 瀝青設備、Alcan 鋁材、American Standard 潔具、Caterpillar 泥頭車等，這些產品由於當年台灣經濟起飛，大興土木所以需求甚高。1968 年，台貿進軍空調生產業務，與 Honeywell 公司及其日資夥伴山武（Yamatake）合組漢武儀器公司。不過眾多經楊麟在台灣做總代理的產品中，以波音飛機及可口可樂最廣為人知。可口可樂最初授權台貿於 1957 年在台設中美汽水廠生產可樂，但只供美軍飲用，楊氏加入台貿之後覺得產品在廣大民眾應有市場，於是引入高雄陳啟清及鹿港辜振甫兩個國民黨倚重的台籍世家合資，於 1964 年將廠買下，改名台灣汽水廠，1968 年正式向台灣民眾銷售，結果非常成功。到 1985 年美國可樂公司增資易名台灣可口可樂，1994 年英商太古成大股東。在為波音飛機代理的二十年間，他出售了一百零二架飛機，由於飛機屬戰略性產品，他在台、美外交關係中亦扮演一定的角色。

由於楊麟入了美國籍，是少數在改革開放初期可進出大陸的台灣人，八十年代中開始他又擔任海峽兩岸的商務大使。1985 年春，去國三十六年的楊麟首次回到上海。隨後他到北京，在人民大會堂獲時任軍委副主席、負責對台工作的楊尚昆接見，雙方一拍即合，楊麟答應用他的人脈為祖國引入外資，當開荒牛。當年他見大陸開放初期通訊仍不發達，有礙經濟建設，於是投資程式控制電話專案，在廣東番禺進行技術培訓，是國內最早引進通訊新技術的一批人員。機緣巧合下，出任中共郵電部長逾廿年的朱學範正是當年杜月笙三位擔當郵務工會領袖的得力弟子之一，[44] 在楊麟的穿線之下，當時任台、美合資國際標準電子（Alcatel Taisel）的總經理毛渝南（Robert Mao）會見了朱部長並展開技術合作，為沿海十多個城市提供設備，又安排他與負責對台聯絡工作的楊拯民同桌共飲，作一場有意思化解兩岸隔代恩怨的飯局。毛渝南的父親是國民黨情報頭子保密局長毛人鳳，而楊拯民的父親則是與張學良發動「西安事

變」的楊虎城將軍。1949 年毛人鳳奉蔣介石指令將楊家一家四口殺害於重慶松林坡，只有長子楊拯民倖免於難。毛渝南對父輩事不甚瞭解，楊拯民雖知毛是殺父兇手的兒子，可是他好酒量沒露半點聲色。毛渝南後來廿多年為 Alcatel、北方電訊（Nortel Networks）及 3Com 三家公司在中國電訊市場作出很大的貢獻。

1988 年，楊麟將台灣最大的食品上市公司統一集團董事長高清愿帶到北京作首次考察，初時高清愿有猶疑，為打消他的顧慮，楊麟私人在投資專案中注入五百萬美元，促成統一於 1992 年在烏魯木齊建立新疆統一食品及大規模番茄醬生產加工基地。隨後，統一在大陸很快打開局面，速食麵、飲料、食品家喻戶曉，楊麟亦功成身退，在三年後將持股按市價出售給統一。與世交盧作孚兒子盧國紀的民生集團合辦重慶大達輪船有限公司並任副董事長，1995 年又在重慶成立大班石化倉儲有限公司，為當地首家外資石化倉儲企業，同時出任新加坡大班石化倉儲股份有限公司及台灣益祥輪船有限公司之董事，又應世交榮智鑫邀請出任他辦的香港上市公司榮文科技非執董，可口可樂的拍檔辜家又請他出任在納斯特克上市的和信超媒體（Gigamedia）董事。他也不避父親與杜月笙的關係，幾乎是所有媒體研究杜月笙的必訪對象。

近年楊麟落葉歸根搬到上海長住，1997 年他將父親及祖父母由台灣遷墳到他在浙江青浦福壽園為紀念先祖楊遇春建的六層高遇春祖塔，五樓留給自己。但年逾八旬的楊麟並沒有停下來，當老友們喝茶打牌頤養天年時，他仍奔走在窮鄉僻壤，以百萬美金貸款扶貧，這源自他抗戰的經歷以外，亦因由情繫兩代跟隨他父子的張文耀。張的父親是大達的船總，早年跟楊管北打天下，臨終時托楊管北照顧文耀，而文耀亦一直追隨他父子，直至船公司結業，楊麟將公寓送給他並繼續給他支薪。張文耀以德報德，2004 年以一百零三歲高齡辭世前，將自己積蓄一百萬元新台幣，捐建江西上饒愛心小學，唯一的要求是學校要以楊麟命名，楊麟亦對該校不斷資助。他在 1990 年代接觸到孟加拉經濟學家穆罕默德‧尤努斯（Muhammad Yunus）的小額貸款，覺得這種扶窮模式在中國亦很實用，便資助杜曉山創辦的中國社科院扶貧經濟合作社，前後達一百多萬美元，在河南、河北、四川有二萬多戶貧困農民從中受惠。

44　其餘二人為陸京士及張克昌，陸跟國民黨去台當立委，張投靠汪偽任中央委員。

李叔青的後人：
李駿恩、丁佐成及歐永康

李叔青短暫的一生完全奉獻傳教，他的子婿後人雖然仍有參加教會，但都從商辦企業，是上海灘的商界名人。李叔青過身時三子女只有幾歲大，由遺孀溫惠玉出外教書一手獨力養大。溫惠玉是鎮江教會辦的崇實女學堂畢業生，是美以美公會的教友，守了逾六十多年的寡，到1974年才以九十二歲高齡在上海過身。

李叔青的獨子李駿恩（Philip Lee，1901-1980）曾任普益地產公司（Asia Realty Co.）的會計主任及華經理多年。普益地產成立於1922年，老闆是二、三十年代最知名的美商雷文（Frank Jay Raven），李駿恩堂兄弟李駿英的僱主，友邦保險創辦人史帶亦是夥拍雷文起家的。活躍教會事務的雷文是福州名牧薛承恩（Nathan Sites）的女婿，透過岳父的聲望廣納基督教機構，如聖約翰大學等及個人存戶而建立起他的美豐銀行（American Oriental Bank），[45] 延伸到地產業，除向自己及其他華洋銀行舉債以外，又發行年利高逾七厘的普益生利券吸納廣大華人投資者，在上海四川中路106-110號建立起普益大樓。浙滬戰爭之後地產市道疲弱，白銀炒賣失利，雷文的金融地產王國於1935年倒閉，雷文在美國鐺鋃入獄，1939年由上海福特汽車代理商，美通汽車（Bills Motors）的老闆畢樂思（F. P. Bills）收購，到解放時有物業二百四十幢，建築面積達八萬平方米。1951年上海軍事委員會進行監管，到1953年11月將所有物業收歸國有。李駿恩的太太蕭黛瑞（Daisy Hsiao，1905-1970）是青年會副總幹事蕭元恩的妹妹。蕭元恩是上海教會名人，曾出任《新社會》雜誌廣告主任、北美洲華人基督教學生聯會總秘書等職。李駿恩的獨子李祖德（Philip Lee Jr.，1929-2008）1951年畢業於上海滬江大學會計系，畢業後加入姑丈丁佐成辦的大華儀表，後來大華公私合營歸儀表局管理並分拆出上海調節器廠，李祖德曾任調節器廠副總會計師。該公司改革開放後為上海儀電集團一部分，八十年代初，李祖德作為中方主要負責財務的談判人員，代表上海儀電參與了建立中美間首家儀表工業合資企業——上海福克斯波羅（Foxboro）有限公司的談判，前美國總統列根亦曾到該公司參觀；1984年去美國匹茨堡西屋電器（Westinghouse）

攝於三十年代初期後排左起：歐永康、李誠、蕭黛瑞、李駿恩、李靜、丁佐成；中坐者：溫惠玉；前排：左一歐文潔、左二丁保訓、左四李祖德。

參與另一合作項目的談判。李祖德的次子鴻捷目前在瑞士 Roche 藥廠上海分公司工作，他對家族的往事很感興趣，包括高外祖父「留美幼童」溫秉忠，近年與其他「留美幼童」聯絡上，他對筆者表示，在五、六十年代他的家族背景是一種包袱，所以在他長大時他的長輩都很少談及往事，他所知都是近年靠自己研究得知。李駿恩的女兒李祖惠（Flossy Lee，1937）1958 年由上海去香港，在香港中文大學畢業後於六十年代去美哥倫比亞大學進一步深造，畢業後曾在哥倫比亞大學圖書館工作，以後又從事房地產經紀業務，在該方面曾與李政道的妻子秦惠䇹合作過，現已退休，住在舊金山。

李叔青的長女李靜（Grace Lee，1903-1977）嫁給創建中國儀表工業的知名民族工業家丁佐成（Robert T. Ting，1897-1966）。家中排行第四的丁氏 1897 年生於浙江省鎮海縣，幼年在其父所辦的私塾就讀，課後上山斬柴幫補家計。在四明中學讀書後，他獲四明一美籍教師資助考入教會辦的南京金陵大學物理系。1918 年自金陵畢業後留校任教三年。當年民族工業落後，學校實驗室的儀器都是進口貨，損壞後無人維修而擱置不用，他深覺可惜，萌生創建民族儀表工業的意念。1921 年丁佐成得教會資助到美國芝加哥大學攻讀電器工程，並於 1923 年獲碩士學位，留校任教一年後去西屋電氣公司當工程師，從事電錶設計。據說當年他曾去威斯登電錶廠（Weston Electrical Instruments）要求參觀，被拒之門外，更遭諷刺說「中國人想製造電錶，還要等三十年。」這次奚落激發了丁佐成創業的志氣，立即放棄國外高薪厚祿，於 1925 年 3 月回國買下了美國人在上海博物院路 20 號（今虎丘路 131 號）修理幻燈機的廠房創立中華科學儀器館。當年他的創業資金只有六千元，僱員四名，設備僅一台台鑽及少量手工工具。建館後他首先研製船舶和飛機用無線電收發報機，承包了中國航空公司兩條航線上的通信設備，又親自為招商局輪船裝置收發報機，獲利十四萬元。生意站穩後，他邀得同鄉寧波商人朱旭昌，[46] 王性堯出資合作，於 1927 年組成中國第一家儀表製造廠——大華科學儀器廠股份有限公司（China Scientific Instrument Co），由丁出任經理，朱任董事長，王任秘書。由於業務蒸蒸日上，1928 年職工人數增至六十人左右。為了籌募製造電錶的資金，他將無線電收發報機製造權以十五萬元代價售予美商亞洲電氣公司（Asia Electric），終於在 1929 年 10 月成功製造 R301 型直流電錶。以後他又先後研製多種類型、規格的交、直流電錶及電力錶、功率因數表，還自行設計製造了供學

45　該行四川分行在滬行倒閉後由合作夥伴康心如繼續經營，並在戰時成為一大財閥。

46　朱旭昌早年跟隨嚴信厚在上海開設錢莊，後在寧波投資創辦寧波錦華行，代理亞細亞、美孚的煤油。

校物理電學實驗用的電阻箱、分流器、檢流計、可變電阻器等，實現了他最初用國產儀表裝備學校實驗室的夢想。在辦廠以外他以商養廠，為美國西屋電氣公司、博士倫（Bausch & Lomb）光學儀器，General Radio 及 Leeds & Northrup 等代理遠東經銷業務。

日本侵華期間，丁佐成雖然慘淡經營，但亦堅拒與日人合作製造航空儀表。抗戰勝利後，丁赴美收取代銷佣金，同時購買製造電錶原材料寄回國內，準備大展拳腳。解放前夕，他不但拒絕親朋勸告不去台灣，並將多年所賺盈利購買地產及設備，決心為新中國工業出力。上海解放後，他立即在上海東大名路 1188 號建造附有食堂的裝配車間大樓。當時的廠房、設備，在國內儀表行業中是第一流的，電工儀表的產量、品種也居全國第一。1954 年，丁佐成回應政府號召，積極參加公私合營，將大華科學儀器廠股份有限公司改名為大華儀表廠，自己繼續出任總工程師，負責全廠技術工作。1958 年，大華儀表廠試製成工業用自動記錄儀表。以後又從電子管儀錶發展到電晶體儀表，進一步發展為積體電路儀表，這些儀表被廣泛應用於冶金、化工及機械製造等領域。

丁佐成平易近人，自奉甚儉，中午經常在廠內用餐，吃的是蛋炒飯加清湯。他亦是一位慈善家，對職工照顧，廠內如有職工患肺結核者一切醫療費用由他負擔，又資助某職員子女就讀大學至畢業為止。他的長兄丁立成學醫，在寧波創立華美醫院任院長，丁佐成致富以後捐助該醫院購置第一流的醫療設備。在政治上，丁佐成是中國民主建國會會員，曾任上海市政協委員，上海市工商聯執行委員和第二、三、四屆全國政協委員，並當選為上海物理學會理事。文化大革命中，丁佐成受到迫害，於 1966 年 12 月病逝。1979 年，大華納入上海市儀器儀表公司為其平反昭雪，而該公司亦演化成今日的上海儀電集團，為中國儀電事業的龍頭企業，旗下兩公司分別為 A、B 股市場第一股。丁佐成的弟弟丁福成亦從商，金陵畢業後到大華協助哥哥，因為大華幫德商禮和洋行（Carlowitz & Co）的儀表提供維修服務，丁福成因而與禮和洋行相熟，1930 至 1936 年間曾成為該行在南京的代理人，初時主要銷售顯微鏡給衛生署，後來發展成賣軍火，與宋子文、曾仲鳴、何應欽等軍政要員打交道，短短幾年間便為禮和洋行賺取逾億美元生意，作為中間人的他亦從中獲巨利，在南京蓋建了福昌飯店，但隨著中、德開戰，禮和洋行的生意亦告結束。

李叔青次女李誠（Faith Lee，1906-1991）嫁給上海杏花樓的少東歐永康（Y. K. On，1901-1993）。杏花樓是上海最大、最知名、歷史最悠久的粵菜館，咸豐年間（1850 年代）由廣東人創辦，到二十年代由李金海管理下

成股份制公司，引入歐永康父親為股東，在福州路建四層高的大樓，發揚光大，1928年推出月餅，歐永康便曾擔任杏花樓昇記股份有限公司董事。解放後繼續發展，目前已經有三十多家分店，營業額達八億元，仍以月餅聞名。

Lee Family
第四代

李精於學：
崇道、政道、昌道昆仲的學術生涯

　　李仲覃次子李駿康夫婦共有六個子女，五男一女，李政道行三。 李政道的父親因經商而十分忙碌，但他對子女的教育卻毫不放鬆。李家每個孩子都有家庭教師，對他們進行語文、算術和英語的啟蒙教育，家庭讀書氣氛很濃厚。六個子女都受過高等教育，都是大學畢業生。老大李宏道（1921）畢業於上海重廣稅務學校，一直留在國內，子女都移居海外，近年由靜安海聯會協助下住進老家一所敬老院。

　　老二李崇道（Robert C. T. Lee，1923）在蘇州東吳附中成績優異，畢業後入讀東吳大學，原本修讀物理及化工，由於戰事關係轉到浙江大學龍泉分校，再到後方得「君武獎學金」入讀廣西大學農學院獸醫系，一心打算開發大西北。1944年曾短期加入美空軍後勤工作兼做翻譯。抗戰勝利後，他入南京農林部中央畜牧實驗所任技佐，由低層做起，1947年應邀赴台到省農林廳獸疫血清製造所任技士兼疫苗室主任，研究製造疫苗。當時台灣再次爆發牛瘟，李崇道製成的牛瘟疫苗供應全省。1950年他加入農復會，由技佐升任技正，當時會中的技正多為留學歸來之士，僅李崇道一人為「土製」，但他研發的豬瘟疫苗成功令全省受惠，成績獲得認同。

　　很不幸的是，當時剛從大陸敗退台灣的國府風聲鶴唳，政府以「白色恐怖」統治。1950年11月，李氏一門三人包括李母、李崇道及懷孕中的妻子許淑英竟因在家裡留宿一位舊時廣西大學同學，以「掩護匪諜」罪名被情治機關拘留廿八天，幸得農復會主委蔣夢麟出面傳話：「李崇道如果是共產黨員則依法辦理，否則請即釋放以免耽誤本會公務。」李崇道一家這才予以釋放，事後發現是一位同事受煽動下向有關方面打小

報告，這位同事後來因疚成瘋早逝。這次事件後李崇道留美國，自康乃爾大學取得哲學博士（獸醫病理系）後返回農復會工作，很快升任畜牧組長，主持全省畜產計劃，協助省府及名縣市推動畜牧獸醫業務。他出任美國「洛氏基金獎學金」研究員、「艾森豪獎學金」研究員，周末及假日到台灣大學、中興大學獸醫系兼課，並著有《獸醫病理學》一書，成為台灣獸醫科大學的首選教材。1970 年他升任農復會秘書長，1973 年正式出任主委，打出「健康的農業，關麗的農村，快樂的農家，自信的農民」的口號，以整體農村發展為目標，而非單純在農業方面，1979 年改組為行政院農業發展委員會，他仍任主委，到 1981 年退任。擔任中興大學校長後，樹立人事考用制度，推動總務工作電腦化、宿舍管理制度化。在擴充系所上，增設獸醫學研究所、土壤學研究所、企業管理研究所、土木工程學研究所、植物學研究所博士班等。1984 年成立遺傳工程中心，引進遺傳工程新科技，開發相關研究並協助訓練人才。卸任後曾任考試委員、中央研究院副院長。1994 年台灣獸醫病理學會通過遵奉李崇道為「台灣獸醫病理學之父」，實至名歸。1983 年崇道的母親過身，政道到台奔喪，蔣經國在總統府接見兩兄弟，總統府秘書長、崇道在農復會的舊同事蔣彥士全程作陪。蔣經國提攜另一位農復會出身的康奈爾畢業生李登輝成為總統，李崇道亦受惠，不過李崇道沒有政治野心，只在弟弟李政道恩師吳大猷之下任中研院副院長一職。1994 年吳大猷退任院長，李崇道亦共同進退，移居美國德州農工大學（Texas A&M University）所在的大學鎮，兩夫婦以讀書為樂。李崇道每年與李政道會在歐洲品嚐洋酒共聚，他謙稱與弟弟相比，他只是通才而政道則是天才。[47] 李崇道的元配許淑英是由中學到大學的同班同學，1974 年因肺癌過身之後，崇道娶農復會的同事齊同為妻。齊同系出高陽書香世家，曾祖竹溪及祖父禊亭均為進士，伯父齊如山是梅蘭芳的恩師，堂兄弟輩都留德，齊熙是台船公司總工程師，齊焌是嘉新水泥總工程師，對工業發展貢獻良多。

李駿康三子李政道（Tsung Dao Lee，1926）小的時候在家裡有個外號叫「三糊塗」。「三」是因為他排行第三，可是「糊塗」並不是真的說他糊塗，而是覺得他的注意力總不在家庭人員的談論上面，顯得有些反應遲鈍。對此李政道覺得，這是因為他從小好獨立思考，對外界的反應與一般孩子不太一樣。1935 至 1937 年他在上海私立清心中學附小讀小學，1938 年他就轉學到蘇州東吳大學附中讀中學。[48] 1941 年太平洋戰爭爆發，

12月8日，日軍進佔外國租界，上海完全淪陷。日本侵略軍的坦克開進上海，路上的行人，必須向日軍躬身行禮。李政道對此非常憤怒，下決心和老二李崇道一起離開上海住大後方，經浙江、福建到達江西贛州，入讀江西臨時中學（後改名為江西贛州聯合中學），可是學校沒有老師，沒有設備，生活極端艱苦。沒有老師，學生們就自學，相互切磋，李政道實際上充當了教師的角色。李政道有極強的自學能力，不需要老師上課，很快就把中學的課程學完，特別是數學、物理更是成績突出，每次考試都幾乎是滿分。就是在贛州，李政道初次接觸到物理學，對物理學產生了興趣。

1943年李政道在貴陽以同等學歷考入遷至貴州的浙江大學物理系，走上物理學之路，師從束星北（Hsin P. Soh）及王淦昌（Kan Chang Wang，核子學家）。1944年日軍進入貴州，浙江大學停學。1945年轉學到在昆明的西南聯合大學為二年級生，師從吳大猷（後任中研院院長）及葉企孫（即前文述及葉銘漢的叔父）。1946年，他由吳大猷推薦獲官費資助赴美進入芝加哥大學進修博士，師從諾貝爾物理學獎得主、美國核彈之父費米教授（Enrico Fermi，1901-1954）。1948年他遇上妻子秦惠䇹，[49]並於1950年6月結婚，同時獲得博士學位。1953年，他任哥倫比亞大學助理教授，主要研究工作是在粒子物理和場論領域。三年後，在他二十九歲時，成為哥倫比亞大學二百多年歷史上最年輕的正教授。1957年，三十一歲的李政道與楊振寧一起以「弱作用下宇稱不守恆」（parity violation under weak interaction）的發現獲得諾貝爾物理學獎，成為首位獲獎的華人，他們的發現由吳健雄的實驗證實。李政道開闢了弱作用中的對稱破缺、高能中微子物理（high energy neutrino physics）以及相對論性重離子對撞物理等領域，至近年他仍活躍在物理研究的第一線，不斷發表科學論文，於1997至2003年出任哥倫比亞大學RIKEN-BNL研究中心主任。近年他的興趣轉向高溫超導玻色子特性，中微子映射矩陣，以及破解薛定諤方程（Schrödinger equation）的新途徑。

雖然李政道於1962年加入美國國籍，但他一直關心祖國的發展。自從七十年代初，他和夫人秦惠䇹開始回中國大陸訪問，他為中國大陸的科學和教育事業作出很多貢獻，包括向有關方面建議重視科技人才的培養、重視基礎科學研究，促成中美高能物理的合作，建議和協助建立北京正負電子對撞機，成立中國高等科學技術中心，北京大學和浙江大學的近代物理中心等學術機構。他又在中國提倡博士後制度，不過他對國

47　李崇道第二任妻子齊同的外甥女賀寶善著：《思齊閣憶舊》，北京三聯書店，2005。
48　那時東吳大學附中設在上海昆山路中西書院舊址，現為蘇州木瀆中學。
49　秦惠䇹父親秦夢九，祖籍甘肅天水無錫名畫家，精詩通文，尤善花卉蔬果。

人影響最大的，應該是他於 1979 年設立的 CUSPEA（中美聯合培養物理類研究生計劃）考試，這個考試由哥倫比亞大學開始接受，延伸到北美九十七所大學，在 1979 至 1989 年十年間令國內九百一十五名優秀本科畢業生得以赴美攻讀物理學博士，不過由於很多學生畢業後留美任教或從事科研，亦有人認為 CUSPEA 將中國的精英都吸納到外國。1996 年 11 月 29 日李政道的夫人秦惠䇹因患肺癌離開人世。為紀念夫人，1997 年李政道及其親友捐贈三十萬美元成立「秦惠䇹與李政道中國大學生見習進修基金」，簡稱「䇹政基金」。䇹政基金現支援北京大學、復旦大學、蘇州大學、蘭州大學與國立清華大學等五所大學的優秀本科學生進行基礎領域的科學研究工作，入選的學生則被命名為「䇹政學者」。

李政道與楊振寧於四十年代末開始親密而富有成果地合作，兩人共合作發表三十二篇論文，但這個合作在六十年代初便終止。兩人分道揚鑣，成為華人學術界的憾事。雖然生於基督教世家，李政道並沒有宗教信仰，2003 年 10 月他獲跟他曾數次會晤的教宗約翰保祿二世委任為羅馬天主教教廷科學院士，他接受訪問時說，雖然科學與宗教有衝突的地方，但他對「教廷科學院」這種認同科學宗教共存的機構十分支持，並說科研發現過程中信念比單純科學重要。[50]

李政道五弟李學道，從大同大學航空工程系畢業。1962 年一次上海留美學生家屬聯誼會，有關單位安排他與楊振寧父親楊武之一同出席。[51]後來他到瑞典留學後定居瑞典，現在哥德堡切默斯學院任力學副教授，其妻陳影華亦為復旦化學系畢業。四弟達道和妹妹雅芸均在交通大學船舶系畢業，達道是湖南常德市民革黨員；李雅芸畢業後曾任職上海汽輪機廠及交大，1981 年留美並成為公民，2007 年返上海落葉歸根，但發現交給交大代管的房子已被轉讓，結果告上法院。

李政道、李崇道尚有一位同父異母的弟弟李根道（Ken-tao Lee，1939），八十年代中期一度成為頭條人物。解放後他留在大陸，精於數學的他自復旦大學數學系畢業，後出任中國科學院數學研究所副研究員，曾與郭沫若的兒子漢英有譯作，娶同為學者的北京人劉曼玲為妻。

1980 他獲西德「洪博獎學金」，自北京赴西德漢堡大學作博士後研究工作，1981 年 1 月 29 日他趁在留學西德的機會投奔台灣，由於他是政道及崇道的弟弟，這段新聞當時在海峽兩岸

得諾貝爾獎時的李政道與楊振寧合照。

曾轟動一時。他抵台初期被國民黨捧為「反共義士」大肆宣傳，獲孫運璿、谷正綱、錢思亮等黨國要員親自接見。他亦非常高調，1982 年 1 月曾聯名致信鄧小平放棄共產主義，又參加文藝節。有關部門很快把他們安排到位處台中的逢甲大學教書，李根道當副教授，不久升為教授，妻子則任化工系講師。但很快李根道便不適應當年尚未解嚴的台灣，1987 年當他決定出任在野黨青年黨台中主委時，遭到逢甲大學解僱。他不服告上法院但被駁回，及後他又選舉國大代表跟國民黨打對台，雖然沒有勝出，但這多多少少令當時做官的李崇道感到尷尬，而由於李根道立場不中不台，最終中、台兩地都不討好，很快便銷聲匿跡。

李政道對子女的成長十分關心，兩位公子都成為教授。長子李中清（James Z. Lee）自幼興趣不在數理方面而在文科上。據李中清說，每當李政道坐到他的身旁要輔導他數學的時候，他的大腦裡就忽然變成一片空白，無論父親怎樣循循善誘，他什麼也聽不進去。後來，李中清靠著自己的天分和努力，學習的成績很好，進入耶魯大學。李政道 1972 年第一次回國，就提出要把他的大兒子李中清送回國內學習鍛煉。當時，李中清正在美國耶魯大學歷史系讀書，李政道覺得讓他回國在大學裡讀書鍛煉一年，對他今後的成長肯定會有好處。李中清遵照父親的安排回到國內，在復旦大學學習了半年。這半年的學習和勞動，對李中清來說收穫極大，改善了他的普通話，對他以後的學習和工作都有很大幫助。後來李中清於 1983 年在美國芝加哥大學取得博士學位，成為中國人口問題的專家，出任密芝根大學教授並擔任密芝根大學——北京大學聯合學院院長。2003 年至 2008 年，他曾擔任密芝根大學中國研究中心主任，多年來獲得多項榮譽，包括 2000 年社會科學歷史學會頒發的 Allan Sharlin 社會科學歷史最佳著作獎，以及 2000 年及 2005 年由美國社會學學會人口學組及亞洲學組頒發的最佳著作獎。2009 年 5 月獲委任香港科技大學人文社會科學學院院長。李政道的二子李中漢（Stephen Z. Lee）為化學家，1985 年自芝加哥大學取得博士，1993 年任密芝根大學副教授，為有天才獎之稱的麥克亞瑟學者（MacArthur Fellow），1999 年進康奈爾大學當教授，從事新物質研究以外亦樂於教學，有空喜歡看科幻電影及棒球。

李政道兄弟子侄皆教授以外，他們的堂弟李昌道，即抗日烈士李駿英的遺孤亦為當今中國法學專家。李昌道生於 1931 年，1956 年畢業於中國人民大學後開始執教於復旦大學，迄今已逾半個世紀，曾任復旦大學法律系系主任和法學院首任院長，第八、九屆全國政協委員和政協上海

50　"Tsung-Dao Lee, Director Emeritus of RIKEN-BNL Research Center at Brookhaven Lab, Appointed as Member of the Pontifical Academy of Sciences", Brookhaven National Laboratory (http://www.bnl.gov/world/), October 24, 2003.

51　《大公報》，1962 年 2 月 11 月。

市第七屆委員會委員，1987 至 1990 年曾出任新華社香港分社高級研究員，參與《基本法》的起草工作，1991 至 1998 年任上海市高級人民法院副院長，1998 年至 2008 年任上海市人民政府參事，近年又兼任金茂凱德律師事務所顧問，不少目前國內的執業律師都是他的學生。

李悅靄的後人：
華爾街大鱷蔡至勇

蘇州李子義牧師的後人當中，出了一位名震華爾街的金融大鱷蔡至勇（Gerald Tsai Jr., 1929-2008）。他是美國基金界第一位星級經理，在六十年代呼風喚雨，後期轉變為公司收購合併的能手，成為首位出掌美國杜瓊斯工業平均指數成員公司的華人，九十年代金融超級市場概念的始作俑者，花旗集團（Citigroup）亦是建基於他當年創立的普利美加（Primerica）。蔡至勇生前雖然並不低調，但他鮮有接受訪問，筆者有幸於約十三年前透過校友關係訪問當時仍在世的蔡氏，雖然他有問必答，但仿如一位撲克牌高手一樣，外間始終難以摸清他的真面目。筆者最近得到他臨終前開始撰寫、從未公開的自傳引言手稿，題目為「My Mother Said」。他把一生的所有成就都歸功於母親，他在生前曾多次稱他的投資基因都是源自其母，很多重大投資決策都先請教母親，而他的令壽堂李悅靄（Ruth Lea，1904-1996）正是李子義的孫女、李伯蓮的女兒，所以要講蔡至勇的故事也先得由李悅靄講起。

據李悅靄說，父親李伯蓮雖然是支持革命的教徒，但仍有重男輕女的傳統思想，十六歲那年李悅靄想到上海名女校中西女中寄宿，李伯蓮及她的祖母覺得女子讀太多書嫁不出而不允許，最後李悅靄將自己鎖在房裡絕食抗議，李伯蓮才讓步。李悅靄同父異母的大姐李虞貞卻是最早的留日留美女生之一，亦是中西女中畢業生，所以李悅靄在中西女中非常用功，1924 年畢業時獲老師推舉撰寫校歌。翌年夏天，她嫁給自密芝根大學畢業、當福特汽車華東地區經理的蔡炳仁，分別於 1927 年及 1929 年產下女蔡至文及子蔡至勇。由於蔡氏管理福特在中國四分之三的代理，每年有十個月不在上海，照顧兩子女的責任便落於李悅靄的身上，而為了子女能接受最好的教育，她亦仿效「孟母三遷」，在上海一租界搬到另一租界。1941 年上海淪陷，蔡炳仁其時身在重慶，與家人失去聯絡，李悅靄成為抗戰夫人。為了支撐一家三口，她當上了投資經紀，首先做

地產，由於她的社交人脈關係廣，很快便取得成功，更將資金投資在連她兒子後來亦嫌風險大的金屬市場，又成為當時上海華商證券交易所唯一的女性，金、股、債三方面都投資得法。據蔡氏稱，母親就算在抗戰最艱難的歲月仍堅持為他倆姐弟提供最好的衣食，生活從不覺艱苦。

1945 年抗戰勝利，蔡炳仁返回上海，八年未見的丈夫終於與家人團聚。但一家人安樂團聚的日子並不長久，和平後不久便開始國共內戰，怕兒子要當兵的李悅靄於 1947 年送蔡至勇往美國 Wesleyan 大學留學，翌年送蔡至文到紐約哥倫比亞大學，當時國民政府已近崩潰，幾經辛苦才從南京拿得護照及撤退中的上海美國領事館拿得簽證。1949 年上海解放，李悅靄兩夫婦留下來靜觀其變；1951 年，因韓戰爆發，與美國有關的人士開始受到迫害，李悅靄深知丈夫幫福特打工必定會被鬥爭，便叫丈夫還能出國先移居香港，自己一人留守上海往後跟隨。丈夫抵港後很快在一法資出入口商找到一份經理工作，怎料仍在上海的她竟被有關當局拒絕出境。據李悅靄回憶，往後五年她因為家庭及宗教背景被不斷鬥爭，只憑基督教信念忍下去，期間甚至有幹部叫她死心跟丈夫離婚安排她教職為利誘，但她堅決拒絕，五年內每一個月不斷繼續申請出國，到 1957 年 7 月，她終於獲得出境證到香港與丈夫團聚。[52] 到港後勤奮的她沒有閒下來，她幫由國內來港的親友子侄補習英文，很快便桃李滿門。雖然香港的日子過得不錯，但她仍渴望與在美的子女團聚，但移民申請要延至 1961 年才獲批，翌年 3 月在紐約 Grand Central 火車站一家分離十四年後終於團圓。[53]

蔡至勇（Gerald Tsai Jr.，1929-2008）到美後由 Wesleyan 轉到波士頓大學，先後獲得經濟學學士、碩士學位，最初在從事紡織的岳父榮鴻元介紹下在羅德島一紡織機械公司工作，但他對股票的興趣遠高於機器，於是到培基證券（Bache & Co）當週薪 50 美元的初級分析員。1952 年他進入當時規模仍小的波士頓富達管理及研究投資公司（Fidelity Management & Research）工作，當年富達創辦人老莊遜（Ed Johnson II）很看重他。1958 年，他看準市場走向，給老闆寫了一份兩頁紙的建議書，提出另外成立一個基金的主意。蔡至勇的敏銳和智慧令老闆對這個年輕人刮目相看，馬上採納了這個建議，新創立的「富達資本基金」（Fidelity Capital Fund）亦賺了大錢。當時美國經濟發展蓬勃，蔡氏集中買入新興的中細價股，獲利不菲。靠他的金融才華，該公司的利潤年增長率高達 50%，他在公司的股權亦增至 25%，位居副主席。1965 年，老莊遜年老引退，但卻決定傳子

52 1957 年正是李悅靄堂侄李政道得諾貝爾獎的那一年，她在那時出境申請獲批大有可能
    與此有關。

53 Ruth Lea Tsai, "Reminiscence of my life in China, Hong Kong and the U.S.A." Speech to Scarsdale
    Presbyterian Church.

而不把公司交給他。蔡至勇憤慨辭職，以二百二十萬美元的資本自立門戶成立蔡氏經營及研究公司（Tsai Management & Research）。1967 年 2 月，剛剛在華爾街自立門戶的蔡志勇，一鼓作氣推出五種基金，令華爾街的投資巨頭們大吃一驚。而蔡氏公司的曼哈頓基金（Manhattan Fund）開市的頭一天，就籌集到資金 2.7 億元，刷新了華爾街的最高紀錄，他成為當年風頭最盛的基金經理。

1968 年美國證券市場衰退，互惠基金行情下跌，蔡至勇急流勇退，將自己的蔡氏公司以三千七百萬美元出售給美國大保險公司芝加哥 CNA 財務公司，並受聘出任該公司的執行副總裁。他在紐約成立自己的證券公司蔡氏公司，並在波士頓、洛杉磯設立分行。紐約是美國及世界金融中心，世界最大的股票市場，蔡至勇決心在這裡與華爾街的金融大亨們一較高低。1978 年蔡至勇又以二百二十萬美元的代價收購了聯合麥迪森公司（Associated Madison）的控股權，隨後他又通過麥迪森公司掌握了一家人壽保險公司，經營業務不斷發展壯大。由於蔡至勇的出色表現，1982 年他被美國鋁製容器公司（American Can）老闆伍德賽（William Woodside）看中，一心要收至門下，以 1.1 億美元收購聯合麥迪森。蔡至勇還以一千八百萬美元買下了 American Can 的 3.5 % 的股票、成為該公司最大的持股人，並成為該公司董事會副主席。在蔡志勇的主持下，American Can 大力發展金融業務，先是買下了美國運輸人壽保險公司（Transport Life）價值 1.5 億美元的股票，接著又收購了一家互惠基金公司和一家兼營抵押及銀行業務的公司，並投資 2 億美元擴充這些公司的業務。在他的努力下 American Can 公司的業務狀況迅速好轉，營業額與利潤大增。1987 年 1 月，該公司推舉蔡志勇出任董事會主席，公司易名普利美加（Primerica），成為首位帶領杜指成份股公司的華人。同年他以 7.5 億收購大證券行 Smith Barney 公司及定期人壽公司 A. L. Williams，卻不幸遇上 10 月的股災。蔡氏壯士斷臂，將整家公司以十七億元與韋爾（Sandy Weill）的商業信貸公司（Commercial Credit）合併，1991 年全身而退。[54]

老驥伏櫪三年後的蔡氏以二千八百萬元收購 Delta 人壽公司，坐他的私人飛機到南部視察。幾年後他又再顯他「低買高賣」的本領，以 1.8 億元將 Delta 人壽公司賣出。蔡氏晚年仍出任多家公司的董事，包括連鎖藥房 Rite Aid、United Rentals、百貨公司 Saks Inc、Sequa Corp、Zenith National、Satmark Media、IPnetwork、飲料快餐公司 Triarc Companies 等。

蔡至勇共有四段婚姻，首任妻子榮智珍（Loretta Yung），是母親堂姐

夫楊管北生意拍檔榮溥仁的千金，與至勇離異後改嫁知名電腦科學家朱傳榘（Jeffrey Chuan Chu）。第二任妻子 Marlyn Fritz Chase，第三任妻子為股票經紀 Cynthia Ann Ekberg，四任妻 Nancy Raeburn，臨終前的未婚妻為布殊總統的前弟婦 Sharon。在蔡氏的心目中，沒有任何女性比他的母親重要，無論工作如何繁忙，他每星期天都會單獨跟母親食午飯，對母親的教誨他都是言聽計從，投資做人無所不談。

蔡炳仁在 1978 年過身後，李悅霭搬到紐約 Scarsdale 居住，活躍於當地的長老教堂，除時常煮飯招待一眾教友外，還擔任教堂的投資委員。可悲的是，由於蔡至勇對死亡病痛非常顧忌，據親友憶述，他生前至愛的母親及妹妹至文病逝前他都從不探望。[55] 但從他於 2008 年死後，多位外籍友人的悼辭中可見，他是一個很長情、很重友誼的人，這些朋友都跟他相識近五十年。華爾街首位女經紀 Muriel Siebert 亦是受蔡氏鼓勵而創業，取得紐約交易所的席位。他喜歡建大屋，坐私人飛機及收藏現代畫之餘亦熱心公益，其中對他的母校至為慷慨，捐五百五十萬美元建蔡氏表演藝術中心，以二百萬美元建蔡氏健身中心。每年秋季大閘蟹上市後他都會返香港跟幾位上海幫朋友聚舊。他的子女都跟他一樣與眾不同，兩個兒子繼承他的投資細胞。蔡至勇與首任夫人生的長子 Gerald Van Tsai 居住在 New Hampshire，據說與志勇關係疏離，但在私人投資上都有斬獲，曾是美國男裝褲龍頭 Haggar 的大股東之一。蔡志勇跟 Marlyn 生的幼子 Christopher Tsai，十二歲開始跟父親學習投資股票，十六歲那年由格林威治一位中餐館老闆交托他管理第一個投資組合，後在父執輩基金經理 Mario Gabelli 學師，在投行 Bear Stearns 當一年分析員，1997 年只有二十二歲便成立蔡氏資本（Tsai Capital）。他的投資法與父親不同，父親出名於短線買賣高增長的新興股，他則集中長期持有二十隻藍籌優質公司，十幾年來，他的成績遠遠拋離標普 500 指數，不過 Christopher Tsai 重質不重量，只管理幾千萬美金資產。除了股票以外，沒有中文名的 Christopher Tsai 近年亦看中中國現代畫的潛力，大肆收藏亦有所斬獲，而他的姐姐 Veronica Tsai 則是滿身肌肉的女子健身冠軍，在不同的領域延續李牧一家的傳奇。

54 羅元旭：〈老驥伏櫪，意猶未盡〉，《Forbes 資本家》，1996 年 2 月。

55 蔡至文丈夫夫德興是聖約翰大學 1943 年經濟系畢業生，在美國從事保險業，為中銀紐約分行經理李德熵弟，浙江實業銀行李銘之侄；他們的女兒 Jean Lee Greechan 現為美林證券第一副總裁，從事財富管理工作。

李子義 Li Tsz-I（1844-1904） ＋陳氏

第二代 李應庚（伯蓮）L.G. Lea（1867-1932）＋張氏

第三代 李虞貞 Alice Lea（1890-1966）＋楊豹靈 Yang Pao-ling（1886-1966）

第四代 楊天一 Raymond T. Y. Yang（1915-?）＋Alice Werin（1921）（分居）

第五代 楊贊雄 Philip Severin Yang（1945）＋Janice Georgy（1946）

第六代 楊傳恩 Lauren Georgy-Yang（1982）

第五代 楊贊怡 Andrea Werin Yang（1950-1980）＋Robert Kaula

第六代 Rayme Kawika Yang-Kaula（1977）

第四代 楊天雄 Tien Hsiung Yang（1916-1944）
楊天智 Jean Yang ＋Frank B. Leung

第五代 梁傳凱 Kenneth CK Leung（1944）＋Diane Cates（離異）

第六代 Darien Leung（1970）＋Howard Frey

＋Margaret Monsor（1952）

第六代 Catherine Leung（1990）

第五代 梁傳靈 Robert CL Leung（1948）＋Lois Valleau（1947）

第六代 Philip Leung（1979）

第五代 梁傳華 Jackie Leung（1952）＋Jamie Spence

第六代 Sterling Spence（1990）

＋Gerald Kiernan（1935）

第四代 楊天威 Tien Wei Yang（1921）＋李振意 Ruth Yang（離異）
＋阿部葉子 Yoko Abe（1947）

第四代 楊天剛 Andrew Yang ＋李毅道 Renee Lea（表妹，見下）

第五代 楊贊毅 Jeanette Yang（1956）＋Anton Schick（1954）

第六代 Andreas Schick（1982）
Elizabeth Schick（1986）

第五代 楊贊貞 Leslie Yang ＋Michael Dagg（離異）

第六代 Kendra Dagg（1985）
Merrill Dagg（1989）

第四代　楊天穎 Alice T.Y. Yong（1926）+ Elroy Chun（離異）

　　第五代　楊贊靈（從母姓）Bruce Akoni Yong（1959）+ Briar Todd

　　　　第六代　楊傳貞 McKena Akoni Yong（1995）

第三代　李駿惠（Henry G. Lea）+ Celia Johnson
　　　+ 唐氏
　　　李蘇貞 + 程人傑
　　　+ 葉鳳池

+ 史致瑟（史拜言之妹，謝洪賽妻妹，見第五章謝譜）

第三代　李駿昌
　　　李美蓮 Mary Lea + 史明德

　第四代　Samuel Sze + Martha Lee

　　第五代　Patricia Sze

　+ 司徒

第三代　李駿耀 William Lea Tsing Yao（1901-1978）+ 徐蘭珠

　第四代　李衞道 David Wei-dao Lea（1926-1995）+ 王安芳 Julia Wang
　　　　　　　　　　　　　　　　　　　　　（王正序女，見第四章王譜）

　　第五代　李中迪 Geoffrey Lea（1958）+ Donna Hershey

　　　第六代　Kathryn Rose Lea（1992）

　　第五代　李明 Karen Lea 1956- + David Gaylin（1950）

　第四代　李毅道 Renee Lea + 楊天剛（表兄，見上）

第三代　李悅靄 Ruth Lea（1904-1996）+ 蔡炳仁 Gerald Howe Tsai（1900-1978）

　第四代　蔡至勇 Gerald Tsai Jr.（1929-2008）+ 榮智珍 Loretta Yung

　　第五代　Gerald Van Tsai + Paula

　　　+ Marlyn Fritz Chase

　　第五代　Christopher Tsai（1974- ）+ André Stockamp

　　　第六代　Matilda Stockamp-Tsai
　　　　　　　Marlene Stockamp-Tsai

第五代　Veronica Tsai

+ Cynthia Ann Ekberg
+ Nancy Raeburn

第四代　蔡至文 Julia Tsai（1927-2000）+ 李德興 Henry T.S. Lee（1923-1998）

第五代
Josette Lee Greechan + Pentti Niiranen
Stanley Lee + Jeannie

第六代
Jennifer Lee
Jonathan Lee

第三代　李駿保 Joseph Lea Tsung Po + 陶湘文 Connie

第四代
李徵道 Peter Lee + 江世靜
李瑛 + 曹克家 Raymond Tsao
李華 Jean Lee Wa

第三代　李璐臆 Eleanor Lea + 王以敬 I.K. Wong（1897-1990）

第四代
王雄華 Richard Wong
王明華 Michael Wong

第三代　李靈承 Esther Lea + 林德光

第二代　李應積（仲覃）C. T. Lea ／ Li Chong-tan /Li Dzong Doen（1870-1941）+ 蔣氏

第三代　李駿德 + 蔡氏

第四代　李明道

第五代
李慧敏
李慧君

第四代
李原道
李雅靜 + 陳偉
李雅芳 + 范秉穌

第三代　李駿康 Tsing Kong Lee（?-1953）+ 張明璋 Ming-chang Chang -1983

第四代
李宏道（1921）
李崇道 Robert CT Lee（1923）+ 許淑英 Laura Hsu（?- 1974）

第五代 李琴
李斐

+ 齊同

第四代 李政道 Tsung Dao Lee（1926）+ 秦惠䇹 Jeannette Hui-Chun Chin（?-1996）

第五代 李中清 James Z Lee + 黃美芬
李中漢 Stephen Z Lee

第四代 李達道
李學道 + 陳影華
李雅芸
李根道 Ken-tao Lee（1939）+ 劉曼玲

第三代 李鴻貞 + 朱巽元
李駿英 + 葉氏

第四代 李立道
李致道
李昌道（1931）
李雅芬

第三代 李蓮貞 + 楊管北 Yang Kuan-Pei（1904-1977）

第四代 楊麟 Richard Yang（1929）+ 荻原文子
楊長青 + 徐起黃 Patrick Hsu
楊英華 + 李輔平 Dennis Li

第三代 李淑貞 + 章氏

第二代 李鳳珠 + 史拜言

第三代 史明德 + 李美蓮

第二代 李應柳（叔青）Samuel Y Lee（1875.1.8-1908）+ 溫惠玉 Hannah H Lee（1882-1974）

第三代 李駿恩 Philip Lee（1901-1980）+ 蕭黛瑞 Daisy Hsiao（1905-1970）

第四代 李祖德 Philip Lee Jr（1929-2008）+ 金玉珍（1929-1996）

<u>第五代</u> 李鴻敏（1961）+ 華鳴（1967）

　　<u>第六代</u> 李嘉年（1997）

<u>第五代</u> 李鴻捷 Roger Lee（1962）

<u>第四代</u> 李祖惠 Flossy Lee（1937）

<u>第三代</u> 李靜 Grace Lee（1903-1977）+ 丁佐成 Robert T. Ting（1897-1966）

<u>第四代</u> 丁保訓 Helen Ting（1928-1979）+ 李堯初（1914-1997）

　　<u>第五代</u> 李昌慧 Lily Li（1948）
　　　李昌明（1950-2006）
　　　李昌盛（1953）

<u>第三代</u> 李誠 Faith Lee（1906-1991）+ 歐永康 Y. K. Ou（1901-1993）

<u>第四代</u> 歐文潔 Faith Ou（1928）+ 瞿秉錕（1934-1984）

　　<u>第五代</u> 瞿蓓蘊（1966）

<u>第四代</u> 歐健生（1933-2007）
　　歐健昌（1938）

<u>第二代</u> 李巧珠 + 王培元 Dr B.Y. Wong
　　李應泌（福生／復生）Lee Foh Sun（1878-?）+ 佚名

<u>第三代</u> 李燕貞（?-1986）+ 陳氏
　　李斐貞

+ 張婉珍（1883-?）

<u>第三代</u> 李翠貞（1910-1966）+ 張似旅（1905-1956）

<u>第四代</u> 張昭泓（1939）
　　張昭勳（1942）

<u>第三代</u> 李孝貞

許芹牧師及其後人

　　2010 年 6 月底，廿六位來自各地的許芹家族後人來到紐約華
埠的第一中華長老教會，參加五百多人的百周年慶典。一百年前，
他們的祖先許芹創建紐約第一所華人教堂，成為幾代留學生及華僑
的精神支柱，其中幾位更成為許牧的乘龍快婿，從而衍生出一個影
響中、美百年發展的大家族。嚴格來講，許芹家族並不是江浙基
督教家族，因為他是廣府人，而且大半生在美國。但若果述及前
六章的家族而不談與他們關係密切的許芹家族，絕對是美中不足。
美國公共電台（NPR）便曾以這家族作專題報導，許牧的後人超
過二百多人，不但包含有多個種族，每隔數年在美國各地舉行一
次家族聯歡會，亦在中、美兩地各行各業大放異彩。[01] 許牧與洋人
妻子所生的九子女中，許爾文三兄弟留在美國發展成為工程世家，
在武漢大學當教授的女兒許海蘭與婿桂質廷則組成教授家族，在燕
京教書的女兒許淑文與周學章生的子女則組成體育世家（他們的外
甥晏福民亦為中國乒乓球事業出了不少力），女兒許德蘭及婿王逸
慧共築醫學世家，在約大任教的女兒許靈毓及女婿朱友漁主教一門
則獻身教會教育事業。許牧的兩位女婿晏陽初及張福良畢生致力到
鄉間扶貧拓展平民教育，後人成為中美交流橋樑。許牧將淡薄名
利，服務社群的精神灌輸給他的後人，後人大都從事非牟利工作，
其中女婿晏陽初於 1943 年被選為世界文明貢獻較大十人之一，並
曾多次獲提名諾貝爾和平獎，而外孫桂希恩則是 2004 年度中央電
視台選出「十大感動中國人物」之一，中國的抗愛滋病先鋒。

左：前排左至右：許海麗、許淑文、許芹、Arthur、許芹夫人、Albert、許德蘭、
　　許雅麗；後排左至右：許靈毓、許爾文、許海蘭。

01.　"Chinese Church Turns 100, Memories Float"，New York Times, June 28, 2010. "Huie Kin Family Dynasty of Diversity", NPR, August 26, 2006.

Huie Family

第一代

華洋合璧：許芹夫婦

　　許芹（Huie Kin，1854-1934）原名許芹光，1854 年生於廣東僑鄉台山縣永寧村一戶農家。受族人影響，許芹十四歲時和表兄離家到香港乘船去美國謀生，經過六十多天的航程抵達舊金山。他在奧克蘭市（Oakland）一對美籍德裔基督徒夫婦家中當傭工，每星期天隨主人到市內百老匯長老會教會做禮拜。起初許芹只是為了學英文及討好主人才去教會，但漸漸他對基督教產生興趣，1874 年 7 月在長老會牧師艾雅各（Nathaniel Eells）夫婦的引導下正式受浸成為基督徒。

　　1882 年艾雅各推薦許芹到賓夕法尼亞州的日內瓦學院進修；1884 年許又轉入俄亥俄州辛辛那提的勒恩神學院（Lane Seminary）。1885 年夏許芹從神學院畢業後，被長老會傳道部派遣到紐約華埠開荒。他首先以主日學在華人工階層傳播福音。長老會派一位美籍荷蘭裔警長的女兒露易絲‧阿爾南小姐（Louise Van Arnam，1864-1944）到華埠當主日學老師協助許芹宣教，兩人日久生情，最終結為夫妻。當年白人對華人種族歧視很深，露易絲的父親雖然喜歡許芹的為人，但害怕女兒嫁了一個華人會受到歧視，她的牧師更斥責說他們不顧自身都應該為將來的子女著想。對此露易絲很堅定，她說若果上帝賜予他們子女，她將會給予他們最好的教育，使他們都獨當一面，不會輸給任何人。1887 年，在大學區的長老會教堂裡，由傳道部委員會主席喬治‧亞歷山大牧師（George Alexander）為他們主持了低調的婚禮，由兩位「留美幼童」張康仁（美國首位華人律師）及李桂攀（使館任職）作證婚。婚後，兩人恩愛有加，家庭生活美滿；並且共同在華人中間從事宣教和牧養工作。當時華埠的華人染有許多惡習，賭博成風，許芹不顧危險潛入幫會賭檔搜集證據，協助警方打擊非法聚賭，因此與堂口結怨，有幾次堂口意圖對他行兇，可幸最後都化險為夷。[02] 1903 年許夫人成立首家華人幼稚園，又辦英文班及圖書館，幫新移民處理各樣法律問題。多年的宣教努力終於結出碩果，華人基督徒的數目與日俱增。1910 年，許芹夫婦完全依靠華人基督徒自己所奉獻的金錢，在紐約曼哈頓中區 31 街購地建堂，成立了紐約市第一中華長老教會（First Chinese Presbyterian Church）。該教會的建立可說是一個創舉，因為它是美國東岸第一個華人自立教會，也是第一個由華人牧師主持的教會。

紐約第一中華長老教會的地點離哥倫比亞大學和紐約大學都比較近，許芹照顧華社居民需要之餘，亦使教會大門向所有留美的華人學生開放，華人青年會、童軍及紐約中國學生會都借用作總部，故前來教會聚會、訪問的留學生甚衆，這批學生有的成為他的乘龍快婿，亦是許芹對近代中國影響力的根源。1902 年大清駐紐約領事館搬離第九街一幢大樓，許芹租下空置的單位作教會辦事處，又租出三、四樓作留學生宿舍。1904 年，許芹夫婦到南部聖路易市參加世博大會，順道返加州探望故友，在三藩市經伍盤照牧師介紹認識了奔走革命的孫中山。此後每次孫氏經過紐約，都住在許牧的教堂宿舍中，受到許芹一家的熱情款待與幫助，而許牧亦不理華埠一些保皇黨抵制的威脅，繼續支持革命，並成為孫中山的莫逆之交。其他革命黨人，如在耶魯唸法律後來成為司法院長的王寵惠、王寵佑兄弟（即香港王煜初牧師的公子），王正廷、王正黼兄弟也常常光顧此地，商討革命事宜，據傳「五權憲法」的理論原則，就是王寵惠與孫中山在該宿舍樓上房間討論決定的。除了照顧經過紐約的留學生以外，1896 年許氏夫婦更親自帶領二十位男生留美，其中一位自紐約大學畢業，兩位自費城工藝紡織學院畢業，部分回國後出任官職或從事西洋工商業。[02] 1919 年許氏夫婦返國探親，順道拜會伍廷芳、孫中山等舊交，此時不少曾受他恩惠的留學生已出掌民國政府要職。

1925 年，七十歲的許芹踏入服務華社的四十年，決定退休交棒給楊姓牧師，僅擔任榮譽牧師，不過仍參加每星期的禮拜。這時他的幾個女兒都已搬回中國生兒育女，許氏夫婦亦打算葉落歸根。但由於健康關係多次延誤，最後到 1933 年 8 月才正式成行回中國定居，由於大部分子女當時都住在北平，所以選擇在北平而非故鄉廣東落腳，不幸許牧到埗不久又病倒，於 1934 年 1 月逝世於北平，葬於聖公會墓地。同年 3 月，教會決定將 31 街的教堂改名為「許芹堂」以紀念他對教會的貢獻，是全美首家以華人命名的教堂。1951 年，鑑於 31 街堂址日久失修及離華埠較遠，第一中華長老教會搬到近華埠的亨利街（Henry Street）的海陸教堂（Sea and Land Church）至今。許牧在他 1932 年撰寫的回憶錄中形容，他十四歲那年將一切放在一個竹籃裡，離鄉別井到美國掘金，最終沒有尋獲物質上的財富，但被他找到的是更珍貴的精神財富，這是永不生鏽以及無法被人奪去的。許夫人露易絲則於 1944 年以八十高齡在康州去世，葬於紐約州威斯徹斯特市的基斯科小山上（Mt. Kisco，Westchester）。據她的外孫桂華珍回憶，這位洋外婆非常和藹可親，晚年曾到湖北探她們一家，最

02   Huie Kin, "Reminiscence of an Early Chinese Minister", (1932), *Chinese American Voices: From the Gold Rush to the Present*edited by Judy Yung, Gordon Chang, Him Mark Lai, University of California Press, 2006.

03   "Rev Huie Kin is Dead in Peiping", *New York Times*, Jan 23, 1934.

記得家中有椅子油漆未乾，他們用中文喊著她不要坐，但忘了她不諳華語，結果坐了下去，啼笑皆非。露易絲除一手帶大九個兒女並養育成材，她每個星期天都協助丈夫做四、五場禮拜，還要準備逾五、六十人的晚飯，她堅毅不屈的精神，正是推動這個家族走向成功的原動力。她的六女不但能文（都受高等教育並任教授），而且能武（都為運動好手），每位的丈夫都是一時俊彥，生兒育女之餘還有自己的事業，兼全都活過九十歲，可以稱得上是現代女性的典範。

Huie Family
第二代

落籍花旗的工程世家：
許氏昆仲及其後人

　　許牧的長子許爾文（Irving V.A. Huie, 1890-1957）是美國華人史上被忽略的一位重要人物。許爾文 1911 年自紐約大學土木工程系畢業，之後五年在巴西及美國研究鐵路建設，1916 年返紐約協助建設地下鐵路。1917 年第一次世界大戰期間，他被美軍派到法國充任軍方工程師，官拜上校，所以日後有「許上校」（Major Huie）的綽號。在意大利奧國邊界參戰時，軍旅中有一位身高僅五呎二吋的美籍意裔人拉瓜迪亞（Fiorello LaGuardia），成為他的莫逆之交，並曾救過拉氏一命。戰後許爾文曾任紐約州公路局副局長，又曾自立工程顧問公司四年，那是羅斯福上任大搞基建製造就業的年代，許爾文大展所長，協助興建四個州的主要公路。當戰友拉瓜迪亞 1933 年參選紐約市長之時，許爾文參加助選團。1938 年拉瓜迪亞籌組紐約市工務局，委任許爾文為總工程師。到 1942 年，美國介入第二次世界大戰，拉瓜迪亞市長正式委任他為工務局長，負責統籌全市的防衛措施。在記者會上拉瓜迪亞公開對許氏說「您辦事，我放心」，並說紐約市需要更多像許爾文的人才。予以非常大的權力，為全城五百多幢市政府擁有的大樓作防空襲預備。1942 至 1943 年，許爾文獲選出任全美土木工程師協會會長。

　　成功躋入白人權力核心的許爾文並沒有忘記自己華社的根。1944 年 1 月 23 日，許爾文跟拉瓜迪亞市長

左至右：許爾文夫婦與許芹夫婦。

一起到華埠第四次戰爭債券籌款大會,到會者逾五千人,與總領事于焌吉(Tsune-Chi Yu)及華埠領袖李覺之(Shavey Lee)同列主席台上,舞龍助興。[04] 胡適的學生、華美協進社的多年社長孟治(Paul Meng Chih,1899-1990)在經辦華美初期亦是由許爾文介紹給拉瓜迪亞認識,取得教育廳認可學分而解決學生短缺的問題。[05] 拉瓜迪亞卸任市長後出任聯合國救濟總署署長,對中國作出不少援助,協助陳納德將軍創立航空公司;許爾文則於 1945 年獲委任為紐約市食水供應委員會主席,往後十二年掌控全市的水源。由於赫遜河的河水污濁,他在任內完成了達拉維河一、二期工程,解決了紐約市往後半世紀的水源問題。1957 年 6 月,爾文發現自己患上癌症,做了手術後亦沒有起色,8 月 30 月在皇后區的家中病逝,享年六十七歲。[06]

　　許爾文的幾個兒子都是工程師,其中以同英文名的兒子 Irving Raymond Huie(1928-2009)最為知名,生前是波士頓傑出的土木工程師,在建築界龍頭 Perini 任職四十年,負責 Callahan 隧道、麻省公路(Mass Turnpike)工程。1972 年帶領團隊參與價值 2.25 億美元的紐約污水處理廠工程及波士頓地下鐵紅線,由哈佛站延伸到 Alewife 的工程,1988 年由資深副總裁退休,曾出任業界組織 The Moles(即擅長掘地洞的鼴鼠)會長,[07] 他的弟弟 Robert Edwin Huie 及兒子 Michael Robert Huie 皆為該會成員,為一時佳話。2007 年《球報》的訃聞中已沒有談及他的華人祖父或四分一的中國血統,可見幾兄弟的後人已化成無分種族的美國人。

　　許爾文的兩弟 Arthur Kin Huie 及 Albert van Arnam Huie 為孿生兄弟,一個做土木工程,一個做電子工程,並於 1927 及 1928 年娶 Lockwood 姐妹為妻。對於許家三公子跳出華社,融入美國社會這一個現象,許氏昆仲的外甥女桂華珍解釋是因為他們不太懂中文,許家女兒都是跟著丈夫返國,而許家兒子則因為語言障礙故留在外國謀生,在美落地生根。雖然他們的後人身體內流著的非華人血統比華人血統為多,但他們並沒有忘記許牧這位華人祖先,仍以許芹的後人為榮。

中美橋樑:
張福良、許海麗夫婦及其子孫

　　許牧的長女海麗(Harriet Louise Haili Huie,1893-1991)自 Hunter College 畢業,1911 年在普林斯頓一個學生會中邂逅張福良(Fuliang Chang,1889-1984)。 張氏祖籍上海,父從事五金買賣,1903 年自聖約翰書院畢業,

04　*New York Times*, January 23, 1944.

05　Meng Chih(孟治), *Chinese American Understanding: A Sixty Years Journey*, China Institute in America, 1981.

06　"Irving V. A. Huie, 67, City Official", *New York Times*, August 31, 1957.

07　"Irving Huie, 78, Led Project to Build Callahan Tunnel", *The Boston Globe*, Aug 7, 2007.

1909 為首批庚款留美學生，在麻省 Lawrence 學校預科學習一年後，到耶魯旗下的 Sheffield 科技學院及農學院進修，在普林斯頓成立華人林業協會（Chinese Foresters Club）。張福良在基督教學校多年但沒有信教，據傳在耶魯被一電車撞倒大難不死，之後在 1912 年一次麻省青年會合議決志信奉基督教，往後七十年誠心侍奉教會。

1915 年 7 月 14 日，許海麗與張福良在紐約華人教堂中在許芹主持下成婚，婚禮以全西式進行。[08] 禮成後即到舊金山再坐船返國，在湖南長沙由耶魯主辦的雅禮學校教科學，課餘兼任足球教練及宗教導師，許海麗則在教會工作。1921 年張福良被委任為中學部主任，管教學生二百多人。1926 年，張福良決定負笈喬治亞州大學攻讀農業碩士，畢業後加入中華全國基督教協進會（National Christian Council of China），從 1929 年到 1934 年，他在 Chinese Recorder 撰寫十篇關於農村教會的經濟、宗教及社會上的困難。1930 年 11 月到 1931 年 4 月，他跟隨著名農學專家 Kenyon Butterfield 到各地視察。及後幾年，到河北定縣協助連襟晏陽初主持平民教育培訓中心。1934 年，中華全國基督教協進會獲國聯資助，在江西省南部展開國共內戰後的重建工作，張福良任農村改進事業委員會總幹事，在南昌設立總部，在全省建立起十個中心，每中心向四萬人提供教育、醫療及農業輔助。1938 年日軍經過一年的轟炸之後攻陷南昌，張福良於二百公里外的贛州成立中心救助一千六百個難民及其家庭（時蔣經國任贛州專員）。1945 年 2 月，全江西失守，張福良與其他教派神職人員坐美軍機撤離贛州。抗戰勝利後，張福良繼續他的扶貧工作，出任工業合作社（Chinese Industrial Cooperatives）總幹事，負責十四省合作社的戰後重組工作，但第二次國共內戰爆發，全國經濟陷入崩潰。1947 年他曾赴英、美兩國考察合作社及鄉村發展。1949 年，張福良被委任為農村復興聯合委員會（農復會，Chinese American Joint Commission on Rural Reconstruction）華中地區主管，襟弟晏陽初也是該會委員，在長沙協助修補洞庭湖水災所破壞的二百公呎堤壩。六個月後中共佔領長沙，美方把他送到廣州再到四川成都主持大局。1949 年 11 月張氏夫婦抵香港。翌年春季他們移居美國，首先在耶魯神學院作訪問學者一年，撰寫關於教會如何協助窮鄉僻壤的文章。

1952 年，肯德基州伯利爾學院（Berea College）的校長 Francis S. Hutchins 邀請他到該校教社會學，包括鄉村重建的課程。伯利爾於 1855 年創辦，是種族歧視問題嚴重的美國南部地區首家接收黑人及女生的基督教大

學。最吸引福良的，是在肯德基州的鄉間，可以繼續他在農村發展方面的研究，這是大城市沒有的，他亦欣然南下接受這份教職。1959 年，年屆七十的張福良正式放下教職，但仍擔當校長的特別助理，負責招待海外來賓，從 1952 年到 1969 年曾招待超逾一千位到肯德基州山區研究鄉間發展的訪客，每次四至五天。1972 年耶魯大學出版社出版他的自傳 *When East Met West：Rural Construction in China*。八十歲後他跟子女居住，住過新澤西州及羅德島州，於 1984 年 4 月在紐約市病逝，享年九十五歲。

張福良下半生跟伯利爾學院結緣，他從 Vassar College 及密芝根大學畢業的長女張鳳美（Louise Fengmei Chang，1916）亦在該校任圖書館長及通識教授；而有東吳大學法學學士及紐約大學法學碩士的女婿楊德恩（Daniel Teh-en Yang，1911-1980）則任經濟及商科教授及司庫，一家三人在同校執教。未出任教職之前，楊德恩曾任職江西救濟分署及在台出任美援會台灣辦事處主任。[09]

受教商業法的父親薰陶，楊德恩的長子楊大智（Robert Ta-chih Yahng，1941）1963 年自伯利爾畢業後考入肯德基州大學法學院並取得碩士，在越戰期間服役美國空軍五年，官至上尉之後成為執業律師，擔任全球最大律師事務所麥堅時（Baker McKenzie）合夥人二十年，主持其舊金山及矽谷辦事處。楊大智妻子殷平（Tina Ing，1947）為台建造業鉅子大陸工程公司殷之浩的長女，[10] 跟他一樣亦有白人血統，皆因她的母親殷張蘭熙（Nancy Chang Ing，首位將台灣文學翻譯英文的筆會會長）為混血兒，其母是來自維珍尼亞州的金髮白人，嫁給湖北人張承櫺。正因為殷平留美相夫教子，其弟殷作和又醉心昆蟲學，留下妹妹殷琪（Nita Ing）·獨力接班，成為台灣女強人的典範，近年以經辦台高鐵聞名。1978 年美、台斷交後，岳父殷之浩透過海外廣泛業務，替國府進行商人外交，出任四個世界及亞太不動產及營造商會會長，楊大智亦被招進美台經濟協會（US ROC Economic Council）理事會，[11]1988 至 1992 年與陳香梅及主席前國防部長溫伯格（Casper Weinberger）等政客共事，協調台、美商業關係。1998 年楊大智從麥堅時退休，開始擔任大陸工程在美旗下的美國橋樑公司（American Bridge Co）董事長。該公司成立於 1900 年，代表作為興建屋倫大橋等，殷之浩在重慶的時候因橋樑工程已跟他們合作，1989 年更將之收購。協助家族事業之餘，楊大智亦兼任紐約交易所電子交易平台 Arca 的董事及伯利爾學院校董，延續其家族跟該校的三代緣。楊德恩的四子楊大和（Michael Ta-ho Yahng，1947）任職銀行界多年，曾在波士頓銀行（Bank of Boston，現為美

08　"Chinese To Marry Pastor's Daughter"，*New York Times*, July 15, 1915

09　General Catalogue, Berea College, 1963.

10　殷之浩與王正廷女婿錢珽共同創辦大陸工程公司，詳見第四章王家。

11　現稱美台商業協會（US Taiwan Business Council），現主席為前世界銀行行長 Paul Wolfowitz。

國銀行一部分）工作二十多年，出任交通、高科技貸款部主管，與亞洲一班船東熟絡。2000年科網熱時，他曾在港出任IT人黃岳永所辦的科網公司Magically的行政總裁，[12] 近年則任加州硅谷銀行上海代表，跟兄長一樣作中、美關係的商業橋樑。

張福良的長子張培林（Irving Bei-lin Chang，1918）為化學工程師，戰時在重慶與妻黃日珍（Wonona Wong，1923-2009）相識。黃氏生長於印尼蘇門答臘棉蘭市，十四歲到香港真光女中讀音樂，1947年留美，曾灌錄一張中國民謠的唱片。他兩夫婦皆喜好烹飪，1970年合撰英文《中國食譜百科全書》，1973年又推出《北方菜食譜》，1986年再出版《中式甜品點心小食大全》。其子Amos Chang及孫Matt Chang皆為病理科醫生。

張福良的次女張鳳雅，嫁給她在俄亥俄州立大學的同學馬如驚（James Ju-luan Ma，1924-2007）。馬是農村教育最成功的例子，他於1924年8月8日生於雲南省偏遠的蒙自縣，是家中五個孩子中最小的一個，父親馬亮之和母親尹氏很早就把他送到昆明去唸小學，後來他進入西南聯大。1943年，馬如驚參加了雲南省政府的統考，獲得了雲南留美預備班的一個獎學金，1945年公費赴美留學，1950年獲得美國俄亥俄州立大學化學工程博士學位。此後的五十年中，他在美國從事過鋼鐵工業、石油化學工業、高分子、能源、環境保護、市場研究等科研工作，發表了很多科技論文，並獲得了幾項專利。1975年到2001年期間，馬如驚在國際斯坦福研究所（SRI）工作，榮獲突出成就獎。期間1980年，馬如驚應中國石油公司的邀請，在北京參加了全國化學工程工業的經濟諮詢會。隨後，他數次回國協助中國化學工業的建設，在河南協助興建石化工廠。1999年，他回到闊別已久的故鄉蒙自縣，參觀了蒙自師專。看到家鄉建立起大學，還有外籍教師和招收外國留學生，馬氏和夫人十分激動，回美國後便捐贈了二千五百美元成立了「馬如驚獎學金」基金。2007年9月17日，馬如驚不幸去世，他的家人為獎學金基金又捐贈了約一萬美元，以紀念這位他們深愛的丈夫和父親，以及他慷慨助人的精神。這筆捐款與原來的獎學金基金合併，成為新的「馬如驚獎學金」。

張福良的幼女張鳳儀的夫婿王福炎（Franklin Fu-yen Wang）生前是紐約州大學石溪分校（楊振寧亦任教於該校）的物料科學教授，1956年從伊利諾

張福良夫婦晚年在耶魯神學院。

州大學取得博士並在新澤西州結婚，遺著有《固體電子初階》（*Introduction to Solid State Electronics*）一書。

403

Huie Family
第二代

平民教育之父：
晏陽初及其後人

許牧的次女許雅麗（Alice Yali Huie，1895-1980），1895 年出生，考入哥倫比亞大學，為紐約中國學生會副會長，又是東岸中國學生會的網球及游泳冠軍，1917 年結識了出任耶魯華人協會會長的四川青年晏陽初（Y. C. James Yen，1890-1990），其後許雅麗於 1920 年來到上海，在女子體育師範任教。1921 年 9 月 23 日，晏陽初與許雅麗結為伉儷。

晏陽初原名興復，據說因為他嫌自己個子矮小而報稱自己生於 1893 年 10 月 26 日，比他的實際年齡小三歲，四川巴中人。他的父親晏樂全，字美堂，在四川設立私塾教學，並且懂得中醫學，被鄉人稱為「儒醫」。母親吳太夫人，育有四男三女，晏陽初排行最幼。晏陽初四、五歲時開始到父親開設的塾館唸書，接受啟蒙教育。幼年的教育影響了他的人生觀，為日後他推動的平民教育運動和鄉村建設運動播下種子。由於晏陽初早年勤奮刻苦，立志向上，父親給他賜字「陽初」，意思是旭日之初。

晏陽初十三歲進中國「內地會」（China Inland Mission，CIM）在四川保寧辦的天道學堂，第二年受浸成為基督徒，1906 年畢業後經校長姚明哲牧師（Rev William Aldis）推薦，到美國美以美會辦的成都華美高等學校進修。1910 年，他因不滿華美校風而退學，改到成都一家中學當英文老師。在成都，他跟一位英國青年傳教士史文軒（James R. Stewart）成為好友。史文軒的父母史犖伯（Robert Stewart）夫婦為 1895 年福建古田教案的殉道士，他的兩名弟弟史超域（A.D. Stewart）及史伊尹（E.G. Stewart，1892-1952）先後出任香港聖保羅書院校長，並娶香港聖公會主教倫義華（Gerald Lander）的兩位千金。史文軒覺得晏陽初應走出四川增廣見聞，於 1913 年介紹晏到香港聖士提反書院深造，並吩咐在港的弟弟對他多加照顧。在港晏陽初的成績名列前茅，獲香港大學校長儀禮爵士（Sir Charles Eliot）頒「英皇愛德華七世獎學金」，但當時獎學金規定只頒給英籍人士，他因拒絕放棄中國國籍而失去獎學金。[13] 1916 年在法國當戰場牧師的史文軒不幸罹難，晏陽初用「James」作為自己的英文名紀念這位早逝的好友。在港的晏陽初覺得英國人太殖民主義，反而對首次接觸的美國青年會來華

12　黃岳永為麗的電視總經理黃錫照之子，中文版 PageMaker 始創者，現任謝瑞麟珠寶副主席及行政總裁。

13　Charles Hayford, *To the People: James Yen and Village China*, Columbia University Press, 1990．

傳教士如 John Mott 及 Fletcher Brockman 等更有好感，決定赴美留學。於 1916 年先赴教會辦的美國歐柏林大學，後改入耶魯大學，並於 1918 年獲學士學位。在耶魯大學求學期間，晏陽初上過時任耶魯教授，剛卸任美國總統的塔扶特（William Howard Taft）的憲法課程，而塔扶特的兒子 Charles Taft 亦是晏陽初同學，後來成為辛辛那提市長及晏陽初多年的支持者。

受北美基督教青年會傳教士的影響，晏陽初 1918 年自耶魯畢業後沒有返國當官或從商，而是赴法國出任青年會戰地服務幹事，為當時在歐洲一次世界大戰戰場挖戰壕的二十萬華工提供志願服務。他與在歐柏林的友人蔣廷黻（1895-1965，後成為中國駐蘇、美及聯合國大使）派到法國北部 Boulogne 一個有五千名華工的軍營，由於大部分華工是文盲，他們主要的工作是代人寫信。晏陽初從中國文字中挑選出一千個常用字來教華工識字，1919 年 1 月又創辦了第一份中文勞工報紙《中華勞工周報》，短短一年時間內做出非常好的成績，為他日後的全球平民教育運動種下了根。

1920 年，晏陽初在美國普林斯頓大學取得碩士學位，本想進修博士，但七月因母親病重而提前回國，首先在上海青年會全國協會主持平民教育工作，編製了《平民千字課》四本教材，每本有二十四課，每課教十個字，以每日一課的進度，四個月便可掌握中文最基本的一千字。1922 年晏陽初以「除文盲、做新民」為口號發起全國識字運動，首個試點是湖南長沙，發動一百二十位教師在市內六十多個地方，每天教不同背景的平民老百姓一小時千字課，結果一千四百名學生中有一千二百名學生成功完成課程，其中又有九百六十七人考千字試合格。

長沙取得成功之後他又在山東煙台及浙江嘉興進行同類運動，同樣取得成功，於是晏陽初覺得是時候在全國各地推行同類運動。1923 年 3 月 26 日，在南開校長張伯苓、北大校長蔣夢麟、南方平民教育家陶行知以及時任北洋政府總理熊希齡的夫人朱其慧等社會名流及二十個省五百名代表的支持下，中華平民教育促進會（National Association of Mass Education Movement，英文簡稱「MEM」，中文簡稱「平教會」）正式在北京成立，由晏氏自任總幹事。

由於當時中國八成人口在農村，平教會很快便將農村鎖定為工作重點，經過兩年全國各地的實地調查後，1926 年晏陽初率團來到他們選定為推行鄉村教育計劃試點的河北省定縣（現河北定州市），三年後更將平教總會總部由北京遷到定縣，以便更接近鄉村教育事業。在定縣，平教會在教育以外亦在醫療衛生及社區組織上進行多項改革。至

此晏氏已在國內備受推崇，1929 年獲上海聖約翰大學頒贈名譽博士學位。而那時候晏陽初的運動亦已得到海外人士的支持，1929 至 1935 年他在定縣的英文秘書金淑英（Ellen Auchincloss）便是系出美國名門（她是甘迺迪總統夫人親戚）的哥倫比亞大學法律系畢業生，返國後她嫁當過 New Hampshire 州司法部長的 Gordon Tiffany，並繼續支持晏陽初的平民教育運動。

1930 年代初，「平教會」有十萬名義務教師，全國已有五百萬人上過「平教會」的課，而用商務印書館代印兼發行的《平民千字課》銷量達六百萬本，另三百萬冊由青年會發行。國民政府民政部亦決定將晏陽初的經驗在全國推廣，每個省劃出一個縣作為鄉村教育試點，先後成立湖南衡山、四川新都和廣西賓陽教育實驗區。1936 年，日軍漸漸逼近華北，晏陽初和平教總會決定撤離定縣，向南方撤退。1940 年，晏在重慶設立了鄉村建設育才院（1945 年改名為鄉村建設學院 National College of Rural Reconstruction，現西南大學一部分）並出任院長，先後請得馬寅初、費孝通及老舍等知名學人出任客座教授。

抗戰期間他又積極在美籌款，在紐約設立了辦事處，邀得通用電氣總裁史沃普（Gerard Swope）等名人出任理事。1943 年晏陽初被美國「哥白尼逝世四百年全美紀念委員會」（Copernican Citation）評為「對世界文明貢獻較大的十人」之一，一同得獎的有物理家愛因斯坦（Albert Einstein）、飛機發明人來特（Orville Wright）、汽車大王福特（Henry Ford）及教育家杜威（John Dewey），晏陽初為唯一的華人。1945 年 11 月 13 日，他被美國舊金山市授予「榮譽公民」稱號。

1945 年抗戰勝利後，晏陽初曾遊說蔣介石夫婦在鄉村教育方面投入更多資源，但是蔣氏因忙於發動國共內戰而聽不入耳，晏只好尋求美國的援助。為了救助祖國的工作，晏氏推掉 1947 年聯合國教科文組織（UNESCO）邀請其出掌東南亞基本教育計劃的要職。[14] 在美國，他向杜魯門總統和國會議員周以德（Walter Judd）等進行遊說，1948 年最終成功遊說美國國會通過了一條名為「晏陽初條款」（Jimmy Yen provision）的法案，法案規定須將「四億二千萬對華經援總額中須撥付不少於百分之五、不多於百分之十的額度，用於中國農村的建設與復興」，並於 10 月 1 日成立農復會（Joint Commission on Rural Reconstruction），由時任行政院秘書長的蔣夢麟，農科專家沈宗瀚及晏氏任首屆中方委員。

1949 年中國共產黨在內戰中取得勝利，由於他的基督教背景和改良主義思想，晏陽初不受共產黨的歡迎，於是輾轉到了台灣，從此晏陽初

14　Hayford 書中說 1948 年晏氏曾獲提名 UNESCO 負責人，但當時他忙於農復會工作未能成事。

和他的鄉村教育運動在中國大陸銷聲匿跡。1949年國民政府遷台後，農復會在農村建設方面大量借鑒晏陽初的定縣經驗，農村的進步成為日後台灣經濟騰飛的重要基礎。但晏氏對蔣介石不大信任，農復會的會議他只開了一次，不久即離台赴美。1951年在美國，晏陽初與最高法院大法官 William O. Douglas 及羅斯福夫人等人成立國際平民教育促進會（IMEM），協助南美、非洲和東南亞的發展中國家推進平民教育運動。晏陽初到各地研究考察後，決定以菲律賓為第一試點，1952年在總統麥格賽賽（Ramon Magsaysay）及菲大文學院長 Conrado Benitez（1889-1971）等的支持下在菲律賓建立起菲國鄉村改造運動。1960年在馬尼拉市郊的 Silang，他建立起國際鄉村改造學院（International Institute of Rural Reconstruction，IIRR），專門向第三世界國家推廣他的平民教育思想，協助第三世界國家培訓平民教育教師。由於在菲的工作成功，1967年5月2日晏陽初被菲律賓總統馬科斯授予最高平民獎章「金心獎章」，而他的運動亦由菲律賓擴展至加納、埃塞俄比亞、哥倫比亞、危地馬拉、泰國等國家。晏陽初的運動走向國際化，全賴他在美得到各方支持，昔日贊助他的首富洛克菲勒家族（Rockefeller）對他繼續支持，曾任平教會理事的名作家賽珍珠（Pearl Buck）為他寫了一本書，[15]《讀者文摘》創辦人華勵士（DeWitt Wallace）夫婦非常欣賞晏陽初的工作，不但在旗下雜誌不斷介紹他的事蹟，在財力上亦十分支持。在 IBM 工作、太太大半生為晏氏效力的秦寶雄說，晏陽初的說服力驚人，是天生的推銷員，連以銷售團隊強大見稱的 IBM 老闆華生（Thomas Watson）亦邀其培訓銷售部門下屬。1984年，傳教士 Roscoe Hersey 曾在二十年代與晏陽初共事，他的兒子名作家 John Hersey 以晏為模型著成 *The Call* 一書。

1980年8月8日，多年來不計艱辛在背後默默支持晏陽初，跟他東奔西跑的許雅麗突發心臟病醫治無效逝世。在晏陽初的晚年，經時任全國人大副委員長周谷城的邀請，他重新獲得機會回到中國大陸，於1985年獲准訪問河北定縣，會見了一些親戚、同仁和校友，並受到了當時政協主席鄧穎超的接見，1987年他再次回國訪問。1987年10月15日美國總統列根在總統辦公室授予晏陽初「終止飢餓終生成就獎」，次年他從鄉村改造學院退休。晏陽初平常無任何不良嗜好，在紐約時每天行三十多條街由住所步行到辦公室。1990年1月17日，晏陽初以九十九歲高齡

後排左至右：顏彬生、秦寶雄、晏群英，前排為晏陽初夫婦。

病逝於曼哈頓，他的遺產全數捐贈鄉村改造學院。1993 年，他的長女晏群英遵照遺囑將他的一部分骨灰送回巴中安葬，一部分則葬在菲律賓。1997 年晏陽初的陵墓在巴中東郊的塔子山建成。他的著作有《平民教育概論》（1928 年）、《農村運動的使命》（1935 年）、《十年來的中國》（1937 年）等。

晏陽初推動平民教育七十餘年，有「世界平民教育運動之父」的稱譽，與陶行知合稱「南陶北晏」。但多年來雖然晏陽初在國際上享譽，在祖國及故鄉他的名聲近半個世紀卻因為政治及宗教原因而被民主左派人士的陶行知蓋過。到 1980 年代中國改革開放後，晏陽初和他的平民教育理論才被重新肯定，國內如溫鐵軍等農村社會學者成立了晏陽初平民教育與鄉村建設委員會、晏陽初鄉村建設學院、晏陽初研究會等非政府組織繼續他的運動，現在河北定州市則有以晏陽初命名的中學以及晏陽初故居。2010 年 6 月剛舉辦晏氏一百二十歲冥壽紀念活動，晏的長孫女晏玲及多年助手顏彬生的丈夫秦寶雄亦有出席。

許芹第二代兒子留美，女兒都回國，第三代的晏陽初子女卻是相反，兩女都留在美國，三個兒子卻回歸祖國。跟晏氏關係親密的秦寶雄說，晏氏固執的性格成就了他的平教運動，但亦因此不容易相處，好幾位助手都受不了而離職，而晏氏自己跟子女的關係複雜，兩個女兒的婚事他起初都極力反對，三子則跟他意見相沖而分隔中、美兩地。

晏陽初的長女群英（Grace Chuin-ying Yen，1924-1996）在金陵女大肄業後赴美紐約州治療肺結核，嫁四川籍將門之後的工程師刁開義（Kenneth Kai-i Diao，1919-1990）；刁開義未娶晏群英前曾結過婚並育有兩子一女，其一為著知當代華人畫家刁德謙（David Diao）；刁開義在 1945 年自武漢大學畢業後留美，在伊利諾大學取得結構工程博士，是國際級的結構工程師，最知名的作品是負責設計接通紐約市及新澤西州的 Tappan Zee 橋，亦參與沙地阿拉伯吉達國際機場朝覲大樓（Hajj Terminal）以及紐約 LaGuardia 機場跑道的設計；1990 年七十歲心臟病發逝世時為全球最大建築工程顧問公司 URS 的資深副總及總結構工程師，而群英亦於 1996 年過身。[16] 刁、晏兩夫婦有兩子皆從事金融業，畢業於布朗大學及哥倫比亞大學商學院的長子刁志謙（James Diao）曾任職貝爾斯登（Bear Stearns）投資銀行多年，現為中資中信證券與美資投行 Evercore 合資開辦的 CSIP 公司董事總經理，協助中國企業進軍華爾街，他亦出任外祖父創辦的國際鄉村改造學院的董事。也是布朗畢業的次子刁偉謙（Roy Diao）則在新加

15   Buck, Pearl S. *Tell the People: Talks with James Yen about the Mass Education Movement*, New York, John Day Company, 1945.

16   "Kenneth Diao, 70, Dies; A Structural Engineer", *New York Times*, 21st.April.1990.

坡任法國巴黎投資管理亞洲董事總經理，兼任新加坡投資管理業協會司庫。

晏陽初次女華英（Alice Hua-yin Yen，1933）排行最細，跟母親同一英文名，1949 年自南開畢業後赴威斯理女校取得化學學士，再到北科羅拉多州立大學得公共衛生碩士，嫁粵籍的阿里桑那州律師鄧新賢（Robert Ong Hing，1931）。鄧氏祖籍開平，祖父鄧業雙最早到美國，父親鄧春慶（Ong Chun Hing，號汪隆）在鳳凰城經營超市及貨倉致富，後人以「Ong Hing」為姓，三十年代初因美國經濟大蕭條返國在廣州生下鄧新賢，1938 年又因戰事舉家返美。鄧新賢多年來一直留美，1958 年自哈佛法學院畢業，返阿里桑那州執業建立起自己的 Stockton & Hing 律師行，又在州內發展度假村高球場，跟華英育有六女一子，到 2007 年才首次率全家十七人回鄉尋根。鄧新賢一家熱心服務社會，長姐鄧慈姬（Lilly Hing Fong，1925-2002）獻身拉斯維加斯地區教育事業，是首位當選內華達州大學（University of Nevada）校董的華人，並捐出其薪金以助內大建立中文系，州內有一公立小學以她及其夫婿酈宗舜（Wing Fong）命名。侄鄧鼎奇（Michael Ong Hing，鄧新賢兄鄧新華子）前幾年當選阿里桑那州 Superior 市長。但最知名的要數他為移民法權威的幼弟鄧新源（Bill Ong Hing），曾任職柏克萊大學及史丹福大學的法律教授，著有多本關於移民政策及法例的書，是美司法部及國會在移民問題上的顧問，工餘為多個志願團體擔任義務法律顧問，協助有需要的新移民。

晏陽初長子晏振東（William Zhen-dung Yen，1922-2006）八歲那年一家到定縣，振東自己細時常打瞌睡，父親帶他見南開校長張伯苓都未果，而他對父親平民教育的工作亦無甚興趣，當平教總會於 1947 年被解散時父親問他有否覺得可惜，他竟答不可惜，所以振東自己都說父親對他頗為失望。[17] 晏振東自緬因州大學畢業返國，在石油部工作，後來因為家庭背景被下放到江西勞改。改革開放後，國家對晏陽初作重新評估，晏振東對父親的貢獻亦開始認同，並出任四川晏陽初鄉村研究學院的名譽院長，對有興趣研究其父生平事蹟的學者他都是來者不拒，直至 2006 年以八十四歲高齡病逝為止。

從取名中可以看到陽初對他的次子寄望最大，因為他為次子取了跟他一樣的英文名「James」，而中文名則叫晏新民（James Xin-min Yen，1926-1990），正是源於平民教育「除文盲，作新民」的口號。晏新民長大後到科羅拉多州讀音樂，畢業後返國當教師，不幸被打成右派，身體受到

很大的衝擊變得遲滯。據秦寶雄說，晏新民為人沉默寡言，與擅於演講的父親成很大對比。

晏陽初的幼子晏福民（Frederick Fumin Yen，1928-1968）是他最疼錫的兒子，南開中學畢業後到北大讀書，在北大他除了是歌唱團的指揮，亦熱心學運，思想傾向共產黨，成了地下黨員。1949 年 9 月 21 日首屆政協會議上，晏福民以中華全國學生聯合會代表身份出席，當年該會秘書長是日後中、英香港前途會談中的重要人物柯在鑠。年僅廿一歲的晏福民是全場最年輕的代表，年紀還不及年紀最大的代表、九十一歲的海軍耆宿薩鎮冰的四分之一。晏福民畢業後加入中華全國體育總會出任副秘書長，在建國初年已嶄露頭角，1951 年 8 月帶領中國大學生籃球隊到柏林參加第十一屆世界大學生運動會，教練是籃球教父、把姚明推向世界的牟作雲。1953 年，晏福民再與梁焯輝帶領姜永寧、孫梅英、王傳耀等組成的中國乒乓球隊出戰東歐，並正式加入國際乒乓球聯合會。梁焯輝回憶當時國家隊初次出征，打了連場敗仗之後隊員士氣頗低，全賴晏福民在火車上鼓勵大家，應從失敗中汲取教訓。[18] 福民又協助容國團及傅其芳等乒乓國手由香港返國效力，容於 1959 年奪得世界乒乓球單打冠軍，漸漸建立起中國乒乓王國的名聲。晏福民成為國家體委的骨幹，主持國際司，又是中國乒乓球協會副主席，當時體委的主委是十大元帥之一的賀龍，很多會議都是由晏福民主持。文革中，賀龍因為是林彪的眼中釘而被打倒，體委是賀龍的地盤，上下都遭牽連而被批鬥，姜、容、傅三位乒乓好手都不堪受辱而先後自縊身亡。像晏福民這樣背景的幹部的遭遇可想而知是更悲慘，他被隔離反省，最終於 1968 年他受不了壓力，臥軌自殺身亡。晏陽初一直與晏福民保持聯絡，福民死後兄長及妻子試圖將死訊隱瞞，最終晏陽初還是發現了，老來喪子的陽初悲慟不已。晏福民有兩女，長女小青由大姑媽群英資助到紐約大學進修，畢業後到一家跟祖父晏陽初關係密切的知名律師行從低做起，目前已是該行檔案數據部門的主管。

傳道世家：
滇緬路主教朱友漁、許靈毓夫婦一家

很多研究聖約翰大學及其他在華教會大學歷史的學者都認為，以從事神職的畢業生數字來看，教會原本打算以教育傳道的計劃是失敗的。

---

17 秦寶雄說振東為人率直，在 1949 年見美國移民局時竟不避忌說共產主義是最好的。
18 〈中國乒壇元勳梁焯輝傳〉，《江門日報》連載，2007。

筆者想到唯一的例外，可能就是許牧三女許靈毓（Caroline Alida Ling-yu Huie，1897-1970）及丈夫朱友漁一家。這家人男的出了至少五位牧師，而且女的一個出掌聖瑪利亞女中一個主持聖約翰大學女子部，是最多產的傳道世家之一。

朱友漁（Andrew Yu-yue Tsu，1885-1986）名字源於基督的第一批門徒為漁夫，上有兩姐，下有一弟二妹。他的祖先是宋朝哲學家朱熹，其祖父是上海吸鴉片的有錢人家，母親潘秀金來自破落的錢莊世家，是教會女子學校的畢業生，透過教會認識畢業於上海教會學校的朱玉堂（N.D. Tsu），即朱友漁父親。朱玉堂在學校裡信主，十八歲決定獻身教會傳揚福音，成為聖公會在中國本地提供神學訓練的第一批學生，畢業後於1876年獲派到新建成的浙滬鐵路上的三汀洲聖士提反堂當牧師。1886年，剛接手聖約翰書院的卜舫濟到三汀洲找朱玉堂，請他出任該校的助理校牧，於是一歲大的友漁便隨父搬到梵王渡，開展了朱家與約大的關聯。朱玉堂的弟弟，即友漁的叔父朱葆元（P. N. Tsu）1870年生，是第一位進約大就讀的朱家子弟，在校時為校刊《約翰聲》的首任編輯之一，1900年畢業。在約大任職以外，朱玉堂亦於1890年在曹家渡租辦了聖靈堂，又接任上海虹口救世主教堂的牧師，[19] 出過兩冊講道集，可惜1903年積勞成疾以四十二歲壯年過身，會督郭斐蔚（Frederick Graves）亦撰文哀悼。他在救主堂的遺缺由弟弟朱葆元補上，當時正值八國聯軍侵略中國不久，人民愛國熱情高漲，到1905年更爆發全國性反美運動，連基督信眾中要求中國教會自立、自養、自傳的呼聲亦日漸高漲。1906年，朱葆元和信徒一起作出救主堂自養的決定，救主堂成為上海聖公會第一個宣告自養的禮拜堂。在朱葆元主政的三十年間，救主堂不斷擴展，1918年落成的第二座新堂，其營造費及堂內各種設備，全部由中國信徒捐款，美國教會並未資助分文。利用這些捐款，朱葆元又於1921至1925年陸續建成一些建築，辦了禮樂園，又組成男子傳道服務團和婦女傳道服務團，廣泛開展傳道事工，並創辦兒童主日禮拜，到1941年堂內可容納五百餘人。[20] 朱葆元在1914年美國哥倫比亞大學得碩士，1923年聖約翰大學授予神學博士，1935年他主持前國務總理熊希齡娶毛彥文的婚禮，寫有幾本關於基督教的著作與《中國地理》。[21]

朱友漁在約園長大，在校內是足球隊的健將，在

朱友漁、許靈毓的結婚照。

孟亞德牧師的引導下亦為田徑好手，1904 年成為聖約翰改四年大學制後的第一屆畢業生，同屆其他三人有日後成為他妹夫的顧子仁、投身銀行界的蔣柯亭及業醫的江虎臣。之後再入聖約翰大學神學院接受三年神學訓練，畢業後，獲聖公會授會吏一職，赴無錫牧會。1909 年，他獲美國紐約聖公會總神學院（General Theological Seminary）獎學金留美，在神學院讀書的同時，他又在哥倫比亞大學唸社會學。1911 年，他獲郭斐蔚提名由紐約區會督按立為牧師。1912 年，他同時取得神學院的神學士和哥倫比亞大學的社會學博士，但在紐約留學最大的收穫，是認識了許芹牧師的三女許靈毓。1912 年回國之後，首先返母校約大任教，任職社會學及宗教系教授。在美國的許靈毓此時從 Hunter College 畢業後到哥大師範學院，是校泳隊成員，又兼任紐約中國學生會司庫。1919 年，許靈毓在哥大畢業後由美抵滬，參加女青年會的工作，同時在體育學院任教。1921年朱友漁辭去約大的教職，進入國際青年會工作，返美出任負責美國中國留學生活動的中國基督徒學生協會（Chinese Christian Students Alliance）執行幹事，1923 年朱、許兩人參加印第安納州的團契大會後訂婚，1924 年 2月 2 日在紐約第一長老會堂，由世交亞歷山大牧師見證之下成婚。同年夏天，朱友漁應北京協和醫學院聘請，出任社會及宗教教授。翌年曾與他在上海共事過、又是許家世交的國父孫中山在醫院內去世，宋慶齡請他與燕京的劉廷芳博士（Timothy Lew）按基督教禮儀主領國父的安息禮拜，在國葬大典之前舉行。在協和的十年日子比較安定，四名子女都在北京出生，期間 1928 年曾為旱災到內蒙作志願服務，亦到過美國及太平洋各地遊學訪問一年。1935 年，朱友漁因為不願處理行政工作而推卻了全國基督教會協會總幹事職務，重返上海約大出任教職，同年約大破天荒開始招收女生，許靈毓獲聘首任女院院長，照顧女生住宿。據他們的女兒朱慧敏回憶，他們跟卜校長關係密切，時常到卜家茶敘，他們的家亦與「小卜」（卜其吉）為鄰。

1937 年抗日戰爭爆發之後，許靈毓參加了救濟工作，出任產科中心委員會主席，與妹夫王逸慧醫生協力幫助婦女難民所需。1938 年，朱友漁獲舊識黃仁霖（J. L. Huang，余日章婿）召到漢口與蔣介石會面，蔣看重他的基督教背景要求他協助國民政府組織青年訓練團。最初任期只有六個月，隨著戰事的延續不斷續約，工作地點亦由漢口到長沙走到重慶。同年，許靈毓出任女青年會全國理事會會長，統籌全國女青支部支持抗日。隨著國府移到大後方，聖公會亦籌備開拓雲南和貴州的新教區，朱

19 黃光彩、顏永京在他之前亦曾為虹口救世主教堂牧師，見第一章黃家及第二章顏家。

20 徐台相、石文達從 1942 至 1958 年先後任牧師。1958 年實行聯合禮拜，救主堂為徐匯區聯合禮拜場所之一。1989 年因屬危房，教堂建築被拆除，在原址建新建築，改建為華東神學院。

21 中國基督教的協會主辦出版《天風》月刊在 1988 年 9 月 1 日第九期刊其文章〈自立先驅〉。

友漁獲負責興建滇緬公路的宋子良邀請首次參觀這條貫通昆明及仰光的國際公路的初步工程。1940 年 5 月，他在上海聖三一堂正式獲祝聖為聖公會港粵教區副主教（主教為何明華）兼雲貴主教，他的老師卜舫濟亦在旁作證。他旋即到昆明述職，但因戰事關係教會收不到資金，他刻苦經營昆明聖約翰堂。上海孤島的主教院同時任命朱友漁為他們在重慶陪都的連絡人，在「珍珠港事件」後，他於 1942 年 10 月穿越控制線，冒險扮農夫潛入上海探望在日偽治下的中華聖公會教友及母親。1943 年 6 月，主教院派他到英、美、加三地跟當地的聖公會申明中華聖公會希望取回主教委任權，獲得接納。1945 年 1 月，朱牧獲美軍駐華部隊委任為唯一華人牧師，由於他在五年來冒著槍林彈雨，穿梭於滇緬公路向參與這項艱巨工程的盟軍戰士及平民傳道，作出支援，因此贏得「滇緬路主教」的稱號。

戰後，朱友漁由於成功代表教會遊說行政院秘書長蔣夢麟下令發還所有被敵偽佔有的教會物業，獲委任為主教院總幹事，坐鎮南京。他在 1948 年代表中華聖公會出席英國普世聖公宗蘭柏會議（Lambeth Conference），以及代表中國基督徒出席阿姆斯特丹普世基督徒學生協會會議，議決成立普世基督教協進會（World Council of Churches），並出任執委。解放後他留在國內，1950 年夏經美國去加拿大出席普世基督教協進會的二次執委會議，會上通過譴責中國出兵朝鮮的決議，成為中共後來批判他的伏線。之後他勇敢地回國，當時國內基督教在吳耀宗等發動起所謂「三自愛國運動」（即自治、自養及自傳），排擠教會親外或不支持新政權的異見分子，朱牧見大勢不妙，同年 12 月以六十五歲之齡正式退休，中華聖公會同仁以及上海各教會人士歡送他離開。朱友漁經廣州和香港，去美國與妻室及四名子女團聚。在他去國之後，1951 年 4 月，國內掀起全國基督教批鬥大會，在北京的大會上首先批判了三名傳教士和四名中國牧師，其中一位就是朱友漁，[22] 説他是「美帝走狗」，「罪證」就是在加拿大的會議上，對譴責朝鮮出兵的決議案沒有投反對票。而批判他的判詞，是由中華聖公會主席鄭和甫主教讀出的。朱牧去美後工作沒有停下來，由於他勤於運動，身體非常壯健，1970 年妻子許靈毓過世後，

1959 年墨京使館攝：何曼德、黃綬榮、何鳳山、朱慧敏。

他仍穿梭東南亞傳教，當時已年逾八旬，到 1986 年以百歲高齡在美息勞歸主。

朱友漁與許靈毓育有三子一女，都在北京出生，戰時由飛虎隊從昆明帶越駝峰（即喜馬拉雅山）赴美留學。長子朱德偉（David Tei-wei Tsu，1925）自耶魯畢業後在布碌倫理工取得碩士，為核電工程師。次子朱道宏（Robert Tao-hung Tsu，1927-2004）是唯一繼承祖父及父親衣缽當牧師，康州三一學院畢業後到維州神學院，戰後曾在王長齡主教旗下於大馬沙巴傳道任坐堂牧師。三子朱學淵（Kin Hsueh-yuan Tsu，?-2005）的英文名源自外祖父許芹，自美東著名私立中學聖保羅畢業後進普林斯頓大學，1961 年取得化學博士，在製藥廠 Lederle Laboratories 當化學工程師三十五年，1994 年退休時為醫學工程研究總監（同年該公司為惠氏藥廠收購）。以母親名字及「詩歌」為英文名的獨女朱慧敏（Carol Hui-min Tsu，1928）被父母送到麻省威斯理附屬的 Dana Hall 女校，該校校長 Johnston 太太曾在燕京大學教英文，跟她的姨母許淑文為舊識。在高中時，她的一位張姓朋友介紹她認識哈佛大學的何曼德（Monto Ho，1927），1952 年她自加州 Scripps 大學畢業後兩人結婚。兩夫妻領養了一子一女，等他們大學畢業後，朱慧敏再讀匹茲堡大學國書館學碩士，為匹茲堡地區的 St Clair 醫院建立圖書館並出任館長廿年，退休後依然非常活躍於教會及社區事務。[23]

何曼德是國際知名的微生物學、病毒學、感染症及抗生素抗藥性專家，1927 年出生於湖南，父親是近年被發現在戰時於奧地利抗命簽發逾千本護照而救出大批猶太人的「中國舒特拉」外交耆宿何鳳山。由於父親為駐外使節的關係，他的童年先後住過土耳其、奧地利、德國與美國各國。他是少數文理皆精的全才，1947 年從北京清華大學轉至哈佛大學，主修政治與哲學。1949 年進入史丹福大學政治學研究所進修，隔年轉系主修醫學，最後選擇醫學為終身事業。1954 年，何曼德畢業於哈佛醫學院，開始與約翰‧恩德斯（John F. Enders）研究干擾素，於美國匹茲堡大學醫學院從事教學研究長達三十八年（1959-1997），為國際干擾素研究權威。1978 年，何曼德當選中央研究院院士，之後開始為台灣的生物醫學發展出力，推動中央研究院生物醫學科學研究所的成立，並出任台灣國家衛生研究院創院諮詢委員至今，及曾任臨床研究組首任組主任，在台灣國衛院任職期間培育了四十多位臨床感染症醫師。1997 年他自匹茲堡大學退休後，應台灣「國衛院」吳成文院長的邀請赴台組織微生物研究諮詢實驗室，致力於研究台灣抗生素抗藥性問題達五年之久。1998 年台

22 其餘三位為梁小初（青年會，在港）、陳文淵（衛理公會，被捕）及顧仁恩（獨立傳道會，被捕）。

23 何曼德英文自傳 *Several worlds: reminiscence of a Chinese American physician*, World Scientific 2005, Chapter 6.

灣腸病毒疫情爆發時，何曼德結合了不同學術研究及醫療機構建立的研究團隊，找出腸病毒 71 型病源，對控制疫情有功。2002 年他作自傳《我的教育，我的醫學之路》，2010 年又將父親的中文自傳《外交生涯四十年》翻譯成英文。

談及朱友漁一家又絕對不能不提他的同學兼大妹朱琪貞丈夫顧子仁（T. Z. Koo）及小妹陸朱蘭貞。

顧子仁於 1887 年生於上海，父親顧春林為聖公會牧師，曾在上海及嘉定等地傳道。顧子仁自幼接受良好的教育，中學畢業後，進入聖約翰大學讀書，兼修神學。在學期間，他不僅英語出眾，而且有很深的音樂造詣。1906 年，顧子仁從約大畢業後，二十二歲便已通過所有當牧師的考試，但教會規定二十三歲才能當牧師，原本卜舫濟讓他在約大校長室工作，但他寧可遠赴四川成都的一所學校執教。因其西裝革履，被當地人稱「中國洋鬼子」。此後，他大多穿著中國長袍，可能與這段經歷有關。一年後，他放下教鞭，轉赴京漢及津浦鐵路局任職，襄助局長擔任行政管理工作。1911 年，母親已為他作媒與一富家女結合，但他不顧母親的意見，毅然跟同學朱友漁的妹妹朱琪貞（Helen Geetsung Tsu）結婚。朱琪貞畢業於約大的姊妹學校聖瑪利亞女校，二人婚後生活十分美滿。1917 年，他的同學中華基督教青年會總幹事余日章（David Yui），需要一位英文能力強、又有行政才幹的人來協助他，於是誠懇地邀請顧子仁到青年會工作，但薪金只有他在鐵路局的四分之一，工作卻多十倍。[24] 虔誠的顧氏一心以服務人群及上帝為本，不計較金錢加入青年會，很快成余日章的得力助手。每當余日章外出時，就由他來主持青年會日常工作。同一期間，他還利用業餘時間，以其極佳的英文能力，協助當時在上海從事研究寫作的孫中山，參與《建國大綱》的英譯工作。他同時亦以青年會代表身份，遠赴歐洲、印度等國參加國際性會議。

1921 年，世界基督教學生同盟（World Student Christian Federation）決定次年的世界基督教學生同盟大會在北京召開，是首次在中國召開全球性基督教會議。中華基督教青年會為此成立了籌備委員會，顧子仁被推舉為籌備會總幹事。他與北京及各地青年會人士合作，選定北京清華大學為開會地點。1922 年 4 月 4 日至 8 日，世界基督教學生同盟大會在清華園召開，來自世界三十二個國家，共七百六十四位中外代表（包括後來成為聖公會港區主教及顧子仁好友的何明華）出席大會。但這次大會竟引發大批支持宗教及教育分家的教育家（包括蔡元培）、政治家（如汪精

衛、李大釗、陳獨秀等）及大批學生抗議，激起全國性的「非基督教運動」，持續了五年，到 1927 年才告平息，但教會大學經歷這場運動後元氣大傷。1924 年，顧子仁赴英國考察基督徒學生運動，回來後他在學生運動方向問題上與余日章有分歧，於 1926 年辭去青年會職務，轉任世界基督教學生同盟的幹事。1928 年，顧子仁得世界基督教學生同盟主席穆德博士（Dr. John Mott）的賞識，受聘為同盟的副主席。1932 年任屆滿後，他繼續擔任同盟特派員達十六年，期間他曾到世界各地多家大學演講，足迹遍及全世界。在顧子仁的協助下，該會曾於 1936 年的全國基督教學生大會正式成立中國基督教學生全國總會，但因時局發生變化，該項計劃最終流產。

抗戰爆發後，顧子仁被迫留在海外。1948 年他從世界基督教學生同盟退休後，受聘於美國愛荷華州立大學宗教學院，教授「中國文化」課程。1950 年，他擔任遠東研究專任教授，直到 1955 年退休，期間為該校奠定了中國文化研究基礎。之後他曾多次到香港、台灣等地遊歷，晚年與子女居於達拉華州的威明頓鎮，經常接受邀請到各地教會講道。顧子仁除了傳道之外，亦擅長音樂，懂吹簫，遺作有介紹中國傳統的《民間音樂》（Songs of Cathay），據接任其在愛荷華教職的生前好友梅貽寶稱，[25] 他亦為烹飪專家。港人熟悉的何明華主教便是因為顧牧而留在中、港半個世紀，當李應林辭任崇基校長之時，何明華曾希望當時訪港的顧牧接任，但他以厭惡行政工作而婉拒。1959 年冬，顧子仁應邀到佛羅里達州演講，不幸突發腦溢血而昏倒在講台上。1971 年 11 月 29 日，顧牧在其次女家中去世，享年八十四歲。他和夫人共養育一子三女，皆受過高等教育。

顧牧後人中最知名為其次婿包約翰（Yoh Han Pao，1923-2008），上海市雷士德工業學院（Lester Institute）畢業後留英從倫敦大學取得科學學士，再留美在賓夕凡尼亞州立大學（Penn State）得工程博士，先在杜邦化工及貝爾實驗室從事工業研究十四年，1967 年起在俄亥俄州 Case Western 大學當電子工程教授多年，1969 年起當系主任，是世界級電子工程專家。晚年出任該校電腦基因分析中心主任，直至 1993 年退休為止，改革開放曾率團返國作技術交流。他的遺孀顧鍾英（Helen Koo）為哥倫比亞大學碩士，八十六歲仍不斷求知，在大學上藝術歷史課程，其婿 Peter White 為知名爵士樂結他手。

朱友漁的妹妹朱蘭貞（Lantsung Tsu，1899-1950）跟姐姐琪貞一樣就讀聖瑪利亞女校，在清華肄業後赴美密芝根大學，是聖瑪利亞校長黃素娥

24　R.O. Hall,“T Z Koo: Chinese Christianity Speaks to the West”, *SCM Press*, 1950.
25　梅貽寶曾為燕京大學文學院長，香港新亞書院校長，其兄為清華校長梅貽琦。

（即卜夫人）侄女倩英的同宿舍友，1922 年取得醫學士後再到哥倫比亞大學取得碩士。返國後，朱蘭貞返母校聖瑪利亞女校教英文，據她的學生程錦園回憶，她是要求非常嚴謹的老師，每次上課先考上一課的三、四十個生字，講課時不許有其他聲音，由於她丈夫姓陸，校內女生都以英文叫她陸太太（Mrs. Loh）。[26]朱蘭貞的丈夫是廣告界先驅陸梅僧（Yehlung Lewis Mason，字冶倫），他在清華肄業時正值「五四運動」，他與聞一多及羅隆基為參加學聯的代表，後以庚款留美在科羅拉多大學取得學士，又到哥大進修，返國後曾在《申報》廣告部任職，後與鄭耀南等成立聯合廣告公司，為當時上海四大廣告公司之首。[27]工餘他在多家院校教授市場學，並撰寫《廣告》一書。從商之餘他亦熱心公益，出任上海兒童福利促進會副主席（約大畢業的知名兒童教育家陳鶴琴為主席）等職務。自從 1890 年黃素娥因要照顧兒子退下聖瑪利亞女校校長以後半個世紀，都由洋人把持，1941 年戰雲密佈，美國政府撤回外籍教師，只留下卜舫濟的繼女顧懷琳（GL Cooper）任校長。翌年日軍入租界顧懷琳被送入集中營，朱蘭貞繼任其空缺，成為半世紀以來首位華人校長，直至解放為止。解放後身為候補立委的陸梅僧與朱蘭貞決定留在國內，他的妹妹陸冶予則跟丈夫浦薛鳳（曾任清華政治系主任）去台，浦薛鳳後來曾任台灣省府秘書長。1950 年夏，朱蘭貞被發現與兩名家傭伏屍家中，疑被劫殺。這宗轟動上海灘的命案發生之後五年都毫無線索，直至馬叔白從其居港的侄兒馬時雄處收到一封信，才真相大白。馬時雄乃朱蘭貞的鄰居，是中國肥皂買辦馬伯樂之子，這位小開不學無術，去港前竟與兩個流氓打劫鄰居謀財害命，兩名幫兇在上海落網判刑，但馬時雄因多年來在外始終逍遙法外。[28]1963 年王長齡主教在台與吳舜文重建聖約翰，朱友漁一家捐建校長宿舍並取名「蘭貞館」以作紀念，由於上海約大的校長宿舍叫「白宮」，師生便暱稱蘭貞館做「小白宮」。

科學報國的教授世家：
<u>桂質廷、許海蘭</u>夫婦及其子侄

　　許芹的四女許海蘭（Helen Pierson Hai-lan Huie，1899-1995），在康奈爾讀書時是女青年會會長，邂逅來自湖北基督教世家的桂質廷（Paul CT Kwei），先訂婚，待她從醫學院畢業後在 1921 於上海結婚，共築一個多產的學術世家。桂質廷，祖籍湖北省武昌青山（今武漢市青山區），

1895 年生於湖北省江陵縣沙市鎮（今沙市市）一個基督教家庭。父親桂
美鵬（MP Kwei 1857-1911）是沙市聖公會第一位牧師會長兼教會美鵬小學
校長，姨丈曾蘭友則為武昌文華大學校董、基督教聖公會武昌聖三一堂
的首任堂牧。桂質廷幼年即受浸，教名保羅（Paul）。他先在沙市唸小
學，後到宜昌美華書院進修四年。1909 年他的父親把他送到上海聖公會
辦的聖約翰讀中學，畢業後又進入聖約翰大學讀了兩年，宋子文便是他
的同學。1911 年，因為父親猝逝，他本想停學就業養家，後靠其母變賣
家中部分衣物，又經在上海做家庭教師的姐姐接濟，最後才免於輟學。
1912 年，桂質廷以總分第一成績考入北京清華學校高等科文科。畢業後
他曾留校當過一年中等科英語教員。1914 年他完成留學的意願，進入美
國耶魯大學，最初是修文科，後轉讀理科，並於 1917 年獲學士學位。畢
業後他跟未來襟兄晏陽初一樣應青年會號召去法國為當時在第一次世界
大戰中替盟軍打工的二十萬華工服務，從事各種福利工作。戰後他返回
美國繼續學業，進康奈爾大學研究無線電。1920 年桂質廷自康奈爾獲碩
士學位，隨後返國在北京協和醫學院當助教，1922 年又到長沙的雅禮大
學任講師，次年由洛克菲勒基金獎學金資助到美國普林斯頓大學深造，
曾隨該校著名物理學家康普頓（Karl Compton）從事研究，於 1925 年取得
博士學位。返國後桂質廷重返雅禮當副教授（其襟兄張福良時亦在雅禮
任教），但不久因雅禮停辦，1927 年他又跑到瀋陽東北大學當教授一年，
1928 年當上上海滬江大學物理系主任。

　　但情繫湖北的桂氏，1930 年決定捨棄上海的繁華，回到家鄉武漢由
教會辦的華中大學（即其姨丈當校董的文華書院於 1924 年改名及長沙雅
禮併入而成的大學，現華中師範大學）出任物理系主任及理學院院長。
1938 年日軍逼近武漢，身為理學院院長的桂質廷指揮全校撤退到後方及
救濟難民的工作。1939 年他改到時在四川樂山的武漢大學（1928 年成立）
任教，經歷抗戰內戰及解放至 1961 年逝世為止前後三十年，加上他的妻
兒婿媳合共六人在該校任教至今達八十年之久。

　　桂質廷在學術研究上最大的成就是在地磁及電離層方面。早在
1931 年桂質廷還在華中大學之時，他便獲得美國卡內基研究院（Carnegie
Institution）地磁部的資助，在華北、華南、華西等地區進行地磁巡測，到
1935 年，共測了九十四個點。他又將華北地區的測量結果，發表在 1933
年出版的《中國物理學報》第 1 卷第 1 期上，是中國人首次巡測自己境
內的地磁常量。1937 年起，桂質廷與他的學生宋百廉在武昌華中大學校

26　程園：〈憶母校生活點滴〉，《聖約翰大學：1879-1952》，上海世紀出版股份有限公司
　　2009，第 257 頁。

27　其餘三家為美資克勞（Carl Crow Inc）、英資美靈登（Millington）及後來去香港的林振彬
　　辦的華商。

28　劉滬生：《世紀大案》，2001 年。馬時雄的兄弟時敏為董浩雲姪婿、董建華堂姐夫。

園內開始電離層（ionosphere）的研究。由於電離層與無線電波相關，對國防及通訊事業非常重要。當時武漢時遭空襲，在十分艱難的情況下，桂氏團隊取得了從 1937 年 10 月至 1938 年 6 月共九個月的探測記錄。1943 年桂質廷以學者身份出訪美國，促成武漢大學與美國標準局合作研究電離層，並於 1945 年與許宗岳教授帶回一台 DTM-CIW3 型的半自動電離層垂測儀返國。1946 年元旦，桂質廷在四川樂山武大戰時校址創立武大游離層實驗室，並於同年 8 月搬返武昌。在桂質廷的領導下，游離層實驗室的研究在短短幾年已達到國際前尖水平。1949 年桂質廷受聘為國際著名學術期刊 *Journal of Geophysical Research* 的編輯，成為該刊編輯中第一位中國學者。中華人民共和國成立後，桂質廷在武大開創的電離層研究工作不斷得到發展。1955 年武漢大學開設電離層及電波傳播專業，並恢復招收研究生。（1978 年發展成為空間物理系和電波傳播及空間物理研究所）。為了參加國際地球物理年，1956 年武漢大學與中國科學院地球物理研究所合作，在校園內建立地球物理觀象台（現屬中國科學院武漢物理研究所），桂質廷受聘為地球物理所兼職研究員。1960 年武漢大學又建立了黃陂試驗站，同年桂質廷開始編寫《地磁及電離層電波傳播》一書，可惜當時他的身體健康已大不如前，艱苦在病床上完成初稿，不久就與世長辭。他這部遺著，到 1985 年才由他的學生們整理出版。除了做研究外，質廷教課認真，待學生和藹可親。建國初期，高等學校採用蘇聯的教學大綱，基礎理論課程內容比前大為加重。近六十歲的他仍參加俄文學習，和學生一樣跟班聽蘇聯專家的講學，從不缺課，為青年教師做出了榜樣。

桂質廷在武大教物理，許海蘭則教英語，為外文系的教授多年。由於許海蘭是美國出生，而她的兄長又是美國市政府高官，桂質廷夫婦大可隨時加入美籍。但是他們夫婦即使在國內歷盡波濤，仍一直以作為中國公民為榮，未曾申請或恢復美籍。解放戰爭後期，有美國朋友來信勸桂質廷出國，並為他找到了工作，他回信謝絕，堅持留在國內，迎接新中國的誕生。抗美援朝時期，桂質廷夫婦讓留在國內的女兒參軍。據他們的次女桂華珍語重心長的解釋，許芹後人中他們一房最多人留在大陸，這並不代表任何政治取向，她的父母亦不熱衷政治，只是懷著一片愛國心希望以科學報國，文革時武漢大學校長李達被鬥死，她的父親亦曾被人借他早年的研究得美方資助為藉口作打擊，令他倆夫婦受了不少冤屈。1978 年，許海蘭出國探親跟美國的女兒住了幾個月，雖然她已八旬高齡本可退休在海外享福，但她不顧海外四代九十三名親屬的挽留毅

然返國，原因是她要繼續教學，退休賦閒在家的生活實在令她覺得太悶。
她一直在武大任教到八十多歲才退休，到 1995 年才以九十六歲高齡逝世。

　　稱桂家為教授世家絕不誇張。桂質廷在七子女排在中間，是獨子，
六個姐妹及姐妹夫都在學術界各有千秋。長姐桂月華（1887-1986）畢業於
上海聖瑪利亞女校，嫁聖約翰大學就讀的王芳荃（1880-1975）。王芳荃
後任清華註冊部主任兼授英語，由清華公費派赴美國芝加哥大學留學。
其子王元化（1920-2008），為與錢鍾書合稱「南錢北王」的文學泰斗，
曾任上海市委宣傳部長。桂質廷三姐桂德華（Mary Kwei）酷愛文學，曾
去歐洲求學，回國後任聖約翰大學等校教授，教外國文學，一生未婚，
曾出任華中大學女子主任。四妹質良（Chi Liang Kwei），中學就讀於聖
瑪利亞女校，1921 年僅二十一歲的她就以全國第一的成績通過清華大學
出國留學生考試，赴美國威爾斯，1925 畢業，並在 1929 年從 Johns Hopkins
University 醫學院取得精神學博士學位。後來嫁給了聞亦傳（1896-1939），
即被國民黨暗殺的知名左派學者聞一多的堂兄，美國芝加哥胚胎學醫學
博士，回國後成為協和醫院的教授。他們的女兒聞玉梅（1934）現任復
旦大學醫學院（原上海醫科大學）衛生部醫學分子病毒學開放實驗室主
任教授、中國微生物學會理事長及中國工程院院士。五妹 Lucy Kwei 嫁通
用電氣上海華經理傅耀成（1899-1981）；[29] 表弟是一代名醫曾憲九（1914-
1985）；堂弟桂質柏是中國第一位圖書館學博士，武漢大學外國文學系
教授及圖書館館長。

　　到他自己的後人，同樣是教授輩出，多得可以開一所大學，其中
次子希恩夫婦及幼女嘉年夫婦同在武漢大學。質廷的長子紀鵬（Arthur
Kwei）取名紀念祖父美鵬，受父親的薰陶亦修讀物理，沒有留在中國，
在加拿大安大略省 Guelph 大學任物理學教授。

　　桂質廷長女在湖南出生，所以取名湘雲（Mary Gui，1926）。 從七姊
妹大學 Mount Holyoke 畢業後，入讀父母的母校康奈爾大學，與唸電機博
士的屠善澄（Samuel Shan-chen Tu，1923）結婚，由於兩人相識於康奈爾大
學，長子亦取名康果。屠氏祖籍浙江嘉興，在國內大同大學取得工學士，
在 1953 年自康大取得博士學位後本想即時回國，但當時中、美交惡未能
成行，在康奈爾大學當了幾年助教，延至 1956 年才得成行。回國後在
中國科學院自動化研究所任研究室主任，從事計算機研究及籌辦中國自
動化學會。1960 年代初，屠氏的研究轉到軍事方面，從事空對空導彈和
地空導彈的研究與試驗。1968 至 1970 年他負責研製「曙光號」載人飛船

29　傅耀成 1921 年自哈佛取得工管碩士後在通用電氣任職三十五年；其外孫李卓民為數年
　　前倒閉的甘泉航空創辦人。

控制系統，1970 至 1984 年他從事實驗通信衛星研製工作，主持實驗通信衛星控制系統研製和飛行試驗全過程，是中國人造衛星事業的開拓者。1986 年起他從事國家「863 高技術計劃」航太領域論證工作，期間 1987 至 1993 年他更成為「863 計劃」首席科學家，領導及分析中國發展載人航空的必要性和可能性，提出中國發展載人航空分三步走的戰略設想，亦奠定了日後楊利偉成為首個中國太空人的基礎。歷年來他先後出任北京控制工程研究所研究室主任、副所長、所長、科技委主任，國防科工委科技委兼職副主任，又是中國工程院院士、國際宇航科學院院士、世界工程師組織聯合會主席，並兼任北京航空航太大學、哈爾濱工業大學及中國科技大學三所重點大學教授，培養了一大批在航天方面的碩士、博士生。屠教授多年來亦獲獎無數，1985 年獲國家科技進步特等獎，為第五位得獎人。1991 年他被航空航太部批准為有突出貢獻的老專家，1997 年又獲香港「何梁何利基金科學與技術進步獎」。他們的子女都在美國從事科技工程研究。

桂質廷的次女是他在華中大學任教時生的，所以取名華珍（Margaret Kwei，1931）。從耶魯取得護士學碩士後曾當護士，之後到南伊利諾州大學教書。她的丈夫是清末民初名企業家張謇的後人張慎四（William S. C. Chang）。張慎四自布朗大學取得博士，是著名光電學家，1979 年到美國加州大學聖地牙哥分校成立微電子部門，為終生教授。1972 年，尼克遜訪華後中美學術界交流增加，慎四亦開始回國訪學。其子張迺恆（Hugh Nai-hun Chang，1962）曾在微軟工作多年，受家族獻身社會的熱誠感染，幾年前轉到老闆蓋茨基金會資助的 PATH 出任主任，該組織主要在非洲及印度建立實驗室協助研發醫藥。

桂質廷的三女在廬山出生，取名廬音（Lois Luyin Gui，1933）。抗美援朝時她受國家號召參加解放軍，嫁給軍人車銳（Rui Che，1932），退役後任中學教師，由東北走到武漢。車銳很愛他的太太，兩女分別取名車桂、車音，她們從事石油工程，兩子則取名車廬、車申。

桂質廷的幼女在嘉定（即今四川樂山）出生，所以取名嘉年（Victoria Kwei）。嘉年任職武漢大學物理系，丈夫王仁卉（Renhui Wang，1937-2009）是她的同事，生於武漢。王仁卉於 1961 年從武漢大學物理系畢業後一直留校任教，1982 年獲德國斯圖加特大學（University of Stuttgart）理學博士學位。在武大任教期間，於 1978 年晉升為講師，1982 年晉升為副教授，1985 年晉升為教授，1990 年被國務院聘任為博士生導師，歷任武漢大學物理

系主任、副校長、電鏡中心主任、中國物理學會常務理事、中國電子顯
微學會常務理事、國際准晶會議國際顧問委員會委員、中科院北京電子
顯微鏡實驗室學術委員會主任、湖北省物理學會理事長、湖北省電鏡學
會理事長、武漢物理學會理事長等職務。王仁卉長期從事固體材料超微
結構的研究工作，在凝聚態物理學、材料物理學、晶體學、准晶物理學
以及電子顯微學等領域成績卓著，在國內外學術界具有重要影響。他又
承擔過「國家自然科學基金」等專案二十多項，發表論文二百多篇，被
他人引用上千次，多次在國際學術會議上作大會特別報告，並主編和參
編了《晶體學中的對稱群》、《准晶物理學》等論著多部。他生前榮獲
教育部科技進步一、二等獎四次，湖北省自然科學一、二等獎兩次，全
國優秀科技圖書獎一等獎等。

桂質廷的次子是在桂母七十大壽時生，由於舊時七十歲叫古稀，所
以兒子取名希恩。桂希恩（William Xi-en Gui，1937）是武漢大學醫學部傳
染病學教授、武漢大學中南醫院感染科醫生及中國愛滋病防治專家指導
組成員。他於 1960 年畢業於武漢醫學院（現華中科技大學同濟醫學院）
醫療系，後自願赴青海省從事地方病防治及臨床醫療工作，騎著馬四處
行醫。1976 年文革結束，他返到武漢大學中南醫院（原湖北醫科大學附
屬第二醫院）感染科從事傳染病臨床醫療、教學及科研工作。1981 年，
他到美國進修學習，第一次認識到愛滋病病理和臨床表現。 1999 年 7 月，
他到河南省上蔡縣文樓村調查不明原因的傳染病疫情，發現是愛滋病，
隨即向縣政府報告疫情的嚴重性，但未獲理睬。相反，河南省當地政府
以「破壞上蔡縣形象，影響上蔡縣經濟發展」為由，將桂希恩視為不受
歡迎人物，禁止他進村作更深入調查。為了盡早獲得該村疫情更詳細的
第一手資料，他被迫秘密進入上蔡縣，並在多位熱心村民的引領下深入
文樓村調查。同年 10 月，帶著上蔡縣文樓村的詳細調查報告，他跑去北
京向中國疾病預防控制中心匯報疫情的調查結果，並得到當時的中共中
央政治局常委、中國國務院副總理李嵐清批示。2000 年，他再到河南省
調查愛滋病疫情，依舊被當作不受歡迎人物看待。當地官員並說桂希恩
作為湖北醫生，不該管河南的事，他只好到其他地方調查愛滋病疫情。
2001 年，他將五名愛滋病感染者帶到武漢大學中南醫院做全面檢查，引
發周圍人群的恐慌。為了證明愛滋病不會通過普通接觸傳染，打消人群
的顧慮，他將這五名患者帶到家裡同吃同住。被媒體報導後，桂希恩廣
受讚譽，此後致力於愛滋病的預防工作。2004 年 2 月 28 日，因其在愛滋

病教育、預防、關懷等方面的卓越成就，成為「貝利馬丁基金會」（Barry & Martin's Trust）頒發的 2003 年度貝利馬丁獎（Barry & Martin's Prize）唯一得主，基金會創辦者英國人馬丁・哥頓（Martin Gordon）親自來到武漢市為他頒獎。同年 6 月 11 日，中國國務院總理溫家寶來到武漢市，登門看望了桂希恩，感謝和讚揚其積極參與愛滋病防治工作，得到了中國和世界媒體的廣泛報導。2005 年 2 月 17 日，桂希恩成為中央電視台 2004 年度第三屆「十大感動中國人物」之一。桂希恩的妻子高秉蘭（Bing-lan Gao, 1937）是他的大學同學並一同到青海，後為武漢大學婦產科教授。他們的女兒桂以群（Yiqun Gui）現為科羅拉多大學丹佛分校醫學院副教授，為皮膚癌研究專家，繼承父母的衣缽。

懸壺濟世：
王逸慧、許德蘭夫婦

許牧的幼女許德蘭（Dorothy Esther Te-lan Huie，1902-1999）在 Hunter College 畢業後進入哥倫比亞大學醫學院，1925 年取得細菌學碩士。許德蘭年輕時好動，當年在中國學生會負責女子體育活動，被選為「最有男兒本色的女孩」。[30] 她在北京協和醫院研究當時長江以北盛行可致命的黑熱病（Kala azar）的時候，結識了一位聖約翰大學畢業的醫生王逸慧，並於 1928 年結為夫婦。

王逸慧（Amos Yi-hui Wong，1899-1958）祖籍福建閩縣（今福州市區），家境清貧，靠半工讀及獎學金完成學業。他在福州英華書院畢業後於 1918 年考入福州協和大學，1920 年轉入上海聖約翰大學醫學院，三年後獲醫學博士學位，留在學校的教學醫院宏仁醫院當駐院醫師。次年王逸慧北上到由美國洛氏基金會資助的北京協和醫院當外科住院醫師，深受該院的美籍教授及醫生器重。1925 年孫中山因肝癌病重入住協和醫院，由外科主任泰勒、王逸慧與後來曾任協和院長的劉瑞恆主理手術，最終孫氏仍回天乏術，但足見當年僅二十六歲的王逸慧已是殿堂級的杏林高手。而國父過世後在該院的安息禮拜，正是由王逸慧的未來襟兄朱友漁主持。為了成為婦產科專家，1926 年王逸慧到美國約翰斯・霍普金斯大學醫學院專修婦產科一年多，又到紐約州立醫院擔任四個月駐院醫師汲取經驗。當時美國不少著名醫院都有意招聘他留下，但他決心為祖國效力，1928 年回國再進北京協和醫院，任助教及住院醫生。當時協和婦產

科主任英國人馬士敦教授（J. P. Maxwell）賞識他的才華，不久他便獲提升為副教授兼婦產科副主任。其後他不滿協和醫院外國醫生對中國醫生的排擠，而當時正在籌組上海醫學院的顏福慶又急需專才，遂於 1935 年南下出任上醫婦產科主任及教授。1937 年他又回到他的母校上海約大醫學院任婦產科教授，兼任宏仁醫院的婦產科主任，1941 年夏天升任約大醫學院婦產科主任。除教學醫人以外，在 1930 年代王逸慧已是中國婦科研究方面的權威，1935 年他透過對 224 個病例的剖析，發表了子宮頸癌的詳細研究報告；1937 年，他又將調理內分泌治療月經紊亂的研究成果公佈，此外還著有《婦產科講義》等專著及《臍帶血與胎盤粉》、《子宮輸卵管造影》、《月經紊亂之內分泌療法》等論文三十三篇。

　　抗戰爆發後，王逸慧支持自己在約大醫學院的學生參加抗日活動，還多次冒生命危險為新四軍購買醫藥，更曾因此遭日軍拘禁，經人事疏通才獲釋放。因為戰事關係，約大醫學院在這段時期搬過三次。1939 年冬，大批難民及傷兵湧入法租界，當中包括不少孕婦。為了救助這批難民，王逸慧籌集資金在法租界創辦上海傷兵醫院和上海難民產科醫院，並交由母校的建築系學生設計醫院大樓。抗戰勝利後，王留在上海，一度倡建上海醫學進修學院，借以提高華裔醫生水準。上海解放後，他拒絕去台灣，決心留在大陸為新中國的醫療事業出一分力。1951 年，他響應「支援西北建設」的號召，放棄了在上海的一切，將自己開辦的私立上海協和醫院捐給國家，率領一批醫務人才，帶同一批價值不菲的醫療器材去西安，到西北第二陸軍醫院出任該院副院長兼婦產科主任。後來西北第二陸軍醫院改組為第四軍醫大學附屬第一醫院，王仍任附屬一院副院長兼婦產科主任。當時西北醫院極為簡陋，他全心全力擴充醫院及建立子宮頸癌病房，又用他從上海帶來的鐳為癌病患者進行放射治療。他同時亦兼任陝西省政協及中華醫學會理事等職務。1958 年 3 月，鞠躬盡瘁的王逸慧在一次教學活動中不幸因突發心肌梗塞猝逝，享年五十九歲。

　　許德蘭在醫學界的成就亦不遜於王逸慧。她在協和任細菌學教授，1936 年以英文著《護士細菌學》（Bacteriology for Nurses），後由吳建庵譯成中文。1942 至 1948 年她又出任約大醫學院微生物學副教授。解放後她與丈夫分開，決定返美，並開展了新的事業。1955 年她以五十三歲之齡得 Simmons 女子大學圖書館碩士，及後出任康州軍人醫院醫學圖書總館長。她與逸慧育有三子一女，三子元叔 1966 年自耶魯醫學院畢業，在科羅拉多州為心臟科專家，女兒王元華則畢業於 Smith College。

30　*Chinese Students' Monthly*, Vol 20, pp.71-73, 1924.

體育世家：
周學章、許淑文夫婦及其子女

許芹的幼女許淑文（Ruth Shu-wen Huie，1901-1990）生於紐約市，中學
畢業後考入俄亥俄州 Wooster College 體育系，1923 年在父親的教堂與周學
章（Henry H. C. Chou，1892-1945）結婚，並隨他回國。周學章生於天津，年
輕時就讀天津省立師範學校（當時天津是河北省省會），後入保定高等
師範。由於學行卓異，獲省政府官費留學美國，1919 年自歐柏林大學取
得學士，1921 年從哥倫比亞大學取得文學碩士及博士，即獲北京的教會
大學燕京延聘為教育系教授，後來升任系主任及文學院院長。他在燕大
教育系與高厚德（Howard S. Galt）從南遷的清華承辦了海淀區的誠孚學校，
推行鄉村實驗教學，將入學年齡提高至八歲，將小學由六年改為四年制。
周氏在 1936 年及 1937 年在《教育雜誌》分別發表〈繁簡字體在學習效率
上的實驗〉及〈繁簡字在學習效率上的再試〉二文，證明簡體字未必比
正體字更容易學習。周氏亦桃李滿門，知名學者及收藏家王世襄（1914-
2009）、紅學泰斗周汝昌都是他的學生，王世襄更是由周學章介紹給另
一位學生袁荃猷後結為夫婦。

許淑文最初在北平協和女子學院任教，三十年代到丈夫任職的燕京
大學女體育部執教，開設課程有籃球、網球、羽毛球及民間舞等。她對
教學非常認真，在體育普及與提高方面作了大量的工作。並且重視青年
教師的培養。1939 年由她組成了燕大第一支女子羽毛球隊，也是當時平
津一帶唯一的大學女子羽毛球隊。她還兼任女子籃球校隊教練。1941 年
燕大被迫關閉，日寇逮捕了二十多名師生，包括她的丈夫、陸志韋及洪
業等，由她支撐全家，生活很艱苦。周學章於 1945 年日寇投降前夕病逝，
她忍痛迎接抗戰勝利，投入燕大復校工作。1945 年燕大復校後她開辦民
間舞蹈活動，吸引男生參加，每周五下午活動一次，豐富了學校業餘文
化生活。這時她被聘為女體育部主任兼女子部的工作。1946 至 1948 年間，
洶湧的北平愛國學生運動中，她在「反對內戰呼籲和平宣言」書上簽了
字。新中國的成立，更激發了她對祖國、體育事業的熱愛，她感到自己
的中文很差，就積極參加了校工會舉辦的夜校學習班，和工人一起學習中文。1952 年院系調整後，她仍

1939 年周學章一家在北京全家福，左至右：懿芬、懿嫻、淑文、乃文、學章、乃揚、懿真。

在北京大學體育部擔任主任。退休後，許淑文移居美國。1990 年 7 月 6
日因腦溢血在美國華盛頓逝世，享年八十九歲。

她不但自己熱愛體育，而且積極支援子女參加體育工作，幾位子女
在籃球，網球、冰球、游泳等專項也都是高手，她的一家可稱得上是「體
育世家」。周學章與許淑文育有二子三女，其中長子及長女解放後去美，
次子及二、三女則留在國內。長子周乃文（Carl Nai-Wen Chou，1925）娶約
大末任校長楊寬麟的女兒楊斐；長女周懿真（Margot Chou）隨夫留美，她
的丈夫魏志芳（Benjamin Chihfang Wei，1954-1998）是寧波人，據說祖先是
唐太宗名宰相魏徵，是約大工程系 1947 年畢業的高材生，1948 自伊利諾
州大學取得橋樑工程碩士後再於 1951 年取得航天結構工程博士，畢業後
到 D. B. Steinman 公司任結構工程師，其間負責興建連貫新澤西州及達拉
維州的達拉維紀念大橋（Delawate Memorial Bridge）以及貫通密芝根州中及
高半島的 Mackinac 大橋，該橋長五公里，離水面高 552 呎，是全球最長最
高的橋之一。魏志芳是萬能工程師，六十年代他從橋樑建設轉投火箭核
電，1959 至 1967 年間在 Curtiss Wright 航天公司發明應用於萬事得 RX-7 汽車
的 Wankel 旋轉引擎，1967 至 1970 年則到通用電氣研發 Titan 火箭加速器及
核子潛艇機件。往後到能源部設計核電廠，至 1992 年退休。1979 年首次
返國，與闊別三十二年的父母兄弟重逢，往後每隔數年回國協助美資公
司建廠。魏氏工餘亦很多搞作，早年曾在家中兼職維修電視機，又當業
餘攝影師並得獎項；周末他是華盛頓地區 Silver Spring 市 St. Matthew 長老教
堂的長老，晚年又與太太活躍社交舞壇。懿真與志芳結婚五十四年，育
有三女，都嫁外國人。許淑文的次女懿芬為王正廷侄恭業之妻。

許淑文的小兒子周乃揚（Henry Naiyang Chou，1935）是中國第一位冰
球國家級裁判。周乃揚自幼冬天在北大未名湖練習溜冰，年少時已與一
班燕京子弟（如體育部主任趙占元的兒子汝光及汝斌；翁獨健的女兒如
璧）參加市冰球賽，解放後成為國家冰球好手及教練。

許淑文的幼女周懿嫻（Ruth Yi-hsien Chou，1934）是中國女子籃球運動
員及國家級教練員。1951 年入選華北區隊參加全國籃球聯賽，1952 年入
選國家籃球集訓隊，1955 至 1960 年任國家女籃隊長、右前鋒，為隊內主
要得分手，多次參加國際比賽。1956 年戰勝第二屆世界籃球錦標賽第三
名捷克斯洛伐克隊，1957 年獲第三屆國際青年友誼運動會籃球比賽第四
名，1959 年戰平第三屆世界籃球錦標賽第二名保加利亞隊。1957 年獲「運
動健將」稱號。1961 年起任國家女籃二隊教練，1964 至 1965 年任國家女

籃主教練，1972 年起任國家女籃教練。在她任國家隊教練期間，中國女籃曾獲 1977、1981 年世界大學生運動會第五名和第四名；1978 年、1982 年分別獲亞洲錦標賽亞軍及第五名。1979 年獲亞洲青年錦標賽亞軍，1983 年世界錦標賽第三名，1984 年奧運會預選賽冠軍，1984 年洛杉磯奧運會第三名。她曾先後擔任中國籃協委員和教練委員會副主任，第五屆全國政協委員及國家體委訓練局諮詢委員會委員。

由周懿嫻任教練的國家隊員中有方鳳娣，周很喜歡她四歲大的兒子姚明，特把自己喜歡的一個特製的小籃球送給了他，希望他長大後成為一名出色的籃球運動員。姚明整天抱著小籃球不放。結果姚明超出懿嫻所料，成為首位國際級的華人籃球超級巨星，美國 NBA 首位華人球員。[31]

31　《新民晚報》，1984 年 9 月 14 日，第 3 版。

許芹 Huie Kin（1854-1934）＋露易絲・阿爾南 Louise Van Arnam（1864-1944）

第二代 許爾文 Irving Van Arnam Huie（1890–1957） + Irene Francis Gartland（1900-1966）

　　第三代 Irving Raymond Huie（1928–2009）+ Patricia Cronin（1932）

　　　　第四代 Michael Robert Huie（1956）
　　　　　　　　Barbara Eleanor Huie（1957）
　　　　　　　　Peter Joseph Huie（1959）
　　　　　　　　James Thomas Huie（1960）
　　　　　　　　Eileen Marie Huie（1965）
　　　　　　　　Patricia Ann Huie（1968）
　　　　　　　　Kevin Bernard Huie（1971）

　　第三代 Robert Edwin Huie（1929）+ Janet Patricia Patterson（1933）

　　　　第四代 Bruce Joseph Huie（1957）
　　　　　　　　Robert Thomas Huie（1958）

第二代 Tom Kin Huie（1891-1895）
　　　　許海麗 Harriet Louise Haili Huie（1893-1991）+ 張福良 Fuliang Chang（1889-1984）

　　第三代 張鳳美 Louise Fengmei Chang（1916）+ 楊德恩 Daniel Teh-en Yang（1911-1980）

　　　　第四代 楊大智 Robert Ta-chih Yahng（1941）+ 殷平 Tina Ing（1947）
　　　　　　　　楊大仁 Huie Ta-jen Yahng（1943）
　　　　　　　　楊大勇 Christopher Ta-jung Yahng（1944）
　　　　　　　　楊大和 Michael Ta-ho Yahng（1947）

　　第三代 張培林 Irving Bei-lin Chang（1918）+ 黃日珍 Wonona Wong（1923-2009）

　　　　第四代 張慧杰 Amos Chang

　　第三代 張培文 Huie Chang（1923）+ 傅鵬飛 Lucy Fu（1929）
　　　　　　張鳳雅 Margaret Feng-ya Chang + 馬如鸞 James Ju-luan Ma（1924-2007）

　　　　第四代 馬以文 Chris Ma（1950）+ Natalie Gilfoyle
　　　　　　　　馬以玲 Louise Elaine Ma（1952）
　　　　　　　　馬以珍 Kathryn Ma（1963）+ Sanford Kingsley
　　　　　　　　馬以德 Philip Ma

　　第三代 張鳳儀 Katherine Feng-yi Chang+ 王福炎 Franklin Fu-yen Wang

第二代　許雅麗 Alice Yali Huie（1895-1980）＋ 晏陽初 Y.C. James Yen（1890-1990）

　第三代　晏振東 William Zhen-dung Yen（1922-2006）＋ 黃令嫻

　　第四代　晏玲 Ling Yen（1958）＋ 周牧 Ming Zhou
　　　　　晏平 Ping Yen（1961）

　第三代　晏群英 Grace Chuin-ying Yen（1924-1996）＋ 刁開義 Kenneth Kai-I Diao（1919-1990）

　　第四代　刁志謙 James Diao（1958）＋ Catherine Knickerbocher（1960）
　　　　　刁偉謙 Roy Diao（1963）＋ 楊慕思 Grace Young（1961）

　第三代　晏新民 James Xin-min Yen（1926-1990）
　　　　晏福民 Frederick Fumin Yen（1928-1968）＋ 孫葉青（1932）

　　第四代　晏小青 Xiaoqing Yen（1954）＋ 程滋炎（1955）
　　　　　晏偉誼 Weiyi Yen（1957）＋ 李鴻（1952）

　第三代　晏華英 Alice Hua-yin Yen（1933）＋ 鄧新賢 Robert Ong Hing（1931）

　　第四代　鄧達藝 Dari Sylvia Hing（1956）＋ Michael Glover
　　　　　鄧惠藝 Valerie Hing（1958）＋ William Morris
　　　　　鄧國藝 Gregory Ong Hing（1959）＋ Jean Marie Seeley
　　　　　鄧美藝 Elizabeth Ong Hing（1961）＋ Peter Joseph McNellis
　　　　　鄧建藝 Jennifer Ong Hing（1968）
　　　　　鄧幸藝 Roberta Ong Hing（1964）＋ William John Cleary III
　　　　　鄧金藝 Rebecca Ong Hing（1971）

第二代　許靈毓 Caroline Alida Ling-yu Huie（1897–1970）＋ 朱友漁 Andrew Yu-yue Tsu 1885-1986

　第三代　朱德偉 David Tei-wei Tsu（1925）＋ Margareta Schreckenberg（1926-1909）
　　　　朱道宏 Robert Tao-hung Tsu（1927-2004）＋ Ruth Moody（1944）

　　第四代　朱麗秋 Rachel Tsu（1970）＋ Richard Hyde
　　　　　Naomi Tsu（1972）

　第三代　朱慧敏 Carol Hui-min Tsu（1928）＋ 何曼德 Monto Ho（1927）
　　第四代　John Chia-wen Ho + Michelle Viall（1956）

　　　第五代　何維明 Gregory Ho（1993）

　　第四代　何佩文 Barbara Pei-wen Ho + Ronald Carlson

第三代　朱學淵 Kin Hsueh-yuan Tsu（?-2005.1.11）+ Priscilla Ann D' Elia（1939）

　　第四代　朱文 Christopher Andrew Wen Tsu（1965）
　　　　　　朱美安 Caroline Mei-An Tsu（1968）+ Karl Anderson
　　　　　　David Randolph Tsu（1973）

第二代　許海蘭 Helen Pierson Hai-lan Huie（1899-1995）+ 桂質廷 Paul Chiting Kwei（1895-1961）

　第三代　桂紀鵬 Arthur Chipeng Kwei（1922-1998）+ 何麗安 Lyanna Ho
　　　　　　桂湘雲 Mary Gui（1926）+ 屠善澄 Samuel Shan-chen Tu（1923）

　　第四代　屠康果 Paul Tu（1950）
　　　　　　屠懷祖 Irving Dwu（1955）
　　　　　　屠旋 Samuel Tu（1956）
　　　　　　屠安 Andrew Tu（1957）

　第三代　桂華珍 Margaret Kwei（1931）+ 張慎四 William SC Chang（1931）

　　第四代　張迺怡 Helen Chang（1956）+ Theodoric Manley Jr.（1957）
　　　　　　張迺恆 Hugh Nai-hun Chang（1962）+ Nicole Mortati（1964）
　　　　　　張迺怜 Hedy Chang（1964）+ 陳光業 Jack Chin（1961）

　第三代　桂廬音 Lois Luyin Gui（1933）+ 車銳 Rui Che（1932）

　　第四代　車桂（1958）
　　　　　　車音（1960）
　　　　　　車廬（1962）
　　　　　　車申（1965）

　第三代　桂希恩 William Xi-en Gui（1937）+ 高秉蘭 Bing-lan Gao（1937）

　　第四代　桂以群 Yiqun Gui（1969）+ Vern Shellman（1955）
　　　　　　桂鋼（1971）+ 黎捷

　第三代　桂嘉年 Victoria Kwei + 王仁卉 Renhui Wang（1937-2009）

　　第四代　王雪梅
　　　　　　王琰玲

第二代　許淑文 Ruth Shu-wen Huie（1901-1990）+ 周學章 Henry H. C. Chou（1892-1945）

　第三代　周乃文 Carl Nai-wen Chou（1925）+ 楊斐（楊寬麟女，見第一章黃家譜）

　　第四代　周薇 Cathy Chou（1955）
　　　　　　周身麟 Paul Chou（1961）+ 黃惠君 Karen Huang（1960）

第五代　　Michael Chou（2004）

第三代　周懿真 Margot Chou + 魏志芳 Benjamin Chihfang Wei（1926-2005.6.12）

第四代　魏建芬 Barbara Chienfan Wei（1954-1998）＋Louis Martin Bell Jr
魏建萍 Susan Chienping Wei + Kim Winnick
魏建玲 Deborah Chienling Wei + Colin Dayton

第三代　周懿芬 Dorothy Yi Fen Chow + 王恭業（王正廷侄，見第四章王譜）
周懿嫻 Ruth Yi-hsien Chou（1934）＋Chin-wen Huang
周乃揚 Henry Naiyang Chou（1935）+ 劉築

第二代　許德蘭 Dorothy Esther Te-lan Huie（1902-1999）＋王逸慧 Amos Yi-hui Wong（1899-1958）

第三代　王元孟 Amos Yuan-meng Wong（1931-1951）
王元中 Kin Yuen-chong Wong（1933-1942）
王元華 Ruth Yuan-hua Wong（1936）＋Arthur Joseph Thomas Roza
王元叔 Bert Yuan-shu Wong（1940）＋Glenda Doret Lyn

第四代　Mark Wong
Steven Wong

第二代　Albert van Arnam Huie（1905-1984）＋Janet Elizabeth Lockwood（1905）

第三代　Joseph Albert Huie（1930）＋Anne McLane Eldridge（1931）

第四代　David Kin Huie（1953）+ Rose Marie Driehaus（1958）
Richard Brian Huie（1957）+ Ellen Maney（1962）
James Andrew Huie（1962）

第三代　Richard Van Arnam Huie（1935）+ Jill Paula Fernald（1936）

第四代　Jeffery Langdon Huie（1964）＋Kirsten McNeely
+Anna Maria Garcia（1965）

第三代　David Lockwood Huie（1935）+ Mary Ellen Ives（1940）

第四代　Margaret Emma Huie（1965）
Janet Lockwood Huie（1967）
Arthur Ives Huie（1970）
Marion Armstrong Huie（1978）

第二代 Arthur Kin Huie（1905-1987） + Isabel Anna Lockwood

第三代 Dorothy Huie + George Trigg（1925）

第四代 William Arthur Trigg

第三代 Jonathan Lockwood Huie + Diane Ruth Bateman

第四代 Kristin Elizabeth Huie
Karen Rebecca Huie
Courtney Ellen Huie
Adam Arthur Huie
Alexander Winton Huie

+ Sandra Ann Rodgers

後 記

2010 年 9 月底，是美國東岸秋天落葉的季節，筆者連夜筆耕之後終於把本書初稿完成。因為工作關係，筆者要到紐約參加一個投資會議，順道拜訪本書主角的一些後人，如今這已經變成每次到紐約的預定行程。接近一年的研究、訪問及寫作，仿如重溫中國近一百五十年的歷史，重走華人出外留學、在海外扎根結果，最後又落葉歸根重返故土的故事。筆者慨嘆自己出生得晚，沒法與本書述及的民國大人物做第一手訪談，從他們的第二、第三代口中筆錄的已成為第二、三手資料，有些後人更慨嘆再下一代人已不懂得中文，也沒有興趣聽這些故事。

去墳場對於大部分人來説都是「大吉利是」，或者是每年兩次掃墓才做的活動，但對於我們做歷史研究的，這就是第一手資料研究的必要項目，對於核實名人生卒日期及家屬資料極其重要，部分有碑文記述生平的則更加珍貴。在歐美有不少墓園已成為旅遊景點，像筆者所居的麻省 Concord 鎮 Sleepy Hollow 墓園，便因葬有多位名人（包括十九世紀美國文壇四大文豪 Alcott、Emerson、Hawthorne 及 Thoreau）而成為不少外來訪客必經之地。訪談中，與本書七個家族都有關的史濟良先生說起，這七大族人中不少人最終都長眠紐約 Ferncliff 墓園，如宋家的人，也包括他自己的母親、兩位姑媽及契媽蔡李悦霭，於是這一次勞煩史先生不辭勞苦冒著微微細雨從曼哈頓駕車約四十分鐘，到 Ferncliff 所在紐約城郊 Hartsdale 鎮。

該鎮的寧靜與繁華的紐約有很大對比，四處古色古香，綠茵處處。墓園裡葬有不少美國名人，如影星 Judy Garland、名主持人 Ed Sullivan、黑人民權領袖 Malcolm X 夫婦，近者有因空難早逝的女歌手 Aaliyah。早幾年紐約時報曾作過一篇報導，談及這墓園裡葬有不少中國人，不知是否因為該處風水佳，或是受到名人及親友影響，總之連墓園的銷售人員都說，不需要賣廣告都有不少華人慕名前來。第一個探訪的是在室外的「飛天女俠」顏雅清的墓，史氏不禁回憶自己到美最初是由她接濟，他又説自己與顏的女兒陳國鳳作了協定，他們哪一個先離世就由對方安排葬在 Ferncliff。離顏墓不遠便是史先生表姐史家夏連蔭之墓，旁邊又有宋氏姐妹的表妹牛惠珍及其外交官丈夫夏晉麟以及愛兒夏益榮醫生之墓，外交家江季平也在附近。全程不斷找到不同親友的靈位，[01] 筆者頓時理解這個社交圈子的緊密，彷彿墓園就是五、六十年代他們

聚腳地的延伸，把這七個家族寫在一起非常恰當。

　　有別於其他墓地，Ferncliff 所有墓碑都有一種規範，室外的墓碑都是鞋盒般大的銅片鑲上金字，室內的則是雲石刻上黑字，而九成九的墓室都像西式墓穴沒有親屬資料或照片，但不少家族都葬在同一石室或在附近。Ferncliff 室內墓園管理得井井有條，長年有冷、暖氣開放，仿如一幢辦公大樓，墓園資料亦全電腦化。筆者找不到宋子文的墓（他跟妹妹美齡及姐姐靄齡一家葬在不同地方；美齡與生前一直照顧她的孔令儀夫婦葬在同一墓室；靄齡則與其夫及子女葬在美齡隔壁的墓室），職員很快便從電腦找到，並親自帶領筆者到該處。雖然墳墓設計有如此限制，但一個個的墓碑都有其特色，有的刻有十字架表明自己基督徒的身份，或將中文姓氏以古文圖案刻上，有的寫上籍貫，大多刻有中文姓名，可見他們雖然身在海外，仍不忘自己為中華兒女。從書中各人物的最後歸宿，反映了各人所走不同的道路，有如晏陽初傳統落葉歸根的思想，雖然後半生人在紐約，但遺願是將骨灰一半葬在四川巴中的家鄉；有如在 Ferncliff 墓上沒有中文字的蔡炳仁夫婦，解放後太太李悅靄在國內受了五年鬥爭之苦，祖上李子義牧師及四子在上海靜安西人墓園的墳又被夷平，選擇了歸化美國社會，後輩都已不諳中文。無論如何，這些人物對中國近百年的現代化及對外關係扮演著重要的角色，後人繼續扮演中美交流的橋樑。

左圖：Hilda Ya-tsing Yen 顏雅清之碑　右圖：Gerald H. Tsai，Ruth L. Tsai（蔡炳仁、李悅靄夫婦）之墓碑

01　其他葬在 Ferncliff 的知名華人包括外交官胡世澤、梁龍、楊雲竹、顧維鈞及其婿錢家騏，郵電部的鍾鍔及溫毓慶夫婦，燕大副校長全紹文一家，孔、宋親信中華書局董事長李叔明，古董商戴潤齋，煙草商何英傑，徐志摩妻子張幼儀及其子媳，杜月笙的媳婦，銀行家施濟元（肇基佺），中大新亞書院主席李祖法、聶家、孫家及卓家後人等。

要鳴謝的人實在太多：

　　首先是三聯書店的李安副總編輯及莊櫻妮編輯。李安是香港歷史作家的伯樂，筆者有幸經潘鬘女士介紹認識，祖上是基督教牧師的她深明此書的出處，完成筆者出書的夢想，實在萬分感激。本書涉及百年的人和事，當中有錯綜複雜的人際關係，又包含大量的圖片及中、英文資料，編輯不辭勞苦地逐一核對及改正，令小弟原本錯漏百出的文稿變成這本條理完整的書。

　　妻子白惠嫻（Rebecca Pearson Lo）是筆者多年來寫作及歷史研究的最大支持者，沒有她的鼓勵及悉心照顧年幼的兒子羅立德（Max）及女兒羅立衡（Mia），恐怕筆者沒有精神和魄力完成這本大作；筆者喜歡聽別人家族的故事，源自自己的家族，所以這裡又要感謝父親羅仲尹和母親姚光芸、及祖父羅業燊和祖母陳德瑩等多位親友。

　　以下七家族後人提供珍貴資料及照片，部分更替筆者初稿作校對及更正，這本書是他們的家事，沒有他們的通力合作，書是絕對寫不成的：

　　黃家：郭穎頤教授（Daniel Kwok，夏威夷）、林辰孫（Wilfred Ling，美中）、林福孫（George Ling，北京）、黃安琪（Winnie Wong Chase，加州）、楊偉成（Hardie Yang，北京）、楊志成（Ed Young，紐約）、黃翊民（Wilfred Wong，香港）、黃珍蕙（Genevieve Wong，香港）、盧偉（Wade Loo，加州）、張余颺生（Yinette Yu Chang，加州）、黃佩沁（Maureen Wong，上海）。

　　商務一族後人：史濟良（Julian Suez，紐約）、徐芝韻（Carolyn Hsu-Balcer，紐約）、郁為璋博士（Philip Yoh，拉斯維加斯）、郁惟薇（Virginia Kraines）、陳農文教授（Robert Chen，喬治亞州）、Mona Lisa Yuchengco（加州）、陳肇基（Bruce Chan，鮑慶榮夫人鍾慧蒔外甥，多倫多）、江成賢（Louis Chiang）、郭錫恩（Edwin Kwoh，已故）、華仲厚（Bill Hwa，曼谷），George Sycip（菲律賓）。

　　王家：錢嘉陵教授（Chialing Chien，馬里蘭州）、李王安芳（Julia W Lea，新澤西州）、王美珍醫生（Norma Braun，紐約）及其夫 Carl Braun 醫生、王敬荃及其夫黎僑美（Jo & Kiau Loi，康州）、王敬玉（Nancy Wang，加州）、楊繼良教授（Jiliang Yang，阿拉斯加）、凌耀文（Robert Y. Lin，紐約）。

顏家：秦寶雄（P. H. Chin，已故）、顏志凱（John Yan）、孫自新（Gerald Sun，紐約）、顧意薇（上海）、陳國鳳（Doreen Chen，紐約）、余紹安（William Yee）、曹克平醫生（Ke-ping Tsao）、曹克美（Kemay Tsao）、顏祖德（Tony Yen，加拿大）、顏萱莉（Shirley Yen）、顏茵莉（Ingrid Yen，三藩市）、鄭靜淵（Jene Zheng，North Carolina）。

李家：李鴻捷（Roger Lee，上海）、蔡至勇（Gerald Tsai，已故）、李王安芳、李明（Karen Lea，波士頓）、Chris Tsai（紐約）、楊一侃（Rene Yang，楊豹靈侄孫，加州）。

倪家：李鴻捷、牛恩美（Mary New，佛州）、倪史美芬（上海）、唐騮千（Oscar Tang，紐約）、方唐（Lawrence Fong，紐約）、唐慶年（Kevin Tang，紐約）、馮永健（Andrew Feng，紐約）、唐小胰（Diane T Woo，紐約）、徐景燦（Jeannette Zee，上海，徐亦蓁侄女）、過霞慶（Sheila Guo，溫哥華）、Veronica Haskell（緬因州）。

許家：何朱慧敏（Carol Tsu Ho，賓州）及其夫何曼德（Monto Ho）、楊大和（Michael Yahng，上海）、張桂華珍（Margaret Kwei Chang，加州）及其女。

香港歷史研究的友好：潘鬘（May Holdsworth）、冼玉儀教授（Elizabeth Sinn）、高添強（Tim Ko）、馮佩珊（June Fung）、丁新豹博士（Joseph Ting）、文基賢太平紳士（Christopher Munn）多年來提供指導及鼓勵。

在近代建築史方面提供參考資料的賴德霖教授（Delin Lai，美國）、王孝娛博士（Grace Wang，香港）、林中偉建築師（Tony Lam，香港）及吳啟聰建築師（香港）。「留美幼童」黃有章後人唐越（Reed Tang）資料上的協助。中國近代基督教史專家波士頓吳秀良教授（Silas Wu）及東京容應萸教授（Ying Yue Yung）在李家及倪家一章的協助。另特別再感謝為本書作序的兩位史家及兩位家族成員。

東成西就

七個華人基督教家族與
中西交流百年

East and West:

Chinese Christian Families and
Their Roles in Two Centuries of East-West Relations

by York Lo

羅元旭 著

責任編輯		莊櫻妮
書籍設計		黃沛盈

出　　版　三聯書店（香港）有限公司
　　　　　香港北角英皇道 499 號北角工業大廈 20 樓
　　　　　Joint Publishing (Hong Kong) Co., Ltd.
　　　　　20/F., North Point Industrial Building,
　　　　　499 King's Road, North Point, Hong Kong
發　　行　香港聯合書刊物流有限公司
　　　　　香港新界大埔汀麗路 36 號 3 字樓
印　　刷　中華商務彩色印刷有限公司
　　　　　香港新界大埔汀麗路 36 號 14 字樓
版　　次　二零一二年十月香港第一版第一次印刷
規　　格　十六開（170mm×240mm）440 面

國際書號　ISBN 978-962-04-3189-0

© 2012 Joint Publishing (Hong Kong) Co., Ltd.

Published in Hong Kong